Kohlhammer

Geschichte in Wissenschaft und Forschung

Eine Übersicht aller lieferbaren und im Buchhandel angekündigten Bände der Reihe finden Sie unter:

https://shop.kohlhammer.de/gwf

Lino Schneider-Bertenburg

1873

Der Gründerkrach und die Krisenwahrnehmung der deutschen Sozialdemokratie

Verlag W. Kohlhammer

Diese Arbeit widme ich all meinen Unterstützerinnen und Unterstützern – und meiner wichtigsten Unterstützerin in jeder Lebenslage: Danke, Chantal.

Gefördert durch die Friedrich-Ebert-Stiftung

D61

1. Auflage 2022

Gesamtherstellung: W. Kohlhammer GmbH, Stuttgart

Print:
ISBN 978-3-17-042033-5

E-Book-Formate:
pdf: ISBN 978-3-17-042034-2

Inhaltsverzeichnis

Vorwort

Dieses Werk ist die überarbeitete Version meiner im Jahr 2021 an der HHU Düsseldorf eingereichten und angenommenen Dissertation, die ich im Laufe meines Promotionsprojekts mit dem Ziel einer sinnvollen Verknüpfung von Wirtschafts- und Politikgeschichte seit dem Winter 2016 erstellt habe.

Es ist nicht möglich eine vollständige Auflistung all derer zu garantieren, die mir auf meinem Weg geholfen haben. Während ich die Verantwortung für jedwede Unvollkommenheit in dieser Arbeit allein trage, wäre ihre erfolgreiche Fertigstellung auf keinen Fall ohne die folgenden Menschen möglich gewesen. Aus vollem Herzen möchte ich noch namentlich danken neben meinen Eltern und meiner Familie, die mich immer unterstützt hat, neben meinem Großvater, der die Idee Geschichte zu studieren in mir geweckt hat, neben der tapfersten und besten Frau, die man sich an seiner Seite vorstellen kann, Chantal, neben meinen Freunden, in erster Linie einem Philosophen, und allen hilfsbereiten Menschen in meinem Umfeld: Hannes C. Beckers, Ursula Bitzegeio, Miriam Brekl, Beate Fieseler, Anne-Maria Friedrich, Olaf Guercke, Michael D. Gutbier, Ulf Jacob, Rouven Janneck, Nina Kleinöder, Christopher Kopper, Frederike Krenz, Peter Kritzinger, Anja Kruke, Achim Landwehr, René Lehmann, Christian Leitzbach, Julius Leonhard, Christian Möller, Jutta Mohr-Leinen, meinem Doktorvater Christoph Nonn, Bettina Nowag, B. Pötsch, Thorsten Pomian, Claus Puhlmann, dem Sprachmusiker Christoph Roolf, Karsten Rudolph, Michael C. Schneider, Janina Schüle, Julia Siep, Simone Stöhr, Markus Trömmer, dem einmaligen Thomas Welskopp, Meik Woyke und Daniel Wylegala.

Der Heinrich-Heine-Universität Düsseldorf und der mich so großzügig unterstützenden Friedrich-Ebert-Stiftung und den Vertreterinnen und Vertretern der Institutionen, mit denen ich zusammenarbeiten durfte, wie auch den hilfreichen Mitarbeiterinnen und Mitarbeitern des Archivs der sozialen Demokratie, des Bundesarchivs, des Landesarchivs Berlin und des Österreichischen Staatsarchivs, bin ich ebenso zu Dank verpflichtet.

I. Einleitung

1. *Fragestellung(en)*

Das Jahr 1873 markiert mit der beginnenden Börsenkrise, die sich von Ungarn kommend über Österreich, London und New York auch bald am Berliner Aktienmarkt auszuwirken begann, nicht nur einen konjunkturellen Abschwung, der den Optimismus der zuvor noch sehr positiv gestimmten Unternehmerschaft bremste: Vielmehr steht 1873 für die Diskreditierung des Liberalismus im Kaiserreich, für den langsamen Aufstieg der antisemitischen Bewegung in Deutschland und nicht zuletzt für die erste Bewährungsprobe des neuen Staates, der sich der als immer größer empfundenen Bedrohung der sozialen Revolution stellen musste.

Der Gründerkrach von 1873 kann beispielhaft als eine Weltwirtschaftskrise im modernen Sinne und Ausmaß betrachtet werden. In ihr verbinden sich die ökonomischen Auswirkungen einer solchen, mit den politischen und kulturellen Folgen, die wirtschaftliche Schocks in der Geschichte des modernen Kapitalismus immer wieder bewirkt haben. Dazu zählen genuin ökonomische Faktoren, wie der Verlust von Spekulationskapital auf dem Aktienmarkt, die dadurch ausgelösten destabilisierenden Effekte in der Realwirtschaft, begründet in einem Vertrauensverlust, der zu Absatzrückgängen, Preisdeflation nach einer Inflationsperiode von 1870 bis 1873,[1] einem Sinken des Arbeitsvolumens und Investitionszurückhaltung führte. Nicht zu vergessen sind aber auch die gesellschaftlichen und kulturellen Veränderungen, die durch die Krise hervorgerufen wurden. Dabei ist vor allem an die außergewöhnliche Konjunktur antisemitischer Stereotypen in der Krise zu denken. Lohnenswert ist aber auch der Blick auf den Umgang der Justiz mit Korruption und Börsenschwindel sowie auf den (wirtschafts-)politischen Diskurs überhaupt.[2] Beide methodischen Herangehensweisen, die kulturhistorische und die wirtschaftshistorische, haben ihren

---

1 Vgl. zur Preisentwicklung: Wehler, Hans-Ulrich: Deutsche Gesellschaftsgeschichte, Bd. 3: Von der deutschen „Doppelrevolution" bis zum Beginn des Ersten Weltkrieges 1849–1914, München 2008, S. 553–556.

2 Vgl. Davies, Hannah Catherine, Transatlantic Speculations. Globalization and the Panics of 1873, New York 2018; dies.: Spekulation und Korruption. Zur Sozial- und Diskursgeschichte des Gründerkrachs und der „Panic of 1873", in: Archiv für Sozialgeschichte 56 (2016), S. 169–188; Barreyre, Nicolas: The Politics of Economic Crises: The Panic of 1873, the End of Reconstruction, and the Realignment of American Politics, in: The Journal of the Gilded Age and Progressive Era 10, Nr. 4 (Booms, Busts, and the Gilded Age) (2011), S. 403–423; zeitgenössisch und antisemitisch: Meyer, R.: Politische Gründer und die Corruption in Deutschland, Leipzig 1877. Zu antisemitischen bzw. antijudaistischen Anwürfen am Beispiel der Biographie von Bismarcks Bankier Gerson von Bleichröder: Stern, Fritz: Gold und Eisen. Bismarck und sein Bankier Bleichröder, München 2008.

wichtigen Beitrag zur Erforschung dieser in der Sekundärliteratur im Vergleich zu den Jahren des Sozialistengesetzes (1878–1890) und der wilhelminischen Ära (1890–1918) unterrepräsentierten Zeitspanne zu leisten. In dieser Arbeit soll allerdings eine Kombination beider Ansätze den Nachweis erbringen, dass diese sich nicht ausschließen, sondern sich vielmehr gegenseitig bedingen und jedenfalls auf konzeptioneller Ebene sozioökonomische Veränderungen adäquat abbilden und verstehen helfen.

Im Zusammenhang mit Globalisierungsprozessen, die vor dem Ersten Weltkrieg bekanntlich einen erst Ende des 20. Jahrhunderts wieder überstiegenen Höhepunkt erreichten, sind Forschungen zum Globalisierungsdiskurs im Kaiserreich geleistet worden, die auch die Auswirkungen globaler krisenhafter Erscheinungen – wie es die Krise von 1873 war – auf den politischen Diskurs untersuchen.[3] Andere Studien erforschen die städtebaulichen Entwicklungen, die durch den Gründerboom und die im Jahr 1873 in Wien stattfindende Weltausstellung angetrieben wurden – nicht ohne die mit den stetig wachsenden Erwartungen verbundenen Enttäuschungen auszusparen, die auch die frustrierten Reaktionen auf den wirtschaftlichen Wendepunkt im Jahr 1873 verstehen helfen.[4]

In meiner Dissertation möchte ich mich in erster Linie mit den Auswirkungen des Börsenkrachs und der ihm folgenden Absatzkrise auf die deutsche Arbeiterbewegung auseinandersetzen. Standen die Wahlerfolge der Sozialisten in den Jahren 1874 und 1877 lange Zeit im Schatten der politischen Konsolidierung des Kaiserreichs, der liberalen Reformgesetzgebung und des Kulturkampfs, soll in meiner Arbeit ein besonderes Augenmerk auf die Geschichte der Arbeiterbewegung in den Jahren 1873 bis 1877 gelegt werden. Prozesse, durch die sich die Sozialdemokratie als Partei erst konstituierte, gingen zu dieser Zeit einher mit der sozioökonomischen und politisch-diskursiven Entfaltung eines neu entstandenen Nationalstaats, der sich ebenfalls gerade erst konstituiert hatte und mit der aufkommenden Arbeiterbewegung sowie den ab 1873 auftauchenden wirtschaftlichen Turbulenzen zu kämpfen hatte. Gleichzeitig band der Kulturkampf – als Paradebeispiel für die Abgrenzung einer In- und Outgroup zum Zwecke der Identitätskonstruktion beider Seiten – nicht wenige staatliche und vor allem politische Ressourcen.

Das Verhältnis von Staat und Sozialdemokratie soll in dieser Arbeit vor allem vermittelt über die diskursive Ebene dargestellt und der Fokus auf die Sozi-

---

[3] Vgl. hierzu: Conrad, Sebastian: Globalisierung und Nation im Deutschen Kaiserreich, München 2006, S. 65. Hier wird deutlich, dass Globalisierungsprozesse ein dezidiert nationalstaatliches Denken beförderten, gleichsam als Abgrenzungsmechanismus: „Im späten 19. Jahrhundert war es vor allem die Abgrenzung von Nationalstaaten, die den Prozeß der Globalisierung begleitete und auf ihn reagierte." Auch: Petersson, Niels P.: Das Kaiserreich in Prozessen ökonomischer Globalisierung, in: Conrad, Sebastian/Osterhammel, Jürgen (Hrsg.): Das Kaiserreich transnational. Deutschland in der Welt 1871–1914, Göttingen 2006, S. 49–67; Torp, Cornelius: Die Herausforderung der Globalisierung. Wirtschaft und Politik in Deutschland 1860–1914, Göttingen 2005.

[4] Vgl. Kos, Wolfgang/Gleis, Ralph (Hrsg.): Experiment Metropole. 1873: Wien und die Weltausstellung, Wien 2014; Pemsel, Jutta: Die Wiener Weltausstellung von 1873. Das gründerzeitliche Wien am Wendepunkt, Wien 1989.

aldemokratie als Vertreterin einer aufstrebenden politischen Bewegung in einer Phase der eigenen Institutionalisierung in organisatorischer und programmatischer Hinsicht gerichtet werden. Richtungsweisend ist hierbei die Frage nach der Reaktion einer im Kern antikapitalistischen Bewegung auf eine Krise des noch jungen (Industrie-)Kapitalismus im Rahmen eines noch neuartigeren, durch „Blut und Eisen“ entstandenen Nationalstaats. Betrachteten die politischen Akteure der Arbeiterbewegung die Krise von 1873 als Ausdruck einer rein wirtschaftlichen Entwicklung, oder verbanden sie diese mit einer Analyse des Herrschaftssystems? Wie dachten Sozialisten in den Jahren vor und nach der Entstehung des Gothaer Programms über Markt, Staat, Kapitalismus und den Finanzmarkt, der nun erstmals auf deutschem Boden eine wirklich signifikante politische und ökonomische Größe darstellte? Wurde die Krise als neu wahrgenommen, gab es historische Vergleichswerte? Kam es zu einer Analyse des Kapitalismus, die noch relativ unberührt von Marx'schen Ideen argumentierte, sich von ihnen absetzte oder diesen konsequent folgte, sie gar weiterentwickelte? Welche Lösungsansätze wurden entwickelt? Stärkte die Finanzkrise, später auch die Wirtschaftskrise das Selbstbewusstsein dieser nach der allgemeinen Lesart genuin antikapitalistischen Bewegung? Oder schwächte sie ihre Struktur, so wie die Gewerkschaften – beispielsweise anhand der Streikstatistik nachvollziehbar – an Verhandlungsmacht verloren in dieser Periode sinkender Löhne und sinkender Absätze, begründet durch eine allgemeine Nachfragelücke?[5] Oder gibt es Anhaltspunkte für eine durch die Krise angetriebene Radikalisierung der Gewerkschaftsbewegung, wie es – mit dem Beispiel des „Great Strike“ von 1877 – in den USA geschah?[6]

Inwieweit kann der Begriff der Ideologie, der sich auf einer mittleren Ebene zwischen den politischen und philosophischen Ideen und der tagesaktuellen politischen Praxis als Bindeglied für die Vermittlung der sozialdemokratischen Werte befindet, als analytisches Instrument verwendet werden? Kann von einer regelrechten Ideologieproduktion gesprochen werden, von bestimmten ideologischen Grundgedanken, die – beeinflusst durch die Gründerkrise – fortan im Sinne einer pfadabhängigen Entwicklung zum gängigen Repertoire sozialdemokratischer Semantik zählten? Wie groß war die Rolle von Marx und Engels und war nicht der einzelne politische Akteur, welcher sich aus dem „mittleren Parteimanagement“ rekrutierte und der in Kontakt mit Wählern und Parteimitgliedern stand, die entscheidende Verbindung zwischen den intellektuellen Vordenkern und der eigentlichen Basis der Bewegung?

In diesem Sinne muss auch der „einfache“ Arbeiter oder Handwerker, dessen Worte immer wieder auch Eingang in die Seiten des „Volksstaat“ und des „Neuen Social-Demokraten“ fanden, als eigenständiger Akteur ernst genom-

---

5 Vgl. Machtan, Lothar: Streiks und Aussperrungen im deutschen Kaiserreich. Eine sozialgeschichtliche Dokumentation für die Jahre 1871 bis 1875, Berlin (West) 1984.

6 Vgl. Bixby, Brian: Great Strike of 1877, in: Leab, Daniel J. (Hrsg.): Encyclopedia of American Recessions and Depressions. Critical Period of 1783–1789 to Recession of 1920–1921, Santa Barbara 2014, S. 261–263.

men werden. Redner auf Parteiversammlungen werden in dieser Arbeit dementsprechend als relevante Diskursteilnehmer angeführt.[7] In den nachfolgenden Kapiteln soll die Produktion sozialdemokratischer Weltanschauungen in den Jahren zwischen 1873 und 1877 nicht als Ausdruck einer vermeintlich weniger entwickelten „vorkautskyanischen Ideologie" betrachtet werden, sondern als eigenständige Version einer von vielen Sozialdemokratien, die existiert haben und – historisch betrachtet – in der Erinnerung auch weiterhin nebeneinander existieren.[8]

Unter Ideologie wird im Folgenden ausdrücklich nicht ein wie auch immer geartetes „falsches Bewusstsein" der diskursiven Akteure verstanden, sondern die „in Diskursen [...] enthaltenen impliziten Theorien und Annahmen über die ‚wahre Wirklichkeit', die Durchdringung des Alltäglichen mit diesen Vorstellungen sowie die damit verbundene Produktion von Subjektpositionen".[9] In diesem Sinne wird Ideologie in dieser Arbeit – ich folge hier den Annahmen von Robert Wuthnow – weder als zutreffende oder nicht zutreffende Reflektion der Realität betrachtet, die von Historikerinnen und Historikern bewertet werden muss, sondern als Untersuchungsgegenstand und als Ausdruck sozialer und diskursiver Faktoren, die bestimmte ideologische Wahrnehmungskategorien mehr oder minder begünstigten und die von historischen Akteuren mal mehr, mal weniger aufgegriffen und überformt wurden.[10]

Besonders interessant ist in der Frühgeschichte der deutschen Sozialdemokratie hierbei die genuine Mischung aus Theorien und Annahmen, die jeglichen – oftmals im Nachhinein projizierten – Abgrenzungen nicht selten Hohn spricht. Die Konzentration auf den politischen Diskurs der deutschen Sozialdemokratie wird auch die Frage nach der Rolle der unterschiedlichen, der Bewegung zur Verfügung stehenden medialen Formen konturieren, die ihrerseits gewisse diskursive Praktiken bedingten oder zumindest begünstigten. Das Forum des Reichstags, zuerst nur zugänglich für eine kleine Anzahl sozialdemokratischer Abgeordneter, musste sich hinsichtlich seines semantischen Charakters stark unterscheiden von der – abgesehen von Zensurmaßnahmen – freien Stellungnahme in den parteieigenen Zeitungsorganen. Wurden ideologische Fra-

---

7 Vgl. zur Rolle der öffentlichen Versammlungen im Diskurs des Kaiserreichs: Jung, Theo: Streitkultur im Kaiserreich. Politische Versammlungen zwischen Deliberation und Demonstration, in: Braune, Andreas/Dreyer, Michael/Lang, Markus/Lappenküper, Ulrich (Hrsg.): Einigkeit und Recht, doch Freiheit? Das Deutsche Kaiserreich in der Demokratiegeschichte und Erinnerungskultur, Stuttgart 2021, S. 101–120 (zur Sozialdemokratie unter dem Sozialistengesetz S. 104).

8 Groh, Dieter: Negative Integration und revolutionärer Attentismus. Die deutsche Sozialdemokratie am Vorabend des Ersten Weltkrieges, Frankfurt am Main/Berlin (West)/Wien 1973, S. 58.

9 Hirseland, Andreas/Schneider, Werner: Wahrheit, Ideologie und Diskurse. Zum Verhältnis von Diskursanalyse und Ideologiekritik, in: Keller, Reiner/Hirseland, Andreas/Schneider, Werner/Viehöver, Willy (Hrsg.): Handbuch Sozialwissenschaftliche Diskursanalyse, Bd. 1: Theorien und Methoden, Opladen 2001, S. 373–402, hier S. 394.

10 Vgl. Wuthnow, Robert: Communities of Discourse. Ideology and Social Structure in the Reformation, the Enlightenment, and European Socialism, Cambridge (MA) 1989, S. 16.

gen vor allem auf Parteitagen, im Reichstag, in Briefen oder in Zeitungsartikeln diskutiert?[11] Vor allem Reinharts Kosellecks Hinweis auf die Unvereinbarkeit zwischen „endloser Wiederholbarkeit" klassischer Texte und dem Medium Zeitung lässt dieses als besonders aufschlussreich für die Untersuchung ideologischen Wandels erscheinen.[12] Wie zugänglich waren diese Debatten und gab es in der Frühphase der Sozialdemokratie eine gewisse ideologische Fluidität, die sich in den Jahrzehnten danach nicht mehr auffinden lässt? Diese und andere Fragen werden im dritten Teil der Arbeit eine wichtige Rolle spielen.

In der Forschung ist die kurze Dekade sozialdemokratischer Gründungswellen zwischen 1871 und 1878, die durch exogene Einwirkungen auf die sozialdemokratische Arbeiterbewegung, wie den Deutsch-Französischen Krieg und den Erlass des Sozialistengesetzes, geprägt war, eher vernachlässigt worden. So ist in einem ausführlichen Überblickswerk, welches sich mit der gesamten Geschichte der deutschen Arbeiterbewegung auseinandergesetzt hat, bei den von den Beiträgen abgedeckten Zeiträumen eine große Lücke in den 1870er Jahren wie auch in den 1880er Jahren festzustellen.[13] Wenn man nun die gründliche Erforschung der Jahre 1878–1890 an anderen Stellen mit einbezieht, wird der Mangel an neueren Forschungen für die Jahre 1871–1878 umso prägnanter.[14] Neuere Forschungsarbeiten haben sich aus geschichtswissenschaftlicher Sicht zunehmend mit der Geschichte der Arbeiterbewegung zwischen Revolution von 1848/49 und Sozialistengesetz beschäftigt, dabei aber die Gründerkrise nicht näher untersucht.[15] Gleichzeitig ist die Geschichtsschreibung über Wirtschaftskrisen in den letzten Jahren besonders mit dem Blick auch auf die Analyse von historischer Semantik und Krisenwahrnehmungen erfolgt, hat dabei aber vermehrt zeitgeschichtliche Phänomene untersucht – das gilt für diskurslinguistische, also eher sprachwissenschaftlich orientierte Forschungen, wie auch für genuin historische Arbeiten.[16] In diesem Sinne soll in dieser Arbeit den Appellen nachgegan-

---

11 Vgl. zur symbolischen Rolle des Reichstags im Kaiserreich: Biefang, Andreas: Die andere Seite der Macht. Reichstag und Öffentlichkeit im „System Bismarck" 1871–1890, Düsseldorf 2009.

12 Koselleck, Reinhart: Hinweise auf die temporalen Strukturen begriffsgeschichtlichen Wandels, in: Bödeker, Hans Erich (Hrsg.): Begriffsgeschichte, Diskursgeschichte, Metapherngeschichte, Göttingen 2002, S. 31–47, hier S. 47.

13 Vgl. hierzu: Barclay, David E./Weitz, Eric D. (Hrsg.): Between Reform and Revolution. German Socialism and Communism from 1840 to 1990, Providence 1998.

14 Vgl. hierzu aus der älteren Forschung: Stephan, Cora: „Genossen, wir dürfen uns nicht von der Geduld hinreißen lassen!" Aus der Urgeschichte der Sozialdemokratie 1862–1878, Frankfurt am Main 1977; Eckert, Georg: Die Konsolidierung der sozialdemokratischen Arbeiterbewegung zwischen Reichsgründung und Sozialistengesetz, in: Mommsen, Hans (Hrsg.): Sozialdemokratie zwischen Klassenbewegung und Volkspartei, Frankfurt am Main 1974, S. 35–51.

15 Vgl. Schmidt, Jürgen: Brüder, Bürger und Genossen. Die deutsche Arbeiterbewegung zwischen Klassenkampf und Bürgergesellschaft 1830–1870, Bonn 2018; Welskopp, Thomas: Das Banner der Brüderlichkeit. Die deutsche Sozialdemokratie vom Vormärz bis zum Sozialistengesetz, Bonn 2000.

16 Vgl. hierzu: Klammer, Kristoffer: ‚Wirtschaftskrisen'. Effekt und Faktor politischer Kommunikation Deutschland 1929–1976, Göttingen 2019; Römer, David: Wirtschaftskrisen.

gen werden, die sich für eine weitere Erforschung von Wirtschaftskrisen als kulturellen Phänomenen ausgesprochen haben.[17]

Im Ergebnis soll gezeigt werden, dass der Blick auf die Ökonomie und die Betrachtung gesellschaftlicher Auswirkungen ökonomischer Krisen nicht getrennt voneinander stattfinden müssen, wie auch oft in der Literatur eingefordert.[18] Diese Erkenntnis soll das verbindende Element zwischen einer rein wirtschaftshistorischen Analyse ökonomischer Krisenprozesse und der kulturgeschichtlichen Analyse eines gesellschaftlichen Krisendiskurses darstellen.

Beide angesprochenen Komplexe, der ökonomische und der gesellschaftlich-politische Krisenkomplex, sind niemals unabhängig voneinander, sondern eng miteinander verwoben. Die sich im Jahr 1873 bei Ausbruch der Krise den Zeitgenossen darstellende Wirtschaftsordnung war mindestens genauso die Folge ökonomischer Wandlungsprozesse, die durch menschliches Handeln angestoßen wurden, wie menschliches Handeln durch diese Wandlungsprozesse beeinflusst wurde.[19] Dieser Zusammenhang muss deshalb hervorgehoben werden, weil der Nexus zwischen Wirtschaftsordnung und politischem System vor allem dann sichtbar wird, wenn es zur Krise kommt. In Zeiten stabiler Systeme bieten sich für Beobachterinnen und Beobachter aus Gegenwart und Zukunft viele Ansatzpunkte, zwei *a priori* unterschiedliche Systemlogiken von Wirtschaft und Gesellschaft oder Kultur zu konstruieren. Nichts hieße aber den modernen Kapitalismus mehr misszuverstehen, als die enge und unüberwindbare Kopplung zwischen Gesellschafts- und Wirtschaftsordnung zu übersehen – oder aber auch stattdessen den Fehler zu machen, eines der beiden Felder ausschließlich als Determinans und das andere als Determinatum zu beschreiben.

Für die Historiographie einer politischen Bewegung, deren Erfolgsrezept es war, sich durch eine grundsätzliche ökonomische Analyse mit Wahrheitsanspruch und Zukunftswert als politische Alternative in den Augen der Öffentlichkeit zu plausibilisieren, ist es daher unerlässlich, auf die historische Gewor-

---

Eine linguistische Diskursgeschichte, Berlin/Boston 2017; Kuck, Kristin: Krisenszenarien. Metaphern in wirtschafts- und sozialpolitischen Diskursen, Berlin/Boston 2018; Wengeler, Martin/Ziem, Alexander: „Wirtschaftskrisen" im Wandel der Zeit. Eine diskurslinguistische Pilotstudie zum Wandel von Argumentationsmustern und Metapherngebrauch, in: Landwehr, Achim (Hrsg.): Diskursiver Wandel, Wiesbaden 2010, S. 335–354.

17 Vgl. Rossfeld, Roman: „Fieberkurven" und „Finanzspritzen". Plädoyer für eine Kultur- und Wissensgeschichte wirtschaftlicher Krisen im 19. und 20. Jahrhundert, in: Jahrbuch für Wirtschaftsgeschichte 57, 2 (2016), S. 305–333.

18 Vgl. Berghoff, Hartmut/Vogel, Jakob: Wirtschaftsgeschichte als Kulturgeschichte. Ansätze zur Bergung transdisziplinärer Synergiepotenziale, in: Dies. (Hrsg.): Wirtschaftsgeschichte als Kulturgeschichte. Dimensionen eines Perspektivenwechsels, Frankfurt am Main 2004, S. 9–42; Plumpe, Werner: Ökonomisches Denken und wirtschaftliche Entwicklung. Zum Zusammenhang von Wirtschaftsgeschichte und historischer Semantik der Ökonomie, in: Jahrbuch für Wirtschaftsgeschichte 50, 1 (2009), S. 27–52.

19 Vgl. hierzu: Ich bediene mich der von Gerold Ambrosius geprägten Unterscheidung von „Wirtschaftssystem" als Realität wirtschaftlichen Geschehens und „Wirtschaftsordnung" als – in meiner Sicht unter Verwendung eines möglichst breiten Institutionenbegriffs – dem institutionellen Rahmen; vgl. Ambrosius, Gerold: Staat und Wirtschaftsordnung, Stuttgart 2001, S. 12.

denheit ebenjener Institutionen hinzuweisen, die aus der Sicht der „Kritiker" reformbedürftig oder gar abschaffungswürdig sind. Diese Perspektive, verbunden mit einem daraus hervorgehenden Veränderungsoptimismus, schimmert aus den historischen Quellen jedenfalls so häufig durch, so dass klar wird, dass die Zeitgenossen das neugegründete Reich nicht als hinzunehmenden *fait accompli* wahrnahmen. Dies darf bei der Beurteilung des Krisendiskurses der deutschen Sozialdemokratie nicht zu gering gewichtet werden: Der neue Staat war wirklich neu und aus Sicht der Commune-Sympathisanten und Kriegsgegner von 1871 auf weichem Fundament gebaut. Der Zukunftsstaat hingegen war für diese Zeitgenossen der sozialistische Volksstaat, und er sollte modern und international wegweisend sein und würde zweifelsohne auf festem Grund errichtet werden. Die Offenheit der Geschichte aus der Sicht der Zeitgenossen verleiht den kapitalismus- und reichskritischen Argumentationen der Sozialisten in den Jahren der Reichsgründung den notwendigen Nachdruck, der in der untersuchten Zeit wohl leicht fühlbar war, aber beim zurückblickenden Historiker, der je nach Bedarf den Standpunkt des Jahres 1914, 1945 oder 2021 einnehmen kann, leicht verloren gehen könnte.

Krisen zu verstehen heißt, die Fragilität gesellschaftlicher Systeme transparenter zu machen, die erst in Krisensituationen sichtbar wird; dies gilt ausnahmsweise für Zeitgenossen und Historikerinnen und Historiker gleichermaßen. Diese Fragilität ist aber eine Variable, mit der in der politischen Auseinandersetzung gerechnet wird, die also nicht im Nachhinein von der Wissenschaft „entdeckt" werden muss. Von Seiten der zeitgenössischen gesellschaftlichen Elite handelt es sich hierbei um eine zu verbergende, in Form von politischen Bewegungen wie der Sozialdemokratie gar zu unterdrückende Regung. Im Fall der aufbegehrenden Gruppe ist ebenjene Fragilität der Anlass für eine oppositionelle Bewegung, die Chancen auf Machtgewinn hat, wenn sich nicht sogar der Sturz des Systems anbietet – immer vermittelt über Sprache als Medium und umgesetzt durch Sprache als konstituierendes Element menschlichen Handelns. Das treffendste Beispiel in der neueren Historiographie bietet dafür die sozialistische Bewegung Europas im 19. und 20. Jahrhundert, wie auch Jürgen Schmidt in Bezug auf die frühe Arbeiterbewegung festgestellt hat:

> „Sprache, die Definition von Begriffen, eine rhetorische Streit- und Diskussionskultur, prägten Engagement und Identitätsbildung der Arbeiterbewegung mindestens so nachhaltig wie sozioökonomische Strukturen."[20]

In diesem Sinne soll auf den folgenden Seiten die bisher unterbeleuchtete Epoche der frühen deutschen Sozialdemokratie aus zwei Blickwinkeln betrachtet werden: dem wirtschaftshistorischen, vermittelt über die Bruchstelle 1873, und dem diskursgeschichtlichen, vermittelt über die beiden Parteizeitungen der Jahre 1873 bis 1877, nämlich „Neuer Social-Demokrat" und „Der Volksstaat". Ergänzt werden diese Quellen durch Briefe, Parteitagsprotokolle, Reden, Schriften,

---

20 Schmidt, Brüder, S. 24.

Broschüren und Erinnerungen prominenter Sozialdemokraten. Dabei liegt der Fokus vor allem auf der Analyse der beiden Zeitungen, die im Beobachtungszeitraum als Debattenportale dienten und viele Stellungnahmen unterschiedlicher Parteiakteure zu aktuellen politischen Themen enthalten.

2. *Aufbau der Arbeit*

Die Arbeit lässt sich in vier unterschiedlich große Teile gliedern. Eine Übersicht zur aktuellen Forschungsliteratur wird jeweils kapitelweise thematisch zugeordnet geboten, um den Überblick zu erleichtern – daher habe ich mich für eine kürzere Einleitung entschieden. Die Auswahl der Kapitelthemen ist aus dem Gedanken einer möglichst breiten Analyse der sozialdemokratischen Krisenwahrnehmung entstanden. So kommen nicht nur ökonomische Aspekte, sondern auch Fragen der Moral, der Fremdwahrnehmung und des internationalen Austauschs in den Fokus. Nach der Einleitung (Teil I) werde ich in Teil II der Arbeit einen wirtschaftshistorischen Ansatz verfolgen und den Gründerkrach von 1873 untersuchen. Dabei werde ich mit einer detaillierteren Schilderung der theoretischen Ausgangspositionen beginnen und dann eine kurze Darstellung der Entwicklung der deutschen Wirtschaftsordnung seit Anfang des 19. Jahrhunderts anschließen. Hierbei wird besonders der wichtige Einfluss institutioneller Faktoren auf die Genese einer zum modernen Industriekapitalismus sich scheinbar komplementär entwickelnden Wirtschaftsordnung hervorgehoben – nur scheinbar komplementär deswegen, da im Folgenden argumentiert werden soll, dass die (klein-)deutsche Wirtschaftsordnung im 19. Jahrhundert nicht vor allem die Antwort auf die vermeintlich selbständige Entfesselung einer nie dagewesenen modernen kapitalistischen Ökonomie war, sondern gleichzeitig auch durch wichtige institutionelle Weichenstellungen zentrale Anstöße für die Form des neu entstehenden Systems bot. Dieses war keineswegs – wie nicht nur durch die Diskussion um die „varieties of capitalism" deutlich geworden ist – allein durch ökonomische Gesetzmäßigkeiten geleitet, sondern durch einen von unterschiedlichen Akteuren angestoßenen und ebenso begleiteten gesellschaftlichen Entwicklungsprozess gekennzeichnet. Das Hauptgewicht meiner Argumentation in Teil II der Arbeit beruht hier auf der Darstellung institutioneller Faktoren, die, wie durch Geoffrey Hodgsons rechtlichen Institutionalismus und durch die Verwendung von Ansätzen aus der Regulationstheorie deutlich werden wird,[21] keineswegs eine unmittelbare Steuerungsfähigkeit ökonomischer Abläufe ermöglichen.

---

21 Vgl. Hodgson, Geoffrey, Conceptualising Capitalism, Chicago 2015; Boyer, Robert: Économie politique des capitalismes. Théorie de la régulation et des crises, 2015; ders. (Hrsg.): Régulation theory: the state of the art, London/New York 2002; Görg, Christoph: Regulation – ein neues „Paradigma"?, in: Esser, Josef/Görg, Christoph/Hirsch, Joachim (Hrsg.): Politik, Institutionen und Staat. Zur Kritik der Regulationstheorie, Hamburg 1994, S. 13–

Bevor ich mich der Darstellung und Analyse der Krise von 1873 zuwende, werde ich mich dem Krisenbegriff widmen, um seine vielseitige Anwendbarkeit zu zeigen und die konkrete Anwendung in dieser Arbeit zu erläutern, ohne gleichzeitig die Probleme, die mit der Verwendung eines solch ubiquitär benutzten Begriffs einhergehen, zu verschweigen. Zuletzt, bevor die Krise selbst beschrieben wird, muss für diese Arbeit festgelegt werden, mit welchem Krisenbegriff operiert werden soll. Neben der Schilderung des Gründerkrachs von 1873, die im dann folgenden Kapitel Hauptgegenstand sein wird, soll auch die scheinbar paradoxe Feststellung Hyman P. Minskys überprüft werden, der für Finanzkrisen im 20. Jahrhundert konstatierte, dass institutionelle Ordnungsstrukturen, die mit Stabilität einhergehen, immer wieder den Keim neuer Turbulenzen in sich tragen.[22] Finanzmarktakteure fühlen sich demnach durch institutionelle Stabilität bemüßigt, höhere Risiken einzugehen. Was für den Einzelnen rational erscheint, sorgt im Kollektiv für abnehmende Stabilität.

Hierdurch wird deutlich werden, ob bezogen auf das Werk Minskys oder in der Regulationstheorie im Sinne Robert Boyers: Stabilität destabilisiert. Die Mikro-, Meso- und Makroebenen können völlig unterschiedliche Handlungsanreize bieten und damit paradoxe Ergebnisse zeitigen. Kapitalistische Wirtschaftssysteme sind dem ständigen Wandel unterworfen, der ihre systemischen Voraussetzungen immer wieder in Frage stellt, bis ein neues Regulationsregime das alte ablöst und erneut für eine Phase gewisser Stabilität sorgt. In Verbindung mit dem Aufkommen schumpeterianischen Wirtschaftswachstums ist diese Kombination die Rezeptur für eine der Komplexität moderner Ökonomien angemessene Analyse der wechselvollen (Wirtschafts-)Geschichte moderner Gesellschaften. Es stellen sich dabei folgende Fragen: Können wir diese Prozesse schon in der Krise von 1873 beobachten oder fehlten wesentliche Variablen der Gleichung? Kann Minskys Hypothese der finanziellen Instabilität als Analysefolie überzeugen, oder war die Rolle der Finanzmärkte noch zu rudimentär im Vergleich zu den von Minsky beschriebenen Krisen in der Mitte des 20. Jahrhunderts? Und welche Rolle spielten institutionelle Transformationen, wie etwa die Liberalisierung des Aktienrechts in Deutschland? Diese Fragen sollen im letzten Kapitel von Teil II der Arbeit beantwortet werden.

Der anschließende Teil III bildet den argumentativen Hauptteil meiner Arbeit. Überträgt man die zentralen Bestandteile des modernen Kapitalismus auf den Untersuchungsgegenstand der vorliegenden Arbeit, wird offensichtlich, dass der moderne Kapitalismus Ende des 19. Jahrhunderts in Deutschland vollkommen entwickelt war. Im weiteren Verlauf der Arbeit wird zu fragen sein, ob dies auch für die argumentative Schlagkraft der kapitalismuskritischen Bewegung der neu entstehenden Arbeiterklasse galt. Die Krisenwahrnehmung der deutschen Sozialdemokraten in den Jahren nach Ausbruch des Gründerkrachs

---

30; Esser, Josef/Görg, Christoph/Hirsch, Joachim: Von den „Krisen der Regulation" zum „radikalen Reformismus", in: Dies. (Hrsg.): Politik, Institutionen und Staat. Zur Kritik der Regulationstheorie, Hamburg 1994, S. 213–228.

22 Vgl. Minsky, Hyman P.: Instabilität und Kapitalismus, Zürich 2011.

von 1873 werde ich anhand von Zeitungsartikeln, Reichstagsreden, Parteitagsprotokollen, Büchern, Broschüren und Briefen nachzeichnen. Dafür wurde ein Analyseraster entworfen, welches sich in der Strukturierung der Kapitel wiederfindet:

Zuerst möchte ich mich mit dem Themenkomplex der Krisenwahrnehmung im Ausland auseinandersetzen. Eine wichtige Rolle sollen folgende Fragen spielen: Wie internationalistisch war die Sozialdemokratie wirklich, wie wurden Entwicklungen in anderen Ländern geschildert, gab es nationalistische Vorurteile, gab es eine ausdifferenzierte Wahrnehmung eines globalen Kapitalismus?

Das nächste Kapitel soll sich mit der Krise als Ausdruck unmoralischer Verhältnisse befassen. Gibt es ein Spannungsfeld zwischen der Betrachtung der Entwicklungen vom Standpunkt der „moral economy“ und einer Herangehensweise, die sich vielleicht schon als fortgeschrittene Kapitalismuskritik im Marx'schen Sinne beschreiben lässt, welche explizit nicht in moralischen Kategorien analysiert? Weiterhin stellt sich die Frage: Wie marxistisch ist die Gründungsgeneration der Partei?[23]

Sodann werde ich mich der Frage zuwenden, inwiefern die Krise als logische Folge des Kapitalismus gedeutet wird. Kommt es hier zu einer Analyse im wissenschaftlichen Sinn, oder bleibt es im Wesentlichen bei einer Polemik gegen den Kapitalismus aus der Sicht der gesellschaftlichen Out-Group? Wie wurde über die Zukunft des Kapitalismus und der Krisen gedacht? Wurden systematische Zusammenhänge erläutert und diskutiert oder einfach nur behauptet?

Auf einer weniger abstrakten Ebene stelle ich die Frage, inwiefern die Krise von den Beteiligten als Chance für die parteipolitische Agitation gesehen wurde. Profitierte die Partei, weil sich ihre Vorhersagen bewahrheiteten, oder führte die Schwächung der Verhandlungsbasis der Arbeiterschaft auch zur Schwächung ihres politischen Engagements? Oder gingen beide Entwicklungen miteinander einher? Wie lassen sich die Wirkungen einordnen? Hier werden auch regionale Disparitäten zu beachten sein, aber auch die zeitliche Nähe zu den medialen Höhepunkten der Krise im Mai und Oktober 1873 oder den anstehenden Reichstagswahlen, bis hin zum Jahr 1875, in dem sich die Krise auch deutlicher in der wirtschaftlichen Entwicklung niederschlug.

Ressentiments gehen mit Gesellschafts- oder Kapitalismuskritik oft einher. Ob und wie dies im Fall der Gründergeneration der Sozialdemokratie geschah, soll im nächsten Kapitel der Arbeit beleuchtet werden: Wie wurde der politische Gegner „geframed“, gab es antisemitische Phrasen und Nationalismus, wie äußerten sich Antikapitalismus (kann davon überhaupt die Rede sein?) und Antiklerikalismus? Sozialdarwinistische Argumentationen und Biologismen sollen mich hier ebenso beschäftigen wie rassistische Topoi. Sind etwa ähnliche semantische Prozesse zu beobachten, wie bei neueren Forschungen in Bezug auf Wirtschaftskrisen jüngeren Datums, bei denen ein Wandel von biologistischen hin

---

23 Vgl. hierzu vor allem für die nächste Generation der Arbeiterbewegung wegweisend: Morina, Christina: Die Erfindung des Marxismus. Wie eine Idee die Welt eroberte, München 2017.

zu mechanistischen Metaphern über die Dauer des Krisenverlaufs stattfand?[24] Zuletzt muss auch die Frage nach aus heutiger Sicht populistischen Argumentationsmustern gestellt werden. Die Rede von einer kleinen Elite, welche sich gegen die übergroße Mehrheit des Volkes stellt, kann unter demokratischen Gesichtspunkten eine höchst erfolgreiche Strategie sein, kann aber auch die Gelegenheit zur Simplifizierung des politischen Diskurses bieten. Wie ging die deutsche Sozialdemokratie mit diesem Zwiespalt um? Kann man von Populismus im Kaiserreich sprechen, transportiert durch die Anti-System-Partei(en) der Sozialdemokraten?

Ein Blick auf innerparteiliche Unterschiede zwischen den beiden Hauptströmungen der Partei soll Unterschiede und Gemeinsamkeiten aufzeigen und Gegenstand des anschließenden Kapitels sein: Wer argumentierte wie? Waren die Eisenacher vornehmlich Systemkritiker, die Lassalleaner – wie klassischerweise angenommen wird – demgegenüber Reformisten? Wie wurde der jeweils andere konkurrierende Parteiflügel im Spiegel der Krise betrachtet? Wie kam es zur Einigung in Zeiten der Krise, wurden Verbindungen zur Krise hergestellt, und lassen sich aus der rückschauenden Perspektive des Historikers hier Zusammenhänge erkennen? Kann man von einer Parteieinigung dank oder trotz der Krise und unbenommen staatlicher Unterdrückung sprechen?

Nicht nur Konsequenzen für den innerparteilichen politischen Diskurs, sondern auch die Auseinandersetzung mit dem politischen Gegner sollen im Fokus des nächsten Kapitels stehen: Wie war das Verhältnis zum Reich und zu den anderen, von der Reichsleitung gern als solchen und sich selbst in ironischer Weise betitelnden „Reichsfeinden“? Bedeutete diese weltweite Krise des Finanzkapitalismus auch folgerichtig eine Krise der regierenden Liberalen, die mit dem „Manchester-System“ und der Freihandelsära seit Mitte des 19. Jahrhunderts identifiziert wurden? Wie reagierten die Liberalen auf solche Angriffe? Was bedeutete die Rede von der Krise für das Verhältnis zum Zentrum und die Chancen der Systemopposition insgesamt?

Im sich anschließenden Kapitel sollen die zeitgenössischen Analysen zur Lage der Arbeiterschaft betrachtet werden, auch im Hinblick auf regionale Unterschiede: Wie stand es aus Sicht der Sozialdemokraten um die Gewerkschaften im Spiegel der Krise? Wie wurde die Entwicklung der nationalen und internationalen Wirtschaftsbeziehungen eingeschätzt, und welchen Einfluss darauf würde die Krise haben? Wie erlebten Arbeiter und Gewerkschafter den Kapitalismus konkret? Wurden handfeste Forderungen gestellt, oder blieb es bei eher abstrakten Parolen?

Anschließend an die Überlegungen bezüglich der Wirtschaftsentwicklung infolge der Krise werde ich mich im nächsten Kapitel der Beurteilung zeitgenössischer Wirtschaftstheorien und der Wirtschaftswissenschaft und vor allem auch des Wirtschaftsjournalismus widmen. Ein wichtiger Aspekt wird hier die Auseinandersetzung mit der Debatte Freihandel vs. Protektionismus sein, die auch in der sozialdemokratischen Presse ihren Widerhall gefunden hat.

---

24 Vgl. hierzu mit Blick auf das 20. Jahrhundert: Klammer, ‚Wirtschaftskrisen‘, S. 122.

Einen genaueren Blick auf die Sprachebene soll das Kapitel mit dem Titel „Sozialdemokratische Presse in der Auseinandersetzung“ bieten. Wie attackierte die sozialdemokratische Presse den politischen Gegner, und wie wurde sie attackiert?

Die Frage nach der Nationalisierung der Partei, also der Netzwerksbildung im Kaiserreich, die natürlich auch als Paradoxon erscheinen könnte, wenn man davon ausgeht, dass sich viele Sozialdemokraten offen gegen den neugegründeten Nationalstaat aussprachen, während sie gleichzeitig durch ihre Aktivitäten die politische Arena erst miterschufen, in der eine Art nationaler Diskurs existieren konnte, soll genauso beleuchtet werden wie die konkreten Aktivitäten dieser einzelnen Akteure vor Ort. Letztere sind vielleicht auch gut als „Parteimanager“ zu bezeichnen, denn im Anschluss an Parteiversammlungen, die dann auch detailliert in der überregionalen Presse geschildert wurden, baten die jeweiligen Redner und Organisatoren die Anwesenden darum, der Partei beizutreten oder Abonnenten des „Volksstaats“ oder des „Neuen Social-Demokraten“ zu werden, was ihnen nach der Durchsicht der Versammlungsberichte in den beiden Hauptorganen der deutschen Sozialdemokratie zu urteilen bei einer nicht unwesentlichen Zahl der Teilnehmer meistens auch gelang.

Während ein weiteres Kapitel sich mit Zukunftsanalysen und Zukunftsvorhersagen aus Sicht der deutschen Arbeiterschaft beschäftigen soll, möchte ich auf der anderen Seite nicht die Rolle von „Krisenrückblicken“ übergehen. Hier tauchen in den Quellen Vergleiche mit den Ereignissen des Jahres 1857 auf, aber auch andere Bezugspunkte werden zu nennen sein. In Teil IV wird ein Fazit, wie auch ein Ausblick auf den weiteren Verlauf der Geschichte der deutschen Sozialdemokratie, geboten, da die in der Frühphase des deutschen Sozialismus als organisierte Partei getroffenen Entscheidungen sich über viele Jahrzehnte ausgewirkt haben – weit über das Ende des Kaiserreichs hinaus. Die Krise, vor allem die Rede von der Krise, hatte vermittelt über diese Entscheidungen den Weg in die DNA der deutschen Sozialdemokratie gefunden. Wie und warum, soll auf den folgenden Seiten ergründet werden.

II. Der Gründerkrach von 1873 – eine Weltwirtschaftskrise trifft Europa

1. *Theoretische Ausgangspositionen*

Will man die Folgen der weltweiten Finanzkrise von 1873 für das noch junge Deutsche Reich richtig abschätzen, muss ein kurzer Rückblick auf die vorangegangenen wirtschaftspolitischen Wegscheiden stattfinden. Die klassische Erzählung der europäischen und deutschen Wirtschaftsgeschichtsschreibung lautet, dass sich nach dem Ende der napoleonischen Kriege nach und nach wirtschaftsliberale Ideen – erstmals auch in den deutschsprachigen Gebieten – durchzusetzen vermochten und zu einem langsamen Rückzug des Staates führten, der damit die freien Marktkräfte entfesselte und somit gleichsam die Grundlagen für den modernen Kapitalismus und die mit ihm einhergehende wirtschaftliche Leistungsfähigkeit legte.[25] Diese Sichtweise ist in der neueren Forschung immer wieder differenziert worden. So nennt Werner Abelshauser das deutsche Produktionsregime vor 1873 eine „liberale Marktwirtschaft von oben".[26] Der prominenteste Vertreter einer zur klassischen Erzählung konträren Position ist sicherlich Karl Polanyi, der in seinem Hauptwerk „The Great Transformation" die Vorstellung eines sich selbst regulierenden Marktes schon vor ihrer Popularisierung und nachfolgenden Vulgarisierung in Wissenschaft, Politik und Massenmedien in den 1970er Jahren als Utopie bezeichnete.[27]

Die institutionellen Vorbedingungen einer rezenten Wirtschaftsordnung betonend, schrieb Polanyi bereits 1944: „Die Marktgesetze sind nur im institutionellen Rahmen der Marktwirtschaft relevant [...]."[28] Eine Auseinandersetzung über das Wesen des Marktes ist nicht das Ziel dieser Arbeit. Dennoch ist wichtig

---

25 Vgl. hierzu die klassische Meistererzählung der Modernisierungstheorie: Wehler, Gesellschaftsgeschichte; auch: Henning, Friedrich-Wilhelm: Die Industrialisierung in Deutschland 1800 bis 1914, Paderborn 1993. Zur Kritik von Industrialisierungsgeschichte, die institutionelle Faktoren unterbelichtet ließen: Wischermann, Clemens: Institutionelle versus Industrielle Revolution, in: Ders./Nieberding, Anne: Die institutionelle Revolution. Eine Einführung in die deutsche Wirtschaftsgeschichte des 19. Und frühen 20. Jahrhunderts, Stuttgart 2004, S. 14–29, hier S. 17f.

26 Abelshauser, Werner: Deutsche Wirtschaftsgeschichte. Von 1945 bis zur Gegenwart, Bonn 2011, S. 28. Vgl. noch einmal mit Fokus auf das Produktionsregime des Kaiserreichs nach 1873: Ders.: Die Wirtschaft des deutschen Kaiserreiches: Ein Treibhaus nachindustrieller Institutionen, in: Windolf, Paul (Hrsg.) Finanzmarkt-Kapitalismus. Analysen zum Wandel von Produktionsregimen (Kölner Zeitschrift für Soziologie und Sozialpsychologie 45, 2005), online 2005, S. 172–195.

27 Vgl. Polanyi, Karl: The Great Transformation. Politische und ökonomische Ursprünge von Gesellschaften und Wirtschaftssystemen, Frankfurt am Main 2013, S. 19; ders.: Ökonomie und Gesellschaft, Berlin (West) 1979.

28 Polanyi, Transformation, S. 65.

zu betonen, wie sehr die Fiktion selbstregulierender und sich frei entwickelnder Märkte den Blick auf den real existierenden Kapitalismus des neunzehnten Jahrhunderts verstellt. Dies bedeutet auch, ernst zu nehmen, welche Positionen die Zeitgenossen zu dieser Fragestellung entwickelten, und dabei das eigene vorgeprägte Bild der Epoche zu hinterfragen. Die Sichtweise Polanyis, dass Märkte nicht *per se* schon in der Form bestanden haben, in der wir sie heute als solche (er)kennen, ist einer der Leitlinien dieser Arbeit. Damit soll nicht die Wirkung bestimmter wirtschaftlicher Gesetzmäßigkeiten negiert werden. Vielmehr möchte ich betonen, dass diese Gesetzmäßigkeiten nicht auf Naturgesetzen beruhen, sondern vorrangig auf institutionellen Rahmenbedingungen, also auch kulturellen Normen, die teilweise durch direkte menschliche Handlungen, teilweise durch kontingente oder selbständige Prozesse beeinflusst wurden und werden – „institutions matter". Eine solche Feststellung ist nicht neu und wurde in der Wirtschaftsgeschichte vor allem durch die sogenannte Neue Institutionenökonomie vertreten, welche – zurückgehend auf die Pionierleistungen von Douglass C. North – die hohe Relevanz von Institutionen in einer Wirtschaftsordnung hervorhebt.[29] Von North stammt wohl auch die bekannteste Definition des Institutionenbegriffs:

> „Institutions are the humanly devised constraints that structure political, economic and social interaction. They consist of both informal constraints (sanctions, taboos, customs, traditions, and codes of conduct), and formal rules (constitutions, laws, property rights)."[30]

Die dann folgende Beschreibung Norths widmet sich hauptsächlich den ökonomischen Vorteilen von Institutionen – sie reduzieren demnach in vielerlei Belangen Unsicherheit. Dies wiederum schafft Vertrauen, sorgt für Investitionen und damit für Wachstum. Mag dies in den meisten Fällen zutreffen, können Institutionen andererseits auch Ausdruck gesellschaftlicher Machtverhältnisse sein und zum Zeitpunkt ihrer Entstehung nicht mit ökonomischen Vorteilen begründet worden sein. Dennoch: Norths Betonung der großen Bedeutung von Institutionen in den Wirtschaftswissenschaften, die eine Vielfalt von unterschiedlichen Interpretationen nach sich gezogen hat, ist auch für meine Analyse maßgeblich. Generell wird in der Neuen Institutionenökonomie die Entwicklung „kostenminimierender Institutionen" als zentrale historische Triebkraft betrachtet.[31]

---

29 North, Douglass C.: Institutionen, institutioneller Wandel und Wirtschaftsleistung, Tübingen 1992.

30 North, Douglass C.: Institutions, in: Journal of Economic Perspectives 5, Nr. 1 (1991), S. 97–112, hier S. 97.

31 Ambrosius, Staat, S. 46. Es sei aber auch auf das nicht selten hervortretende Missverständnis verwiesen, dass Institutionen deswegen als erfolgreich eingeschätzt werden können, weil sie über einen längeren Zeitraum bestehen. Dies kann oftmals mit deren gesellschaftlicher Funktion und anhand der Hartnäckigkeit gewisser Interessengruppen erklärt werden und nicht mit einer wie auch immer quantifizierbaren Effektivität. Vgl. hierzu auch: Sharp, Paul/Persson, Karl Gunnar: An Economic History of Europe. Knowledge, Institutions and Growth, 600 to the Present, Cambridge 2015, S. 83.

Die rechtlichen Rahmenbedingungen halte ich – wie unten näher erläutert wird – für einen zentralen Punkt in der Analyse eines Wirtschaftssystems. Ein rational gesteuerten *homo oeconomicus* aber, der sich allein an der Höhe von Transaktionskosten sowie an deren Reduzierung interessiert zeigt, und ein Staat, der Institutionen allein an der wirtschaftlichen Leistungsfähigkeit seiner Volkswirtschaft ausrichtet, sind in beiden Fällen empirisch nicht haltbare Konstrukte – auch wenn diese Annahmen in vielen Werken nur noch implizit, nicht mehr explizit erwähnt werden und damit als Axiome nicht mehr im erforderlichen Maße transparent sind und somit auch nicht in notwendiger Weise hinterfragt werden.[32]

Die Betonung der Rolle eines Rechtsstaates, der günstige Rahmenbedingungen für das Wirken individueller Akteure schafft und durch Rechtssicherheit einen Wettbewerbsvorteil gegenüber weniger liberalen Regimen darstellt, stellt also einen wichtigen Aspekt der Neuen Institutionenökonomie dar.[33] Darüber hinaus soll hier auch die konkrete Formung der Wirtschaftsordnung durch den Staat betrachtet werden – und zwar nicht mit der Frage verbunden, ob dessen Eingriffe Transaktionskosten reduziert haben oder nicht, was überdies nur schwer messbar ist. Was auf der Mikroebene für Unternehmen eine erfolgreiche Strategie darstellen kann (hier: die Reduzierung von Transaktionskosten), kann auf staatlicher Ebene nicht ohne Weiteres als politisches Ziel verfolgt werden, sobald zentrale gesellschaftliche Akteure sich in ihrer Machtposition bedroht sehen. Sich dem ökonomischen Modelldenken auf die Weise anzunähern, dass man analytische Konstrukte wie „den Staat" oder „die Rechtsordnung" bildet, die dann als Variablen in einer Gleichung fungieren, wird historischer Komplexität nicht gerecht. Sobald man aber „den Staat" als vielfältige Institution anerkennt, deren Einflüsse sich in jedem gesellschaftlichen Bereich wiederfinden, die von kulturellen Einflüssen verändert wird und gleichzeitig in Form von „feedback effects" Kulturen und Gesellschaften zurück beeinflusst,[34] kann man über die marktzentrierte Beschreibung des Staates hinausgehen, die sich nur mit den richtigen Incentivierungen und Normensetzungen im Sinne des Marktes auseinandersetzt.

Auch diese Forderung ist nicht neu: Forscher wie Peer Vries oder Erik S. Reinert sind ihren Implikationen nachgegangen.[35] Die Frage nach der Rolle der Institutionen in einer Wirtschaftsordnung darf nicht allein unter einer eher ana-

---

32 Vgl. hierzu die in jüngster Zeit komplexer gewordene Argumentation des Neuen Institutionalismus, die aber nach wie vor immer wieder in das Terrain eines gewissen ökonomischen Determinismus überzuschwappen droht: Acemoglu, Daron/Robinson, James A.: Warum Nationen scheitern. Die Ursprünge von Macht, Wohlstand und Armut, Frankfurt am Main/New York 2014.

33 Vgl. Butschek, Felix: Industrialisierung. Ursachen, Verlauf, Konsequenzen, Wien/Köln/Weimar 2006, S. 129. Nähere Erläuterungen zur NIÖ bei: Ambrosius, Staat, S. 46 und 180f.; Wischermann, Revolution, S. 21f.

34 Nunn, Nathan: Culture and the Historical Process, in: Economic History of Developing Regions 27 (2012), S. 108–126, hier S. 121.

35 Vries, Peer: Governing Growth: A Comparative Analysis of the Role of the State in the Rise of the West, in: Journal of World History 13, Nr. 1 (2002), S. 67–138; Reinert, Erik S.: The

chronistischen Perspektive betrachtet werden, die allein Kosten-Nutzen-Kalküle in den Blick nimmt. Ohne diese Perspektive außen vor zu lassen, müssen auch Kontingenz und kulturelle Faktoren in die Betrachtung miteinbezogen werden. Diese Forderung wiederum aufgenommen haben Autoren wie Nathan Nunn, der sich mit dem Einfluss kultureller Faktoren auf ökonomische Prozesse – vermittelt durch Institutionen – auseinandersetzt.[36] Der sicherlich wichtigste Vertreter eines solchen Ansatzes in der Wirtschaftsgeschichte ist aber Peer Vries, der zu den Desideraten der wirtschaftshistorischen Forschung in Bezug auf die Einbindung kultureller Faktoren wie folgt Stellung genommen hat:

> „Combining the strict logic of traditional mainstream economics, the insights and research agenda of institutional economics and the careful attention to concrete mechanisms and context that characterizes history as a discipline, is the task ahead."[37]

Seit Vries' Appellen sind einige Studien erschienen, welche die von Vries entdeckte Leerstelle zu füllen gedenken.[38]

Eine möglichst breite Analyse der Bestandteile eines Wirtschaftssystems bietet die Möglichkeit, den Begriff „Kapitalismus" aus seiner „semantischen Quarantäne" zu befreien.[39] Nur von unterschiedlichen Kapitalismen zu sprechen, nicht aber auch auf deren gemeinsame Grundlagen zu rekurrieren, würde die Gefahr der Beliebigkeit und Ungenauigkeit in der Analyse heraufbeschwören. Dabei ist ein möglichst weit gefasstes Kapitalismuskonzept vonnöten, welches dessen vielfältigen Erscheinungsformen gerecht wird. Gleiches gilt dann auch für dem Kapitalismus untergeordnete Erscheinungen, wozu Phasen der Hochkonjunktur und eben auch der Krisen und deren Auswirkungen auf die Geschichte moderner Gesellschaften zählen.

Ein Beispiel für eine zu begrenzte Kapitalismus-Definition ist die Beschreibung, die Joyce Appleby in ihrer Geschichte des Kapitalismus bietet. Dort wird Kapitalismus als „ein System auf der Grundlage individueller Investitionen in die Produktion von Waren für Märkte" beschrieben.[40] James Fulcher hebt ebenfalls das Motiv hervor, mit Geldinvestitionen die Erlangung zusätzlicher Einnahmen zu verfolgen.[41] Hier wird ein wichtiger Bestandteil kapitalistischen Wirtschaf-

---

role of the state in economic growth, in: Journal of Economic Studies 26, Nr. 4/5 (1999), S. 268–326.

36 Vgl. Nunn, Culture, S. 108–126.

37 Vries, Peer: The role of culture and institutions in economic history: can economics be of any help?, in: NEHA Jaarboek 64 (2001), S. 28–60, hier S. 49.

38 Vgl. hierzu: Williamson, Claudia R.: Dignity and development, in: The Journal of Socio-Economics 41 (2012), S. 763–771; Mokyr, Joel: Intellectual Property Rights, the Industrial Revolution, and the Beginnings of Modern Economic Growth, in: The American Economic Review 99, Nr. 2 (Papers and Proceedings of the One Hundred Twenty-First Meeting of the American Economic Association) (2009), S. 349–355.

39 Kocka, Jürgen: Das lange 19. Jahrhundert. Arbeit, Nation und bürgerliche Gesellschaft, Stuttgart 2014, S. 56.

40 Appleby, Joyce: Die unbarmherzige Revolution. Eine Geschichte des Kapitalismus, Hamburg 2011, S. 11.

41 Vgl. Fulcher, James: Kapitalismus, Stuttgart 2011, S. 31.

tens aufgezeigt, nicht aber dessen gesellschaftliche und institutionelle Verankerung mitgedacht.

Um den institutionellen Vorbedingungen des modernen Wirtschaftssystems einen größeren Wert in meiner Arbeit beizumessen, werde ich – wie in der Einleitung bereits skizziert – dem Ansatz Geoffrey Hodgsons folgen, der in seinem Werk „Conceptualizing Capitalism" die Rolle des Staates und vor allem dessen Einfluss qua Schaffung der rechtlichen Rahmenbedingungen für wirtschaftliches Handeln hervorhebt.

Hodgson argumentiert, dass der moderne Kapitalismus ein Geschöpf des Staates ist, und begründet dies in der spätmittelalterlichen Konkurrenz der staatsähnlichen Gefüge in Europa. Diese Konkurrenz beförderte Innovationen in Wissenschaft und Handel, und die Staaten betrachteten wirtschaftliche Fortschritte zunehmend als Voraussetzung staatlicher Machtzunahme.[42] Den Stellenwert militärischer Konkurrenz als Antriebskraft in einem für die Geschichte Europas typischen Kampf um die Vorherrschaft und Selbsterhaltung prononciert er ebenfalls und bezieht sich dabei auf einen in den letzten Jahren immer wichtiger werdenden Forschungszweig.[43] Der als rechtlicher Institutionalismus zu bezeichnende Ansatz Hodgsons, der sich an einer essentialistischen Konzeption des Kapitalismus in seiner empirisch nachprüfbaren Gestalt versucht, darf keinesfalls verwechselt werden mit aristotelischen oder marxistischen Konzepten und Versuchen, den „natürlichen Zustand" einer Entität zu entschlüsseln.[44] Es geht vielmehr darum, die historische Erscheinungsform einer Entität zu analysieren und deren wichtigste Merkmale hervorzuheben. Der historische Wandel kann hier zu Veränderungen führen, die dann eine vollkommen neue Sichtweise erfordern – aber auch dann ist es im Sinne einer erhellenden Analyse wertvoll, wenn diese einen beschreibbaren Gegenstand hat und sich nicht im luftleeren Raum befindet. Wie lautet nun die (Arbeits-)Definition des Kapitalismus, die hier, in Anlehnung an Hodgson, verwendet werden beziehungsweise mitgedacht werden soll, wenn die Rede von „dem" Kapitalismus ist?

Geoffrey Hodgson begreift „den" Kapitalismus als rechtliches System mit individuellen Rechten und Freiheiten, die es erlauben, Besitz zu haben, zu kaufen und zu verkaufen. Bestandteil des Kapitalismus sind Märkte, auf denen Geld verwendet wird und wo ein reger Austausch von Produkten und Dienstleistungen stattfindet. In diesem (modernen) Kapitalismus verfügen Firmen über den Privatbesitz an Produktionsmitteln, wobei diese mit einem Profitmotiv handeln. Die Produktion ist aufgeteilt und findet außerhalb des Heimes statt – in Form

42 Vgl. Hodgson, Capitalism, S. 17.

43 Vgl. hierzu auch: Hoffman, Philip T: Wie Europa die Welt eroberte, Darmstadt 2017. Einen weiteren Vorteil der europäischen Vielstaatlichkeit betont Fulcher, Kapitalismus, S. 56: „Die europäische Vielstaatlichkeit ermöglichte Unternehmern zudem, Länder zu verlassen, in denen sich das ökonomische Umfeld verschlechterte, und andere aufzusuchen, die günstigere Bedingungen für ihre Unternehmungen boten."

44 Vgl. Hodgson, Capitalism, S. 33.

von Lohnarbeit. Es gibt Arbeitsverträge, ein Finanzsystem mit Banken, Kredit und dem Verkauf von Collaterals und Schulden.[45]

Während Hodgson eine brauchbare Konzeption und Definition des Kapitalismus liefert, kann der regulationstheoretische Ansatz nach Robert Boyer einen besseren theoretischen Zugriff auf die historische Betrachtung der Genese des (modernen) Kapitalismus bieten. Dabei widersprechen sich beide Ansätze durchaus nicht, sondern ergänzen sich vielmehr. Derweil die Regulationstheorie vor allem in der gegenwärtigen und zeitgeschichtlichen Perspektive unter dem Stichwort „Postfordismus" angewendet wird,[46] gibt es auch immer wieder Rückgriffe auf den in dieser Arbeit behandelten Zeitraum, die häufig die Frage zu beantworten suchen, wie und warum der Wandel der kapitalistischen Systeme unter Einbeziehung krisenhafter Verwerfungen vonstatten gegangen ist.[47]

Dabei lässt sich die Regulationstheorie als „Weiterentwicklung der marxschen Theorie" verstehen, die überdies auf den Werken der mit der historischen Methode arbeitenden Annales-Schule aufbaut. Sie hinterfragt die Rolle von Institutionen im Hinblick auf die beobachtbaren Widersprüche des Kapitalismus.[48] Mit diesem institutionellen Ansatz entwickelte sich die Regulationstheorie – vor allem vermittelt durch das Werk Robert Boyers – immer weiter weg von jedweden marxistischen Teleologien sowie einem historischen Determinismus gleicher Herkunft und hin zu einem keynesianischen Verständnis der Ökonomie. In dieser Lesart gibt es keine Zusammenbruchszenarien und dialektischen Gesetzmäßigkeiten mehr, die treffende Prognosen über die Entwicklung des Kapitalismus erlauben sollen. Vielmehr bietet die Regulationstheorie eine zukunftsoffene Betrachtungsweise, die – im Gegensatz zum ökonomischen Mainstream – die Rolle von Krisen im Kapitalismus hervorhebt und den methodologischen Individualismus des herrschenden Paradigmas ablehnt, aber auch die bemerkenswerte Stabilität – trotz oder gerade wegen der Krisen – des Gesamtsystems zu beschreiben und erklären versucht. Dabei setzten sich die Regulationstheoretikerinnen und Regulationstheoretiker zum Ziel, die Entwicklung des Kapitalismus zu historisieren und einen oft gepflegten Dualismus zwischen Akteuren und Strukturen zu überwinden – die Kombination beider Variablen soll eine unterkomplexe Analyse und die bei marxistischen Autoren nicht selten anzutreffende Nichtbeachtung der Akteursebene vermeiden.[49]

45 Vgl. ebenda, S. 255f.

46 Vgl. Beck, Stefan: Vom fordistischen zum kompetitiven Merkantilismus. Die Exportorientierung der Bundesrepublik Deutschland zwischen Wirtschaftswunder und Europäischer Krise, Marburg 2014. Vgl. zur Regulationstheorie auch: Sablowski, Thomas: Regulationstheorie, in: Wullweber, Joscha/Graf, Antonia/Behrens, Maria (Hrsg.): Theorien der Internationalen Politischen Ökonomie, Wiesbaden 2013, S. 85–99.

47 Vgl. hierzu: Boyer, Économie.

48 Görg, Christoph: Regulation – ein neues „Paradigma"?, in: Esser, Josef/Görg, Christoph/Hirsch, Joachim (Hrsg.): Politik, Institutionen und Staat. Zur Kritik der Regulationstheorie, Hamburg 1994, S. 13–30, hier S. 16.

49 Vgl. ebenda, S. 17.

Institutionen finden in der Regulationstheorie große Beachtung. Dabei wird die Bedeutung von Institutionen nicht allein – wie in rein neoklassischen ökonomischen Modellen – in ihrer Effizienz gesehen, sondern in manchen Konstellationen auch als Ausdruck hegemonialer Gesellschaftsstrukturen – hier bietet die Sklaverei ein gutes Beispiel, die ihre Entstehung keineswegs in erster Linie ihrer großen ökonomischen Effizienz zu verdanken hat.[50]

Dabei gilt grundsätzlich in Bezug auf Krisenerscheinungen die Annahme, dass die Hauptursache für diese in der „prinzipiellen Irrationalität des kapitalistischen Reproduktionsprozesses" zu suchen ist.[51] Weiterhin schließt die Regulationstheorie ebenso an Karl Polanyis Verständnis der Marktwirtschaft an („le marché est une construction sociale"),[52] wie sie Geoffrey Hodgsons Postulat der stärkeren Beachtung politischer und rechtlicher Faktoren in der Analyse des Kapitalismus folgt:

> „L'illusion d'une économie pure, c'est-à-dire totalement indépendante du juridique et du politique, doit donc être abandonnée."[53]

So nimmt eine institutionenbasierte Sichtweise auf die Geschichte des Kapitalismus Gestalt an, die sich einerseits vom marxistischen Funktionalismus (Staat als Ausprägung der kapitalistischen Ordnung) abgrenzt, andererseits den methodologischen Individualismus der Neoklassiker zurückweist, die Institutionen ähnlich funktionalistisch nur unter der Outcome-Perspektive betrachten und sich mit dem höchst fragwürdigen Konzept des *homo oeconomicus* an die Analyse der Ökonomie begeben. Die Rolle der rechtlichen Rahmenbedingungen, wie sie Hodgson hervorhebt, und die Anerkennung der Relevanz gesellschaftlicher Zusammenhänge bei der Konstruktion des Marktsystems wie bei Polanyi, sind weitere Fundamente des in dieser Arbeit benutzten interdisziplinären Ansatzes.

Nach dieser „Vorrede", die vor allem eine möglichst transparente Darstellung der Vorannahmen des Autors zum Zweck hatte, die in vielen Arbeiten nur implizit zum Ausdruck kommen und sich damit der Kritik, aber auch der Wahrnehmung entziehen, werde ich im Folgenden in einem kurzen Rückblick die (Vor-)Geschichte des modernen Kapitalismus auf dem Gebiet des späteren Deutschen Reiches seit 1800 bis 1871 schildern und den Blick auf die Auswirkungen und staatlichen Anstöße in Bezug auf die „industrielle Evolution" lenken.[54] Dieser Rückblick ist als Ausgangspunkt der Analyse der Krise von 1873, aber auch als Referenz für die sozialdemokratischen Krisenwahrnehmungen wichtig, da sich diese nicht im luftleeren Raum bewegen, sondern immer wieder auch mit eindeutigen zeitlichen Bezügen operieren, deren historische Voraussetzungen noch einmal ins Gedächtnis gerufen werden sollen.

---

50 Vgl. hierzu (und ebenso für die wichtige Rolle des Staates in der Entstehung des modernen Kapitalismus): Beckert, Sven: King Cotton. Eine Globalgeschichte des Kapitalismus, München 2015, S. 289.

51 Esser/Görg/Hirsch, „Krisen der Regulation", S. 95.

52 Boyer, Economié, S. 24.

53 Ebenda, S. 34.

54 Appleby, Revolution, S. 192.

In Konsequenz der Anerkennung der wichtigen wirtschaftlichen Rolle des Staates, die spätestens seit John Maynard Keynes und seiner „General Theory“ fester Bestandteil des wirtschaftswissenschaftlichen Diskurses ist, kann dem Narrativ des langsamen Rückzugs des Staates im 19. Jahrhundert und einer daraus folgenden Entfesselung der Wachstumskräfte des Kapitalismus nicht ohne Weiteres zugestimmt werden.[55] Die Entfaltung der Wachstumskräfte des Kapitalismus kann – spätestens seit dem „take-off“ der deutschen Industrialisierung Mitte des neunzehnten Jahrhunderts – zweifellos beobachtet werden. Diese Entfaltung war aber keine Entfesselung, weil die moderne Wirtschaftsordnung ihrerseits durch mannigfaltige Steuerungsversuche des Staates und unter Beteiligung unterschiedlicher gesellschaftlicher Akteure geformt wurde. Es gab *a priori* keine Entität, die gefesselt worden war und nun der Entfesselung bedurfte. Erst der Prozess, der in der Folge als Entfesselung bezeichnet wurde, ließ das vermeintlich Gefesselte entstehen.

Es ist unzutreffend, wenn man wie Ivan T. Berend bei der Beschreibung der westeuropäischen Wirtschaftsordnung im 19. Jahrhundert vom „selbstregulativen Marktsystem“ spricht.[56] Bis zur Entstehung des von ihm so genannten Systems waren unzählige regulative Schritte notwendig, und das Ergebnis war nach wie vor auf gewisse Regeln und Ordnungsstrukturen angewiesen. Vor allem zeichnete es sich durch eine Trennung liberalisierter und protektionistischer Bereiche aus, wie vor allem bei der europäischen Zollpolitik, aber auch im Umgang mit unterlegenen Handelspartnern deutlich wird. Ein passendes Beispiel für die staatliche Steuerung des von Berend angeführten „Laissez-faire-Systems“ ist die Einführung des Goldstandards in den 1870er Jahren. Die Institution Goldstandard wurde durch geplantes Regierungshandeln eingeführt, und auch falls nach dessen Einführung ein selbstregulatives System kommunizierender Röhren entstanden wäre, was nicht der Fall war, hätte dieses letztendlich doch auf der Bereitstellung staatlicher Ressourcen und Garantien beruht und nicht auf einem wie auch immer gearteten „Laissez-Faire-System“.[57] Als Ergebnis der Entfaltung des modernen Kapitalismus erwuchs kein „freier Markt“, sondern ein „neuer Markt“. Neue Vorstellungen und Handlungsoptionen entstanden, die sich auf ein neues Wirtschaftssystem bezogen, welches immer wieder durch ganz unterschiedliche Diskurse und Handlungen staatlicher und nicht-staatlicher Akteure beeinflusst und verändert wurde:

---

55 Vgl. Keynes, John Maynard: Allgemeine Theorie der Beschäftigung, des Zinses und des Geldes, Berlin 2009. Weitere Vertreter keynesianischer Ideen in den Wirtschaftswissenschaften: Minsky, Instabilität, 2011; Wray, L. Randall: Modern Money Theory: A Primer on Macroeconomics for Sovereign Monetary Systems, New York 2015, Davidson, Paul: Financial Markets, Money and the Real World, Cheltenham 2002.

56 Berend, Ivan T.: Markt und Wirtschaft. Ökonomische Ordnungen und wirtschaftliche Entwicklung in Europa seit dem 18. Jahrhundert, Göttingen 2007, S. 41.

57 Berend schildert die Entwicklung des Goldstandards selbst und betont dabei auch die Rolle der Staaten bei dessen Einführung, bleibt aber bei seinen irreführenden Begrifflichkeiten vom „selbstregulativen Marktsystem“ und dem „Laissez-faire-System“; vgl. ebenda, S. 32f.

> „Jedes Wirtschaftssystem und alles ökonomische Handeln basiert auf Sinnkonstruktionen und produziert zugleich selber Sinn, wirkt also kulturschaffend."[58]

Gleichzeitig ist der Industrialisierungsprozess – einmal angestoßen – Grundlage für ökonomische Prozesse geworden, die ihrerseits Einfluss auf Gesellschaft und Politik nahmen und in vielen Bereichen eine Wirkmächtigkeit erlangten, die staatliche Eingriffe schwieriger und – vor der Entstehung einer leistungsfähigen Wirtschaftsbürokratie – weniger wirksam machten.

Vieles spricht dafür, nicht den Rückzug des Staates aus dem Wirtschaftsgeschehen, sondern sein aktives Eingreifen und Gestalten, eben auch im wirtschaftsliberalen Sinne, als wesentliches Element der deutschen Wirtschaftsgeschichte im 19. Jahrhundert zu betrachten. Deswegen muss man nicht direkt von einer staatlichen „Industrialisierungspolitik" sprechen, wie es Knut Borchardt formuliert hat. Doch sind die staatlichen Einflüsse nicht geringzuschätzen, nur weil sie nicht so zielgerichtet stattfanden, wie sich dies die Historiker zwecks besserer Übersichtlichkeit wünschen mögen.[59] Diese Erkenntnis gilt auch für die Krise von 1873, bei der die Liberalisierung des Aktienrechts im Jahr 1870, also in Zeiten der ansteigenden Hochkonjunktur, aber auch die Einführung von Schutzzöllen 1878/79, als demonstrative Reaktion auf die – tatsächlichen oder behaupteten – wirtschaftlichen Folgen der Krise von 1873, gute Beispiele für staatliches Handeln und institutionelle Veränderungen mit weitreichenden Folgen darstellen. Jenem ökonomischen Determinismus, der eng mit dem Leitgedanken der Modernisierungstheorie verbunden ist und von einem auf der Makroebene stetigen ökonomischen Transformationsprozess ausgeht, der angeblich die Moderne kennzeichnet, soll hier ein differenzierteres Bild entgegengesetzt werden. Gleichzeitig kann auch die postmoderne Perspektive, die sich in erster Linie der Sprache und der Konstruktion sozialer Realitäten widmet, wirtschaftliche Prozesse (allein) nicht befriedigend erklären.

Eine Verbindung beider Herangehensweisen wurde in der Forschung oftmals gefordert und soll in dieser Arbeit annäherungsweise verwirklicht werden.[60] Würde der klassischen Lesart der Entfesselung der Wirtschaft im 19. Jahr-

---

58 Berghoff/Vogel, Wirtschaftsgeschichte, S. 13.

59 Borchardt, Knut: Die Industrielle Revolution in Deutschland 1750–1914, in: Cipolla, Carlo M./Borchardt, Knut (Hrsg.): Europäische Wirtschaftsgeschichte. Die Entwicklung der industriellen Gesellschaften, Stuttgart 1985, S. 135–202, hier S. 154.

60 Vgl. hierzu: Diaz-Bone, Rainer/Krell, Gertraude (Hrsg.): Diskurs und Ökonomie. Diskursanalytische Perspektiven auf Märkte und Organisationen, Wiesbaden 2015; Hilger, Susanne/Landwehr, Achim (Hrsg.): Wirtschaft – Kultur – Geschichte. Positionen und Perspektiven, Stuttgart 2011; Plumpe, Ökonomisches Denken, S. 27–52; Tanner, Jakob: Die ökonomische Handlungstheorie vor der „kulturalistischen Wende"? Perspektiven und Probleme einer interdisziplinären Diskussion, in: Berghoff, Hartmut/Vogel, Jakob (Hrsg.): Wirtschaftsgeschichte als Kulturgeschichte. Dimensionen eines Perspektivenwechsels, Frankfurt am Main 2004, S. 69–98; Berghoff, Hartmut/Vogel, Jakob: Wirtschaftsgeschichte als Kulturgeschichte. Ansätze zur Bergung transdisziplinärer Synergiepotentiale, in: Dies. (Hrsg.): Wirtschaftsgeschichte als Kulturgeschichte. Dimensionen eines Perspektivenwechsels, Frankfurt am Main 2004, S. 9–41.

hundert gefolgt, hätte dies deutliche und mit Blick auf die analytische Schärfe abträgliche Folgen für diese Arbeit gezeitigt, da sich bis 1875 offiziell und danach in Gestalt von innerparteilichen Gruppierungen ganz unterschiedliche Haltungen zur Rolle des Staates in der Wirtschaft innerhalb der deutschen Sozialdemokratie zeigten. Waren die Ferdinand Lassalle zuneigenden Genossen eher von einer aktiven Rolle des Staates überzeugt, gaben die „Eisenacher" dem Kaiserreich bis auf wenige Ausnahmen nicht den notwendigen Vertrauensvorschuss, der eine prominente Rolle des Staates in der Wirtschaft legitimiert hätte. Beide Strömungen bezogen sich aber in ihrer Argumentation auf tatsächliche oder vermeintliche Staatsinterventionen, die als empirisches Beispiel für die jeweilige Argumentation gelten sollten und teilweise eine längere Vorgeschichte hatten.

2. *Wirtschaft und Politik in Deutschland vor 1871*

Deutschlands wirtschaftliche Entwicklung zwischen 1800 und 1871 war vor allem geprägt durch den Prozess der Industrialisierung. Der Blick auf ein zentrales Merkmal kapitalistischen Wirtschaftens, das Wirtschaftswachstum, zeigt, dass in Europa hohe Wachstumszahlen zwischen 1500 und 1800 eine Seltenheit waren. Dabei sind aufgrund des mangelnden statistischen Materials keine klaren Aussagen möglich. Pessimistische Schätzungen wie jene von Jan Luiten Van Zanden und C. Alvarez Nogal und L. Prados de la Escosura stehen der optimistischeren von Angus Maddison gegenüber.[61] Daher ist es sinnvoll, die Vorstellung moderner Wachstumsraten von der Frage des vormodernen Wachstums in Europa zu trennen. Denn wenn es vormodernes Wachstum gab, handelte es sich immer um kürzere und weniger intensive Aufschwünge im Vergleich mit der Entwicklung im modernen Industriekapitalismus.

Im zweiten Jahrzehnt des 19. Jahrhunderts begann eine nachhaltige Veränderung auf dem Gebiet des späteren Deutschen Reiches. Aus den protoindustriellen Regionen kamen nach Ende der napoleonischen Ära die wichtigsten Wachstumsimpulse. Wirtschaftliche Reformen durch Napoleon oder nach deren Vorbild waren die institutionelle Voraussetzung für diesen Prozess.[62] Erfolgreiche Institutionen wurden nicht quasi automatisch kopiert, sondern hingen vielmehr in ihrer Ausformung von kulturellen und politischen Voraussetzungen ab. Hier kommen also Pfadabhängigkeiten zum Tragen.[63] Zum Beispiel konnte die französische Rechtsprechung in Preußen nicht ohne Weiteres übernommen

---

61 Vgl. Malanima, Paolo: Europäische Wirtschaftsgeschichte 10.–19. Jahrhundert, Wien/Köln/Weimar 2010, S. 323.

62 Vgl. van Zanden, Jan Luiten: North-western Europe, in: Baten, Joerg (Hrsg.): A History of the Global Economy. From 1500 to the Present, Cambridge 2016, S. 13–34, hier S. 18f.

63 Vgl. Bogart, Dan et al.: State and private institutions, in: Broadberry, Stephen/O'Rourke, Kevin (Hrsg.): The Cambridge Economic History of Modern Europe, Bd. 1, S. 70–95, hier S. 72.

werden, da die Interessen des agrarisch geprägten Ostens mit denen des eher handelsorientierten Westens ausbalanciert werden mussten.[64]

Die Wahl des Jahres 1800 als Anfangspunkt für den Blick auf die wirtschaftshistorischen Ereignisse vor 1871 ist pragmatischen Gründen geschuldet. Erste Anstöße für einen Wandel des Wirtschaftssystems in Richtung des modernen Industriekapitalismus, der während des 19. Jahrhunderts entstand, gab es schon weit vorher. Dabei lassen sich einerseits ereignisgeschichtliche Vorgänge, institutionelle Pfadabhängigkeiten, aber auch strukturelle Prozesse, wie die wirtschaftlichen Folgen der französischen Revolutionskriege und das Bevölkerungswachstum in der anschließenden Friedensperiode, sowie wissenschaftliche Innovationen unterscheiden, andererseits Einflüsse neuer ökonomischer und politischer Ideen.

Dem Aufkommen neuer ökonomischer Ideen allein folgten keineswegs direkt die entscheidenden Veränderungen. Für die Zeit ab 1800 gilt bis zur Ausdifferenzierung der wirtschaftswissenschaftlichen Ansätze, als deren Ausgangspunkt im deutschen Raum vielleicht das Aufkommen der Historischen Schule ab Mitte des Jahrhunderts gelten kann, dass die Ökonomie als Teil der Staatswissenschaft im deutschen Gebiet überwiegend eine Funktion staatlicher Machterweiterung blieb.[65] Während die ältere Historische Schule noch diesem Schema zugeordnet werden kann, ging die jüngere Historische Schule unter Gustav Schmoller schon darüber hinaus und löste sich vom idealistischen Geist der Vorgänger.[66]

Wenn man der These der europäischen Staatenkonkurrenz als wichtigem Katalysator der europäischen Innovationskraft folgt, dann kann das sogenannte Merkantilsystem, welches europaweit ganz unterschiedliche Ausdrucksformen hatte, nicht als überholter Vorläufer des neuartigen Freihandelsansatzes betrachtet werden, sondern als Ausdruck eines europäischen Konsenses angesichts darüber, was die Aufgabe des Staates war und was dessen Macht ausmachen sollte. Durch die Französische Revolution etablierte sich ein anderes Modell, das mit

---

64 Vgl. ebenda, S. 86.

65 Vgl. mit Bezug auf die ältere historische Schule: Rieter, Heinz: Historische Schulen, in: Issing, Ottmar (Hrsg.): Geschichte der Nationalökonomie, München 2002, S. 135–173, S. 143: „Diese Betrachtungsweise ist – dem Zuge der Zeit folgend – mit einer nationalistisch-imperialistischen Einstellung gepaart, die eine offensive Kolonialpolitik befürwortet, um der deutschen Volkswirtschaft einerseits Absatzmärkte und andererseits Rohstoffquellen zu erschließen und zu sichern."

66 Vgl. hierzu über den Unterschied zwischen der jüngeren und älteren historischen Schule aus der Sicht des Nationalökonomen Gustav Schmollers: Beide Schulen erachtet der Autor in sich als viel differenziertere Denkströmungen, als dies der Begriff „Schule" andeutet: Grimmer-Solem, Erik: The Rise of Historical Economics and Social Reform in Germany 1850–1894, New York 2003, S. 27: „While appreciating their contributions, Schmoller would write of Roscher and the ‚Older Historical School' that they were too idealistic, universal-historical and speculative, lacked depth, were too rash to generalize, and that many of their conclusions were untenable." Zur Reflektion über die schwierige Gratwanderung zwischen öffentlichen wirtschaftspolitischen Debatten und wissenschaftlichen Tätigkeiten bei den Vertretern der Historischen Schule: Ebenda, S. 186f. Zur Person Gustav Schmollers: Hansen, Eckhard/Tennstedt, Florian (Hrsg.): Biographisches Lexikon zur Geschichte der deutschen Sozialpolitik 1871 bis 1845 (Band 1), Kassel 2010, S. 139–140.

Hilfe seines republikanischen Furors weite Gebiete Europas unter seine Kontrolle brachte, mit der Unterhaltung der Grande Armée ein logistisches Meisterwerk und mit dem Ausbau einer das (Napoleon gegenüber loyale) Bürgertum begünstigenden Wirtschaftsordnung voranschritt. Zusätzlich zum ökonomischen Strukturwandel, der sich vor allem in Form einer steigenden Lebenserwartung und dem damit verbundenen Bevölkerungswachstums zeigte, trug auch der staatliche Impuls, es dem sich schnell modernisierenden Frankreich gleichzutun, um nicht erneut in Rückstand zu geraten, zu diesem europaweiten Prozess mit mannigfaltigen Ausprägungen bei.[67]

Gleichzeitig sorgten auch protektionistische Eingriffe durch Napoleon, wie die Kontinentalsperre, die nicht nur gegen den Kriegsgegner England gerichtet, sondern eben auch im Sinne einer Stärkung der französischen Industrie geplant worden war, für Industrialisierungsanreize. Dies zeigte sich bei dem mit Napoleon verbündeten Königreich Sachsen und seiner Baumwollindustrie, aber auch in den linksrheinischen Gebieten, die von der Ausschaltung der englischen Konkurrenz profitierten.[68] Die Bedeutung der deutschen Baumwollindustrie hebt Hans-Ulrich Wehler sogar so weit hervor, dass sie ihm als herausragender Leitsektor der frühen deutschen Industrialisierung gilt, der enorm von der Kontinentalsperre profitierte.[69]

Der Blick auf den institutionellen Wandel, der in der graduellen Einführung der Gewerbefreiheit und den weitaus einflussreicheren Agrarreformen begründet lag, zeigt, dass in beiden Fällen staatlich angestoßene Prozesse zeitlich vor dem Beginn des industriellen „take-off" standen. Es scheint daher gewagt, die Rolle des Staates in diesem Prozess nur in einer bloßen Beeinflussung von Marktprozessen zu sehen.[70] Schließlich hatte der Staat die Entstehung und Herausformung vieler Marktprozesse erst ermöglicht und im gleichen Zuge definiert, was als Markt Geltung bekommen und welche Komplexe weiterhin der Gestaltungsmacht des Staates allein überlassen werden sollten. Im Fall des Zunftwesens bedeutete die Auflösung des althergebrachten Systems ja auch keineswegs eine marktbasierte Lösung: Die Handelskammern, die *de facto* als Körperschaften öffentlichen Rechts fungierten, mögen den Zugriff des Staates eher erhöht haben im Vergleich zum vorangegangenen Zunftwesen.[71] Gleichzeitig war die Entwicklung weg von einem Zunftsystem die Grundlage für die selbständige Organisation der Gesellen, die – anders als im Allgemeinen die Meister – die

---

67 So argumentieren auch: Acemoglu, Daron/Cantoni, Davide/Johnson, Simon/Robinson, James A.: The Consequences of Radical Reform: The French Revolution, in: American Economic Review 101 (2011), S. 3286–3307.

68 Hahn, Revolution, S. 11.

69 Vgl. Wehler, Hans-Ulrich: Deutsche Gesellschaftsgeschichte, Bd. 1: Vom Feudalismus des Alten Reiches bis zur defensiven Modernisierung der Reformära, 1700–1815, München 2006, S. 495.

70 Vgl. Ziegler, Das Zeitalter der Industrialisierung 1815–1914, in: North, Michael (Hrsg.): Deutsche Wirtschaftsgeschichte. Ein Jahrtausend im Überblick, München 2005, S. 197–286, hier S. 258.

71 Vgl. Ambrosius, Staat, S. 105.

althergebrachten Zunfttraditionen auch für den Aufbau von Gewerkschaften zu nutzen wussten.[72]

Wesentliche Bedingungen für das Gelingen des Industrialisierungsprozesses waren (1) die zunehmende Verwendung von Technologie im Produktionsprozess, möglich gemacht durch die „Revolution der Antriebskräfte", von denen die Kohle für unseren Zeitraum die herausragendste Rolle spielte, und (2) die wachsende Organisierung der Wertschöpfung hin zu einer Steigerung der Faktorproduktivität.[73] Die Frage nach den Prozessen, die den größten Einfluss auf das Entstehen der „Great Divergence" und des westlichen industriellen Wirtschaftswachstums hatten, ist Gegenstand aktueller Forschungsdebatten und soll hier nicht weiter ausgeführt werden.[74] Fest steht aus meiner Sicht allerdings, dass staatliche institutionelle Eingriffe ein wesentlicher Faktor waren, der in der historischen Beschreibung nicht übersehen oder *per se* als Intervention in automatisch ablaufende Prozesse geschildert werden sollte. Vielmehr kann im Sinne einer historischen Multiperspektivität die gegenläufige Perspektive eingenommen werden, die staatliches Handeln analysiert und dabei dessen Rolle in der Formation einer neuartigen Marktgesellschaft betont. Die Rolle des Staates in Diskursen und als Teilnehmer in der Kommunikation zwischen Wirtschaftsakteuren, als Wertevermittler oder als eigenständiger Wirtschaftsakteur ist in vielerlei Hinsicht über legislative Akte hinausgegangen. Damit erhöht sich aber auch das Gewicht politischer Debatten, in denen der Streit über die richtige Richtung staatlichen Handelns ausgetragen wurde und die damit direkt oder indirekt Einfluss auf die staatliche Wirtschaftsordnung nahmen – mit Wirtschaftskrisen als wichtigsten Auslösern solcher Debatten.

Die ökonomischen Wandlungsprozesse, eng verknüpft mit dem politischen Kampf um Vorherrschaft in Zentraleuropa, führten nach und nach zu der Plausibilisierung einer kleindeutschen Lösung unter Preußens Herrschaft, die auch nach 1871 keineswegs eine Selbstverständlichkeit unter den Einwohnern der Teilstaaten des Reiches war.[75] Die vielzitierte normative Kraft des Faktischen war in den ersten Jahren nach 1871 in Bezug auf den kleindeutschen Nationalstaat alles andere als unangefochten. In der Frage des Zeitalters der Nationalstaatsgründungen tendiert die neuere Nationalismusforschung, anders als noch Ernest Gellner, der die Rolle der Industrialisierung als Triebkraft des Nationalismus hervorhob, zur konstruktivistischen Position.[76] Demnach schmiedete die jeweilige „nationale Idee" „imagined communities" (Benedict Anderson) zusammen,

---

72 Vgl. Schmidt, Brüder, S. 299.

73 Butschek, Industrialisierung, S. 116.

74 Vgl. hierzu eine neuere Zusammenfassung des Forschungsstands in: Plumpe, Werner: Das kalte Herz. Kapitalismus: Die Geschichte einer andauernden Revolution, Berlin 2019, S. 11–55.

75 Vgl. hierzu: Green, Abigail: Fatherlands. State-Building and Nationhood in Nineteenth-Century Germany, Cambridge 2004.

76 Vgl. Breuilly, John: Nationalismustheorien und kritische deutsche Gesellschaftsgeschichte, in: Müller, Sven Oliver/Torp, Cornelius (Hrsg.): Das Deutsche Kaiserreich in der Kontroverse, Göttingen 2009, S. 102–118, hier S. 103.

die durch die gemeinsame Vorstellung, einer Nation anzugehören, diese Vorstellung legitimierten und durchsetzungsfähig machten – es wird also das Augenmerk auf diskursive Praktiken gelegt.[77] Erneut trifft man in dieser Forschungsrichtung auf den Zwiespalt zwischen den Dimensionen Sprache und Wirtschaft.

Während die ältere Forschung in den Werken von Ernest Gellner und etwa Hans-Ulrich Wehler, der von „Doppelrevolution" sprach und damit das Zusammenspiel industrieller und politischer Wandlungsprozesse in Deutschland ab der Mitte des 19. Jahrhunderts meinte und ökonomische Prozesse betonte, konzentriert sich die konstruktivistische Lesart mehr auf die diskursive Ebene und auf Sprache als Akteurin historischen Wandels.[78] Hier kann eine komplementäre Sichtweise die besten Ergebnisse bringen, die falsche Dichotomien gar nicht erst aufkommen lässt. Es erfordert also einen Ansatz, der einerseits strukturellen sozioökonomischen Wandel beschreibt, andererseits das semantische Element als Erklärungsmoment historischer Entwicklungen nicht übersieht:

> „Nationalismus als ein liberal-modernistischer Diskurs verschmolz mit neuen Wirtschaftsformen und ideologischer Macht im Verbund mit dem Wachstum einer kommerzorientierten Industriewirtschaft, den zunehmend populären Medien und einem regen Vereinsleben."[79]

Diese kulturelle Ebene des historischen Wandels, in Form des deutschen Nationalismus, der vor allem in der zweiten Hälfte des Jahrhunderts zu einem klassenübergreifenden Phänomen wurde, eine erste Hochkonjunktur aber in antifranzösischen Diskursen während der napoleonischen Kriege erlebte, muss bei den folgenden Schilderungen wirtschaftshistorischer Wegmarken immer mitgedacht werden. So formte sich die Idee eines deutschen Nationalstaates erst nach und nach heraus, bis sie 1871 in einer von Kontingenzen behafteten, aber später deterministisch gedeuteten Weise umgesetzt wurde, während die Industrialisierung in Deutschland voranschritt und den betroffenen Staaten die Verfügungsgewalt über nie dagewesene Machtressourcen ermöglichte.

Nach Ende der napoleonischen Kriege nahm eine Entwicklung ihren Lauf, die vor allem ab der Mitte des Jahrhunderts in ein zyklisches Wirtschaftswachstum umschlug. Neben den Reformen, die nie dagewesene Rechtssicherheit schufen, trug sicherlich auch die nun beginnende innereuropäische Friedensperiode zu der besonders günstigen Konstellation bei, die den Anstoß zu einer bis dahin ungekannten Marktintegration in Westeuropa gab.[80] Während Frankreich noch unter den Auswirkungen der hohen Reparationszahlungen als Preis für den Wiedereintritt in das europäische Machtkonzert und den infolge des Ausbruchs

---

77 Ebenda, S. 115.

78 Vgl. Gellner, Ernest: Nationalismus und Moderne, Berlin 1995; Wehler, Gesellschaftsgeschichte, Bd. 3 (1849–1914), S. 451.

79 Breuilly, Nationalismustheorien, S. 116.

80 van Zanden, Europe, S. 19.

des Tambora (nicht nur in Frankreich) schmerzhaften Missernten litt,[81] konnte man in den deutschen Gebieten ab den 1820er Jahren die ersten deutlichen Aufwärtstendenzen beobachten – angetrieben durch den positiven Trend im Außenhandel. Entscheidend ist aber der Eisenbahnbau als Leitsektor der deutschen Industrialisierung, der dann gleichzeitig mit dem Aufstieg des Agrarkapitalismus und dem Entstehen eines industriellen Produktionskapitalismus in den 1840er Jahren zur Ausformung des modernen Industriekapitalismus beitrug.[82] Die große Anziehungskraft dieser Leitinnovation schuf auch das Feld für von Erfolg genährte Spekulationshoffnungen und bot den großen Finanzkrisen des Jahrhunderts, 1857 und 1873, das notwendige Material. Die Verkehrsrevolution und die mit ihr verbundene wachsende Rolle der Schwerindustrie sorgten dann für den Anbruch einer Periode, die geprägt war durch ein sich selbst tragendes Wachstum ab Mitte des Jahrhunderts.[83]

Politisch flankiert wurde diese Entwicklung durch die bereits angesprochene fortschreitende Marktintegration. Dabei blieben Zölle nach außen hin bestehen, aber jene zwischen den kleineren Teilstaaten des Deutschen Bundes wurden nach und nach reduziert. Der 1834 gegründete Deutsche Zollverein markierte in dieser Hinsicht einen Meilenstein und wurde hauptsächlich durch die politische Verbindung des finanziellen Mehrbedarfs der kleineren nördlichen Staaten mit dem diesbezüglich zu Kompromissen fähigen Preußen ermöglicht.[84] Somit standen zuvorderst finanzielle staatliche Interessen im Fokus der Handelnden, keineswegs die Vision eines kleindeutschen Nationalstaats. Neben der Stärkung der Finanzen waren die Schwächung Österreichs und die Stabilisierung Norddeutschlands unter Preußens Vorherrschaft die angestrebten Ergebnisse der preußischen Zollunionspolitik.[85] Das „Axiom" Preußens, Österreich aus seinem Einflussgebiet herauszuhalten, zeitigte also bedeutende ökonomische Folgen.[86]

---

81 Vgl. hierzu: White, Eugene N.: Making the French pay. The costs and consequences of the Napoleonic reparations, in: European Review of Economic History 5, Nr. 3 (2001), S. 337–365. Zum Ausbruch des Tambora: D'Arcy Wood, Gillen: Vulkanwinter 1816. Die Welt im Schatten des Tambora, Darmstadt 2015.

82 Vgl. Wehler, Hans-Ulrich, Deutsche Gesellschaftsgeschichte, Bd. 2: Von der Reformära bis zur industriellen und politischen „Deutschen Doppelrevolution" 1815–1845/49, München 2005, S. 26.

83 Vgl. ebenda, S. 91.

84 Vgl. Ziegler. Zeitalter, S. 199. Vgl. außerdem hierzu: Reckendrees, Alfred: Zwischenstaatliche wirtschaftliche Kooperation und institutionelle Integration vor der Gründung des Kaiserreichs, in: Pfister, Ulrich/Hesse, Jan-Otmar/Spoerer, Mark/Wolf, Nikolaus (Hrsg.): Deutschland 1871. Die Nationalstaatsbildung und der Weg in die moderne Wirtschaft, Tübingen 2021, S. 49–69, hier S. 52f; Meyer, Alfred: Der Zollverein und die deutsche Politik Bismarcks. Eine Studie über das Verhältnis von Wirtschaft und Politik im Zeitalter der Reichsgründung, Frankfurt am Main 1986; Stamm-Kuhlmann, Thomas: Preußen und die Gründung des Deutschen Zollvereins: Handlungsmotive und Alternativen, in: Hahn, Hans-Werner (Hrsg.): Der Deutsche Zollverein. Ökonomie und Nation im 19. Jahrhundert, Köln 2012, S. 33–50.

85 Vgl. Wehler, Gesellschaftsgeschichte, Bd. 2 (1815–1848/49), S. 126.

86 Böhme, Helmut: Deutschlands Weg zur Grossmacht. Studien zum Verhältnis von Wirtschaft und Staat während der Reichsgründungszeit 1848–1881, Köln 1972, S. 15.

Es handelte sich hierbei aber um keine lange geplante Strategie, die in den Ereignissen des Jahres 1871 kulminierte. Diese Erkenntnis macht auch deutlich, wieso in den 1870er Jahren das Symbol des „Reichsfeinds" eine so große Mobilisierungswirkung erzielen konnte und warum sozialdemokratische Akteure sich realistische Hoffnungen auf den baldigen Zusammenbruch des Reiches machten. Was durch wirtschaftlichen Fortschritt, historische Kontingenzen und Krieg entstanden war, konnte durch Richtungswechsel oder Umkehrung einer oder mehrerer dieser Variablen auch aufgebrochen werden.

Anders als die vermeintlichen politischen Folgen des Zollvereins lassen sich die wirtschaftlichen Konsequenzen aus einer zunehmenden Marktintegration in Deutschland recht deutlich skizzieren: Der Außenhandel nahm zu, Exportüberschüsse trugen zu einer aktiven Handelsbilanz bei. Neben den Auswirkungen der innerdeutschen Freihandelszone sei aber auch auf den Aufschwung der britischen Wirtschaft verwiesen, der zu gleicher Zeit Wachstumsanreize generierte. Als noch wichtiger muss diesbezüglich der Beginn des Eisenbahnbaus (1835) in Deutschland gelten. In diesem Zusammenhang nahm der preußische Staat eine wichtige Position als Investor ein und unterstützte verschiedene Eisenbahnbauprojekte mit insgesamt 15 Millionen Talern bis 1850.[87] Die übrigen deutschen Staaten trugen 150 Millionen Taler und damit die Hälfte der Gesamtinvestitionen für den Eisenbahnbau bei.[88] Nicht verschwiegen werden darf, dass die preußische Bürokratie und auch das preußische Heer anfangs skeptisch gegenüber der Eisenbahn waren – von staatlicher Seite fürchtete man die zusätzliche Schuldenaufnahme, das Militär beargwöhnte die Ausgaben für die Eisenbahn als potentiell mit dem eigenen Budget konkurrierenden Haushaltsposten.[89] Sinnvollerweise finanzierte der preußische Staat den Eisenbahnbau nach 1848, geleitet durch Handelsminister August von der Heydt, vermehrt über Schulden.[90] Das Ergebnis dieses Prozesses war allerdings keine Staatskrise, sondern ein die Industrialisierung begünstigendes Eisenbahnnetz, das nicht zuletzt dem deutschen Militär in den Kriegen der kommenden Jahrzehnte guten Nutzen bringen sollte.

In den 1840er Jahren schlug die Handelsbilanz um, als die für den Eisenbahnbau anfallenden Materialien noch nicht von der inländischen Wirtschaft zur Verfügung gestellt werden konnten und importiert werden mussten. Einiges spricht dafür, die hohe Importabhängigkeit in der Anfangsphase der deutschen Industrialisierung als Ursache für die folgenden, von Erfolg gekrönten Versuche mit dem Ziel ihrer Beseitigung und der Umkehr in Richtung Exportland zu

---

87 Vgl. Borchardt, Revolution, S. 157.

88 Vgl. ebenda, S. 158. Vgl. Zum Vorgehen der verschiedenen deutschen Staaten, die teilweise private, teilweise staatliche Eisenbahnunternehmen nutzten: Ambrosius, Gerold: Der Staat als Unternehmer. Öffentliche Wirtschaft und Kapitalismus seit dem 19. Jahrhundert, Göttingen 1984, S. 28f.

89 Vgl. Tipton, Frank B.: Government and the economy in the nineteenth century, in: Ogilvie, Sheilagh/Overy, Richard (Hrsg.): Germany. A New Social and Economic History, Bd. 3: Since 1800, London 2003, S. 106–151, hier S. 120.

90 Vgl. ebenda, S. 126.

betrachten.[91] Allerdings wurde die Importabhängigkeit nicht durch eine freie marktwirtschaftliche Konkurrenz mit den erdrückenden englischen und belgischen Eisenimporten gelöst, sondern durch staatliche Eingriffe: Die 1844 beschlossene Zollerhöhung auf Roh- und Stabeisen sollte die ausländische Konkurrenz auf Abstand halten. Generell verfolgte die deutsche Zollpolitik das Ziel, die Einfuhr von Verbrauchsgütern mit höheren Zollsätzen zu belegen. Daraus folgte indirekt, dass demgegenüber Güter, die positive Industrialisierungsanreize mit sich bringen konnten, so wie ausländische Rohstoffimporte begünstigt wurden. Hier spielte vor allem der Anreiz der Staatsfinanzierung eine große Rolle.[92] Eine langfristige Industrialisierungsstrategie musste angesichts der angespannten preußischen Haushaltslage hinter diesem Ziel zurücktreten. In diesem Fall jedoch trug das fiskalische Motiv zur Begünstigung von Industrialisierungsanreizen bei.

Die mäßigen Erfolge bei der effektiven Besteuerung der besitzenden Schichten führten zu einer Häufung potentiellen Investitionskapitals zugunsten des Privatsektors. Allerdings erlaubte die hohe Staatsschuld des preußischen Staates den Privaten die Anlage ihrer Kapitalien in Form von Regierungsanleihen, wo dieses Kapital nicht direkt investitionswirksam werden konnte. Die Entwicklung in den folgenden Jahrzehnten zeigte jedoch, dass es sich vor allem aufgrund der unterschiedlichen Industrialisierungsanreize durch Politik, Innovationen und Investitionen von staatlicher und nicht-staatlicher Seite bald flächendeckend lohnte, in die Industrialisierung zu investieren und nicht allein auf Besitzstandswahrung zu setzen. In diesem Zusammenhang ist vor allem auf die Rolle der Banken zu verweisen, die – anders als im heute gängigen Fiat-Geldsystem – die Rolle der Sammlung von Ersparnissen übernehmen mussten, bevor Investitionen getätigt werden konnten, wenn nicht die Bestimmungen der Währungsordnung umgangen wurden, was allerdings durchaus vorkam:

> „In den deutschen Staaten herrschte während der Frühindustrialisierung zwar kein Kapitalmangel, aber die Vermögensbesitzer waren es (noch) nicht gewohnt, in Industrie- oder Handelsunternehmen zu investieren. Sie scheuten das damit verbundene Risiko und zogen die auf dem embryonalen Kapitalmarkt gängigen, aber auch vergleichsweise niedrig verzinslichen Wertpapiere wie Staatsschuldentitel oder Pfandbriefe vor. In dieser Situation erforderte ein erfolgreicher Durchbruch der Industrialisierung solche Finanzinstitutionen, die in der Lage waren, die verfügbaren Ersparnisse zu sammeln und den neuen Wachstumsbranchen zuzuführen."[93]

Vieles spricht dafür, dass Zollschutz für noch nicht konkurrenzfähige Industrien ein essentieller Bestandteil für eine erfolgreiche Industrialisierung war (und ist).[94] Für die Geschichte des Zollvereins sei darauf verwiesen, dass neben der Einführung von Zöllen im Jahr 1844 nur noch der Garnzoll von 1846 existier-

---

91 Vgl. Ziegler, Zeitalter, S. 203f.
92 Vgl. ebenda, S. 256f.
93 Vgl. ebenda, S. 235.
94 Vgl. Reinert, Erik S.: Warum manche Länder reich und andere arm sind. Wie der Westen seine Geschichte ignoriert und deshalb seine Wirtschaftsmacht verliert, Stuttgart 2014.

te – in anderen Bereichen blieben die Wünsche der preußischen Zollvereinspartner nach Zollerhöhungen ungehört. Teilweise, wie im Falle des Handelsvertrags mit Belgien aus dem Jahr 1844, hintertrieb Preußen auch die zuvor gefundenen Zollkompromisse.[95] Solange die wirtschaftliche Entwicklung (Preußens) es zuließ, blieb eine vergleichsweise liberale Handelspolitik, die nicht auf Zölle verzichtete, aber geringe Tarife bevorzugte, die maßgebliche Leitlinie des politischen Handelns Preußens. Dies sollte sich erst in den 1870er Jahren ändern.

Die Boomphase von 1850 bis 1857, die durch die vor allem in den USA und Großbritannien folgenreiche Finanz- und Wirtschaftskrise von 1857 beendet wurde und übrigens auch in der Krise von 1873 noch Gegenstand von Rückbezügen war, sorgte für die Integration des Zollvereins, aber auch Österreichs in die Weltmärkte.[96] Die Akteure der Weltwirtschaft begannen nun in Konjunkturzyklen zu denken und zu handeln.[97] Was von staatlicher Seite als Impuls kam, waren nicht nur rechtlich-institutionelle Normsetzungen; vielmehr griffen die Staaten über Infrastrukturprojekte aktiv in den Wandel hin zum modernen Industriekapitalismus ein. Zwischen den Jahren 1830 und 1850 spielte der Kanalbau eine wichtige Rolle, der trotz aller Erfolge der Eisenbahn einen wertvollen Stützpfeiler der deutschen Verkehrsrevolution darstellte. Bis 1850 gereichten 730 Kilometer Kanäle und 1.400 Kilometer schiffbarer Flüsse dem deutschen Handel zum Nutzen. Flankiert wurde der Ausbau von Schiffsverbindungen durch institutionelle Grundlagen in Form von Schifffahrtskonventionen, die für einen freien Verkehr sorgten, der wiederum wichtige Grundlage für jeglichen innereuropäischen Handel war.[98]

Was den Vorrang der Eisenbahn in der Beschreibung der mitteldeutschen Industrialisierung gegenüber anderen Faktoren begründete, ist vor allem mit den positiven Rückkopplungseffekten des Eisenbahnbaus zu erklären. Der große Bedarf an Eisen und Stahl führte zu Anreizen für Innovationen wie verbesserte Verhüttungs- und Walztechniken sowie eine effektivere Kohleförderung durch die Einführung des Tiefschachtbaus.[99] Ab 1848 begann der preußische Staat mit dem Ankauf von Privatbahnen und überdies mit der Errichtung eines staatlichen Eisenbahnsystems.[100] In den anderen Staaten des Deutschen Bundes war der Aufbau eines Eisenbahnnetzes hauptsächlich durch staatliche Anstrengungen vorangeschritten – die Rentabilität erwies sich für private Investoren vorerst nicht als zufriedenstellend.[101] Aufgrund der hohen Relevanz der Eisenbahn für die wirtschaftliche Entwicklung Deutschlands kann der Schritt zur Intervention als Ausdruck des staatlichen Strebens nach aktiver Wirtschaftspolitik gelten.

---

95 Vgl. Ziegler, Zeitalter, S. 206.

96 Vgl. Böhme, Weg, S. 65. Vgl. zu den Rückbezügen das Kapitel „Krisenrückblicke. Vergangenheitskonstruktion als Bewertungsmaßstab" in dieser Arbeit.

97 Vgl. Hobsbawm, Eric: The Age of Capital 1848–1875, London 1997, S. 85.

98 Vgl. Borchardt, Revolution, S. 158–159.

99 Vgl. Brandt, Harm-Hinrich: Deutsche Geschichte 1850–1870. Entscheidung über die Nation, Stuttgart/Berlin (West)/Köln 1999, S. 8.

100 Vgl. ebenda, S. 32.

101 Vgl. Ziegler, Zeitalter, S. 260

Neben der Infrastrukturpolitik zählte auch Wirtschaftsförderung im engeren Sinne, die Vergabe von Krediten an Unternehmen, zu den Aufgaben des Staates in der preußischen Wirtschaftsordnung. Anders als in anderen deutschen Staaten gab es in Preußen in Form der „Königlichen Seehandlung" eine Institution, die seit den 1820er Jahren begann, Kredite zu vergeben, und von 1830 bis 1848 9,6 Prozent der industriellen Nettoinvestitionen Preußens tätigte.[102] Der Blick auf diese nicht geringe Zahl, die überdies in Relation zu den nur langsam anwachsenden Fiskalkapazitäten des preußischen Staates betrachtet werden muss, zeigt, wie groß der staatliche Anteil an Anschubinvestitionen vor der eigentlichen Durchsetzung des modernen Wachstumsregimes war. Der Aufstieg des modernen Industriekapitalismus ist maßgeblich durch die Beteiligung privater Investoren ermöglicht worden, aber die Vorleistung, besonders in Zeiten (noch) unbekannter Investitionsrisiken, wurde oftmals von staatlicher Seite erbracht.[103] In Perioden stagnierenden oder sinkenden Wachstums wurde die Macht des Staates häufig erneut benötigt, auch wenn dies im 19. Jahrhundert nie im Rahmen einer ausgefeilten Konjunkturtheorie geschah.

Die auf den ersten Blick genuin ökonomischen Transformationsprozesse waren – vor allem in der zweiten Hälfte des Jahrhunderts – eng verbunden mit weiteren tiefgreifenden Umbrüchen, die mit den Begriffen der Verkehrs- beziehungsweise Kommunikationsrevolution bezeichnet worden sind. Letztere fand einerseits statt in Form einer intensiveren Verbreitung von gedruckten Medien, die auf einen größeren Kreis von lesekundigen Rezipienten trafen. Andererseits brachte der Ausbau der Eisenbahn nicht nur Waren, sondern auch Menschen schneller von Ort zu Ort. Innovationen wie der Telegraph sorgten für eine schnellere Nachrichtenübermittlung, Vereine und neue soziale Umwelten durch die Entstehung von Fabriken trugen zu diesem Prozess bei.[104] Vor allem wirtschaftliche Prozesse waren von diesem Wandel betroffen, auch die Finanzmarktglobalisierung weitete sich aus – nicht zuletzt dank schnellerer und besserer Kommunikationswege, die aber auch Krisen beschleunigen konnten.[105] Nicht zuletzt nahmen aber auch die Migrationsbewegungen, die durch den technischen und sozialen Fortschritt ermöglicht wurden, im Laufe des Jahrhunderts enorme Ausmaße an, sodass von einer „Massenmigration" gesprochen werden kann, die

---

102 Vgl. Boch, Rudolf: Staat und Wirtschaft im 19. Jahrhundert, München 2004, S. 20. Vgl. hierzu auch vor allem mit Blick auf die Förderung des Schlesischen Textilgewerbes: Radtke, Wolfgang: Die preussische Seehandlung zwischen Staat und Wirtschaft in der Frühphase der Industrialisierung, Berlin 1981, S. 135f.

103 Ein Gegenbeispiel bietet Ambrosius, Staat, S. 113: „Der Aufbau der modernen Infrastruktur – Gas, Wasser, Elektrizität, Nahverkehr – wurde anfangs zwar noch überwiegend durch private Unternehmen getragen. Ab den 1870er Jahren liefen dann aber die ersten, langfristig abgeschlossenen Konzessionsverträge zwischen Kommunen und privaten Versorgungsunternehmen aus. Sie wurden häufig nicht verlängert, sondern die Gas- oder Wasserwerke wurden in kommunaler Regie weitergeführt."

104 Vgl. Ziegler, Zeitalter, S. 209.

105 Vgl. Topik, Steven C./Wells, Allen: Warenketten in einer globalen Wirtschaft, in: Osterhammel, Jürgen/Iriye, Akira (Hrsg.): Geschichte der Welt. 1870–1945. Weltmärkte und Weltkriege, München 2012, S. 590–814, S. 660.

vor allem innerhalb der deutschen Grenzen stattgefunden hat.[106] In enger Verbindung mit den zuvor genannten Prozessen ist auch der Urbanisierungsprozess zu sehen, der als direkte Folge industriellen Wandels gelten kann.[107]

Die zweite Hälfte des Jahrhunderts war von der stetigen Durchsetzung des Industriekapitalismus in den Gebieten des 1871 entstandenen Deutschen Reichs geprägt. Begleitet wurde der Aufstieg Deutschlands zur wichtigsten Industrienation auf dem Kontinent durch wirtschaftspolitische Ansätze, die sich dem klassischen Liberalismus zuordnen lassen. Die 1860er Jahre waren nicht nur in Preußen in vielerlei Hinsicht liberal geprägt, denn tatsächlich befand sich der Liberalismus auch in den meisten deutschen Staaten auf dem Vormarsch. Für die ökonomische Entwicklung im Falle Preußens bedeutete dies beispielsweise das Abstandnehmen von der preußischen staatlichen Eisenbahnpolitik oder die Umsetzung des Freizügigkeitsgesetzes von 1860, welches den Bergbau liberalisierte.[108] Dabei bedeuteten liberale Ideen nicht den Rückzug des Staates aus der Wirtschaft, sondern stellten nur eine „andere Form der wirtschaftlichen Aktivität des Staates dar".[109] Nicht zu vernachlässigen ist auch die liberale Außenhandelspolitik der 1860er Jahre, die durch das Instrument der Meistbegünstigungsklausel nach dem Cobden-Chevalier-Vertrag von 1860 zwischen Frankreich und England nach und nach eine europäische Handelszone schuf, welche die Länder unter gleichartigen Bedingungen miteinander verband.[110] Damit wurde ein weiterer Schritt hin zu einem europäischen Freihandelssystem getan, das freilich in den 1870er Jahren u.a. aufgrund der Auswirkungen der Gründerkrise wieder zurückgebaut wurde und zu einem größeren Aufkommen von Handelskriegen, vor allem zwischen Deutschland und Russland, führte – ein „latenter Wirtschaftskampf" wurde zur Normalität.[111] Die kurze Periode, in der sich europaweit liberale Konzepte – bei weitem nicht nur in Bezug auf ökonomische Fragen – als durchsetzungsfähig erwiesen, blieb trotz ihrer beschränkten Dauer normativ prägend. Die Phase, in der sich der moderne Industriekapitalismus für sämtliche Zeitgenossen in jeweils unterschiedlicher Form manifestierte, die zweite Hälfte

106 Nonn, Christoph: Das deutsche Kaiserreich, München 2017, S. 15.

107 Vgl. Maier, Charles S.: Leviathan 2.0. Die Erfindung moderner Staatlichkeit, in: Osterhammel, Jürgen/Iriye, Akira (Hrsg.): Geschichte der Welt. 1870–1945. Weltmärkte und Weltkriege, München 2012, S. 34–282, hier S. 104.

108 Vgl. Ziegler, Zeitalter, S. 263.

109 Hesse, Jan-Otmar: Wirtschaftsgeschichte. Entstehung und Wandel der modernen Wirtschaft, Frankfurt am Main/New York 2013, S. 112.

110 Vgl. hierzu den Beitrag von Markus Lampe, der den Cobden-Chevalier-Vertrag als handelspolitische „Inittialzündung" bezeichnet hat: Lampe, Markus: Wirkungen des Cobden-Chevalier-Netzwerks auf internationale Handelsströme (1860–75), in: Walter, Rolf (Hrsg.): Globalisierung in der Geschichte. Erträge der 23. Arbeitstagung der Gesellschaft für Sozial- und Wirtschaftsgeschichte vom 18. Bis 21. März 2009 in Kiel, Stuttgart 2011, S. 203–228, hier S. 203.

111 Böhme, Helmut: Politik und Ökonomie in der Reichsgründungs- und späten Bismarckzeit, in: Stürmer, Michael (Hrsg.): Das kaiserliche Deutschland. Politik und Gesellschaft 1870–1918, Düsseldorf 1984, S. 26–50, hier S. 47f. Vgl. hierzu auch: Torp, Herausforderung, S. 176.

des 19. Jahrhunderts, war in ihrer Wahrnehmung und auch in jener der Nachwelt eng mit dem Denken des Wirtschaftsliberalismus verbunden:

> „Never has there been a more overwhelming consensus among economists or indeed among intelligent politicians and administrators about the recipe for economic growth: economic liberalism."[112]

Auf der Basis des durch den Staat zuvor errichteten Fundaments, nicht zuletzt durch protektionistische Maßnahmen, wie der Abschottung gegenüber nicht erwünschten ausländischen Produkten, aber auch der staatlichen Förderung von Unternehmen und Eisenbahnen, der Bereitstellung einer verbesserten Infrastruktur in Gestalt von Kanälen und Straßennetzen sowie Schiffsverbindungen, gelang es den wirtschaftlichen Vorreitern Europas im zunehmenden Maße, durch die Liberalisierung vieler Wirtschaftsbereiche einen wirklichen internationalen Handel und einen damit einhergehenden Wohlstand für ihre Bevölkerungen zu realisieren. Was dies mentalitätsgeschichtlich für die Bevölkerungen bedeutete, war paradoxerweise eine Hinwendung zum Nationalismus als parallele Bewegung zu einer von Staatenkonkurrenz geprägten Globalisierung – eine Entwicklung, die sich in erster Linie im letzten Drittel des Jahrhunderts zeigte.[113] Der langen Periode staatlicher Anschubinterventionen, wie hier am Beispiel Deutschlands gezeigt, aber auch bei dem wichtigsten Verfechter des Freihandels, Großbritannien, in Form von Getreidezöllen und einseitigen Handelsverträgen und vor allem in Bezug auf die überseeischen Besitzungen einseitigen Handelsbeziehungen leicht zu belegen, folgte eine kurze liberale Phase: Diese wurde schon bald unterbrochen durch die Zollerhöhungen der 1870er und 1880er Jahre und dem anschließenden Wechselspiel protektionistischer und eher freihändlerischer Phasen in den Jahren bis zum Ersten Weltkrieg.[114]

Auch wenn im Rahmen parlamentarischer Debatten und anderer Formen politischer Auseinandersetzungen das Ziel der Befreiung des Unternehmertums von den Lasten staatlicher Repressionen das ausdrückliche Movens liberaler Fürsprecher gewesen sein mag, zeigt der Blick auf die große Zahl rechtlicher und wirtschaftspolitischer Reformen, vor allem in Bezug auf Institutionen, dass das Instrumentarium liberaler Befreiungsversuche von staatlichen Eingriffen vor allem aus staatlichen Eingriffen bestand. Die geschaffenen institutionellen Bedingungen bildeten zudem fortan den Rahmen für die teilweise mit enormen politischen und ökonomischen Auswirkungen behafteten politischen Projekte – wie im Fall des Ausbaus des europaweiten Handelsvertragssystems in den 1860er Jahren. So muss bei näherer Betrachtung deutlich werden, dass die liberale Wirt-

---

112 Hobsbawm, Age, S. 50.

113 Vgl. hierzu: Conrad, Globalisierung, S. 71.

114 Vgl. hierzu auch die migrationsgeschichtlichen Auswirkungen des zunehmenden Nationalismus gegen Ende des Jahrhunderts: Hoerder, Dirk: Migrationen und Zugehörigkeiten, in: Osterhammel, Jürgen/Iriye, Akira (Hrsg.): Geschichte der Welt. 1870–1945. Weltmärkte und Weltkriege, München 2012, S. 434–588, hier S. 482. Zu dem Fortschreiten der Globalisierung bis 1914 vgl. auch: Torp, Herausforderung, S. 27f.

schaftspolitik selbst – auch wenn sie den Rückzug des Staates propagierte – über staatliche Kanäle wirkte und mit legislativen Akten die institutionellen Grundlagen schuf, die dann in der Folge als selbstverständliche Manifestationen eines freien Marktsystems gedeutet wurden. Diese Vorgänge waren in zeitgenössischen Debatten präsent und wurden auch von den Gegnern des Liberalismus als propagandistische Munition verwendet.

Was sich im deutschen Fall ab den 1870er Jahren zeigte, ist bekannt: eine Entwicklung hin zur „korporativen Interessenpolitik", die deutsche Unternehmen und den Staat zum Ende des Jahrhunderts immer enger miteinander verband.[115] War der Weg hin zur Herausformung eines deutschen Korporatismus durch die liberalen Reformen seit den 1860er Jahren zwar nicht vorgezeichnet, so kann er wohl als gemeinsame Antwort der deutschen Privatwirtschaft und des deutschen Nationalstaats auf die risikobehaftete neue Epoche des sich immer mehr herausbildenden Weltmarkts gelten. Die fortschreitende Globalisierung vor dem Ersten Weltkrieg war nicht geprägt durch einen Rückzug des Staates aus wirtschaftlichen Prozessen. Im Gegenteil führten die anstehenden internationalen, teilweise disruptiven Veränderungen zu einem stärkeren Moderationsdruck auf Seiten staatlicher Akteure, der – im Falle Deutschlands – mit einem kooperativen Wirtschaftsmodell beantwortet wurde. In dessen breit gefächerte Organisationsstrukturen konnten sich zuletzt, wenn auch zu spät im Sinne einer Stabilisierung der Legitimation des Reichs, auch die Gewerkschaften und die SPD als Repräsentanten des moderaten Flügels der Arbeiterbewegung eingliedern.

Die erste wirtschaftliche Disruption traf das junge Deutsche Reich im Oktober 1873 mit dem Zusammenbruch der Quistorp'schen Vereinsbank in Berlin.[116] Die Reaktion auf und die versuchte Bewältigung der Krise fanden nicht im luftleeren Raum statt, sondern in der von einem Jahrhundert der zunehmenden Verknüpfung und gegenseitigen Transformation von Staat und Wirtschaft geprägten, neu entstandenen politischen Kampfarena des deutschen Nationalstaats im Rahmen weltwirtschaftlicher Globalisierungsprozesse.

---

115 Abelshauser, Wirtschaftsgeschichte, S. 38.

116 Vgl. Davies, Speculations, S. 72. Davies beschreibt anhand von zeitgenössischen Quellen, wie der aus Stettin stammende Quistorp nach seiner Rückkehr aus der Emigration aus den USA viele Kleininvestoren von seinen Unternehmen überzeugen konnte, nicht zuletzt aufgrund seiner Bescheidenheit.

3. *Der Krisenbegriff*

A. Krise und Gesellschaft

Wenn im weiteren Verlauf die Finanzkrise von 1873 und ihre Auswirkungen auf die deutsche Sozialdemokratie geschildert werden sollen, dann wird der Begriff der Krise unvermeidlich häufig verwendet werden müssen. Um der Entwicklung hin zu einer inflationären Verwendung des Begriffs, wie sie in der Alltagssprache stattgefunden hat, gerecht zu werden, muss der diesem Wort zugrundeliegende Bedeutungsgehalt analysiert werden, da der Krisenbegriff ansonsten zur Worthülse zu verkommen droht. Zwecks besserer Operationalisierung unterteile ich meine Analyse in die Auseinandersetzung mit dem weit gefassten politisch-philosophischen Krisenbegriff und anschließend mit dem ökonomischen Krisenbegriff.

Vorab sei gesagt, dass es neben den hier vorgenommenen Trennungen auch noch eine weitere Unterscheidung geben sollte, nämlich jene, die sich auf die Verwendung des Krisenbegriffs in analytischer Absicht, also etwa als Bestandteil einer ökonomischen Theorie, und auf die Verwendung des Krisenbegriffs als Bestandteil einer Ideologie bezieht. In diesem Zusammenhang sei erstens auf marxistische Theorien verwiesen, die sich einerseits mit Krisen des Kapitalismus auseinandersetzen, andererseits in Form des politischen Marxismus die Rede von der Krise als politisches Agitationsmittel verwenden – auch unter Rückbezug auf wissenschaftliche Nutzungen des Begriffs. Wenige andere Begrifflichkeiten befinden sich auf einem gleichsam noch schmaleren Grat zwischen Ideologie und Wissenschaft, als dies beim Begriff der Krise der Fall ist.[117] Gerade diese Verflechtung beider Elemente verlieh der Entstehung des wissenschaftlichen Marxismus im letzten Viertel des 19. Jahrhunderts seine hohe Attraktivität und war Kern seines internationalen Erfolgs. Für seine Anhänger „überzeugte der realhistorische, analytisch-erklärende Anspruch der Ideen, Begriffe und Argumentationslinien".[118] Da sich die erklärtermaßen angestrebte politische Verwirklichung des wissenschaftlichen Sozialismus in manchen Fällen als wenig überzeugend herausgestellt hat, ist es leicht, Autoren, die mit marxistischen Begriffen arbeiten, als unwissenschaftlich abzutun. Um pauschale Verurteilungen zu vermeiden, muss daher das einzelne Werk betrachtet und die Erfüllung wissenschaftlicher Ansprüche im Einzelnen beurteilt werden. Die Rolle des Krisenbegriffs in wissenschaftlichen Abhandlungen aufzuklären, kann in diesem Zusammenhang für Klarheit sorgen. Als Bestandteil des historischen Materialismus ist die Krise Teil einer empirisch schlecht abgesicherten spekulativen Prophezeiung, ja kann die Verwendung des Begriffs dazu führen, dass

---

117 Vgl. Freeden, Michael: Crisis? How Is That a Crisis?! Reflections on an Overburdened Word, in: Contributions to the History of Concepts 12, 2 (2017), S. 12–28, hier S. 16.

118 Vgl. Morina, Erfindung, S. 482.

„theory and ideology are intertwined in Marxist discourse, to the extent that ‚capitalism' and ‚crisis' are mutually sustaining terms".[119]

Als Bestandteil einer Analyse des kapitalistischen Systems kann die Rede von der Krise aber – auch unter Verwendung marxscher Begrifflichkeiten, wo es angebracht ist – nicht ausbleiben: So ist die Krise selbst als Phänomen weiterhin erklärungsbedürftig und nicht einfach eine erwartbare oder – mehr noch – nicht weiter beachtenswerte Ingredienz im großen Weltenplan marxistischer Provenienz.

Ist es also Aufgabe der Historikerinnen und Historiker, Marx und den Marxismus zu historisieren, kann es – wenn es um das Verständnis des Kapitalismus geht – aber nicht darum gehen, Marx und den Marxismus „weg zu historisieren". Die Historisierung Marxens zeigt eine vielschichtige historische Figur, die – neben vielen anderen Facetten – einerseits als Identifikationsfigur und geistiger Urvater einer beziehungsweise sogar mehrerer politischer Bewegungen gelten kann, andererseits als Urheber eines bis heute lebendigen Forschungsparadigmas.

Die Untersuchung von Krisen, welche in den regulationstheoretischen Ansätzen immer wieder eine zentrale Rolle spielt, hat zur Erarbeitung eines Analyserasters von fünf Krisentypen in modernen kapitalistischen Wirtschaftssystemen geführt: den exogenen Krisen, also solchen, die durch Katastrophen und unvorhergesehene sowie unvorhersehbare Ereignisse ausgelöst werden; den endogenen (zyklischen) Krisen, die als Bestandteil des Regulationsmodus für die Entladung von in Boomphasen aufgeladenen Spannungen sorgen, und den Krisen des Regulationsmodus, die es erforderlich machen, dass die institutionellen Grundlagen des bestehenden Systems eine dauerhafte Veränderung erfahren, in denen die Wirtschaftsakteure große Unsicherheit über die zukünftigen Regeln empfinden und diese gleichzeitig besonders stark durch Entscheidungen in der Krise bestimmt werden können. Abschließend gehen die Regulationstheoretiker noch von Krisen des Akkumulationsregimes aus, in welchen die Grenzen institutioneller Reformen erreicht werden und die ungelösten Spannungen auf andere Gesellschaftsbereiche überschwappen, sowie den besonders seltenen Krisen des Produktionsmodus, die dauerhafte soziale Umbrüche und die Auflösung der bestehenden Ordnung mit sich bringen.[120] Mit Blick auf diese Analysefolie wird insgesamt zu fragen sein, ob die Krise von 1873 sich einer der genannten Krisenformen zuordnen lässt und was dies für die Rolle der Sozialdemokratie als Befürworterin einer wirtschaftlichen und politisch-institutionellen Umgestaltung in der Krise bedeutete.

Aus geschichtswissenschaftlicher Sicht ist sicherlich Reinhart Kosellecks 1959 erschienene Dissertation „Kritik und Krise" vorrangig zu nennen, wenn es um die Auseinandersetzung mit dem Krisenbegriff in historisch-philoso-

---

119 Vgl. Freeden, Crisis, S. 17.
120 Vgl. Boyer (Hrsg.): Régulation theory, S. 336 (Glossar).

phischer Perspektive geht.[121] Koselleck schildert – aus heutiger Sicht etwas zu schematisch und eine inzwischen in der Forschung erarbeitete komplexere Beziehungsgeschichte zwischen Aufklärung und Absolutismus übersehend – die Gegenüberstellung zwischen Aufklärung und Absolutismus als Ausgangssituation jenes Prozesses, der durch die zunehmend „bündnisfähig" werdende Aufklärung zu einer nachhaltigen Umwandlung der politischen Öffentlichkeit führte.[122] Wie schon aus dem Untertitel hervorgeht, sieht Koselleck hier die „Pathogenese der bürgerlichen Welt" am Werk, in der zunehmend das bürgerliche Gewissen, ausgeführt durch politische Kritik, den Herrschaftsanspruch des Ancien Régime untergrub. Koselleck beschreibt, wie die Geistesgeschichte Europas durch die Aufklärung verändert wurde. So verstand Thomas Hobbes das Gewissen als ideologisches Konstrukt, was im Verhältnis zwischen Individuum und Staat nicht stören sollte,[123] während John Locke schon weiter ging und einen Unterschied zwischen staatlicher und (individueller) moralischer Gesetzgebung konstatierte, aber eine Einwirkung der Letzteren auf die Erstere annahm.[124]

Das im Hinblick auf den Krisenbegriff im Sinne einer gesellschaftlich destabilisierenden Krise wichtige Element sieht Koselleck in der durch Gewissensgründe legitimierten Gewalt im Bürgerkrieg, der sich nicht als reiner Kampf um die Macht, sondern auch um die moralische Deutungshoheit darstellte.[125] Um die Polarisierung zwischen Staat und Bürgertum hervorzuheben, nennt Koselleck das Beispiel der utopistischen Forderungen der Freimaurer, die dem *Status quo* einen radikalen Alternativentwurf gegenüberstellten. Den moralischen Dualismus, die Trennung zwischen bürgerlichem und staatlichen Gewissen betrachtet er als Antwort auf den absolutistischen Staat.[126] Definiert man im freimaurerischen Sinne die Gesellschaft als Gewissen, so wird Kritik zur aufklärerischen Pflicht, zur „eigentlichen Tätigkeit der Vernunft".[127] Ausgehend von diesem Grundgerüst sieht nun Koselleck die Kritik und das gesamtgesellschaftliche Gewissen als neuartige Faktoren im Modernisierungsprozess der europäischen Gesellschaften. Das Entstehen einer Geschichtsphilosophie, die den Utopien der Aufklärung Rechnung trägt und ihnen gleichzeitig politischen Ausdruck verleiht, ist damit revolutionäres Programm. Der Begriff der Krise steht hier als Beschreibung des Ringens der überkommenen und neuen Ideen:

---

121 Vgl. hierzu auch Kosellecks Artikel „Krise" in: Brunner, Otto/Conze, Werner/Koselleck, Reinhart (Hrsg.): Geschichtliche Grundbegriffe. Historisches Lexikon zur politisch-sozialen Sprache in Deutschland, Band 3 H-Me, Stuttgart 1982, S. 617–650.

122 Koselleck, Reinhart: Kritik und Krise. Eine Studie zur Pathogenese der bürgerlichen Welt, Freiburg (Breisgau)/München 2013, S. 4.)

123 Vgl. ebenda, S. 19.

124 Vgl. ebenda, S. 47.

125 Vgl. ebenda, S. 22.

126 Vgl. ebenda, S. 77.

127 Ebenda, S. 89.

> „Die Wirklichkeit der Krise ist für die geistigen Vertreter der neuen Gesellschaft nichts anderes als ein in das Politische übertragener Kampf vermeintlich polarer Kräfte.“[128]

Die Radikalisierung dieser Gedanken schreibt Koselleck Jean-Jacques Rousseau zu. Dieser habe in überzeugender Weise Fiktionen zur Wirklichkeit umgewandelt und mit der „volonté générale“ die Absolution für die Durchsetzung der hehren aufklärerischen Ziele gegen jedweden Widerstand legitimiert.[129] Krisen wie die Französische Revolution oder der amerikanische Unabhängigkeitskrieg waren in dieser Sichtweise entscheidende Momente in der Menschheitsgeschichte, in denen der Kampf zwischen Gut und Böse oder Vernunft und Irrationalität die Inkaufnahme zahlreicher Opfer erlaubte. In paradoxer Manier war es für Koselleck aber gerade der absolutistische Staat gewesen, der dem Bürgertum ursprünglich den politischen Schutz gewährt hatte, den es zur Entwicklung dieser radikalen Ideen – fernab aller realpolitischen Zwänge – gebraucht hatte.[130]

Offensichtlich bedingen sich in Kosellecks Synthese die Elemente der Kritik und Krise gegenseitig. Kritik wird in dieser geistesgeschichtlichen Perspektive als Instrument der entstehenden bürgerlichen Klasse zur Erringung der Deutungshoheit in der Auseinandersetzung mit dem absolutistischen Staat benötigt. Dieser Prozess läuft aber für das politisch noch unschuldige Bürgertum in einem für utopische Ideen nährreichen – durch den Staat geschützten – Biotop ab, in dem moralische Bedenken die Oberhand gegenüber pragmatischen Ansätzen gewinnen und dann – im nächsten Schritt – vermischt mit politischer Durchsetzungskraft jene Zäsuren hervorbringen, die in der Geschichte der europäischen Moderne hervorstechen. Diese Krisen sind für Koselleck die Folge des Herrschaftsanspruchs des gesellschaftlichen Gewissens, das seinen Vorgänger, den von Gott eingesetzten Ständestaat, mit allen Mitteln beseitigen darf und muss. Teilt man Kosellecks Sicht, können Krisen funktional als gesellschaftliche Katalysatoren betrachtet werden. Diese gelten nicht ökonomisch-deterministisch als einzige Voraussetzung für politischen Wandel, haben aber im spezifischen Fall der europäischen Moderne für Koselleck eine Funktion erfüllt, die ihnen aufgrund der einzigartigen Kräftekonstellation von Bürgertum und Krone im 18. Jahrhundert zufiel.

In den letzten Jahren haben sich verschiedene Autorinnen und Autoren mit der Analyse des Krisenbegriffs, aber auch mit konkreten Wirtschaftskrisen auseinandergesetzt.[131] Armin Steils Werk unter dem Titel „Krisensemantik“ befasst sich eingehend mit der Wirkung von Krisensituationen auf die soziale Gruppe.

---

[128] Ebenda, S. 132. Vgl. hierzu auch: Imbriano, Gennaro: Der Begriff der Politik. Die Moderne als Krisenzeit im Werk von Reinhart Koselleck, Frankfurt am Main/New York 2018, S. 44: „Die Dialektik der Aufklärung ereignet sich also auch durch eine sprachliche Revolution: Die Sprache der Revolution schmiedet neue Bewegungsbegriffe, Waffen für die Wende zur Zukunft.“

[129] Vgl. ebenda, S. 140.

[130] Vgl. ebenda, S. 155.

[131] Zum Krisenbegriff: Imbriano, Begriff; Mergel, Thomas (Hrsg.): Krisen verstehen. Historische und kulturwissenschaftliche Annäherungen, Frankfurt am Main 2012; Steil, Armin: Krisensemantik. Wissenssoziologische Untersuchungen zu einem Topos moderner Zeiter-

Steil betont die vor dem Hintergrund der Krise wichtiger werdende Gruppenzusammengehörigkeit, die sich im Angesicht der Krise erst über diese als Gruppe definiert:

> „Es zeigt sich, daß im Horizont der ‚Krise' stets ein ‚Wir'-Bewußtsein zu begründen versucht, eine Gruppe aufgerufen wird, die weiß, was die Stunde geschlagen hat."[132]

Die aus dieser Überlegung ableitbare Idee, dass Krisensituationen potentiell eine zusätzliche Legitimation und günstige Gelegenheiten für kollektives Handeln bieten, wird im dritten Teil der Arbeit, in welchem es um das Kollektiv der jungen deutschen Sozialdemokratie geht, weiterverfolgt werden. Mit seiner Analyse der Krisensemantik bietet Steil gute Ansatzpunkte, die auf die Wechselwirkungen von Krisen und den sie Durchlebenden schließen lassen. Steil betrachtet in diesem Zusammenhang die Semantik der Krise weniger als eine Sammlung von Eindrücken aus der Krise als vielmehr die mit dem Anlass der Krise aufkommenden Emotionen der Beobachterinnen und Beobachter, die vor allem Rückschlüsse auf die gesamtgesellschaftliche Lage erlauben, als eine objektive Darstellung der Krise selbst.[133]

Von Kosellecks Sichtweise unterscheidet sich Steils Krisenverständnis insoweit, als dass er dessen kritische Polarisierung zwischen dem Krisenbegriff und der gesellschaftlichen Situation, die er repräsentiert beziehungsweise verdeckt, ablehnt.[134] Vielmehr bleibt Steil auf der Suche nach der Bedeutung des Krisenbegriffs als ideologischem Konstrukt und produziert damit im Gegensatz zu Koselleck keine tiefgreifende funktionalistische Analyse des Krisenmotivs als Triebkraft der Geschichte.[135] Hier unterscheidet sich Koselleck pikanterweise vor allem darin, dass er – in der Tradition der von ihm behandelten Aufklärungsphilosophie – eine historische Triebkraft evoziert, die über einen langen Zeitraum einen Modernisierungsprozess angetrieben hat, und eine aufklärerische Geschichte der Aufklärung verfasst. Steil bleibt demgegenüber auf der Oberfläche der historischen Entwicklung, behält aber Tuchfühlung zum zeitgenössischen Verständnis des Krisenbegriffs, indem er ihn so aufnimmt, wie er ihn vorfindet, und keine damit verbundenen geschichtstheoretischen Überlegungen anführt. Dennoch gibt es auch bei Steil ein analytisches Leitbild: das Kollektiv. Indem er das Fortschrittsparadigma als eigenständiges historisches Paradigma anerkennt und nicht wie Koselleck dialektisch als verdeckte Triebkraft historischer Umwälzungen definiert, erhält er diesem wichtigen Phänomen die Eigenständigkeit und Komplexität, die ihm gebühren. Zu dieser Komplexität gehören auch die Vervielfachung der Perspektiven und das transparente Eingeständnis der Unmöglichkeit, diese alle überzeugend zu bündeln. Daher ergibt Steils Konzentra-

fahrung, Opladen 1993; Siegenthaler, Hansjörg: Regelvertrauen, Prosperität und Krisen, Tübingen 1993.

132 Steil, Krisensemantik, S. 10.

133 Vgl. ebenda, S. 13.

134 Vgl. ebenda, S. 16.

135 Vgl. ebenda, S. 18.

tion auf das Kollektiv im Angesicht der Krise Sinn. Nicht zuletzt ist dieses Kollektiv ein operationalisierbarer Forschungsgegenstand, auch in dieser Arbeit: die deutsche Sozialdemokratie. Ist dieses Kollektiv erst einmal entstanden, kann es die für die eigene Existenz notwendige Krisensituation nicht einfach ziehen lassen. Zieht die Krise aber davon,

> „kann die Hoffnungsperspektive des Fortschritts umschlagen in das Resignationserlebnis einer leeren, verfließenden, in unentrinnbarer Sinnlosigkeit dahintreibenden Zeit".[136]

Was sich im Falle Rousseaus nicht lange nach dessen Hinscheiden als wahr herauszustellen schien, nämlich der Realitätsanspruch der gemeinsam gelebten Revolutionserwartung, kann für andere krisenherbeisehnende Kollektive ganz anders ausgesehen haben. Das prägnanteste Beispiel in der europäischen Moderne ist dafür sicherlich die Frühzeit der Arbeiterbewegung, die, in der Hoffnung auf einen baldigen Zusammenbruch der alten Ordnung, entweder auf kleine Schritte hin auf das große Ziel setzte oder aber den Stein selbst in Rollen bringen wollte – dies aber bis in das 20. Jahrhundert hinein nicht erfolgreich in ihrem Sinne zu tun vermochte. War aber die Rede von der Krise für die eigene politische Berechtigung nicht viel wichtiger als das Aufziehen der Krise selbst?

Anders als Koselleck öffnet Steil in seiner Betrachtung die Perspektive auf diese auf die Revolution wartenden Revolutionäre – auch wenn er auf diese nicht weiter eingeht. Für die Analyse in dieser Arbeit stellt sich aber mit Blick auf die Auswirkungen tatsächlicher Krisen auf die deutsche Sozialdemokratie die Frage, ob diese deswegen voller Hoffnung auf den „großen Kladderadatsch" wartete, weil die vergangenen (kleineren) Krisen die Erfahrung einer größeren Kohäsion und Schlagkraft des Kollektivs mit sich gebracht hatten. Oder sollte das fehlerhafte Wirtschaftssystem die harte Arbeit der Revolutionäre übernehmen, sodass diese dann wiederum – nach dem Zusammenbruch – die Macht übernehmen könnten? Vielleicht aber spielten derart geschichtsphilosophische Überlegungen in der politischen Praxis gar keine Rolle?

Für die Beantwortung dieser Fragen wird auch noch genauer auf die Ideologie und Semantik der genannten Akteure einzugehen sein. Im Falle des Marxismus sieht Steil hier eine Verschiebung der Krisensemantik auf das „Terrain des Ökonomischen", ausgedrückt durch die Zyklizität der Wirtschaftsentwicklung.[137] Gleichzeitig bietet die Verschiebung der Krisenerwartung in die Zukunft den Spielraum, der für utopische Gedanken fernab des möglicherweise eher ernüchternden Hier und Jetzt nötig ist:

> „Die zyklische Zeit ökonomischer Konjunkturen wird zum Projektionsraum utopischer Wunschziele."[138]

---

136 Ebenda, S. 29f.
137 Ebenda, S. 130.
138 Ebenda, S. 131.

Wenn die eigentliche Krise immer erst in Zukunft kommt, gibt es dann in der Praxis keine Krisen mehr? Und was geschieht, wenn die Krise da ist: Kann das „Kollektiv" sie ignorieren? Am Beispiel des „Kommunistischen Manifests" ist hier auch der Zusammenhang zwischen den vermeintlich kleinen (den zyklischen Überproduktionskrisen) und den großen Krisen sinnvoll nachvollziehbar. Erstere deuten für die Autoren auf die Instabilität des Gesamtsystems hin und garantieren als Vorboten und Symptome der Instabilität des kapitalistischen Systems somit dessen letztendlichen Zusammenbruch.[139] Damit unterschieden sich die neuen Vordenker der Proletariats deutlich von Hegel, der den Sinn in der Geschichte in der Gegenwart suchte, und gingen auch über Comte und Saint-Simon hinaus, die – vor allem letzterer – eine recht positive Fortschrittsperspektive im Zusammenhang mit der Industrialisierung und wissenschaftlichem Fortschritt vertraten.[140] Festzuhalten bleibt auch eine große Leerstelle in der Analyse, die in der vorliegenden Arbeit gefüllt werden soll: Der Krisenbegriff der Intellektuellen, wie ihn Steil, Koselleck und viele andere untersuchen, ist hochrelevant. Wenn wir aber die geistesgeschichtliche Ebene verlassen und in die politische Praxis eintauchen, begegnen uns ganz andere Akteure, die mit ihrem politischen Handeln politische Prozesse begleiten und steuern. Fraglos anzunehmen, dass diese Akteure nicht die intellektuellen Kapazitäten entwickelten, um relevante eigene Deutungsmodelle zu umreißen, könnte in die Irre führen. Und diesem – vermeintlich weniger komplexen – Deutungsmodell automatisch eine Inferiorität und geringere Strahlkraft gegenüber den intellektuellen Glanztaten jener Tage zuzuschreiben, wäre wohl auch ein voreiliger Schritt. Im Gegenzug die einzelnen Akteure schlicht den – aus unserer heutigen Sicht – wichtigsten intellektuellen Köpfen der jeweiligen Bewegung zuzuordnen und sie praktisch als deren ausführende Organe zu bewerten, wäre ebenso vermessen. In dieser Arbeit möchte ich weitergehen. Ohne den intellektuellen Vordenkern vergangener Jahrhunderte die Bedeutung abzusprechen: Entscheidend im Wortsinne für den historischen Ereigniszusammenhang waren die politischen Akteure, die an Ort und Stelle handelten, und ihre durch diese Handlungen vermittelte, aber auch teilweise beeinflusste Weltanschauung. Lapidar ausgedrückt: Auf dem Parteitag in Gotha saßen nicht Marx und Engels, sondern Bebel und Hasenclever – es waren die „proletarisierenden Intelligenzen", aber auch einfache Arbeiter, die Leserbriefe oder Redebeiträge produzierten.[141]

Die aus einer Tagung des DFG-Sonderforschungsbereichs „Repräsentationen sozialer Ordnungen im Wandel" herausgegangene Konferenzschrift „Krisen verstehen" widmet sich verstärkt gesellschaftlichen Implikationen des Krisenbegriffs.[142] Thomas Mergel beschreibt in seinem Beitrag Krisen als „Wahrneh-

139 Vgl. ebenda, S. 148.

140 Vgl. ebenda, S. 76. Vgl. zu Saint Simon: Meyer, Ahlrich: Frühsozialismus. Theorien der sozialen bewegung 1789–1848, München 1977. S. 95–114, hier S. 106.

141 Na'aman, Shlomo: Gibt es einen „Wissenschaftlichen Sozialismus"? Marx, Engels und das Verhältnis zwischen sozialistischen Intellektuellen und den Lernprozessen der Arbeiterbewegung, Hannover 1979, S. 17.

142 Mergel, Krisen verstehen.

mungsphänomene" und spricht sich somit gegen jede Art von essentialistischen Krisendefinitionen aus, denen ich in dieser Arbeit ebenfalls nicht folgen werde.[143] Der Begriff der Krise mag in der Gegenwart an Aussagekraft verlieren, wenn er ohne eindeutigen Bedeutungsinhalt verwendet wird. Die historische Untersuchung muss sich aber gerade mit diesen unterschiedlichen Verwendungen und Inhalten des Begriffs auseinandersetzen, ohne schon am Ausgangspunkt der Analyse das Untersuchungsraster zu stark einzugrenzen. Eine wichtige Unterscheidung trifft Mergel in seinem Beitrag, wenn er einerseits Krisen unterscheidet, die bereits von Zeitgenossen als solche wahrgenommen wurden, und andere, die erst im Nachhinein zu solchen erklärt wurden. Als Beispiel nennt er hierfür die sich an den Gründerkrach anschließende „Große Depression" von 1873–1896, die man erst im Rückblick zusammenfassend als ökonomische Krise beschrieb.[144] Tatsächlich ist nur der Begriff der Gründerkrise beziehungsweise des Gründerkrachs als Bezeichnung für das Jahr 1873 und die folgenden Jahre aus den Quellen abzuleiten. Einen Deutungsrahmen im Sinne einer „Großen Depression" von 1873 bis 1896, die auch auf Basis der wirtschaftlichen Statistiken höchst fragwürdig ist und wenn überhaupt als Zeit der Stagnation beschrieben werden kann,[145] hat es erst im Rückblick auf diesen Zeitraum gegeben.

Eine wirtschaftliche Depression bedeutet im ökonomischen Sinne eine langanhaltende Rezession, die den Tiefpunkt des Konjunkturzyklus markiert.[146] Gleichzeitig ist der Begriff auch geläufig für ein psychisches Krankheitsbild, welches im allgemeinen Sprachgebrauch mit tiefer Traurigkeit einhergeht. Die Überschneidung zwischen dem ökonomischen und medizinischen Verständnis des Wortes hilft zu verdeutlichen, wie schwierig die Trennung einer wissenschaftlichen, intersubjektiv nachprüfbaren Krisendefinition von zeitgenössischen Krisenempfindungen ist. Um diesem Problem aus dem Weg zu gehen, konzentriert sich mit Ausnahme eines Beitrags der Sammelband „Krisen verstehen" vorrangig auf die Krisenwahrnehmung der Akteure als hauptsächliche Perspektive. Der Beitrag von Raimund Hasse liefert hierzu eine passende soziologische Krisendefinition, indem er Krisen als Situationen beschreibt, die als großes Problem betrachtet werden oder als Signal zukünftiger Probleme gesehen werden. Diese Definition nimmt die Krise als Problem und Risiko in den Blick.[147] Nicht unerwähnt bleibt hier aber auch die aus organisationswissenschaftlicher Sicht (James G. March) relevante Deutung der Krise als Herausforderung, die Organi-

143 Mergel, Thomas: Krisen als Wahrnehmungsphänomene, in: Ders. (Hrsg.): Krisen verstehen. Historische und kulturwissenschaftliche Annäherungen, Frankfurt am Main 2012, S. 9–24.

144 Vgl. ebenda, S. 18. Vgl. hierzu vor allem: Rosenberg, Hans: Große Depression und Bismarckzeit. Wirtschaftsablauf, Gesellschaft und Politik in Mitteleuropa, Berlin (West) 1967, S. 27f.

145 Vgl. Burhop, Wirtschaftsgeschichte, S. 80.

146 Vgl. Horn, Gustav A.: Depression, in: Gabler Wirtschaftslexikon, https://wirtschaftslexikon.gabler.de/definition/depression-31876 [zuletzt abgerufen: 28.8.2018].

147 Vgl. Hasse, Raimund: Bausteine eines soziologischen Krisenverständnisses: Rückblick und Neubetrachtung, in: Mergel, Thomas (Hrsg.): Krisen verstehen. Historische und kulturwissenschaftliche Annäherungen, Frankfurt am Main 2012, S. 29–46, hier S. 30.

sationen Entscheidungen abverlangt.[148] Aus dieser Erkenntnis geht hervor, wie wichtig Krisendeutungen in diesem Zusammenhang sind, denn das Auftreten der Krise führt nur zusammen mit der Einordnung der Krise in den Gesamtzusammenhang zu Schlussfolgerungen, die – einmal umgesetzt – langfristige Folgen haben können. Damit steht fest: Krisen können den Ausbruch aus Pfadabhängigkeiten ermöglichen.[149] Die Frage nach der Pfadabhängigkeit im Falle des Gründerkrachs wird auch in Bezug auf die deutsche Sozialdemokratie zu stellen sein.

Für die kulturwissenschaftliche Debatte um den Krisenbegriff bieten sich verschiedenste Ansatzpunkte: In Koselleck'scher Manier kann die Krise als gesellschaftlicher Antriebsmechanismus gedeutet werden, der die Genese der Moderne maßgeblich bestimmt hat. Andere Autoren befassen sich vor allem mit der Rolle von Krisen für soziale Gruppen oder – eng damit verbunden – mit der gesamtgesellschaftlichen Krisenwahrnehmung und deren möglichen Folgen wie der Unterbrechung von Pfadabhängigkeiten von Organisationen. Damit sind wir – wenngleich auf der Mesoebene – wieder in den Schatten Kosellecks zurückgekehrt, der – in recht deterministischer Weise – den großen Einfluss von Krisenwahrnehmungen auf den gesellschaftlichen Entwicklungsprozess beschrieben und dabei den Wandel vom Absolutismus zur konstitutionellen Herrschaft des Bürgertums als durch das Krisenverständnis der Aufklärung induzierten Prozess charakterisiert hatte.

Bevor ich nun zu den genuin ökonomischen Krisendefinitionen übergehen werde, möchte ich auf das Werk „Regelvertrauen, Prosperität und Krisen" von Hansjörg Siegenthaler eingehen, welches gleichsam zwischen den beiden Wissenschaftskomplexen der Kulturwissenschaft und Wirtschaftswissenschaften steht und in herausragender Weise eine Verbindung beider Herangehensweisen anstrebt.[150] Siegenthaler setzt sich vor allem mit dem Zusammenhang von sozialen Lernprozessen und (zuvorderst ökonomischen) Krisen auseinander. „Fundamentales Lernen" beschreibt Siegenthaler als den „Erwerb neuer kognitiver Regelsysteme": ein Prozess, den er als diskontinuierlich im Rahmen von Krisen stattfindend charakterisiert.[151] Um sein Modell des fundamentalen Lernens in Krisensituationen modellhaft darstellen zu können, bedient er sich des „rationalen Akteurs", einer Vorstellung also, die menschliches Handeln in sozialen Zusammenhängen als Folge rational abgewogener Entscheidungen betrachtet. Die Mängel dieses Konstrukts sind offensichtlich, da es ein derart unrealistisches Menschenbild vertritt, dass es heutzutage selbst von vielen dem Denken in Modellen traditionell eher vertrauten Ökonomen nicht mehr offen vertreten wird und vor allem im Werk Pierre Bourdieus grundlegender Kritik unterzogen wurde.[152] Siegenthaler legt aber einige Einschränkungen vor, die seinen Ratio-

148 Vgl. ebenda, S. 37.
149 Vgl. ebenda, S. 38.
150 Vgl. Siegenthaler, Regelvertrauen.
151 Ebenda, S. XI.
152 Vgl. hierzu: Bourdieu, Pierre: Sozialer Sinn: Kritik der theoretischen Vernunft, Berlin 1993.

nalitätsbegriff relativieren und damit handhabbarer machen. Rationalität koppelt er nicht an eine scheinbar objektive Realität, sondern an die intersubjektive Kommunikation. Dabei priorisiert Siegenthaler Sprechhandlungen vor anderen Kommunikationsformen und möchte Rationalität an den einzelnen Akteuren messen.[153]

Siegenthaler geht davon aus, dass neuartige „kognitive Regelsysteme" in Krisensituationen deswegen an Überzeugungskraft und Einfluss gewinnen, weil in Krisen neue Probleme und damit verbunden neue Interessen auftreten, die nun auf neue Weisen institutionalisiert werden.[154] Die auftretenden Probleme ziehen laut Siegenthaler aber keineswegs automatisch passgenaue Lösungen nach sich: Die weitere Entwicklung, die gesellschaftliche Reaktion auf Problemkomplexe bleiben kontingent.[155] Sieht man Krisen in dieser Lesart als prägenden Faktor der Gesellschaftsentwicklung an, wird aus Krisen- und Konjunkturgeschichte der zentrale Baustein einer Historiographie der Moderne. Für Siegenthaler gilt: „Konjunkturgeschichte ist auch Sozialgeschichte, auch Politikgeschichte."[156] Nicht nur in Bezug auf die Folgen von Krisen, auch bei der Behandlung von deren Genese wendet Siegenthaler seinen regelbasierten Ansatz an. Im ökonomischen Sinne betrachtet er Krisen als Phasen, die von geringer Kapitalbildung, geringer Gesamtnachfrage und Arbeitslosigkeit geprägt sind, also durch eine „mangelhafte Koordinationsleistung des Marktes".[157] Besonders innovativ ist, dass Siegenthaler als Ursachen für solch eine Krise geringes Regelvertrauen und dadurch ausgelöste Unsicherheit heranzieht und nicht rein ökonomische Faktoren. Um die Relevanz dieses Regelvertrauens hervorzuheben, kontrastiert er Krisenzeit und Normalität:

> „Die Welt der Konjunktur hat sich dem Bild gefügt, das man sich von ihr gemacht hat, und das Bild hat in einer Welt seine Bestätigung gefunden, der sich das Bild aufgeprägt hat."[158]

Daraus geht hervor, dass sich Weltwahrnehmung und die Herausformung dessen, was dann in der Folge als Realität Akzeptanz gewinnt, wechselseitig bedingen. Stimmen Realität und die Erwartungen, die an sie gerichtet werden, größtenteils überein, herrschen Zuversicht und Vertrauen darin, das Zukünftige anhand des Gegenwärtigen, wenn nicht vorhersagen, aber doch abschätzen zu können. Die Krise kennzeichnet den Verlust dieses Vertrauens; sie wird durch diesen Verlust ausgelöst und gleichzeitig besteht sie so lange, wie sich kein neues allgemein anerkanntes Deutungsangebot durchgesetzt hat. Die neugewonne-

---

153 Siegenthaler, Regelvertrauen, S. 97.
154 Siegenthaler, Regelvertrauen, S. XII.
155 Siegenthaler, Hansjörg: Regelvertrauen, Prosperität und Krisen. Konjunkturgeschichte als Gegenstand der Wirtschafts- und Mentalitätsgeschichte, in: David, Thomas/Mathieu, Jon/Schaufelbuehl, Janick Marina/Straumann, Tobias (Hrsg.): Krisen. Ursachen, Deutungen und Folgen (Schweizerisches Jahrbuch für Wirtschafts- und Sozialgeschichte, Bd. 27), Zürich 2012, S. 31–44, hier S. 38.
156 Siegenthaler, Regelvertrauen, S. 1.
157 Ebenda, S. 20.
158 Ebenda, S. 21.

ne Freiheit, die gesellschaftliche Leerstelle kann nun von jenen gefüllt werden, die schlüssige neue Konzepte anbieten können.[159] Darin besteht die Chance des Kollektivs, denn ein Einzelner wäre verloren, wo es um die weitflächige Durchsetzungsfähigkeit einer Weltanschauung geht. Natürlich kann auch hier nur ein ideologisches Konzept überzeugen, das eine für die Adressaten einsichtige Logik bei gleichzeitig möglichst niedrigschwelliger Komplexität miteinander verbinden kann und auch eine ausreichende mediale Verbreitung findet. Eine revolutionäre Bewegung ist hierfür sicherlich ein besonders anschaulicher Extremfall.

Ist der Staat nicht bedroht durch einen erfolgreichen revolutionären Umsturz, verändert sich dennoch in seinem Gefüge die Konstellation sozialer Kräfte. Aufgrund der Wirtschaftskrise sieht Siegenthaler den Einfluss der wirtschaftlich Benachteiligten steigen, der Staat muss nun in irgendeiner Weise zu ihren Gunsten eingreifen, um potentiell destabilisierender Unzufriedenheit entgegenzuwirken. Politökonomisch bedeutet dies für Siegenthaler, dass in der Krise „der Grenznutzen des Ressourceneinsatzes im politischen Kampf" steigt.[160] Der Prozess des politischen Engagements, das in Krisenzeiten zunimmt – in Siegenthalers Sichtweise aufgrund der rationalen Entscheidung der Akteure, ihr vergrößertes politisches Gewicht zu nutzen –, führt mittelfristig nicht zu einer Revision der Geschehnisse, welche die Krise ausmach(t)en, sondern zur Beschleunigung des kommunikativen Deutungsprozesses, der neue Realitäten schafft und anerkennt.[161] Dabei unterscheidet Siegenthaler im Handeln politischer Organisationen grundsätzlich die Abgrenzung zu stattfindenden politischen Entwicklungen und alternativ die affirmative Deutung jener Entwicklungen, die dann als Beweis für die Richtigkeit der eigenen Vorstellungen dienen können. Haben politische Organisationen sich auf eine eher rückwärtsgewandte oder progressive Strategie orientiert, können sie mit der Stabilisierung der eigenen Ausrichtung und der Akzeptanz einer hegemonialen Deutungsweise der Krise in den eigenen Reihen als Bausteine der Gesellschaft selbst zur allgemeinen Beruhigung der Lage beitragen.[162] Siegenthaler beschreibt diesen sich innerhalb politischer Organisationen zutragenden Prozess als eine Krise im Kleinformat:

> „Wenn die Auseinandersetzung zu einem erfolgreichen Abschluß kommt, wenn sich Personenkreise oder Persönlichkeiten durchsetzen, die der Organisation problemgerechtes Denken aufprägen, Entscheidungsfähigkeit herstellen, Kompetenzordnungen stabilisieren, die Kontrahenten um ihren Einfluß bringen, aus der Organisation verdrängen, ver-

---

159 Vgl. ebenda, S. 55. Vgl. hierzu auch die ähnliche Analyse Pierre Bourdieus in: Bourdieu, Pierre: Politik. Schriften zur politischen Ökonomie 2, Berlin 2013, S. 12: „Der häretische Bruch mit der bestehenden Ordnung und den Dispositionen und Vorstellungen, die sie bei den von ihren Strukturen geprägten sozialen Akteuren erzeugt, setzt jedoch voraus, dass ein kritischer Diskurs und eine objektive Krise zusammentreffen, um die unmittelbare Entsprechung zwischen den inkorporierten Strukturen und den objektiven Strukturen, aus denen sie hervorgegangen sind, aufbrechen und [...] eine Suspendierung der bestehenden Ordnung, einleiten zu können."

160 Siegenthaler, Regelvertrauen, S. 161.

161 Vgl. ebenda, S. 185.

162 Vgl. ebenda, S. 194f.

> treiben, mundtot machen, vernichten – in solcher Lage ganz besonders bringt sich Gewalt zur Geltung – dann stabilisiert sich die Organisation selber und leistet damit ihren Beitrag zur Beruhigung des Krisenkontextes."[163]

Um diese Thesen konkret auf meinen Untersuchung anzuwenden, wäre für das Beispiel der Sozialdemokratie zu fragen, ob sich dieser Gedanke übertragen lässt und man im Fall der deutschen Sozialdemokratie nach dem Gründerkrach davon sprechen kann, dass die Sozialdemokratie systemkritische Impulse in der Krise aufnahm, diese institutionalisierte und damit für eine systematische Verarbeitung dieser sorgte, damit also ebenjenes System gleichsam indirekt stabilisierte, während sie es zu bekämpfen meinte.

Worin der Vorteil in Hansjörg Siegenthaler Herangehensweise liegt, ist offensichtlich: Auch wenn er in seinen theoretischen Grundannahmen die rational-choice-Theorie vertritt, beschreibt er darüber hinaus, wie durch das Zusammenspiel von Entwicklungen, die als Krise empfunden werden, und Organisationen, die in der Krisensituation eine besondere Rolle in der Neuverhandlung gültiger Deutungszusammenhänge haben, die unbeabsichtigte Konsequenz folgen kann, dass organisatorisch verankerte Akteure mit dem (potentiellen) Bestreben, die gegenwärtige Gesellschaftsordnung in der Krise in Frage zu stellen, politische Kanäle verfügbar machen, die letztendlich zu einer Institutionalisierung von neuartigen Erklärungsmustern führen und damit das politische System festigen, welches sich verändern muss, um in der Krise bestehen zu können. Je besser hier die politische Responsivität ist, desto höher sind die Überlebenschancen der überkommenen Herrschaftsordnung. Je mehr legale Mittel zur Veränderung des Systems auf seinen bestehenden Grundlagen existieren, desto weniger ist eine revolutionäre Umwälzung als Mittel politischer Veränderungswünsche attraktiv. Im weiteren Verlauf der Untersuchung wird zu fragen sein, wo sich die deutsche Sozialdemokratie angesichts dieser Konstellation politischer Wirkungszusammenhänge im Jahr 1873 befunden hat.

B. Ökonomische Sichtweisen auf Krisen

Neben den vorgestellten Ansätzen, die in unterschiedlicher Weise Ökonomie, Kultur, Politik und Gesellschaft in ihren Krisenbegriffen zu verbinden suchen, stelle ich im Folgenden noch kurz vor allem ökonomische Krisenkonzepte vor. Den Krisenbegriff unter rein ökonomischen Vorzeichen zu betrachten, ist in der Geschichte der Wirtschaftswissenschaften sicherlich kein seltenes Unterfangen gewesen – vor allem im Vergleich zur Häufigkeit des Aufgreifens der angeführten kulturwissenschaftlichen Ansätze. Dennoch muss gerade im Nachgang der Weltfinanzkrise aus den Jahren 2007/08 und danach von einer ganz besonderen Hochkonjunktur des Krisenbegriffs im ökonomischen Feld ausgegangen werden. Veranschaulicht wird dies oftmals anhand der Reaktion der englischen Königin

---

[163] Ebenda, S. 195.

Elisabeth II. im Anschluss an die Krise, die sich kritisch an die Ökonomenzunft wandte und dies mit dem Ziel verknüpfte, zu erfahren, warum niemand die Krise hatte kommen sehen.[164] Natürlich lässt sich dieser Vorwurf nicht verallgemeinern, denn es hatte Ökonominnen und Ökonomen gegeben, welche die jüngste Krise vorhergesagt hatten. Diese Stimmen vertraten jedoch nicht das vorherrschende wirtschaftswissenschaftliche Paradigma.[165]

Hier fällt eine Parallele auf zur Krise von 1873: Ihr ging gleichfalls eine Zeit voraus, in der eine bestimmte wirtschaftliche Sichtweise dominierte. Es war dies der klassische Liberalismus, der in vielen europäischen Ländern, aber auch in Preußen und im Deutschen Reich nicht nur durch die entsprechenden politischen Mehrheiten der liberalen Parteien zum Ausdruck kam, sondern auch durch entsprechende Agenden – wie etwa die Aushandlung von Handelsverträgen, die grenzüberschreitenden Handel erleichterten, oder Gesetzesnovellen, die die Rechte des einzelnen Wirtschaftsakteurs gegenüber dem Staat stärkten, beziehungsweise ein Verständnis des Verhältnisses von Markt und Staat prägten, was überhaupt erst die Entstehung moderner Marktwirtschaften ermöglichte. Doch enden hier die Parallelen nicht. Vergleicht man die Krisen selbst und ihren Verlauf, können bestimmte Gemeinsamkeiten festgestellt werden. Vor allem aber sind es die verschiedenen Prozesse im Anschluss an die Krisen, die in beiden Fällen für schwerwiegende politische, ökonomische und gesellschaftliche Zäsuren sorgten.

Krisenlagen können in modernen Gesellschaften gravierende Perspektivwechsel auslösen und Abweichungen von der bisherigen Hauptstoßrichtung des politischen Diskurses bewirken, die wiederum – wenn auch die politische und ökonomische Lage dies begünstigt – langfristigen institutionellen Wandel anstoßen können. Darin ist ein Hauptunterschied von modernen und vormodernen Gesellschaften zu finden, die über weniger volatile Krisendeutungsdiskurse verfügten. Damit ist nicht gesagt, dass Institutionen sich nicht auch in eher „ruhigen" Zeiten anpassen können. Grundlegender Wandel allerdings erfordert enorme Ressourcen und kann nur geleistet werden, wenn angesichts neuer Herausforderungen die Dringlichkeit von Wandel erkennbar zunimmt und gleichzeitig – durch die kulturell unterschiedliche Einordnung der krisenhaften Ereignisse – die möglich erscheinende und als sinnvoll erachtete Richtung des Wandels qua Durchsetzung eines bestimmten Krisendiskurses deutlich wird. Dabei ist dies in unserem Fall anhand der Krisenwahrnehmung einer noch jungen politischen Bewegung zu analysieren, während gleichzeitig die mangelnde Performanz des kapitalistischen Systems mindestens mit Blick auf das eigene Klientel – die entstehende Arbeiterschaft, Handwerker und kleine Selbständige –, wenn nicht sogar in Bezug auf die gesamte Gesellschaft, die soziale Stel-

---

164 O. Verf.: „The Queen asks why no one saw the credit crunch coming", in: Telegraph, 5. November 2008, https://www.telegraph.co.uk/news/uknews/theroyalfamily/3386353/The-Queen-asks-why-no-one-saw-the-credit-crunch-coming.html [zuletzt abgerufen: 24.11.2020.]

165 Keen, Steve: Predicting the „Global Financial Crisis": Post-Keynesian Macroeconomics, in: Economic Record 3/2013, Economic Society of Australia, S. 1–27.

lung der betroffenen Akteure in Frage stellt. Die Herausformung der Ideologie einer solchen Partei, die sich vor allem über sozioökonomische Anschauungen definiert, deren Konturierung allerdings noch nicht wirklich vorgenommen hat, muss durch den grundlegenden politischen, gesellschaftlichen und auch wirtschaftlichen Strukturwandel beeinflusst worden sein, für den der Gründerkrach von 1873 einen der zentralen Anknüpfungspunkte bietet.

Die Krise ist im wirtschaftswissenschaftlichen Sprachgebrauch häufig zu finden, jedoch nicht immer einheitlich definiert. Die einfachste Definition ist die technische Krisendefinition, bei der die Krise als Bestandteil des Konjunkturzyklus betrachtet wird. Dieser setzt sich zusammen aus Aufschwung, Niedergang, oberem Wendepunkt (die Krise) und unterem Wendepunkt. Dieses von Gottfried Haberler geprägte Stufenmodell ist im Wesentlichen bis heute gängig, auch weil es sich auf ein empirisch beobachtbares Schema stützt, das auch vor dem Hintergrund unterschiedlicher theoretischer Ansätze Bestand hat.[166] Wird die Krise als Bestandteil der vier nacheinander ablaufenden Konjunkturphasen betrachtet, tritt sie im Sinne einer Zäsur weniger hervor und wird – untermauert durch wissenschaftliche Erkenntnisse – als Teil eines gleichsam natürlichen Ablaufs charakterisiert. In der ökonomischen Semantik wird damit der Krise mittels der Konjunkturtheorie die ihr in anderen Semantiken eigene disruptive Kraft genommen, da sie zwar durchaus das Ende einer von Wachstum und dem ihm folgenden leichten Abschwung geprägten Phase markieren kann, nicht aber das Ende des Konjunkturzyklus, in dessen Rahmen sie sich regelkonform einordnen lässt.[167]

Die marxistische Krisentheorie lässt sich nicht ohne den Hintergrund des historischen Materialismus und nicht ohne die Kenntnis der marxistischen Vor-

---

166 Haberler, Gottfried: Prosperität und Depression. Eine theoretische Untersuchung der Konjunkturbewegungen, Berlin (West) 1948.

167 Vgl. hierzu den Lexikonartikel im „Gabler Wirtschaftslexikon" über Konjunkturphasen: Horn, Gustav A.: Konjunkturphasen, in: Gabler Wirtschaftslexikon, 2018, https://wirtschaftslexikon.gabler.de/definition/konjunkturphasen38767?redirectedfrom=Krise#authors [zuletzt abgerufen: 10.10.2018]: „(1) Die Aufschwungsphase nach dem unteren Wendepunkt wird als Erholung oder Expansionsphase bezeichnet, gekennzeichnet durch verbesserte Kapazitätsauslastung, steigende private Investitionen und Beschäftigung, zunehmendes Volkseinkommen und erhöhten privaten Konsum.
(2) Die Erholung geht in den Boom (Hochkonjunktur, Prosperität) über, sobald die Produktionsfaktoren mehr als im Trend üblich ausgleastet [sic] sind. Diese Phase dauert an, bis die Volkswirtschaft ihre Auslastungsgrenze erreicht und eine Erhöhung des realen Volkseinkommens nicht mehr möglich ist. Es kommt zu starken Preissteigerungen und Störungen auf dem Geld- und Kapitalmarkt.
(3) Nach Erreichen des oberen Wendepunktes geht die Entwicklung in einen Abschwung über, in dem in der Boomphase bei überhöhtem Zinsniveau durchgeführten Investitionen sich als unrentabel erweisen. Es kommt zu einem Rückgang der privaten Investitionen, höherer Arbeitslosigkeit und zu einer Stagnation des privaten Konsums. Gewinne und Beschäftigung sinken, zahlreiche Unternehmen geraten in Schwierigkeiten.
(4) Die Phase vor dem unteren Wendepunkt ist die Depression (Krise), gekennzeichnet durch hohe Arbeitslosigkeit, geringe Kapazitätsauslastung, geringe Investitionstätigkeit und hohe Bankenliquidität."

stellungen über den Zusammenhang zwischen Wirtschaft und Gesellschaft verstehen. In Konsequenz ist vor allem der Zusammenhang zwischen Krisen und gesellschaftlicher Entwicklung eminent wichtig – hier taucht auch der Krisenbegriff wieder im doppelten, also im gesellschaftlichen und ökonomischen Sinne auf, verknüpft durch den für den Marxismus typischen Hang zum ökonomischen Determinismus. In der marxistischen Geschichtsphilosophie, die verschiedene Stadien gesellschaftlicher Entwicklung mit den entsprechenden Wirtschaftssystemen verknüpft, wird der Akkumulationsprozess des Kapitals begleitet von sich zuspitzenden Widersprüchen, die sich vor allem durch ökonomische Krisen äußern. Dabei sind einzelne Krisen für Marx jedoch nicht Vorboten eines nahenden Zusammenbruchs des kapitalistischen Systems, in erster Linie zeigen sie dessen gravierende Widersprüche auf. Vielmehr betonen Marxisten die kurzfristig stabilisierende Wirkung von Krisen, da diese vermögen das aus dem Gleichgewicht geratene kapitalistische System wiederherzustellen – freilich verknüpft mit der Perspektive sich verkürzender Krisenzyklen, welche die Instabilität des Systems aufzeigen:

> „Die Krisen sind immer nur momentane gewaltsame Lösungen der vorhandenen Widersprüche, gewaltsame Eruptionen, die das gestörte Gleichgewicht für den Augenblick wieder herstellen.“[168]

Die Vorbedingungen der im historischen Materialismus erwarteten Revolution entwickeln sich erst langfristig und drücken sich in einem wachsenden Klassengegensatz aus, der einhergeht mit der sinkenden ökonomischen Effektivität des kapitalistischen Systems. Die Natur des Kapitalismus ist es, die in der marxistischen Sichtweise den Ursprung der Krisen ausmacht: Diese entspringen dem Gegensatz zwischen gesellschaftlichem Charakter der Produktion und dem kapitalistischen Charakter der Aneignung.[169] Neben den klassischen, schon vor dem modernen Kapitalismus aufkommenden Spekulationskrisen, die sich durch die Suche von Kapital nach Profit in Zeiten, wo dieser nicht leicht zu finden ist, erklären lassen, sind die zyklischen Krisen typisch für den Industriekapitalismus. Diese einzelnen Krisen, Stockungsphasen im Akkumulationsprozess, werden im Marxismus ebenfalls als Teil eines Konjunkturzyklus verstanden; der Beginn kapitalistischer Krisen wird im Jahr 1815 angesetzt.[170] Bei den zyklischen Krisen werden Überproduktionskrisen und Unterkonsumtionskrisen unterschieden: Beide Krisenformen sind systemisch bedingt vom Prozess des tendenziellen Falls der Profitrate begleitet, der erhöhten Druck auf Seiten des Kapitals nach Anla-

---

168 Oelßner, Fred: Die Wirtschaftskrisen, Bd. 1: Die Krisen im vormonopolistischen Kapitalismus, Berlin (Ost) 1949, S. 74. Vgl. zu einem neueren Überblick über verschiedene Krisentheorien im Umfeld von Marx und von Marx selbst, wie auch zu marxistischen Krisentheorien: Clarke, Simon: Marx's Theory of Crisis, New York 1994, S. 72f.

169 Vgl. ebenda, S. 94.

170 Vgl. ebenda, S. 7.

gemöglichkeiten mit einer immer geringeren Kapitalproduktivität verbindet.[171] Eine Überakkumulationskrise droht dann, wenn eine „Blockierung von Überschussproduktion und Reinvestition" stattfindet, wenn das Wachstum stagniert und nicht genügend neue Anlagemöglichkeiten zur Verfügung stehen – der marxistische Ökonom David Harvey ordnet die Krise von 2007/08 dieser Krisenform zu.[172] Von Unterkonsumtionskrisen ist dann die Rede, wenn fehlende effektive Nachfrage die Kapitalzirkulation behindert. Neben diesen wichtigsten Krisenformen zählt Harvey auch noch andere Faktoren auf, die zu wirtschaftlichen Problemen und Krisen führen können: von Geldknappheit, mangelnder Arbeitskraft, Disproportionalitäten zwischen Wirtschaftssektoren über technologische und organisatorische Veränderungen bis hin zu begrenzten Ressourcen und Störungen im Arbeitsprozess.[173] Diese Aufzählung entstammt nicht direkt dem Werkzeugkasten Marx'scher Ideen, denn dieser hatte ja keine umfassende Krisentheorie hinterlassen, die sich ohne Weiteres auch auf zukünftige Krisen hätte anwenden lassen.[174]

In Anlehnung an Marx, der ja bei der Konzeption einer umfassenden Krisentheorie „steckengeblieben" ist,[175] haben Forscherinnen und Forscher versucht, eigene marxistisch fundierte Krisentheorien zu entwickeln, die ein weites Feld abdecken und von Überakkumulationstheorien, Unterakkumulationstheorien, Disproportionalitätstheorien, Lohndrucktheorien, Preisspannentheorien, Kapitalkreislauftheorien bis hin zu psychologisch und politisch fundierten Krisentheorien reichen – das Feld ist schier unüberschaubar.[176] Gemeinsam haben diese Ansätze nicht nur das bereits genannte Verständnis des Kapitalismus als ein von Widersprüchen durchsetztes System, also vor allem des Widerspruchs von Gebrauchs- und Tauschwert, des Widerspruchs des Geldes als Zahlungs- und Wertaufbewahrungsmittel und des Widerspruchs der Verwendung des Kapitals als Geldkapital in Zirkulation.[177] Die Krise als fester Bestandteil des Kapitalismus, wie sie alle marxistischen, auch die post-marxistischen und neo-marxistischen

---

171 Vgl. hierzu: Foley, Duncan K.: Adam's Fallacy. A Guide to Economic Theology, London/Cambridge 2006, S. 124: „As capitalism takes over the production process, it begins to mold and shape it through technical innovation. Relative surplus value tends to raise the level of surplus value per worker, but the capitalists as a class find that their more advanced methods of production require much larger investments of capital in factories, heavy machinery, and large quantities of raw materials to be worked up into finished products. Capital invested per worker rises, and, in Marx's view, tends to rise enough to force the rate of profit down over time."

172 Harvey, David: Das Rätsel des Kapitals entschlüsseln. Den Kapitalismus und seine Krisen überwinden, Hamburg 2011, S. 50.

173 Vgl. ebenda, S. 117.

174 Vgl. Dobias, Peter: Sozialismus-Marxismus, in: Issing, Otmar (Hrsg.): Geschichte der Nationalökonomie, München 1994, S. 107–126, hier S. 118.

175 Koselleck, Reinhart: Einige Fragen an die Begriffsgeschichte von „Krise", in: Michalski, Krzystof: Über die Krise, Castelgandolfo-Gespräche 1985, Stuttgart 1986, S. 64–77, hier S. 67.

176 Vgl. Müller, Alfred: Konjunkturtheorie. Eine überakkumulationstheoretische Interpretation, Köln 2009, S. 22f.

177 Vgl. ebenda, S. 39.

Theorien eint, wird in vielen Fällen nur noch durch ihre funktionale Rolle betrachtet und somit normalisiert.[178] Somit wird das erklärungsbedürftige Phänomen oftmals selbst zum Bestandteil der eigenen Erklärung. Inwieweit solche Ansichten schon in der frühen deutschen Sozialdemokratie verbreitet waren, oder ob es hier ganz andere Ansätze gab, wird zu klären sein. Gemein ist den genannten Theorien auch, dass sie sich nicht nur der schwierigen Herausforderung der Krisenanalyse stellen und sich damit der konkreten Form des Begriffs der Krise unter Verwendung abstrakter theoretischer Konstrukte nähern, sondern auch, dass sie sich damit gleichzeitig anschicken, die essentielle Bedeutung der Marx'schen Gedanken durch die korrekte Interpretation seiner teils bruchstückhaften Vorarbeit zu erarbeiten.[179]

Das keynesianische Krisenverständnis hingegen hebt sich in seinen Kernpunkten deutlich vom marxistischen Konzept ab. Offensichtlich ist, dass es dem Keynesianismus als genuin volkswirtschaftlichem Forschungsparadigma nicht wie dem Marxismus um eine Gesellschaftsanalyse mit politischer Stoßrichtung geht. Grundlegend für die unter dem Oberbegriff „Keynesianismus" firmierenden Ansätze ist die Auffassung, dass es auch in einem rein marktwirtschaftlichen System zu einer dauerhaft unzureichenden Deckung von Angebot und Nachfrage kommen kann. Während der Marxismus den eigentlichen Akkumulationsprozess als Ursache für Überproduktion und Unterproduktion sieht und dies als Gesetzmäßigkeit des kapitalistischen Systems anerkennt, werden im Keynesianismus die gesamtwirtschaftliche Angebotskurve und die gesamtwirtschaftliche Nachfragekurve analysiert und mit dem Ziel einer Maximierung des volkswirtschaftlichen Produktionspotentials verbundene Eingriffe diskutiert: Die „Output-Lücke" muss klein gehalten werden.[180]

Dabei ist der Krisenbegriff im Keynesianismus kein Hauptbestandteil des ursprünglichen Theoriegebäudes, da schon der Normalzustand von krisenähnlichen Begleiterscheinungen geprägt sein kann: Wenn die gesamtwirtschaftliche Nachfrage und/oder die Geldmenge sich ungünstig entwickeln, kann es auch ohne größere Krise zur Arbeitslosigkeit kommen – und auch in dem besonders günstigen Fall, dass die makroökonomischen Bedingungen aus dem Modell erfüllt sind, kann es dennoch – da die selbstregulativen Märkte auch fehlen können – zu kleineren und größeren Kontraktionen kommen.[181]

---

178 Vgl. hierzu: O'Connor, James: The Meaning of Crises. A Theoretical Introduction, New York 1987, S. 57: „Marx and his orthodox followers, no matter what specific interpretations the latter made of the seemingly contradictory passages in *Capital* on the origins and functions of economic crisis, held that crises were normal features of capitalist development."

179 Vgl. zur Tragweite der sich gesetzten Ziele: Müller, Konjunkturtheorie, S. 21f.: „Eine eindeutige Marxsche Krisentheorie wird es erst dann geben, wenn [...] unter den vielen Interpretationsversuchen sich eine Interpretation herauskristallisiert, die mit den Marxschen Grundaussagen übereinstimmt, in sich konsistent ist und den realen Konjunkturverlauf zu erklären vermag, was sich letztendlich an der Richtigkeit der Konjunkturprognosen herausstellt."

180 Bofinger, Peter: Grundzüge der Volkswirtschaftslehre, Hallbergmoos 2015, S. 256.

181 Vgl. Jarchow, Hans-Joachim: Keynesianismus, in: Issing, Otmar (Hrsg.): Geschichte der Nationalökonomie, München 1994, S. 193–213, hier S. 203f.

Im Gegensatz zur neoklassischen Sichtweise, die sich hierbei vor allem auf die Verbesserung der Angebotsbedingungen konzentriert, gewichtet der Keynesianismus die Nachfragekomponente stärker. Verbunden ist diese Sichtweise mit der Annahme, dass die Marktkräfte nicht immer selbständig dafür sorgen können, dass Wirtschaftswachstum erzeugt wird. In Krisensituationen ist daher die Staatsintervention ein legitimes Mittel, um beispielsweise die Nachfrage durch die Erhöhung der Kaufkraft zu erhöhen und einen Konjunktureinbruch abzumildern. Der neokeynesianische Ansatz, der sich um eine Verbindung von Keynesianismus und Neoklassik bemüht, sieht dabei den Staat vor allem in genau diesen Krisensituationen in der Pflicht und baut anderenfalls auf die Selbststabilisierungsfunktionen der Märkte – dieser Gedanke kommt im bekannten IS-LM-Modell zum Tragen, welches aus den Gedanken von Keynes ein Gleichgewichtsmodell schuf, das mit den in der „General Theory of Employment, Interest and Money" dargelegten Ideen wenig gemein hat.[182]

Der Postkeynesianismus als Alternative zum Neokeynesianismus betrachtet Märkte als inhärent instabil. Er fordert staatliches Eingreifen in weiteren Bereichen, wie zum Beispiel über eine aktive Zentralbank oder durch staatliche Beschäftigungspolitik. Zentrales Element der von Hyman P. Minsky begründeten Forschungsrichtung des Postkeynesianismus ist der von ihm in die theoretische Debatte eingeführte Begriff der Unsicherheit als konstitutives Element allen wirtschaftlichen Handelns; er entfernt sich damit von Modellen, die auf rationale Akteure im Wirtschaftsprozess setzen.[183] Damit ist der Topos der Krise in der Theorie nicht mehr als erklärungsbedürftiger Ausnahmezustand anzusehen, sondern als grundlegender Bestandteil ökonomischer Prozesse, bei denen zu wenig „Stabilisierungselemente" eingebaut worden sind, die den allzu menschlichen Hang zur Fehleinschätzung, wenn nicht korrigieren, so wenigstens mit-

182 Keynes, John Maynard: The General Theory of Employment, Interest and Money, Memphis 2011. Vgl. zur von neoklassischer Seite durchgängig als „Nachfragetheorie" gewerteten keynesianischen Theorie, die somit nur als Ergänzung neoklassischer Theorien angesehen wurde: Winkler, Adalbert: Geld, Zins und keynesianische Angebotspolitik, Berlin 1992, S. 59f. Vgl. Zur Umformulierung der keynesianischen Ideen vor allem durch den Briten John Hicks und den Amerikaner Paul Samuelson: Brodbeck, Karl-Heinz: Die fragwürdigen Grundlagen der Ökonomie. Eine philosophische Kritik der modernen Wirtschaftswissenschaften, Darmstadt 2013, S. 100: „Die Herausforderung, die in der Keynesschen Theorie der Erwartungen lag, mußte die Wirtschafts-Mechaniker notgedrungen auf den Plan rufen. Hicks versuchte, die Keynessche Theorie in ein triviales mechanisches Modell zurück zu verwandeln, dessen ‚Stabilitätsbedingungen' Samuelson in belehrendem Tonfall dann überprüfen konnte. [...] Durch den von Hicks vollzogenen Schritt der Elimination der unsicheren und zeitlichen Qualität der Erwartungen war es nun leicht, die mechanische Ordnung wieder in ihr Recht zu setzen. Wenn alle Erwartungen *Preis*erwartungen und zudem wohlgeformt sind, dann bietet sich folgender Gedanke an: Preise schwanken auf eine *berechenbare* Weise um ein mechanisches Gleichgewicht oder um einen Trend. Der *Erwartungswert* der Preise (der nächsten Periode) ist damit ein mathematisch prognostizierbarer Wert. Die subjektive Zukunftserwartung wird objektiviert zum berechenbaren Modellparameter der Theorie."

183 Vgl. Jarchow, Keynesianismus, S. 208. Vgl. hierzu als Einführung: Lavoie, Marc: Introduction to Post-Keynesian Economics, New York 2009.

einbeziehen könn(t)en.[184] Das postkeynesianische Bild der Wirtschaft ist damit ein realitätsnahes und durch viele unterschiedliche Faktoren beeinflusstes. Pfadabhängigkeiten und historische Ereignisse kommen hier stärker zum Tragen und können den Wirtschaftsprozess maßgeblich beeinflussen.[185] Dies lässt Raum für einen breiter gefassten Begriff von Krisen und ist auch anknüpfungsfähig für interdisziplinäre Ansätze.

Während der Keynesianismus das oben angeführte Konjunkturmodell ebenfalls verwendet, nimmt er anders als Marxismus und Neoklassik, die beide von ähnlichen Grundüberzeugungen in Bezug auf Marktautomatismen ausgehen, eine größere Einflussmöglichkeit auf wirtschaftliche Entwicklungen an. Der Postkeynesianismus nimmt damit auch eine mögliche Verbesserung der ökonomischen Performanz durch bestimmte staatliche Interventionen an, die im neoklassischen Fall eher durch das gegenteilige Vorgehen erreicht werden sollen. Ein gutes Beispiel ist der Umgang mit dem Marx'schen Gesetz des tendenziellen Falls der Profitrate. Die Ausweglosigkeit im Prozess der sich verschärfenden Krisen wird durch die keynesianische Perspektive aufgelöst:

> „Bei dieser Prognose hat Marx den Ausbau der Staatsinterventionen nicht vorhergesehen, der eine gesamtwirtschaftliche Steuerung des Wirtschaftsablaufs mit sich brachte […]."[186]

Wird im Marxismus also eher auf die systemische Logik verwiesen, die nicht auf kurze Sicht, aber langfristig zum Zusammenbruch führen muss, setzt der Keynesianismus auf die Analyse gegenwärtiger Probleme, die behoben werden sollen

184 Ebenda. Vgl. zum Begriff des „Topos": Römer, Wirtschaftskrisen, 2017, S. 99: „In der modernen Argumentationstheorie werden unter Topoi so verschiedene Dinge verstanden wie: deduktive oder nicht-deduktive Schlussverfahren, Fundorte für Argumente, Heuristiken für das Auffinden von Prämissen oder Prämissen selbst, wissenschaftliche, dialektische und/oder rhetorische Syllogismen, allgemein anerkannte Meinungen, Schlussregeln im Sinne Toulmins, allgemeine/besondere bzw. formale/materiale oder kontextabstrakte/kontextspezifische Argumentationen, Argumente, aber auch Argumentationsmuster, die zwingend notwendig oder auch nur überzeugend sind." Vgl. zur Begrifflichkeit „Topos": Wengeler, Martin/Ziem, Alexander: „Wirtschaftskrisen" im Wandel der Zeit. Eine diskurslinguistische Pilotstudie zum Wandel von Argumentationsmustern und Metapherngebrauch, in: Landwehr, Achim (Hrsg.): Diskursiver Wandel, Wiesbaden 2010, S. 335–354, hier S. 343: „Bei Topoi handelt es sich um Argumentationsmuster, die nicht immer in gleicher Weise sprachlich materialisiert werden müssen, die aber in vielen Texten als immer wieder ähnlich vorkommende, aber nur interpretativ zu erschließende gleiche, auf Plausibilität zielende Herstellung von Sachverhaltszusammenhängen vorkommen. Als Analysekategorie erlauben Topoi es, auch dort wiederkehrende und für bestimmte Diskurse zentrale sprachliche Wirklichkeitskonstruktionen zu erkennen, wo die sprachliche Realisierung unterschiedlich ausfällt. Allerdings gibt es eine enge Verknüpfung mit Schlüsselwörtern und Metaphorik, weil bestimmte Topoi wenn auch nicht ausschließlich, so doch oft mit bestimmten Lexemen und Metaphern ausgedrückt werden."

185 Kurz, Heinz D.: Geschichte des ökonomischen Denkens, München 2013, S. 101.

186 Kromphardt, Jürgen: Wachstum und Konjunktur. Grundlagen der Erklärung und Steuerung des Wachstumsprozesses, Göttingen 1993, S. 50.

und können, und bezieht dabei auch institutionelle Antworten auf auftauchende Probleme in die Analyse mit ein.

Die neoklassische Sichtweise ist deutlich unterschiedlich ausgeprägt, wenn es um die langfristige Stabilität des Kapitalismus geht. Im Gegensatz zum Marxismus sind kurzfristige Unstimmigkeiten nur Ausdruck noch nicht behobener Störungen der Marktkräfte, während diese langfristig betrachtet das Potential haben, ein stabiles Gleichgewicht hervorzubringen. Der wichtigste Grundsatz der Neoklassik ist der methodologische Individualismus, der analytisch auch die mathematisch ausformulierten Modellwelten des ökonomischen Mainstreams ermöglicht. Neben dem methodologischen Individualismus ist die „Gleichgewichtsidee" charakteristisch für die neoklassische Wirtschaftstheorie: die Idee also, dass die Allokation knapper Ressourcen über Märkte zu einem für Nachfrage- und Angebotsbereich ausgeglichenen Ergebnis führen kann, was auch mathematisch (!) bewiesen wurde.[187] Wichtig in diesem Zusammenhang sind auch die Marktakteure: Diese sind rational in ihrem Verhalten und verfügen über maximale Informationen, die sie als Grundlage für wirtschaftliche Entscheidungen nutzen – auf jegliche Veränderungen reagieren sie dementsprechend sofort. Geht man von dieser Vorstellung aus, wird deutlich, dass Krisen im eigentlichen Sinne in der neoklassischen Vorstellungswelt nur eine untergeordnete Rolle spielen:

> „Alle ökonomischen Größen sind als das Resultat rationalen Verhaltens der Akteure abzuleiten, es herrscht vollständige Flexibilität aller Preise und Faktoreinkommen und alle Märkte werden permanent geräumt. Arbeitslosigkeit ist freiwillig. Damit ist von vornherein klar, dass Phänomene wie unfreiwillige Arbeitslosigkeit, Krisen usw. nicht erfasst werden können."[188]

Dennoch können Krisenmomente, die aus Reaktionen auf wirtschaftliche Veränderungen durch ebenjene rationalen Wirtschaftsakteure bestehen, auch in der Neoklassik auftauchen: „Schocks" sind in diesem Sinne Konjunkturschwankungen, die nur aufgrund der Veränderung der Informationslage entstehen und daher korrigierende Wirkungen auf den Allokationsprozess an Märkten, auf das Preisniveau und alle anderen makroökonomischen Größen haben.[189] Die Frage, warum es zu Krisen kommt, tritt demgemäß in den Hintergrund. Gravierende Auswirkungen von ökonomischen Schocks werden in der Neoklassik eher verfehlten staatlichen Einschätzungen zugeschrieben als einer den Krisen innewohnenden Eigendynamik. Somit trifft Margrit Grabas' Einschätzung zu, dass

---

187 Vgl. Neumann, Manfred: Neoklassik, in: Issing, Otmar (Hrsg.): Geschichte der Nationalökonomie, München 1994, S. 255–269, hier S. 261. Vgl. hierzu auch: Nakhaeizadeh, Gholamreza: Neuklassische und Keynesianische Modelle. Theoretische Analyse und empirischer Vergleich, Berlin Heidelberg 1989, S. 8f, der als zentrale Grundsätze der Neoklassik die rationalen Erwartungen der Wirtschaftsakteure, den Vorrang realer Größen vor nominalen Größen bei Konsumentscheidungen und die Annahme, dass jene „konsistente und erfolgreiche Optimierer" (S. 9) sind, in den Vordergrund stellt.

188 Kurz, Geschichte, S. 103f.

189 Vgl. ebenda, S. 104f.

Krisen „kein explizites Explanandum des konjunkturwissenschaftlichen Mainstreams" darstellen.[190] Weniger staatliche Eingriffe würden demgegenüber den Marktkräften ermöglichen, etwaige Ungleichgewichte schnell auszuräumen.

Ein im Zusammenhang mit Krisen immer wieder auftauchendes wirtschaftswissenschaftliches Paradigma, das sich nicht eindeutig einer bestimmten Schule zuordnen lässt und anschlussfähig nach mehreren Seiten hin ist, ist die von Joseph A. Schumpeter geprägte Sichtweise auf die moderne Wirtschaftsentwicklung. Seiner Theorie nach – wenn wir uns vor allem auf das schumpeterianische Krisenverständnis konzentrieren – sind Krisen fester Bestandteil des modernen Wirtschaftssystems und können als „Wendepunkte" wirtschaftlicher Entwicklung verstanden werden.[191] Für Schumpeter liegt es in der kapitalistischen Wirtschaft am Unternehmer, dass er für die notwendigen Innovationsprozesse sorgt, welche Wirtschaftswachstum anregen. Wenn Unternehmer neue „Kombinationen" (so Schumpeter) durchgesetzt haben, erfolgt ein Aufschwung, die neuen Kombinationen gliedern sich ein und werden statisches Element des Wirtschaftsprozesses. Die an der Entwicklung nicht beteiligten Akteure müssen sich nun anpassen, weil das vorher erreichte Gleichgewicht nun gestört ist.[192] Mit Blick auf das Krisenverständnis wird deutlich, dass aus einer schumpeterianischen Sichtweise eine gewisse Normalisierung von Krisen erfolgen muss, da diese eben die logische Folge von Umstrukturierungen sind und damit auch notwendig mit Produktivitätssteigerung einhergehen. Sehr optimistisch ging Schumpeter sogar davon aus, dass die schlimmsten Auswirkungen von Krisen alsbald gar nicht mehr auftreten würden, weil sie als zwingender Bestandteil des Wirtschaftsprozesses dann akzeptiert würden.[193]

Zuletzt sei noch auf einen Ansatz zur Erklärung von Krisen verwiesen, der in interdisziplinärer Weise den vielversprechenden Versuch macht, Krisen in ihrer ökonomischen und gesellschaftlichen Komplexität zu erfassen. Es handelt sich dabei um den von Robert Boyer in seinem Aufsatz „Financial Crises as Conflicts of Temporalities" vorgeschlagenen Versuch zur Interpretation von Krisen als Wendepunkte wirtschaftlicher Entwicklung, die dem kapitalistischen Wirtschaftssystem innewohnen. Sie lassen sich nicht aus ökonomischen Determinismen ableiten, sondern speisen sich aus der zentralen Notwendigkeit von Innovationen für Marktwirtschaften. Diese sind einerseits, siehe Schumpeter, notwendig für Produktivitätssteigerungen und damit das Wachstum von Volkswirtschaften. Andererseits bieten sie einem überdimensionierten internationalen Finanzsystem die Möglichkeit, sich aufgrund der Informationsasymmetrie gegenüber der Realwirtschaft an die Spitze von Trends zu setzen, Kapital in be-

190 Grabas, Margrit: Wirtschaftskrisen in soziokultureller Perspektive. Plädoyer für eine kulturalistisch erweiterte Konjunktur(geschichts)forschung, in: Abelshauser, Werner/Gilgen, David A./Lentzsch, Andreas (Hrsg.): Kulturen der Weltwirtschaft, Göttingen 2012, S. 261–283, hier S. 276.

191 Vgl. Schumpeter, Joseph: Theorie der wirtschaftlichen Entwicklung. Nachdruck der 1. Auflage von 1912, Berlin 2006, S. 425.

192 Vgl. ebenda, S. 436–439.

193 Vgl. ebenda, S. 462.

stimmten Bereichen zu konzentrieren und damit Preissteigerungen auszulösen, die über das Produktivitätspotential bestimmter Innovationen hinausgehen. Im Fall der Krise sind es jene Finanzmarktakteure, die aufgrund ihrer flexiblen Instrumente aus bedrohlichen Investments aussteigen können – für die Realwirtschaft aber setzt der Abschwung ein.[194] Institutionen können diese Prozesse beeinflussen, befördern oder bremsen: über den zentralen Zusammenhang zwischen Finanzmärkten und Realwirtschaft und den unterschiedlichen Temporalitäten, denen beide unterworfen sind, kann kein Zweifel bestehen. Dieses – weiter unten in Bezug auf die Gründerkrise noch ausgeführte – Konzept bietet viele Ansatzpunkte für fruchtbare historische und ökonomische Analysen von Finanz- und Wirtschaftskrisen, deren Verknüpfung und die Rolle von unterschiedlichen Erwartungen, nicht zuletzt über die Zukunft – vermittelt über das Konzept der Ergodizität (also der aus der Physik übernommenen Idee einer Übertragbarkeit statistischer Daten aus der Vergangenheit auf die Zukunft) –, aber auch über die Vergangenheit.

Dieser kurze Überblick über politisch-philosophische Krisentheorien und die genuin ökonomischen Ansätze zur Erklärung von Krisen und deren unterschiedlichen paradigmatischen Verortungen sollte zeigen, wie vielfältig der Krisenbegriff auf vielen Ebenen verwendet wird. Eindeutig ist angesichts der mannigfaltigen Herangehensweisen, die sich mit der Entstehung, Auswirkung und Bekämpfung von Krisen auseinandersetzen, dass nicht eine zu enge Krisendefinition gewählt werden kann, wenn ein möglichst breit gefasstes Bild der Krise von 1873 entstehen soll.

Es soll in dieser Arbeit einerseits die Krise in der klassischen Sichtweise der Konjunkturtheorie als Wendephase in der Konjunkturentwicklung betrachtet werden. Nach Jahren des Booms, vor allem im Immobilien- und Bankengeschäft, war das Jahr 1873 ein Wendepunkt, der eine Zeit von Verlusten oder zumindest geringerer Gewinne in vielen Branchen nach sich zog. Ohne Zweifel können wir hier von einer Bankenkrise sprechen. Der Blick auf die gesellschaftlichen Auswirkungen bedient sich aber darüber hinaus einer erweiterten Krisendefinition. Anders als in den Jahren zuvor, in denen es immer wieder zu kleineren Haussen und Baissen gekommen war, wurde in der Zeit nach dem Gründerkrach im zeitgenössischen Diskurs vom „großen Krach" gesprochen. Es handelte sich also nicht um eine von anderen gesellschaftlichen Bereichen abgetrennte Entwicklung, die ohne jegliche „spill-over-Effekte" bleiben würde. Stattdessen machte sich die Erwartung breit, dass in dieser Form nicht weitergemacht werden könne, dass nun eine Abrechnung käme oder gar der Zusammenbruch des Gesellschaftssystems. Manche hofften sogar darauf. Genau dieser Verlust von Regelvertrauen ist es, der in Siegenthalers Herangehensweise die Basis für gesellschaftliche Veränderung schafft und der in meinen Augen den geeigneten Ansatz birgt für ein der Komplexität gesellschaftlicher Umwälzungen angemessenes Verständnis von Krisen. Minsky und Boyer bieten eine zu diesem Verständnis komplementäre

194 Vgl. Boyer, Robert: Financial Crises as Conflicts of Temporalities, in: Vingtième Siècle. Revue d'histoire 2013/1 (Nr. 117), S. 69–88 (aus dem Französischen übersetzt).

Beschreibung der ökonomischen Vorgänge im Gesamtkomplex der Krise. Ohne eine komplette Krisentheorie aufstellen zu wollen, soll in der vorliegenden Studie der Versuch gemacht werden, den praktischen Beweis der Durchführbarkeit der historischen Analyse von Finanzkrisen zu erbringen – und zwar anhand der Elemente, die eine umfassende Krisentheorie umfassen sollte, welche das ökonomische und das politisch-diskursive Feld abdecken. Der zentrale, verbindende Begriff ist der der Unsicherheit. Eben diese sozioökonomische Unsicherheit bildet den Nährboden für neue Ideen, weil sich die Überzeugungskraft der etablierten Ideen verringert. Die untrennbare Verknüpfung von Ökonomie und Gesellschaft ist selten besser zu beobachten als in Zeiten der Krise.

4. *Der Gründerkrach von 1873*

Wenn die angekündigte Verbindung von Wirtschafts- und Kulturgeschichte umgesetzt werden soll, kann diese Arbeit nicht ohne Darstellung der eigentlichen ökonomischen Prozesse bleiben, die zum Gründerkrach von 1873 geführt haben. Mit der angesprochenen Verbindung von Wirtschafts- und Kulturgeschichte ist aber nicht gemeint, dass beide Ansätze im Forschungsdesign exakt gleich zu gewichten sind. Vielmehr geht es in erster Linie darum, dass beide Perspektiven genügend Raum finden und dass keine Darstellung von Aktienindizes ohne Hinweise auf den politischen Diskurs der Zeit bleibt oder etwa eine Diskursgeschichte der Börse ohne Nennung von Zahlen am Ende der Untersuchung dominiert. Davon abgesehen ist es aber besonders wichtig, die wirtschaftlichen Entwicklungen des Untersuchungszeitraums zu kennen, weil sonst das Verständnis der zeitgenössischen Quellen nur begrenzt sein kann. Hier geht es von tagesaktuellen Bezügen bis hin zu Namen von wichtigen Persönlichkeiten, die – neben der Darstellung der Krise aus Sicht des aktuellen Forschungsstands – eine Handreichung zum besseren Verständnis des gesamten Krisenkomplexes bieten sollen.

A. Die Krise in Nordamerika

Die Schilderung der Weltwirtschaftskrise von 1873 kann sich nicht auf den deutschsprachigen Raum beschränken. Beide Elemente, der Gründerkrach von 1873 und die Weltwirtschaftskrise von 1873, sind nicht voneinander zu trennen, sodass ich zuerst auf die Vorgeschichte der Krise in Nordamerika eingehen werde, um mich erst danach Mitteleuropa zuzuwenden. Ohne Weltwirtschaftskrise hätte es den Gründerkrach nicht gegeben, und natürlich waren die Geschehnisse an den Börsen in Wien und Berlin und in den Fabriken in Schlesien und Sachsen Bestandteile dieser weltumspannenden Krise. Der Gründerkrach aber enthält noch eine besondere Deutungsebene: Er stellte zugleich eine Legitimationskrise des Deutschen Reichs dar, ebenso der liberalen Parteien in Österreich und Deutschland und der wirtschaftlichen Eliten in beiden Ländern und setzte der „kurzen Blütezeit des Liberalismus“ seit den 1860er Jahren ein abruptes Ende.[195] Hinzu kamen makroökonomische Veränderungen, also die „strukturellen Verschiebungen in der Weltagrarwirtschaft“, die es für weite Teile der deutschen Industriellen und Landwirte attraktiv machten, sich für ein Mehr an Protektionismus auszusprechen.[196] Dabei spielten aber auch die Auswirkungen der Krise von 1873 eine wichtige Rolle.[197]

Wie auch in Zentraleuropa gingen der Krise von 1873 in Nordamerika und Großbritannien Jahre steigender Investitionen und ebenso wachsender Gewinne voraus. Hier trifft also auch die Logik zu, die Finanzkrisen in der historischen Betrachtung als Folge von Kreditboom-Zyklen versteht – wie auch in der neueren Forschung bestätigt, die aber vor allem in den Entwicklungen des 20. Jahrhunderts die entscheidende Abkopplung von Kreditzyklen und dem Rest der Wirtschaft beobachtet hat.[198] Ein besonderes Augenmerk verdient dabei der Ausbau der Eisenbahnnetzwerke in den Vereinigten Staaten. Die Verbindung der Eisenbahnbarone mit den großen Finanziers der New Yorker Börse schuf ebenjene Eisenbahn-Obligationen, die zum Spekulationsobjekt und damit zum Stein des Anstoßes beim Ausbruch der Krise wurden. Ein besonderes Gewicht muss außerdem auf die New Yorker Finanzkreise gelegt werden, weil gerade diese sich am intensivsten im internationalen Kreditverkehr und im Importgeschäft engagiert hatten und dadurch in besonderem Maße abhängig waren von der reibungslosen Funktionsweise des maßgeblich von London aus gesteuerten und auf Gold basierenden und sich auf seine globale Durchsetzung hinbewegenden Weltwährungssystems, von welchem andere Finanzbranchen in Nordamerika weniger abhängig waren.[199] Die Tatsache, dass die Banken in den Vereinigten Staaten auch an Zahl zunahmen, von 1.619 Häusern im Jahr 1869 auf 1.968 im Jahr 1873, mag als weiterer Beweis für den Boom-Charakter der Jahre bis 1873 gelten.[200]

Die enorme Wichtigkeit New Yorks für eine reibungslose Funktionsweise des nordamerikanischen Finanzmarkts geht überdies aus den regulativen Bestimmungen der zwischen 1863 und 1866 erlassenen „National Bank Acts“ hervor, die größere Reserven bei bestimmten Banken forderten. Diese sollten in Erman-

---

195 Ziegler, Zeitalter, S. 263.

196 Vgl. Plumpe, Werner: Der Gründerkrach, die Krise des liberalen Paradigmas und der Aufstieg des Kathedersozialismus, in: Ders./Scholtyseck, Joachim (Hrsg.): Der Staat und die Ordnung der Wirtschaft. Vom Kaiserreich bis zur Berliner Republik, Stuttgart 2012, S. 17–42, hier S. 23.

197 Vgl. Torp, Herausforderung, S. 153.

198 Vgl. hierzu: Schularick, Moritz/Taylor, Alan M.: Credit Booms Gone Bust: Monetary Policy, Leverage Cycles, and Financial Crises, 1870–2008, in: American Economic Review 102, 2 (2012), S. 1029–1061. Vgl. hierzu auch die Ausführungen zu Hyman P. Minskys Hypothese finanzieller Instabilität am Ende dieses Kapitels.

199 Vgl. Sprague, O. M. W.: History of Crises under the National Banking System, New York 1977 [1910], S. 7.

200 Vgl. ebenda, S. 10.

gelung einer großen Zentralbank, welche in den USA erst 1913 erfolgreich eingeführt wurde, eine tragende Rolle im nationalen Bankensystem übernehmen. Für die Hälfte der erforderlichen Reserven von 25 Prozent, die ausgewählte Banken als Sicherheiten für ihnen zugeteilte „country banks" zurückhalten sollten, war die Anlage in New York als zentraler Bankenplatz verpflichtend.[201]

Diese Verpflichtung erstreckte sich jedoch im Wesentlichen nur auf 15 von 50 der New Yorker Banken, von denen wiederum nur sieben den Großteil der Einlagen auf sich vereinigten.[202] Hier war die Sollbruchstelle des amerikanischen Bankensystems. Verschärft wurde die Lage noch zusätzlich dadurch, dass die als Reservebanken vorgesehenen Banken sich auch bei ihren Tagesgeschäften auf die Einlagen der „country banks" verließen, die sie im Krisenfall hätten garantieren müssen. So kam es zu dem außerordentlich fragilen Verhältnis von Bankeinlagen zu individuellen Einlagen anderer Kunden, sodass im Oktober 1872 bei den sieben angesprochenen Banken die Summe der Bankeinlagen jene der individuellen Einlagen um 11 Millionen Dollar überstieg.[203] Würden nun im Krisenfall die „country banks" ihre Einlagen abziehen, würde offensichtlich ein großer Druck auf das ganze Bankensystem ausgeübt, vor allem bei den besonders wichtigen Reservebanken.

Der Interbankenhandel, welcher damals wie heute und in Ermangelung einer Zentralbank damals sogar noch in gesteigertem Maße existentielle Bedeutung für die Funktionsweise des Finanzmarktes besaß, konnte in einer solchen Situation leicht zusammenbrechen – dazu musste es bloß zur Vertrauenskrise kommen, in der sich eine kritische Masse von Akteuren nicht mehr sicher über die Zukunftsfähigkeit des Systems sein und als Konsequenz ihre Einlagen abrufen würde. Ohne „lender of last resort", also einen Finanzmarktakteur ähnlich einer Zentralbank, der bei einer Kreditklemme unbegrenzte Reserven zur Verfügung stellen sollte, war eine solche Vertrauenskrise fatal in einem System, in dem allein Privatbanken sich untereinander die nötige Liquidität zur Verfügung stellen mussten. Es war ein Mangel, der sich bei allen von der Krise betroffenen Ländern in unterschiedlichem Maße zeigte.[204]

Erste Krisenanzeichen konnten im Spätsommer und Herbst des Jahres 1872 registriert werden, als das eigentlich übliche Abziehen von Geldern von Kunden aus der Landwirtschaft zwecks Einbringung und Transports der Ernte zu einem Abbau der Reserven unter das vorgesehene Minimum führte. Im Vorjahr hatten die betroffenen Banken nach dieser kritischen Phase einen Überschuss von 1.168.250 Dollar über der Mindestreserve, nun lagen sie um 332.475 Dollar darunter. Dies führte zu einem Zinsanstieg und ersten Anzeichen von Nervosität auf den Märkten, die erst durch den Eingriff der Regierung behoben werden konnten, welche mit dem Verkauf von Gold und dem Ankauf von Staatsanleihen

---

201 Vgl. ebenda, S. 12.
202 Vgl. ebenda, S. 15.
203 Vgl. ebenda, S. 18.
204 Vgl. Kindleberger, Charles: Manias, Panics, and Crashes: A History of Financial Crises, Basingstoke (NH) 2015, S. 284.

für zusätzliche Liquidität sorgte.[205] Die gestiegenen Zinsen sorgten für stärkere Anreize für die „country banks“, noch mehr Gelder in New York anzulegen, wo sie auch Anfang des Jahres 1873 von den Banken sehr in Anspruch genommen wurden. Im Notfall jedoch würden diese Gelder den Banken vor Ort fehlen. Die starke Konzentration des Kapitals auf den New Yorker Finanzmarkt indes entwickelte dort einstweilen eine Sogwirkung, die sich auch auf ausländische Geldgeber auswirkte und zu höheren Preisen führte sowie den Anreiz zur Spekulation mit kurzfristigen „call loans“ erhöhte.[206] Als der Marktzyklus sich wie im Vorjahr der kritischen „crop-moving“-Phase näherte, also im Spätsommer die ersten Gelder zu landwirtschaftlichen Zwecken gen Westen abgezogen wurden, lagen allein die sieben wichtigsten Reservebanken unterhalb des Minimums von 25 Prozent an Reserven, nämlich mit einem Minus von 2,8 Millionen Dollar, und standen damit noch schlechter da als die Banken, für die sie eigentlich garantieren sollten.[207]

Den eigentlichen Auslöser der Krise in Nordamerika stellten die Zusammenbrüche von New York Warehouse and Security Company, Kenyon Cox & Co. und von Jay Cooke and Co. zwischen dem 8. und dem 18. September 1873 dar. Von ersten Schwierigkeiten seiner Firma hatte Jay Cooke bei einem Abendessen mit dem US-Präsidenten am 17. September 1873 erfahren.[208] Die enge Verbindung der Bankhäuser mit dem nordamerikanischen Eisenbahnbau wird hier besonders deutlich, weil sich diese auf Eisenbahnfinanzierung spezialisiert hatten und infolge der akuten Geldknappheit der Missouri, Kansas and Texas, Canada Southern und Northern Pacific mehrere Eisenbahngesellschaften mit in den Strudel gerissen worden waren.[209] Nicht zuletzt Investoren aus Wien und Berlin waren es, die in dieser kritischen Situation ihre Kapitalien vom nordamerikanischen Geldmarkt abzogen.[210] Schon im Mai 1870 hatte die Kaufmannschaft von Berlin vor dem Kauf amerikanischer Wertpapiere gewarnt.[211] Solches Misstrauen muss im Herbst 1873 noch um ein Vielfaches stärker gewirkt haben und den amerikanischen Finanzmarkt von ausländischem Kapital wenigstens zeitweise abge-

---

205 Vgl. Sprague, History, S. 26.

206 Ebenda, S. 30f.

207 Ebenda, S. 34f.

208 Vgl. Bixby, Brian: Cooke, Jay (1821–1905), in: Leab, Daniel J. (Hrsg.): Encyclopedia of American Recessions and Depressions. Critical Period of 1783–1789 to Recession of 1920–1921, Santa Barbara 2014, S. 255–259.

209 Vgl. hierzu die Details zu den Geschäftsmodellen der wichtigsten der in die Krise verwickelten Bankhäuser: Glasner, David: Crisis of 1873, in: Ders./Cooley, Thomas F. (Hrsg.): Business cycles and depressions: an encyclopedia, New York 1997, S. 132f., hier S. 133: „The most ambitious of the railroad projects was the Northern Pacific Railroad, which had received a land grant of 40 million acres and was supposed to connect Lake Superior with a Pacific Coast seaport. In 1870 Jay Cooke, who had marketed $ 500,000,000 of U.S. Treasury bonds during the Civil War, undertook to raise $ 100,000,000 to finance construction of the Northern Pacific. The railroad having reached only the North Dakota territory and the largely European market dried up, Cooke's bank collapsed under the weight of the unsalable bond issue, whereupon the Northern Pacific went bankrupt.“

210 Vgl. Kindleberger, Manias, S. 66.

211 Vgl. Akten der Berliner Kaufmannschaft, LAB, A Rep. 200-01 Nr. 132, S. 132.

schnitten haben. Ab dem 20. September 1873 wurde dann als Konsequenz die New Yorker Stock Exchange für zehn Tage geschlossen.[212] Während dieser kritischen Tage im September kam früh die Frage nach einer möglichen Staatshilfe auf, die über das großzügige Ankaufen von Wertpapieren hinausgehen sollte. Während die Regierung sich noch nicht zu einem resoluten Vorgehen entschließen konnte, erarbeitete das Clearinghouse-Komitee eine in vorangegangenen Krisen erprobte Herangehensweise. Diese sah vor, einerseits Schuldzertifikate auszugeben, die der Bereinigung der Bilanzen der Banken untereinander dienen sollten, und andererseits die Zusammenlegung der Bankreserven, um einzelne Knappheiten im Bankensystem besser ausgleichen zu können – was zunächst auch gelang.[213]

Allerdings war dies nur so lange der Fall, bis die Bankreserven des Clearinghouse-Komitees nicht aufgebraucht waren. Angesichts der wichtigen Rolle der New Yorker Banken für das Finanzsystem der USA war die zunehmende Nachfrage nach Liquidität aus New York von außerhalb der entscheidende Schwachpunkt.[214] Mit zunehmend erschöpften Reserven mussten die Banken ihre Zahlungen suspendieren.

In Ermangelung schnellen Regierungshandelns musste erst die aus der Finanzkrise geborene Wirtschaftskrise größere Ausmaße annehmen, bis sich die Regierung der Vereinigten Staaten zu weiteren Maßnahmen entschloss. In der Zwischenzeit war die eng mit dem Eisenbahnbau verquickte Eisenindustrie stark angeschlagen: Die Preise für Schienen, später auch für Eisen, sanken zwischen April 1873 und April 1874 von 82 Dollar auf 60 Dollar pro Tonne – und der Trend hielt an.[215] Auf legislativem Wege war nach langem Zögern die expansionistische Antwort der US-Regierung, die sogenannte „Inflation Bill“, im April 1874 beschlossen worden. Sie sollte eine Ausweitung des Geldumlaufs bewirken, welche angesichts der Stockungen auf dem Bankenmarkt, aber auch in anderen Bereichen der US-Wirtschaft Abhilfe schaffen sollte.[216] Die größten Verwerfungen im Bankensystem der USA waren jedoch Ende des Jahres 1873 überstanden.[217] Nun traf die Krise vor allem die Realwirtschaft.

---

212 Vgl. Rezneck, Samuel: Distress, Relief, and Discontent in the United States during the Depression of 1873–78, in: Journal of Political Economy 58, Nr. 6 (Dezember 1950), S. 494–512, hier S. 494.

213 Vgl. Sprague, Crises, S. 47f.

214 Vgl. ebenda, S. 51.

215 Vgl. Unger, Irwin: The Greenback Era. A social and political history of American finance 1865–1879, New Jersey 1964, S. 222.

216 Vgl. ebenda, S. 235.

217 Vgl. Mixon, Peter: The Crisis of 1873: Perspectives from Multiple Asset Classes, in: Journal of Economic History 68, 3 (2008), S. 722–757.

B. Weltstadt Wien

Wie eingangs erwähnt, muss bei der Darstellung der Ereignisse im deutschsprachigen Raum zunächst der Fokus auf die Geschehnisse in Wien gerichtet werden. Was der Eisenbahnboom für die Vereinigten Staaten nach Ende des amerikanischen Bürgerkriegs darstellte, das waren für Österreich-Ungarn und das Deutsche Reich die Gründerjahre. In Deutschland und auch in Österreich gingen sie einher mit der politischen Vorherrschaft des Liberalismus und in ersterem Fall von einem beziehungsweise – weiter zurückgehend – drei gewonnenen Kriegen und dem damit bei Teilen der reichsdeutsch gesonnenen Bevölkerungsteile entstandenen Zukunftsoptimismus. Auch im Falle Österreichs spricht man von den Jahren um 1868 als „Gründerzeit“, hier ist also die Verwendung des Begriffes für beide Länder feststellbar – schließlich war mit dem österreichisch-ungarischen Ausgleich von 1867 auch in der pannonischen Tiefebene etwas Neues „gegründet“ worden.[218]

Begleitet war diese Entwicklung durch erfolgreiche Ergebnisse der Landwirtschaft im Jahre 1867, die von einer „Wunderernte“ profitieren konnte.[219] Der internationale Charakter der Krise von 1873 wird deutlich, wenn die enge Verzahnung der Ereignisse in Wien, Berlin und New York, aber auch in London berücksichtigt wird. Dabei umfasst hier der Begriff des Internationalen in Bezug auf die Finanzkrise von 1873 ausdrücklich nur jene Staaten, die im internationalen Finanzsystem eine tragende Rolle spielten. Allein schon die dank der Kommunikationsrevolution des 19. Jahrhunderts immer besser werdenden Verbindungen zwischen den Kontinenten und die Reaktionen in Deutschland und Österreich-Ungarn auf die Entwicklungen in New York sprechen eine deutliche Sprache, wie Catherine Davies beschrieben hat:

> „When Jay Cooke & Co. failed in September, Germans and Austrians at first dismissed the idea that the American panic might spill over to the European continent but, as days and weeks went by, they increasingly began interpreting events in their countries in the light of American developments.“[220]

Was die weltwirtschaftlichen Auswirkungen anbetrifft, muss – im Sinne eines Forschungsdesiderats – noch von viel weiter gehenden Auswirkungen ausgegangen werden. Ja, es muss auch von Italien, der Schweiz, Lateinamerika und den überseeischen Besitzungen europäischer Länder gesprochen werden, während Paris und London von den schlimmsten Auswirkungen der Finanzkrise weitestgehend verschont blieben. Im letzten Fall wohl deshalb, weil schon in vorangegangenen Krisen bewiesen worden war, dass die Bank of England sich nicht an

---

218 Jobst, Clemens/Kernbauer, Hans: Die Bank. Das Geld. Der Staat. Nationalbank und Währungspolitik in Österreich 1816–2016, Frankfurt am Main/New York 2016, S. 90.

219 Vgl. Eigner, Peter: Boom und Krach. Österreichs wirtschaftliche Entwicklung um 1873, in: Kos, Wolfgang/Gleis, Ralph (Hrsg.): Experiment Metropole. 1873: Wien und die Weltausstellung, Wien 2014, S. 84–93, hier S. 86.

220 Davies, Speculations, S. 53f.

die strengen Regeln des „Bank Charter Act" würde halten müssen, wenn es darum gehen würde, den Märkten genug Liquidität zur Verfügung zu stellen. Hier war also die Erwartung eines „lenders of last resort" (*avant la lettre*) Grund genug, um eine weitere Zuspitzung zu vermeiden.[221] Für Frankreich war die besondere Situation des verlorenen Kriegs und der in Frankreich gerade erst aufkommenden wirtschaftlichen Normalität nach den politischen Wirren im Anschluss an die Niederlage gegen Preußen wohl die Ursache für das relativ unbeschadete Überstehen der Krise.

Eisenbahninvestitionen waren auch in Mitteleuropa ein wichtiger Bestandteil des Finanzmarktgeschäfts, und Eisenbahnaktien „bestimmten die Tendenz der gesamten Börse".[222] Was wie im Falle von Bethel Henry Strousberg und seines rumänischen Eisenbahnprojektes große Schlagzeilen machte und erste politische Auswirkungen zeitigte, war allerdings anders als in New York in Wien nicht Auslöser der Krise. Schließlich hatte Strousberg schon im Januar des Jahres 1871 seine Zahlungsunfähigkeit erklärt. Der Skandal allerdings erreichte seinen politischen Höhepunkt am 7. Februar 1873, als Eduard Lasker ausdrücklich die Gründerszene auf die politische Tagesordnung des Deutschen Reiches brachte.[223] Diese zweite, schärfere Rede Laskers zum Thema hinterließ nicht wenig Eindruck in der zeitgenössischen Presseberichterstattung, aber auch in der Gründerszene, denn Lasker warf eine „mit Sittlichkeits-Zündstoff gefüllte Bombe in das sich unantastbar glaubende Lager des Gründerthums".[224] Die politischen und gesellschaftlichen Auswirkungen, auch in Bezug auf antisemitische Aspekte, mögen in diesem Fall die konkreten wirtschaftlichen des Fallissements Strousbergs weit überstiegen haben – ein anschauliches Beispiel für die enge Verknüpfung beider Elemente. Nur in dieser Kombination konnte sich die Rede von der Krise auf breiter Fläche fühlbar machen, also neben der sprachlichen ebenso auf der materiellen Ebene durchsetzen und plausibilisieren.

Als krisenauslösende Elemente können verschiedene Faktoren gelten. Ganz vorne steht dabei neben dem durch die Wiener Weltausstellung von 1873 ausgelösten Geschäftsoptimismus die Bauspekulation. Grundstücke, welche gekauft wurden, um darauf zu bauen, wurden alsbald in Erwartung höherer Preise nur noch weiter verschoben, ohne weitere Absichten zu verfolgen als die pure Gewinnsteigerung.[225] Die Errichtung der prächtigen Ringstraße, die Donauregulierung und die Verbesserung der Wiener Wasserversorgung waren nur die emb-

---

221 Vgl. Glasner, Crisis, S. 133.

222 Gebhard, Hellmut: Die Berliner Börse von den Anfängen bis zum Jahre 1896, Berlin 1928, S. 68.

223 Vgl. Roth, Ralf: Der Sturz des Eisenbahnkönigs Bethel Henry Strousberg. Ein jüdischer Wirtschaftsbürger in den Turbulenzen der Reichsgründung, in: Jahrbuch für Antisemitismusforschung 10 (2001), S. 86–112, hier S. 96. Vgl. zur Person Eduard Laskers, der von 1829 bis 1884 lebte: Schuder, Rosemarie: Der Fremdling aus dem Osten. Eduard Lasker – Jude, Liberaler, Gegenspieler Bismarcks, Berlin 2008; Laufs, Adolf: Eduard Lasker. Ein Leben für den Rechtsstaat, Göttingen/Zürich 1984.

224 Bacher, A.: Zur Reform der Gesetzgebung der Aktien-Gesellschaften. Ein Gutachten, Stuttgart 1873, S. 6.

225 Vgl. Kindleberger, Manias, S. 60.

lematischsten Projekte.[226] Auch ein kultureller Wandel kann angeführt werden, der sich etwa in einer veränderten Sichtweise auf die Figur des Unternehmers ausdrückte, der man in der ersten Hälfte des Jahrhunderts in Österreich noch mit einer gewissen Distanz begegnet war.[227]

Im Jahr 1873 wurden aber die Gewinnerwartungen der am 1. Mai 1873 eröffneten Weltausstellung nicht nur durch das Ausbleiben der Besucher geschmälert (erwartet worden waren 15 Millionen, es kamen lediglich halb so viele), ebenfalls eine Choleraepidemie suchte im Frühsommer 1873 die österreichische Hauptstadt heim und forderte ca. 3.000 Menschenleben – auch diese Entwicklung hat sich ungünstig auf die ökonomische Lage ausgewirkt.[228] Weiter zurückblickend kann wie in Deutschland zudem auf außenpolitische Veränderungen verwiesen werden. Es waren hier nicht das Kriegsglück und damit verbundene Zahlungen des Unterlegenen, die wie im Falle Deutschlands angeführt werden können. Stattdessen kann paradoxerweise gerade die Verkleinerung der österreich-ungarischen Ambitionen durch die Klärung der mitteleuropäischen Vormachtstellung zugunsten des Deutschen Reichs als Grund dafür genannt werden, dass nun eine gewisse Konzentration auf die innere Entfaltung des Staates, hier vor allem auch in Bezug auf die ökonomische Entwicklung und Ausdifferenzierung, einsetzte. Aber auch in finanzieller Hinsicht hatten die Reichseinigung und die mit der französischen Kriegskontribution einhergehende bessere Kapitalisierung des deutschen Finanzmarkts für dessen österreichisches Pendant die Konsequenz eines „spill-over"-Effekts.[229] Hier sollte aber nicht simplizistisch von einem unvermeidbaren Zusammenhang zwischen Geldmengenzunahme und Finanzkrise ausgegangen werden, wie manche Autoren in Werken neueren und älteren Datums dies tun.[230]

Wie im Folgenden gezeigt wird, gab es schon vor der französischen Zahlung von 4,2 Milliarden Goldmark erste Signale einer Hochkonjunktur und auch erste Anzeichen einer Zunahme von Spekulation. Deswegen ist Hans-Ulrich Wehler zuzustimmen, der eher den übertriebenen Optimismus infolge der außenpolitischen Erfolgsbilanz Deutschlands hervorhebt als die konkreten Auswirkungen

---

226 Vgl. Eigner, Boom, S. 86.

227 Vgl. hierzu: März, Eduard: Die wirtschaftliche Entwicklung in der Donaumonarchie im 19. Jahrhundert, in: Wirtschaft und Gesellschaft 11, 3 (1985), S. 367–392, hier S. 382: „Obwohl die Dominanz der kapitalistischen Produktionsweise in Österreich schon in der ersten Hälfte des 19. Jahrhunderts unverkennbar war, blieb der Anteil von Ausländern unter den österreichischen Unternehmern auffallend hoch. Der Karriere des Geschäftsmannes schien ein Makel anzuhaften, der nach der vorherrschenden Meinung, die durch feudale Wertvorstellungen weitgehend geprägt war, durch Aussicht auf Gewinn und materiellen Wohlstand nicht zureichend kompensiert werden konnte."

228 Vgl. Plener, Peter: Sehnsüchte einer Weltausstellung. Wien 1873, in: Kos, Wolfgang/Gleis, Ralph (Hrsg.): Experiment Metropole. 1873: Wien und die Weltausstellung, Wien 2014, S. 126–133, hier S. 127.

229 Vgl. Pinner, Felix: Die großen Weltkrisen im Lichte des Strukturwandels der kapitalistischen Wirtschaft, Zürich/Leipzig 1937, S. 210.

230 Vgl. Kindleberger, Manias, S. 195; Benedikt, Heinrich: Die wirtschaftliche Entwicklung in der Franz-Joseph-Zeit (Wiener Historische Studien, Bd. 4) Wien 1958, S. 90.

der Geldzahlungen, die aber natürlich auch ihre Rolle in der nun entstehenden Spekulationsblase spielten.[231] Wenn die Rede vom Gründeroptimismus ist, darf keineswegs von einer Spekulationsmanie ausgegangen werden, während der sich die Beteiligten jedweder Selbstreflexion enthielten. Vielmehr waren auch manche Finanzmarktakteure sich der übersteigerten Spekulation bewusst, wie die Aussage in einer Erklärung der Handelskammer zu Leipzig Anfang 1873 belegt, in der die Autoren zugaben,

> „daß auf dem Gebiete des Actienwesens, wie schon mehrmals in Perioden raschen Aufschwungs, so namentlich in den letzten beiden Jahren viele unerfreuliche, zum Theil sogar sehr beklagenswerte Erscheinungen zu Tage getreten sind, und [wir] verhehlen uns keineswegs die Gefahr einer dadurch mit hervorgerufenen Krisis".[232]

Gleichzeitig bedeuteten solche Vorahnungen keineswegs, dass alle Finanzmarktakteure, die sie teilten, ihre Investitionsentscheidungen auch dementsprechend anpassten. Stattdessen gab es, wie in der Erklärung der Handelskammer nachzulesen ist, auch die Erwartung einer möglichen Reinigungswirkung infolge einer zukünftigen Krise.[233]

Wird der Gründungsoptimismus in meiner Analyse als gewichtigeres Element im Vergleich zur prinzipiellen Vermehrung der Geldmenge durch die französischen Reparationszahlungen angesetzt, die ja ohnehin im „Gleichschritt" mit den Preissteigerungen der Boomjahre einherging und nicht deren Grund war, so ist dennoch der Blick auf die sekundären Folgen, also die Folgen des deutschen Umgangs mit dem neugewonnenen Kapital, zu richten.[234] Die Schuldentilgung des Deutschen Reichs nach der Kapitulation Frankreichs ist vor allem ins Auge zu fassen, wenn man nach Ursachen sucht für eine Überkapitalisierung der Kapitalmärkte, die in der Regel Staatsanleihen als besonders sichere und dauerhafte Geldanlage betrachten und diese Geldanlage nun im Deutschen Reich in weit geringerem Maße zur Verfügung hatten: „Das inländische Staatsanleihengeschäft war eine wichtige und für die daran beteiligten Banken nur mit geringem Risiko behaftete Form des Emissionsgeschäfts."[235] Jene Gelder, die nun nicht mehr im Inland ihren Absatz fanden, suchten sich nun nicht zuletzt in Österreich neue Anlagemöglichkeiten. Dieser Aspekt machte die Hausse an der

---

231 Vgl. Wehler, Gesellschaftsgeschichte, Bd. 2 (1849–1914), S. 98.

232 Akten der Berliner Kaufmannschaft, Erklärung der Handelskammer zu Leipzig über das Aktienwesen vom 21. Januar 1873, LAB, A Rep. 200-01 Nr. 132, S. 256r.

233 Vgl. ebenda, S. 256v: „Sollte die Befürchtung einer Krisis sich verwirklichen, so hegen wir trotzdem die Zuversicht, daß dieselbe keineswegs das Actienwesen überhaupt als einen überwundenen Standpunkt erscheinen lassen, sondern nur dessen Reinigung von schädlichen Auswüchsen und größere Vorsicht des Publikums zur Folge haben und daß die vielen wirklich gesunden Actien-Unternehmungen danach um so kräftiger sich entwickeln werden."

234 Vgl. Henning, Friedrich-Wilhelm: Handbuch der Wirtschafts- und Sozialgeschichte Deutschlands. Deutsche Wirtschafts- und Sozialgeschichte im 19. Jahrhundert, Paderborn 1996, S. 800.

235 Vgl. Burhop, Carsten: Die Kreditbanken in der Gründerzeit, Stuttgart 2004, S. 235.

Wiener Börse noch ein Stück instabiler, als dies an anderen Börsenplätzen der Fall war:

> „War die deutsche Gründerkonjunktur geschenkt, so war die österreichische – was ja in mancher Hinsicht noch gefährlicher ist – geborgt, überdies hauptsächlich auf der Grundlage des kurzfristigen Kredits, der in jedem Augenblick abgezogen werden konnte.“[236]

Wie bereits angedeutet, hatte auch schon vor den Ereignissen des Jahres 1871 ein erster – ziemlich folgenlos gebliebener – Kurssturz an der Wiener Börse im September 1869 einen Fingerzeig auf die Gefahren der Hochkonjunktur gegeben.[237] Zum Ausbruch der Krise kam es dann am 9. Mai 1873. Vorläufer dieses Ereignisses war bereits ein erster Schock am 5. Mai gewesen, als die Franco-Ungarische Bank aus Ungarn meldete, dass ihr Aktienkapital erhöht werden sollte, nachdem zuletzt von ihrer Seite noch das entgegengesetzte Signal einer Dividendenausschüttung von 12,5 Prozent ausgesendet worden war.[238] Der Aktienkurs der Bank brach zusammen. Wohl entscheidend verantwortlich für den endgültigen Verlust des Vertrauens der Finanzmarktakteure war die Aufkündigung eines Reportkredits von 20 Millionen Gulden durch die Credit-Anstalt.[239] Die Commissionsbank musste ebenfalls ihre Pforten schließen.[240] Aber schon im Dezember 1872 war es zu einer ersten panikartigen Stockung gekommen, die mit einigen Insolvenzen einhergegangen war.[241] Die tieferen Ursachen des Crashs sind aber neben den wirtschaftlichen Fundamentaldaten, die eine Spekulationsphase begünstigten,[242] auch und vor allem in neuartigen Finanzinstrumenten zu su-

---

236 Pinner, Weltkrisen, S. 211.

237 Vgl. Jobst/Kernbauer, Bank, S. 92.

238 Vgl. Schäffle, A.: Der ‚grosse Börsenkrach‘ des Jahres 1873, in: Zeitschrift für Staatswissenschaft (1874), S. 1–94, hier S. 42.

239 Vgl. Eigner, Boom, S. 88. Vgl. mehr zur Geschichte der Credit-Anstalt bei: Weber, Fritz: Austrian Banking between two Great Depressions: The Creditanstalt from the 1870s to the 1930s, in: Feldman, Gerald D./Hertner, Peter (Hrsg.): Finance and Modernization. A Transnational and Transcontinental Perspective for the Nineteenth and Twentieth Centuries, Farnham 2008, S. 75–96. Vgl. zum Reportgeschäft: Müller-Schwerin, Eberhard: Der Börsenterminhandel mit Wertpapieren. Eine Analyse unter dem Aspekt der Einführung des Wertpapier-Optionshandels in der Bundesrepublik Deutschland, Berlin 1975, S. 19: Der auf steigende Kurse setzende Börsenteilnehmer tritt im Fall sinkender Kurse sein Vorverkaufsrecht auf bestimmte Aktien an eine Bank ab, wofür er einen Zins und eine Risikoprämie zahlt. Damit wird das Risiko reduziert, im Fall sinkender Kurse den vorher vereinbarten höheren Kurs zahlen zu müssen und beim nächsten Zahltermin gibt es eine weitere Gelegenheit, die erhofften Gewinne zu realisieren.

240 Vgl. Schäffle, Börsenkrach, S. 44–45.

241 Vgl. Neuwirth, Joseph: Bank und Valuta in Oesterreich-Ungarn 1862–1873, Zweiter Band: Die Speculationskrisis von 1873, Leipzig 1874, S. 46.

242 Vgl. hierzu die im Vergleich eher pessimistische Schätzung (aufgrund der statistischen Datenlage für diese Zeit mit Vorsicht zu genießen) von John Komlos für den Zeitraum von 1867 bis 1874: Komlos, John: Die Habsburgermonarchie als Zollunion. Die Wirtschaftsentwicklung Österreichs-Ungarns im 19. Jahrhundert, Wien 1986, S. 187f.: Der Index der industriellen Produktion, allein bezogen auf Österreich (1913=100), wuchs für die zusammengefassten Sektoren Bergbau, Industrie und Bauwesen von einem Niveau von 20,98 im

chen, die dem Wunsch der Kapitaleigner, überflüssige Gelder zu attraktiven Zinsen anzulegen, dienen sollten – dabei aber wenig mit realwirtschaftlicher Wertschöpfung zu tun hatten, vielmehr von ihr unabhängig waren und sich somit hinsichtlich ihrer Preisbildung nur der Phantasie der Börsenspekulanten unterworfen sahen. Ein Beispiel hierfür ist das von dem zeitgenössischen Nationalökonomen und für die Brünner Handelskammer in den österreichischen Reichsrat berufenen Börsenspezialisten Joseph Neuwirth, zugleich Verfasser eines der detailliertesten Berichte zur Wiener Börsenkrise, beschriebene „Kostgeschäft":

> „Zu horrenden Zinsen nahmen diese jungen Banken Geld auf und placirten es in diesem trotz solcher Zinsen noch profitablen Kostgeschäfte. Die Gelder, welche vielen dieser Banken gegen Cassenscheine anvertraut waren, wurden gleicher Verwendung zugeführt. Effecten des zweifelhaftesten Kalibers, deren Notirung im Courszettel meist nur eine nominelle war, wurden zu den höchsten Coursen oder wenig darunter, für diese Gelder ‚in Kost genommen'. Bei nicht wenigen dieser Banken hatte sich die verschiedenen Speculationszwecken dienende Praxis, die eigenen Actien in ‚Kost' zu nehmen, in so ausgedehnten und immer steigendem Maasse herausgebildet, dass von einem eingezahlten Actiencapitale factisch kaum mehr die Rede sein konnte und die betreffenden Banken eigentlich fast ausschliesslich mit dem Gelde ihrer Gläubiger arbeiteten."[243]

Hier ist der Mechanismus des nach Absatz suchenden Geldes deutlich zu erkennen. Anders als vielleicht anzunehmen, führte die große Menge des nach Absatz suchenden Kapitals nicht zu sinkenden Zinssätzen, sondern erhöhte, während es durch den Transmissionsriemen der Börse und den an ihr wirkenden Akteuren mit hohem Gewinninteresse gelenkt wurde, vor allem den Innovationsreiz und die Nachfrage für undurchsichtige Finanzprodukte, die Zinsen versprachen, welche sie nur in der fortdauernden Konstellation des kollektiven Vertrauens in die Funktionsweise des Marktes auch würden gewähren können.

Tatsächlich aber schwankte die Börse auf künstliche Art und Weise zwischen Geldnot und Überfluss. Vielleicht machte sie es dadurch auch den Marktteilnehmern noch schwerer, den Zeitpunkt zu erkennen, wann der mit dem Boom einhergehende Geldüberfluss zu versiegen drohte – letzterer wahrscheinlich auch begünstigt durch die Überkapitalisierung des deutschen Finanzmarkts nach der französischen Kriegskontribution, die deutsche Währungsumstellung und den grundsätzlichen Optimismus der Investoren. Der Gründungsboom ebbte jedoch vor dem Krach an der Wiener Börse im Mai 1873 nicht ab. Noch im März finden sich in den Akten des Präsidiums des k.k. Finanzministeriums Mitteilungen über Neugründungen wie etwa der „Baugesellschaft für die Umgebung Wiens", dem „Schlesischen Bank-Verein in Troppau", der „Österreichischen Actien-Gesellschaft für Heeres-Ausrüstung (Gründung Ende Februar, Antrag im März) oder der „Lemberger-Bank".[244] Das Gründungsfieber hatte sich über das ganze Land verbreitet; das Kapital konzentrierte sich jedoch in Wien.

Jahr 1866 auf 34,51 im Jahr 1874, was bereits einen Rückgang im Vergleich zu den Boomjahren darstellte, wo der Index im Jahr 1871 bei 39,73 den Höhepunkt erreicht hatte.

243 Neuwirth, Bank, S. 7.

244 Vgl. AT-OeStA/FHKA Präs FM Akten 2.850, Börsen (6.3.4), 1873.

Das mit dem „Kostgeschäft" – also beispielsweise die kurzfristige Abtretung von Wertpapieren mit Rückkaufgarantie – einhergehende Mittel der Wahl, welches für noch größere Schwankungen an der Börse sorgte, war dabei das einfache Verschieben von Kapitalien, also das Abziehen von Geldern von der Börse bei schlechter Zinslage, um sie dann wieder auf den Markt zu werfen.[245] Nicht nur aus heutiger Perspektive, sondern schon kurz nach Ausbruch der Krise wurde die wichtige Rolle des Kostgeschäftes in der Herausbildung einer Spekulationsblase erkannt, was sich an Eingaben wie der vom 20. Juni 1873 an das k.k. Finanzministerium ablesen lässt, in der ein Mitglied der niederösterreichischen Handels- und Gewerbekammer Vorschläge für die Formulierung von Bestimmungen eines neuen Börsengesetzes machte, in dem unter anderem auch die Rolle des Kostgeschäftes geregelt und eingeschränkt werden sollte.[246]

Ein weiteres Phänomen, das zum Verständnis der Krisis von 1873 in Wien, wie auch in Berlin, beitragen kann, ist das Aufkommen der sogenannten Maklerbanken – neben den in Bezug auf die Immobilienspekulation wichtigen Baubanken.[247] Die erste Maklerbank in Österreich, die „Wiener Maklerbank", wurde im Januar 1872 durch die Anglo-Österreichische Bank gegründet. Hiermit sollte das Maklerwesen modernisiert werden. Nicht mehr einzelne Makler, sondern zu diesem Zwecke gegründete Unternehmen sollten alle von Maklern ausgeübten Dienste unter einem Haus anbieten.[248] Die Werbebotschaft war das Versprechen der Rationalisierung und Professionalisierung des Maklergeschäfts, das übergeordnete Unternehmensziel war die Gewinnmaximierung durch Provisionszahlungen.[249] Eigenkapitalpuffer waren hierbei nicht in einem für den Krisenfall erforderlichen Maße vorhanden. Das „Differenzenspiel" wurde bald zum Hauptgeschäft.[250] Die Popularität der Maklerbanken und die dank ihrer untereinander verdeckt verschiebbaren Forderungen sich ergebende Möglichkeit, faule Papiere noch weiter am Markt zu halten, bewogen auch immer mehr althergebrachte Bankinstitute, eigene Maklerbanken zu gründen.[251]

Baugesellschaften, etwa die 1869 als erste ihrer Art in Österreich gegründete „Allgemeine österreichische Baugesellschaft", waren im eingangs erwähnten Immobiliengeschäft derart engagiert, dass zunehmend der ursprüngliche Zweck des Neubaus hinter demjenigen des An- und Verkaufs lukrativer Grundstücke zurücktrat.[252] Anfang des Jahres verstärkte sich der Trend zur Errichtung dieser Gesellschaften derart, dass zu den 19 schon vorhandenen Baugesellschaften 15 neue von Januar bis April hinzukamen.[253]

---

245 Vgl. Neuwirth, Bank, S. 8.

246 Vgl. AT-OeStA/FHKA Präs FM Akten 2.849, Börsen (6.3.1), Eingabe an k. k. Finanzministerium von M. Frankl (Wien), 20. Juni 1873.

247 Vgl. Kindleberger, Manias, S. 80.

248 Vgl. Neuwirth, Bank, S. 21.

249 Vgl. ebenda, S. 21.

250 Schäffle, Börsenkrach, S. 14.

251 Vgl. Neuwirth, Bank, S. 52.

252 Vgl. ebenda, S. 25f.

253 Vgl. ebenda, S. 52.

Diese Entwicklung trug sich im Rahmen einer sich aufbauenden Erwartung bezüglich der Eröffnung der Wiener Weltausstellung am 1. Mai 1873 zu. Man erhoffte sich, dass die den faulen Papieren nicht zugrundeliegenden Werte gleichsam nachgeschoben werden sollten, und zwar durch die positive Geschäftskonjunktur infolge des in Wien stattfindenden Weltereignisses:

> „Es galt im Allgemeinen, ganz besonders aber für die Börse und die ihr nahestehenden Kreise schier als ein jedem Zweifel entrücktes Dogma, dass in Folge der Weltausstellung ein ausserordentlicher Zufluss von Capitalien eintreten werde, welche zunächst dem Effectenmarkte, also der Speculation zu Gute kommen müssen. Die felsenfesten Hoffnungen in dieser Richtung wetteiferten mit der sicheren Erwartung, dass gleichzeitig, einzig und allein in Folge der einwandernden Goldfüchse der Weltausstellungsgäste, das Disagio verschwinden und die devalvirte Valuta sich so von selbst herstellen werde! [...] Die spätere Enttäuschung war freilich grausam genug."[254]

Bereits vor der eigentlichen Eröffnung der Wiener Weltausstellung zeigte sich, dass die erwarteten Gewinne nicht realisiert werden würden, und ab Ende April 1873 häuften sich die Insolvenzen mit allein 18 Insolvenzen an der Wiener Börse am 26. April 1873. Auch das „in Kost-Nehmen" der Aktien der auf unsicherem Boden stehenden Maklerbanken wurde zunehmend schwieriger, deren Lage somit prekär. Tägliche Schwankungen an der Börse brachten Ende April keine optimistische Lageeinschätzung mehr mit sich, sondern nur die Möglichkeit für manche Spekulanten, noch einen leicht erhöhten Preis für das Abstoßen fauler Papiere zu erhalten. Nach einer leichten Besserung der Zahl von Insolvenzen Anfang Mai spitzte sich die Lage noch in der ersten Woche des Monats wieder zu. Vertreter von 15 Banken schlossen sich zusammen, um einen Betrag gegen den zunehmenden Verkaufsdruck aufzubringen, der die Kurse stabilisieren sollte. 110 Insolvenzen allein am 8. Mai sprechen dagegen eine deutliche Sprache. Innerhalb eines Monats war ein Wertverlust der gesamten Effekten an der Börse von 200 Millionen Gulden zu verzeichnen, und am 9. Mai brach das Wiener Finanzsystem zusammen. Die Börse musste unter tumultuarischen Zuständen geschlossen werden.[255]

Als Reaktion auf die unübersichtliche Lage bat der Präsident der Börsenkammer beim cisleithanischen Finanzminister von Pretis um Rat; ein gemeinsam – auch unter Beteiligung der Nationalbank – gebildeter Hilfsfonds von 20 Millionen Gulden erwies sich bei Wiedereröffnung der Börse am 10. Mai als nicht ausreichend, um die Verhältnisse zu befrieden. Infolgedessen fiel am 11. Mai die Entscheidung, die Bankakte zum Teil aufzuheben; am 13. Mai wurde diese Entscheidung in Form einer Kaiserlichen Verordnung verkündet.[256] Die Aufhebung des § 14 der Bankakte zog nach sich, dass die Nationalbank bei einer Ausweitung des Banknotenumlaufs keine Rücksicht mehr auf die in der Bankakte festgehal-

---

254 Ebenda, S. 57.

255 Vgl. Baltzarek, Franz: Die Geschichte der Wiener Börse. Öffentliche Finanzen und privates Kapital im Spiegel einer österreichischen Wirtschaftsinstitution, Wien 1973, S. 79.

256 Vgl. AT-OeStA/FHKA Präs FM Akten 2.852, Österreichisch-ungarische Bank: Zentrale und Bankfilialen (7.1–7.2), Kaiserliche Verordnung vom 13. Mai 1873.

tene notwendige Metalldeckung für alle über den Betrag von 200 Millionen Gulden hinaus ausgegebenen Banknoten nehmen musste.[257] Erst im Oktober 1873 machte die Nationalbank von ihrem neuen Recht Gebrauch (mit einem Notenumlauf von insgesamt 373 Millionen), zu einer Zeit, als die Börsenkrise zu einer Wirtschaftskrise geworden war und in Teilen tatsächliche Geldnot aufzutreten begann.[258] Was aber Anfang Mai tatsächlich fehlte, war keine Liquidität, sondern:

> „Was dem Markte, was speciell der Börse fehlte, das war nicht Geld, das waren nicht Tauschmittel, sondern Vertrauen; was zu beseitigen und zu bannen war, das war nicht ein Zustand der Geldnoth, sondern der Zustand eines nur zu sehr begründeten und von Tag zu Tag theils durch die natürliche Entwicklung der Dinge, theils durch Rath- und Entschlusslosigkeit, theils durch verkehrte Maasregeln potenzirten Misstrauens."[259]

Dieses Misstrauen, ein Hinweis auch auf die wichtige Rolle des konstitutiven Faktors des Vertrauensverlusts in Finanz- und Wirtschaftskrisen, war auch in den Augen von selbst von Kursrückgängen betroffenen Instituten, wie etwa der „Wiener Bau-Gesellschaft", der Grund dafür, dass die Aktienbesitzer nun in Anbetracht der neuen Lage versuchten, „dieselben um jeden Preis loszustossen" – aus der Perspektive der betroffenen Bank den tatsächlichen Wert der Aktien verzerrend.[260] Interessant ist hieran, dass selbst von der Hausse-Bewegung enorm profitierende Banken nun, im Moment der Krise, von einem den Aktien zugrundeliegenden Basiswert zu sprechen schienen, von denen im Krisenfall abgewichen worden sei.

Angesichts des nun immer deutlicher werdenden totalen Zusammenbruchs der Wiener Börse waren sich noch nicht alle Akteure sicher, wie weiter zu verfahren sein sollte. Börsenkammer, Finanzministerium und einzelne Institutionen berieten sich in unterschiedlichen Runden – jeder mit ganz verschiedenen Lösungsansätzen. Grundsätzliche Positionen ließen sich dabei nie ganz durchsetzen, so wie im Falle der Nationalbank: „Die Nationalbank betrachtete die Verluste an der Börse als notwendige Korrektur einer spekulativen Überhitzung, der freier Lauf gelassen werden sollte."[261] Dennoch wurde die Nationalbank tätig und stellte weiterhin Liquidität zur Verfügung, auch wenn die „monetary flood gates" nicht geöffnet zu werden brauchten.[262] Allein das Vertrauen, die Basis für das Fortbestehen eines Marktes, war nicht wiederherzustellen, und auch in den folgenden Wochen setzte sich das Muster fort, dass Phasen kurzzeitiger Kurserholungen – oftmals in Szene gesetzt durch die Börsenberichterstattung und nur

---

257 Vgl. Neuwirth, Bank, S. 205.

258 Vgl. ebenda, S. 241.

259 Ebenda, S. 224.

260 AT-OeStA/FHKA Präs FM Akten 2.852, Österreichisch-ungarische Bank: Zentrale und Bankfilialen (7.1–7.2), Schreiben der Wiener-Bau-Gesellschaft, 27. Juni 1873.

261 Vgl. Jobst/Kernbauer, Bank, S. 94.

262 Schubert, Aurel: Torn between Monetary and Financial Stability: An Analysis of Selected Episodes of Austrian Central Banking History, in: Feldman, Gerald D./Hertner, Peter (Hrsg.): Finance and Modernization. A Transnational and Transcontinental Perspective for the Nineteenth and Twentieth Centuries, Farnham 2008, S. 51–73, hier S. 61.

einigen wenigen dazu dienend, ihre Effekten zu einem vermeintlich weniger ungünstigen Preis abzustoßen – sich abwechselten mit Phasen weiterer Kursstürze. Ein Beispiel für das Verhalten der Börsenakteure aus einem zeitgenössischen Bericht:

> „Alles, was bisher die Kulisse zu einem riesigen Schwindelballon aufgeblasen hatte, schlug nun darauf los, dass sie platzen musste. Alles ‚stiess die Depots ab', ‚kündigte unbarmherzig'. Die Reporteure aller Sorten verlangten Zuschüsse über Zuschüsse. Es war trostlos und doch nicht zu helfen; es fehlte nicht an Geld, aber an belehnbaren Werthen; ‚es fehlt eine solvente und vertrauenswerthe Kulisse.' [...] Niemand traute."[263]

Am 13. Juni 1873, nachdem zuvor auch noch die Wiener Wechslerbank zusammengebrochen war, wurde die Entscheidung getroffen, ein weiteres „Aushilfscomité" aus Vertretern von neun Banken und dem Generalsekretär der Nationalbank zu bilden, nachdem ein erster Anlauf mit zu geringer Kapitalausstockung ziemlich wirkungslos geblieben war. Nun wurde ein von der Nationalbank ausgestatteter Fonds ohne eindeutige Begrenzung der Mittel gebildet, der sich in Ermangelung eines „lenders of last resort" darum bemühen wollte, das darniederliegende Kreditgeschäft wiederzubeleben. Nicht bankfähige Wechsel sollten angekauft werden und das Kostgeschäft wieder in Gang gebracht werden.

Die durch die Ankündigung dieser Maßnahmen inspirierte Hausse legte sich alsbald wieder, als klar wurde, dass das Komitee beim Ankauf fauler Papiere Zurückhaltung zeigte. Dennoch: Die Lage hatte sich insgesamt seit dessen Einsetzung gebessert. Ein zusätzlich gebildeter „Garantiefonds" unter privater Beteiligung sollte dazu dienen, Verluste abzusichern.[264] Eine Beruhigung im Habsburgerreich trat dadurch ein, dass auch an anderen Börsenplätzen, namentlich Pest, Graz, Brünn und Prag, „Aushilfscomités" organisiert wurden oder werden sollten.[265] Aber auch in dieser leicht beruhigten Lage kam es immer wieder zu Kursrückgängen, und es blieb bei einer in ungewöhnlicher Weise von Stagnation geprägten Situation an der Wiener Börse.

Ab dem 30. Juni wurden größere institutionelle Veränderungen an der Wiener Börse geplant, jedoch nur zögerlich umgesetzt. Vor allem sind hier zu nennen die Einrichtung eines Börsenschiedsgerichts (vorgeschlagen am 30. Juni), die Entziehung der Börsenzulassung für im Konkurs befindliche Institute (Erlass vom 9. Juli) und der Entzug der Börsenzulassung für insolvente Einzelpersonen (Erlass vom 18. Juli). Die gefährlichen spekulativen Entwicklungen an der Berliner Börse begannen sich jedoch in der Folgezeit deutlich negativ auf die Wiener Verhältnisse auszuwirken.[266] Der Monat Oktober brachte dann den entscheidenden Wendepunkt, aber nicht die erhoffte Wende zum Guten, sondern einen weiteren Kurssturz infolge des Zusammenbruchs der Berliner Börse. Die durch diese Entwicklung zerstobenen Hoffnungen der Börsenakteure auf baldige Besserung

---

263 Schäffle, Börsenkrach, S. 57.
264 Vgl. Neuwirth, Bank, S. 124–129.
265 Vgl. ebenda, S. 134.
266 Vgl. ebenda, S. 142–158.

ihrer Lage führten zu einer erneuten Diskussion über die nun anzuwendenden Mittel. Die Zahl von rund 40 österreichisch-ungarischen Banken, die allein im Jahr 1873 den Bankrott anmelden mussten, spricht in der Rückschau eine eindeutige Sprache, was die Auswirkungen der Krise auf den österreichischen Finanzmarkt betrifft.[267]

Am 11. November 1873 stellte Finanzminister De Pretis im österreichischen Abgeordnetenhaus einen Gesetzentwurf vor, in welchem eine Anleihe von 70 Millionen Gulden durch den österreichischen Staat vorgeschlagen wurde. Diese sollte zur Förderung der gesamten Volkswirtschaft eingesetzt werden und nicht allein zu dem Zweck eines – in heutiger Diktion – „Bail-Out" des Finanzmarktes. Hauptsächlich sollte die Finanzierung des Eisenbahnbaus angetrieben werden, bekanntlich einer der Leitsektoren der Industrialisierung mit einem entsprechend positiven Multiplikatoreffekt für hier getätigte Investitionen des Staates. Für Handel und Gewerbe sollten „Vorschusscassen" gebildet werden, um die Kreditvergabe (gegen Sicherheiten) wieder in Gang zu bringen.[268] Der zuständige Ausschuss des Abgeordnetenhauses veränderte den Gesetzentwurf in einigen Punkten. So sollte aus Sicht der Ausschussmitglieder der Betrag der Anleihe bei maximal 80 Millionen Gulden liegen, aber auch durch Rentenobligationen und nicht nur durch eine klassische Anleihe aufgenommen werden können. Weiter sollte die Ausführung der Staatshilfe für die Eisenbahnen an Einzelgesetze geknüpft werden; auch die Bestimmungen der Vorschusskassen wurden in Bezug auf die zu akzeptierenden Sicherheiten verschärft.[269]

So war das Ergebnis der Einflussnahme des Parlaments eine Verschärfung der Bedingungen, was auch nach den Beratungen der beiden gesetzgebenden Kammern Bestand haben sollte. Weit davon entfernt, die Staatshilfe in der geschilderten Form als selbstverständliche Notwendigkeit zu betrachten, hatten die Geschehnisse an der Wiener Börse und die berechtigten oder unberechtigten Verdächtigungen hinsichtlich der Korruption der Börsenakteure auch Spuren in der öffentlichen Meinung hinterlassen. Diese zeigten sich einerseits in der erst einige Monate nach Ausbruch der Krise erfolgenden Staatsintervention – jedenfalls erstmals im Sinne eines in die gesamtwirtschaftliche Lage eingreifenden „Konjunkturpakets" –, andererseits in der Zurückhaltung der Politik, die genaue Bestimmungen für Staatshilfen aller Art erfolgreich durchzusetzen vermochte, um damit jeglichen Anschein der Bevorzugung von Spekulanten oder auch der Unternehmerschaft insgesamt zu vermeiden. Dass die Vorstellung eines möglichen Eingreifens des Staates auch von Akteuren der Zivilgesellschaft an den Staat herangetragen wurde und so keinesfalls undenkbar schien, zeigen Eingaben wie jene des Direktors des Wiener Wohltätigkeits-Vereins S. Salter, Josef Regener, der zu Eingriffen zur Abwendung der Börsenkrise drängte.[270]

---

267 Vgl. Schubert, Monetary and Financial Stability, S. 62.

268 Vgl. Neuwirth, Bank, S. 183–186.

269 Vgl. ebenda, S. 191–193.

270 Vgl. hierzu: Eingabe von Josef Regener (Direktor des Wiener Wohltätigkeits-Vereins S. Salter), 5. Oktober 1873, ÖStA, Präsidium des k.k. Finanzministeriums, Fasz. 6. 3.1: „Hohes Finanz-Ministerium! Soll denn gar nichts geschehen, um der bevorstehenden Handels- u

Wie erfolgreich diese intervenierenden Maßnahmen waren, ist auch heutiger Sicht schwer zu beurteilen. Wirkungslos können sie aufgrund ihres nicht geringen Umfangs nicht gewesen sein, die psychologische Wirkung eines Staates, der die Krise bekämpfte, kommt noch hinzu. Gleichzeitig war – wie zu zeigen sein wird – das Vorgehen des österreichischen Staates vor, während und nach Krisenausbruch ein gefundenes Fressen für Kritiker aus den Reihen der Opposition, was auch für die Sozialdemokratie galt.

Realwirtschaftlich betrachtet erlebte Österreich-Ungarn – ebenso wie das Deutsche Reich – nach 1873 eine Zeit ökonomischer Stagnation, keinesfalls aber eine ökonomische Depression, wenn man die Wachstumsraten der folgenden Jahre mit denen vor 1870 und nach 1890 kontrastiert. Messbare Faktoren jedoch, wie der Vertrauensverlust österreichischer Investoren in die heimischen Finanzmärkte nach 1873, können zeigen, welche jahrzehntelangen Folgen der Krach gehabt haben muss.[271] Die österreichische Volkswirtschaft erlebte nach Schätzung von Eduard März ein gebremstes Wirtschaftswachstum in den Jahren nach 1873 bis Anfang der 1890er Jahre, in denen die Wachstumsraten deutlich unter 3 Prozent per annum sanken.[272]

C. Berlin kracht

Ein ähnliches Bild zeigt sich bei Betrachtung der Auswirkungen der Krise von 1873 auf das Deutsche Reich. Auch hier hatte die Boom-Phase Ende der 1860er Jahre eingesetzt und erreichte im Jahr 1874 mit einer Investitionsquote von 17,2 Prozent ihren Höhepunkt.[273] Ebenfalls ähnlich verliefen die Folgejahre im Deutschen Reich – rein ökonomisch betrachtet – schleppend, die Konjunktur

---

Industrie-Krisis Einhalt zu thun!! Soll denn das Ausland Oesterreich immer und immer beschämen? Wolle doch das h. Ministerium der Contremine Einhalt thun, jenem scheußlichen Verbrechen an der Geschäftswelt welches alle guten Werthe entwerthet, alles Vertrauen bis auf den letzten Rest schwinden macht. Volk und Staat stehen am Rande des fürchterlichsten Abgrundes, des grässlichsten Bankerotts! Es gilt, – sofort zu handeln, zu retten was zu retten ist".

271 Vgl. Schulze, Max-Stephan: The Machine-Building Industry and Austria's Great Depression after 1873, in: The Economic History Review 50, 2 (1997), S. 282–304, hier S. 297; derselbe Autor zeigt in einer neueren Publikation im regionalen Vergleich das Zurückfallen des Habsburgerreichs in Bezug auf seine Wirtschaftsleistung, bei der Arbeitsproduktivität zieht der Autor eine positivere Bilanz: Ders.: After Exit. Die Wirtschaft des Habsburgerreichs nach der Gründung des Deutschen Reichs, 1870–1913, in: Pfister, Ulrich/Hesse, Jan-Otmar/Spoerer, Mark/Wolf, Nikolaus (Hrsg.): Deutschland 1871. Die Nationalstaatsbildung und der Weg in die moderne Wirtschaft, Tübingen 2021, S. 409–429, hier 417. Vgl. hierzu auch Literatur, die vor allem die gesellschaftlichen Folgen des Krisenjahres hervorhebt: Eigner, Peter: Österreichische Privatbanken und Privatbankiers im 19. Jahrhundert, 1780–1918, in: Ders./Falschlehner, Helmut/Resch, Andreas (Hrsg.): Geschichte der österreichischen Privatbanken. Von Rothschild bis Spängler, Wiesbaden 2018, S. 19–80, S. 69f.

272 Vgl. März, Entwicklung, S. 385.

273 Vgl. Borchardt, Revolution, S. 168.

stagnierte, doch von „Großer Depression" war und ist auch hier in den Zahlen nichts zu sehen.[274]

Die tatsächlich feststellbare „lang anhaltende Schwäche der Kapitalerträge" ging einher mit einer erhöhten Exportorientierung des Deutschen Reichs.[275] Die Jahre der „Großen Depression" waren vor allem eine Zeit großer Deflation. Aus Sicht des cliometrisch arbeitenden Wirtschaftshistorikers Carsten Burhop waren die Jahre 1873–1896 von einer Stagnation auf hohem Niveau geprägt. Die goldgebundene Währung tendierte zur Verstärkung des deflatorischen Prozesses, weil die Goldproduktion nicht im selben Umfang stieg, wie es bei der steigenden Umlaufgeschwindigkeit des Geldes eigentlich vonnöten gewesen wäre.[276] Hans-Ulrich Wehler betont hier eher die Tendenz zur Überproduktion als Folge des Booms und die zunehmende Rationalisierung, die einen deflatorischen Einfluss gehabt haben sollen.[277] Auch Friedrich-Wilhelm Henning hebt die Überkapazitäten in seiner Analyse als Ursache der Krise hervor.[278] Nichts spricht dagegen, eine Synthese aus diesen Erklärungsansätzen zu formen, die einerseits den deflatorischen Bias des Goldstandards, auf den sich nach und nach die wichtigsten Wirtschaftsnationen einstellten, wie auch die durch den Boom ausgelöste Überproduktion mit einbezieht. Neben diesen genuin ökonomischen Faktoren sollten auch die gesellschaftlichen und politischen Veränderungen berücksichtigt werden. Denn die Krise von 1873 zeitigte nicht zuletzt handelspolitische und innenpolitische Folgen in Deutschland, wie sie in der Abkehr vom Freihandelssystem, einer Hinwendung zum – schon in der Frühphase der Industrialisierung erfolgreich erprobten – Protektionismus und dem Bedeutungsverlust des (wirtschaftlichen) Liberalismus im Kaiserreich deutlich wurden. Alles Entwicklungen also, die im Oktober 1873 für die Akteure und Beobachter der Berliner Börse ohne Zweifel noch nicht absehbar gewesen waren. Was war geschehen?

Der Zusammenbruch der Börse in Wien im Mai 1873 und die New Yorker Bankenkrise im September waren den Ereignissen in Berlin vorausgegangen und hatten zur explosiven Mischung an der Berliner Börse beigetragen, die als „Leitbörse" im Deutschen Reich mittlerweile national und international stark verflochten war.[279] In erster Linie aber war sie mit der Wiener Börse eng verbunden.

---

274 Vgl. hierzu: Burhop, Wirtschaftsgeschichte, S. 69f. Dies gilt auch für Österreich-Ungarn: Vgl. Eigner, Privatbanken, S. 69.

275 Abelshauser, Wirtschaftsgeschichte, S. 35.

276 Vgl. Burhop, Wirtschaftsgeschichte, S. 80. Carsten Burhop und Guntram B. Wolff sehen auch keine scharfe Trennung zwischen Gründerboom und Gründerkrach im industriellen Sektor und stattdessen eine größere Kontinuität in den 1870er Jahren, bezogen auf das Bruttosozialprodukt des Kaiserreichs. Vgl. hierzu: Burhop, Carsten/Wolff, Guntram B.: A Compromise Estimate of German Net National Product, 1851–1913, and Its Implications for Growth and Business Cycles, in: The Journal of Economic History 65, 3 (2005), S. 613–657.

277 Vgl. Wehler, Gesellschaftsgeschichte, Bd. 3 (1849–1914), S. 559.

278 Vgl. Henning, Industrialisierung, S. 214.

279 Baltzer, Markus: Der Berliner Kapitalmarkt nach der Reichsgründung 1871. Gründerzeit, internationale Finanzmarktintegration und der Einfluss der Makroökonomie, Münster 2007, S. 13.

Österreichische Anleihen erfreuten sich beim Berliner Publikum einer großen Beliebtheit.[280] Schon Jahre zuvor war deutschen Beobachtern die zunehmende Verflechtung, beispielsweise mit dem amerikanischen Finanzmarkt, aufgefallen, wie etwa das bereits angesprochene Dokument aus den Akten der Kaufmannschaft von Berlin aus dem 2. Mai 1870 zeigt. Hier wurde gewarnt vor Käufen amerikanischer Wertpapiere und Eisenbahnaktien, denn eine „Ausbeutung des heimischen Marktes“ sei geplant.[281] Die Dominanz einer nationalen Sichtweise auf sich abzeichnende Globalisierungsprozesse änderte allerdings nichts an deren Steigerungspotenzial, ganz im Gegenteil – jedenfalls bis 1914.

Die Ursachen des Krachs jedoch lagen tiefer. Der Gründerboom war im Deutschen Reich durch die gewonnenen Kriege von 1864, 1866 und 1870/71 überhaupt erst politisch unterfüttert worden, die politische Lage begünstigte den Optimismus der Eliten, der Wirtschaftsliberalismus hatte – wie gezeigt – seinen scheinbar unaufhaltsamen Siegeszug angetreten. Die preußische Politik hatte schon während des Krieges gegen Frankreich 1870/71 damit begonnen, bei heimischen Wirtschaftsakteuren Hoffnungen auf einen günstigen Friedensschluss zu nähren, womit vorerst der Abschluss eines günstigen Handelsvertrages mit Frankreich gemeint war.[282] Nach und nach rückte aber die Aussicht auf französische Zahlungen nach Friedensschluss in den Vordergrund. Die französische Kriegsentschädigung von 5,57 Milliarden Francs erhöhte noch zusätzlich die Kapitalisierung der europäischen Finanzmärkte in einer auch unabhängig von dieser Entwicklung sich entwickelnden Hochkonjunktur.[283] Auch die Währungsumstellung von Silber auf Gold wird hier ihren Anteil gehabt haben.[284] Grenzüberschreitende Spekulationsgeschäfte, wie das eingangs erläuterte Schicksal Bethel Henry Strousbergs zeigt, waren schon Anfang der 1870er Jahre aufgetreten, nahmen nun allerdings noch zusätzlich Fahrt auf – die Globalisierung der Wirtschaft und die Europäisierung der Kapitalmärkte waren verflochten und in vollem Gange. Dabei führten politische Skandale wie jener, der durch die angesprochene, am 7. Februar 1873 von Eduard Lasker im preußischen Abgeordnetenhaus gehaltene Rede ausgelöst worden war – Lasker hatte die Verwicklungen politischer Kreise in die undurchsichtige Erteilung von Eisenbahn-Konzessionen angeprangert (namentlich seitens von Geheimrat Wagener und des Prinzen Biron) –, nicht zu einer grundlegenden Kursänderung.[285]

---

280 Vgl. Gebhard, Börse, S. 65; siehe hierzu auch: Gömmel, Rainer: Entstehung und Entwicklung der Effektenbörse im 19. Jahrhundert bis 1914, in: Ders./Pohl, Hans (Hrsg.): Deutsche Börsengeschichte, Frankfurt am Main 1992, S. 135–207, hier S. 143: „Unter Abwägung aller bisher genannter Argumente, dürfte durch den stürmischen Aufschwung des Handels in Eisenbahnaktien die Berliner Börse zwischen 1840 und dem Ausbruch der Krise im Frühjahr 1848 auf die Spitzenposition gerückt sein.“

281 Akten der Berliner Kaufmannschaft, LAB, A Rep. 200-01 Nr. 132, S. 132.

282 Vgl. Seyferth, Alexander: Die Heimatfront 1870/71. Wirtschaft und Gesellschaft im deutsch-französischen Krieg, Paderborn u.a. 2007, S. 540f.

283 Vgl. Baltzer, Kapitalmarkt, S. 5.

284 Vgl. ebenda, S. 8.

285 Vgl. hierzu: Rothfuss, Anna: Korruption im Kaiserreich. Debatten und Skandale zwischen 1871 und 1914, Göttingen 2019, S. 60: Die Autorin sieht Hermann Wagener, den Handels-

Der entsprechende Untersuchungsbericht erschien erst im November des Jahres 1873, aber auch vorher wurde sein vermuteter Inhalt Gegenstand heftiger Debatten, nicht zuletzt unter Beteiligung der deutschen Sozialdemokratie.[286] Die Verstaatlichung der Eisenbahnen im Jahr 1879 aus Gründen ihrer fehlenden Rentabilität hatte dann allerdings auch die Begleiterscheinung, dass die Berliner Börse ohne Eisenbahnpapiere über weniger Spekulationspotential verfügte.[287]

Der Bericht konstatierte im Endergebnis vor allem Verfahrensmängel, forderte eine eindeutigere Regelung der Konzessionsvergabe und unmissverständliche Regeln zur Kontrolle von Ausbau und Finanzierung der Bahnen, um einen Ansehensverlust der staatlichen Behörden zu vermeiden.[288] Der Bedarf an Kapital zur Finanzierung weitreichender Projekte wie des Eisenbahnbaus brachte fernab spekulativer Bedürfnisse auch Banken hervor, die sich immer mehr als Universalbanken verstanden, wie beispielsweise die Geschichte der 1870 gegründeten Deutschen Bank bezeugen kann. Als erste Universalbank nennt Carsten Burhop die Hamburger Commerz- und Discontobank aus dem Jahr 1870 – eine von 14 in der Gründerzeit neu entstandenen Aktienbanken allein in Hamburg.[289] Etwas zurückhaltender in Bezug auf Neugründungen waren im deutschen Fall bis zuletzt die montanindustriellen Unternehmer, die erst im Verlauf des Jahres 1872 in den Mittelpunkt des Interesses gerieten. Ein Beispiel hierfür ist die Gründung der Dortmunder Union unter Beteiligung von Adolph Hansemann, Johannes Miquel und Friedrich Grillo, die nach anfänglichen Erfolgen zum Sanierungsfall wurde.[290]

Im Deutschen Reich wie auch in Österreich-Ungarn war die instabile Verquickung zwischen Finanzspekulation und Gründungswesen in den 1870er Jahren charakteristisch. In den USA gab es kein so mannigfaltiges Gründungswesen, es kann aber auf die Verbindung von Bankhäusern und Eisenbahnunternehmen verwiesen werden. Mit Blick auf die mitteleuropäische Krisenversion darf aber nicht ausschließlich auf das Vorgehen der Finanzmarkakteure wie den Makler-

minister Itzenplitz und Ministerpräsident Albrecht von Roon als Hauptfiguren in dem von Lasker ausgelösten Skandal. Mein Schwerpunkt auf Wagener und Biron entstammt der Analyse der sozialdemokratischen Presse, während Rothfuss vor allem, aber nicht nur die bürgerliche Presse in den Blick nimmt. Vgl. hierzu außerdem: Peter, Christopher: Hermann Wagener (1815–1889). Eine politische Biographie, Düsseldorf 2020, S 488f, zu den belastenden Ergebnissen des Berichts der infolge des Skandals ins Leben gerufenen „Spezialkommission zur Untersuchung des Eisenbahnkonzessionswesens" vor allem S. 498.

286 Vgl. Stenographische Berichte über die Verhandlungen des Preußischen Hauses der Abgeordneten während der 1. Session der 12. Legislaturperiode 1873–1874, Bd. 1, Berlin 1874, Aktenstück 11, Bericht der Spezialkommission zur Untersuchung des Eisenbahnkonzessionswesens, S. 24–136. Zur Reaktion der deutschen Sozialdemokratie siehe Teil III dieser Arbeit. Bei Veröffentlichung der Kommission war der eigentliche Skandal jedoch schon abgeflaut, was auch von Regierungsseite die Strategie gewesen war; vgl. Rothfuss, Korruption, S. 67.

287 Buchner, Michael: Die Spielregeln der Börse. Institutionen, Kultur und die Grundlagen des Wertpapierhandels in Berlin und London, ca. 1860–1914, Tübingen 2019, S. 70f.

288 Vgl. Rothfuss, Korruption, S. 134f.

289 Vgl. Burhop, Kreditbanken, S. 95.

290 Vgl. ebenda, S. 226–230.

und Effektenbanken eingegangen werden. Denn auch der Gründungsvorgang, beispielsweise die Gründung einer Baugesellschaft, die sich ja vorerst auf die realwirtschaftliche Sphäre bezog, also etwa auf den Aufkauf von Grundstücken zwecks Bebauung, hatte – aus institutionell-regulativer Sicht – eklatante Schwachstellen aufzuweisen, die dann spekulative Anreize boten.

Im Gesellschaftsvertrag einer neugegründeten Gesellschaft, den nach deutschem Recht im Allgemeinen Deutschen Handelsgesetzbuch fünf Personen – in Anwesenheit eines Notars – unterzeichnen mussten, wurde erst festgelegt, nach welcher Methode die Bilanz- und Gewinnrechnung ausgestaltet werden sollte. Hier gab es keine einheitliche Verfahrensweise. Für nicht an realwirtschaftlichen Zwecken interessierte Gründer konnte bald, nach Übernahme der Aktien durch die Gründer, die Börsenemission avisiert werden. Rechtliche Einschränkungen, die eine Einsicht in die Wirtschaftlichkeit des Unternehmens boten und damit eine Verbindung zwischen Börsenkurs und Realwirtschaft hergestellt hätten, waren dabei nicht als Vorsorge erlassen worden.[291] Die Einzahlung auf die Aktien bei Neugründung einer Aktiengesellschaft wurde oftmals nicht vollzogen. Vorerst reichte auch das Versprechen auf Einzahlung aus, und tatsächlich wurden meist nur 40 Prozent auf den Nennwert eingezahlt, wie Carsten Burhop in seiner Studie zu den Kreditbanken in der Gründerzeit festgestellt hat.[292] Für später auszugebende Aktien erhielten dann die Gründer häufig das Vorrecht, diese neuen Aktien zum ursprünglichen Nennwert zu erwerben – auch wenn sie bei der Gründung offiziell noch keine Aktien erworben hatten.[293]

Gemeinsamkeiten im Vorgehen unseriöser Gründungen wurden in der zeitgenössischen Literatur und auch der Presse immer wieder geschildert. So war es in diesen Fällen üblich, Kursgewinne nicht in die Reserve zu lenken, sondern sie unter den an der Gründung beteiligten Personen aufzuteilen. Auch wurden bestehende Gesellschaften aufgekauft mit Versprechungen, was künftige Investitionen betraf, aber mit dem eigentlichen Ziel, das Unternehmen mit Gewinn wieder zu veräußern oder gegebenenfalls aus der Liquidation noch Profit zu ziehen. Zentrales Ziel war die Ausschüttung einer für alle Beteiligten befriedigenden Dividende. Die Zusammenarbeit mit emsigen Publizisten, die günstige Beurteilungen der Unternehmungen in der Presse verbreiteten, und auch die Eigenwerbung durch Gründungsprospekte trugen das Ihrige dazu bei.[294] Anders als beispielsweise im Fall der Deregulierung des Aktienrechts handelte es sich bei den rechtlichen Vorgaben nicht um solche, die das Ziel der Vereinfachung bestimmter wirtschaftlicher Transaktionen verfolgten und damit in ihrer Funktionalität an diesem Ziel gemessen werden können. Es handelte sich vielmehr ob ihrer Lückenhaftigkeit um grobe Versäumnisse des Gesetzgebers, die es schlicht einfacher machten, den entstandenen rechtlichen Graubereich auszunutzen.

291 Vgl. Baltzer, Kapitalmarkt, S. 32f.
292 Vgl. Burhop, Kreditbanken, S. 52.
293 Vgl. ebenda, S. 53.
294 Vgl. Blume, Herbert: Gründungszeit und Gründungskrach mit Beziehung auf das deutsche Bankwesen, Danzig 1914, S. 47–60.

Nicht wegen, aber beschleunigt durch solche Gesetzeslücken nahm der Gründerboom in Deutschland Fahrt auf. Die Gründungen von Effektenbanken im Deutschen Reich nahmen zu, und zwar von fünf im Jahr 1870 auf 35 im Jahr 1872.[295] Der Aktienindex insgesamt verdoppelte sich zwischen Sommer 1870 und Dezember 1872.[296] Die 290 Millionen Taler, mit denen die Bundesstaaten des Deutschen Reiches dank der französischen Reparationszahlungen ihre Schulden tilgten, standen nun nicht mehr als sichere Anleihen mit praktischer Zinsgarantie zur Verfügung. Kapitaleigner in ganz Europa suchten in den Folgejahren nach lohnenden Investitionen, während sichere (Staats-)Papiere – wie die beiden französischen Reparationsanleihen – stark nachgefragt und überzeichnet waren.[297] Ein Drittel der beiden französischen Anleihen zur Zahlung der Kriegsreparationen wurde von deutschen Anlegern gezeichnet, unter diesen viele Berliner.[298] Populär waren auch Pfandbriefe von Hypothekenbanken, die auch in den Jahren der Krise noch wegen ihres guten Rufs als sichere Anlage gefragt waren.[299] Eindeutig ist, dass das billige Geld der 1870er Jahre einen zusätzlichen Spekulationsschub brachte, wie auch von zeitgenössischen Autoren registriert worden ist:

> „Die plötzliche und rasche Rückzahlung von einigen hundert Millionen Thaler Reichs- und Landesschulden und die sich substituirende Belegung von anderen vielen Millionen Thalern aus der französischen Kriegskontribution in schon vorhandenen Werthpapieren der sichersten Art, wodurch eben so viel anderes Kapital zu neuen Belegungen gedrängt werden mußte, – diese so zu sagen Ueberfluthung des deutschen Kapitalmarktes hatte die nothwendige Folge, indem sie überdies mit einer sonst schon vorherrschenden Tendenz zu extravaganten finanziellen und kommerziellen Spekulationen zusammentraf, in den weitesten Kreisen und in einem bis dahin unerhörten Umfange in Deutschland Uebertreibung der Unternehmungen aller Art und eine rückhaltlose Agiotage enorm zu steigern."[300]

---

295 Pohl, Manfred: Deutschland, in: Ders. (Hrsg.): Europäische Bankengeschichte, Frankfurt am Main 1993, S. 263–278, hier S. 265.

296 Vgl. Burhop, Kreditbanken, S. 252.

297 Vgl. Baltzer, Kapitalmarkt, S. 5. Vgl. hierzu auch: Gebhard, Börse, S. 77: „Während im Jahre 1870 große Posten der deutschen Bundesanleihen auf den Markt gekommen waren, erfolgten 1871 überhaupt keine Emissionen von Staatsanleihen, ja der größte Teil der Bundesschatzscheine (I. und II. Emission) wurde von der Reichsregierung bis zum Ende des Jahres zurückgekauft."

298 Vgl. Gömmel, Entstehung, S. 155.

299 Vgl. Pohl, Deutschland, S. 274.

300 Soetbeer, Adolf: Die fünf Milliarden. Betrachtungen über die Folgen der großen Kriegsentschädigung für die Wirthschaftsverhältnisse Frankreichs und Deutschlands, Berlin 1874, S. 42. Wie die eigentliche „Ueberfluthung" des deutschen Kapitalmarktes vonstatten ging, und zwar vor allem mit Bezug auf den Umgang mit den großen Mengen an Silber, was nun auf den deutschen Markt drängte, schildert eindrücklich Seyferth, Heimatfront, S. 553: „Die Folge war, daß die deutschen Bankiers, denen das Silber tonnenweise aus Frankreich zugeführt wurde, schnellstens versuchten, das Edelmetall auf dem französischen Markt zu plazieren, und so legten sie große Silber-Deposita bei französischen Bankhäusern an. Die französische Regierung wiederum kaufte das Silber gegen Francs an und schickte es zur Begleichung des nächsten Teils der Kriegsentschädigung umgehend wieder nach Deutschland zurück [...]."

Aber auch die von staatlicher Seite betriebenen institutionellen Veränderungen gaben der Spekulation zusätzlichen Schwung. Schließlich war die Aktienrechtsnovelle von 1870 ein entscheidender Wendepunkt, da nun neu gegründete Aktiengesellschaften nicht mehr konzessioniert werden mussten.[301] Was bei der Neugründung von Industriegesellschaften im Wesentlichen eine Entbürokratisierung darstellte, war bei der Neugründung von Aktiengesellschaften und vor allem Banken eine potentiell und in der direkten Folge tatsächlich spekulationsfördernde Neuerung.[302] Schon 1868 war in Sachsen die staatliche Konzessionspflicht aufgehoben worden.[303] Diese Erleichterung für Aktiengesellschaften wurde begleitet von finanzmarkttechnischen Innovationen, wie etwa dem Abgehen von Namensaktien zugunsten der Verwendung von Inhaberaktien, welche sich leichter für schnelle Transaktionen eigneten und damit die Umlaufgeschwindigkeit von Aktien etwa an der Berliner Börse erhöhten.[304] Zeitgenössische Analysten erblickten in dieser Deregulierung des Aktienrechts die „Hauptursache der Krise".[305]

Die Gründung von Maklerbanken, laut Max Wirth erstmals in Berlin zutage tretend, war ein weiteres Merkmal der Spekulationsblase, das auch in Wien vorkam. Mit den 1871 gegründeten Instituten, der Berliner Maklerbank, der Maklervereinsbank, der Börsenbank für Maklergeschäfte, dem 1872 gegründeten Börsen-Handels-Verein, der Commissions- und Maklerbank und der Generalbank für Maklergeschäfte aus dem selben Jahr, seien hier nur einige Beispiele genannt.[306] Das Jahr 1873 markierte nicht zufällig den Höhepunkt der Zahl zugelassener Makler an der Berliner Börse mit 110 zugelassenen und vereidigten Maklern.[307] Anstatt das Risiko als institutionalisierte Zwischenhändler zu minimieren, sorgten die Maklerbanken alsbald für einen leichteren Zugang privater Kunden zur Börse und investierten diese Gelder in teilweise höchst riskante Geschäfte.[308]

Die Aufzählung neuer finanzmarkttechnischer Innovationen im Vorfeld der Krise von 1873 ist allerdings noch nicht zu ihrem Ende gelangt. Ein neues Instrument, die Verwendung von „Cassenscheinen", war ein weiterer nicht zu unterschätzender Faktor.[309] Der Gebrauch dieser „Cassenscheine" sollte dazu dienen, bereits in anderen Unternehmen angelegte Gelder mit dem Anreiz einer attrak-

---

301 Vgl. Weigt, Anja: Der deutsche Kapitalmarkt vor dem Ersten Weltkrieg. Gründerboom, Gründerkrise und Effizienz des deutschen Aktienmarktes bis 1914, Frankfurt am Main 2005, S. 25.

302 Vgl. Ehrenberg, Richard: Die Fondsspekulation und die Gesetzgebung, Berlin 1883, S. 147.

303 Vgl. Pohlmann, Jörg: Das Aktienrecht des 19. Jahrhunderts. Dogmengeschichtliche Betrachtungen zur Rechtsträgerschaft, Entstehung und Auflösung der Aktiengesellschaft, Baden-Baden 2007, S. 46.

304 Vgl. Weigt, Kapitalmarkt, S. 28.

305 Oechelhaeuser, Wilhelm: Die wirthschaftliche Krisis, Berlin 1876, S. 31.

306 Vgl. Gebhard, Börse, S. 52.

307 Vgl. Buchner, Spielregeln, S. 228.

308 Vgl. Wirth, Max: Geschichte der Handelskrisen, Frankfurt am Main 1890, S. 473.

309 Vgl. Kindleberger, Manias, S. 80.

tiven Verzinsung anzulocken und in neue Gründungen umzuleiten.[310] Die von Banken ausgegebenen „Cassenscheine" dienten hier im Sinne einer Beschleunigung des Handels durch ihre zeitliche Begrenzung bis zur Einlösung. Generell wurde bei attraktiven Spekulationsgeschäften immer seltener das eigene Basiskapital als limitierender Faktor angesehen. Ein Ausweg bot die ungedeckte Spekulation anhand von Termingeschäften, die damals vor allem als Zeitgeschäfte bezeichnet wurden.[311] Hierbei lag der Schwerpunkt vor allem auf Wetten auf Kursentwicklungen, bei denen nach Ablauf des vereinbarten Termins die eingetretene Entwicklung zur Zahlung des Differenzbetrags führte. Das Geschäft mit Optionen auf Wertpapiere war ein weiteres auftretendes Phänomen. Hinzu kamen die auf den üblichen Kassageschäften, also dem Wertpapierkauf gegen bar, beruhenden sogenannten Nochgeschäfte, welche sich auf ein vorheriges Kassageschäft bezogen und gleiche Bedingungen für einen Nachkauf ermöglichten.[312]

Weiterhin war ein wichtiger Antrieb der in Berlin – wie auch in Wien – stattfindenden Immobilien- und Grundstücksspekulation die Gründung von Baubanken. Diese überboten sich einerseits beim Kauf neuer Grundstücke gegenseitig, kauften infolge der Knappheit an Grund auch weniger attraktive Flächen zu überteuerten Preisen an und hatten aufgrund der hohen Gewinne bei Wiederverkauf immer weniger den Bau neuer Gebäude zur Bekämpfung der „Wohnungsnoth" im Sinn. Gegen Ende des Booms stagnierten dann zuerst die überhöhten Grundstückspreise, bevor im nächsten Schritt die Kurse der Baubanken zusammenbrechen sollten. Prekär war die Lage für die Baubanken vor allem deswegen geworden, weil die enormen Preissteigerungen bald schon keine direkte Bezahlung der Neukäufe mehr zuließen. Stattdessen wurden neue Grundstücke auf Raten gekauft – in der Hoffnung auf schnellen Weiterverkauf.[313]

Man verließ den Bereich der Legalität durch eine andere Verfahrensweise, die vielleicht auch als Innovation zu bezeichnen ist, jedenfalls aber im Börsengeschäft zu einer weiteren Verzerrung der Kurse beigetragen hat. Neben der Zusammenarbeit mit bezahlten Journalisten, die in scheinbar neutralen Berichten von hohen Gewinnaussichten einzelner Gründungen zu berichten wussten, war ein weiteres Mittel zur Kurssteigerung der Ankauf eigener Aktien oder aber, mittels Neugründung verbündeter Institute den Ankauf der eigenen Aktien durchzuführen. Der Autor eines der umfassendsten zeitgenössischen Berichte über die Krise von 1873, Max Wirth, verwendete diesbezüglich den Begriff der „Cartellbanken".[314]

Wenn die Rede ist von „Spekulationsmanie", „Blasenbildung" oder – zeitgenössisch – „Gründerwahn", dann stellt sich die Frage, inwiefern die oben angeführten Entwicklungen von Wirtschaftsakteuren registriert und als potentiell gefährlich anerkannt wurden. Je nach wirtschaftspolitischer Ausrichtung muss

310 Vgl. Wirth, Geschichte, S. 478.
311 Blume, Gründungszeit, S. 90.
312 Vgl. Baltzer, Kapitalmarkt, S. 14.
313 Vgl. Wirth, Geschichte, S. 479–482.
314 Vgl. ebenda, S. 516.

hier differenziert werden. An mahnenden Worten mangelte es jedoch nicht, wofür hier exemplarisch die Erklärung der Handelskammer zu Leipzig über das Aktienwesen vom 21. Januar 1873 angeführt werden soll, die – ihren Lösungsvorschlägen nach zu urteilen – sich dem liberalen Lager zuordnen lässt. Dies ist auch aus der defensiven Rhetorik als Proponenten des liberalen Wirtschaftsverständnisses, aber auch anhand der damals vor allem bei Liberalen beliebten Körpermetaphorik „gesund/ungesund" in Bezug auf den Staat, die Wirtschaft oder hier einzelne Unternehmen ablesbar:

> „Wir räumen vollständig ein, daß auf dem Gebiete des Actienwesens, wie schon mehrmals in Perioden raschen Aufschwungs, so namentlich in den letzten beiden Jahren viele unerfreuliche, zum Theil sogar sehr beklagenswerte Erscheinungen zu Tage getreten sind, und verhehlen uns keineswegs die Gefahr einer dadurch mit hervorgerufenen Krisis, welche neben vielen ungesunden auch manche an sich gesunde Unternehmungen zu Falle zu bringen und den Volkswohlstand zu schädigen droht."[315]

Symbol für den Ausbruch der Krise in Deutschland war und ist der Zusammenbruch der Quistorp'schen Vereinsbank am 15. Oktober 1873. Diese stark im Immobiliengeschäft engagierte Bank (Unternehmensmotto: „Unity is Strength")[316] profitierte in besonders hohem Maße von Neugründungen, die sich der Bauspekulation verschrieben hatten. Beteiligt war die im Januar 1870 mit 200.000 Talern Kapital gegründete Vereinsbank Quistorp unter anderem an der Chemischen Fabrik Schering, der Kontinental-Aktien-Gesellschaft für Wasser- und Gasanlagen, der Aktiengesellschaft für Feilenfabrikation, der Aktiengesellschaft für Tabaksfabrikation, der Wolfswinkel-Papierfabrik A.G., dem Deutschen Zentralbauverein, dem Zentralbazar für Fuhrwesen vormals Leskow, der Westfalia Waggonfabrik A.G., der Union-Fabrik chemischer Produkte, der Germania Eisenbahnwagenleihanstalt und der Mägdesprung-Neudorf, Eisen- und Silberhütten-Bergbau A.G.[317] Diese Aufzählung ist beileibe nicht erschöpfend, kann aber als Illustration für die vielseitigen Gründungsaktivitäten des Heinrich Quistorp dienen.[318] Markus Baltzer spricht von der Vereinsbank als „Rattenkönig", der ins-

---

315 Akten der Berliner Kaufmannschaft, LAB, A Rep. 200-01 Nr. 132, S. 256r. Die grundsätzliche Einschätzung der Leipziger Handelskammer zur Börse und Finanzkrisen allgemein geht aus diesem Zitat hervor (S. 256v): „Sollte die Befürchtung einer Krisis sich verwirklichen, so hegen wir trotzdem die Zuversicht, daß dieselbe keineswegs das Actienwesen überhaupt als einen überwundenen Standpunkt erscheinen lassen, sondern nur dessen Reini gung von schädlichen Auswüchsen und größere Vorsicht des Publikums zur Folge haben und daß die vielen wirklich gesunden Actien-Unternehmungen danach um so kräftiger sich entwickeln werden."

316 Vgl. hierzu den Briefkopf aus der Korrespondenz der Bank mit der Berliner Kaufmannschaft: Akten der Berliner Kaufmannschaft, LAB, A Rep. 200-01 Nr. 290, S. 216.

317 Vgl. Blume, Gründungszeit, S. 64–66.

318 Vgl. zu Heinrich Quistorps Vorgeschichte: Nützenadel, Alexander: Städtischer Immobilienmarkt und Finanzkrisen im späten 19. Jahrhundert, in: Jahrbuch für Wirtschaftsgeschichte 2011/1, S. 97–114, hier S. 99: „[...] der Berliner Bauunternehmer Heinrich Quistorp, hatte mit Hilfe der Westend-Gesellschaft die Erschließung des Berliner Umlands energisch vorangetrieben und zahlreiche neue Villenkolonien errichtet. Die 1870 gegrün-

gesamt 29 Gründungen in seinem Gefolge hatte.[319] War Quistorp also – im heutigen Börsenjargon – „too big to fail"? Verfügte sein Unternehmen über zu viele Verknüpfungen, sodass dessen Fallissement zu jenem berühmten, das maximale Fassungsvermögen des Fasses übersteigenden Tropfen wurde? In einer Hinsicht jedenfalls zahlten sich Quistorps Verbindungen vorerst aus: Eine Unterstützung seines Unternehmens durch die Preußische Bank, bei der Quistorp einige seiner Grundstücke verpfänden ließ, erhielt er. Nicht zuletzt Kaiser Wilhelm I. wird hier angesichts der Involviertheit adliger Kreise in die Grundstücksgeschäfte Quistorps einen gewissen Einfluss ausgeübt haben.[320] Hinreichend um den Fall des „Gründers par excellence" aufzuhalten, war dies allerdings nicht.[321]

Nicht ganz zufällig traf es Berlin, nicht etwa zuerst die Frankfurter Börse oder Hamburg, war doch Berlin das Zentrum der Gründungseuphorie gewesen – nach Carsten Burhops Schätzung mit 104 neuen Aktiengesellschaften allein im Jahr 1871.[322] Markus Baltzer zählt in seiner Studie für das Jahr 1871 sogar 140 neu gegründete Aktiengesellschaften in Berlin – nur übertroffen von 275 im Jahr 1872.[323] Tatsächlich hatte es jedoch schon Vorboten wie den Zusammenbruch des Thüringer Bankvereins im August 1873 gegeben. Dieses Fallissement hatte aber offensichtlich nicht für den endgültigen Kollaps des Vertrauens an den deutschen Börsen ausgereicht.[324] Erst die Ereignisse in den USA im September 1873 und die damit verbundenen Verluste deutscher Investoren bei amerikanischen Eisenbahnpapieren scheinen den „Rest der Widerstandsfähigkeit" der Börse gekostet zu haben.[325] Auch die prophylaktischen Zinssenkungen der Preußischen Bank, die am 28. Juli in Erwartung einer finanziellen Zuspitzung im Deutschen Reich den Zinssatz von 6 auf 5 Prozent gesenkt hatte und am 8. August noch einmal auf 4,5 Prozent, hatten den Crash nicht verhindern können. Am 27. Oktober wurde der Zinssatz wieder auf 5 Prozent erhöht – wohl um Geldabflüsse zu vermeiden.[326] Insgesamt zeigte die Preußische Bank ein prozyklisches Verhalten, waren ja ihre Gesamtverbindlichkeiten in den Jahren 1871–1873, also vor Ausbruch der Krise, jährlich um durchschnittlich 17 Prozent gestiegen und die Gewinne für den preußischen Staat ständig gewachsen.[327] Nach Ausbruch der Krise trat die Bank leicht auf die Bremse, anstatt stärker entgegenzuwirken. Die

---

dete Vereinsbank diente zum einen der Finanzierung von Quistorps Immobiliengeschäften, zum anderen fungierte sie als Emissions- und Maklerbank, um jungen Unternehmen Zugang zum Aktienmarkt zu verschaffen. In ihrer nur gut drei Jahre dauernden Aktivität brachte die Bank rund 30 Unternehmen an die Börse, von denen die Hälfte mit dem Ende der Boomphase wieder verschwand."

319 Baltzer, Kapitalmarkt, S. 35.

320 Vgl. Davies, Speculations, S. 80.

321 Vgl. Blume, Gründungszeit, S. 67.

322 Vgl. Burhop, Kreditbanken, S. 25.

323 Vgl. Baltzer, Kapitalmarkt, S. 27.

324 Vgl. Blume, Gründungszeit, S. 36.

325 Ebenda, S. 37.

326 Vgl. Verwaltungsbericht der Preussischen Bank für das Jahr 1873, Berlin 1874, S. 4.

327 Vgl. Ziegler, Dieter: Zentralbankpolitische Steinzeit? Preußische Bank und Bank of England im Vergleich, in: Geschichte und Gesellschaft 19, 4 (1993), S. 475–505, hier S. 498.

Ausweitung der Geldmenge wurde nicht komplett abgewürgt, der Spielraum für weitere konjunkturbelebende Diskontherabsetzungen jedoch nicht ausgenutzt. Bewegten sich die Zinssätze der Preußischen Bank in den Jahren 1871 und 1872 zwischen 4 und 5 Prozent, lagen sie in den Folgejahren bis einschließlich 1875 zwischen 4 und 6 Prozent, anstatt sich in die entgegengesetzte Richtung zu bewegen.[328] Bei der Beurteilung dieser Bankpolitik ist aber zu beachten, dass die Handlungsfreiheit der Banken in einem teilweise durch Edelmetalle gedeckten Währungssystem eingeschränkter war als in späteren Jahren – oder zumindest die selbstauferlegten Grenzen der Handlungsspielräume (mit Hinweis auf die Währungsstabilität) im damaligen Diskurs über eine vergleichsweise hohe Plausibilität verfügten und damit Wahrheitswert erringen konnten. Im europäischen Vergleich, vor allem aber mit Blick auf die Ereignisse in den USA kann die Rolle der Preußischen Bank in der Krise von 1873 eher positiv bewertet werden, auch wenn aus heutiger Sicht Handlungsspielräume erkennbar sein mögen, die für die Zeitgenossen schlichtweg nicht existierten.

Für den Berliner Fall charakteristisch und vielleicht für den Krach im Monat Oktober besonders hervorzuheben ist die Rolle der Gründungen, die sich dann auch oft besonders eng mit Berliner Finanzinstituten wie jenem Quistorps verbunden hatten. Jedoch nur ein bestimmter Teil dieser Unternehmungen konnte als seriös bezeichnet werden:

> „In Berlin nahm man an, daß nur noch 14 von den 27 Unternehmungen, welche die Vereinsbank vertrat, und wovon sie 21 bei der Börse einführte, einige Lebensfähigkeit hatten, weil ihre Actien, wenn auch zu reducirten Coursen, noch verkäuflich waren."[329]

Diese nur schwer durchschaubare Situation mag dann auch dazu beigetragen haben, dass keine eindeutige Lösung zur Abwicklung der Banken und zur Beseitigung der damit verbundenen Risiken gefunden wurde. Hierin lag auch die Ursache für den Zusammenbruch weiterer, mit der Quistorp'schen Vereinsbank verbundener Institute begründet.[330] Es war eine Entwicklung, die sich vielleicht mit den Ereignissen rund um die zahlungsunfähige Investmentbank Lehman Brothers in der Finanzkrise von 2007/08 vergleichen lässt, bei deren Rettung zu zögerlich vorgegangen worden war, was Ansteckungseffekte auf dem Wege eines rapiden Zusammenbruchs des Vertrauens der Finanzmarktakteure und das gleichzeitige Platzen der Spekulationsblase auf dem Immobilienmarkt zur Folge hatte. Wie auch in den USA im September 2008 sorgten die Investitionen in faule Papiere, die nach und nach alle Banken in mehr oder weniger großem Umfang getätigt hatten, zu einem berechtigten Vertrauensverlust hinsichtlich der allgemeinen Finanzstabilität. Dieser Verlust an Vertrauen allerdings übertrug sich auch auf solide Investitionen, die nun nicht mehr als Unterpfand für Kredite akzeptiert wurden. Eine Kreditklemme entstand:

---

328 Vgl. Thorwart, F.: Die Entwicklung des Banknotenumlaufs in Deutschland von 1851–1880, in: Jahrbücher für Nationalökonomie und Statistik 41, 1 (1883), S. 193–250, hier S. 214.

329 Wirth, Geschichte, S. 568.

330 Vgl. ebenda.

> „Während man früher zu viel Vertrauen in die Zukunft gesetzt hatte, trat nun das Gegenteil ein, einer überbot den anderen an Mißtrauen. Jeder suchte seine Papiere abzustoßen und vermehrte dadurch noch die allgemeine Verwirrung und den Kurssturz ins Bodenlose. Die guten Zeiten der Hausse waren endgültig vorbei, jetzt kam die lange unterdrückte Kontremine zur Herrschaft, und die Baissiers begannen eifrig darauf los zu fixen. Schlag auf Schlag brachen die meisten der Neugründungen zusammen, denen die Prospekte der Gründer eine sichere Entwicklung verbürgt hatten."[331]

Erneut ist es die Währung des Vertrauens, die in der Krisensituation zur Mangelware wird. Ein neues Erwartungsregime, eine neue „Herrschaft" zieht auf. Im Ergebnis findet eine Neueinschätzung der Lage statt, die mit einer grundlegenden Neubewertung der Börsenwerte einhergeht. Eine Teillösung, die in dieser Lage zur Wiederherstellung des Vertrauens dienen sollte, war es für die Berliner Börsenakteure, auf dem Wege der Marktbereinigung vorzugehen, also eine „Liquidation, Reduction und Fusion der neuen Unternehmungen" anzustreben.[332] Daneben bot sich das Mittel der „staatlichen Vorschußcassen" an: Diese sollten einerseits die notwendigen Mittel zum Weiterbetrieb der Gründungen geben, um Ansteckungseffekte zu vermeiden, und andererseits die regelkonforme Liquidation nach einem Jahr ermöglichen, die bei einem sofortigen Zusammenbruch nicht hätte erfolgen können.[333] Im Wesentlichen ging es also darum, Zeit zu gewinnen. Dabei stellten über den gesamten Zeitraum der Börsenkrise, die sich ja bis in das Jahr 1874 hineinzog, nicht die hohen Kursverluste das Hauptproblem dar – wenn man die Dividendenausschüttungen mit einrechnet –, sondern die zahlreichen Zusammenbrüche von neu gegründeten Unternehmungen.[334] Was die Bereinigung der Marktlage noch zusätzlich erschwerte, waren die Unterschiede zwischen den Börsenplätzen. So wurden an einigen Orten im Inland Aktienkurse mit Prozentzahlen wiedergegeben, an anderen anhand der Stückzahl. Eine Marktkonvergenz war aufgrund dieser Sachlage erschwert, und der durch die Krisensituation bedingte Vertrauensverlust muss noch hinzugerechnet werden. Schon im November 1873 wurde dieses Problem als zukünftige Baustelle in der institutionellen Erneuerung der deutschen Finanzmärkte aufgebracht.[335]

D. Ursachenforschung

Neben den oben genannten Ursachen der Finanzkrise(n) von 1873 – also der Entschuldung des Deutschen Reichs, einem auch auf Investitionsentscheidungen abfärbenden Gründeroptimismus, einer angeheizten Immobilienspekulation durch Großveranstaltungen wie der Weltausstellung in Wien und der Zunahme

---

331 Blume, Gründungszeit, S. 37.
332 Wirth, Geschichte, S. 572.
333 Ebenda, S. 571f.
334 Vgl. Baltzer, Kapitalmarkt, S. 37.
335 Vgl. Akten der Berliner Kaufmannschaft, LAB, A Rep. 200-01 Nr. 132, S. 285.

der internationalen wirtschaftlichen Verflechtungen und dem Bedeutungsgewinn technischer Innovationen wie der Telegraphie, die zu einer Beschleunigung des Marktgeschehens führte – sind es vor allem institutionelle Veränderungen, die Hinweise auf tieferlegende Ursachen geben können. Auch die Erforschung anderer Finanzkrisen hat dahingehend Erkenntnisse zutage gefördert, dass gewisse prozyklische (de-)regulatorische Maßnahmen der Politik, wie im Falle der Gründerkrise die Liberalisierung des Aktienrechts im Boom (gefolgt von strengerer Regulierung in den Jahrzehnten danach), häufig in den Jahren vor den Ausbrüchen von Finanzkrisen auftreten.[336]

Carsten Burhop, David Chambers und Brian Cheffins haben mit Blick auf den deutschen Aktienmarkt zwischen 1870 und 1938 Börsenerstemissionen untersucht und dabei gefragt, wie sich regulatorische Bestimmungen auf das Überleben der untersuchten Unternehmen auswirkten. Dabei zeigte sich ein signifikanter Unterschied zwischen dem stark liberalisierten regulatorischen Rahmen der 1870er Jahre und der Situation nach der Reform der Bestimmungen der Berliner Börse 1882 und vor allem nach Einführung des Aktiengesetzes von 1884, später des Börsengesetzes im Jahr 1896: Ungefähr die Hälfte der Erstemissionen aus dem Jahr 1872 stammte von Firmen, die fünf Jahre später nicht mehr existierten. Schon im Zeitraum von 1884 bis 1896 stieg die Überlebensrate der untersuchten Firmen dann auf 91 Prozent.[337] Diese Erkenntnis ist ein wichtiger Baustein für das Verständnis moderner Finanzkrisen, die sich nur aus der komplexen Verflechtung ökonomischer Basisprozesse und deren Begleitung und Auslösung durch kulturelle und institutionelle Faktoren erklären lassen. Dabei waren es nicht nur institutionelle Veränderungen wie die Deregulierung des Aktienrechts, die einen Einfluss auf die Entwicklung der Finanzmärkte hatten. Gleichzeitig war auch die immer dynamischere und zukunftsträchtige Entwicklung der Finanzmärkte Anlass für die Politik, diese – anscheinend fast ausnahmslos positive – Entwicklung durch begleitende Maßnahmen zu stützen. Denkt man sich die scheinbare Bestätigung dieser Entscheidungen durch die in

---

336 Vgl. hierzu einen aktuellen Forschungsüberblick, der die Krise von 1873 nicht aufführt, aber durchaus instruktiv für die Fragestellung ist, weil über einen langen Zeitraum gefasst regulative Eingriffe vor und nach Finanzkrisen angeführt werden: Dagher, Jihad: Regulatory Cycles: Revisiting the Political Economy of Financial Crises, in: IMF Working Paper, Januar 2018, http://financial-stability.org/wp-content/uploads/2018/01/2018-01_IMF_regulatory-cycles-political-economy-of-crisis.pdf [zuletzt abgerufen: 24.3.2020].

337 Vgl. Burhop, Carsten/Chambers, David/Cheffins, Brian: The Rise and Fall of the German IPO Market, 1870–1938, in: Jahrbuch für Wirtschaftsgeschichte 59, 1 (2018), S. 9–37, hier S. 23. Ein wichtiger Aspekt des deutschen Aktienmarktes nach 1884 ist die durch das Aktiengesetz beförderte Entwicklung hin zu größeren, wohl auch stabileren Finanzmarktakteuren. Vgl. hierzu: Gehlen, Boris/Engel, Alexander: „The stockbroker's praises are never sung": Social Practices in Stock and Commodity Exchanges. Lessons from the USA and Germany, 1870s to 1930s, in: Archiv für Sozialgeschichte 56 (2016), S. 109–137, hier S. 128: „Still, by restricting market access in favour of larger, well-capitalized, often professional speculators, the revised Stock Corporation Act of 1884 could be interpreted as a stabilizer of financial (or at least stock) markets without deteriorating the circumstances of corporate finance substantially, which more or less was concentrated at the universal banks and influenced banking concentration."

den frühen 1870er Jahren herrschende Hochkonjunktur in manchen Bereichen, wie etwa dem Eisenbahnsektor, hinzu, dann wird klar, wie prozyklische Regulationsentscheidungen für die historischen Akteure plausibel erscheinen können und erst im Rückblick als potentielle Mitauslöser von Krisen gelten.

In Bezug auf das Aktiengesetz ist im österreichischen Fall zu sagen, dass die bestehenden Regeln von einer gewissen Willkür geprägt waren. Eine „ministerielle Vereinscommission" beziehungsweise das betreffende Ministerium waren – mit einem großen Ermessensspielraum ausgestattet – für die Konzessionierung neuer Institute zuständig.[338] Anweisungen zur Verschärfung der Konzessionspraxis wurden dann im Vorlauf der Krise in Ermangelung eines eindeutigen Aktiengesetzes umgangen. Ab Juni 1872 sollten keine Neuemissionen neuer Aktien mehr zugelassen werden, bevor nicht die Aktien vorangegangener Emissionen wieder eingezahlt worden waren – auch hier krankte der Ansatz zur Regulierung an der Inkonsequenz bei seiner Durchsetzung.[339] Im Deutschen Reich hingegen bestand seit der Aktienrechtsnovelle vom 11. Juni 1870 keine Pflicht zur Konzessionierung von Aktiengesellschaften mehr. Hervorzuheben im Sinne einer fortschreitenden Liberalisierung des Aktienrechts ist die geringere Schwelle der Eintragung in das Handelsregister gegenüber der vorher üblichen Konzession (mitsamt der dann folgenden Eintragung in das Handelsregister) als gesetzlicher Erfordernis, um eine Kommanditgesellschaft auf Aktien zu führen. Der Wegfall der Konzession hatte neben der *ex ante* notwendigen Aufdeckung von Verstößen einen geringeren behördlichen Druck auf die Gründer zur Folge; er ermöglichte überdies durch kürzere Genehmigungsverfahren auch einen schnelleren Markteinstieg und damit auch insgesamt schnellere Marktentwicklungen. In der Argumentation für den Wegfall des Konzessionssystems verwiesen die Befürworter auf die im Vergleich liberalere Rechtslage in Großbritannien, Frankreich und den USA sowie auf die Trennung in genossenschaftliche Banken ohne Konzessionspflicht und Aktiengesellschaften mit ebendieser.[340] Im deutschen Fall war die kurzfristige Konsequenz der erfolgten Liberalisierung in jedem Fall ein leichterer Zugang für Spekulanten, die sich die Entbürokratisierung zunutze machten, wie der zeitgenössische Analyst Wilhelm Oechelhäuser schrieb:

> „Die von der Conzessionirung befreite Bildung der Actiengesellschaften und ihre Einführung an den Börsen, ist nämlich zu einem Geschäftszweig der Speculation geworden. Wenn man früher zur Bildung von Capitalassociationen schritt, so war es allein, oder doch ganz vorzugsweise, der Gewinn aus dem zu gründenden Geschäft selbst, und zwar der dauernde Gewinn, welchen die Betheiligten ins Auge fassten. Und dass man hierbei die allgemeine Lage des Arbeits- und Geldmarkts in Berücksichtigung ziehen musste, ergab sich von selbst. [...] Die letzte Krisis hat diese frühere Praxis auf den Kopf gestellt, mindestens die Regel zur Ausnahme gemacht. [...] Nicht Aussichten auf dauernde Dividenden,

338 Vgl. Neuwirth, Bank, S. 31.
339 Vgl. ebenda, S. 32.
340 Vgl. Schmoeckel, Mathias/Maetschke, Matthias: Rechtsgeschichte der Wirtschaft: Seit dem 19. Jahrhundert, Tübingen 2016, S. 176.

sondern auf einmalige Gründer- und Coursgewinne galten von jetzt ab als Hauptmotiv bei den Gesellschaftsbildungen."[341]

Weniger die differenzierte Auseinandersetzung mit dem Vorgehen der Gründer ist hierbei bei dem selbst gewissermaßen als Gründer tätig gewesenen und später als Politiker an der Reform des deutschen Aktienwesens beteiligten Oechelhäuser hervorzuheben, sondern die Differenzierung in eine Epoche scheinbar funktionierender Konzessionierungspraxis und Gründung von Aktiengesellschaften, der auf der anderen Seite eine neuartige Pervertierung der als wirtschaftlich fruchtbar geschilderten früheren Vorgehensweise gegenübergestellt wird. Aus historischer Perspektive darf also keineswegs unterschätzt werden, in welchem Maße zeitgenössische Analys(t)en auch über Vergleichswerte verfügten und damit der wirtschaftspolitische Diskurs ein höheres Abstraktionsniveau erreicht hatte, als dies vielleicht auf den ersten Blick für die Zeit der Durchsetzung des Industriekapitalismus in Deutschland zu vermuten ist.

Diese geringe Personalisierung der Kritik an der Börse ist von Catherine Davies als Ursache eines größeren Hangs zu verschwörungstheoretischen Konzepten im deutschen Sprachraum im Vergleich zu den USA eingestuft worden, was durchaus einleuchtet.[342] Stattdessen kann dieses Phänomen aber auch teilweise durch eine stärkere Gewöhnung deutscher Publizisten an wissenschaftlich fundierte wirtschaftspolitische Diskussionen und das frühere Entstehen einer nationalen Diskursgemeinschaft in volkswirtschaftlichen Fragen in Deutschland als in den USA erklärt werden – beziehungsweise mit Verweis auf den höheren Bedarf an diskursiver Selbstvergewisserung in volkswirtschaftlichen Fragen, die ja immer auch nationale Fragen waren und sind. Es war eine Entwicklung, die tatsächlich sogar komplementär zur Entstehung von Verschwörungstheorien und antisemitischen Vorurteilen gedacht werden kann, wenn wir uns in Anlehnung an Andreas Etges' Auseinandersetzung mit der Entstehung des Wirtschaftsnationalismus in Deutschland und den USA daran erinnern, dass die Idee des Wirtschaftsnationalismus im 19. Jahrhundert nach und nach die „Form eines nationalistischen Glaubenssystems" annahm.[343]

Nicht nur die rechtlichen Voraussetzungen des Finanzmarktes, wie sie im Detail durch Börsen- und Aktienrecht gewährleistet wurden, waren bestimmend für die Entwicklung des deutschen Kapitalmarkts, sondern auch ihre wichtigsten Akteure. Und zu jenen zählten vor allem – neben den immer weniger relevanten privaten Akteuren – die Banken. Anja Weigt hat in ihrer Betrachtung des deutschen Kapitalmarkts vor dem Ersten Weltkrieg den Vergleich des deutschen mit dem amerikanischen Bankensystem gewählt und hier unterschieden zwischen dem amerikanischen Modell mit einem stark spezialisierten Bankensystem, in dem Finanzmärkte auch gesamtwirtschaftlich eine tragende Rolle spielen, und dem deutschen Modell, in welchem große Universalbanken wichtiger als die Fi-

341 Oechelhaeuser, Krisis, S. 34.
342 Vgl. Davies, Speculations, S. 124 und auch 147.
343 Etges, Andreas: Wirtschaftsnationalismus. USA und Deutschland im Vergleich (1815–1914), Frankfurt am Main/New York 1999, S. 379.

nanzmärkte gewesen sein sollen.[344] Diese Typologie gewinnt mit zunehmender Differenzierung des deutschen Bankensystems in den Jahren nach der Reichsgründung an Überzeugungskraft, kann aber in den ersten Jahren der Herausformung eines gesamtdeutschen Bankensystems noch nicht greifen. Auch wenn Weigt das deutsche Modell dem kontinentaleuropäischen Typus zuordnet, der sich vor allem durch die starke staatliche Beaufsichtigung auszeichnet, muss mit Blick auf das erste einheitliche deutsche Börsengesetz aus dem Jahr 1896 hier von einer geringeren Relevanz für den Zeitraum bis zur Gründerkrise gesprochen werden.[345] Tatsächlich spielte das neuartige Phänomen der „Maklerbanken“ und „Baubanken“ eine besonders destabilisierende Rolle in den sich zuspitzenden Entwicklungen vor dem Ausbruch der Krise. Und hier handelte es sich weder um Universalbanken noch um besonders regulierte Börsenakteure; im Gegenteil nutzten sie die Spielräume und rechtlichen Graubereiche, die ihnen gewährt wurden.

Die zunehmende Transition von Namensaktien hin zu einfacher handelbaren Inhaberaktien sorgte für eine Beschleunigung des Handels mit Wertpapieren und war ebenfalls ein wichtiger Faktor im institutionellen Setting der Börse bei Ausbruch der Krise.[346] Die Berliner Börse und die für sie zuständigen Ältesten der Kaufmannschaft von Berlin hatten ebenfalls die Möglichkeit, einzelne Regulierungen durchzusetzen. Allerdings waren wie im Fall des Maklerberufs die Eingriffsmöglichkeiten seit Einführung des Handelsgesetzbuches geschmälert worden.[347] Andere Liberalisierungen wie die Verordnung vom 1. Juli 1860 hatten die eigentlichen Vorschriften zum Handel an der Börse entschärft, in diesem Fall die Begrenzungen der Termingeschäfte aufgehoben.[348] Auf nationaler Ebene einheitliche Regelungen für die Aktienmärkte gab es im Deutschen Reich erst ab dem Jahr 1896.[349] Auch die Kompetenzverteilung der Wirtschaftsbehörden war nach 1871 noch nicht eindeutig geklärt:[350] ein Faktor, der auch in der Krise von 1873 dazu beigetragen hat, dass sich keine einheitliche staatliche Krisenpolitik entwickeln konnte, wie sie in Österreich-Ungarn zumindest in höherem Maße gegeben war. Mit Blick auf die Finanzmärkte scheint also lange vor einer Nationalisierung der Märkte eine Globalisierung stattgefunden haben.

Rückblickend hat die Krise von 1873 je nach Standpunkt des Beobachters ganz unterschiedliche Ursachen gehabt, beziehungsweise hatten unterschiedliche Ursachen eine unterschiedliche Relevanz für das Zustandekommen des Crashs. Einige Autoren, unter anderem Charles Kindleberger, sehen grundsätzlich zwischenstaatliche Investitionsschwankungen als Gründe für Bankenkrisen an, die noch zusätzlich durch die Goldbindung der Währungssysteme des 19.

---

[344] Vgl. Weigt, Kapitalmarkt, S. 1.
[345] Vgl. ebenda, S. 13.
[346] Vgl. ebenda, S. 28.
[347] Vgl. Gebhard, Börse, S. 14.
[348] Vgl. ebenda, S. 58.
[349] Vgl. Weigt, Kapitalmarkt, S. 13.
[350] Vgl. Ambrosius, Staat, S. 164.

Jahrhunderts verschärft wurden.[351] Speziell für die Krise von 1873 hebt Kindleberger die französischen Reparationszahlungen als Grund hervor.[352] Carmen Reinhart und Kenneth Rogoff halten Schulden für die Hauptursache von Krisen. Aufgrund einer statistischen Korrelation zwischen sogenannten Schuldenkrisen und Bankenkrisen legen die Autoren auch eine kausale Relation nahe.[353] Die Fixierung auf die populäre Fiktion der Schulden als vermeidbares Übel im Wirtschaftskreislauf des Kapitalismus, der ja Schuldner notwendigerweise als Gegenseite zu der Gruppe der Vermögenden produzieren muss, scheint aber in diesem Werk mehr das gewünschte Ergebnis der Analyse gewesen zu sein als das logische Resultat. Schließlich beschreiben die Autoren selbst, dass Staatsschulden oft infolge von Finanzkrisen zunehmen, und bieten damit Raum für die Vermutung, dass der zeitliche und kausale Zusammenhang von Staatschulden und Finanzkrisen nicht ganz so eindeutig ist.[354] Auch für die Krise von 1873 haben wir gesehen, dass eine große Entschuldungsoffensive der öffentlichen Hand zeitlich vor dem Entstehen der Krise stattgefunden hat, also in diesem Fall – wenn überhaupt ein Zusammenhang zwischen staatlichen Schulden und Finanzkrisen besteht – eher ein Mangel an staatlicher Verschuldung die Finanzstabilität gefährdet hat als ein Übermaß.

Autoren, die sich der Regulationstheorie verschrieben haben (wie Robert Boyer) betrachten zyklische Krisen als notwendigen Bestandteil des Kapitalismus, der dabei hilft, Überakkumulation abzubauen, und damit auch als systemische Widersprüche. Sie stabilisieren damit paradoxerweise den Kapitalismus.[355] Während diese Sichtweise in gewisser Hinsicht empirisch überzeugen kann, enthält dieser Ansatz noch einen gewissen Hang zu einer funktionalistischen Sichtweise, die Krisen als logische Notwendigkeit im Kapitalismus beschreibt, was durchaus erst zu beweisen wäre, aber schwer falsifizierbar ist.

Nicht weit entfernt davon sind schumpeterianische Ansätze, die Krisen als eine Form von notwendigen Reinigungsprozessen betrachten. Wie bereits beschrieben, gibt es ganz unterschiedliche Ansätze zur Erklärung von Krisen, die sich grob in drei Richtungen einteilen lassen, von denen sich allerdings unzählige weitere Theoriestränge ableiten lassen. Und auch die heutigen Darstellungen der Krise von 1873 sind immer auch von den theoretischen Ausgangspositionen der Autorinnen und Autoren geprägt – mich selbstredend eingeschlossen. Dass der DDR-Historiker Jürgen Kuczynski in seinen „Studien zur Geschichte der zyklischen Überproduktionskrisen in Deutschland" eine andere Herangehensweise, ein anderes Krisenverständnis in seine Analyse einbringt als die streng neoklassisch argumentierenden Autoren Reinhart und Rogoff in ihrem Werk

351 Vgl. Kindleberger, Manias, S. 3f.
352 Vgl. ebenda, S. 195.
353 Vgl. Reinhart, Carmen/Rogoff, Kenneth: This time is different. Eight centuries of financial folly, Princeton 2009, S. 73.
354 Vgl. ebenda, S. 224.
355 Vgl. Boyer, Èconomie, S. 81.

über Finanzkrisen, scheint selbstverständlich.[356] Diese Tatsache an sich ist nicht beklagenswert, aber der Versuch, stillschweigend darüber hinwegzusehen, ohne grundlegende Differenzen zu nennen, wäre es und zudem wenig transparent.

Der Versuch, über das Zusammentragen von Datenmaterial allein einen gemeinsamen Nenner zu finden, wird sich nie als erfolgreich herausstellen, da es oftmals die Zusammenstellung des Materials, die Gewichtung bestimmter statistischer Komponenten und vor allem die Interpretation der Ergebnisse sind, die im Ergebnis immer wieder zu unterschiedlichen Analysen führen werden. Der gewichtigste Unterschied aus der historischen Sicht wird aber nicht unbedingt die theoretische Verortung in einem bestimmten ökonomischen Paradigma sein, wiewohl bei der Durchsicht der Literatur dieses immer mitgedacht werden muss. Vielmehr ist als Hauptunterschied zwischen der historischen und der wirtschaftswissenschaftlichen Herangehensweise der Umstand hervorzuheben, dass im letzteren Fall eine theoretische Annahme am Anfang der Analyse steht, die dann über die Verwendung von Modellen – also unter Ausschluss bestimmter Variablen und Hervorhebung anderer – bewiesen werden soll. Demgegenüber erlaubt es die historische Arbeitsweise, mit einer deskriptiven Schilderung der Ereignisse, ohne den Zwang formelhaften Denkens und unter Verwendung ganz unterschiedlicher Quellenformen der Komplexität des historischen Ereignisses etwas besser gerecht zu werden, wie auch Robert Boyer festgestellt hat.[357] Durch die Hinwendung der Geschichtswissenschaften zu kulturellen Fragestellungen und die Abwendung der Wirtschaftswissenschaft von empirisch gesättigter Gesellschaftsanalyse war Ende des 20. und zu Beginn des 21. Jahrhunderts ein Zustand maximaler Entfremdung festzustellen, wie Hansjörg Siegenthaler schon damals feststellen musste:

> „Das Theorieverständnis driftete erst recht dramatisch auseinander mit dem Resultat, daß der Axiomatisierung ahistorischer Prämissen und ihrer systematischen Explikation, wie sie die Ökonomen pflegen, auf der Seite der Geschichtswissenschaften bloß noch eine Beschreibung gegenübersteht, die über weite Strecken auf Theoriebildung verzichtet oder doch zu verzichten meint.“[358]

Mittlerweile haben sich beide Disziplinen wieder aufeinander zu bewegt. Jedoch ist der Raum nutzbringender Kooperation noch lange nicht ausgereizt. Deswegen ist es besonders hervorzuheben, wenn Ökonomen Ansätze verfolgen, die wirtschaftswissenschaftliche Methoden mit einer empirisch gefestigten Analyse verbinden. Solche Ansätze können dann auch interdisziplinär fruchtbar sein. Ein Beispiel in Bezug auf die Erforschung von Finanzkrisen ist hier der vor allem seit der Finanzkrise von 2008 wieder mehr beachtete Ökonom Hyman P. Minsky, der sich in seinem Werk vor allem mit den Unsicherheiten von Märkten und der In-

---

356 Vgl. Kuczynski, Jürgen: Studien zur Geschichte der zyklischen Überproduktionskrisen in Deutschland 1873 bis 1914, Berlin (Ost) 1961.

357 Vgl. Boyer, Financial Crises, S. 2 (aus dem Französischen übersetzt).

358 Siegenthaler, Hansjörg: Geschichte und Ökonomie nach der kulturalistischen Wende, in: Geschichte und Gesellschaft 25, 2 (1999), S. 276–301, hier S. 277.

stabilität des internationalen Finanzsystems auseinandersetzte. Mit seiner Hypothese der finanziellen Instabilität gelang es Minsky, ein Modell für Finanzkrisen zu erarbeiten, welches nicht auf der Vorbedingung perfekt funktionierender Märkte, rationaler Nutzenmaximierer oder der Ausschaltung von Geld als Bestandteil des Wirtschaftskreislaufs beruht, sondern die empirische Beobachtung des Ablaufs von Finanzkrisen mit einer Deutung des Finanzkapitalismus als ein auf Vertrauen basierendes System von komplexen Finanzbeziehungen verbindet. So distanziert sich Minsky auch von Analysen, die eine weniger realitätsnahe Betrachtung von Finanzkrisen verfolgen:

> „Die etablierte Wirtschaftstheorie beschäftigt sich nicht mit der Möglichkeit, dass es innerhalb einer kapitalistischen Wirtschaft aufgrund der Art, wie die Preise für Kapitalanlagen bestimmt bzw. die Positionen in Kapitalanlagen und Investitionstätigkeit finanziert werden, endogene destabilisierende Kräfte gibt. Die Frage ist, ob Thesen, die im Zusammenhang mit der Entwicklung einer kapitalistischen Wirtschaft relevant sind, aus dem Studium theoretischer Konstrukte gewonnen werden können, die wesentliche Merkmale einer kapitalistischen Ökonomie ignorieren.“[359]

Für den Fall des Gründerkrachs von 1873, mit dem sich Minsky anders als etwa mit der Krise von 1929 nicht explizit beschäftigte, bieten sich einige Ansatzpunkte für die Analyse mit Konzepten aus seiner Feder.[360] So betrachtet er spekulative Finanzierungsmethoden als notwendigen Bestandteil einer kapitalistischen Wirtschaft. Banken, aber auch Unternehmen im allgemeinen Sinne verfügen über Schulden, die bedient werden müssen. Manche Unternehmen haben mit ihrer Refinanzierung über Kredite keine Probleme, andere – und da kann die aktuelle Marktlage schnell alle Bewertungsmaßstäbe verändern – sind abhängig von günstigen Zinssätzen, um ihre Schuldverpflichtungen bedienen zu können. Der Extremfall dieses Unternehmenstyps sind solche, die mithilfe sogenannter Ponzi-Finanzierung operieren: Hier übersteigen die laufenden Zahlungsverpflichtungen die Bareinnahmen.[361] Da kommen dem Betrachter und der Betrachterin die neuartigen Gründungen der 1870er Jahre in den Sinn, bei denen der Wertverlust ihrer Aktien zum massenhaften Bankrott führte, oder auch die Baubanken in Wien und Berlin, die, ohne auf zugrundeliegende Werte zu achten oder einen tatsächlichen Neubau zu planen, allein auf die Wertsteigerung von ihnen gekaufter Grundstücke spekulierten. Auf diesen Wertsteigerungsaussichten, sozusagen der erwartete Zins für den Ankauf der Grundstücke, beruhte auch die Bewertung der einzelnen Banken. Im Falle einwandfrei funktionierender Finanzmärke sind prekär finanzierte Unternehmungen existenzfähig, nicht aber, wenn sich eine disruptive Entwicklung anbahnt. Dann können sich die Kre-

---

359 Minsky, Hyman P.: Die Hypothese der finanziellen Instabilität: Kapitalistische Prozesse und das Verhalten der Wirtschaft, in: Minsky, Hyman P.: Instabilität und Kapitalismus, Zürich 2011, S. 21–66, hier S. 26.

360 Vgl. hierzu nur höchst peripher: Minsky, Hyman P./Okun, Arthur M./Warburton, Clark: Comments on Friedman's and Schwartz' Money and the Business Cycles, in: The Review of Economics and Statistics 45, Nr. 1 (1963), S. 64–78, hier S. 64–72.

361 Vgl. Minsky, Hypothese, S. 37f.

ditbedingungen derart verändern, dass die Zinssätze mehr als erwartet ansteigen – zusätzlich dazu, auch dadurch kann es zu Einnahmeausfällen kommen.[362]

Ergänzend zu Minskys Konzepten kann hier auch an Robert Boyers Überlegungen angeknüpft werden, welche sich explizit mit der Rolle unterschiedlicher Temporalitäten in Krisen auseinandersetzen. Was für historisch arbeitende Wissenschaftler besonders instruktiv sein sollte, ist Boyers Hinweis darauf, dass eine wichtige Verknüpfung zwischen Banken und anderen Unternehmen darin besteht, mögliche Investitionsentscheidungen nach ähnlichen Kriterien zu beurteilen, die sich auf die Ertragsperspektive und auch auf die zu erwartenden zeitlichen Abläufe beziehen. Hier erscheint also erneut der Begriff der gemeinsamen Erwartungen, die ein wichtiger Bestandteil des systemischen Regelvertrauens sind, wie es Hansjörg Siegenthaler definiert hat.

Im Krisenfall jedoch verändern sich die Erwartungshaltungen von Unternehmern und Banken gleichermaßen. Brechen die Märkte zusammen, entsteht eine durch Liberalisierung von Finanzmärkten begünstigte Ungleichzeitigkeit zwischen Banken und Unternehmen. Benötigen letztere jetzt tendenziell sogar noch länger, um die erwarteten Erträge von Investitionen einzuholen (falls überhaupt möglich), können und müssen Banken durch finanztechnische Maßnahmen ihre Bilanzen bereinigen und verändern ihr Verhalten gegenüber Kreditnehmern rasch.[363] Diese Überlegungen sind besonders wertvoll, weil sie auf die besonderen Vorteile der Finanzmärkte gegenüber realwirtschaftlichen Akteuren verweisen, die in der schnellen Informationsverarbeitung und Informationsnutzung der Ersteren liegen – ein Aspekt, der bei einer Darstellung einer Finanzkrise durchaus Erwähnung finden sollte, weil nicht nur die Dysfunktionalitäten der Finanzmärkte erklärungsbedürftig sind, sondern auch ihre wichtige Rolle in modernen Volkswirtschaften. Bei Finanzkrisen verbinden sich beide Elemente. Was im Aufschwung zusätzlichen Antrieb bedeutet, zieht in der Krise die Realwirtschaft noch zusätzlich hinab. In dieser Tatsache liegen gleichzeitig das produktive Potential ebenso wie die Destruktionskraft der Finanzmärkte begründet:

> „Thus, finance becomes more powerful than ever before, because it is flexible (it can choose at any moment between many shares), it is opportunistic (it has no loyalty to any shared project between buyer and seller), and has the advantage of being the first to react to events and new information from businesses, governments and central banks."[364]

In seinem Aufsatz betont Boyer weiterhin, dass die unterschiedlichen Temporalitäten von Finanzmärkten und Realwirtschaft auch dazu führen, dass die Innovationsgeschwindigkeit beider Sektoren sich unterscheidet, mit der Folge, dass die Realwirtschaft in Krisen nicht dem Tempo der Finanzmärkte folgen kann, um die systemischen Widersprüche des jeweiligen Regulationssystems zu lösen. Innovationen aus einem der Subsysteme einer Marktwirtschaft bieten zuerst Anreiz zu Investitionen, man denke hier an den Boom der Eisenbahnaktien

362 Vgl. ebenda, S. 41.
363 Vgl. Boyer, Financial Crises, S. 7f.
364 Ebenda, S. 8.

in den 1860er und 1870er Jahren. Gut informierte Investoren greifen zuerst in das Marktgeschehen ein; ihr Engagement steigert die Preise der mit den Innovationen verbundenen Produkte – wie in unserem Fall etwa Eisenbahnaktien, aber auch für die Eisen- und Stahlerzeugung und für den Eisenbahnbau benötigte Maschinen. Das Interesse von Investoren zieht weitere Interessenten nach sich, diese verfügen über weitere Informationen, der Herdentrieb führt zu einer immer weiter steigenden Zahl von Investoren, die Preise steigen, die Innovation kann diese unverhältnismäßige Nachfrage nach Gewinnen nicht befriedigen, und – sind die Beteiligten an einem Punkt der kollektiven Erkenntnis angelangt – dann platzt die Blase.[365] Ein solcher Prozess ist auch von der neueren ökonomischen Forschung nachgewiesen worden, in der die Rolle von Erwartungen bei Börsenblasen untersucht worden sind.[366] Diese Logik kann zudem übertragen werden auf die Ereignisse des Jahres 1873 in Nordamerika, in denen die nachlassende Profitabilität von Eisenbahnunternehmen und deren Unfähigkeit, ihre Verbindlichkeiten gegenüber Bankhäusern wie dem von Jay Cooke auszugleichen, der eigentliche Anlass für den Ausbruch der Krise waren.

Peter Mixon hat in einem Aufsatz auf die zunehmende Anzahl von fallierenden Eisenbahnunternehmen in den USA hingewiesen, die in den Jahren vor 1873 zu verzeichnen waren, und begründet dies damit, dass die Krise keineswegs durch spekulatives Verhalten von Banken ausgelöst worden sei, sondern durch verschlechterte ökonomische Fundamentaldaten.[367] Diese monokausale Sichtweise übersieht aber bei dem Versuch, Banken als rationale ökonomische Akteure zu betrachten, die wechselseitigen Einflüsse von Finanzmärkten und Realwirtschaft. Eine stabile wirtschaftliche Entwicklung kann Anlass zu vollkommen stabilen Investitionen sein: Diese ziehen aber in einer Boom-Phase spekulative Investoren an, die auf steigende Produktivität sowie wachsende Erträge ihrer Anlagen setzen. Dauert der Boom an, kann es durch externe Schocks, aber auch durch die systemimmanente Gefahr zunehmend unsicher werdender Finanzierungsmechanismen zu einer Krise kommen, deren Tragweite und Folgen durch Institutionen und politische Reaktionen entscheidend beeinflusst werden.

Angelehnt an Schumpeter könnte man mit Blick auf diese Überlegungen wohl davon sprechen, dass die in modernen Finanzmärkten mindestens vom 19. Jahrhundert an angelegten Fehlanreize das Potential haben, die in einer funktionierenden Marktwirtschaft notwendigen Innovationsmechanismen zu pervertieren, und in der Boom-Phase alle Beteiligten über das gesunde Maß hinaus antreiben, um in der Abwärtsbewegung der Konjunktur zusätzlichen Schub nach unten zu verleihen, der andere Sektoren der Volkswirtschaft mit hinabreißt beziehungsweise außergewöhnliche politische Eingriffe erforderlich macht. Legt man die Boyer'schen Überlegungen neben die Hypothese finanzieller Instabili-

---

365 Vgl. ebenda, S. 10f.

366 Vgl. Gennaioli, Nicola/Shleifer, Andrei: A Crisis of Beliefs. Investor Psychology and Financial Fragility, Princeton 2018, S. 118: „A quick summary of what the data say is that when stock market returns have been high, investors expect high returns to continue, but in reality the returns are, if anything, on average low."

367 Vgl. Mixon, Crisis, S. 22.

tät von Minsky, die sich vor allem auf die Rolle von Vertrauen und die Stabilität von Zukunftserwartungen und den damit verbundenen finanziellen Transmissionsmechanismen bezieht, entsteht ein umfassender Deutungsrahmen für eine interdisziplinäre Analyse von Finanz- und Wirtschaftskrisen im neuzeitlichen Kapitalismus.

Ein weiterer Aspekt der Krise von 1873 lässt sich ebenfalls im Minsky'schen Konzept finanzieller Instabilität wiederfinden. Es handelt sich um die Rolle von Banken, die ein Interesse an dem Handel mit Schulden haben. Die Finanzierung von Investitionen erfordert das Umleiten von Finanzströmen, wofür sich Banken als Intermediäre anbieten. Sie profitieren von ihrer Rolle und somit auch von neu gegründeten Unternehmen, denen sie durch ihre Kooperation die Ausweitung von Investitionen, u.a. auch potentiell destabilisierender Finanzierungen, ermöglichen. Die leichtere Finanzierung von Investitionen schafft in der realen Wirtschaft Wachstum, verbessert also die Zukunftsaussichten und bietet damit Anlass zu weiteren Investitionen – auch mit einem größeren Risiko, schließlich hat sich dies bisher als lohnend erwiesen. Weil viele Akteure gleichzeitig derart handeln, wird aber die Finanzierung der Investitionen im zunehmenden Maße prekär, Absicherung scheint nicht mehr so notwendig wie zuvor: Stabilität erzeugt Instabilität.[368] Eine Annahme, die auch durch empirische Studien anderer Autoren gestützt wird, die sich mit Minskys Hypothese finanzieller Instabilität auseinandersetzten und etwa untersuchten, ob Finanzierungsrisiken in Aufschwungszeiten tatsächlich zunehmen, oder aber die Rolle privater Verschuldung in Krisenzeiten betrachteten – hier aber in Bezug auf die Entwicklungen nach 1945.[369]

Für die Krise von 1873 ist allerdings der Sonderfall zu beobachten, dass das Eigenkapital vieler Banken im Deutschen Reich insgesamt in den Jahren vor der Krise zunahm: Erst nach der Krise sank die Eigenkapitalausstattung der in Carsten Burhops Studie untersuchten Kreditbanken bis in das Jahr 1879 – aufgrund der Liquidierung fallierter Banken – wieder ab. Diese Feststellung gilt weniger für neugegründete Banken und vor allem nicht für viele der Gründungsgeschäfte, die oft bewusst auf nennenswerte Kapitalreserven verzichteten.[370] Hier ist also die erhöhte Neigung zu der – von Minsky beobachteten – in der Phase des Aufschwungs immer optimistischeren Fremdfinanzierung von Unternehmungen vor allem in Bezug auf die eigentlichen Gründungsgeschäfte festzustellen (die der Epoche ihren Namen gaben) und weniger in Bezug auf den gesamten Finanzsektor, dessen wichtigste Akteure die Krise dann auch recht gut überstanden. Vielleicht ging die höhere Eigenkapitalisierung deutscher Banken aber auch mit höheren Risiken einher, weil der monetäre Zufluss durch die französischen Kriegskontributionen den Banken half, beides organisieren zu können: also ei-

---

368 Vgl. Minsky, Hypothese, S. 46.

369 Vgl. hierzu den Forschungsüberblick bei: Schnyder, Marc: Die Hypothese finanzieller Instabilität von Hyman P. Minsky. Ein Versuch der theoretischen Abgrenzung und Erweiterung, Freiburg (Breisgau) 2002, S. 139–141.

370 Vgl. Burhop, Kreditbanken, S. 253f.

nerseits Eigenkapitalrücklagen zu bilden und gleichzeitig die Mobilisierung von Kapital für teilweise risikoreiche Investitionen zu stemmen. Nicht zuletzt waren es aber die „economies of scale", die dafür sorgten, dass die Krise vor allem kleinere Banken und Gründungen traf, während größere Banken ihre Verbindungen mit jenen Akteuren nicht mit dem eigenen Bankrott bezahlen mussten. Stattdessen kam es dann in den Jahren nach der Krise zu Sanierungen und Liquidationen, die mit entsprechenden Kapitalherabsetzungen und einer sinkenden Eigenkapitalquote einhergingen.[371] Dieser Reinigungsprozess bildete dann den Ausgangspunkt für Konzentrationsprozesse im deutschen Bankenwesen, die nicht zuletzt durch die Ereignisse in den 1870er Jahren angestoßen worden waren.

Wie Minsky betonen auch Regulationstheoretiker den engen Zusammenhang zwischen Finanzkapital und Realwirtschaft, die gemeinsam wachsen, aber auch in der Krise gemeinsam – mit zeitlicher Verzögerung – abstürzen können.[372] Hier lässt sich die enge Verzahnung von Banken und Neugründungen beobachten, die auch im Jahr 1873 zu konstatieren ist. Aus dieser Verbindung ergeben sich Ansteckungsgefahren, nämlich dann, wenn der Boom vorbei ist und sich die Marktlage derart verändert, dass ein Vertrauensverlust zu einer Neubewertung von Investitionsaussichten und damit auch von Unternehmen führt. In dieser Lage – nennen wir sie Krise, Minsky nennt sie den „oberen Wendepunkt" – werden Investitionen zurückgefahren, verringern sich die Erträge und bekommen spekulativ finanzierte Unternehmungen nicht mehr die Gelder, die sie benötigen, um ihre Verbindlichkeiten zu bedienen.[373] Bei den mit ihnen verknüpften Banken besteht nun ein großer Bedarf an Liquidität und sicheren Anlagen. Die Liquiditätspräferenz der Akteure kann auch auf breiter Front zu Geldmangel führen. In einem Fall wie in der Krise von 1873 kann dies offensichtlich auch geschehen, wenn es keinen eigentlichen absoluten Mangel an Geldmitteln gibt, sondern nur den absoluten Mangel an Vertrauen, diese weiter zu verleihen.[374] Unsichere Werte sollen nun veräußert werden, ein allgemeiner Kurssturz kann dann die Folge sein, „keiner traut":

> „Finanzielle Instabilität entsteht immer dann, wenn eine große Zahl von Wirtschaftseinheiten auf außergewöhnliche Bargeldquellen zurückgreift. [...] Die Angemessenheit der Cashflows aus den Einnahmen im Verhältnis zu den Schulden, die Angemessenheit der Refinanzierungsmöglichkeiten relativ zur Position und das Verhältnis ungeschützter zu

371 Vgl. ebenda, S. 253.

372 Vgl. hierzu: Sablowski, Regulationstheorie, S. 93: „Das Verhältnis zwischen industriellem Kapital und Finanzkapital ist generell widersprüchlich. Einerseits trägt das Finanzkapital zur erweiterten Reproduktion des industriellen Kapitals bei. Mit der Entwicklung des Kredits und des Kreditgeldes beschränkt sich der Investitionsfonds nicht mehr nur auf den bereits realisierten Mehrwert. Die Ausdehnung der Kreditverhältnisse verschiebt die Schranken der Akkumulation des industriellen Kapitals. Andererseits kann der Kredit nicht schrankenlos ausgedehnt werden."

373 Vgl. Minsky, Hypothese, S. 58f.

374 Hier kann laut Minsky nur die Zentralbank als „lender of last resort" eingreifen, ein Konzept, welches 1873 noch nicht vollständig anerkannt war, aber bei der Konstruktion von „Vorschusscassen" wohl schon angelegt war.

geschützten finanziellen Vermögenswerten sind Determinanten der Stabilität des Finanzsystems. Der Trend oder die Entwicklung der Wahrscheinlichkeit finanzieller Instabilität hängt vom Trend oder der Entwicklung der Determinanten finanzieller Stabilität ab."[375]

Ob es die angekündigte Erhöhung des Aktienkapitals der Franco-Ungarischen Bank, die Aufkündigung des Reportkredits durch die Credit-Anstalt in Österreich oder der Zusammenbruch des Systems Heinrich Quistorp waren: Jedenfalls sind es oft solche „Minsky-Momente", in denen zentrale Akteure an den Finanzmärkten ihre instabile Lage direkt oder indirekt bekunden und damit andere mit ihnen verknüpfte Akteure in Wertberichtigungen stürzen und nach und nach den Zusammenbruch des Finanzsystems auslösen. Auch hier kann die Hypothese der finanziellen Instabilität also Anwendung finden, die in besonderer Weise eine überzeugende Verbindung von Finanzmärkten und der Realwirtschaft aufzeigt, indem die Bewertungen und das Vertrauen in künftige Wachstumschancen die Grundlage einer Art Symbiose dieser beider Sektoren schaffen:

> „Der Wert von Sachkapital steigt, wenn die Rezessionserwartung sinkt, und dieser Anstieg schlägt sich in den Aktienkursen nieder. Der erhöhte Anteil an Schuldenfinanzierung kann auch die erwarteten Eigenkapitalrenditen erhöhen. Da wohlhabende Anleger im gleichen Erwartungsklima leben wie die Unternehmensmanager, verschieben sich die Portofolio-Präferenzen hin zu Aktien, während der Glaube an die Möglichkeit einer Rezession oder Depression abnimmt. Das bedeutet: Ein Aktienboom nährt sich von einem Investitionsboom und umgekehrt."[376]

Auf den vor Ausbruch der Panik und aus statistischen und logischen Gründen im Jahr 1874 gipfelnden Investitionsboom im Deutschen Reich, der auch in Österreich stattgefunden hatte, wurde hier schon verwiesen. Dass der Eisenbahnbau und die mit den diesbezüglichen Investitionen einhergehenden Multiplikatoreffekte, aber auch die Hausse-Stimmung an der Börse mit einer mit unzähligen Gründungen einhergehenden Entwicklung kennzeichnend waren für die späten 1860er Jahre und die frühen 1870er Jahre, ist beschrieben worden. Auch hier kann sich Minskys Hypothese finanzieller Instabilität also als fruchtbar erweisen.

Ein weiterer, wahrscheinlich der wichtigste Aspekt der Minsky'schen Hypothese ist die zentrale Rolle von Unsicherheit bei Wirtschaftsakteuren. Der Aspekt der Unsicherheit wird in das Modell eingebaut, der bei den Akteuren das Handeln bestimmt und sie zu Vorsichtsmaßnahmen verleitet, wie etwa der Umschichtung der Portfolios hin zu vermeintlich sicheren Anlagen. Diesen Prozess können wir in der Krise von 1873 erkennen, wenn wir die hohe Nachfrage nach Staatsanleihen beobachten, die auch während der Krise nicht abgenommen hat (und was in der Tendenz generell für festverzinsliche Wertpapiere gesagt werden kann).

---

375 Minsky, Hyman P.: Finanzielle Instabilität: Die Ökonomie der Katastrophe, in: Ders.: Instabilität und Kapitalismus, Zürich 2011, S. 67–137, hier S. 86f.

376 Minsky, Instabilität, S. 79.

Minsky unterscheidet in der von Unsicherheit behafteten Bewertung zukünftiger Marktentwicklungen zwei Phasen. Die erste Phase ist jene relativer Sicherheit: Vertrauen herrscht vor, ja, es herrscht fast Gewissheit, was Zukunftserwartungen angeht. Die zweite Phase beschreibt die Veränderungen infolge eines allgemeinen Vertrauensverlusts. Plötzlich sehen die Marktakteure die Lage in einem anderen Licht, und auch die Fundamentaldaten ihrer Portfolios müssen nun anders bewertet, Korrekturen und Verkäufe vorgenommen werden.[377] Hier ist Minskys Modell auch besonders anschlussfähig, da es die Wirtschaft als ein Feld beschreibt, welches nicht zuletzt auch von diskursiven Einordnungen, also dem Vorherrschen von Vertrauen oder Zweifel, bestimmt wird und nicht in einer abgeschotteten Sphäre jenseits menschlichen Handelns und Denkens existiert. Gerade der Verlust von Regelvertrauen, wie Siegenthaler es ausdrückt, wird in Finanzkrisen zum entscheidenden Anlass, die individuelle Entscheidung zur Portfolio-Bereinigung zu treffen, die auf der Meso-Ebene für einen Kurssturz sorgen kann. Im Umkehrschluss zeigt dieses Verhalten, wie sehr vorherrschendes Vertrauen – nun, wo es daran mangelt – in der vorangegangenen Wirtschaftsperiode die Grundlage für erfolgreiches Wirtschaften bot und nicht etwa bestimmte ökonomische Tiefenprozesse allein.

Der Blick auf den Gründerkrach von 1873 mit der Perspektive der Hypothese der finanziellen Instabilität von Hyman P. Minsky zeigt ganz deutlich, dass der Analyserahmen für den modernen Finanzkapitalismus des 20. Jahrhunderts, den Minsky mit seinem Modell anbietet, sich auch auf das 19. Jahrhundert übertragen lässt. Die wichtigsten Aspekte der Finanzkrise von 1873, wie die Überschuldung des privaten Sektors, die zunehmende Verknappung weiterer Finanzierungsmöglichkeiten, der Investitionsboom, der mit einem Boom am Aktienmarkt einhergeht, und – vor allem – die Ansteckung der Marktteilnehmer durch einmal entstandene Unsicherheit, die zu einer völligen Neubewertung der Lage führt, zeigen erneut nachdrücklich, wie sehr die Globalisierungsprozesse der Jahrzehnte vor dem ersten Weltkrieg Parallelen zur Globalisierung des 20. und 21. Jahrhunderts aufweisen und wie die Abläufe und Systemlogiken des globalen Finanzsystems sich ungeachtet technischer Veränderungen damals wie heute ähneln. Damit drängt sich aber aus historischer Perspektive mit Blick auf gesellschaftliche Auswirkungen die Frage auf, ob, wenn wir bei allen Unterschieden nach Parallelen fragen wollen, auch abgesehen von den Ereignissen an den Finanzmärkten auch Parallelen bei Krisenreaktionen und politischen Krisendiskursen feststellbar sind.

Während die Panik an der Wiener Börse, ebenso wie in Berlin, sich im Jahr 1874 langsam legte und die Bewegungen an der Börse langsam wieder an Volatilität verloren, war die Krise für Handel, Industrie, Unternehmer- und Arbeiterschaft noch nicht vorüber: Sie begann erst. Was den politischen Diskurs anbelangt, war das Reden von der Krise erst jetzt durch die wirtschaftlichen Ereignisse bestätigt worden, und sehr genau beobachteten alle Faktionen die nun folgenden Ereignisse, wie anhand der Presse der deutschen Sozialdemokratie ex-

377 Vgl. ebenda, S. 93.

emplarisch zu zeigen sein wird. Für die Verhältnisse an der Börse bedeutete der Gründerkrach vorerst einen Vertrauensverlust, der sich mittelfristig nicht beheben ließ. Einige Aktien waren unverkäuflich, das Kapital somit erst einmal nicht verwendbar. Weitere immer wieder auftretende Kursrückgänge animierten auch nicht gerade zur Wiederaufnahme der Geschäfte. Die Zahl der Gründungen wie auch das bei Gründung einer Gesellschaft verwendete Kapital rangierten bei 10 Prozent von zuvor, wie der Vergleich mit dem Jahr 1872 zeigt.[378] Festverzinsliche Wertpapiere aus dem Inland erfreuten sich aufgrund ihres Rufs als sicherer Anlage indes einer zunehmenden Beliebtheit.[379] Banken, die den Anlegern schon vor dem eigentlichen Gründerboom ein Begriff gewesen waren und sich nicht rückhaltlos der Spekulation hingegeben hatten, überstanden die Krise in der Regel besser als jüngere Banken.[380] Institute wie die Dresdner und die Deutsche Bank hingegen konnten sich auch ohne lange Vorgeschichte als seriöse Institute im Markt festsetzen. Mit Blick auf die Bilanzsumme war die Deutsche Bank 1876 zur größten Bank Deutschlands geworden.[381] Des Weiteren bestätigt sich auch aus Sicht der neueren Forschung die Ansicht, dass vor allem größere Banken, die „Marktführer", mit weniger Verlusten durch die Krise kamen als kleinere Unternehmen.[382]

In Anbetracht der gesamtwirtschaftlichen Folgen der Krise ist festzustellen – wie oben angemerkt –, dass in der neuesten wirtschaftsgeschichtlichen Literatur zum Thema nicht von einer „Großen Depression" gesprochen wird. Stattdessen ist eher der Begriff der „Großen Deflation" angebracht – und das auch nur mit einem Fragezeichen. Der starke Preisverfall wurde jedenfalls dementsprechend von den Zeitgenossen als „bedrohlich" aufgefasst.[383] Was die Wachstumszahlen in den 1870er Jahren insgesamt angeht, dann hängt deren Erstellung und Deutung noch weit mehr von den Auswahl- und Beurteilungskriterien der jeweiligen Studienautorinnen und -autoren ab, als dies schon für Zeiten mit weit besserer Verfügbarkeit und intersubjektiver Nachprüfbarkeit von statistischem Rohmaterial konstatiert werden kann. So erklären sich auch aus diesem Umstand resultierende Forschungsdiskussionen unter quantitativ arbeitenden Wirtschaftshistorikern.[384] Aber selbst wenn die Verfügbarkeit einschlägigen Datenmaterials und dessen Vergleich mit heutigen Standards der volkswirtschaftlichen Gesamtrechnung im erwünschten Maße sichergestellt wäre, würde das Ergebnis – sei es die Erkenntnis, dass es in den 1870er Jahren zu einer

378 Blume, Gründungszeit, S. 95.
379 Gebhard, Börse, S. 74f.
380 Vgl. Blume, Gründungszeit, S. 102.
381 Vgl. Burhop, Kreditbanken, S. 49.
382 Vgl. Baltzer, Kapitalmarkt, S. 25.
383 Vgl. Grabas, Margrit: Die Gründerkrise von 1873/79 – Fiktion oder Realität? Einige Überlegungen im Kontext der Weltfinanz- und Wirtschaftskrise von 2008/2009, in: Jahrbuch für Wirtschaftsgeschichte 52, 1 (2011), S. 69–95, hier S. 88.
384 Vgl. hierzu: Burhop/Wolff: Compromise Estimate; Uebele, Martin/Ritschl, Albrecht: Stock Markets and Business Cycle Comovement in Germany before World War I: Evidence from Spectral Analysis, in: Journal of Macroeconomics 31, 1 (2009), S. 35–57.

leichten Rezession mit darauf folgendem Wachstum (trotz der Depression an den Börsen) gekommen ist, wofür allerdings mit Blick auf die Investitionsquote wenig spricht; sei es die Skizzierung einer über mehrere Jahre fortdauernden Stagnationsphase – nicht über die Tatsache hinwegtäuschen können, dass Politik, Wirtschaft und nicht zuletzt die Arbeiterbewegung die 1870er Jahre als entscheidenden wirtschaftlichen Krisen- und Wendepunkt empfunden und an dieser diskursiven Einordnung ihre Handlungs- und Denkweisen orientiert haben.

Um dennoch eine Vorstellung von einigen Schätzungen zum volkswirtschaftlichen Gesamtbild des Deutschen Reichs in den 1870er Jahren zu bieten, sei hier auf die Schätzung von Knut Borchardt verwiesen, wonach für die Entwicklung der Wachstumsraten gilt:

> „Weit überdurchschnittlichen Zuwachsraten der Produktion 1870–1874 folgt eine Stagnation bis 1880, so daß sich ein Durchschnitt des Zuwachses von nur 1 % ergibt. Danach aber, in den 1880er und 1890er Jahren, stieg das Produkt innerhalb der Zehnjahresperioden jeweils um 1/3 bis 2/5."[385]

Was die Entwicklung der Reallöhne angeht, vor allem interessant in Bezug auf die ökonomische Integration der Arbeiterschaft, so markierte das Jahr 1875 nach älteren Schätzungen einen Wendepunkt von einer im europäischen Vergleich sehr guten Reallohnentwicklung hin zu im Vergleich geringeren Steigerungsraten bis 1895.[386] Es war nach neueren Schätzungen in den vorangegangenen Jahrzehnten immer wieder zu Rückschlägen gekommen, welche die Kurve der Reallohnentwicklung abflachen ließen und eine Reallohnsteigerung von insgesamt nur 0,7 Prozent für die Jahre 1855 bis 1880 ergeben.[387] Mögen die neueren Schätzungen das Bild etwas zu negativ erscheinen lassen oder nicht: Ganz eindeutig war die Lage der Arbeiterschaft bis in die 1880er Jahre nicht von großen Fortschritten in der Lebensqualität geprägt. Erst in den hier nicht näher untersuchten Folgejahrzehnten zeigt sich ein anderes Bild. Hervorzuheben für die Arbeiterschaft ist die infolge der Krise entstandene Arbeitslosigkeit, die in eindeutigen Zahlen nicht feststellbar, aber durch Quellen reichlich belegt ist, während die mit ihr einhergehenden Rationalisierungsprozesse wohl langfristig die weitere Industrialisierung Deutschlands positiv angeregt haben.[388]

Wird 1875 als Wendejahr der Wirtschaftsentwicklung betrachtet, was auch bei den sozialdemokratischen Krisenreaktionen zu beobachten sein wird, dann

---

385 Borchardt, Knut: Wirtschaftliches Wachstum und Wechsellagen 1800–1914, in: Hermann Aubin/Wolfgang Zorn (Hrsg.): Handbuch der deutschen Wirtschafts- und Sozialgeschichte, Band 2, Stuttgart 1976, S. 198–275, hier S. 205.

386 Vgl. ebenda, S. 227.

387 Vgl. Pfister, Ulrich: Real Wages in Germany during the First Phase of Industrialization, 1850–1889, in: Jahrbuch für Wirtschaftsgeschichte 59, 2 (2018), S. 567–596, hier S. 586. In der älteren Forschung ist dieser Bruch in der Reallohnentwicklung zwischen 1855 und 1880 nicht so eindeutig gesehen worden, sondern nur von kleineren Einbrüchen ausgegangen worden: Vgl. Ritter, Gerhard A./Tenfelde, Klaus: Arbeiter im Deutschen Kaiserreich 1871 bis 1914, Bonn 1992, S. 469f., hier S. 471.

388 Vgl. Borchardt, Wachstum, S. 265.

lässt sich dies auch mit dem Verfall des Preisniveaus zwischen 1875 und 1879 um 2,9 Prozent begründen, was in noch weit höherem Maße für die Preise für Investitionsgüter gilt.[389] Enthält das Datenmaterial – wie beim aktuellen Forschungsstand – keine Belege für die „Große Depression", von der die ältere Forschung noch ausgegangen war, dann stellt sich mit Blick auf die Quellen die besonders reizvolle Frage, warum die Jahre deflatorischer Preisentwicklungen, abnehmender Investitionen und des Drucks auf die Arbeiterschaft einen derart tiefen Eindruck in der zeitgenössischen Debatte und nicht zuletzt auch in der Analyse und Agitation der deutschen Sozialdemokratie hinterlassen haben.

Die Darstellung der internationalen Finanzkrise von 1873 anhand drei der am härtesten getroffenen Länder, den USA, Österreich-Ungarn und dem Deutschen Reich, hat zu Erkenntnissen geführt, an die in Teil III der vorliegenden Arbeit in Bezug auf die Geschichte der deutschen Sozialdemokratie angeknüpft werden soll. Erstens: Die Finanzkrise von 1873 war tatsächlich international, tatsächlich also eine Weltfinanzkrise, und zwar in dem Sinne, dass in Relation zum damaligen Fortschritt der Globalisierung der Finanzmärkte auch dementsprechend jene Länder am stärksten betroffen war, die zu diesem Zeitpunkt am meisten in globale Finanzströme involviert waren. Großbritannien hatte sich durch den Einsatz der Bank of England und die Aussetzung des „Bank Charter Act" genügend Spielraum verschafft, um von der Krise nicht so stark betroffen zu sein wie die mitteleuropäischen Staaten Deutschland und Österreich-Ungarn. Mit Verweis auf die Krise von 1857, die zumindest, was die Ereignisse an den New Yorker Finanzmärkten betrifft, gewisse Ähnlichkeiten mit jener von 1873 aufweist, kann man bei 1873 nicht von der ersten Weltfinanzkrise sprechen. Waren 1857 – nicht zuletzt dank regulierender Eingriffe der preußischen Regierung wie des Verbots des privaten Zettelbankwesens – vor allem die USA, Großbritannien und – was die deutschsprachigen Gebiete angeht – Hamburg betroffen, so hatte sich dieser Kreis im Jahr 1873 erweitert.[390] Während die New Yorker Banken mehr oder weniger erfolgreich mit einer privaten Rettungsaktion, dem Clearinghouse-Komitee, die Lehren aus der Vergangenheit zu ziehen suchten und die Bank of England im Moment der Krise über erstaunliche Flexibilität verfügte, die sie auch später immer wieder unter Beweis stellen sollte, zeigten sich die politischen Akteure in Wien und Berlin der Krise gegenüber unvorbereitet. Vor allem aber war es ihnen in den Jahren zuvor nicht nur nicht gelungen, die Spekulation zu unterbinden: Anders als 1857 hatten sie diese – wie im Deutschen Reich – durch die Liberalisierung der Finanzmärkte befördert.

Wohl ist ein wichtiger Unterschied zwischen 1857 und 1873 der Lernprozess, der in den stärker globalisierten Volkswirtschaften der USA und Großbritanniens eher stattgefunden hatte, nun aber auch noch andere Nationen der Welt erfasste. Dabei soll die Betonung auf dem Nationenbegriff liegen, denn die Responsivität auf globale Konjunkturverläufe und die Expansion des Nationalstaats können nicht getrennt voneinander betrachtet werden. Wie Cornelius Torp in

---

389 Vgl. Burhop, Kreditbanken, S. 29.

390 Vgl. Plumpe, Werner: Wirtschaftskrisen. Geschichte und Gegenwart, München 2012, S. 58.

seinem Werk „Die Herausforderung der Globalisierung" konstatiert hat, war der Freihandelsoptimismus des 19. Jahrhunderts nur deswegen möglich gewesen, weil die wirtschaftliche Globalisierung noch nicht durchgeschlagen hatte.[391] Die Krise von 1873 und die Einführung neuer Schutzzölle in den Jahren 1878/79 als Reaktion auf die Hilferufe von Teilen der deutsche Industrie und der deutschen Landwirtschaft sowie der fortschreitende Ausbau eines eher auf Protektionismus ausgelegten Handelssystems sind keine zufällig aufeinanderfolgenden Ereignisse.

Daher ist es naheliegend davon auszugehen, dass die Gründerkrise von 1873 und die ihr folgenden wirtschaftlichen Konjunkturstörungen die sozioökonomische Durchsetzung der wirtschaftlichen Globalisierung in Deutschland im Sinne eines für die Zeitgenossen spürbaren Wendepunkts markieren. Dabei geht es nicht darum, bereits vorher vollzogene ökonomische Entwicklungen herunterzuspielen oder nachfolgende Globalisierungsprozesse zu verschweigen – ganz im Gegenteil. Die Krise von 1873 bot in erster Linie das Deutungsmuster und nicht zuletzt auch für folgende politische Rückbezüge den symbolischen Wendepunkt, den die Rede von der Krise impliziert, auch wenn dieser in der realhistorischen Betrachtung sich auf einen längeren Zeitraum erstrecken muss. Das Jahr 1873 symbolisiert den Zeitpunkt in der Entwicklung des jungen Deutschen Reichs, in dem das noch neue Nationale auf das immer transparenter werdende und den Alltag der Zeitgenossen zunehmend durchdringende Internationale und Globale traf. Paradoxerweise führte dieses Deutungsmuster dazu, dass die internationale Entwicklung viel eher mit einer nationalen Brille betrachtet wurden.[392] Dieser semantische Rückzug ins Nationale bei gleichzeitig zunehmend globaler Durchdringung, die auch durch die Abwendung vom vorurteilsfreien Freihandel nicht abgewendet wurde – ja, eigentlich stabilisiert wurde, da dessen Nachteilen nun politisch begegnet werden konnte, ohne gleichzeitig seine Entwicklungspotentiale zu übersehen, scheint der Kern der eigentlichen Kulturgeschichte der Globalisierung im Deutschen Reich zu sein, wie bereits Sebastian Conrad beobachtet hat:

> „Im späten 19. Jahrhundert war es vor allem die Abgrenzung von Nationalstaaten, die den Prozeß der Globalisierung begleitete und auf ihn reagierte."[393]

Wenn 1873 nicht die erste internationale Finanzkrise *per se* war, dann war sie doch für die Deutschen als Nation die erste ihrer Art. Das Jahr 1873 und seine weitreichenden Folgen, die von Eric Hobsbawm als langfristig wirksamer als jene der Krise von 1857 bezeichnet wurden[394] und die sich leichter mit Blick auf die politischen und kulturellen Auswirkungen auf die deutsche Gesellschaft nachzeichnen lassen, als dies für die ökonomischen Konsequenzen der Fall ist. Gleichzeitig soll in Teil III der Arbeit der Blick auf die deutsche Arbeiterbewe-

---

391 Vgl. Torp, Herausforderung, S. 145.
392 Vgl. Davies, Speculation, S. 77.
393 Conrad, Globalisierung, S. 65.
394 Vgl. Hobsbawm, Age, S. 86.

gung gerichtet werden, die ihrerseits über eine höchst eigenartige Beziehung zu Nationalstaat und Kapitalismus verfügte.

So war aus ihrer Sicht einerseits das vor nicht langer Zeit gegründete Deutsche Reich ein Produkt von abzulehnenden politischen Ereignissen, der Nationalstaat selbst nur eine Vorstufe für eine Weiterentwicklung in Richtung eines „Volksstaates". Andererseits führten die politisch aktiven Sozialisten mit ihren reichsweiten Reisen, Reden und Veröffentlichungen auch dazu, dass die Ebene des Nationalstaats an Legitimation gewann und mit Leben gefüllt wurde – und damit notwendigerweise auch das eigentlich zu bekämpfende politische System. Andererseits war der Kapitalismus eine internationale Erscheinung, die sich – nach Vorstellung vor allem des Eisenacher Flügels der Sozialdemokratie – auch nur durch internationale Zusammenarbeit überwinden ließ. Was die konkreten Auswirkungen des Industriekapitalismus und die zunehmende Globalisierung betraf und in welchen Deutungszusammenhängen diese eingestuft wurden, ob in Bezug auf die nationale oder die internationale Ebene, wird noch zu untersuchen sein.

Deswegen muss zweitens hervorgehoben werden, dass die ökonomischen Folgen der Krise von 1873 – wenn wir sie unter dem Blickwinkel der Erforschung von Finanz- und Wirtschaftskrisen betrachten wollen – weit hinter den politischen und damit auch gesellschaftlichen Wandlungsprozessen zurückstehen, welche die Krise mit angestoßen oder zu Tage gebracht haben.

Drittens sei auf die Frage der Verbindung von wirtschaftshistorischen und kulturhistorischen Methoden verwiesen, die eingangs aufgeworfen worden ist. Während diese abschließend erst am Schluss dieser Arbeit beantwortet werden kann, soll hier darauf verwiesen sein, dass die Verwendung ökonomischer Theorien, wie dies im Fall der Minsky'schen Hypothese der finanziellen Instabilität geschehen ist, durchaus gewinnbringend sein kann. Wenn ökonomische Konzepte in der wahrnehmbaren Realität fußen und kulturwissenschaftliche Ansätze diesem Beispiel folgen, dann kann – wie in dieser Arbeit – am Beispiel eines Begriffs, wie etwa Vertrauen, gezeigt werden, an welchen Schnittstellen Geschichtswissenschaft und Wirtschaftswissenschaft kooperationsfähig sind. Die Entstehung von Vertrauen bei Wirtschaftsakteuren durch stabile Verhältnisse im Aufschwung und die Neigung, im Umfeld allgemeiner Prosperität Risiken einzugehen, führen unweigerlich zu zunehmender Instabilität bei Verschuldung und Finanzierung von Investitionen.

Solange sich wirtschaftliches Handeln positiv auf den *Status quo* bezieht, diesen offensichtlich stützt und dieser offensichtlich weiterhin Stabilität und Bezugspunkt(e) für künftiges Handeln bietet, besteht kein Anlass zu panikhaften Reaktionen, wie sie etwa eine Krise kennzeichnen. Bricht die Krise aus, dann erscheinen ebenjene Reaktionen aus Sicht des vorangegangenen Stabilitätsphase als Panikreaktionen. Der Verlust an Regelvertrauen, der durch exogene oder endogene Schocks entstehen kann, im Fall von Finanzkrisen aber immer durch die dem jeweils bestehenden Finanzsystem unterliegenden Instabilitäten ausgelöst oder potenziert wird, lässt Panik aber in solchen Fällen für Wirtschaftsakteure als rationales Handeln erscheinen. Damit erscheint Siegenthalers Hinweis auf soziale Lernprozesse so wertvoll, weil diese vor allem in Krisenzeiten dazu führen, dass bisher Übliches nun keineswegs mehr üblich bleiben muss. Die entstandene Unsicherheit bietet Platz für Neues. Dieses Neue kann auch von sozialen Bewegungen stammen, wenn es ihnen gelingt, die aktuelle Politik zu diskreditieren und sie die eigenen Vorstellungen von einer alternativen Gesellschaftskonstruktion plausibilisieren können. Dafür müssen die „neuen“ Ideen aber auch erfolgreich an das Bestehende anknüpfen und dürfen nicht gleichsam Ausdruck eines Parallelsystems, eines „Staates im Staat“ sein, sondern müssen Geltung über ihr ursprüngliches Habitat hinaus gewinnen.

Die Durchsetzung dieser Ideen kann dann Bestandteil sozialer Auseinandersetzungen sein, und auch die gesellschaftlichen Eliten beeinflussen den Ausgang einer solchen Auseinandersetzung: Gehen sie auf die Forderungen ein, ganz, teilweise? Wie werden „Systemgegner“ bekämpft, wie effektiv ist das Vorgehen gegen sie? Sorgt die Systemopposition für eine zunehmende Fragilität des Herrschaftskonsens oder stabilisiert sie diesen sogar, indem sie Unmut und Gestaltungsdrang in ihre Organisation aufnimmt, diese Antriebskräfte darin aber verloren gehen und nicht effektiv umgesetzt werden können? In den 1870er Jahren stellten die Ideen der Sozialdemokraten etwas „Neues“ für weite Teile der Bevölkerung dar. Gelang es ihnen in der Krise, eine wirkungsmächtige Krisenreaktion und vor allem eine Krisenkommunikation zu entfalten? Innovation und Krisen – nicht nur in der Ökonomie gehen diese beiden Begriffe oft einher. Bedeutete die sozialdemokratische Krisenreaktion eine potentiell innovative Krisenreaktion, oder blieb ihr Diskurs wenig anschlussfähig? Krisen können Innovationen befördern. Dieser Gedanke mag mit Verweis auf Schumpeter und dessen Analyse des Innovationspotentials von Krisen allbekannt sein, verbindet sich aber mit sozial- und politikgesellschaftlicher Analyse zu einem Amalgam, welches Krisen und ihre Folgen umfassend verstehen hilft.

Viertens sei noch auf die krisenverschärfende oder krisenlindernde Rolle von Institutionen verwiesen. Hatte Preußen 1857 mit dem Verbot des Zettelbankwesens wohl gewisse spekulative Entwicklungen gedämpft, war die Aktienrechtsnovelle von 1870 mit dem durch sie ausgelösten Wegfall der Konzessionspflicht für neugegründete Aktiengesellschaften eine spekulationsfördernde institutionelle Änderung. Dabei wäre die Aufwärtsbewegung im Konjunkturverlauf sicherlich langsamer verlaufen, hätte diese Deregulierung des Aktienrechts nicht stattgefunden. Natürlich war das Warten auf eine Konzession ein Hindernis für erfolgsträchtige und innovative Aktiengesellschaften. Gleichzeitig war im Krisenfall genau dieselbe politische Neuerung das Zentrum der zeitgenössischen Kritik, da sie es auch unseriösen Gründern leichter gemacht hatte, sich Zugang zur Geschäftswelt zu verschaffen. Gleiches kann für die Umwandlung von Namensaktien zu Inhaberaktien oder die Aufhebung der Begrenzung von Termingeschäften durch Verordnung vom 1. Juli 1860 gesagt werden. Nicht nur staatlich geprägte Institutionen, sondern auch private Institutionen wie die innovativen Bau- und Maklerbanken in Wien und Berlin sind zu nennen, wenn die wichtige Rolle institutioneller Faktoren in der Krise angeführt werden soll. Auf privater Initiative basierend, hatten diese mit ihren erfolgreichen Geschäftsmodellen die Hausse angetrieben und standen nun in der Baisse als Schuldige da. Betrachtet man ihre Rolle im Boom, dienten sie als effiziente Finanzintermediäre, denen es gelang, nach Gewinn trachtenden Investoren möglichst schnelle Anlagemöglichkeiten zu bieten. Als dieser vorüber war, wurde dieser Vorteil der Maklerbanken weniger gebraucht und sie verloren an Relevanz. Geht der Blick nur auf die Krise, machen die gleichen Institute den Eindruck, sie seien halbkriminelle Zockerbuden.

Was zwischen beiden Sichtweisen steht, ist die Krise, der Wendepunkt, der Verlust des Vertrauens angesichts zusehends überdehnter Kreditfinanzierungsmechanismen und sinkender Wachstumsaussichten. Eine im Boom erfolgsversprechende Neuerung konnte in der Krise als Ursache spekulativer Verwerfungen angesehen werden. Tatsächlich aber werden solche monokausalen Zuschreibungen der Komplexität moderner Finanzsysteme nicht gerecht, wo sich institutionelle, politisch-diskursive und ökonomische Prozesse ineinander verflechten. Auch die Grenzen institutioneller Einhegungen werden mit Blick auf 1873 deutlich: Waren Regelungen gefunden worden, die sich nicht als krisentauglich erwiesen, wurden diese einfach umgangen. Weder die Bank of England noch die Österreichische Nationalbank konnten sich lange dagegen wehren, dass der „Bank Charter Act“ oder die Bank-Akte aufgehoben wurden.

Wie die Darstellung der Krise von 1873 zeigt, sind Krisen nur durch eine umfassende Herangehensweise zu verstehen. Zu diesem Zweck soll im nun folgenden Teil III nach der Beleuchtung der ökonomischen Grundlagen und – ab 1873 bis mindestens in die 1880er Jahre hinein – der Verwerfungen, aus deren Mitte sich in den 1860er und 1870er Jahren die erfolgreichste sozialdemokratische Partei Europas in der Geschichte des 19. und 20. Jahrhunderts entwickelte, der Blick auf ebendiese und deren Reaktion und Verarbeitung der Krise von 1873 und ihrer Folgen gerichtet werden.

III. Die Krisenwahrnehmung in der deutschen Sozialdemokratie

1. *Die politische Entwicklung der deutschen Arbeiterbewegung 1871–1878*

Die 1870er Jahre stellen – wie im Forschungsüberblick in der Einleitung bereits umrissen – in der Geschichte der deutschen Arbeiterbewegung eine von der neueren Forschung im Vergleich zu den Jahren danach und davor vernachlässigte Periode dar. Woran könnte dies liegen? Ereignisgeschichtlich lassen sich in den 1870er Jahren bedeutende Bezugspunkte finden, die auch in der Tradition der deutschen Arbeiterbewegung immer wieder als Rückbezüge und damit auch im Sinne einer anhaltenden Traditionsbildung dienten, die wiederum aktuelle politische Entscheidungen beeinflusste: Der Deutsch-Französische Krieg, die Pariser Commune, die Gründerkrise und das Sozialistengesetz sind nur die prominentesten Stichworte für die Geschichte der Sozialdemokratie während der 1870er Jahre.

Um die Ereignisse der 1870er Jahre und deren Konsequenzen gut nachvollziehen zu können, muss eingangs vor allem auf die instabile Lage verwiesen werden, in der sich die organisierte Arbeiterbewegung infolge der politischen und kulturellen Differenzierungsprozesse und somit der Altlasten der 1860er Jahre befand. Nicht nur in Bezug auf die Arbeiterbewegung, sondern auch von den anderen politischen Strömungen des sich herausbildenden Nationalstaats kann gesagt werden, dass diese in den 1860er Jahren und frühen 1870er Jahren ihre formative Phase durchlebten. Die Jahre zuvor, die noch unter dem Eindruck der Nachwehen der Revolution von 1848 standen, hatten eine Phase der Reaktion mit sich gebracht, die „über ein Jahrzehnt hin auch kaum eine Chance [ließ], die heraufziehenden Probleme des Industriekapitalismus und den Gegensatzes von Kapital und Arbeit öffentlich zu diskutieren“.[395] Diese Reaktionsphase war aus Sicht der Regierungen notwendig gewesen, weil sich in der Revolution von 1848 – ungeachtet vieler enttäuschter Hoffnungen – ein neuer Geist politischen Engagements in Deutschland entwickelt hatte, der aus Sicht reaktionärer Kräfte durchaus Anlass zur Sorge gab. So waren auch die damals entstandenen „vielgestaltigen lokalen Arbeiter- und Arbeiterbildungsvereine [...] die Keimzellen der Sozialdemokratie in Deutschland“.[396] Gefiltert durch die Sichtweise der politisch

---

395 Klönne, Arno: Die deutsche Arbeiterbewegung. Geschichte – Ziele – Wirkungen, Düsseldorf/Köln 1989, S. 35.

396 Welskopp, Thomas: Die „Generation Bebel“, in: Schönhoven, Klaus/Braun, Bernd (Hrsg.): Generationen in der Arbeiterbewegung (Schriftenreihe der Stiftung Reichspräsident-Friedrich-Ebert-Gedenkstätte), München 2005, S. 51–67, hier S. 53.

aktiven Arbeiterschaft weist der Rückblick auf 1848 somit eine „dual legacy – failure and organizational continuity" auf.[397]

Aus der Perspektive Thomas Welskopps gehörten die durch die Erfahrungen jener Zeit geprägten Sozialisten zu einer die gemeinsamen Erlebnisse und Organisationspraktiken teilenden „Generation Bebel". Sie fanden sich neben den genannten Vereinsstrukturen alternativ auch in Geheimbünden wie dem „Bund der Kommunisten" zusammen, um dort ihre ersten Organisationserfahrungen zu sammeln, die sich später noch als hilfreich erweisen sollten, wenn es um die höchst erfolgreiche Kombination von konspirativem Handeln und öffentlicher Agitation gehen sollte. Dabei waren vor allem Geheimbünde, wenn es um die Zeit vor 1848 geht, „Experimentierfelder für Engagement, Emanzipation und neue Ideen" und dabei nicht auf die Grenzen des deutschsprachigen Raums beschränkt.[398] Hier ist ein früher Ansatz internationalistischen Denkens und Handelns zu erkennen, der sich aber eher aus der politischen Verfolgung in den Heimatländern speiste als aus einer klaren politischen Strategie. Ein anderer wichtiger Ansatzpunkt für die Frühgeschichte von Organisationen der Arbeiterbewegung ist die Geschichte der „Arbeiterverbrüderung", deren erste Zusammenkunft am 23. August 1848 stattgefunden hat und organisationsgeschichtlich deutliche Spuren hinterließ.[399] Es handelte sich bei ihr um die größte derartige Organisation in den Revolutionsjahren. Dementsprechend wurde sie auch verfolgt und – aus Sicht der damaligen staatlichen Akteure – unschädlich gemacht.

Warum diese große Zeitspanne zwischen den Ereignissen der Revolution von 1848/49 und der Gründungsphase der 1860er und 1870er Jahre, in denen die Arbeiterbewegung in Deutschland ihren Durchbruch erlebte? Einerseits ist dies offensichtlich der Reichsgründung von 1871 und den ihr vorausgehenden Ereignissen geschuldet, die nun einmal jene Tatsache schuf, die national organisierte und handelnde Parteien erst ermöglichte oder notwendig machte, je nach Standpunkt des Betrachters. Tatsächlich aber muss mit Blick auf Preußen, was im Falle der Sozialdemokratie, aber auch des (National-)Liberalismus als besonders wichtiger Ausgangspunkt dieser Formationsphase bezeichnet werden kann, auf den Abbau politischer Repressionen seit dem Thronwechsel hin zu König Wilhelm I. verwiesen werden.[400] Erst jetzt war es den politisch bewegten Handwerkern – denn diese waren oftmals der eigentliche Kern der Arbeiterbewegung – und Arbeitern möglich, an die in den Jahren der Revolution gemachten Erfahrungen anzuknüpfen.[401] So konstatierte Thomas Welskopp eine hohe organisatorische

---

397 Steenson, Gary P.: „Not One Man! Not One Penny!" German Social Democracy, 1863–1914, Pittsburgh 1981, S. 3.

398 Schmidt, Brüder, S. 103 (Kapitelüberschrift).

399 Vgl. Welskopp, Generation, S. 53. Vgl. hierzu auch das organisationsgeschichtliche Schaubild im Beitrag von Dowe, Dieter: Mehr als 125 Jahre? Zur Entstehung der Arbeiterbewegung in Deutschland, in: Dowe, Dieter/Klotzbach, Kurt (Hrsg.): Kämpfe – Krisen – Kompromisse. Kritische Beiträge zum 125jährigen Jubiläum der SPD, Bonn 1989, S. 9–28, S. 26–27.

400 Vgl. Kuhn, Axel: Die deutsche Arbeiterbewegung, Stuttgart 2004, S. 73.

401 Vgl. hierzu: Welskopp, Banner, S. 235: „In der Konsequenz entstanden ‚Arbeiterbewegung' und frühe Sozialdemokratie in Deutschland aus einer Koalition heterogener und z.T. stark

Kontinuität, was die Neugründung von Arbeiter- und Handwerkervereinen angeht. Diese gründeten sich in den Jahren 1860–1864 in der Hälfte der Orte neu, in denen die „Arbeiterverbrüderung" einst bestanden hatte.[402]

Somit betont die neuere Forschung die entstandenen Chancen und Kontinuitäten der Revolution von 1848, im Gegensatz zu früheren Analysen, die 1848 nur als unzureichende Schablone für die imaginierten idealtypischen proletarischen Klassenkämpfe gesehen hatten.[403] Aber auch die sozioökonomische Seite der formativen Phase der sozialdemokratischen Parteienbewegung in Deutschland darf nicht unterschätzt werden. Während die diskursiven Auswirkungen der Krise von 1873 neben den bereits beschriebenen ökonomischen Effekten in den folgenden Kapiteln noch *en détail* anzusprechen sind, muss mit dem Verweis auf den wirtschaftlichen Aufschwung der 1860er Jahre, der in den 1850er Jahren seinen Ausgang nahm, konstatiert werden, dass nicht der Pauperismus der Frühindustrialisierung das Entstehen einer schlagkräftigen Bewegung begünstigte und beförderte, sondern eine Periode zunehmender – extrem ungleich verteilter – Prosperität, es war, die dafür sorgte, dass relative Armut viel deutlicher wurde als zuvor – und die es auch überhaupt ermöglichte, die neu entstandenen, aber weiterhin geringen ökonomischen Freiräume für politisches Engagement zu nutzen:

> „Gravierend blieb immer noch die existenzbestimmende und immer wieder -bedrohende Armutserfahrung (besonders im Alter); aber es war nicht nur die eigene Armut, sondern auch die Konfrontation mit dem sichtbar wachsenden bürgerlichen Wohlstand, die die Bereitschaft zu kollektivem Handeln in neuen Perspektiven förderten."[404]

Die Gründung des Allgemeinen Deutschen Arbeitervereins (ADAV) am 23. Mai 1863 fand nicht in Preußen, sondern in Leipzig, also im Königreich Sachsen, statt, traf jedoch auf Zustimmung außerhalb Sachsens vor allem in den zu Preußen gehörenden Landesteilen im Westen. Da sich Ferdinand Lassalle, der sich tief enttäuscht von der phlegmatischen Opposition des deutschen Linksliberalismus anlässlich des preußischen Budgetstreits von dieser politischen Richtung abgewandt hatte, mit seinem „Offenen Antwortschreiben" dafür ausgesprochen hatte, dass die Arbeiterbewegung sich getrennt von liberalen Arbeitervereinen organisieren sollte, war mit diesem Datum die Geburt einer eigenständigen sozialdemokratischen Bewegung in Deutschland verknüpft – und ebenso, trotz des Vereinsbegriffs, die Geburt der sozialdemokratischen Parteienbewegung, wie die Struktur des ADAV und Lassalles Handeln im Sinne einer parteipolitischen Strategie bezeugen.[405] Toni Offermann charakterisiert den ADAV wie auch den

individualisierter handwerklich-gewerblicher Basismilieus, die erst durch die Organisation selber mobilisiert, integriert und zusammengehalten wurde."

402 Vgl. Welskopp, Generation, S. 54.

403 Vgl. Steenson, Man.

404 Grebing, Helga: Geschichte der deutschen Arbeiterbewegung. Von der Revolution 1848 bis ins 21. Jahrhundert, Berlin 2007, S. 22f.

405 Vgl. Schmidt, Brüder, S. 364. Vgl. hierzu auch: Mayer, Gustav: Radikalismus, Sozialismus und bürgerliche Demokratie, Frankfurt am Main 1969, S. 113: „Kein einzelner Mensch au-

LADAV aber auch wegen der Beiträge zahlenden Mitgliedschaft und der parlamentarischen Mitwirkung im Sinne einer Partei als vergleichbar mit modernen politischen Parteien.[406]

Für Lassalle war dann auch – ebenfalls recht modern gedacht – der Staat der zentrale Akteur für die Organisation der Gesellschaft. Natürlich ist hier auch Lassalles Lesart der Hegel'schen Staatsidee aufzufinden, doch Lassalles „Oszillieren" zwischen „Utopismus und Pragmatismus" in Bezug auf den Staat sollte keinesfalls nur – wie die ältere Forschung dies oft getan hat – als Negativum gewertet werden.[407] Abgesehen davon hatten Lassalles Positionen nicht unbedingt tiefe Spuren in der Arbeiterschaft hinterlassen, aus deren Reihen vor allem das Moment der Organisation von unten nach oben, wie es durch Produktivgenossenschaften zum Tragen kam, betont wurde.[408] Die nicht ganz eindeutigen Festlegungen im Denken Lassalles, die anders als bei Marx nicht durch Arbeitsweise und Lebensphasen, sondern durch Lassalles variables Politikverständnis begründet werden können, boten die Möglichkeit zur Fortentwicklung der überkommenen Ideologie und der Anpassung an neue politische Konstellationen. Gleichzeitig war es gerade der pragmatische Nutzen der Marx'schen Ideologie, die eine „revolutionäre Abwartehaltung" forderte, welche ihr im Verlauf der nächsten Jahre der zahlreichen Verfolgungen die notwendige Attraktivität verschaffte, um in der Partei durchsetzungsfähig zu werden.[409] So wurde gerade das radikale Element in diesem Traditionsstrang immer wieder bestätigt durch das repressive Vorgehen des offensichtlich feindlich gesonnenen Staates.[410] Was in der marxistischen Geschichtsschreibung zwischen den Zeilen oder auch *expressis verbis* als verheerender Opportunismus mit Langzeitfolgen dargestellt worden ist, bot tatsächlich das Potential zur Bildung des notwendigen ideologischen Fundaments einer Massenpartei bei gleichzeitiger Garantie ausreichender Flexibilität in Bezug auf politische Tagesfragen.

ßer Bismarck ist der Fortschrittspartei so gefährlich geworden, wie Lassalle."

406 Vgl. Offermann, Toni: The Lassallean Labor Movement in Germany. Organization, Social Structure, and Associational Life in the 1860s, in: Barclay, David E./Weitz, Eric D. (Hrsg.): Between Reform and Revolution. German Socialism and Communism from 1840 to 1990, New York/Oxford 1998, S. 87–112, hier S. 90.

407 Stirner, Hartmut: Ferdinand Lassalles Rhetorik. Der Widerspruch zwischen idealistischer Gesellschaftstheorie und sozialistischer Agitation und dessen rhetorischer Niederschlag, in: Goth, Joachim (Hrsg.): Rhetorik, Ästhetik, Ideologie. Aspekte einer kritischen Kulturwissenschaft (Festschrift für Walter Jens), Stuttgart 1973, S. 195–217, hier S. 198. Auch Stirner folgt in seinem Aufsatz einer gewissen Teleologie, die Lassalle nicht als eigenständigen Denker und politischen Akteur würdigt und ihn stattdessen als einen von Hegel und Fichte beeinflussten Utopisten sieht, der in der ideengeschichtlichen Entwicklung hin zu den Marx'schen Erkenntnissen einen Zwischenschritt darstellt und im Wesentlichen in einer bürgerlichen Ideologie verharrte.

408 Welskopp, Thomas: Der Staat als idealer Gesamtverein: Assoziation und Genossenschaft im Staatsverständnis der frühen deutschen Sozialdemokratie, in: Lehnert, Detlef (Hrsg.): SPD und Parlamentarismus. Entwicklungslinien und Problemfelder 1890–1990, Köln 2016, S. 90–110, hier S. 109.

409 Welskopp, Banner, S. 670.

410 Steenson, Man, S. XIV. Vgl. hierzu auch Morina, Erfindung, S. 154.

Schon die ältere geschichtswissenschaftliche Forschung hat sich in diesem Zusammenhang die Frage gestellt, wie es dazu kam, dass Linksliberalismus, radikale Demokraten und Sozialdemokratie endgültig getrennte Wege gingen.[411] Tatsächlich war hierfür nicht allein die Haltung der Fortschrittspartei im Budgetstreit ursächlich, die vor allem Lassalle persönlich als Anlass für seine persönliche Distanzierung nutzte, die er in einem nächsten Schritt auch seiner Anhängerschaft nahezulegen suchte. Vielmehr war die fehlende Aufmerksamkeit des Linksliberalismus für die soziale Frage der entscheidende Punkt, welcher sich nach der schrittweisen Lösung der nationalen Frage ab der zweiten Hälfte der 1860er Jahre aber zusehends in den Vordergrund drängte und auch von den Akteuren der Arbeiterbewegung mehr und mehr – im Sinne eines zweiseitigen Prozesses – popularisiert wurde. Nach der Lösung der Verfassungsfrage, die mit der Verfassung des Norddeutschen Bundes und dann mit der – zumindest in Fragen des Wahlrechts – im historischen Vergleich recht demokratischen Reichsverfassung des Jahres 1871 zunehmend geklärt war, bröckelte die gemeinsame Front von Linksliberalismus und Arbeiterbewegung gewaltig.[412] Womit sich Liberale in ganz Deutschland resignativ (Linksliberale) oder bejahend (Nationalliberale) zufrieden geben konnten, damit hatte sich die zusehends selbstbewusster werdende Arbeiterbewegung noch lange nicht arrangiert.

Tatsächlich hatten sich zu diesem Zeitpunkt aber schon Eigendynamiken innerhalb der beiden Hauptströmungen der sozialdemokratischen Arbeiterbewegung entwickelt, die – wie wir sehen werden – sich nicht zuletzt auch über den Grad ihrer Abgrenzung zum Liberalismus und dessen Ausprägungen vor allem in der Gewerkschaftsfrage definierten. Die Krise von 1873 führte zu einer diskursiven Verschärfung von Seiten der Sozialdemokratie, aber auch des Liberalismus, dessen Protagonisten teilweise die gestiegenen Arbeitslöhne der Arbeiterschaft als Krisenauslöser bezeichneten. Nachdem der antiliberale Argumentationsstrang sich nicht zuletzt auch durch die Art und Weise, wie der deutsche Nationalstaat zustande gekommen war, und vor allem dank der Rolle des Liberalismus darin immer mehr durchsetzen konnte, wurde die Zusammenarbeit mit liberal gesonnenen Akteuren schon bald als Verrat bewertet und zur zwischenparteilichen Auseinandersetzung genutzt – dies gilt trotz der vielfältigen persönlichen und organisatorischen Verstrebungen der Hauptakteure der sozialdemokratischen Gründungsgeneration in das linksliberale Milieu.

Ein prägnantes Beispiel für diesen Nexus ist Ferdinand Lassalle selbst, der sich sicherlich viel mehr dem Milieu der „1848er" zuordnen lässt als den klassenkämpferischen Idealen seiner Nachfolger. Kraft seiner Analyse der politischen Großwetterlage hatte er seine Hoffnungen auf eine führende Rolle des Linksliberalismus in der Emanzipation der Arbeiterschaft aufgegeben und ihr selbst, will

---

411 Vgl. Mayer, Radikalismus.

412 Vgl. Schieder, Wolfgang: Das Scheitern des bürgerlichen Radikalismus und die sozialistische Parteibildung in Deutschland, in: Mommsen, Hans (Hrsg.): Sozialdemokratie zwischen Klassenbewegung und Volkspartei, Frankfurt am Main 1974, S. 17–34, hier S. 21.

sagen sich selbst, diese Aufgabe übertragen.[413] In dieser Sichtweise verband sich also der Zusammenhang zwischen der Vorstellung der Emanzipation als staatlicher Akt und als eigenständig zu leistender Befreiung aus sozial ungünstigen Verhältnissen in der Person von Lassalle, der in meinen Augen die „temporale Doppeldeutigkeit" (Reinhart Koselleck) des Begriffes der Emanzipation personifizierte.[414] Lassalle appellierte gleichzeitig an den Staat und stellte selbst eine aus Sicht der Arbeiterschaft höher stehende Autorität dar, während die Beteiligung der Arbeiter im selben Atemzug automatisch einen politischen Reifeprozess derselben in Gang setzte. Die Rolle des Emanzipators, wenn man so will, übernahm Lassalle selbstbewusst im „Offenen Antwortschreiben", mit welchem sich Lassalle an die Arbeiterschaft Leipzigs, die ihn darum gebeten hatte, aber auch Deutschlands, wandte, um ihr seine Vorstellungen zur Lösung der sozialen Frage vorzustellen. Hier war also erstmals öffentlich der Führungsanspruch Lassalles begründet, der sich in diesem vor allem scharf gegen die Fortschrittspartei und deren Ideen liberaler Selbsthilfe für den Arbeiterstand wandte. Das „Offene Antwortschreiben" kann als Beispiel für den Prozess der politischen Abtrennung der Arbeiterbewegung vom Linksliberalismus gesehen werden. Dieser fand aber erst mit der geteilten Verfolgungserfahrung der „Ära Tessendorf" und den politischen und wirtschaftlichen Auswirkungen der Gründerkrise, darunter die Einigung der Sozialdemokratie 1875, und dank einer abnehmenden Relevanz des Gewerkschaftskonflikts ihren Abschluss. In Lassalles Schreiben dominierte vorerst noch Enttäuschung gegenüber dem Liberalismus, während sich eine auf theoretischen Fundamenten fußende, mehr oder weniger nüchterne Ablehnung des politischen Gegners noch nicht vollständig durchgesetzt hatte:

> „Eine solche Partei hat dadurch gezeigt, daß sie einer entschlossenen Regierung gegenüber durchaus ohnmächtig ist und stets sein wird. Eine solche Partei hat gezeigt, daß sie eben dadurch vollkommen unfähig ist, auch nur die geringste reelle Entwicklung der Freiheitsinteressen herbeizuführen. Eine solche Partei hat gezeigt, daß sie keinen Anspruch auf die Sympathien der demokratischen Schichten der Bevölkerung hat, und daß sie ohne jeden Sinn und Verständnis für das politische Ehrgefühl ist, welches den Arbeiterstand durchdringen muß."[415]

Lassalles Führungsanspruch, der sich auch in den Statuten des ADAV und einer straffen Organisation wiederfand, die aber in der Praxis dennoch Platz für basisdemokratische Elemente ließ, sorgte einerseits für einen Zustrom von Anhängern, die für Lassalles Ideen und dessen Persönlichkeit empfänglich waren. Nach seinem Tod in einem Duell am 31. August 1864 stellte sich deswegen aber auch

---

413 Vgl. hierzu die Bewertung Wolfang Schieders, Lassalle sei ein Mann gewesen, „der zu der politischen Decouvrierung der liberalen Parlamentspolitik in Preußen fast ebensoviel beitrug wie Otto von Bismarck" (ebenda, S. 24).

414 Koselleck, Reinhart: Grenzverschiebungen der Emanzipation. Eine begriffsgeschichtliche Skizze, in: Ders.: Begriffsgeschichten. Studien zur Semantik und Pragmatik der politischen und sozialen Sprache, Frankfurt am Main 2019, S. 182–202, hier S. 200.

415 Ferdinand Lassalle, Offnes Antwortschreiben an das Central-Comité zur Berufung eines Allgemeinen Deutschen Arbeitercongresses zu Leipzig, Zürich 1863, S. 6.

besonders drängend die Nachfolgefrage. Die Abspaltung des 1867 gegründeten, sich der Glorifizierung Lassalles als Propaganda bedienenden „Lassalleschen Deutschen Arbeitervereins" (der oben genannte LADAV) unter Gräfin Hatzfeld war eine der Folgen. Im ADAV trat Johann Baptist von Schweitzer die Nachfolge Lassalles an, nachdem die eigentlich vorgesehene Nachfolgelösung mit Bernhard Becker – und die ihm folgenden Carl Wilhelm Tölcke und August Perl – sich als Missgriff erwiesen hatte.[416] Schweitzer leitete dann nach seiner Übernahme der ADAV-Führung auch das publizistische Organ des ADAV, „Der Social-Demokrat", der Vorgänger des „Neuen Social-Demokraten" und entscheidender publizistischer Multiplikator der Lassalleaner.[417]

Das zweite wichtige Ereignis für die Geschichte der deutschen Sozialdemokratie in den 1860er Jahren ist mit den Tagen vom 7. bis 9. August 1869 verbunden. An diesen Tagen trafen sich Sozialdemokraten zu einem in Eisenach veranstalteten Kongress, wo sich die Mitglieder der später auch als „Eisenacher" bezeichneten Richtung zusammenschließen wollten. Sie wollten einen anderen politischen Kurs als die Mitglieder des ADAV einschlagen und fanden ihre Anhänger vor allem in Ost- und Mitteldeutschland. Unter den Initiatoren waren enttäuschte Mitglieder des ADAV, ebenso Abtrünnige seiner Konkurrenzorganisation unter Führung der Gräfin Hatzfeld und Mitglieder des „Vereinstags deutscher Arbeitervereine", der sich nach Gründung der SDAP auflöste und damit in seiner Transition von der bürgerlich-demokratischen Organisation hin zu einer demokratisch-sozialistischen Partei einen weiteren wichtigen Schritt tat.[418]

Der vorerst wichtigste Unterschied zwischen beiden Strömungen war, wie Bernd Faulenbach treffend festgestellt hat, die Lösung und Bewertung der nationalen Frage, in der die Eisenacher für die großdeutsche, die Mitglieder des ADAV für die kleindeutsche Lösung eintraten.[419] Auch die Gewerkschaftsfrage und damit die Fragen nach Selbsthilfe oder Staatshilfe und deren Ausprägung wurden zum Spaltelement, vor allem aber genutzt im Sinne eines Differenzierungsmechanismus nach außen hin in der entstehenden sozialdemokratischen Parteienbewegung. Die 1866 gegründete „Sächsische Volkspartei" und der „Vereinstag deutscher Arbeitervereine" aus dem Jahr 1863 waren Alternativen für jene Arbeiter, die sich anders als der ADAV noch dem bürgerlich-demokratischen Spektrum zurechnen wollten, also „nicht klassengebunden" dachten.[420] Diese waren dementsprechend – vorerst – auch für eine Kooperation mit liberalen Kräften

---

416 Vgl. Fülberth, Georg: Die Entwicklung der deutschen Sozialdemokratie von ihrer Gründung bis zum Revisionismusstreit (1863–1899), in: Freyberg, Jutta et al. (Hrsg.): Geschichte der deutschen Sozialdemokratie. Von 1863 bis zur Gegenwart, Köln 1989, S. 10–37, hier S. 23. Tölcke wurde allgemein auch als „Knüppel-Tölcke" bezeichnet, was uns etwas über die Formen der politischen Auseinandersetzung dieser Jahre – vor allem zwischen ADAV und SDAP – sagen mag. Vgl. hierzu: Schmidt, Brüder, S. 429.

417 Vgl. Brandt, Peter/Lehnert, Detlef: „Mehr Demokratie wagen". Geschichte der Sozialdemokratie 1830–2010, Berlin 2013, S. 47.

418 Vgl. Fülberth, Entwicklung, S. 26.

419 Vgl. Faulenbach, Bernd: Geschichte der SPD. Von den Anfängen bis zur Gegenwart, München 2012, S. 14.

420 Schieder, Scheitern, S. 31.

aufgeschlossen.[421] Die nach links und auf einen Konflikt mit den liberalen Kräften hinsteuernden August Bebel und Wilhelm Liebknecht erlangten in diesen Organisationen schon bald wichtige Positionen, und dies vor allem auf „dem gemeinsamen Fundament einer antipreußischen Stimmung".[422] Die im Vergleich zum ADAV eigenständigere Interpretation, also besonders die weniger etatistische Herangehensweise an die Frage der gewerkschaftlichen Organisation, war dabei aber der zweite wichtige Kontrast zwischen ADAV und den Vorgängerorganisationen der SDAP. Die sich rasanter entwickelnde Gründerkonjunktur führte zu wachsenden Auseinandersetzungen zwischen den liberalen – also auf Hilfe zur Selbsthilfe abzielenden – „Hirsch-Dunckerschen Gewerkvereinen", den ihre politische Eigenständigkeit betonenden „Gewerksgenossenschaften" im Dunstkreis des VDAV und den „Arbeiterschaften", die sich nach den Weisungen des ADAV richteten.[423]

Als letzte Vorstufe zur Gründung der SDAP im Jahr 1869, als Ausdruck der zunehmenden politischen Differenzierung und als Bestandteil einer politischen Strategie war dann auch der Beitritt des VDAV „zu der bis dahin im deutschen Richtungsstreit eher zweitrangigen Internationale" im September 1868 zu verstehen.[424] Schon Anfang 1866 hatte sich Wilhelm Liebknecht zu dem Ziel bekannt, „die alten Lassallianer mit den Ex-Schulzianern unter den Hut der I. A. [A.] zu bringen".[425] Der Beitritt des VDAV zur I. A. A. im September 1868 war ein weiterer Schritt hin zur Verwirklichung dieses Anliegens. Mit dieser Richtungsentscheidung, die keinesfalls von einer tiefen Durchdringung ihrer Befürworter mit marxistischem und internationalistischem Gedankengut zeugt, sondern vor allem der Isolation der liberalen Kräfte innerhalb des VDAV diente, war die Entwicklung der späteren SDAP in die programmatische Richtung des theoretischen, im Ernstfall nur begrenzt praktizierten Internationalismus vorgezeichnet, aber keineswegs determiniert – und vor allem zum damaligen Zeitpunkt nicht beabsichtigt. Zu diesem Zeitpunkt war der Beitritt zur Internationalen, der nur aufgrund eines recht knappen Votums erfolgte, eher ein willkommener Anlass zur Abtrennung der nationalliberalen Elemente innerhalb des VDAV, die sich ja auch als direkte Konsequenz aus diesem Votum aus dem VDAV zurückzogen. Als direkte Folge der Gründung der SDAP auf dem Eisenacher Kongress verschärften sich zunächst die Auseinandersetzungen zwischen den beiden Strömungen der deutschen Sozialdemokratie, wie August Bebel in seinen Erinnerungen festhielt:

---

421 Vgl. Klönne, S. 47.

422 Lehnert, Detlef: Sozialdemokratie zwischen Protestbewegung und Regierungspartei 1848–1983, Frankfurt am Main 1983, S. 54.

423 Vgl. ebenda, S. 55.

424 Ebenda, S. 56f.

425 Brief von Wilhelm Liebknecht an Johann Philipp Becker, 8.2.1866, in: Georg Eckert (Hrsg.): Wilhelm Liebknecht. Briefwechsel mit deutschen Sozialdemokraten, Bd. 1 (Quellen und Untersuchungen zur Geschichte der deutschen und österreichischen Arbeiterbewegung, Bd. 4, Assen 1973, Nr. 20, S. 159.

> „Wie man sich leicht vorstellen kann, entbrannte nunmehr heftiger als je der Kampf zwischen den beiden sozialistischen Fraktionen. Erklärungen flogen herüber und hinüber, und die Szenen, die sich in zahlreichen Versammlungen abspielten, spotteten jeder Beschreibung. Insbesondere waren es die Gewerkschaften, die unter der gegenseitigen Zerfleischung litten.“[426]

Einer der wichtigsten Schauplätze der Auseinandersetzungen zwischen ADAV und SDAP waren die jeweiligen Parteizeitungen mit dem „Neuen Social-Demokraten“ des ADAV und dem auf dem Eisenacher Kongress als Parteiorgan gegründeten „Volksstaat“ der SDAP.[427] Die Zurückhaltung bei der Gründung von Lokalzeitungen in den 1870er Jahren verhalf diesen beiden Organen zu ihrer besonderen Bedeutung für den sozialistischen Diskurs dieser Zeit.[428] Neben verbalen Auseinandersetzungen auf publizistischem Wege kam es in den Folgejahren auch nicht selten zu körperlichen Zusammenstößen, die in Form von versuchten Sprengungen von Versammlungen der jeweils anderen Fraktion üblich wurden.[429] Diese Ereignisse wurden jedoch wieder Teil einer lebhaften Presseberichterstattung und damit in ihrer Wirkung vervielfältigt. Die sozialdemokratische Presse war der Hauptkampfplatz der Auseinandersetzung – zwischen den sozialdemokratischen Fraktionen und auch gegenüber den bürgerlichen Parteien. Die rund 30.000 Mitglieder von ADAV, SDAP und LADAV Ende der 1860er Jahre waren somit nicht weniger untereinander verfeindet als mit den bürgerlichen Parteien.[430] Die soziale Zusammensetzung der beiden Parteien zeigt bezogen auf die Aktivmitgliedschaft und das Führungspersonal keine signifikanten Unterschiede. Die „deutliche Dominanz der Massenhandwerker“ kann für beide Strömungen konstatiert werden, für die SDAP kann noch eine „überproportionale Vertretung von Textilhandwerkern“ angeführt werden.[431]

---

426 August Bebel: Aus meinem Leben, Bonn 1997, S. 250.

427 Vgl. hierzu ein Beispiel für den Ton der Debatte: Redebeitrag von Holzwarth, 25. August 1873, in: Protokolle der sozialdemokratischen Arbeiterpartei, Bd. I, Eisenach 1869–Coburg 1874, Bad Godesberg 1971, Protokoll über den fünften Congress der Sozial-demokratischen Arbeiterpartei abgehalten zu Eisenach, am 23., 24., 25., 26. und 27. August 1873, S. 36–37: „Holzwarth: [...] Wer den ‚Volksstaat‘ mit demselben Maßstab mißt wie den ‚Neuen Sozialdemokrat‘, verräth damit, daß er sich über unser Parteiprogramm nicht klar ist. Der Zweck des ‚Neuen Sozialdemokrat‘ ist zu hetzen und zu verhetzen, was bei der geringen Bildungsstufe der Arbeiter sehr leicht ist; der Zweck des ‚Volksstaat‘ ist die Arbeiter auf eine höhere Bildungsstufe zu heben, und ihnen die Prinzipien des Sozialismus in Fleisch und Blut zu bringen.“

428 Vgl. hierzu die Charakterisierung von „Gründungen“ neuer Lokalzeitungen im Anschluss an die Einigung im Jahr 1876 ohne genügend finanzielle Polster als unklug und unseriös; Carl Wilhelm Tölcke sah dadurch den „allgemeinen ‚Krach‘“ kommen. Auch sozialdemokratische „Gründungen“ waren ihm infolge des Gründerkrachs suspekt: C. W. Tölcke an Wilhelm Liebknecht, 7. August 1876, in: Herzig, Arno/Rosenthal, Konrad (Hrsg.): Carl Wilhelm Tölcke. Korrespondenz aus den Jahren 1848–1893, Iserlohn 1977, Dok. Nr. 88, S. 115–120, hier S. 115.

429 Vgl. Welskopp, Banner, S. 312f, vor allem S. 322.

430 Vgl. Schmidt, Brüder, S. 407.

431 Welskopp, Banner, S. 151.

Rückblickend sollte klar sein, dass die Haltung zur nationalen Frage bis in die Zeit kurz nach der Reichsgründung der wichtigste Streitpunkt innerhalb der deutschen Sozialdemokratie war, nicht die soziale Frage. Im Meinungskampf mit anderen politischen Strömungen ist diese Dominanz nicht so leicht feststellbar. Vor allem in Auseinandersetzungen mit dem Liberalismus war die soziale Frage wichtiger Antrieb und häufige Argumentationsgrundlage und wurde es nach der Krisis von 1873 immer mehr. Dabei blieb ein wichtiger Kernpunkt der Auseinandersetzung zwischen ADAV und der sich später als SDAP konstituierenden Richtung, aber auch innerhalb der unterschiedlichen Parteiströmungen, ob der Auseinandersetzung über die soziale oder über die nationale Frage ein höherer Stellenwert eingeräumt bekommen müsse, wie der als zurückgetretener Sekretär des ADAV zwischen diesem und dem VDAV stehende Julius Vahlteich in einem Brief vom 19. März 1865 an Wilhelm Liebknecht ausführte:

> „Es ist jedenfalls wahr, daß die Bourgeoisie uns principielle in allen ihren Fractionen gerade so fremd und feindlich gegenübersteht, als die Reaction, daß wir also, sobald es sich um sociale Erfolge handelt sie entschieden bekämpfen müssen, da wir aber der Meinung sind, das Sociale lasse sich vom Politischen nicht trennen und ferner, nur der Staat könne dem Volk helfen von dem es sagen kann: der Staat das bin ich! und da ein solcher Staat und eine solche sociale Revolution demnach nicht möglich sind, ohne das Wahlrecht, da also die sociale Entwickelung erst aus der politischen hervorgehen kann und nach unserer Ansicht auch soll, so sehe ich nicht ein, warum man die sociale Seite der Frage so schroff hervorkehrt ‚anstatt' und damit viele revolutionäre Kräfte der Nation verscheucht, die man sonst unter der Fahne des Wahlrechts vereinigen könnte."[432]

In den Jahren zwischen der Gründung der SDAP bis zu den ersten Einigungsbestrebungen, die zeitgleich mit dem Ausbruch der Gründerkrise begannen, waren die beiden sozialdemokratischen Hauptströmungen mehr mit dem Kampf gegeneinander beschäftigt als mit der Auseinandersetzung mit den politischen Gegnern außerhalb des eigenen Spektrums. Erst mit der Ankündigung eines geplanten Zusammengehens bei gemeinsamen Anträgen im Reichstag, die am 29. März 1874 im „Volksstaat" abgedruckt wurde, trat eine deutliche Beruhigung der Auseinandersetzungen ein – eine Entwicklung, die mit der Vereinigung in Gotha im Jahr 1875 gekrönt wurde.[433] Ein wichtiges, zu Beginn der 1870er Jahre ausbrechendes politisches „Cleavage", der Kulturkampf, wurde von Liberalen und später auch vom Zentrum bereitwillig als politische Mobilisationsmaßnahme des eigenen Klientel aufgegriffen. Diese dürfte – isoliert betrachtet – im Endergebnis deshalb ein Nicht-Nullsummenspiel gewesen sein, in welchem alle beteiligten Seiten letztendlich von der gegenseitigen Polemik mehr profitierten, als die negativen Auswirkungen zu Buche schlugen. Für die Arbeiterbewegung kann Gleiches nicht gesagt werden. In der ersten Zeit nach der Reichsgründung

432 Brief von Julius Vahlteich an Wilhelm Liebknecht, 19.3.1865, in: Georg Eckert (Hrsg.): Wilhelm Liebknecht. Briefwechsel mit deutschen Sozialdemokraten, Bd. 1 (Quellen und Untersuchungen zur Geschichte der deutschen und österreichischen Arbeiterbewegung, Bd. 4, Assen 1973, Nr. 20, S. 57f.

433 Vgl. hierzu: Der Volksstaat, 29. März 1874, Nr. 37.

bot sich kein politisches Vehikel ähnlich dem Kulturkampf an, das sich effektiv für parteipolitische Polarisierung und Differenzierung nutzen ließ.

Erst der Verweis auf das Verhalten der Liberalen anlässlich der Pariser Commune, die zunehmenden Verfolgungsmaßnahmen der „Ära Tessendorf" und die Auswirkungen des Gründerkrachs, der mehr Munition für die sozialdemokratische Parteipresse lieferte, als für sie zu verwerten war, und im Liberalismus den dringend gesuchten gemeinsamen Gegner schuf, den zwei Organisationen benötigen, wenn sie sich ohne Gesichtsverlust vereinigen wollen, beförderten die Vereinigung maßgeblich. Mit der Verfolgung der Sozialdemokratie und der damit exogen erzeugten Solidarität zwischen den eigentlichen verfeindeten Fraktionen sorgten also staatliche Akteure für den entscheidenden Schub in Richtung Einigung, während die Gründerkrise für den nötigen Kitt und die Attraktivität der politischen Lösungen der Sozialisten sorgte. Diesen Zusammenhang erkannte auch schon die sozialdemokratische Geschichtsschreibung:

> „Die gleichmäßig harte Verfolgung der Lassalleaner und der Eisenacher räumte wieder ein tüchtig Teil des alten Schuttes fort, der noch zwischen den beiden sozialdemokratischen Fraktionen lagerte."[434]

Das Sozialistengesetz bot ab 1878 demgegenüber noch eine Steigerung und war „Konsequenz und Schlußpunkt der zwischen 1870 und 1875 stetig sich verschärfenden Verfolgungsmaßnahmen".[435] Der Konflikt zwischen ADAV und SDAP war in der kritischen Frage der ersten Gehversuche auf nationaler Ebene ein Hindernis für eine Mobilisierung der sozialen Basis der Arbeiterbewegung gewesen und hemmte zugleich deren nationale Ausstrahlungskraft. Erst der politische Waffenstillstand zwischen ADAV und SDAP, der ja keineswegs die Einigung in allen Detailfragen bedeutete, legte das Fundament für die Entwicklung der Sozialdemokratie zu einer politisch schlagkräftigen Organisation. Gleichzeitig war es die Schwäche des deutschen Liberalismus, die eine Sonderrolle für die deutsche Sozialdemokratie begründete. Diese sah sich „als Erbin der Revolution von 1848" und musste diese Rolle nach dem Abstieg des Linksliberalismus in den Jahren

---

434 Mehring, Franz: Die Geschichte der Deutschen Sozialdemokratie, Bd. 4, Stuttgart 1906, S. 82. Gleichzeitig wurde auch schon auf dem Einigungsparteitag in Gotha, namentlich von August Geib, die Hoffnung ausgesprochen, dass künftige Verfolgungen auch das Fundament für die neue Partei stärken würden: Vgl. hierzu Redebeitrag von August Geib, in: Protokolle der sozialdemokratischen Arbeiterpartei, Bd. II: Gotha 1875–St. Gallen 1887, Bad Godesberg/Glashütten (Taunus) 1971, Protokoll des Vereinigungs-Congresses der Sozialdemokraten Deutschlands abgehalten zu Gotha, vom 23. bis 27. Mai 1875, Leipzig 1875, S. 32: „Die letzten Reichstagswahlen haben schon bei unsern Gegnern Staunen und Verwunderung erweckt, und bei den nächsten Wahlen werden wir noch viel Erstaunlicheres leisten, wenn wir nur einig sind. [...] Bereits an vielen Orten sei die Vereinigung schon thatsächlich vollzogen, und wenn wir von hier aus dieselbe nun noch mächtig fördern, so wird in 4 Wochen unsere einige Partei ihre Wurzel geschlagen haben, und die Verfolgungen werden die Parteigenossen nur noch fester zusammen binden."

435 Conze, Werner/Groh, Dieter: Die Arbeiterbewegung in der nationalen Bewegung. Die deutsche Sozialdemokratie vor, während und nach der Reichsgründung, Stuttgart 1966, S. 95.

nach dem hier betrachteten Zeitraum eher noch in zunehmendem Maße übernehmen.[436]

Vorerst aber war es noch nicht so weit. Die nationale Frage war vor 1871 noch nicht geklärt und hatte auch nach Kriegsende noch keineswegs eine von allen Seiten begrüßte Lösung gefunden. Die von Bismarck zu solchen stilisierten „Reichsfeinde“ waren nicht immer gerade dies, wurden aber auch – nicht zuletzt wegen seiner Ausgrenzungspolitik – auch keine ausgesprochenen Reichsfreunde mehr. Vor dem Krieg gegen Frankreich war der Ideenstreit noch lange nicht beendet; das von Preußen angestrebte Konzept deutete sich ab 1866/67 aber zunehmend an, und noch im Deutsch-Dänischen Krieg von 1864 hatte die deutsche Sozialdemokratie für die preußischen Gebietserweiterungen plädiert. Bezeichnenderweise war die Haltung der Sozialdemokratie bezüglich der 1871 erfolgten Annexion Elsass-Lothringens völlig gegensätzlich.[437] Zwischen beiden Ereignissen lag die immer stärkere Abspaltungsbewegung der deutschen Arbeiterbewegung weg vom Liberalismus und dessen spezifischen nationalen Idealen und hin zur völligen organisatorischen und ideologischen politischen Eigenständigkeit.

Bis 1870/71 hatten Liebknecht und Bebel eindeutig auf die Lösung der nationalen Frage gesetzt, von deren Klärung in einem nächsten Schritt auch die Lösung der sozialen Frage abhängen würde.[438] Nach den Siegen Preußens war deutlich geworden, dass die Revolution nicht ohne Weiteres ganz Deutschland erfassen und schon gar nicht im Sinne einer Doppellösung von sozialer und nationaler Frage wirken würde. Diese Verschiebung des Zeithorizonts und die Entzerrung der sozialen von der nationalen Frage sind meines Erachtens der Hauptgrund dafür, dass sich die deutsche Arbeiterbewegung mehr und mehr in Richtung eines theoretischen Rahmens bewegte, der einen Ersatz für den utopistischen Charakter der noch von liberalem Gedankengut durchsetzten Revolutionsannahme der „Alt-48er“ (Thomas Welskopp) bot. Er entsprach in seiner wissenschaftlichen Anmutung auch den zunehmend elaborierten Legitimationsbedürfnissen für Theoriebildungen der zweiten Hälfte des 19. Jahrhunderts.

Während diese Analyse für die Führer der SDAP und der späteren SAP gilt, die sich aus dem antipreußischen Reservoir der Eisenacher Partei rekrutierten, hatten die Anhänger des ADAV schon viel früher ihren Frieden mit unerfüllten Erwartungen machen müssen, als sich nach 1871 zeigte, dass die Einführung des allgemeinen, direkten und gleichen Männerwahlrechts im Deutschen Reich

---

436 Faulenbach, Geschichte, S. 18.

437 Vgl. Wehler, Hans-Ulrich: Sozialdemokratie und Nationalstaat. Nationalitätenfragen in Deutschland 1840–1914, Würzburg 1962, S. 89–92. Werner Conze und Dieter Groh betonten als Ursache für die Ablehnung der Annexion Elsass-Lothringens die Furcht vor einem drohenden Zweifrontenkrieg gegen Frankreich und Russland. Unabhängig davon, dass sich diese Befürchtung bestätigte, muss aber darauf hingewiesen werden, dass die Autoren an dieser Stelle auf Marx verweisen, dessen Einschätzungen ja nicht stellvertretend für die deutsche Sozialdemokratie gelten können. Vgl. hierzu: Conze/Groh, Arbeiterbewegung, S. 101.

438 Vgl. Conze/Groh, Arbeiterbewegung, S. 63.

noch lange nicht ausreichend für die Umsetzung sozialer Anliegen und Ziele im Nationalstaat war:

> „Waren die Lassalleaner vom Staat enttäuscht, der ihre loyale Haltung nicht im geringsten honorieren wollte, so die Eisenacher vom Verlauf des Krieges, der ihre Hoffnungen auf ein geeintes und demokratisches Deutschland endgültig hatte zuschanden werden lassen."[439]

Auch hier war eine theoretische Neuorientierung attraktiv geworden und nahm ihren Anfang im entscheidenden kurzen Jahrzehnt der Ideologieproduktion der parteipolitisch organisierten Arbeiterbewegung im Kaiserreich. Sie bot bis zum Erlass des Sozialistengesetzes den Raum für eine Vielfalt von Perspektiven und Ansätzen, die erst in den 1880er und 1890er Jahren endgültig von Seiten einer berufsmäßig agierenden marxistischen Orthodoxie teilweise überdeckt werden konnte.

Während des Deutsch-Französischen Krieges wurde deutlich, dass eine politische Neuorientierung innerhalb der deutschen Arbeiterbewegung notwendig sein würde, da sich die althergebrachten Konzepte von Volksrevolution und spontaner Aktion nicht mehr mit den Realitäten eines unter Zustimmung großer Massen formierten Nationalstaats zur Deckung bringen ließen. Zusätzlich hatte die politische Differenzierung innerhalb der Arbeiterbewegung die Herausbildung von strategisch und grundsätzlich argumentierenden Ansätzen in der Beurteilung außenpolitischer Entwicklungen befördert.[440] Somit erlaubte man sich eine flexible Lagebeurteilung wenigstens in Bezug auf jene politischen Bereiche, in denen die sozialdemokratische Bewegung weniger Druck im Sinne einer Beeinflussung von Entscheidungen ausüben konnte, als dies beispielsweise mit lokalen und zeitlich begrenzten Streiks möglich war. Diese erwiesen sich im Gegensatz zu der sich als Chimäre entpuppenden Massenstreikdrohung infolge eines von der Arbeiterschaft abzulehnenden Krieges als erfolgreiches Mittel.

Jene lokalen und begrenzten Streiks waren es auch, dank denen es in der Hochkonjunkturphase des entstehenden Gründerbooms gelang, die konkrete Wirksamkeit eines gemeinsamen Vorgehens der Arbeiter zu demonstrieren. Auch hier waren staatliches Handeln und institutioneller Wandel ein wichtiger Einflussfaktor gewesen, hatte doch die Einführung eines – immer noch recht eingeschränkten – Koalitionsrechts im Jahr 1869 die zunehmend sich professionalisierende gewerkschaftliche Zusammenarbeit entscheidend begünstigt und einen frühen Höhepunkt der Anzahl von Streiks im Kaiserreich zwischen 1871 und 1873 ermöglicht.[441] Dabei dienten die Streiks, die sich erst langsam als Lehnwort aus dem Englischen in der deutschen Sprache verfestigten, was ihre Neuartigkeit unterstreicht, im Sinne der emanzipatorischen Demonstration einer

---

439 Conze/Groh, Arbeiterbewegung, S. 96.

440 Vgl. hierzu in Bezug auf die Bewertung des Deutsch-Französischen Krieges die „Erste Adresse des Generalrates über den Deutsch-Französischen Krieg", in der Marx den Krieg als einen Verteidigungskrieg von deutscher Seite bezeichnete: Karl Marx: Politische Schriften (Karl Marx. Werke, Schriften, Bd. III), Darmstadt 2013, S. 885.

441 Vgl. Lehnert, Sozialdemokratie, S. 63. Vgl. hierzu auch: Machtan, Streiks, 1984.

kollektiven Identität nicht zuletzt auch der Weiterentwicklung der Arbeiterbewegung insgesamt.[442] Die Streikenden protestierten gegen als ungerecht empfundene Zustände und hatten dabei immer auch die „Stärkung ihrer Solidargemeinschaft im Blick".[443] Aufgrund des frühen Entstehens des politischen Arms der Arbeiterbewegung hatte dieser einen zeitlichen Vorsprung gegenüber der Gewerkschaftsbewegung, was sich bis zur Wahrnehmung einer gewissen Hierarchie unter Führung der politischen Organisationen steigerte, die vor allem der ADAV strikt interpretierte.[444] Die ursprüngliche Ablehnung von Streiks wandelte sich beim ADAV in den Jahren der zunehmenden Streikkonjunktur in Richtung der Ansicht, Streiks seien – wenngleich wenig zielführend – zumindest ein wichtiger Mobilisierungsfaktor für die Arbeiterschaft.[445] Hier machte sich auch der Einfluss der I. A. A. auf den ADAV geltend.[446]

Bei Ausbruch des Krieges kamen beide Hauptströmungen der Partei zu unterschiedlichen Lagebewertungen. Während sich Teile der Eisenacher nicht zuletzt auch in Anlehnung an Marxens Sichtweise des Krieges als rein dynastischen Konflikt in einer strategisch motivierten Sichtweise übten, dem Krieg aber insoweit nicht ablehnend gegenüberstanden, solange die französische Seite als Aggressor wahrgenommen wurde, waren die Lassalleaner vorerst Teil der „Woge nationaler Begeisterung".[447] Die mangelnde Einigkeit auf Seiten der Eisenacher, in der sich der antipreußisch gesonnene Liebknecht auf der einen Seite und der am 21. Juli 1870 für die Kriegskredite stimmende Wilhelm Fritzsche auf der anderen Seite befanden, konnte durch das vermittelnde Element in Person von August Bebel nur unzureichend übertüncht werden. Nach der Ausrufung der französischen Republik blieb der Eisenacher Partei eine Zerreißprobe erspart und auch der ADAV lehnte eine Fortführung des Krieges gegen einen demokratisch-republikanischen Staat strikt ab.[448] Einen solchen Fortgang des Krieges hatte Karl Marx schon in seiner 1. Adresse über den Deutsch-Französischen Krieg perhorresziert:

> „Erlaubt die deutsche Arbeiterklasse dem gegenwärtigen Krieg, seinen streng defensiven Charakter aufzugeben und in einen Krieg gegen das französische Volk auszuarten, so wird Sieg oder Niederlage gleich unheilvoll."[449]

Die Entwicklungen nach dem preußischen Sieg bei Sedan, die das politische Schicksal von Napoleon III. besiegelten, hatten genau die von Marx befürchteten Folgen eines zum Volkskrieg ausartenden Eroberungskriegs des Deutschen Reichs. Es hieße aber die Rolle der Internationalen in der deutschen Arbeiterbe-

---

442 Vgl. Schmidt, Brüder, S. 509.
443 Lehnert, Sozialdemokratie, S. 64.
444 Klönne, Arbeiterbewegung, S. 70.
445 Vgl. ebenda.
446 Vgl. Schmidt, Brüder, S. 401.
447 Kuhn, Arbeiterbewegung, S. 83.
448 Vgl. ebenda, S. 84.
449 Marx, Politische Schriften, S. 886.

wegung zu überschätzen, nähme man die Marx'sche Einschätzung als Auslöser für das Entstehen der sozialistischen Einheitsfront gegen den Krieg. Zu diesem Zeitpunkt war der Weg der Sozialdemokratie hin zu einer marxistisch ausgerichteten Partei noch nicht vorgezeichnet.

Tatsächlich hatte der der Internationalen fernstehende ADAV seine Zustimmung zum Krieg nicht für einen Angriffskrieg gegen eine Republik, sondern für einen Verteidigungskrieg gegen ein autoritäres System gegeben. Mehr noch, nach Gründung des Deutschen Reiches im Spiegelsaal von Versailles „war der wichtigste Ansatzpunkt für den Fraktionsstreit entfallen".[450] Dies geschah aber nicht gleichsam automatisch, sondern konnte erst durch den langsamen Aufbau einer gegenseitigen Vertrauensbasis in Form einer neuen politischen Partei verfestigt werden. Dabei dürfen neben allen systemischen Ursachen auch die persönlichen Animositäten nicht übersehen werden, die erst überwunden oder durch personelle Veränderungen beseitigt werden mussten. Die Differenzen in der nationalen Frage verblassten erst nach und nach in den Jahren nach 1871 zugunsten der Gemeinsamkeiten in der Analyse der sozialen Frage der beiden Parteiströmungen, und zwar infolge der zunehmenden Relevanz der sozialen Frage seit den Ereignissen des Jahres 1873 und der gemeinsamen Repressionserfahrungen unter dem Verfolgungsregime. Erst nachdem das Trennende in der Gewerkschaftsfrage, die Haltung gegenüber dem Liberalismus und der sozialen Frage, zugunsten der gemeinsamen Priorisierung der sozialen Frage aufgegeben wurde, konnten beide sozialistischen Fraktionen zueinander finden.[451]

Die Lösung der nationalen Frage ohne Beteiligung der Arbeiterbewegung war ein wichtiger Grund für deren folgende mangelhafte Integration in den Staat und keinesfalls Ausdruck einer distinguierten marxistischen Analyse, welche die Kategorien Klasse und Nation vollständig voneinander trennte, wie es die DDR-Geschichtsschreibung behauptet hat.[452] Diese Auseinanderentwicklung wurde aber von beiden Seiten betrieben, denn das Ausbleiben der demokratischen Revolution beim Zustandekommen des deutschen Nationalstaats hat die Sozialdemokratie des deutschen Kaiserreichs nie verwunden:

> „Richtig verstanden, war es eher ein Zuviel als ein Zuwenig an nationalen Energien, was die sozialistische Arbeiterbewegung daran hinderte, sich mit dem deutschen Nationalstaat zu identifizieren."[453]

---

450 Lehnert, Sozialdemokratie, S. 65.

451 Thomas Welskopp betont hier den gemeinsamen Konsens im „Assoziationssozialismus". Vgl. hierzu Welskopp, Banner, S. 706: „Die genossenschaftlich organisierte Arbeit als Grundlage des Sozialismus wurde betont, weil sie in den Mitgliedschaften beider Parteien als Vorstellung noch dominant war. Der Assoziationssozialismus bildete im Grunde die konsensfähige Basis der Vereinigung, der beide Seiten, zumal unter wachsendem Verfolgungsdruck, zustimmen konnten."

452 Vgl. Bartel, Horst/Seeber, Gustav: Reichsgründung, Pariser Kommune und revolutionäre Arbeiterbewegung, in: Bartel, Horst: Arbeiterbewegung und Reichsgründung, Berlin (Ost) 1971, S. 77–126, hier S. 122.

453 Conze/Groh, Arbeiterbewegung, S. 115.

Einen positiven Anknüpfungspunkt im Sinne eines nicht zuletzt auch zu Agitationszwecken genutzten Gedenkens boten indes die Entwicklungen, die mit der Niederschlagung der Commune einhergingen.[454] August Bebel gelang es, die symbolische Rolle der deutschen Sozialdemokratie in der Parteinahme für diese nachhaltig zu verankern, indem er sich im Deutschen Reichstag, als einziger Abgeordneter in ganz Europa, auf die Seite der Commune stellte und damit den internationalen Standpunkt der deutschen Sozialdemokratie unter Inkaufnahme von starken Repressionen unter Beweis stellte.[455] Vieles spricht dafür, dass dieser Schlüsselmoment in der Geschichte der deutschen Sozialdemokratie und in der Geschichte des Deutschen Reichstags noch einmal nachhaltig die Ablehnung der Sozialdemokraten durch die bürgerlichen Eliten festigte. Zumindest die Mehrheit der Abgeordneten verwehrte in den Folgejahren politischen Häftlingen aus den Reihen der Sozialdemokratie immer wieder das Recht auf Immunität – ein stets sich wiederholender performativer Akt der Ausschließung nicht-konformer Stimmen aus dem Forum der Nation.[456] Dass sich die Sozialdemokraten diesem Vorgehen widersetzten und dass sie der Darstellung der bestehenden sozialen Ordnung als natürliche Ordnung, also (in Bourdieus Worten) der „Naturalisierung der sozialen Ordnung", ihre eigenen Entwürfe entgegensetzten, war der Grund für die heftigen Konflikte zwischen Staat und Arbeiterbewegung, aber auch für die langfristige Bindungs- und Anziehungskraft der Letzteren.[457]

Rückblickend hatte die Stellungnahme Bebels und der SDAP im Sinne der Commune laut Ersterem noch in den Wahlkämpfen der 1870er und 1880er Jahre „eine große Rolle" gespielt. Er hat sich somit wohl als Mobilisierungsfaktor ausgewirkt, mit dessen Hilfe die deutsche Arbeiterschaft sich solidarisch mit dem blutigen Kampf der Kommunarden zeigen konnte, damit auch ihre Abwehrbereitschaft und das ihr innewohnende revolutionäre Potential demonstrieren konnte, ohne mit den gleichen brutalen Konsequenzen rechnen zu müssen, wie dies etwa bei den standrechtlichen Erschießungen im revolutionären Paris dieser Zeit zu erwarten gewesen war.[458] Vorerst aber griffen auch im Deutschen Kaiserreich harte Maßnahmen, die den führenden Sozialdemokraten, die sich auf die Seite der Commune gestellt hatten, nun bevorstanden: Bebel, Liebknecht und Adolf Hepner, Redakteur des „Volksstaats", wurden Ende 1870 verhaftet und des Landesverrats, nach Kriegsende umgewandelt in Hochverrat, angeklagt. Der Prozess im März 1872 endete mit der Schuldigsprechung Bebels und Liebknechts, die sich während der Verhandlungen allerdings mit einer meisterhaf-

---

454 Vgl. zur Geschichte der Kommune: Merriman, John: Massacre. The Life and Death of the Paris Commune of 1871, Hampshire 2016; Münchhausen, Thankmar von: 72 Tage. Die Pariser Kommune 1871 – die erste ‚Diktatur des Proletariats', München 2015.

455 Vgl. Eckert, Konsolidierung, S. 42–43.

456 Vgl. Pracht, Elfi: Parlamentarismus und deutsche Sozialdemokratie 1867–1914, Pfaffenweiler 1990, S. 39.

457 Bourdieu, Pierre, Beschreiben und Vorschreiben. Die Bedingungen der Möglichkeit politischer Wirkung und ihre Grenzen, in: Schultheis, Franz/Egger, Stephan (Hrsg.): Pierre Bourdieu. Politik. Schriften zur politischen Ökonomie 2, Berlin 2013, S. 11–22, hier S. 16.

458 Bebel, Leben, S. 343.

ten Rhetorik gegen die Vorwürfe wehrten und den Gerichtssaal erfolgreich für ihre politischen Zwecke zu nutzen vermochten. Diese Rückmeldung gab auch August Geib in einem Brief an Wilhelm Liebknecht vom 24. März 1872:

> „Habt Ihr den dortigen Gerichtshof bald zur Social-Demokratie bekehrt? Fast sollte man annehmen, daß dies gelingen würde, so ausgezeichnet ist Eure Vertheidigung. [...] Ich hege die Überzeugung, daß der Proceß der Partei außerordentlich förderlich ist u. für unsere Sache die beste Propaganda macht."[459]

Auch nach der Verurteilung der beiden sozialdemokratischen Parteiführer und dem Freispruch Hepners waren die Reaktionen der sozialdemokratischen Basis positiv, wie ein Brief Carl Hirschs an Wilhelm Liebknecht bezeugt, der davon berichtete, dass sogar die „heftigsten Gegner [...] enthusiasmirt" und voller Bewunderung für „Muth, die Größe Ihres Standpunkts und die Einfachheit Ihrer Vertheidigung" gewesen seien.[460] Das Andenken an die Commune war in dieser Sichtweise auch ein gemeinsames Anliegen von ADAV und SDAP. Was die Revolutionserwartungen anging, waren die Geschehnisse in Paris zudem ein weiterer Beleg dafür, dass die europäische Arbeiterbewegung ihre Energie nicht zu sehr auf eine Allianz mit dem Liberalismus setzen sollte, wollte sie dessen Schlagkraft mit Blick auf die nationale Bewegung für die eigenen nationalen und sozialen Ziele nutzen. Julius Vahlteich hatte dies noch 1865 gefordert, bevor er aber spätestens seit 1869 fest im Eisenacher Lager stand, welches sich zunehmend vom Liberalismus abwandte.

Werner Conze und Dieter Groh gingen in ihrer Analyse so weit, in dem Verhalten der deutschen Sozialisten in dieser Phase „den Ursprung des Verhaltensmodells der doppelten Loyalität zu suchen", indem sie zwischen einer Klassenloyalität und einer nationalen Loyalität unterscheiden, die in der deutschen Sozialdemokratie seit ihrem Aufkommen bestanden haben sollen.[461] Dieses Modell ist sicherlich zu mechanistisch, da es von einer gleichbleibenden „Menge" an Loyalität ausgeht, die je nach Umweltbedingungen in unterschiedlich starker Weise abgerufen wird. Die deutsche Arbeiterbewegung des Deutschen Kaiserreichs ist für eine solche Betrachtungsweise viel zu komplex und war in ihrer Pluralität auch durchaus fähig zur – wenn auch teilweise widersprüchlichen – Verknüpfung unterschiedlicher Loyalitäten. Gerade diese – bis 1918/19 unterentwickelte – Fähigkeit war es, an welche die Sozialdemokratie anknüpfen konnte, wenn es um praktische Politik ging, die in modernen – nicht totalitären – Gesellschaften nur selten von ideologischer Reinheit geprägt ist. Durch das Verhalten Bebels war nur einer von vielen möglichen Entwicklungssträngen in der Arbeiterbewegung konsolidiert worden, der erst durch seine

---

459 Brief von August Geib an Wilhelm Liebknecht, 24.3.1872, in: Georg Eckert (Hrsg.): Wilhelm Liebknecht. Briefwechsel mit deutschen Sozialdemokraten, Bd. 1 (Quellen und Untersuchungen zur Geschichte der deutschen und österreichischen Arbeiterbewegung, Bd. 4, Assen 1973, Nr. 264, S. 408.

460 Brief von Carl Hirsch an Wilhelm Liebknecht, 31.3.1872, in: Ebenda, Nr. 267, S. 410.

461 Conze/Groh, Arbeiterbewegung, S. 105.

praktische Umsetzung als Erfahrungswert und dann in seiner Deutung vor allem im Sinne eines traditionsbildenden Elements zu einem wichtigen, rückblickend legendenhaft verklärten Erinnerungsfragment wurde. Dieses würde sich bei Gelegenheit wieder mobilisieren lassen und begründete mitunter eine Art „Missionsbewusstsein".[462]

Daraus ist aber kein Determinismus abzuleiten, der die Sozialdemokratie seit dieser Entscheidung in einem Dilemma zwischen nationaler und internationaler Solidarität lokalisiert. Das Dilemma zwischen diesen beiden Wertorientierungen liegt einerseits vielmehr in deren notwendiger Überschneidungsmasse begründet, die es nicht ermöglicht(e), politische Entscheidungen eindeutig nach nationalen und internationalen sowie klassenpolitischen Standpunkten zu entwirren. Andererseits ist es darin zu suchen, dass die sozialdemokratische Partei im Kaiserreich durch ihre Ausgrenzung und Selbstabkapselung keinerlei praktisch-politische Erfahrungswerte sammeln konnte, mit denen sie im weiteren Verlauf den Umgang mit derartigen komplexen politischen Phänomenen hätte einüben können – ganz zu schweigen von den mangelhaften Entwicklungsmöglichkeiten aller politischer Parteien im politischen System des Kaiserreichs.

Was das für die Krise von 1873 nicht unwichtige Verhältnis zur österreichischen Sozialdemokratie angeht, so befand sich die deutsche Sozialdemokratie – vor allem die SDAP – in einem besonders engen Verhältnis zu dieser. Im Sinne der großdeutschen Orientierung dieser Partei war es dann auch Wilhelm Liebknecht, der 1869 in Wien von einer nationalen Verbundenheit der deutschen und österreichischen Arbeiterbewegung sprach.[463] Jedenfalls auch nach den 1871 geschaffenen Fakten blieben „Volksstaat" und auch „Neuer-Social-Demokrat" in Deutschland und Österreich vielgelesene Zeitungen, und die persönlichen Verbindungen beider Parteien intensivierten sich in vielen Bereichen in den kommenden Jahrzehnten.

Die Einigung von ADAV und SDAP, die auf dem Gothaer Parteitag vom 22. bis zum 27. Mai 1875 besiegelt wurde, kann als ein entscheidender Schritt in der Geschichte der deutschen Sozialdemokratie betrachtet werden. Auch was die Entfaltung der publizistischen Schlagkraft angeht, waren die Jahre nach der Einigung ein erster Höhepunkt mit 42 Parteizeitungen im Jahr 1878.[464] Schon im Wahlkampf des Jahres 1874 hatten beide Flügel erfolgreich mit dem Mittel gemeinsamer Wahlpakte ihr Stimmenpotential zu maximieren versucht.[465] Nach und nach wurden Wahlkämpfe auch zu einem immer wichtiger werdenden „Profilierungsschauplatz".[466] Die gegenseitige Feindschaft, die nicht selten auf dem Wege der körperlichen Auseinandersetzung ausgetragen wurde, machte inhaltlichen Kompromissen Platz, die beide Seiten in den nächsten Jahren offensichtlich gut vertreten konnten. Hilfreich war auch der Abgang des von den

---

462 Eckert, Konsolidierung, S. 45.

463 Vgl. Seidel, Jutta et al.: Internationale Stellung und internationale Beziehungen der deutschen Sozialdemokratie 1871–1895/96, Berlin (Ost) 1982, S. 47–50.

464 Vgl. Welskopp, Banner, S. 443.

465 Vgl. Kuhn, Arbeiterbewegung, S. 85.

466 Welskopp, Banner, S. 466.

Eisenachern verhassten Präsidenten des ADAV, Johann Baptist von Schweitzer, welcher spätestens seit der für ihn katastrophal verlaufenen Generalversammlung des ADAV in Elberfeld im März 1869 absehbar war, wenngleich natürlich der ausschlaggebende Faktor für das Zusammenkommen die gemeinsame Ausgrenzungserfahrung in der ersten Zeit nach der Reichsgründung war.[467]

Auch August Bebel reflektierte diese Zeit der Verfolgungen und kam zu dem Schluss, dass Staatsanwalt Tessendorf „in vollem Maße den Erwartungen" Bismarcks entsprochen hatte, indem er der Sozialistenverfolgung enormen Schwung – vor allem in Berlin – gab.[468] Das endgültige Ziel, die Schwächung der Bewegung, war jedoch nicht erreicht, sondern das Gegenteil bewirkt worden.[469] Tessendorf hatte schon 1873 vorgeschlagen, den ADAV aufzulösen, und am 25. Juni 1874 – nach seiner Versetzung nach Berlin – die vorläufige Auflösung des ADAV in Preußen angestrebt, was 1875 endgültig wurde.[470] Die nun entstandene „Sozialistische Arbeiterpartei" (SAP) hatte wesentliche Teile des Eisenacher Programms von 1869 übernommen, nannte aber auch Kernforderungen des ADAV. Die Tatsache, dass Karl Marx sich nicht zufrieden erklärte mit den Zugeständnissen an die Lassalle-Richtung, zeugt nicht von einer unzureichenden ideologischen Durchdringung der deutschen Sozialdemokratie. Stattdessen muss darauf hingewiesen werden, dass Vorformen des Marxismus, die bestenfalls als Protomarxismen zu bezeichnen sind, in diesen formativen Jahren der deutschen Sozialdemokratie zwar populär, aber nicht einflussreich waren.[471] So kam es, dass trotz der geballten Kraft der Eisenacher bereits auf dem Parteitag im Jahr 1874, also als die Forderungen des ADAV noch nicht integriert werden mussten, diese keine Zustimmung zu einer Schärfung der Formulierungen im Programm der Partei im Marx'schen Sinne fanden. Dies betraf Bestrebungen von August Geib, Josef Dietzgen und Wilhelm Bracke, die etwaige Kompromisse mit dem bestehenden Staat durch die Betonung einer Machtübernahme durch die Arbeiterschaft und mit den Ideen Lassalles verbundene Hoffnungen auf Staatshilfe als Instrument verhindern wollten.[472] Bei der Vereinigung von ADAV und SDAP sah es für die Chancen der Eisenacher Protomarxisten naturgemäß nicht besser aus:

---

467 Vgl. Eckert, Konsolidierung, S. 47.

468 Vgl. zur Person Hermann Tessendorffs, der 1831 in Pommern geboren wurde und seit 1864 als Staatsanwalt in Preußen tätig war. Die 1873 erfolgte Versetzung nach Berlin begründete die „Ära Tessendorff" und führte zu Schließungen und Verboten von sozialistischen Organisationen in Berlin und Preußen, wie zu hohen Strafen für die betroffenen Sozialisten: Wilke, Malte: Staatsanwälte als Anwälte des Staates? Die Strafverfolgungspraxis von Reichsanwaltschaft und Bundesanwaltschaft vom Kaiserreich bis in die frühe Bundesrepublik, Göttingen 2016, S. 35f.

469 Bebel, Leben, S. 406.

470 Kutz-Bauer, Helga: Arbeiterschaft, Arbeiterbewegung und bürgerlicher Staat in der Zeit der Großen Depression. Eine regionale und sozialgeschichtliche Studie zur Geschichte der Arbeiterbewegung im Großraum Hamburg 1873 bis 1890, Bonn 1988, S. 253.

471 Vgl. Welskopp, Banner, S. 684. Die ältere Forschung sah dies anders: Vgl. Jaeger, Hans: Geschichte der Wirtschaftsordnung in Deutschland, Frankfurt am Main 1988, S. 89.

472 Vgl. Huck, Gerhard: Joseph Dietzgen (1828–1888). Ein Beitrag zur Ideengeschichte des Sozialismus im 19. Jahrhundert, Stuttgart 1979, S. 105–106. Nähere biographische Details zu

> „Tatsächlich gingen die wenigen, von Bracke und Dietzgen vorgebrachten Ansätze einer Annäherung an die Marxsche Terminologie gänzlich verloren, als eine von Lassalleanern und Eisenachern beschickte Vorkonferenz im Februar 1875 das Programm aushandelte, das der Vereinigung der Fraktionen zugrunde gelegt werden sollte [...].“[473]

Schon im Jahr 1873 hatte es auf der Generalversammlung des ADAV Stimmen gegeben, die sich für eine Verschmelzung beider Lager aussprachen.[474] Im Jahr 1874 mehrten sich diese: Viele Anträge riefen statt einer Vereinigung dazu auf, dass die beiden Parteien zumindest friedlich miteinander umgehen sollten. Demgegenüber verhielt sich die Eisenacher Partei auf ihrem Parteitag in Coburg noch zurückhaltender und bezog sich in Person des Vorsitzenden des Parteitags Vahlteich in ihrer Skepsis auf die bei der Generalversammlung des ADAV zurückgewiesenen Anträge zur Vereinigung.[475]

Dennoch ging ab 1874 alles zunehmend schnell. In der Vorkonferenz hatte sich der vormalige Gegner der Einigung, der 1844 in Bremen geborene ADAV-Vertreter und späterer Anarchist Wilhelm Hasselmann, als Verhandlungsführer des ADAV erstaunlich schnell mit dem Programmvorschlag der SDAP-Vertreter zufrieden gegeben, was dem ursprünglichen Anstoßgeber des ADAV zur Einigung, Carl Wilhelm Tölcke, der aber inzwischen isoliert war, Anlass zur Veranstaltung des „Westdeutschen Arbeitertags“ am 11. April 1875 gab. Bei diesem sollten erneut die Kernforderungen des ADAV durchgebracht werden, indem Tölcke die bisher an der Diskussion weniger teilnehmenden Parteimitglieder mobilisieren wollte.[476] Dies scheiterte jedoch insofern, als der hauptsächlich von Wilhelm Liebknecht formulierte Programmentwurf, der ja schon den Kompro-

---

Wilhelm Bracke finden sich in: Seidel, Jutta: Wilhelm Bracke – Vom Lassalleaner zum Marxisten, Berlin (Ost) 1966 und in: Pollmann, Klaus Erich (Hrsg.): Wilhelm Bracke. Beiträge zum Kolloquium am 29. Mai 1992, Braunschweig 1992.

473 Huck, Joseph Dietzgen, S. 107.

474 Vgl. hierzu den aus Offenbach durch Häuser eingebrachten Redebeitrag vom 22. Mai 1873 in: Dowe, Dieter (Hrsg.): Allgemeiner Deutscher Arbeiterverein: Protokolle und Materialien des Allgemeinen Deutschen Arbeitervereins, Bonn 1980, Zwölfte Generalversammlung des ADAV in Berlin (richtig: Frankfurt am Main) vom 19.-24. Mai 1873, S. 390: „So wie wir würden auch die Eisenacher von der Staatsgewalt verfolgt und in's Gefängnis geworfen. Beim Barrikadenkampfe in Paris 1871 haben beide Fraktionen für die Freiheit geblutet. Sehe man die herrschenden Reibereien, so müsse man weinen.“

475 Protokolle der sozialdemokratischen Arbeiterpartei, Bd. I: Eisenach 1869–Coburg 1874, Bad Godesberg 1971, Protokoll über den sechsten Congress der Sozial-demokratischen Arbeiterpartei, abgehalten zu Coburg, am 18., 19., 20. und 21. Juli 1874, Erste geschlossene Sitzung, Sonntag, 19. Juli, S. 24: „Daß die Stellung des Allg. deutschen Arbeitervereins thatsächlich doch noch eine zurückhaltende ist, geht aus der Abstimmung über den, auf der Generalversammlung dieses Vereins gestellten Einigungsantrag, für welchen unter 69 Delegierten nur 19 stimmten, deutlich hervor. Wir haben uns demgemäß zu reserviren und vor Allem auf die prinzipielle Haltung des Allg. deutschen Arbeitervereins zu achten, da hierin ein wesentliches, wenn nicht das wesentlichste Moment zur Richtschnur unserer Einigungstaktik zu suchen ist.“

476 Vgl. Herzig, Arno: Der Allgemeine Deutsche Arbeiter-Verein in der deutschen Sozialdemokratie: dargestellt an der Biographie des Funktionärs Carl Wilhelm Tölcke (1817–1893), Berlin 1979, S. 316.

miss mit den Lassalleanern enthielt, ohne größere Diskussion zur gemeinsamen Grundlage beider Strömungen für die Einigung wurde.

Die Kompromissbereitschaft des politischen Kernklientel beider Parteiströmungen zeigt, dass zu diesem Zeitpunkt das Primat der Politik und nicht das Primat der Ideologie innerhalb der Arbeiterbewegung den Vorrang besaß. Keineswegs war es so, wie Liebknecht gegenüber Engels zum Ausdruck brachte, dass eine der beiden Fraktionen rote Linien gezogen hätte, die den Abbruch der Verhandlungen gefährdet hätten.[477] Hier ging es viel eher um die persönliche Rechtfertigung gegenüber Marx und Engels, wie Liebknechts Briefen eindeutig zu entnehmen ist.[478] Der Weg für einen Kompromiss war nicht so weit, wie vielleicht aus der Rückschau anzunehmen ist. So gab es doch viele Gemeinsamkeiten, vor allem in der Rhetorik aus Reden und Artikeln der jeweiligen Vertreter, in der Ablehnung des Klassenstaats, es gab Annäherungen in der Gewerkschaftsfrage, beim ehernen Lohngesetz und in internationalistischen Fragen. Das Wirken Lassalles hatte sich, wie auch Bebel gegenüber Engels betonte, in der deutschen Sozialdemokratie dauerhaft niedergeschlagen.[479] Man konnte sich zwar, wie zu Anlass des Gothaer Parteitags, darüber streiten, ob „ehern" der richtige Begriff für das Lohngesetz war oder ob Lassalles Revolutionsverständnis erstrebenswert sei, aber im Ziel wurden sich die Sozialisten immer wieder einig.[480] Was von Puristen als Makel betrachtet wurde, bot viele Chancen für einen Zusammenschluss. Auch bei der Begründung ihrer Forderungen argumentierten beide Fraktionen häufig naturrechtlich und eher weniger gemäß eines wie auch immer gearteten wissenschaftlichen Sozialismus.[481]

Was den ersten Punkt angeht, kann das Gothaer Programm natürlich als wegweisend für die folgenden Jahre der Entwicklung der deutschen Sozialdemokratie gelten. Allerdings war der gefundene Kompromiss eine Mischung aus

---

477 Vgl. Wilhelm Liebknecht an Friedrich Engels, 21. April 1875, BArch, NY4034/206, Zitat nach Abschrift auf Bl. 8: „Die Mängel des Programms, auf welche Du aufmerksam machst, sind unzweifelhaft vorhanden, und waren uns auch von vornherein klar – sie ließen sich aber in der Conferenz nicht vermeiden, wenn anders die Einigungsverhandlungen nicht abgebrochen werden sollten." Und weiter: „Es fragt sich dann noch bloß, ob die Einigung ein zu erstrebendes Ziel, und ob sie des gebrachten Opfers werth. Entschieden: Ja!"

478 Vgl. hierzu: Wilhelm Liebknecht an Friedrich Engels, 23. April 1875, BArch, NY4034/206, Zitat nach Abschrift auf Bl. 14: „Genug, die Einigung ist der Tod des Lasalleanismus, und der vollständige Sieg des ‚Marx'schen' Kommunismus über die Lasalesche [sic] Sektiererei."

479 Vgl. Brief von August Bebel an Friedrich Engels, 19. Mai 1873, in: Blumenberg, Werner (Hrsg.): August Bebels Briefwechsel mit Friedrich Engels, Quellen und Untersuchungen zur Geschichte der deutschen und österreichischen Arbeiterbewegung, Den Haag 1965, Nr. 5, S. 14–16, hier S. 14: „Sie dürfen nicht vergessen, dass die Lassalleschen Schriften tatsächlich – das lässt sich nicht wegdiskutieren – durch ihre populäre Sprache die Grundlage der sozialistischen Anschauung der Massen bilden."

480 Auch wenn man rückblickend davon sprechen muss, dass einzig ehern der Zusammenhang zwischen langfristig (wenn auch stark schwankend) steigenden Löhnen und steigenden Stimmenanteilen für die Sozialdemokratie im Kaiserreich war, auch wenn sich dieser Trend vor dem Ersten Weltkrieg abzuschwächen begann.

481 Vgl. Stephan, Genossen, S. 159.

lassalleanischen Forderungen mit jenen der Eisenacher Gruppe, ein Ergebnis, das schon vor Beginn der Verhandlungen als das wahrscheinlichste eingeordnet worden wäre. Ein weiterer Punkt ist die eigentliche Relevanz der offiziellen Programmatik der Partei. Weit davon entfernt, dem Gothaer Programm praktische Wirksamkeit abzusprechen, so zeigt schon die erst nach dem Tod von Karl Marx bekanntgewordene Kritik am Programm, in welcher dieser theoretische Unzulänglichkeiten im Programm nachwies, aber auch Liebknechts eigene Beteuerungen, dass er die Mängel des Programms kenne und diese nur in Kauf genommen habe, um die Einigung nicht zu gefährden, wie wenig die Kompromissformeln in Stein gemeißelt waren.

Sie zeigen vor allem, wie unwichtig diese im Verhältnis zur praktischen Parteipolitik gewesen waren, handelten doch fast alle Kritiker des Programms und auch der Einigung weiterhin auf der Basis des neuen Programms und behielten ebenso weiterhin ihre spezifische Auslegung des sozialistischen Projekts bei. Kurz gesagt: Das Gothaer Programm ist rückblickend als Symbol zu einem historischen Einschnitt geworden, der überdimensioniert im Vergleich zu seiner tatsächlichen Bedeutung für die praktische Parteipolitik in den 1870er Jahren wirkt. Auch das kontrafaktische Denken führt in diese Richtung, man stelle sich einen noch mehr von Lassalle durchdrungenen Text oder den kompletten Sieg der Marx'schen Sichtweise vor: Wäre daran die Einigung gescheitert? Und hätte die Fortexistenz einer zweiten sozialdemokratischen Strömung dauerhaft die Schlagkraft der Arbeiterbewegung geschmälert? Bereits die tatsächlichen erfolgten Abspaltungsbewegungen vom ADAV nach rechts und der vereinigten Partei in die anarchistische Richtung zeigen, wie begrenzt der Erfolg dieses Szenarios gewesen wäre, auch wenn noch ein paar Funktionäre mehr es gewählt hätten. Viel wichtiger als die Programmdiskussion waren die Gründe, die den starken Einigungswillen bedingten: die gemeinsame Verfolgungserfahrung durch den Obrigkeitsstaat, die befürchtete oder tatsächliche wirtschaftliche Misere infolge der Krise von 1873, die Notwendigkeit der Zusammenarbeit im Reichstag und vor allem bei Reichstagswahlen und die auch von Seiten der Gewerkschaften aus inspirierte wohlwollende Sichtweise der Einigung bei der überwiegenden Mehrzahl der Mitglieder beider Parteien. Hinter all diesen Beweggründen stehen als zusätzliche Motivation eine kollektive Bevorzugung der praktischen und theoretischen Gemeinsamkeiten, der Wille zur Anwendung und Ausformung einer gemeinsamen praktischen Ideologie und eine pragmatische Abwehrhaltung gegenüber ideologischen Alleinvertretungsansprüchen. Diesen gegenüber mochten sich Bebel und Liebknecht zwar rechtfertigen, auf welche die mittlere Parteiebene jedoch schon nicht mehr Rücksicht nahm, ohne sie deswegen direkt zu ignorieren, was auf der untersten Ebene wiederum die Parteibasis sicherlich nicht scheute.

Wären Marxens Bedenken vollumfänglich zur Grundlage politischer Entscheidungen gemacht worden, hätte die Einigung entweder nicht oder unter deutlich schlechteren Vorzeichen stattgefunden. Seine Randglossen zum Programm der deutschen Arbeiterpartei wurden jedoch erst im Jahr 1891 einer breiten Öffentlichkeit bekannt und zugänglich.[482] So aber war Wilhelm Liebknechts Programmentwurf letztendlich die Basis für eines der erfolgreichsten politischen Projekte der deutschen Geschichte, dessen Erfolgschancen Friedrich Engels selbst noch im Jahr 1875 nach dem Gothaer Parteitag als äußerst gering eingeschätzt hatte: Er erwartete eine erneute Spaltung in zwei Parteien.[483]

Die Erfolge jedoch ließen nicht lange auf sich warten. Die schon unter einem nicht geringen Verfolgungsdruck stattfindenden Wahlkämpfe in den 1870er Jahre zeigen ein eindeutiges Bild: Bereits im Jahr 1874 hatten ADAV und SDAP dank Wahlkooperationen ihren Stimmenanteil insgesamt auf 6,8 Prozent verdoppeln können.[484] Die Vermehrung der Reichstagsmandate um drei auf 12 Mandate als vereinigte Partei im Jahr 1877 und der nur leichte Rückgang auf erneut neun infolge der massiven Hatz gegenüber den Sozialisten im Vorfeld der Wahlen 1878 sprechen eine eindeutige Sprache.[485] Diese Erfolge begünstigten die Entwicklung der Sozialdemokratie hin zu einer politischen Partei modernen Typs, die auch weiterhin Anhänger anzog; sie wurden aber zunehmend zum „euphorisch gefeierten Revolutionsersatz“, wie Thomas Welskopp es formuliert hat.[486] Was erstaunt, ist die in der Forschungsliteratur eher seltene Nennung der Rolle der Gründerkrise im zunehmend für die Sozialdemokratie günstiger werdenden politischen Klima der 1870er Jahre.[487] Stellte nicht das Warten auf eine Wirtschaftskrise, die den Sozialdemokraten die nationale Revolution, von der die „Alt-48er“ geträumt hatten, abnehmen würde, den neuartigen Ersatz für diese dar? Waren die Wahlkämpfe der 1870er Jahre nicht auch deswegen so erfolgreich, weil die wirtschaftliche Entwicklung der Arbeiterbewegung rechtzugeben schien? Oder handelte es sich bei der Gründerkrise um eine verpasste Chance, auf welche die deutsche Sozialdemokratie infolge ihrer eigenen „Gründerei“ nicht angemessen zu reagieren vermochte? Diesen und anderen Fragen soll im Folgenden nachgegangen werden.

---

482 Vgl. Kuhn, Arbeiterbewegung, S. 86.

483 Vgl. Brief von Friedrich Engels an August Bebel, 15. Oktober 1875, in: Blumenberg, Werner (Hrsg.): August Bebels Briefwechsel mit Friedrich Engels, Quellen und Untersuchungen zur Geschichte der deutschen und österreichischen Arbeiterbewegung, Den Haag 1965, Nr. 13, S. 39–42, hier S. 41.

484 Kuhn, Arbeiterbewegung, S. 85.

485 Vgl. Berghahn, Volker: Das Kaiserreich 1871–1914. Industriegesellschaft, bürgerliche Kultur und autoritärer Staat, Stuttgart 2003, S. 315.

486 Welskopp, Generation, S. 66. Vgl. hierzu auch: Groh, Dieter, Integration, S. 74–75: „Die Parlaments- und Wahlrechtsgläubigkeit wurde gefördert durch Engels‘ Autorität, der die von Wahl zu Wahl ansteigende Stimmen- und Abgeordnetenzahl als Anzeiger für das ‚mathematisch berechenbare‘ Herannahen des Sozialismus wertete. Als seit Mitte der 90er Jahre die revolutionäre Naherwartung schwand, fand auch hier eine Zweck-Mittel-Vertauschung und Fetischisierung statt: die Gewinnung von Stimmen und Mandaten und nicht in erster Linie die durch sie zu erobernde politische Macht stand im Vordergrund des Interesses der Sozialdemokratie.“

487 Vgl. hierzu etwa: Lehnert/Brandt, Geschichte, S. 58.

2. *Methodische Vorbemerkungen und Untersuchungsgegenstand*

Die folgenden Kapitel heben sich von den vorangegangenen in der Art ab, als dass sie eine gänzlich andere methodische Vorgehensweise mit sich bringen müssen. Anders als bei der Darstellung der Krise in ihrem Verlauf und der Analyse unterschiedlicher Krisenkonzepte werde ich mich nun vor allem der Analyse der sprachlichen Ebene, also der semantischen Krisengeschichte, zuwenden. In diesem Fall habe ich mich um eine möglichst großflächige Durchsicht der einzelnen Ausgaben der beiden untersuchten Zeitungen bemüht, die dann zur weiteren Absicherung – im Falle digitalisierter Jahrgänge – um Schlagwortsuchen ergänzt wurde. Um den Quellenkorpus nicht überdimensional anzulegen, habe ich mich dafür entschieden, den Fokus auf die einzigen wirklich überregional wirksamen Arbeiterzeitungen der Jahre zwischen 1873 und 1878 zu richten: auf den seit Juli 1871 von Berlin aus erscheinenden „Neuen Social-Demokraten" und den „Volksstaat". Die Durchsicht aller verfügbarer Ausgaben aus diesen Jahren hat zu einem Destillat aus weit über 500 Artikeln geführt, die sich mit einem oder mehreren Aspekten der Gründerkrise auseinandersetzten. Ausgewählt habe ich diese Artikel durch die digitale Suche nach Schlagworten wie „Krach", „Krise", „Gründer", „Börse" und „Moral", aber auch durch die komplette Durchsicht des Bestands, um nichts zu übergehen. Die Relevanz des Korpus wird dadurch erhöht, dass regionale Blätter nicht selten wesentliche Teile aus diesen Leitorganen übernahmen und diese nach Bedarf ergänzten.

Seit 1871 waren die Redakteure des „Neuen Social-Demokraten" Wilhelm Hasenclever und Wilhelm Hasselmann. In diesem (Neu-)Gründungsjahr verfügte die Zeitung über 13.028 Abonnenten mit 448 Vertriebsorten.[488] Während ersterer – im Sinne einer „parteiverbundenen" Presse – repräsentativ für die Haltung des ADAV beziehungsweise der sich dieser Strömung zurechnenden Sozialdemokraten ist, handelt es sich beim seit Oktober 1869 erscheinenden und das „Demokratische Wochenblatt" ablösenden „Volksstaat" um das definitive Presseorgan der SDAP und später, kurz vor seiner Umwandlung in den „Vorwärts", auch um jenes der SAP.[489] Seit 1869 war Wilhelm Liebknecht verantwortlicher Redakteur des „Volksstaat", es war die Pflicht der Zeitung, sich an das Parteiprogramm zu halten, und ein Parteiausschuss kontrollierte die Redaktion und setzte sie ein.[490] Neben anfangs Adolf Hepner waren später auch Wilhelm Blos und seit 1875 Bruno Geiser zeitweise Mitarbeiter der Redaktion.[491] Auch während seiner Gefängnishaft zu Beginn unseres Untersuchungszeitraums behielt Liebknecht die

---

488 Vgl. Leesch, Klaus: „Vorwärts" in „Die Neue Zeit". Die sozialdemokratische Presse im langen 19. Jahrhundert, Leipzig 2014, S. 33.

489 Leesch: „Vorwärts", S. 13.

490 Vgl. Tschubinski, Wachim: Wilhelm Liebknecht. Eine Biographie, Berlin (Ost) 1973, S. 107.

491 Vgl. Eisfeld, Gerhard/Koszyk, Kurt (Hrsg.): Die Presse der deutschen Sozialdemokratie. Eine Bibliographie, Bonn 1980, S. 149.

Kontrolle über den „Volksstaat".[492] Damit befinden wir uns im Untersuchungszeitraum in einer Umbruchsphase, in der die Parteizeitungen durch eine immer engere Anbindung an die Partei an Eigenständigkeit verloren.[493] Dies erlaubt gleichzeitig den Blick auf die herrschende Meinungsvielfalt innerhalb der sozialdemokratischen Presse und ebenso auf die zu beobachtende zunehmende Engführung bestimmter Argumentationen.

Diese Entwicklung lässt sich keineswegs nur aus parteipolitischen Gründen ableiten, sondern nicht zuletzt auch aus der durch die Nichtannahme von gewerblichen Anzeigen zunehmenden Abhängigkeit der sozialistischen Zeitungen von der Partei.[494] Helga Kutz-Bauer hat darauf hingewiesen, dass das Abonnieren der Parteizeitungen weniger Repressalien nach sich zog als der formale Parteieintritt, weswegen die Zahl der Abonnements auch wichtige Rückschlüsse über die Anhängerschaft der Parteien zulässt.[495] Der Befund einer „weitgehenden Einheit von Mitgliedschaft und Leserschaft" muss ergänzt werden mit dem Hinweis, dass zwar die Mitglieder der Parteien auch die Leser der Parteiorgane waren, nicht aber alle Leser auch Parteimitglieder.[496] Abgesehen davon muss auch auf das Ausliegen von Zeitungen in Wirtshäusern und das häufige Vorlesen von Zeitungen unter Arbeitern hingewiesen werden, weshalb ein großer Multiplikatoreffekt angenommen werden muss.[497] Was für die Journalisten der sozialdemokratischen Parteipresse insgesamt gilt, galt für die Zusammensetzung dieses spezifischen Milieus während der 1870er Jahre im Besonderen:

> „Die weitaus meisten sozialdemokratischen Journalisten hatten diesen Beruf weder gelernt, noch hatten sie eine für ihre Aufgabe nutzbare Ausbildung. Ein gutes Viertel von ihnen war zur Presse gekommen, weil es in ihren Ausgangsberufen eine Verbindung zum gedruckten Wort gab. Sie waren Buchbinder, Buchdrucker, Lithographen und Schriftsetzer gewesen. Das heißt aber weiter, dass deutlich mehr als die Hälfte aus buch- und wortfernen Berufen kamen. Es gab lange Zeit praktisch keine Fortbildung. Diese setzte erst langsam nach der Jahrhundertwende ein. Vier von zehn der Journalisten waren zeitgleich Teilzeitpolitiker und/oder Funktionäre, die in der Partei und in den Parlamenten Ämter bekleideten. Häufig wollten sie wiedergewählt werden. Auch das minimierte ihre Möglichkeiten im Journalistenberuf."[498]

---

492 Vgl. hierzu: Wilhelm Blos: Denkwürdigkeiten eines Sozialdemokraten, 2 Bde., München 1914–1919, S. 123.

493 Vgl. Requate, Jörg: Die Zeitung als Medium politischer Kommunikation, in: Frevert, Ute/Braungart, Wolfgang (Hrsg.): Sprachen des Politischen. Medien und Medialität in der Geschichte, Göttingen 2004, S. 139–167, hier S. 151.

494 Vgl. Pürer, Heinz/Raabe, Johannes: Presse in Deutschland, Konstanz 2007, S. 67.

495 Kutz-Bauer, Arbeiterschaft, S. 252.

496 Boll, Friedhelm: Die deutsche Sozialdemokratie und ihre Medien. Wirtschaftliche Dynamik und rechtliche Formen, Bonn 2002, S. 15.

497 Vgl. hierzu: Eisenberg, Christiane: Deutsche und englische Gewerkschaften. Entstehung und frühe Entwicklung bis 1878 im Vergleich, Göttingen 1986, S. 171.

498 Kutz-Bauer, Arbeiterschaft, S. 102f. Vgl. hierzu auch: Koszyk, Kurt: Die Arbeiterpresse: Organisation, Probleme, Wirkung, in: Gewerkschaftliche Monatshefte 3/1989, S. 172–184.

Was im Zusammenhang mit der Professionalisierung des sozialdemokratischen Journalismus vielleicht als Mangel beschrieben werden kann, nämlich die hohe personelle Überschneidung von sozialdemokratischen Politikern und Journalisten, die also eine doppelte Rolle als Kommunikatoren ausfüllten, konnte gleichzeitig – wenn es um die Untersuchung politischer Diskurse geht – von großem Vorteil sein. Für die Jahre von 1873 bis 1878 kann von einer großen Überschneidung von politischen Inhalten in der Parteipresse und den politischen Inhalten, die in der Partei diskutiert wurden, ausgegangen werden.

In den Jahren nach dem Sozialistengesetz hingegen ist eine andere Dynamik zu beobachten, die sich aus der veränderten Rolle der Partei in der Öffentlichkeit und dem damit zusammenhängenden Bedürfnis nach ideologischer Konsistenz ergab.[499] Die Situation der Presse im Kaiserreich im Allgemeinen war dank des Reichspressegesetzes vom Mai 1874 leicht verbessert worden. Vorteile wie die Garantie grundsätzlicher Pressefreiheit und Erleichterungen in Bezug auf die Aufhebung von Stempelsteuer und Kautionen standen eher einschränkenden neuen Regelungen gegenüber, die eine Ablieferungspflicht der Presseerzeugnisse und die Rolle des „verantwortlichen Redakteurs" mit sich brachten, den dann etwaige juristische Konsequenzen treffen würden.[500]

Die Strukturen des „Volksstaats" wie auch des „Neuen Social-Demokraten" ähnelten sich im Beobachtungszeitraum stark. Auf der Titelseite war neben dem Leitartikel, der manchmal durch eine Artikelreihe ersetzt wurde, eine allgemeine „Politische Uebersicht", die Nachrichten aus aller Welt und dem Inland wiedergab und kommentierte, zu finden, an die sich die anderen Rubriken anschlossen. Im „Volksstaat" gab es hier die Rubriken „Gewerksgenossenschaftliches" und „Correspondenzen", die beide lokale Einsendungen brachten, die teilweise auch von der Redaktion kommentiert wurden und in jedem Fall eine Fundgrube für die Herstellung eines überregionalen Parteidiskurses darstellen. Die Rubriken „Briefkasten" und „Anzeigen" bieten dagegen weniger inhaltliches Material. Im „Neuen Social-Demokraten" gab es neben dem gewerkschaftlichen „Verbands-Theil" noch den „Vereins-Theil", welcher spezifische Parteiinterna behandelte. Auch hier schlossen sich die Rubriken „Annoncen" und „Briefkasten" an. Die untersuchten Zeitungen verfügten abgesehen von dieser groben Struktur über eine enorme Flexibilität, was Themenvielfalt und auch den mengenmäßigen Umfang der unterschiedlichen Rubriken angeht. Gelegentlich finden sich Wertungen, die den „Neuen" als dem „Volksstaat" gegenüber als wissenschaftlich überlegen einstuften.[501] Aufrufe aus aktuellem Anlass und Fortsetzungsromane unterbrachen nicht selten die übliche Struktur der Zeitungen und lassen darauf schließen, dass die Arbeiterbewegung in diesen Jahren nicht nur in ideologischer und organisatorischer Hinsicht begann, sich eine eindeutige Form zu geben.

---

499 Vgl. hierzu: Löblich, Maria/Venema, Niklas: Die SPD, die Meinungsfreiheit und die Konsequenzen der Massenpresse im Kaiserreich, in: Publizistik 65 (2020), S. 209–231.

500 Vgl. Kutz-Bauer, Arbeiterschaft, S. 44.

501 Vgl. hierzu: Mehring, Geschichte, S. 57: „Unzweifelhaft war auch der Neue Sozialdemokrat nicht bloß in der populären Darstellung, sondern ebenso in der scharfen Auffassung der ökonomisch-sozialistischen Probleme dem Volksstaat überlegen."

Neben den angesprochenen Zeitungsartikeln als vorherrschendem Quellentypus werde ich mich ergänzend auf Reichstagsprotokolle, Schriften und Reden, andere sozialdemokratische Presseerzeugnisse, Briefe und Parteitagsprotokolle beziehen. Auffällig bei der umfassenden Analyse dieser Quellen ist, dass Theoriedebatten beziehungsweise sozialdemokratische Krisenanalysen fast ausschließlich in der zeitgenössischen Presse aufzufinden sind, weshalb der Großteil der im Text wiedergegebenen Quellen aus diesem Medium stammt. Es handelt sich hierbei nicht um eine arbiträre Auswahl des Autors, sondern ist das Resultat der flächendeckenden Durchsicht von Archivmaterialien, Presse und gedruckten Quellen der Geschichte der deutschen Arbeiterbewegung zwischen 1873 und 1878. Die Parteitage in diesem Zeitraum befassten sich hauptsächlich mit Fragen der Einigung der Partei, finanziellen Aspekten und – ohne Ausnahme – mit dem möglichst gewinnbringenden Umgang mit der Parteipresse, was sicherlich als Ausdruck der großen Bedeutung derselben zu werten ist. Diese Ebene kann vielleicht als ausgleichende Ebene der innerparteilichen Kommunikation beschrieben werden, da hier – im Betrachtungszeitraum – weder ausschweifende Theoriedebatten geführt wurden, wie in den Presseorganen, noch der persönliche Austausch im Vordergrund stand. Letzteres gilt für die Briefwechsel und die Korrespondenz aus jenen Jahren. Hier geht es einerseits um persönliche Freund- und Feindschaften, die gemeinsame Parteierfahrung als Diskurs eines freundschaftlich und beruflich verbundenen Kollektivs und – erneut – um die Presseorganisation. Die Diskussion theoretischer Ansätze kam vor, spielte aber eine weitaus geringere Rolle, als vielleicht anzunehmen wäre, was sich auch in vergleichsweise wenigen Zitaten aus dieser Quelle in der vorliegenden Arbeit widerspiegelt. Theoriebezogene Diskurse sind den Schriften und Reden der Akteure der sozialdemokratischen Bewegung zu entnehmen, häufig aber auch als Zusammenfassung von vorherigen Presseartikeln, die das Gros der in Bezug auf die Fragestellung relevanten Texte bilden.

3. *Krisenerscheinungen im Ausland: Wie international denken die Internationalisten?*

Der Blick auf die Geschichte der Sozialdemokratie zeigt ein äußerst komplexes Verhältnis zur internationalistischen Idee. Während sich in der Revolution von 1848/49 Liberale und politische Vertreter der Arbeiterschaft noch größtenteils darüber einig waren, dass das Ziel eines freien Europas mit dem Ziel eines Europas freier Nationalstaaten zu verbinden sei, brachten Nationalisierungsprozesse in weiten Teilen des Kontinents ganz unterschiedliche Modelle hervor, die sich von scheinkonstitutionellen Monarchien bis hin zu demokratischen Republiken erstreckten. Damit differenzierte sich der politische Horizont, also die Vielfalt politischer Zielvorstellungen weiter aus, und die gemeinsame Gegnerschaft gegenüber autokratisch herrschenden Monarchen wich unterschiedlichen Abstufungen von Kompromissbereitschaft – je nach Einzelfall.

In Anlehnung an Reinhart Kosellecks Konzeption aufklärerischer Opposition gegenüber autokratischer Herrschaft, die sich – idealtypisch – nur in dieser spezifischen Konstellation herausbildet, kann die Auflösung dieser Dichotomie zwischen Herrschenden und Beherrschten in der zweiten Hälfte des 19. Jahrhunderts als ein wichtiger Grund für den politischen Differenzierungsprozess gelten, der – wie in unserem Fall – Arbeiterschaft und Bürgertum politisch getrennte Wege gehen ließ. Während sich aber der Liberalismus mehr oder weniger mit der neuen politischen Konstellation arrangierte, damit politikfähig, aber utopiefrei beziehungsweise utopielos wurde, benötigte die Arbeiterbewegung neue Bündniskonzepte und angesichts der Lösung der nationalen Frage auch eine gewisse Art von Utopieersatz, wollte sie ihren politischen Charakter als fundamentale Systemopposition beibehalten. Da es zu einem Ausgrenzungs- und Abgrenzungsprozess der Sozialdemokratie im Kaiserreich kam, war in Ermangelung konkreten politischen Handelns und damit einer politischen Normalisierung im Sinne moderner Parteien die Befriedigung des Bedürfnisses nach einer theoriegeleiteten Zielvorstellung Voraussetzung für die weitere Anziehungskraft der Bewegung. Im zur Verfügung stehenden Ideenreservoir war der sozialistische Internationalismus eines der unzähligen Dispositive, welches genutzt und angepasst werden konnte, um diese Leerstelle zu füllen – nicht zuletzt die Kontingenz der Geschichte spielte hier eine wichtige Rolle, denn von vollständig determinierten Entwicklungen darf nicht ausgegangen werden.

Im Deutschen Reich hatte die Verwirklichung des Nationalstaats mit der Reichsgründung 1871 das Hauptanliegen vieler kleindeutsch denkender Liberaler in die Tat umgesetzt. Die Arbeiterbewegung war diesbezüglich gespaltener. Hier unterschieden sich die kleindeutsch orientierten Mitglieder des ADAV von den großdeutsch und antipreußisch orientierten Mitgliedern der SDAP. Beide Parteien strebten weiterhin eine Emanzipation der Arbeiterschaft an, der ADAV war dabei insgesamt zu Kompromissen mit der Staatsmacht bereit und akzeptierte bzw. partizipierte am patriotischen Diskurs, der von Vaterlandsliebe und dem Diskurs der Pflichterfüllung geprägt war – wie bei der anfänglichen Zustimmung zu den Kriegskrediten anlässlich des Deutsch-Französischen Kriegs zu sehen ist.

Die SDAP war, anders als ihre Opposition gegen den Krieg vielleicht vermuten lässt, keinesfalls antinational oder antipatriotisch. Es war eben nicht *ihr* Vaterland, welches nun entstanden war. Weder dessen Werden, auf dem Weg einer dynastischen Auseinandersetzung und nicht mittels der Volksrevolution, noch dessen Sein – der kleindeutsche Nationalstaat, angeführt von der Dynastie der Hohenzollern – konnten den Patriotismus der Eisenacher wecken. Daraus zu schließen, dass diese, in den letzten Jahren des Jahrhunderts vornehmlich marxistisch geprägte Partei anstelle des Patriotismus und des Nationalismus der anderen Parteien und politischen Bewegungen des Kaiserreichs gleichsam den Internationalismus setzte, wäre ein Fehlschluss. Die Unterstützung der Commune war begründet durch den Vorrang der sozialen Frage vor der nationalen

Frage – eine Priorisierung, welche die deutsche Arbeiterbewegung nicht allein aus eigenen Stücken, sondern bedingt durch die Veränderung der politischen Lage wählen musste. Die Opposition gegenüber Preußen und die Solidarität mit den Kämpfern der Commune überwogen als Motive schlichtweg gegenüber den vaterländischen Gefühlen, die selbstverständlich auch in der Arbeiterschaft anzutreffen waren.

Dass im Umkehrschluss der ADAV eine blinde Vaterlandsliebe an den Tag legte und sich der internationalen Solidarität entzog, wie oft von Seiten der „Eisenacher" vorgebracht wurde, kann mit Verweis auf dessen Ablehnung des Krieges in der Endphase leicht widerlegt werden. Um die Verhältnisse noch zusätzlich zu verkomplizieren, hatte die Verbindung der SDAP mit der Internationalen Arbeiterassoziation, die vorwiegend aus taktischen Gründen geknüpft worden war, zur Folge, dass der Einfluss zweier internationalistischer Denker, Karl Marx und Friedrich Engels, in Verbindung mit deren Staatsverständnis im Ansteigen begriffen war.[502] Sozialpolitik, wie etwa die Begrenzung des Arbeitstags, wurde jetzt von Seiten der internationalen Sozialisten befürwortet, und zwar auch, wenn sie im Rahmen eines abzulehnenden Systems betrieben wurde. Damit verschoben sich aber auch die Handlungsoptionen internationaler Kooperation. Wenn Sozialisten im Einzelfall abwägen mussten, ob politisches Handeln des eigenen Staates zu befürworten oder abzulehnen war, gab es Raum für eine Vielzahl von möglichen Einschätzungen, die sich durchaus grundsätzlich unterscheiden konnten. Der zu bewältigende Komplexitätsgrad war ungleich höher als etwa im Falle einer prinzipiellen Systemopposition. Vielleicht war es dieser Spielraum für strategisches Denken, der die Herausbildung einer gleichsam „outgesourcten" strategischen Abteilung innerhalb des transnationalen sozialistischen Unternehmens begünstigte. Es waren Karl Marx und Friedrich Engels, die mit ihrer flexiblen Herangehensweise in Bezug auf außenpolitische Konstellationen jenen Spielraum eröffnet hatten; sie waren es auch, die gleichzeitig das Angebot bereitstellten, für das sie erst die Nachfrage geschaffen hatten.

Exakt diese instrumentelle Sichtweise brachte Marx auch bei Ausbruch des Deutsch-Französischen Kriegs zum Ausdruck, als er die Ablehnung des Krieges erst ab dem Augenblick für notwendig erachtete, als durch seinen Verlauf die von ihm verhasste Regierung Bonapartes gestürzt und an ihre Stelle ein fortschrittlicheres System getreten war.[503] Von dem Standpunkt ausgehende Hoffnungen, dass ein europäischer Krieg die Basis für eine grenzüberschreitende Revolution sein könne, die Marx und Engels noch in den 1860er Jahren gehegt hatten, sollten sich nicht erfüllen.[504] Die Akteure der deutschen Arbeiterbewegung, die vor Ort entscheiden mussten, konnten sich nicht den gleichen Abstraktionsgrad erlauben wie die im Ausland befindlichen theoretischen Denker

---

502 Vgl. hierzu: Schönhoven, Klaus: Die deutschen Gewerkschaften, Frankfurt am Main 1987, S. 33.

503 Vgl. Abendroth, Wolfgang: Sozialgeschichte der europäischen Arbeiterbewegung, Frankfurt am Main 1968, S. 43–45.

504 Vgl. Stephan, Genossen, S. 74.

der Internationalen: So kam es auch schon bei der Entscheidung über die Ablehnung oder Enthaltung bezüglich der Kriegskredite zum Streit zwischen Bebel und Liebknecht.[505] Letzterer konnte seinen Preußenhass nicht verbergen, doch Bebel gelang es, ihn zur Enthaltung zu bewegen. Von einem einigen internationalistischen Standpunkt war hier keine Spur. Erst in der Rückschau wurden die Gegnerschaft der Sozialdemokratie gegenüber Preußen und ihre Solidarität mit der Commune als Ausweis ihres internationalistischen Standpunkts beschrieben. So waren die Marx'schen Standpunkte, später noch durch Engels ausformuliert, erst später traditionsstiftend und boten die Gelegenheit zur ideologischen Selbstversicherung.

A. Die Krise und die Weltrevolution – von Passivität und Aktion

Der Ausbruch der Krise im Sommer und Herbst 1873 traf die Arbeiterbewegung im Deutschen Reich in einer Phase, als der organisatorische Zusammenhang mit der I. A. A. immer lockerer geworden war. Anders als noch 1871, als zumindest publizistische Unterstützung – und durch diese erschaffen – eine gewisse Diskursgemeinschaft zwischen in diesem Fall der deutschen und französischen Arbeiterbewegung bestanden (welch realen Einfluss diese auch immer gehabt haben mag), war bei Ausbruch des wahrhaft internationalen Ereignisses einer weltumspannenden Krise das Sprachrohr der internationalen Arbeiterbewegung zunehmend verstummt. Der sechste Kongress der I. A. A. hatte vom 8. bis 13. September 1873 in Genf stattgefunden, fast zeitgleich mit dem Ausbruch der Krise in den USA. Fast alle der wenigen Delegierten waren Schweizer, und die Resonanz war gering gewesen. Die Verlegung des Generalrats nach New York hatte die Zentrale der I. A. A. und deren neuen Sekretär Friedrich Adolph Sorge in das Epizentrum der Krise befördert – aber nur im geographischen Sinne. Ein Kongress vom 11. bis 13. April 1874 in Philadelphia und die Auflösung der I. A. A. unter dem Nachfolger Sorges, Carl Speyer, am 15. Juli 1876 im Philadelphia folgten.[506] Bei Ausbruch der Krise hatte sie bereits ihren Zenit überschritten, persönliche Streitigkeiten dominierten. Die wichtigsten internationalen Elemente, die die Arbeiterbewegung in den von der Krise betroffenen Ländern nun verbanden, waren die internationale Finanzkrise von 1873 und der gemeinsame Krisendiskurs in den sozialdemokratischen Parteiorganen jener Jahre: ein tauglicher Ersatz für die Erfüllung jener Bedürfnisse, welche die grenzüberschreitende Diskursgemeinschaft der Internationalen hatte bieten wollen?

---

505 Jung, Werner: August Bebel. Deutscher Patriot und internationaler Sozialist. Seine Stellung zu Patriotismus und Internationalismus, Pfaffenweiler 1988, S. 57–58.

506 Vgl. Fricke, Dieter: Handbuch zur Geschichte der Deutschen Arbeiterbewegung 1869 bis 1917, Bd. 2, Berlin (Ost) 1987, S. 800f und Braunthal, Julius: Geschichte der Internationale, Band I, Bonn 1974, S. 197.

Der Blick in den „Volksstaat“ zeigt, dass der Bezug auf das internationale Element schon zu Beginn des Untersuchungszeitraums längst zu einem etablierten Dispositiv geworden war. Dabei fällt auf, dass zum Beispiel Gewerkschaften, wie etwa die 1869 in Leipzig gegründete „Internationale Gewerksgenossenschaft der Schuhmacher“,[507] die 1869 mit Unterstützung Julius Mottelers als erste Textilarbeitergewerkschaft gegründete „Internationale Gewerkschaft der Manufaktur-, Fabrik- und Hand-Arbeiter“, die 1869 gegründete „Internationale Maurer- und Zimmerergewerkschaft“ und die ebenfalls 1869 in Nürnberg gegründete „Internationale Metallarbeitergewerks-Genossenschaft“, sich der internationalen Bezeichnung bedienten und deren Repräsentanten im Rahmen meines Quellenkorpus auch im „Volksstaat“ Artikel verfassten.[508]

Einerseits ist die Ursache für die Amalgamierung von „international“ und „Gewerkschaft“ darin zu finden, dass diejenigen sich im Jahre 1869 häufig als Konkurrenzorganisationen zu bestehenden lassalleanischen Arbeiterorganisationen gegründet hatten, die explizit nicht den Internationalismus im Titel führten. Während die dem ADAV nahestehenden Verbände schon auf eine längere Organisationszeit zurückblicken konnten und damit nicht selten auch über eine ansehnliche Mitgliederzahl verfügten, verbanden die mit der Eisenacher Richtung der Sozialdemokratie kooperierenden Gewerkschaften mit dem Begriff der Internationalität einen Führungsanspruch innerhalb der Arbeiterbewegung, der gleichsam durch eine weltweite Verbindung der Arbeiter und durch Zustimmung zum Programm der I. A. A. unterstrichen werden sollte.[509]

Während der Führungsanspruch innerhalb der Arbeiterbewegung durch eine internationale Vereinigung der unterdrückten Arbeiterschaft proklamiert wurde, war die Neugründung eines Konkurrenzverbands realiter nichts anderes als die Entzweiung auf der nationalen Ebene, die vorerst das exakte Gegenteil der internationalen Einigungsbestrebungen bewirkte. Der Fall der „Internationalen Gewerksgenossenschaft der Schuhmacher“ zeigt beispielhaft, wie die Arbeiterorganisationen mit Hilfe des preußischen Staates aus dieser Sackgasse herauskommen konnten: Die Konkurrenzorganisation der „Internationalen Gewerksgenossenschaft der Schuhmacher“, der „Allgemeine deutsche Schuhmacherverein“, wurde im August 1874 durch den Berliner Staatsanwalt Tessendorf aufgelöst. So kam es bereits vor dem Gothaer Parteitag von 1875, bei welchem sich die beiden Strömungen der deutschen Sozialdemokratie zusammenschlossen, zu einer Vereinigung der deutschen Schuhmacher in Gestalt der „Schuhmachergewerkschaft“, die bis zum Erlass des Sozialistengesetzes von dieser Bündelung der Kräfte profitieren konnte.[510]

---

507 Vgl. Zinner, Dionys: Das fünfundzwanzigjährige Jubiläum des Verbandes der Schuhmacher Deutschlands, in: Die Neue Zeit. Wochenschrift der Deutschen Sozialdemokratie 26, 2 (1908), S. 646–649.

508 Informationen zu den anderen Gründungsdaten aus: Renzsch, Wolfgang: Handwerker und Lohnarbeiter in der frühen Arbeiterbewegung: Zur sozialen Basis von Gewerkschaften und Sozialdemokratie im Reichsgründungsjahrzehnt, Göttingen 2011, S. 128, 173.

509 Vgl. Jung, Bebel, S. 99.

510 Vgl. Zinner, Jubiläum, S. 647.

Bemerkenswert ist, dass die Gewerkschaften oftmals die treibende Kraft bei der Einigung der Sozialdemokratie darstellten, obwohl ähnlich harte Auseinandersetzungen wie bei ihren Äquivalenten auf politischer Ebene auch auf gewerkschaftlicher Ebene an der Tagesordnung waren, wie ein Berichterstatter aus der „Internationalen Gewerkschaft der Manufaktur-, Fabrik- und Hand-Arbeiter" am 7. Juni 1873 im „Volksstaat" darlegen konnte:

> „Berlin. Als der 2. Punkt der Tagesordnung an die Reihe kam, erklärten sofort einige Mitglieder, daß seit Bestehen der Gewerkschaft hauptsächlich von Seiten der Mitglieder des Allgemeinen Deutschen Arbeitervereins nichts unversucht gelassen worden sei, um dieselbe in den Augen der Berliner Manufakturarbeiter herabzusetzen und womöglich ihre Auflösung herbeizuführen; unter anderem war auch behauptet worden, der frühere Vertrauensmann habe niemals Rechnung gelegt und nach Belieben über die eingegangenen Gelder verfügt."[511]

Dieses repräsentative Zitat aus dem Jahr 1873 belegt, dass die Gegnerschaft der beiden Gewerkschaftsflügel in Zeiten andauernder Hochkonjunktur fortbestand und dass, ähnlich wie bei der Auseinandersetzung zwischen den Parteien, gegenseitige Anschuldigungen über den Umgang mit Geldern keine Seltenheit waren. Im Kontext der Gründerjahre, die ja spätestens seit dem Zusammenbruch des „Systems Strousberg" und verstärkt durch die öffentliche Diskussion des Eisenbahnkonzessions-Skandals im Jahr im Februar 1873 mit einem verstärkten Fokus auf den Umgang mit gemeinsamen Kassen einhergingen, ist besonders bemerkenswert, dass die Arbeiterschaft diese Problematik auch in ihren eigenen Reihen zum Gegenstand der Betrachtung machte und somit keine eindeutige Trennlinie zwischen einer moralisch zweifelhaften Bourgeoisie, der alles zuzutrauen war, und der ehrlichen Arbeiterschaft gezogen wurde. Die von Robert Wuthnow beobachtete Verortung der Bourgeoisie am negativen Ende der Wertskala als extremer Gegenpol zur „guten" Arbeiterschaft war zu diesem Zeitpunkt und in diesem Diskursfragment der deutschen Sozialdemokratie noch nicht vollzogen worden.[512] Besonders prägnant nachvollziehbar ist dies an dem am 18. September 1873 im „Volksstaat" erschienenen Artikel mit dem Titel „Arbeiter-Börse", welcher die Welt der Börse und die des internationalen Gewerkschaftswesens gleichsetzte und damit die moralische Verkommenheit der Börse auch in die Kreise der Arbeiterbewegung einsickern sah:

> „‚Abgeschmackte Gesetzmacherei' wurden auf dem vorjährigen Mainzer Congreß die Anträge genannt, die bezweckten, Ordnung und Einheit in die Parteipresse zu bringen. Setzen wir an Stelle des Wortes ‚Gesetzmacherei' das Wort Projectmacherei, so haben wir, glaube ich, die richtige Bezeichnung für die in letzter Nr. des ‚Volksstaat' in einem Abdruck aus dem Dr. Volksboten zur Sprache gebrachte beabsichtigte Gründung einer ‚Arbeiter-Börse' die durch einen, in drei Monaten einzuberufenden Handwerkertag der Bauhandwerker ‚aller Länder' (ist's Preußenland? ist's Sachsenland?) ins Leben gerufen werden soll und – wobei ‚Specalitäten' (?) gütigst der internationalen ‚Maurer- und Zimmerergewerkschaft' überwiesen werden sollen. Wenn solche Ungeheuerlichkeiten, von

511 Volksstaat, 7. Juni 1873, Nr. 46.
512 Wuthnow, Communities, S. 493.

> einer enthusiasmirten Arbeiterversammlung beschlossen werden, die über die Freude an dem Bauhandwerkertag ‚aller Länder' und über den pompösen Namen ‚Arbeiter-Börse' vergisst, daß – abgesehen von dem Widersinn, (um nicht ein bezeichnenderes sinniges Wort zu gebrauchen) – der in der beabsichtigten Gründerei liegt, weder das Eine noch das Andere sich aus dem Boden stampfen läßt, so ist das zu erklären. Auch noch, daß ein Lokalblatt derartige Resolutionen abdruckt, ohne der eigenen Ansicht darüber Ausdruck zu geben. Wenn aber selbst die Redaction des ‚Volksstaat' nicht einmal ein (?) oder (!) dafür hat, so ist Gefahr vorhanden, daß das Schemen anfängt Gestalt zu gewinnen, ‚Projectmacherei' und ‚Gründerei' auch auf andere Kreise ansteckend wirkt, daß Zeit und Kräfte nutzlos geopfert, dazu andern, besseren Zwecken entzogen werden, um die Berge kreisen, um eine Maus gebären zu lassen."[513]

Die aus diesen Zeilen herauszulesende Ablehnung jeglicher internationaler „Gründungen" kann nicht ohne Verweis auf die gleichzeitig stattfindende Gründungskonjunktur in Deutschland und Österreich verstanden werden, an der ja – vor allem aus den Reihen der Bauhandwerker – Teile der Arbeiter insofern profitierten, als dass nicht alle Bauspekulation fruchtlos blieb und viele neu errichtete Gebäude der 1870er Jahre auch Beschäftigungsmöglichkeiten für die Arbeiterschaft boten. Dabei waren aber – was die Skepsis des Verfassers des Artikels erklären mag – die Möglichkeiten der Arbeiterschaft, ihre Situation zu verbessern, von einer guten Organisation vor Ort abhängig, die dafür sorgte, dass der Arbeitgeber nicht mit der Entlassung der Belegschaft drohen konnte, was nicht selten geschah. Durch eine eigene überregionale, geschweige denn internationale Organisation konnte die Arbeiterschaft versuchen, diesem Vorgehen eigene Maßnahmen entgegenzusetzen, was hunderte derartige Aufrufe in den untersuchten Zeitungen belegen, die zum „Fernbleiben" von Streikplätzen aufriefen.[514] Tatsächlich mag der Terminus „Arbeiterbörse" ganz andere Assoziationen geweckt haben als diese. Die pejorativ verwendeten Begriffe „Projectmacherei" und „Gründerei" sprechen eine deutliche Sprache mit Blick darauf, was von jeglichen neuartigen Projekten zu halten war. Diese scheinen prinzipiell abzulehnen zu sein, die internationale Ebene der Organisation wird spöttisch betrachtet – ein selten deutlicher Einblick in das Verhältnis von Anspruch und Wirklichkeit der „internationalen" Gewerkschaften der 1870er Jahre. Die Ablehnung der Vorgänge in Verbindung mit der Dresdener „Arbeiterbörse" teilte auch die Redaktion des „Volksstaats", die den anonymen Leserbriefautor darauf hinwies, dass Karl Marx persönlich sich noch in Form eines Artikels im „Volksstaat" dazu habe äußern wollen, was aus Zeitmangel noch nicht geschehen sei.[515]

Weiter fuhr der Autor fort mit der Anmerkung, schon bisher sei in Dresden organisatorisch nicht viel erreicht worden; was sollten jetzt Leute aus „allen Ländern"? Die Erfolgsaussichten einer solchen internationalen Organisation schienen also nicht sehr günstig zu sein. Gleichzeitig sind mit anderen Ländern auch andere deutschsprachige Regionen wie Sachsen oder Preußen gemeint,

---

513 Volksstaat, 19. September 1873, Nr. 87.

514 Vgl. Der Volksstaat, 2. April 1873, Nr. 27; und ein Misserfolg bei der Verhinderung des Zuzugs von arbeitswilligen Kollegen: Der Volksstaat, 13. Februar 1874, Nr. 18.

515 Vgl. Volksstaat, 19. September 1873, Nr. 87.

was das internationale Stichwort noch einmal relativiert und an die tatsächliche Wahrnehmung der Zeitgenossen zurückbindet. Zuerst sollten vor Ort die notwendigen Mitglieder angeworben werden, um eine schlagkräftige Organisation bilden zu können:

> „Das würde eine frische, fröhliche Gründerei und Projectmacherei abgeben, damit einige Konfusions-Räthe Gelegenheit hätten, ihr Licht leuchten zu lassen. [...] Anstatt des, schon jetzt in's Wasser gefallenen Bauhandwerkertags aller Länder, und der, noch vor der Gründung der börsenkracherlegenen ‚Arbeiter-Börse' (Schade um dieses kostbare dem Tode geweihte Wort) gründe man ein Agitations-Comité, welches die Aufgabe hat, an allen Orten Sachsens Bauarbeiter zu organisiren und der Gewerkschaft der Maurer und Zimmerer zuzuführen. Und wenn man dieser Aufgabe gewachsen ist, und einige Tausend Bauarbeiter in Sachsen selbst organisirt und disciplinirt der Central-Gewerkschaft zugeführt hat [...] (Gezeichnet. Ein Gewerkschafter)"[516]

Diese Worte verweisen einerseits auf die persönliche Meinung des Zeitgenossen zu den Ergebnissen der bisherigen Tätigkeit der Leitung der „Internationalen Maurer- und Zimmerergewerkschaft", andererseits bezeugt die Zustimmung des „Volksstaats", welcher sich viel mehr noch als sein Gegenüber vom ADAV als offizielles Sprachrohr der Partei verstand, dass die Organisation auf lokaler und regionaler Ebene den Vorrang haben sollte vor jeglichen internationalen Gedankenspielen. War der Bestandteil „international" im Titel vieler Gewerkschaften der Eisenacher Richtung bei deren Gründung im Jahr 1869 ein wichtiges Unterscheidungsmerkmal zum ADAV und ein Hinweis auf die Verbindung der SDAP zur Internationalen Arbeiterassoziation, schien im Jahr 1873 – auch von offizieller Seite – der Standpunkt Marxens durchgedrungen zu sein. Dieser ging von einem Stufenmodell der Organisation auf nationaler Ebene – damit war die Tätigkeit des Organisierens gemeint, nicht das Endziel einer bestimmten Organisationsform – aus,[517] der erst die internationale Organisation beziehungsweise die Revolution folgen sollte.

Der Vergleich mit den Artikeln des „Neuen Social-Demokraten" zeigt, dass der Begriff des „Internationalen" in der Presse der Lassalleaner eine weitaus geringere Rolle spielte, jedenfalls nicht im Zusammenhang mit den Stichworten „Gründertum", „Gründerkrise" und „Gewerkschaftsorganisation" die in dem Quellenkorpus der vorliegenden Arbeit zentrale Begriffe darstellen und sich in Artikeln des „Volksstaats" häufig miteinander überschneiden, was im „Neuen Social-Demokraten" viel seltener der Fall ist. Eine interessante Ausnahme stellt der Leitartikel des „Neuen Social-Demokraten" vom 16. Juli 1873 dar, wo sich die Redaktion der „Internationale der Verbrecherwelt" stellte, diese den Begriff des Internationalen also in einer ausdrücklich negativen Konnotation verwendete. Der Titel aber war einem Artikel aus der „Vossischen Zeitung" entlehnt, welcher sich in polemischer Weise mit internationalen Kontakten vermeintlicher diebischer Genossenschaften auseinandersetzte und dieses Vorgehen mit der

516 Volksstaat, 19. September 1873, Nr. 87.

517 Vgl. Welskopp, Thomas: Zeitzünder. Die frühe Sozialdemokratie und die „Gleichzeitigkeit des Ungleichzeitigen", in: INDES, Sonderheft 2016, Göttingen 2016, S. 30–39, hier S. 37.

„schwarzen Internationale“, also dem Katholizismus und der „rothen Internationale“, gleichzusetzen suchte. Während der Autor des „Neuen Social-Demokraten“ durchaus Verständnis dafür aufbringt, das „schwarze Gevögel“ der Katholiken mit Verbrechen in Verbindung zu bringen, so verwahrt er sich dagegen, dies auch mit der Sozialdemokratie zu tun. Stattdessen drehte er die Argumentationsfigur der „Vossischen Zeitung“ gleichsam um, indem er den neuen Begriff der „goldenen Internationale“ einführte, welche die – unter Verweis auf einen Artikel aus einer nicht näher bezeichneten konservativen Zeitschrift – weitaus größte Gefahr darstellen sollte:

> „Und betrachten wir einmal die Mitglieder der ‚goldenen‘ Internationale, die Gründer und Schwindler; denken wir darüber nach, wie viel Mark sie dem Volke ausgesogen, wieviele Thränen der Wittwen und Waisen an ihrem Blutgelde kleben – dann kommen uns die Häupter der Internationale des Verbrecherthums, Böttcher-Karl und wie sie heißen mögen, geradezu als Engel vor im Vergleich zu den Häuptern der Gründerwelt, zu den Häuptern der goldenen Internationale. [...] Die schwarze Internationale trägt mit Schuld, weil sie die geistige Freiheit dem Volke vorzuenthalten sucht und dadurch den niedern Leidenschaften desselben vollen Lauf läßt, die goldene Internationale trägt die Hauptschuld, weil sie Noth und Elend schafft und direkt zum Verbrechen antreibt – beiden verdankt somit der Dritte im Bunde, die Internationale des Verbrecherthums ihren Ursprung. Die rothe Internationale aber bekämpft mit aller Kraft die ‚Schwarzen‘ und die ‚Goldenen‘; sie wird obsiegen, und dann verschwindet mit ihren Ursachen auch die Internationale des Verbrecherthums.“[518]

Der Hinweis auf die goldene Internationale operiert mit einer ähnlichen Metaphorik wie die Verwendung des Begriffes im Ursprungsartikel. Die Internationale wird hier im Sinne einer Geheimgesellschaft verstanden, eine hinter dem Rücken der restlichen Menschheit operierende konspirative Organisation, die nur auf den eigenen Vorteil aus ist – antisemitische Stereotype konnten sich hier anschließen. Der Autor des „Neuen Social-Demokraten“ wies dieses Bild nicht vollständig zurück und akzeptierte dessen Anwendung auf den Katholizismus sogar bis zu einem gewissen Grad. Die „Gründer und Schwindler“ waren aus Sicht des Autors die viel größere internationale Bedrohung. Auch hier fand also eine geheime Verschwörung statt, freilich mit viel brutaleren Folgen, indem „dem Volke“, also der national verankerten Solidaritätsgemeinschaft, „das Mark ausgesogen“ würde. Ganz ähnlich wie ein Aasfresser oder ein Parasit agiert die goldene Internationale in dieser biologistischen Metaphorik. Das Geld der „goldenen Internationale“ ist „Blutgeld“, gewöhnliche Verbrecher sind brave Schulbuben gegen die Anhänger der „goldenen Internationale“ in Bezug auf die Auswirkungen der Verbrechen, aber auch weil letztere ungestraft bleiben und rechtmäßiges Eigentum problemlos entwenden können. Im Endergebnis verschlechtert sich die Lage des Volkes so sehr, dass es selbst zum Verbrechen genötigt ist. Das – offensichtlich auch bei den Sozialisten – positiv besetzte „Eigenthum“ war somit durch eine internationale Verschwörung bedroht. Diese Argumentationslinie, die eigentlich ein gängiger Topos der antisozialistischen Agitation jener Jahre

518 Neuer Social-Demokrat, 16. Juli 1873, Nr. 80.

ist, bezog sich jetzt explizit auf die Proponenten der modernen Wirtschaft, die internationalen Gründer, die keine Grenzen kannten – auch nicht in moralischer Hinsicht.

Abschließend mag die bejahende Darstellung der „roten Internationale" verwundern, bezog der ADAV doch spätestens seit 1871 eine „entschiedene Kontra-Stellung zur I. A. A".[519] Hier ist der Begriff aber allgemein als internationale Arbeitersolidarität zu verstehen, ein Begriff, dessen Verwendung sich auch der ADAV in Anbetracht seines offensichtlichen Mobilisierungspotentials offensichtlich nicht enthalten konnte. Es war eine Losung, mit der sogar – wie in jenem Artikel – die anzustrebende Lösung der gesellschaftlichen Grundkonflikte notwendig verbunden war.

Nach Ausbruch der Krise bekam das internationale Element in der Berichterstattung des ADAV eine zusätzliche Relevanz. Die Ereignisse in Wien im Mai 1873 waren es, welche die Aufmerksamkeit der deutschen Sozialdemokraten erregten. Am 18. Mai 1873 gelangte so folgender Bericht in die „Politische Uebersicht" des „Neuen Social-Demokraten", der in seinen Rubriken keine Trennung von politischer und ökonomischer Berichterstattung kannte. Ab Mai 1873 nahmen die Artikel zu, ob im „Volksstaat" oder im „Neuen", die sich mit den Konsequenzen der Krise für Deutschland und die Welt auseinandersetzten:

> „Die Wiener Börsenkrise ist so charakteristisch für die moderne Produktionsweise, daß es wohl verlohnt, noch Einiges darüber nachzutragen. Zunächst sei erwähnt, daß der Einfluss der Krise den gesammten Welthandel bereits in einer Weise erschüttert hat, daß jetzt auch der Londoner Geldmarkt in Mitleidenschaft gezogen wird. In einem Artikel über die Börsen-Panik in Wien empfehlen die ‚Times' ‚energische Maßregeln' zum Schutz des englischen Geldmarktes. ‚Die Panik in Wien' – sagt das Cityblatt – ‚theilte sich unverzüglich Frankfurt mit, und Berlin ist ebenfalls beunruhigt. Die ganze letzte Woche befand sich Edelmetall im Laufe des Exports von London nach Deutschland und am Sonnabend wurde der Bank Geld entnommen, um ebenfalls dahin versandt zu werden. Baares Geld wird nun vor allem Andern in Deutschland gebraucht, und es wird uns entnommen werden, so lange es zu Bedingungen erhalten werden kann, die es nutzbringend machen, dasselbe hier zu borgen und dort zu verleihen. Der einzige Weg, zu verhindern, daß wir unserer Reser-

---

519 Herzig, Der Allgemeine Deutsche Arbeiter-Verein, S. 8. Vgl. zur Zeit vor 1871 und dem Verhältnis vom ADAV zur IAA: Mommsen, Hans: Die geschichtliche Bedeutung Ferdinand Lassalles, in: Ders.: Arbeiterbewegung und Nationale Frage. Ausgewählte Aufsätze (Kritische Studien zur Geschichtswissenschaft, Bd. 34), Göttingen 1979, S. 260–295, hier S. 289: „Im Ringen beider Fraktionen miteinander, aber auch in den inneren Positionskämpfen des ADAV war die Berufung auf Marx und die Anlehnung an die I. Internationale überwiegend eine taktische Frage. Nicht Liebknecht war der eigentliche Vorkämpfer für einen Anschluß der deutschen Arbeiterbewegung an die IAA, sondern die von Johann Philipp Becker geleitete *Sektionsgruppe deutscher Sprache* der IAA in Genf; und v. Schweitzers Versuch, Marx zu gewinnen, richtete sich vor allem gegen die erstarkende Konkurrenz Bebels und Liebknechts. Marx aber hoffte, er könne den ADAV als Plattform für die Verbreitung des 1867 erschienenen 1. Bandes von ‚Das Kapital' benützen und ihn zum Beitritt zur IAA bewegen. [...] Die Mitarbeit von Marx und Engels am ‚Social-Demokrat' kam jedoch über Ansätze nicht hinaus: v. Schweitzer war nicht bereit, Marx die angestrebte Schlüsselstellung einzuräumen, und den offenen Anschluß an die IAA wollte er vermeiden, um nicht die legale Existenz des ADAV aufs Spiel zu setzen."

> ven beraubt werden, ist, die Bedingungen, unter welchen Geld geliehen wird, zu erhöhen. [...] Eine Erhöhung des Zinsfußes zu London bedeutet aber nicht mehr und nicht weniger, als eine Geldkrise für jene Weltstadt, so daß alsdann die Krise nur noch den Ocean zu überschreiten braucht, um zur allgemeinen Weltkrise zu werden. Und als wollte das Geschick durch bitteren Spott die Allmacht der bis zur Tollheit planlosen Kapitalwirthschaft enthüllen, ist es das mit den bewußten fünf Milliarden beglückte Deutschland, welches plötzlich geldbedürftig das Edelmetall Englands an sich zieht."[520]

Die Krise in Wien war vor allem deswegen von Interesse, weil sie „charakteristisch" für das moderne Produktionssystem war. Sie konnte als Lehrbeispiel genutzt werden, weshalb es ihr auch noch mehr Aufmerksamkeit zu widmen galt. Die weltweiten Auswirkungen, in erster Linie den englischen Geldmarkt betreffend, rangieren dabei unter den zuerst genannten Aspekten, wenn es um die charakteristischen Auswirkungen der Krise geht. Zitate aus der „Times" zeigen die Dringlichkeit der Situation, den Überblick der Redakteure über die internationale Lage sowie ihren Zugriff auf die internationale Presseberichterstattung. Aus den Zeilen des Londoner Weltblattes wird deutlich (wie schon in Teil II der Arbeit erwähnt), wie sehr das Handeln der Bank of England traditionell von nationalen Eigeninteressen und nicht unbedingt immer von den Idealen des Freihandels geleitet war.

Für den Autor des „Neuen" ist der Zusammenhang des englischen Geldmarktes mit den deutschen Verhältnissen zwingend logisch: Die durch die Zinssenkung der Bank of England ausgelöste Geldkrise, die wiederum durch die Geldbedürfnisse der deutschen Handelsplätze ausgelöst worden war, müsse bloß noch den „Ocean [...] überschreiten". Hierfür ist keine Erklärung erforderlich, die Internationalität des Geldmarktes wird vorausgesetzt – und die Weltkrise ist da. Hier wird einerseits klar, dass das Weltkonzept von allem unter transatlantischen Vorzeichen gedacht wurde, also die Verbindung USA–England–Kontinentaleuropa als wesentliches Merkmal der Weltwirtschaft galt. Andererseits bleibt der Blick auf die deutschen Verhältnisse der Fixpunkt der Betrachtung, vermittelt durch die „bis zur Tollheit planlose Kapitalwirthschaft", die das verbindende und erklärende Element der weltwirtschaftlichen Krisenphänomene darstellte. Die fünf Milliarden Deutschlands, das mit diesen „beglückt" worden sei, sahen nun klein und lächerlich aus. Wie als wollte es spotten, zeigte das allmächtige Weltwirtschaftssystem nun Deutschland, wie sehr es abhängig war von der Verfügbarkeit frischer Gelder aus dem internationalen Geldsystem.

Die internationalen Ereignisse, die hier mit dem klaren Fokus auf die wichtigsten Wirtschaftsnationen der westlichen Hemisphäre geschildert werden, zeigen eine klare Abstufung in der Rangfolge der Ereignisse. Die in Wien entstandene Krise wirkte sich demnach sofort auf Berlin und London aus, überschritt von dort den Ozean und schwappte zurück – hier mag das Bild des wellenartig sich bewegenden Ozeans zwischen den Zeilen auftauchen. Ganz buchstäblich ist es aber die Personifikation der „Kapitalwirtschaft", die alle losen Enden zusammenknüpft. Durch die Vermittlung eines tollwütigen Wesens, das aber neben sei-

---

520 Neuer Social-Demokrat, 18. Mai 1873, Nr. 58.

ner animalischen Kraft und Unberechenbarkeit auch noch über eine „Allmacht“ verfügt, sich die ganze Welt untertan zu machen, werden alle Länder der Welt in die Weltkrise hinabgezogen. Hier schwebte keine wissenschaftliche Analyse des kapitalistischen Weltsystems vor dem inneren Auge des Lesers oder der Leserin, sondern das Narrativ einer teuflisch-apokalyptischen Mythengestalt namens „Kapithalwirtschaft“. Am unteren und empfangenen Ende des von diesem Wesen angetriebenen Kreislaufs lag das Deutsche Reich, das sich mit der Summe der französischen Kriegskontributionen fälschlicherweise im Glück wähnte. Die Macht der deutschen Nation schien also auf Sand gebaut, die Verhältnisse hatten sich ganz umgedreht und angesichts der wilden Planlosigkeit des Geschehens konnte auch keine eindeutige Vorhersage getroffen werden, außer dass die Weltkrise zwingend kommen musste. Die ohne die Unterstützung der Sozialisten gegründete mitteleuropäische Großmacht war, so mächtig sie den Lesern der Arbeiterpresse auch erscheinen mochte, im internationalen Blickwinkel nur verschwindend klein. So half der Perspektivenwechsel von der nationalen auf die internationale Ebene auch, neuen Mut zu schöpfen, wenn es um die Selbstermächtigung der Arbeiterschaft gehen sollte.

Wie nun würde diese Krise sich weiter entwickeln? Die Reaktion des „Neuen Social-Demokraten“ lässt sich grob in drei Stufen einteilen: 1. Pressemeldungen informieren zeitnah und ohne längere Einordnungen über aktuelle Entwicklungen; 2. Die Krise wird als unberechenbare Naturkatastrophe geschildert, die nicht zu kontrollieren ist; wirtschaftliche Analyse und Apokalyptik vermischen sich, wenn es um die internationalen Elemente geht; 3. Die Krise ist da. Eine möglichst objektive Einordnung ist nun gefragt, aber Polemik bleibt nicht aus. Der folgende Artikel vom 24. September 1873 bietet ein gutes Beispiel für den Übergang von Stufe 1 zu Stufe 2:

> „Eine Handelskrise droht im gegenwärtigen Augenblick von jenseits des Weltmeeres aus den Vereinigten Staaten von Nordamerika. In Folge großartiger Bankerotte daselbst, welche anzeigen, daß die Ueberproduktion der letzten Jahre auch dort zum ‚Krachen‘ kommt, sind die amerikanischen und englischen Börsen so erschreckt, daß es nicht unmöglich ist, daß der bisherigen Krise in Deutschland Oesterreich eine Weltkrise folgt. [...] Und der Sturz eines solchen Riesengeschäftes verwickelte eine Masse der verwickelten Geschäfte, so daß es nicht unmöglich ist, daß die schon drohende Weltkrise durch diesen Anlaß erfolgt.“[521]

Nun war der Zeitpunkt gekommen, den der Artikel aus dem Mai 1873 schon erahnt hatte: Die Krise ist da. Das Weltmeer – auch hier ist der atlantische Ozean *das* Weltmeer und damit die transatlantische Welt *die* Welt – hatte nun die Krise aus den USA nach Europa gebracht. Hier ist es kein wütendes Biest namens „Kapitalwirtschaft“, es ist der Prozess der „Ueberproduktion“, der sich logisch zu vollziehen scheint. Die Weltkrise ist aber keine ausgemachte Sache, eine vorsichtigere Analyse ist der apokalyptischen Vorhersage gewichen. Aber auch kommt es zu einer simplifizierenden Personifikation im Sinne der „erschreckten“ Bör-

[521] Neuer Social-Demokrat, 24. September 1873, Nr. 110.

sen. Die globalen Börsenmechanismen zu erklären, wird hier nicht angestrebt. Die Ereignisse in den USA, namentlich die Verbindung des Handelshauses Jay Cooke mit der New Yorker Börse, wurden allerdings geschildert und in ihrem jeweiligen nationalen Rahmen detailliert nacherzählt.

Das aus den Artikeln des „Neuen" im Jahr 1873 herausgearbeitete Schema scheint darauf hinzudeuten, dass die Krise im nationalen Kontext leichter objektivierbar zu sein scheint als im internationalen. Überhaupt erschienen im „Neuen" weniger Artikel, die sich systematisch mit den internationalen Auswirkungen der Krise auseinandersetzten, wohl aber mit den Entwicklungen innerhalb anderer Nationen, wie der „Neue Social-Demokrat" überhaupt unterschiedlichste Länderberichte vorweisen konnte – oftmals aber nicht im Sinne weltwirtschaftlicher Zusammenhänge. Die Nähe und Vertrautheit zu einer Art nationalem Krisendiskurs werden hingegen regelmäßig bezeugt, wie etwa der Artikel „Wer zerstört das Kapital" vom 9. Juli 1873 belegt, der eine empirische Herangehensweise an die Krise in Deutschland und Österreich wählte und den Übergang von der Börsen- zur Wirtschaftskrise erklären wollte.[522] Die Krisenauswirkungen – und diese vor allem bezogen auf die deutsche Arbeiterschaft infolge einer Geschäftskrise, nicht die Vorgänge infolge der Finanzkrise an den Börsen – blieben im Fokus des „Neuen Social-Demokraten" – so zum Beispiel in einem Artikel vom 20. Juli 1873 unter der Überschrift „Die Arbeiter und die Geschäftsstockungen".[523]

War der internationale Diskurs bei den Lassalleanern weniger erprobt, als dies für die Eisenacher der Fall ist, die sich seit Ende der 1860er Jahre mit der Internationale verbunden hatten? Oder war es die spezifische Zusammensetzung der Führung des ADAV und des „Neuen", die mehr die lokalen Auswirkungen industrieller Krisen im Blick hatte, als es das Interesse am Denken in globalen Zusammenhängen mit sich brachte?

Die Reaktionen des „Volksstaats" auf den Ausbruch der Krise in Wien ähnelten jenen des „Neuen" in vielerlei Hinsicht. Am 28. September 1873 erschien in der „Politischen Uebersicht" des „Volksstaats" folgender Bericht, der die Ereignisse in Wien mit den jüngsten Entwicklungen in den USA verknüpfte:

> „– Dem Wiener ‚Krach', der schon das ganze Gerüste des europäischen Schwindels in's Wanken gebracht hat, ist nun ein, wie es scheint, noch gründlicherer und kolossalerer ‚Krach' drüben in der ‚neuen Welt' gefolgt, welcher die Krise in der alten Welt wahrscheinlich zum Ausbruch bringen wird. In den Einzelheiten verschieden, sind die Katastrophen drüben und hüben im Wesentlichen einander vollständig gleich; dort wie hier ein tolles, gewissenloses Glücksspiel mit dem gestohlenen Arbeitsertrag des Volks zum Einsatz; dort wie hier Spekulation und Produktion in's Blaue hinein, ohne sichere Grundlage, ohne Rücksicht auf das allgemeine Interesse; jeder Spekulant und Produzent in wildem Goldhunger blos denkend an die eigne Bereicherung, an die Ueberlistung des konkurrirenden Nachbars und an die Uebervortheilung des Publikums. Drüben in der Musterrepublik, hüben in der Mustermonarchie dieselbe Unordnung, dasselbe wahnsinnige Durch- und Uebereinanderwegrennen, Einanderausplündern; dasselbe wüste Gebalge; dasselbe rohe

---

522 Vgl. Neuer Social-Demokrat, 9. Juli 1873, Nr. 77.
523 Vgl. Neuer Social-Demokrat, 20. Juli 1873, Nr. 82.

> Unterdiefüßetreten des Schwachen; dieselbe wüste Orgie der ‚erfolgreichen' Sieger in diesem ‚heiligen Krieg' des Kapitals – bis ein Ruck an Fortuna's Rad die Obensitzenden, welche sich nicht festzuklammern verstehen, herunterwirft, und der Prosperitätsherrlichkeit ein Ende macht – leider mit der Prosperitätsherrlichkeit der glücksspielerischen Spekulanten und Produzenten auch dem Erwerb von Hunderttausenden des arbeitenden Volks. Seit die moderne bürgerliche Großproduktion und Großspekulation besteht, wiederholen sich periodisch diese Krisen mit der nämlichen Regelmäßigkeit, wie in der Natur sich die Jahreszeiten folgen. Die Staatsform hat mit dieser Erscheinung nicht das Mindeste zu thun, die in dem monarchischen Europa weder bösartiger noch unmoralischer auftritt als in dem republikanischen Amerika; das Uebel hat seine Wurzel ausschließlich in unsern ökonomischen Verhältnissen, welche nicht nach den Interessen der Gesammtheit, nicht nach den Interessen des Individuums geregelt sind, sondern den ‚Krieg Aller gegen Alle' bedeuten, in welchem Jeder nur auf sich selbst bedacht ist, Jeder in dem Nebenmenschen seinen Feind sieht, und darauf ausgeht, ihm die Taschen zu leeren und den Raub in Sicherheit zu bringen."[524]

Während in der Analyse des „Neuen Social-Demokraten" die Topoi der Überproduktion und der industriellen Krise sowie der Krise am Geldmarkt dominierten, ist es für den Autor des „Volksstaats" vor allem der Schwindel, der durch „Krachs" in Europa und den USA, der „neuen" und der „alten Welt" offen zutage tritt und damit die Krise auslöst, wobei der Zusammenbruch in den USA noch auf einem viel höheren Niveau stattfindet und damit nicht nur in den USA gravierende Folgen hat – sondern in beiden Welten, der „neuen" und der „alten". Größtenteils waren also die „Katastrophen", die mit einer naturgesetzlichen Periodizität wiederkehrten, weltweit strukturell analog und bildeten damit das verbindende Element zwischen „neuer" und „alter Welt". Neben der Überproduktion, die auch für den Verfasser dieses Artikels eine wichtige Rolle spielte, sind es auch moralische Faktoren, etwa Gewissenlosigkeit, „Goldhunger", „Ueberlistung", „Uebervortheilung", es ist eine „wüste Orgie", die sich bar jeden Verstandes vollzieht und die Hilflosen völlig rücksichtslos niedertrampelt. Es findet sich hier eine unmittelbare, von Metaphern überwucherte Beschreibung, die sich mehr auf die moralische Bewertung des Gruppenhandelns der „Sieger" dieser Vorgänge konzentriert, als auf eine nüchterne wissenschaftliche Analyse. Wenn wir die „Erklärungs- bzw. Verständnisfunktion" der Metapher ernstnehmen, dann zeigt sich, dass aus der besonders bildhaften Beschreibung der krisenhaften Ereignisse auch ein besonderes Erklärungsbedürfnis ableitbar ist.[525] So ist das Aufführen ganz unterschiedlicher Anknüpfungspunkte, die sich auf Gier, Sinnessünden, Katastrophen allgemein und Hinweise auf Verbrechen beziehen, ein Fingerzeig darauf, wie fremd und abstrakt die Ereignisse der Weltkrise dem Schreiber vorgekommen sein haben mögen oder wie sehr er davon ausging, die Ereignisse seinen Lesern auf diese Art nahebringen zu müssen.

Die Krisengewinner wurden sogar mit Anhängern einer Religion verglichen, das Bild einer wahnsinnig gewordenen Meute von Sektenanhängern aufgerufen,

---

524 Der Volksstaat, 28. September 1873, Nr. 91.

525 Jäkel, Olaf: Metaphern in abstrakten Diskurs-Domänen. Eine kognitiv-linguistische Untersuchung anhand der Bereiche Geistestätigkeit, Wirtschaft und Wissenschaft, Frankfurt am Main 1997, S. 31.

deren Schicksal nur von Glück oder Pech im richtigen oder falschen Moment abhänge. Das systemische Element trat dabei fast komplett in den Hintergrund. Am Ende des Artikels wurde erneut auf die „bürgerliche Großproduktion und Großspekulation" sowie auf die Gesetzmäßigkeit der Krisen verwiesen. Es sind für den Autoren ausschließlich ökonomische Gründe, die für Krisen verantwortlich sind. Wer sich fragt, ob die Haltung der deutschen Sozialdemokratie gegenüber einer republikanischen Staatsform zurückhaltender war als gegenüber der Monarchie, findet hier die Antwort: Es ist vollkommen irrelevant, wo sich die Entwicklungen vollziehen, das einzige wirklich global verbindende, alle Länder und politische Organisationen verknüpfende Element schien die Ökonomie zu sein, die alle Menschen zu Egoisten verkommen lässt. Ganz am Schluss des Artikels ist es aber doch die Sozialdemokratie, welche mit der „geordnete[n] Gesellschaftsorganisation" Abhilfe schaffen könne. Also doch der politische Wandel als Lösungsansatz? Dieser Gedanke wurde nicht weiter ausgeführt. Mit Blick auf die Internationalität der Krise war es die Fraktion der Lassalleaner, die sich einer objektiveren Sprache bediente, als dies bei der Eisenacher Richtung der Fall war. Dabei setzte sich der „Volksstaat" etwas intensiver mit den internationalen Entwicklungen auseinander, blieb dabei aber oftmals einer metaphorischen Rhetorik verhaftet, die jene im „Neuen" übertrifft. Dieses Verhältnis bleibt aber nicht in diesem Maße bestehen und verschob sich im weiteren Verlauf der Krise.

Ein Text, der in aufschlussreicher Weise den Blick auf die nationalen Krisenauswirkungen mit jenem auf die internationalen Ereignisse verband, findet sich am 21. November 1873 in dem wahrscheinlich von Carl Wilhelm Tölcke verfassten Leitartikel des „Neuen Social-Demokraten" mit dem verallgemeinernden Titel „Die Geschäftskrisen". Er versuchte den grundsätzlichen Ablauf von Geschäftskrisen, also in diesem Fall die Geschehnisse im Anschluss an eine Finanzkrise, anhand eindringlicher Beispiele zu illustrieren:

> „T. In Folge der planlosen Ueberproduktion und des planmäßigen Börsen- und Aktienschwindels mehren sich die Geschäftskrisen von Tag zu Tage, und nach untrüglichen Anzeichen auf dem Geldmarkte ist in nächster Zeit eine allgemeine Krisis zu erwarten, wie die Welt noch keine erlebt hat. Tausende von Arbeitern sind in Folge der grenzenlosen Sucht und Spekulation der Geldmenschen, in möglichst kurzer Frist, gleichviel durch welche Mittel, reich zu werden, – bereits brodlos geworden [...]. Die große, erst im vorigen Jahre wieder in Betrieb gesetzte Spinnfabrik und Weberei in Eichersdorf bei Glatz hat ihre Arbeiten abermals eingestellt. Mehr als 300 Arbeiterfamilien sind brodlos geworden und gehen bei dem nahenden Winter einer traurigen Zukunft entgegen. [...] Auf der Eisengrube Georg Andreas bei Clausthal, der ‚Dortmunder Union-Aktien-Gesellschaft für Bergbau und Hüttenwesen' zugehörend, ist einer Anzahl Arbeitern wegen Ueberproduktion die Arbeit aufgekündigt. [...] In Grünberg (Schlesien) hat ein Industrieller seine Zahlungen eingestellt, wodurch 3000 Arbeiter brodlos geworden sind. Ein Geschäftsfreund desselben in Charlottenburg ist in Folge desselben genöthigt, sich ebenfalls für fallit zu erklären; weitere 3000 Arbeiter kommen dadurch außer Arbeit. Der Charlottenburger zieht seinerseits zwei Berliner ‚Geschäftsfreunde' in die ‚Pleite', deren Fall weitere ‚Häuser' zum Konkurse treibt. – Zehntausend Arbeiter verlieren durch diese eine Bankrottgesellschaft ihre Beschäftigung, gegen 40,000 Menschen ihren kärglichen Lebensunterhalt! [...] Die ‚Englische Bank' – diese Central-Leih-Anstalt für die bedeutendsten Geld-Institute und Geschäftshäuser der Welt, dieser Barometer für sämmtliche Börsen – hat vor wenigen Tagen ihren

Zinssatz auf neun Prozent erhöht und eine weitere Erhöhung auf zehn Prozent steht bevor. Die nächste Folge der durch dieses unerhörte ‚Ereigniß' in der ganzen Geschäftswelt entstandenen ‚Panik' ist die massenhafte Zurückziehung der bei den Banken deponirten Kapitalien, um diese vor dem drohenden Sturme in Sicherheit zu bringen. [...] Nun muß und wird aber der hohe Zinssatz einerseits und das Zurückweichen bedeutender Kapitalien vom Geldmarkte andererseits unzählige Banken, Aktien-Gesellschaften, Fabrikbesitzer und Handlungshäuser zwingen, ihren Geschäftsbetrieb einzustellen, so daß in kürzester Frist eine allgemeine Geschäftskrisis hereinzubrechen droht, gegen welche sämmtliche Krisen der letzten Jahre wahre Kinderspielereien waren. – Was aber dann, wenn mitten im Winter in Deutschland allein auch nur eine Million Arbeiter ohne Beschäftigung und Lohn sein wird, – wenn vier Millionen Menschen, ihres Unterhaltes beraubt, ohne Aussicht auf baldige Besserung im tiefsten Elende am Hungertuche nagen? – Was dann, Ihr besitzenden, herrschenden Klassen?"[526]

Die krisenhaften Ereignisse finden laut Autor ihre Ursachen in zwei Elementen: der „planlosen Ueberproduktion" und dem „planmäßigen Börsen- und Aktienschwindel". Die Überproduktion zeige sich in der Realwirtschaft, die Börsenspekulation bewege sich auf einer anderen Ebene und wird offensichtlich mit einer Täuschungsabsicht durchgeführt, die sie in moralischer Hinsicht noch einmal von der Überproduktion abhebt. Beide Elemente in Kombination sorgen für Geschäftskrisen, die sich von „Tag zu Tage" steigern. Auch hier war es wieder der internationale Geldmarkt, der als „Barometer" diente und der mit Sicherheit die folgende Krise vorhersagen konnte. Neben den realwirtschaftlichen Entwicklungen und der okkulten Börsenspekulation ist es also jenes Element des Geldmarktes, an dem sich die Leser des „Neuen Social-Demokraten" und dessen Redaktion orientieren konnten, um die Zusammenhänge zu verstehen. Letztendliche Ursache blieben aber die „Geldmenschen", also eine vom Rest der Menschen als verschieden zu betrachtende Menschenrasse, die sich durch besondere moralische Verkommenheit von diesen abhob. Weil nun, im November 1873, die ersten Krisenanzeichen bereits unverkennbar waren, blieb die Beschreibung im „Neuen" allerdings nicht mehr bei Vorhersagen und abstrakten Betrachtungen. Die Ereignisse in deutschen Industriedörfern und -städten, in Eichersdorf, bei Clausthal, in Grünberg und in Charlottenburg, sprachen für sich. Immer war es die Überproduktion, die als Grund angeführt wurde, nicht die Börsenspekulation. Die Verschlechterung der Lage schien unaufhaltsam; es waren nicht volkswirtschaftliche Prinzipien, die eingebettet in eine bestimmte ideologische Sichtweise eine kühle Analyse erlaubten, es waren stattdessen die Tausende von Arbeitern zu bedenken, die nun ihren Lebensunterhalt verlieren würden. Diese Unmittelbarkeit beschwor der Autor weit überzeugender als die Ereignisse auf dem Geldmarkt, die erst am Schluss des Artikels als Vorboten weiterer Krisenphänomene aufgezählt wurden.

[526] Neuer Social-Demokrat, 21. November 1873, Nr. 135. Vgl. zur Person Wilhelm Tölckes: Herzig, Arno: Carl Wilhelm Tölcke. Vater der westfälischen Sozialdemokratie, in: Faulenbach, Bernd/Högl, Günther (Hrsg.): Eine Partei in ihrer Region. Zur Geschichte der SPD im Westlichen Westfalen, Essen 1988, S. 158–162.

Wieder war es der Geldmarkt, wieder war es die Bank of England, der eine hohe Relevanz zugesprochen wurde für die internationalen Entwicklungen. Nun wurde auch deutlicher auf den Zusammenhang von hohen Zinssätzen und einer Kreditklemme auf dem Kapitalmarkt eingegangen, die in Verbindung miteinander viele Unternehmen in Bedrängnis bringen würden. War es nun die „Panik" auf dem Geldmarkt, ein Begriff, der in Anführungszeichen gesetzt wird, oder war es die Überproduktion, welche die Panik auslöste, die nun die Krise erst verstärkte? Theoretischen Betrachtungen abhold, führte der Autor den Lesern die konkrete Lage der Arbeiter vor Augen: Es gehe um Leben und Tod. Die Frage ging nun an die „besitzenden, herrschenden Klassen", was zu tun sei. Auch wenn es sich hier um eine rhetorische Frage handelt, wird offenbar, dass zumindest eine Antwort der Mächtigen erwünscht war. Angesichts dieses Ereignisses konnte es keine Option sein zu schweigen. In diesem Artikel ging es weniger um Lösungsvorschläge, sondern – in diesem frühen Stadium der Krise – um das Anerkennen der Lage. Der Autor sah seine Aufgabe als unmittelbares Sprachrohr der Arbeiterschaft. Die Zusammenhänge und Hintergründe der Krise wurden angesprochen, nicht aber in Form einer zusammenhängenden Analyse, sondern als Grundlegung für die Warnung vor noch Schlimmeren. Die Nachrichten aus den verschiedenen deutschen Ortschaften und Städten dienten als emotionale Anbindung. Die Warnung vor dem Hunger der deutschen Arbeiterschaft ist das zentrale Motiv dieses Textes, die Internationalität der Krise tritt in den Hintergrund.

Unter dem Stichwort „international" sind in den Ausgaben des „Neuen Social-Demokraten" auch weitere Artikel zu finden, die sich explizit mit der Internationalität der Krise von 1873 auseinandersetzten. Während die Gründer häufig als international agierende Cliquen beschrieben wurden, die es besonders auf die heimische Bevölkerung abgesehen hatten, wird Internationalität auch unter einer ganz anderen Perspektive sichtbar, wenn es um die konkrete Betrachtung der internationalen Ereignisse geht. Mittels des Abdrucks einer Krisenanalyse, die einerseits die internationale Tragweite der Krise betonte, andererseits selbst aus einer deutschsprachigen sozialistischen Zeitung aus den USA stammte, bewies die Redaktion des „Neuen Social-Demokraten" ihren praktischen Internationalismus und die Internationalität der sozialdemokratischen Presse des späten 19. Jahrhunderts. Der zitierte Artikel stammte aus dem „Vorboten". Dieser wurde als einzige sozialistische Zeitung der USA bezeichnet, was sicherlich nicht zutrifft, aber auf eine gemeinsame Sichtweise des „Vorboten" und des „Neuen Social-Demokraten" schließen lässt, der mit der Eisenacher Richtung der Sozialdemokratie verknüpfte Zeitungen aus den USA schlichtweg nicht erwähnte.[527]

In welchem Hierarchieverhältnis die Redaktion die sozialistische Bewegung in den USA im Verhältnis zu der heimischen sah, zeigen die einleitenden Worte,

---

[527] Vgl. zu einem kurzen Überblick über die anderen fremdsprachigen sozialistischen Publikationen in Chicago seit den 1850er Jahren, darunter auch „Der Vorbote": Nelson, Bruce C.: Arbeiterpresse und Arbeiterbewegung: Chicago's Socialist and Anarchist Press, 1870–1900, in: Shore, Elliott/Fones-Wolf, Ken/Danky, James P. (Hrsg.): The German-American Radical Press. The Shaping of a Left Political Culture 1850–1940, Urbana/Chicago 1992, S. 81–121.

in denen beglückwünschend von einem „Zeugniß von dem erfreulichen Fortschreiten und der Klarheit des Socialismus jenseits des Meeres“ die Rede war.[528] Damit machten sich die Lassalleaner des „Neuen“ einerseits die in den folgenden Zeilen erfolgende Krisenanalyse zu eigen, verwiesen aber auf den Vorsprung der deutschen Sozialdemokratie, die nun auf die stolzen Ergebnisse ihrer Vorbildfunktion verweisen konnte. Der Autor des amerikanischen Artikels indes bezog sich vor allem auf die Krisis selbst. Ihr internationaler Charakter wird vor allen in den folgenden Abschnitten deutlich:

> „Ueberproduktion ist die Ursache der Krisen. Obschon diese durch die thatsächlichen Verhältnisse bestätigte Wahrheit von der Social-Oekonomie schon lange vor dem Ausbruch der jetzt alle civilisirten Länder durchtobenden Finanz- und Handelskrise aufgestellt wurde, so ward doch die vor kurzer Zeit von den Organen der Bourgeoisie dieses hartnäckig geläugnet. [...] Durch die Theilnahme des ganzen arbeitenden Volkes am Konsum in solchem Maßstabe, daß derselbe stets gleich der Produktion wäre, d.h. mit anderen Worten, wenn jeder Einzelne die nach seinen Bedürfnissen als civilisirten Mensch geschaffenen Produkte stets verbrauchen könnte, würde Ueberproduktion unmöglich werden, die nur durch Mangel an Konsum entsteht. Aber hierin liegt der Zwiespalt der Natur der heutigen Produktionsweise. [...] Da der Waarenmarkt nicht durch nationale Grenzen abgetheilt, sondern international ist, Weltmarkt, so trifft der Schlag allgemein, d.h. die ganze Geschäftswelt. [...] Jeder Mensch, der selbst Werthe schafft, hat ein Recht an dem Genusse der Erzeugnisse der Natur und der gemeinsamen Arbeit. Dadurch, daß die herrschenden Klassen dies nicht anerkennen, sind solche Zustände, wie sie auf der Ganzen civilisirten Welt jetzt lasten, entstanden. Aber auf den Trümmern des kapitalistischen Produktionssystems wird sich das neue aufbauen, wo Waarenanhäufung und dadurch Krisen unmöglich werden [...].“[529]

Die Wurzel der Krise, gar aller Krisen, lag aus Sicht des Autors und der sich mit dieser einverstanden erklärenden Redaktion des „Neuen Social-Demokraten“ in der „Ueberproduktion“. Diese ökonomische Gesetzmäßigkeit treffe nun alle „civilisirten“ Länder. Die von der Krise heimgesuchte Gemeinschaft, die über den Zirkel der Sozialisten hinausgeht, findet ihre Grenze an den Grenzen der Zivilisation, die identisch zu sein scheint mit den Grenzen des kapitalistischen Weltsystems. Alle zivilisierten Länder werden jetzt von dieser „Finanz- und Handelskrise“ „durchtobt“, ein vernichtender, unkontrollierbarer Sturm trifft die eigentlich so stabile Welt der Zivilisation, die ihr wenig entgegenzusetzen vermag. Doch es gibt eine Lösung: Die Menge der Produkte, die ein „civilisirter Mensch“ benötigt, müsste der Menge der hergestellten Produkte entsprechen. Als wissenschaftliche Bestätigung dieser Behauptungen dienen auch die Lehren der „Social-Oekonomie“, die aber von Seiten der Bourgeoisie abgestritten wird. Es gibt also eine Berechtigung für die vom Kapitalismus erzeugten Waren, nur deren Verhältnis zum Bedarf ist nicht angemessen. Das internationale Element wirkt zusätzlich verschärfend. Durch die Grenzenlosigkeit des Warenmarkts sind

---

528 Neuer Social-Demokrat, 1. Mai 1874, Nr. 50. Vgl. zu einem Vergleich der Entwicklungsbedingungen der sozialdemokratischen und amerikanischen Arbeiterbewegung: Welskopp, Banner, S. 778f.

529 Ebenda.

auch die Auswirkungen der Überproduktion grenzenlos und treffen mit einem „Schlag“ die „ganze Geschäftswelt“. Dieser Zustand ist eine Rechtsverletzung, weil das Recht des einzelnen Menschen, seine – mit Hilfe der Natur – erzeugten Produkte auch zu konsumieren, so dermaßen behindert wird. Im weiteren Verlauf des Artikels wurde auch erklärt, wie es dazu kommen konnte: Maschinen hatten nennenswerte Teile der Arbeiter arbeitslos gemacht, und diese konnten nun nicht mehr ausreichend konsumieren.[530]

Hier kam die internationale Welt der Überproduktion auf der einen Seite als Bedrohung des Lebens der zivilisierten Arbeiter auf der anderen Seite daher, die im Einklang mit der Natur Produkte zur Bedürfnisdeckung herstellten. Das kapitalistische Weltsystem schien den angemessenen Rahmen des Konsums, der ja keineswegs verleugnet wird, pervertiert zu haben. Die Internationalität der Krise ging in dieser Sicht einher mit Kontrollverlust bei gleichzeitiger Zuspitzung der Lage. Es gab eine internationale Gemeinschaft, die des „arbeitenden Volkes“, welches gemeinsam unter den herrschenden Bedingungen in der zivilisierten Welt litt. Es sind zwei Versionen westlicher Zivilisation, die hier entworfen werden: die bescheidene Produktion von Subsistenzmitteln und deren Konsum in zivilisierter Manier und die rücksichtslose Überproduktion, die ohne Bindung an die Produzenten fortschreitet – ein Art Entfremdung. Im Fokus der Argumentation, wiewohl das Wort der „Ueberproduktion“ immer wieder fällt, steht aber nicht diese, sondern die Unterkonsumtion der unterdrückten Produzenten. Die Krise dient als Demonstration, dass die Warnung vor den herrschenden Zuständen zutreffend war. Die internationalen Geschehnisse sind Ausweis einer alle zivilisierten Nationen umfassenden Pervertierung des Produktionssystems.

Wie ordnete die Redaktion des „Neuen Social-Demokraten“ diese Analyse ein? Ohne näher auf Details einzugehen, stimmte man dieser zu. Es fehlte der Raum für eine genauere Auseinandersetzung, aber die Aufklärungsarbeit der amerikanischen Sozialisten stimmte optimistisch:

> „Wir ersehen aus dieser recht verständlich geschriebenen Abhandlung des ‚Vorboten‘, wie aus verschiedenen anderen Artikeln, auf die jedoch näher einzugehen, der Raum unseres Blattes verbietet, wie sehr es sich die Redaktion dieser Zeitung angelegen sein läßt, Aufklärung in die Massen zu bringen. Hoffen wir, daß uns nicht in langer Zeit recht erfreuliche Nachrichten über das Wachstum und die Ausbreitung der socialistischen Partei in Nordamerika zugehen.“[531]

Die internationale Masse an Unterdrückten war hier Adressat einer wissenschaftlichen Gesellschaftsdiagnose. Eine große Zahl von Menschen benötigte demnach nur noch den nötigen Input und wartete auf die sozialistische Agitation, um sich auf den Weg der programmatischen Erkenntnis zu machen. Die dem ADAV nahestehende Redaktion ging davon aus – voll Hoffnung auf die kleinere Organisation blickend –, schon bald von weiteren Fortschritten zu hören. In dieser Auseinandersetzung wird ein besonders ausgeprägtes instrumentel-

530 Vgl. ebenda.
531 Ebenda.

les Verhältnis zur Agitation deutlich. Es ging weniger um die Details der Analyse: Fortschritte, Ausbreitung, die Massen, das waren die zentralen Begriffe, auf die man sich zu konzentrieren hatte. Das Problem selbst ist vorerst zur Genüge beschrieben, man wähnte sich schon auf einer nächsten Stufe: der Verbreitung der Wahrheit unter diejenigen, die eine Chance haben würden, sich dem herrschenden Produktionssystem zu widersetzen – die internationale Masse der Ausgebeuteten, die der Masse an sich anhäufenden Waren gegenüberstand und nur noch realisieren musste, was mit ihr geschah. Sie musste vom Objekt des Geschehens zum Subjekt werden. Die kapitalistische Unterdrückung zwang die Unterdrückten demnach zur Emanzipation.

Was dieser Realisation folgen sollte und welche weiteren Schritte – auf nationaler oder internationaler Ebene – zu gehen seien, blieb unausgesprochen. Zu einer regelmäßigen Wirtschaftsberichterstattung über die amerikanischen Verhältnisse kam es im „Neuen" nicht. Der „Vorbote" wurde immer wieder als vertrauenswürdiges sozialistisches Presseorgan in Nordamerika genannt, auch zu unterschiedlichen Themen angeführt; eine engere, ja systematische Zusammenarbeit lässt sich aber nicht feststellen. Der „Neue Social-Demokrat" nahm aber auch weiterhin Anteil an der Weiterentwicklung der deutschsprachigen Arbeiterpresse in den USA. So zeigte sich die Redaktion im Dezember erfreut über den Erfolg und die Verdopplung des Formats der in Milwaukee erscheinenden Zeitung „Der Socialist".[532] Es lässt sich also schließen, dass die Weiterentwicklung des internationalen sozialistischen Diskurses keineswegs allein von der Eisenacher Richtung betrieben und als Aushängeschild genutzt wurde. Dafür sprechen auch die ebenfalls unregelmäßigen Verweise auf die „New Yorker Arbeiter-Zeitung".

So war es auf den Seiten des „Neuen" auch üblich, aus bürgerlichen Zeitungen zu zitieren, wenn es um internationale und gerade in diesem Fall um die amerikanische Arbeiterbewegung betreffende Entwicklungen ging. Dabei waren neben einleitenden Worten aber weniger detaillierte Auseinandersetzungen mit der Argumentation der bürgerlichen Autoren zu finden als bei vergleichbaren Fällen im „Volksstaat". Man kann wohl davon sprechen, dass es zu einer unterschiedlichen Kompetenzverteilung beider Seiten kam, die aufgrund der besseren Informationslage und der passgenaueren Ideologie der Eisenacher, wenn es um den Wert internationaler Zusammenarbeit in der Arbeiterbewegung ging, die komparativen Vorteile bei den Genossen um August Bebel und Wilhelm Liebknecht verorten musste.

Im Vergleich zu dem Bericht des „Vorboten" aus den USA gilt es nun, die Auslandsberichterstattung über Nordamerika im „Volksstaat" genau zu betrachten. Ein frühes Beispiel ist folgender Bericht des „Volksstaats" über den Börsenkrach in New York vom 22. Oktober 1873:

> „Unser Parteiorgan in New York, die ‚Arbeiter-Zeitung', schildert den großen ‚Krach', welcher das überseeische Gauner- und Schwindlerthum so schwer getroffen hat. Damit man

[532] Neuer Social-Demokrat, 19. Dezember 1875, Nr. 150.

sich einen Begriff machen kann, wie weit der Schwindel in der großen ‚Musterrepublik' gediehen ist und wie weit er gedeihen mußte, damit die ganze Börsengesellschaft für den Krach reif wurde, giebt die ‚Arbeiter-Zeitung' ein Beispiel einer amerikanischen ‚Gründung': ‚Es ist eine gerechte Nemesis, daß die Katastrophe zuvörderst diejenigen zu Boden gerissen hat, welche die unskrupulösesten Gründer waren. Dies waren Jay Cooke u. Co., welche durch die Gründung der Nord-Pacific-Eisenbahn auf diesem Gebiete das Unerhörteste leisteten. [...] Wenn es gelang, die europäischen Kapitalisten zum Anbeißen zu bringen, so mußte ein kolossaler Gewinn gemacht werden. [...] Der kredit-Mobilier-Skandal wäre ein Kinderspiel gegen den Skandal, der daraus entstehen müßte, wenn die Cookes erzählen wollten, wie sie diesen Nord-Pacificschwindel und allen damit zusammenhängenden Schwindel anstifteten.' Ganz wie bei uns, nur etwas großartiger. Der Cooke gab's etwas nobler, als der Quistorp."[533]

Dieser Bericht stammt aus „unserem Parteiorgan", die Internationale diente als transatlantische Institution, die eine vertrauenswürdige Presseberichterstattung ermöglicht. Anders als noch im Falle des „Vorboten" waren hier keine qualifizierenden Worte über die Berichterstattung der Zeitung notwendig. Die amerikanische „Gründung" schien analog zur deutschen Variante zu betrachten zu sein. Es war aber dennoch das „überseeische Gauner- und Schwindlerthum", welches nun geschildert werden sollte. Der Autor in Amerika betrachtete die schlimmsten Schwindler als zu Recht am stärksten von der Krise betroffen. Diese hätten im Sinn gehabt, ohne nennenswerte Kapitaldeckung den Eindruck eines aussichtsreichen Unternehmens zu erwecken, um die europäischen Kapitalgeber anzulocken. Hier war es die europäische Seite, die unter amerikanischen Schwindlern leiden sollte. Der in Frankreich stattgefundene Crédit-Mobilier-Skandal konnte demgegenüber nur verblassen. Die europäische Seite diente hier nur als ahnungsloses Opfer, eigene Finanzskandale reichten in ihren Auswirkungen nicht an die amerikanischen Verhältnisse heran. Der Kommentar des „Volksstaats" ordnete im Anschluss nüchtern ein und stufte den weniger „noblen" Quistorp auf einer Stufe mit Jay Cooke ein. Es waren letztendlich doch dieselben Verhältnisse, derselbe weltumspannende Schwindel, nur die Dimensionen waren aus dieser Perspektive in den USA größer.

Waren auch die Dimensionen der organisierten Arbeiterbewegung größer, die der Kapitalmacht in den USA etwas entgegensetzen könnten? Unter der Rubrik „Correspondenzen" wurde am 4. März 1874 ein Bericht aus Chicago abgedruckt, der die Situation dort aus den Augen der lokalen Arbeiterschaft zu Beginn des Jahres wiedergeben wollte. Der Autor war Jacob Winnen, Mitglied des „Sozialpolitischen Arbeitervereins" mit insgesamt 95 Mitgliedern, Sekretär der 3. Sektion der I. A. A. und ein deutschsprachiger Arbeitervertreter aus Chicago. Er beschrieb, dass die Arbeiterbewegung durch die Krise „in hohen Wogen geht", und wies neben dem gestiegenen Interesse an der Agitation der nordamerikanischen Sozialisten auch auf die Vereinigung der unterschiedlichen Sektionen der Internationale hin. Diese trugen sich mit der Absicht, sich trotz ihrer unterschiedlichen Herkunft – wie zum Beispiel französischstämmige Bakunisten, Skandinavier, Polen, Böhmen – und ungeachtet ihrer politischen Stellung inner-

533 Der Volksstaat, 22. Oktober 1873, Nr. 101.

halb des sozialistischen Rahmens gemeinsam agitierend den Auswirkungen der Krise entgegenzustellen. Durch Massendemonstrationen wurde diese Bewegung zum Ausdruck gebracht.[534] Winnen sprach von 5.000 Teilnehmern einer ersten Demonstration am 21. Dezember 1873 und von 25.000 Teilnehmern an einem späteren Montag – wohl der 29. Dezember 1873 –, die den Chicagoer Stadtrat dazu bewogen, den (das betont der Autor) gewaltlos vertretenen Forderungen der Arbeiter zuzustimmen, wie dem Verbot aller Monopole und der Nationalisierung aller Verkehrsmittel. Die geforderten Mittel stammten allerdings nicht aus dem regulären Budget der Stadt, sondern sollten von der – privat geleiteten – „Relief and Aid Society" beigesteuert werden, die anstelle der korrupten Stadtverwaltung die Betreuung des städtischen Notfonds übernommen hatte. So kam es – laut Berechnungen von Richard Schneirov – zu einer um den Faktor vier höheren Ausschüttung von Geldern des Notfonds im Winter 1873/74 als in den vergangenen Wintern:[535]

> „Mit der Farmer-Convention des Westens, 200,000 Mann stark, haben wir uns verbunden, und wenn alle größeren Städte sich jetzt auch tüchtig regen, wird die Lawine bald ins Rollen kommen, die die Klassenherrschaft zermalmen, dieses Land wahrhaft zu einer Republik machen, wo Keiner mehr des Andern Knecht sein wird. Den Arbeitern gehört die Zukunft. Die Arbeitslosigkeit und mit ihr die Noth nehmen mit jedem Tage zu, unsere Schaaren wachsen zusehends. Bankerotte werden immer mehr gemeldet, das Kleinbürgerthum wird ins Proletariat gedrängt. Das Alte stürzt und neues Leben blüht aus den Ruinen! Bemerkenswerth ist, daß die bestorganisirten Gewerkvereine durch die Krise wie Spreu auseinanderstieben. Selbst die Steinhauer-Union, welche die 8 Stundenarbeit hatten und 5 bis 6 Dollar den Tag verdienten, ist gebrochen. Dies ist der beste Beweis, daß nur die politische Organisation im Stande ist, dem Arbeiter zum Siege zu verhelfen. Möge Europa sich hieraus eine Lehre ziehen. – [...] Wir freuen uns, daß unsere Brüder in Deutschland sich so zum Wahlkampfe rüsten, und wünschen Euch den besten Erfolg. [...] Die besten Anzeichen sind vorhanden, daß die alte Gesellschaft bald zusammenbricht. Es wird leider ohne heißen Kampf nicht abgehen. Die Bourgeoisie ist hier eben so blind, wie in Europa, und wenn sie gewaltsame Revolution will, so sind wir bereit."[536]

---

534 Vgl. hierzu: Jentz, John B./Schneirov, Richard: Chicago in the Age of Capital: Class, Politics, and Democracy during the Civil War and Reconstruction, Urbana/Chicago/Springfield 2012, S. 159: „A huge crowd of around ten thousand gathered in the Haymarket Square and divided into four separate contingents, which marched along different routes in order to confuse the police. Leading one of the contingents were members of the Sozial-Demokratische Arbeiterverein, carrying an American and a red flag. This name changes from the Sozial-Politische to the Sozial-Demokratische Arbeiterverein reflected the close connection between the Chicago Internationals and the left in Germany. [...] When representatives of the marchers failed to obtain substantial concessions from their meetings with the Common Council and the Relief and Aid Society, the Internationals proceeded to found a new political party."

535 Vgl. Schneirov, Richard: Class Conflict, Municipal Politics, and Governmental Reform in Gilded Age Chicago, 1874–1875, in: Keil, Hartmut/Jentz, John B. (Hrsg.): German Workers in Industrial Chicago, 1850–1910: A Comparative Perspective, DeKalb 1983, S. 183–205, hier S. 191f.

536 Der Volksstaat, 4. März 1874, Nr. 26.

Die spärliche Liste an Forderungen, die ihrerseits allerdings eine enorme Tragweite besaßen, zeigt, dass die Gemeinsamkeiten der organisierten Arbeiterschaft Chicagos nicht sehr weit gingen. Die Schnelligkeit ihres Agierens und die Anziehungskraft ihrer Bewegung sprechen aber für eine höchst effektive Mobilisierung und die spürbaren Auswirkungen der Finanz- und Wirtschaftskrise von 1873 in den nördlichen Staaten der USA. Aus diesem Eindruck scheint auch das Bild der „Lawine" zu stammen, die gleich einer Naturgewalt ein exponentielles Wachstum an Arbeiterorganisationen zu versprechen schien. Die Republik selbst würde erst dann „wahrhaft" eine Republik sein, wenn die „Klassenherrschaft" vollständig beseitigt war. Diese schien also nur eine Scheinrepublik errichtet zu haben, die nun immer mehr Arbeiter verarmen und Kleinbürger in das Proletariat absteigen ließ – eine vielversprechende Entwicklung, weil nur aus den Ruinen der alten Gesellschaft die neue erstehen könnte. Dass allein größere individuelle Freiheiten nicht ausreichend für eine erstrebenswerte Gesellschaft waren, registrierten die Sozialisten mit Blick auf die USA dann auch immer wieder. In einer Reportage für „Die Neue Welt" etwa stellte der Autor, Adolf Douai, die Situation infolge der Krise ganz pessimistisch dar, und zwar gerade trotz der quasi unbegrenzten Möglichkeiten der Informationsbeschaffung, der Redefreiheit, der Versammlungsfreiheit: „der schwerste Kampf" für den Sozialismus sei unter diesen Bedingungen in den Staaten der Union auszufechten, in denen das Bürgertum seine Macht mit niemandem teilen musste.[537]

Gleichzeitig war aber die richtige Organisation notwendig, um das Ziel zu erreichen: Gewerkvereine, die sich nach der Meinung des Autors wohl zu sehr mit den herrschenden Kräften abgefunden hatten, könnten der Krise nichts entgegensetzen. Auch sie würden von der Naturgewalt der Krise erfasst, die überhaupt alles zu beseitigen schien, was nicht den sozialistischen Idealen entsprach, und alles zu stärken schien, was diesen entgegenstrebte. „Nur die politische Organisation" konnte demnach die Mobilisierung angesichts der Krise garantieren, sie hatte den Vorrang und zeigte sich durch die Massendemonstrationen in Chicago, von denen der Autor berichtete, auch als einzige schlagkräftig – sogar der Stadtrat willigte in ihre Forderungen ein, die Polizei rüstete auf, aber schaute ebenfalls nur zu.

Anders als noch die Kommentare des „Neuen Social-Demokraten" bei dem Bericht des „Vorboten" aus den USA, welche die Dominanz der deutschen Arbeiterbewegung unterstrichen hatten, war es nun der Berichterstatter aus den USA, der mit Verweis auf die gewichtigen Auswirkungen der Krise und die großen Mobilisierungserfolge davon sprach, dass ganz Europa hier seine Lehren ziehen sollte, nicht nur die deutschen Sozialisten. Auch Worte der Aufmunterung fehlten nicht: Es werde einen „heißen Kampf" geben, aber die amerikanischen Sozialisten zeigten sich dieser Herausforderung gegenüber gewappnet. Es ist bemerkenswert, dass die Redaktion des „Volksstaats" hier keine begleitenden Worte wählte. Der abgedruckte Bericht durfte für sich stehen, er musste nicht

537 Adolf Douai: Land und Leute in der Union (Fortsetzung), in: Die Neue Welt. Illustriertes Unterhaltungsblatt für das Volk, 11. Juni 1876, Nr. 24, S. 215.

eingeordnet werden. Der Berichterstatter der I. A. A. schien legitimer Vertreter der internationalen Gemeinschaft der Sozialisten zu sein, und es wurde auch keine Hierarchie zwischen deutscher und amerikanischer Arbeiterbewegung angedeutet. Der amerikanische Autor weist auf eine solche – allerdings unter umgekehrten Vorzeichen – hingegen implizit hin. Die großen Demonstrationen, die Angst des Establishments, die Lawine, die nur noch losbrechen muss, das waren die Merkmale einer beginnenden Revolution. Würde die Revolution losbrechen, dann würde sie Europa und die Amerikas treffen: Das schien unzweifelhaft, und es war keinesfalls ausgemachte Sache, dass Europa hier vornean stehen würde. Waren die USA auch für Revolutionäre das „Land der unbegrenzten Möglichkeiten"? Im Sinne eines aktionistischen Revolutionsverständnisses schien dies der Fall zu sein, da nur der Funke der Krise ausreichen würde, um das Feuer der Massendemonstrationen und die Solidarisierung der Arbeiterschaft zu entfachen. Darauf stützten sich die Hoffnungen des Autors, nämlich, dass die Lage der Arbeiterschaft sich noch verschlimmern würde, bevor sie sich – dann dauerhaft – verbessern könnte.

Für den amerikanischen Berichterstatter schien jedenfalls eine Revolution möglich zu sein und bevorzustehen, auch als Vertreter der I. A. A., die sich ja zumindest, was die Anhänger des Marx'schen Revolutionskonzepts betrifft, nach dem Deutsch-Französischen Krieg stetig von der Idee einer grenzüberschreitenden Revolution verabschiedet hatte, bevor nicht in allen Ländern schlagkräftige Organisationen entstanden waren. Jacob Winnen betonte beide Konzepte, einerseits die Relevanz der politischen Organisation, andererseits sah er eine spontane Massenbewegung entstehen, die sich über politische Grenzen und Organisationen zusammenschließen würde. Dieser flexiblen und unorthodoxen Revolutionsauffassung widersprachen die Redakteure des „Volksstaats" nicht. In der transatlantischen Kommunikation diente die gemeinsame Institution der I. A. A. als vertrauensbildendes Element, auf welches die Redaktion des „Neuen Social-Demokraten" nicht zurückgreifen konnte. Das Internationale wurde im „Volksstaat" nicht im selben Maße hierarchisch verstanden, wie dies die Lassalleaner taten. Die Bereitschaft, sich von den – objektiv betrachtet schlechter organisierten – amerikanischen Genossen aufmuntern zu lassen, ohne eine kommunikative Abstufung vorzunehmen, war ein Zeichen der Stärke und der Relevanz des internationalen Topos und der vertrauensbildenden Rolle der Institution der Internationalen in der Eisenacher Sozialdemokratie. Dagegen lässt sich das Verhalten der Redakteure des „Neuen" als Unsicherheit auslegen, wenn es um die konkrete internationale Kommunikation ging.

Die optimistische Lagebeurteilung war insgesamt nicht von Dauer, jedenfalls nicht aus Sicht des Berichterstatters über den „Congreß der nordamerikanischen Föderation der Internationalen Arbeiter-Assoziation in Philadelphia vom 11. bis 13. April 1874". Dort beschrieb der anonyme Verfasser, wie die Krise die „Arbeiter Nordamerikas endlich zur Besinnung" gebracht habe.[538] Die Organisa-

---

538 Der Volksstaat, 3. Juni 1874, Nr. 63. Vielleicht handelt es sich bei dem Verfasser um F. A. Sorge, der in jedem Fall Informationen über den Kongress an Wilhelm Liebknecht zu sen-

tion im Anschluss an die Krise habe endlich Erfolge gezeitigt und „zu den besten Hoffnungen“ berechtigt. Auch die oben angesprochene Massendemonstration in Chicago wurde erwähnt, ihr Erfolg habe in der Bewilligung eines Hilfsfonds gelegen. Diese Bewegung habe sich aber fehlleiten lassen durch „schwätzende Führer“ und „unklare Elemente“. Länger aktive Mitglieder mussten sich demnach angesichts dieser Entwicklungen aus der Bewegung zurückziehen und skeptisch bleiben. Die Verhandlungen des Kongresses selbst wiedergebend, die sich vor allem um organisatorische Fragen, wie etwa der Unvereinbarkeit anderer Parteimitgliedschaften mit jener der Föderation, drehten, zeigte sich der Autor hingegen zufrieden: Denn der Kongress sei seiner Aufgabe zufriedenstellend nachgekommen, indem er sich befreit habe von „die Organisation störenden Elementen“, und nur strikte „Parteidisziplin“ könne dafür sorgen, dass das „internationale Prinzip unverfälscht zur Geltung“ kommen könne.[539]

Der Kongress wurde hier demnach als ein Lichtblick betrachtet, da die organisatorische Struktur der nordamerikanischen Föderation der Internationalen gestärkt und bestimmte Elemente entfernt worden waren. Die spontane Massenbewegung des Jahreswechsels 1873/74, von der dem „Volksstaat“ zuvor noch so enthusiastisch berichtet worden war, ist in den Worten des Kongressberichts nur noch eine stümperhafte Protestbewegung geworden, die weniger erreicht als riskiert hat. Aus der Sicht des anonymen Autors des Kongressberichts war die richtige Organisation das Hauptziel. Diese durfte nur nach den festen internationalen Prinzipien handeln – sonst sei ihr Handeln sinnlos und rechtfertige auch das Fernbleiben älterer Mitglieder, wie dies im Fall der zurückliegenden Massendemonstrationen geschehen sei. Wahrscheinlich spielte der Autor hier auf seine eigene Position in der Hierarchie der nordamerikanischen Arbeiterbewegung an, als ein Mitglied der ersten Generation der deutschen Einwanderer mit sozialistischem Migrationshintergrund.

Der Blick auf die nordamerikanische Arbeiterschaft war in diesem Text von einer gewissen Arroganz geprägt. Die Arbeiterschaft dort sei erst durch die Krise „zur Besinnung“ gekommen. Es war nicht mehr die Krise, die den Anstoß zur Revolution gab, sondern lediglich der erste Schritt zur Bewusstseinswerdung war nun getan. Im eigentlichen revolutionären Koordinatensystem befand sich die Arbeiterschaft der USA demnach noch nicht. Es reichte auch nicht aus, zur Besinnung zu kommen, es musste eine feste Parteidisziplin ausgeübt werden, die in erster Linie Prinzipien verteidigte. Die Organisation ist hier ein Wert an sich, die revolutionäre Bewegung tritt in den Hintergrund.

Diese defensive Rhetorik ist nicht der Aufruf zur siegreichen Revolution, sondern zum Unterlassen aller unvorsichtigen Schritte. Die Reinheit der Organisation ist wichtiger als ihr konkretes Handeln. Damit befindet sich der in-

---

den versprach. Vgl. hierzu: Brief von F. A. Sorge an Wilhelm Liebknecht, 30.4.1874, in: Wilhelm Liebknecht. Briefwechsel mit deutschen Sozialdemokraten, Bd. 1 (Quellen und Untersuchungen zur Geschichte der deutschen und österreichischen Arbeiterbewegung, Bd. 4, Assen 1973, Nr. 358, S. 560.

539 Vgl. ebenda.

ternationale Gedanke hier fernab einer wie auch immer gearteten praktischen Handlungsfähigkeit. Es ist zum Prinzip geworden, welches nicht im Kontext der politischen Aktion verstanden werden kann, sondern nur im Sinne eines Organisationsfundaments. Dass die soziale Bewegung nur auf dem Wege fester Organisation fortschreiten kann, schließt alle anderen Wege zur Verbesserung der sozialen Lage aus. Wir sehen hier das internationalistische Element in perfekter Erstarrung: Nicht durch Vermehrung der sozialen Basis einer Bewegung wird diese zum Erfolg geführt, sondern durch die Einschränkung des Zutritts zu ihr. Nicht durch Aktionen wie Demonstrationen und politische Ultimaten wird der Fortschritt erzielt, sondern durch prinzipienfeste Organisation. Auch hier enthielt sich der „Volksstaat" des Kommentars und sah sich mehr als neutrale Diskussionsplattform und als Raum für Berichterstattung. Die internationalen Sozialisten durften für sich sprechen; im „Neuen" war dies weniger der Fall.

Ein weiterer Bericht des „Volksstaats" vom 12. März 1876 erlaubt eine genauere Bestandsaufnahme der amerikanischen Verhältnisse aus deutscher Sicht. Anhand Kaliforniens, eines Gebietes, welches sich außerhalb der üblichen transatlantischen Referenzorte der deutschen Sozialdemokratie befindet, die üblicherweise im Osten der USA lagen, wurde eine detaillierte Darstellung der örtlichen Krisenauswirkungen gedruckt, dessen Autor („F. Rz.") sich durchgängig in distanzierender Manier über die amerikanische Kultur äußerte. Dabei wurden die negativen Elemente der amerikanischen Gesellschaft in Verbindung mit der Krise noch potenziert; es entstand ein unheimliches Amalgam von in ihrer Erscheinung zugleich neuer und altbekannter ökonomischer und moralischer Verkommenheit, in der sich Abscheu gegenüber der Ausbeutung der Arbeiterschaft, Skepsis gegenüber der etablierten Presse, Xenophobie, Moral- und Religionskritik zu einem umfassenden Sittengemälde der kalifornischen Gesellschaft aus Sicht eines deutschen Arbeiters in den „Californischen Briefen" vom 6. Februar des Jahres 1876 verbanden. Beginnend mit dem Verweis auf die „allgemeine Weltkrisis", die nun – anders als erhofft – doch nicht einen Bogen um Kalifornien gemacht hatte, beschrieb der Autor den nachlassenden Optimismus der Zeitungen, die sich in den Jahren zuvor durch unsichere Werbung für den Wirtschaftsstandort Kalifornien hervorgetan hatten, welcher bisher noch keinen hohen Stand der Industrialisierung erreicht habe:

> „Durch die immer mehr zunehmende Chineseneinwanderung und das Herbeiströmen östlicher Arbeiter ist die Arbeitskraft, besonders in jüngster Zeit, bedeutend im Preise gesunken, und wird die Lage des weißen Arbeiterstandes immer kritischer. Fast täglich hört man von Lohnreduktionen. [...] Schreiber dieses arbeitete neulich in einem von einer Aktiengesellschaft in hiesiger Stadt neuerbauten Opernhause, Da dieselbe ihre ‚Stocks' (Aktien) nicht an den Mann bringen konnte, so drang sie letztere den Arbeitern auf, d. h. bezahlte die Hälfte des schuldigen Arbeitslohnes mit ihren faulen Papieren. Auf diese Weise kann man ‚Stockhalter' (Aktionär) werden. Da die Einigkeit unter den Arbeitern noch sehr fehlt, so läßt sich solchem Unwesen nicht wirksam entgegentreten. Die durch die gesunkenen Löhne stark verminderte Konsumtionsfähigkeit der Arbeiter giebt natürlich der Krisis neue Nahrung. [...] Während auf der einen Seite Mangel und Entbehrungen nahen, leben jedoch unsere Börsenkönige herrlich und in Freuden und veranstalteten vor einigen Tagen im hiesigen Palace-Hotel zu Ehren eines Generals Sharon eine wüste

Schlemmerei. [...] Das Pfaffenthum steht hier neben der allgemeinen Korruption in vollster Blüthe. Wenn Kirchen der Maßstab für die Frömmigkeit eines Volks sind, dann ist Amerika das frömmste Land der Erde, und ist es wohl auch, denn Moral kommt ja bei der Frömmigkeit nicht in Betracht. [...] Die ganze geistliche Trödelbude ist ja hier weiter nichts, als eine Geldmacherei üppiger Pfaffen. Man nehme denselben heute die fetten Gehalte, und morgen werden sich diese Lohnknechte, welche vom menschlichen Elend wie die Geier leben, den Kukkuk um Tod und Teufel mehr bekümmern, während sie jetzt mit einander wetteifern, wer dem überreizten Magen der Zuhörer und Leser den stärksten Glaubensfusel bieten kann. [...] Auch die chinesischen Spielhöllen waren in diesen Tagen ungemein frequentirt, denn die Söhne des großen Reiches der Mitte sind dem Spiele leidenschaftlich ergeben. [...] Das Körper und Geist zerrüttende Opiumrauchen scheint auch unter der weißen Bevölkerung sich einbürgern zu wollen. Während die chinesischen Opiumhöhlen hier nach Hunderten zählen, können derartige für weiße Personen eingerichtete Lokale jedenfalls noch nicht lange existiren. [...] Ein enger, dunkler Gang führt uns an ein Hintergebäude, dem die betäubenden Opiumgerüche, vermischt mit den Gerüchen verwesender Körper entsteigen. Vor dem Eingange liegen ein paar schmutzige Chinesen umher. [...] Die weißen Besucher, welche sich bis jetzt allerdings nur aus verworfenen Subjekten, Rowdies und Mitgliedern der demi monde rekrutirten, halten sich gewöhnlich 4 bis 6 Stunden in solchen Lokalen auf und bezahlen dafür 25 bis 50 Cents à Person. Chinesen finden hierin ein gutes Geschäft und suchen dasselbe nach Kräften auszubeuten."[540]

Die Entwicklung in den USA scheint neben dem Klassenkonflikt aus Sicht des Verfassers noch einen anderen Konflikt heraufbeschworen zu haben: den Rassenkonflikt. Der Preis der Ware Arbeit sinkt, und chinesische und „östliche" Arbeiter tragen laut dem Autor daran schuld. Der Verfall der Aktienpapiere führe dazu, dass die Arbeiterschaft ihren Lohn nun in wertlosen Aktienpapieren ausbezahlt bekomme – zwei gravierende Deprivationserfahrungen, an denen der Autor selbst teilgenommen hat. „Unsere Börsenkönige", also die in republikanischen Verhältnissen dennoch zum Geldadel gewordenen Eliten, lassen sich es in Zeiten zunehmender Entbehrungen für die Arbeiterschaft gut gehen. Ein krasses Missverhältnis, gegen welches die Arbeiterschaft infolge mangelnder Organisation sich nicht zu wehren vermag. Die unmoralische Frömmigkeit der Kirchen kommt als weiteres Ärgernis hinzu. Auch die „Pfaffen" interessieren sich bloß für „Geldmacherei", fügen sich also in die allgemeine Szenerie gut ein. Mehr noch, die Kirchen profitieren noch vom Elend der Massen, da deren gesteigerte Hilfsbedürftigkeit auch gesteigerte Nachfrage für Heilskonzepte bedeutet: Hier gewinnt – da klingt das Spekulationsprinzip an – der Anbieter mit den größten Versprechungen, der „stärkste Glaubensfusel" setzt sich durch. Ganz wie bei einer Sucht nutzt die Geistlichkeit die Situation der Süchtigen aus, um diesen ihre Drogen zu verkaufen. Den Höhepunkt der Schilderung bilden die unterweltlichen Verhältnisse der chinesischen „Opiumhöllen". So sind es also buchstäblich Drogen, die verkauft werden, ohne wirkliche gesetzliche Beschränkung und mit Hilfe einer Polizei, die auch das eigentlich verbotene Glückspiel zulässt. In filmähnlicher Manier beschreibt der Autor das Betreten einer Opiumbar, welche Tod, Verwesung und Schmutz zu bringen scheint – letzteres vor allem assoziiert mit Chinesen. Bisher hat von der weißen Bevölkerung nur die unterste Gesell-

540 Der Volksstaat, 12. März 1876, Nr. 30.

schaftsschicht an diesen Vorgängen teilgenommen, doch nun droht das Opium auch weitere Bevölkerungsschichten zu erfassen.

In dieser Schilderung sind die Zustände in der nordamerikanischen Republik schon vor Ausbruch der Krise unerträglich. Fast will man meinen, der berichterstattende Sozialist wünsche sich die – nicht zuletzt ethnisch – vermeintlich wohlgeordneten Verhältnisse der deutschen Monarchie zurück. Neben außerordentlicher Geldgier bei allen Gesellschaftsschichten gibt es noch ein weiteres Element, welches das Krisenszenario noch um einen weiteren Aspekt bereichert: Die fremde Bedrohung der chinesischen Einwanderung, die für Lohndruck sorgt, trifft auf eine wenig organisierte (weiße) Arbeiterschaft. Kulturelle Unterschiede bergen somit ein Spaltungspotential auf Seiten der Unterdrückten. Nicht genug, gehen mit der chinesischen Diaspora in San Francisco auch Glücksspiel und Drogensucht einher. Die Maßstäbe zur Einordnung dieser Zustände schienen dem Autor zu fehlen. Waren in anderen Berichten aus den USA vor allem Vergleiche zu den deutschen Verhältnissen üblich, ist es nun die deutliche Schilderung der Zustände, die dominiert. In Form eines feuilletonistischen Berichts war die Schauergeschichte über die kalifornischen Zustände weniger ein Bericht über den Ausbruch der Wirtschaftskrise als ein Zeugnis der Abscheu gegenüber der nordamerikanischen Einwanderungsgesellschaft, in welche sich der sozialdemokratisch denkende Arbeiter aus Deutschland nicht zu integrieren vermag – eine Voraussetzung für die Art von erfolgreicher Organisation, die er selbst einfordert.

B. Internationale Krise, nationale Diskurse

Am 31. Oktober 1875 wurde das internationale Element der Krise aus Sicht des ADAV erneut offensichtlich – und zwar in Form der mehrdimensionalen Verquickung von nationaler und internationaler Argumentations- und Referenzebene. Im „Neuen Social-Demokraten" wurde die zu Beginn jeder Legislatur im Reichstag übliche Thronrede behandelt. Darin hatte Staatsminister Delbrück selbst die internationalen Auswirkungen der Krise angesprochen, mit dem Hinweis, dass eine solch internationale Krise mit nationalen Mitteln schwer zu bekämpfen sei:

> „Wenn in Handel und Verkehr dennoch gegenwärtig eine der Stagnationen stattfindet, wie sie im Laufe der Zeit periodisch wiederkehren, so liegt es leider nicht in der Macht der Regierungen, diesem Uebelstande abzuhelfen, der sich in anderen Ländern in gleicher Weise wie in Deutschland fühlbar macht. Jedenfalls aber hat diese Erscheinung die Unsicherheit der politischen Verhältnisse und namentlich des äußeren Friedens zum Grunde."[541]

Dieses Zitat in leichter Abwandlung aufnehmend, richtete auch der „Neue Social-Demokrat" den Fokus auf das Verhältnis der nationalen zur internationalen

541 Stenographische Berichte über die Verhandlungen des Deutschen Reichstags, Sitzung vom 27. Oktober 1875, S. 3.

Ebene. Was Delbrück aber im Sinne einer Entlastung der Verantwortung nationaler Regierungen für internationale Krisen formuliert hatte, wurde von der Redaktion des „Neuen“ in einen anderen Kontext gestellt:

> „In diesen Worten ist anerkannt, was der Socialismus schon immer gelehrt hat: die heutige Gesellschaft und die heutigen Staatsregierungen sind ohnmächtig gegenüber jenen Krisen, welche das Mark der Völker ausdorren durch das eherne Lohngesetz, durch Hunger und Noth das arbeitende Volk dezimiren. Und wenn dies in so hervorragender Weise von der Reichsregierung selbst anerkannt wird, wenn noch ausdrücklich beigefügt wird, daß nicht irgend ein politischer Fehler oder eine Kriegsdrohung Schuld am Nothstande ist, dann ist um so klarer das Verdammungsurtheil über den ganzen heutigen Zustand der Gesellschaft gefällt. Gewiß, an dem Nothstande hat weder eine preußische, noch eine österreichische, noch eine englische, noch eine amerikanische Regierung schuld, und der social-demokratische Arbeiter legt weder Bismarck, noch Delbrück, noch Camphausen, sonst einer einzelnen Person die Handelskrisis zur Last, sondern vielmehr den gesammten Gesellschaftsverhältnissen, dem Klassenunterschiede von Kapitalisten und Arbeitern und der planlosen Produktion. Während derart die Regierungen machtlos gegenüber dem Wüthen - Krisis sind, können und werden die Socialisten um so lauter die Stimme erheben und dem arbeitenden Volke aller Länder darthun, daß die Rettung von dem Nothstand nur darin liegt, daß das eherne Lohngesetz gebrochen und eine Organisation der Arbeit geschaffen wird. Wenn wir ferner nur ein halbes Jahr zurückblicken, so treffen wir auf die Aussprüche der Minister Achenbach und Camphausen, dahin gehend, daß, weil die deutschen Arbeiter zu wenig arbeiteten und zu viel Lohn verdienten, die deutsche Industrie konkurrenzunfähig gegen die ausländische sei und dies die Stockung verschulde. Jetzt besagt die Thronrede aber, daß die Stockung international ist und regelmäßig von Zeit zu Zeit stattzufinden pflegt, und damit ist die Ueberproduktion zugegeben, damit ist erwiesen, daß Arbeit und Löhne der deutschen Arbeiter unmöglich Ursache der Weltkrisis sein können. Ein recht lehrreicher Umschwung.“[542]

Die Lehre des Sozialismus, also eine wissenschaftliche Schule, hat demnach schon „immer“ erkannt, was höchste Vertreter des Reiches erst jetzt erkennen. Sie begreifen erst jetzt, wie machtlos sie sind, wie machtlos das Heute gegenüber den existierenden Kräften der Krise ist, die in brutaler Weise die physische Vernichtung des Volkes mit sich bringen. Wenn sogar die sonst auf ihre Autorität pochenden Regierungen anerkennen, dass der Fehler im System liegt, dass der Gesamtzusammenhang politischen Handelns sie ihrer eigenen Agency beraubt, dann ist es höchste Zeit, die Lehren des Sozialismus zu akzeptieren. Dieser aber steht zwischen Volk und dem ökonomischen und politischen System, welches ihm Schaden zufügt. Als ausgesprochen parteiische Beobachter ruft „der Socialismus“, rufen „die Socialisten“ gleichsam von der Seitenlinie aus und müssen nur noch erhört werden. Nur ganz nebenbei erwähnt der Autor des Artikels noch, wie bei einer anderen Gelegenheit die Rolle des Krisenverursachers der Arbeiterschaft zur Last gelegt wurde. Diese habe zu hohe Löhne verlangt, habe – in heutigen Worten – der „Wettbewerbsfähigkeit“ Deutschlands geschadet. Diese Behauptung ist nun kaum noch der Rede wert, wird ironisch betrachtet und sogar durch die Äußerungen ihrer vormaligen Proponenten widerlegt.

---

[542] Neuer Social-Demokrat, 31. Oktober 1875, Nr. 129.

Die internationale Rolle des Sozialismus wird in diesem Artikel besonders eindrücklich geschildert. Als eine Art „Ersatzinstitution" bietet sich der Sozialismus dem ausgebeuteten Volk weltweit als Alternative an. Sogar die amtierende Regierung erkennt ihre Machtlosigkeit an, nur ein grundlegender Systemwechsel kann hier noch helfen. Erneut wird eine biologistische Metapher gewählt, dorren die Krisen doch „das Mark der Völker" aus; erneut wütet die Krise gleich einer Naturkatastrophe. Es geht also nicht nur um die deutsche Arbeiterschaft: Weltweit – hier fehlt die sonst nicht unübliche Einschränkung auf die „zivilisierten Völker", vielleicht ist diese selbstverständlich – leidet die Bevölkerung unter Krisenerscheinungen, und genauso weltweit stemmt sich der Sozialismus dieser Entwicklung entgegen, über die ein „Verdammungsurtheil" gefällt wurde. Es ist offenbar nicht mehr erklärungsbedürftig, sondern es herrscht religiöse Ausmaße annehmende Klarheit über die Haltlosigkeit der Zustände, und dies wird belegt durch wissenschaftliche Erkenntnis. Nicht nur die Seite der Herrschenden bedient sich hier eines Diskurses der „Naturalisierung der sozialen Ordnung" im Bourdieu'schen Sinne, stattdessen ist es die Opposition der Sozialisten, die ihre eigenen Naturgesetzlichkeiten in der bestehenden Ordnung erkennt. Diese kennzeichnen aber nicht Regelhaftigkeit und eindeutige Strukturen, hier dient der Verweis auf die Natur nicht der Legitimation des Bestehenden, stattdessen ist es die Naturgewalt, die Naturkatastrophe, die ein aus dem Lot geratenes System heraufbeschwört.[543] Der Sozialismus stellt sich der Entwicklung aber nicht durch praktische Hilfe in den Weg, da diese – wie im Fall der Regierungen – unter aktuellen Rahmenbedingungen nicht möglich ist – dafür muss erst das eherne Lohngesetz gebrochen und in einem nächsten Schritt die Arbeiterschaft organisiert werden –, sondern durch das Angebot einer zutreffenden Weltenlehre und korrekten Interpretation der systematischen Eigenlogik des *Status quo*.

Für die Frage des ehernen Lohngesetzes gilt, wie Hans Mommsen zutreffend festgestellt hat, dass diese Idee, welche eine Verbesserung der Lage der Arbeiterschaft nur innerhalb eines veränderten Gesellschaftssystems implizierte, indem notwendigerweise im bestehenden System immer nur die bare Existenz des Arbeiters gesichert sei, weniger zum Einsatz kam, um ein bestimmtes theoretisches Konstrukt wissenschaftlicher Art aufrechtzuerhalten, sondern vielmehr als agitatorisches Element diente. Es sollte nämlich – wie auch die Auswirkungen der Krise und das Anzweifeln der Verlautbarungen der Regierungen – zuallererst der Mobilisierung der Arbeiterschaft dienen.[544] Unter dem Eindruck der Krise von 1873, wie auch Arno Herzig gezeigt hat, wurde dieses von Lassalle noch in strengerer Fassung propagierte Diktum immer weiter ausgehöhlt und eröffnete in seinen Formulierungen nach 1873 auch immer wieder reelle Aussichten der Gewerkschaftsbewegung auf eine Verbesserung der Lebensverhältnisse der Arbeiterschaft.[545]

---

543 Bourdieu, Politik, S. 16.
544 Vgl. Mommsen, Bedeutung, S. 279.
545 Vgl. Herzig, Der Allgemeine Deutsche Arbeiter-Verein, S. 253.

Der Vergleich des sozialistischen und des regierungsoffiziellen Bezugnehmens auf den internationalen Aspekt der Krise zeigt deutlich, dass beide Diskurse sich in vollkommen unterschiedlichen logischen Konstruktionen bewegten. Die internationalen Vorgänge waren für die Reichsleitung entweder Anlass, sich handlungsunfähig zu erklären – hier erscheint das Internationale als nicht steuerbar und damit jegliche Lösungsansätze auch als nicht einforderungsfähig. Oder aber – wie bei Ausbruch der Krise – die Reichsleitung verwies auf die Arbeiterschaft, mit dem Vorwurf, diese verlange zu hohe Löhne. Das verlagerte die Schuldlast auf die nationale Ebene und widersprach nicht nur sozialistischen Forderungen nach Verbesserungen der Lage der Arbeiterschaft, sondern mahnte sogar Verschlechterungen und Einbußen an, um das Gesamte, die Nation, im internationalen Wettkampf zu stärken. Nach dieser Logik war eine wohlhabende Arbeiterschaft gleichzusetzen mit dem Untergang des Wohlstands der Nation.

Die Zeilen des „Neuen Social-Demokraten" nahmen auf diese Denkstruktur Bezug: Zuerst sollten die Arbeiter an der Krise die Hauptschuld tragen, und nun sollte diese nach den Worten derselben Sprecher international und zyklisch im Sinne eines wiederkehrenden Prozesses zu deuten sein? In rhetorischer Hinsicht befanden sich die Sozialisten hier klar im Vorteil. Sie konnten Unstimmigkeiten in der Argumentation ihrer Gegner herausstreichen und auf die eigene Standfestigkeit in der Argumentation verweisen. Es folgte hier aber kein Angebot einer schrittweisen Lösung, eines langsamen Herantastens an die Verbesserung der Lage der Arbeiterschaft. Diese konnten aber nur mit einem Systemwechsel verbunden sein, denn nur die radikale Alternative war überhaupt eine Alternative: Innerhalb des Systems verbleibende Lösungsansätze waren aus sozialdemokratischer Sicht zum Scheitern verurteilt, während das Volk ihnen zufolge – fast schon völkermörderisch – durch die bestehenden Verhältnisse vernichtet würde.

Diese beiden Deutungsangebote standen sich diametral gegenüber. Die Mächte des *Status quo* sahen keine eigene Verantwortlichkeit und waren nur bereit zur Moderation der politischen Folge der Krise; sie wollten für Sicherheit und Stabilität im herkömmlichen Sinne bürgen. Die Sozialdemokratie erkannte genau diese herkömmlichen Zustände als Ursache der krisenhaften Instabilität und sah nun, gleichsam auf dem Wege eines sozialen Experiments, die Chance gekommen, mit Verweis auf die aktuellen Geschehnisse auch den notwendigen Systemwechsel einzuleiten. Transformation auf internationaler Ebene stand Stabilität auf nationaler Ebene gegenüber. Zwischen diesen beiden Sichtweisen blieb kein Raum für Kompromisse.

Wenn die internationale Ebene wie im obigen Beispiel als Teil eines Diskurses über die „Wettbewerbsfähigkeit", also der Rede über die heilsame Konkurrenz der Volkswirtschaften, in legitimierender Weise verwendet wurde, um auf das Verhalten der Arbeiterschaft zu verweisen und beispielsweise zu hohe Löhne anzuprangern, dann wurde dieses internationale Argument von sozialdemokratischer Seite, im „Neuen Social-Demokraten", durch die Erkenntnisse eines britischen Wirtschaftswissenschaftlers widerlegt. Der rhetorische Angriff auf internationalem Feld wurde gleichsam auch international abgewehrt, wie in diesem Artikel vom 10. Juli 1874:

> „Gegenüber dem steten Geschrei der Fabrikanten, daß die Industrie bei hohen Löhnen nicht konkurrenzfähig bleibe, ist es wohl passend, einmal eine englische Stimme zu beachten, welche das Gegentheil nachweist. Der englische Nationalökonom Ludlow läßt sich nämlich darüber folgendermaßen aus: Von Zeit zu Zeit können wir aus einem oder dem anderen Theile des Landes Geschrei hören über Abnahme des Handels; aber die Regierungsberichte sind zur Hand, und an Stelle von Kleinmuth über hereinbrechenden Ruin erzeugen die Zahlen unserer Blaubücher Beruhigung und Vertrauen. Das gegenwärtige Geschrei über Konkurrenz des Auslandes ist eines, welches, wenn man zwanzig, dreißig, vierzig Jahre zurückgeht und dessen Einerleiheit mit dem Geschrei jener verschiedenen Zeiträume sieht, in Wahrheit ein Lächeln hervorruft. Bei einem Freihandel-System können wir natürlicher Weise nicht erwarten, daß wir durch wohlfeilere Preise die Welt aus dem Felde schlagen. Der Ausländer muß in manchen Sachen besser arbeiten, als wir: Wir haben sicherlich kein Recht zur Klage, wenn er das Rohprodukt seines eigenen Landes billiger zu verarbeiten lernt, als wir jenes Produkt verarbeiten können, nachdem es importirt ist, oder wenn er sich Märkte verschafft, zu welchen die Transitkosten für ihn geringer sind, als für uns. Ist es in Wahrheit ein Gegenstand des Schreckens und der Unruhe, für welchen Arbeitervereine bearbeitet werden müssen, wenn der Norweger, mit ungeheuren Wäldern vor seiner Thür, uns fertig gearbeitete Thüren und Fenstergestelle sendet an Stelle des bloßen Holzes, aus welchem sie gearbeitet werden? […] Es ist ganz richtig, daß Löhne, über das mögliche Maß hinaus in die Höhe getrieben, dem Handel in das Gehege kommen. Solch eine Gefahr jedoch steht nicht nahe uns bevor: dagegen steht die weit größere und dringendere Gefahr, unsere erfahrenen Fabrikarbeiter durch Auswanderung zu verlieren, vor unserer Thür."[546]

Dieser Artikel verwies unter Zuhilfenahme auf die Einsichten des Autors (es war vermutlich der christliche Sozialist John Malcolm Forbes Ludlow), die dem „Geschrei der Fabrikanten" eine faktenbasierte Sichtweise entgegenstellen sollte.[547] Die Reaktion der Redaktion des „Neuen" auf den aufkommenden Lohndruck infolge des Gründerkrachs war also nicht zuletzt der Rückgriff auf die wissenschaftliche Logik, wo man durchaus siegesgewiss auch auf internationale Stimmen verweisen konnte, die im sozialdemokratischen Sinne argumentierten. Ein wirtschaftlich erfolgreiches Land wie England konnte also auf ähnlich besorgte Stimmen verweisen, die vor zu hohen Löhnen der Arbeiterschaft warnten. Auch dort war diese Argumentation nicht stichhaltig gewesen. Warum sollte dies für Deutschland der Fall sein?

Der Verweis auf kontinentaleuropäische Nachbarländer beziehungsweise nicht weit entfernte Länder war ebenfalls ein gängiger Topos, wenn es um den Vergleich der Krisenauswirkungen in den verschiedenen Ländern ging, aber auch in Fragen des unterschiedlichen Entwicklungsstands der Arbeiterbewe-

---

546 Neuer Social-Demokrat, 10. Juli 1874, Nr. 78.

547 Vgl. hierzu: Grimmer-Solem, Rise, S. 148: John Malcolm Forbes Ludlow hatte sich um die wissenschaftliche Erörterung der Auswirkungen der britischen „Factory Laws" auf die Arbeiterschaft verdient gemacht, eine Tätigkeit, die einen in Deutschland laut dem Nationalökonomen Gustav Schmoller zum Sozialisten machen würde.

gung, wie in den folgenden zwei Beispielen aus Frankreich und Italien deutlich wird.

Hier war es im ersten Fall Italien, welches ebenfalls als „Kulturland“ beschrieben und also durch die Redaktion des „Neuen Social-Demokraten“ in diesem Artikel vom 22. März 1874 auch der westlichen Kulturgemeinschaft zugerechnet wurde. Der Artikel handelte im Wesentlichen vom Fortschritt der Arbeiterbewegung, der durch die Krise beschleunigt werde:

> „Italien ist, gleich allen Kulturländern, schwer von der gegenwärtigen Handelskrise betroffen. Der Nothstand ist aber zugleich eine ernste Lehre für das Volk geworden, denn gerade jetzt neigen sich die italienischen Arbeiter entschieden dem Socialismus zu. Die Krise, so wie die in Folge der vorigjährigen mangelhaften Ernte eingetretene Theuerung hatten bereits in mehreren Städten Italiens Arbeiterversammlungen zur Besprechung des Nothstandes veranlaßt. So geschah es neuerdings in Rom. Nach mancherlei Angriffen auf die besitzende Klasse, nach Schilderung der Volksnoth wurde eine Resolution zur Annahme gebracht, worin dem Municipium die Mittel anempfohlen werden, die nach Meinung der Arbeiter die Noth zu mildern im Stande sind.“[548]

Es bedurfte also offensichtlich einer „ernste[n] Lehre“, um der italienischen Arbeiterschaft den Sozialismus schmackhaft zu machen. Die Krise dient also als Lehrmeisterin der Geschichte, die auf die Mängel des Wirtschafts- und Gesellschaftssystems verweist und darauf, dass nur die Organisation der Arbeiterschaft dagegen etwas auszurichten vermag. Ähnlich wie in den aus Chicago berichteten Arbeiterversammlungen schließt sich die Arbeiterschaft anlässlich der Krise zusammen, um konkrete Forderungen an den Stadtrat Roms zu richten. Auch wenn die Redaktion des „Neuen“ hier von einer Lehre für die Arbeiterschaft spricht, so scheint diese sich nicht aus Einsicht in die Notwendigkeit einer strikten Parteiorganisation zusammenzufinden, sondern mit der Absicht, Druck innerhalb der bestehenden gesellschaftlichen Machtverhältnisse aufzubauen.

Die Arbeiterschaft scheint sich in diesem Fall als eine von vielen gesellschaftlichen Gruppen zu verstehen, die nun in der Krise des besonderen Schutzes bedarf – daraus ist aber nicht der Umsturz der bestehenden Ordnung oder gar bestehender Hierarchien abzuleiten. Genauso spontan wie die italienischen Sozialisten sich zusammengefunden haben, genauso spontan können sie sich in dieser Logik auch wieder auflösen, wenn die gestellten Forderungen erfüllt oder der Notstand auf einem anderen Wege behoben ist. Es ist ein Muster, welches auch die spontanen Massenkundgebungen in den USA zu treffen scheint, die zwar organisatorischer Anknüpfungspunkt wurden, aber nicht nachhaltig erfolgreiche Organisationen hervorbrachten. Ähnlich ist dies im italienischen Fall, wo sich erst 1882 mit der fortschreitenden Industrialisierung Norditaliens der „Partito Operaio Italiano“ gründete. Für den Linksliberalismus war es in den 1870er Jahren in Italien ein Bestreben, mit einem protektionistischen Regierungsprogramm mäßigend auf die italienische Arbeiterschaft einzuwirken – ihre

548 Neuer Social-Demokrat, 22. März 1874, Nr. 34.

Appelle waren demnach nicht ungehört geblieben.[549] Vielleicht bot die Krise von 1873 für organisatorisch weniger fortgeschrittene und vergleichsweise heterogene Arbeiterbewegungen tatsächlich erste Erfahrungswerte für kollektives politisches Handeln im Sinne der modernen Arbeiterbewegung des Industriekapitalismus. Die Hoffnungen, welche die Redaktion des „Neuen" mit dieser Bewegung verknüpfte, erfüllten sich in den nächsten Jahren nicht. Es sollte bis 1892 dauern, bis in Italien eine wirklich schlagkräftige Arbeiterpartei entstand.[550]

Der Blick ins Nachbarland Frankreich befasste sich neben dem Vergleich der Lage der deutschen und französischen Arbeiterschaft vor allem auch mit der näheren Vergangenheit, also den Entwicklungen infolge des Deutsch-Französischen Krieges, und leitete ein mit dem Abdruck der „Aeußerungen des Pariser Börsen-Berichterstatters der ‚Augsburger Allgemeinen Zeitung' ":

> „ ‚Zu Bonapartes Zeiten reichte es hin, daß ein leichtes Unwohlsein die Kurse der Rente und aller Werthschaften in Mitleidenschaft zog, daß stürmische Kammerverhandlungen den gewaltigsten Druck auf die Börse übten, daß Minister-Wechsel den Verkehr lähmten. Heute ist das anders geworden. Der Markt lebt sein eigenes Leben und kümmert sich nicht mehr um die Unbeholfenheit der Regierungen und noch weniger um die Leidenschaftlichkeit der Parteiführer.' [...] Wer hätte vor vier Jahren, als Deutschland vor dem Milliardensegen aus Frankreich stand und die gesammte ‚nationale' Journalistik diesen plötzlich erbeuteten Reichthum mit den überschwänglichsten Erwartungen begrüßte – wer hätte damals vorausgesagt, daß nach Abwickelung dieses Milliardengeschäfts das deutsche Volk in Wirklichkeit ärmer als zuvor, Frankreichs wirthschaftliche Verhältnisse dagegen solider als zur Zeit des Kaiserreichs sein würden? Und doch ist es so; wir sehen das merkwürdige Phänomen vor unseren Augen und können uns, wenn wir wollen, damit trösten, daß wenigstens der preußische Staat als solcher niemals reicher war als im gegenwärtigen Augenblicke, daß seine Schulden bis auf ein Minimum getilgt und die Steuern womöglich noch höher sind als früher wogegen das Volk den guten Rath empfängt, ‚fleißiger und sparsamer zu sein', die Industrie, die Arbeitslöhne herabzusetzen, um nur wieder mit dem Auslande konkurriren zu können. Wie glücklich hätte doch Deutschland sein können, wenn der Friede mit Frankreich im September 1870, statt im Februar 1871 geschlossen wäre und statt fünf Milliarden höchstens eine einzige ihren Weg nach Deutschland gefunden hätte. Die plötzlichen ‚Preisverschiebungen', welche Herr Camphausen als die wahre Ursache der gegenwärtigen Kalamität hinstellte, wären dann sicherlich nicht oder doch bei Weitem nicht in dem Maße eingetreten, wie wir sie jetzt zu beklagen und durch eine schmerzliche Uebergangsperiode wieder rückgängig machen sollen."[551]

Hier wird in den Worten des Pariser Berichterstatters der Vergleich zwischen napoleonischen Zeiten und den Verhältnissen in der Dritten Republik gezogen,

---

549 Vgl. zu den politischen Reformen in Italien ab der Mitte der 1870er Jahre, zu denen etwa die Einführung des kostenlosen und obligatorischen Grundschulunterrichts im Jahr 1877 und ein protektionistisches Gesetzpaket aus dem Jahr 1878 gehörten: Eintrag zum Stichwort „sinistra", in: Enciclopedia Treccani, http://www.treccani.it/enciclopedia/sinistra [zuletzt abgerufen: 10.3.2021].

550 Vgl. zur Organisationsgeschichte der Partito dei Lavoratori Italiani, die 1892 gegründet wurde und nach 1895 die Partito Socialista Italiano wurde: Keller, Katharina: Modell SPD? Italienische Sozialisten und deutsche Sozialdemokratie bis zum Ersten Weltkrieg, Bonn 1994, S. 93f.

551 Der Volksstaat, 10. Februar 1875, Nr. 16.

die vom Fortschritt des liberalen Marktsystems geprägt seien, welchem nun von Regierungsseite nichts mehr entgegengesetzt wird. Der Markt wird personifiziert und „kümmert" sich nicht mehr um politische Entscheidungen oder Entscheidungsträger. Der Kommentar des „Volksstaats" zielte darauf ab, den Widerspruch zwischen dem siegreichen deutschen Kaiserreich und der französischen Republik deutlich zu machen. Auch wenn die in der Berichterstattung der „Augsburger Allgemeinen" beschriebenen französischen Verhältnisse nicht durchweg optimistisch stimmten, so sah die Redaktion des „Volksstaats" den französischen Staat und die französische Wirtschaft durchweg besser aufgestellt – und dies trotz des „Milliardensegens". Die unvorstellbare Milliardensumme stand nach dieser Lesart in keinem Zusammenhang zur Lage der deutschen Arbeiterschaft.

Erneut taucht hier der Topos der Wettbewerbsfähigkeit auf. Wie schon der Verweis auf England hatte zeigen sollen, waren die zu hohen Löhne aus Sicht der deutschen Sozialisten sicher nicht als krisenauslösendes Moment zu betrachten. Der Blick in die Länder, mit denen Deutschland „konkurriren" sollte, dient als Lehrbeispiel dafür, dass die Lage der Arbeiterschaft in Deutschland im internationalen Vergleich schlechter ist. Sogar Frankreich, welches eine große Summe als Kriegskontribution leisten musste, trotzt der Krise, während der deutsche Staat von der Arbeiterschaft weitere Einbußen verlangt. Es steht also ein reicher Staat einer armen Arbeiterschaft gegenüber, während der Blick auf das Ausland die Absurdität dieses Zustandes belegt. Als Argument für die Vertreter der „Lohnhypothese", die in der Lohnhöhe der Arbeiterschaft den Grund für die Krise sahen, diente auch das durch die französischen Reparationen erhöhte Preisniveau im Deutschen Reich. Daher wünschte sich die Redaktion des „Volksstaats", diese Zahlung wäre nie in dem Umfang zustande gekommen, denn dann müssten auch die Einschnitte bei der Arbeiterschaft nicht erfolgen.

Dieser Diskurs, der sich bis in die jüngere deutsche Zeitgeschichte und Gegenwart nachverfolgen lässt, ist es, der hier im Sinne des Topos der Konkurrenz der Nationen ein „race to the bottom" legitimieren soll, welches mit niedrigen Löhnen Exportüberschüsse auf Kosten der Handelspartner und der eigenen Arbeiterschaft produziert.[552] Die Beschäftigung des „Volksstaats" mit diesem Argument erfolgte einerseits durch die Methode des Vergleichs, also durch die Betrachtung etwa der Verhältnisse in Frankreich; andererseits wurde der Reichtum des Staates der Armut des Volkes gegenübergestellt. Während sich die Argumentation der Vertreter der „Lohnhypothese" also eher auf theoretischer Ebene bewegte, die auf den bis heute unbewiesenen positiven Zusammenhang zwischen niedriger Lohnhöhe und Wirtschaftskraft verweist, war es die sozialdemokratische Zeitung, die sich in einer Art empirischem Vergleich bemühte, die Faktenlage aufzudecken.

Ein weiteres Beispiel für einen ähnlichen Versuch von sozialdemokratischer Seite stellte die Rede Wilhelm Brackes am 23. April 1877 dar, in welcher er erneut ausdrücklich auf den Vorwurf einging, die Sozialdemokratie sei schuld an der

---

552 Vgl. Beck, Merkantilismus.

Wirtschaftskrise, da sie durch Anstachelung der Arbeiterschaft deren zu hohen Löhne befördert habe, welche wiederum die Krise ausgelöst hätten. Bracke wies darauf hin, dass das konjunkturelle Auf und Ab, in seinen Worten „das Abwechseln von großer Blüthe und großem Nothstand", der „herrschenden Produktionsweise" immanent sei.[553] Während er also die bekannte Analyse des bestehenden Systems als unverträglich mit einer gerechten Wirtschaftsweise darlegte, ging er im Rahmen der Diskussion um die Einführung von höheren Eisenzöllen auch darauf ein, dass im bestehenden System die „Kaufkraft der Masse" ein wichtiges Element darstelle und die höheren Löhne eben nicht von Nachteil seien. Vielmehr würden sie der heimischen Industrie wichtige Absatzgelegenheiten verschaffen – eine Argumentation, die angesichts und infolge der Krise tatsächlich abnehmender Exportmöglichkeiten aus volkswirtschaftlicher Sicht vollkommen schlüssig war.[554]

Für die Verbesserung der Lage der deutschen Industrie auf dem Weltmarkt schlug Bracke hingegen den Weg höherer Löhne und der Herstellung von Produkten von hoher Qualität vor, die sich notwendigerweise in der Konkurrenz durchsetzen würden.[555] Mit diesen Aussagen verband Bracke einerseits seine tiefliegende Skepsis gegenüber den Möglichkeiten der positiven Veränderung in der Gegenwart mit der praktischen Analyse der aus seiner Sicht wirtschaftspolitisch notwendigen Leitlinien. Ausgehend davon, dass die Abfolge von Krise und Boom erst mit der Beseitigung des Kapitalismus ein Ende finden würde, war der Weg zu einer konkreten Verbesserung der Lage der Arbeiterschaft mit steigenden Löhnen offen, welche gleichzeitig auch die Situation der Industrie heben konnten. Diese nachfrageorientierte wirtschaftspolitische Empfehlung enthielt aus Brackes Sicht ein tatsächlich wirksames Rezept, um innerhalb des bestehenden Systems weitreichende Verbesserungen zu erzielen. Den Widerspruch zu seiner Überzeugung von dessen notwendiger Beseitigung hob Bracke in seiner Rede nicht mehr auf – dies musste er auch nicht, denn aus seiner Sicht als überzeugter Anhänger von Marx war das Scheitern des Kapitalismus naturgesetzlich nachgewiesen und begründet.

Für die Apologeten der „Lohnhypothese" gilt, dass der von ihnen benutzte – und vor allem im Jahr 1875 auch in der sozialdemokratischen Presse thematisierte – Topos der nicht genügsam und im nationalen Interesse agierenden Arbeiterschaft, die von Gewerkschaften und Vertretern der Arbeiterbewegung aufgehetzt würde, einen diskursiven Übergang markierte – und zwar zwischen der paternalistischen Schilderung der Arbeiterschaft als unselbständig und

---

553 Stenographische Berichte über die Verhandlungen des Deutschen Reichstags, 3. Legislaturperiode, I. Session 1877, Zweiter Band, Berlin 1877, Sitzung vom 23. April 1877, S. 711. Ähnlich Wilhelm Liebknecht in seiner Rede vom 22. November 1875. Vgl. hierzu: Stenographische Berichte über die Verhandlungen des Deutschen Reichstags, 2. Legislaturperiode, III. Session 1875/76, Erster Band, Berlin 1876, Sitzung vom 22. November 1875, S. 262–267.

554 Ebenda. Vgl. zu den Absatzmöglichkeiten der deutschen Industrie in der Krise: Henning, Handbuch, S. 794.

555 Vgl. Henning, Handbuch, S. 712.

hilfsbedürftig, wie sie im konservativ-liberalen Diskurs in den Jahrzehnten vor 1873 dominierte, und der neuen, auch durch die Erlebnisse der Commune und die Erfolge der Sozialisten beförderte Sichtweise, welche die Arbeiterschaft als eigenständigen politischen Faktor und vor allem als Bedrohung perhorreszierte. Frank Oliver Sobich hat diesen Prozess ganz allgemein als „Transformation vom Klassen-Rassismus zum Antisozialismus" bezeichnet.[556] Auch wenn der Rassismus-Begriff als zu spezifisch erscheint, um den überkommenen ständisch-patriarchalischen Standpunkt von einem zunehmend wahrgenommenen Klassenantagonismus abzugrenzen, ist damit ein wichtiger diskursiver Wandlungsprozess erkannt. Schließlich war nun die Rede von der (Arbeiter-)Klasse verbunden mit einer politischen Bewegung, die sich als ihre Vorkämpferin sah, und mit sich formierenden politischen Kräften, die diese Bewegung als Bedrohung des *Status quo* ernstnahmen und sich im politischen Diskurs auf diese Wahrnehmung bezogen. So gilt für beide Seiten in dieser Frage die Formulierung Bourdieus:

> „Als Wirklichkeit und Wille ist die Klasse (oder der Klassenkampf) Wirklichkeit, soweit sie Wille, und Wille, soweit sie Wirklichkeit ist [...]."[557]

Die Diskussion um die „Wettbewerbsfähigkeit" stellte einerseits die antisozialistische Variante des internationalen Topos dar, der von der nationalen Ebene ausgehend gegen die Bestrebungen der Sozialdemokraten argumentierte und sich dabei der internationalen Bedrohung der Konkurrenz als Gefahrenszenario bediente. Dabei wird in diesem Fall die Konkurrenz nicht als heilsam im Sinne einer klassisch wirtschaftsliberalen Auslegung betrachtet, sondern – eigentlich nah an der sozialistischen Sichtweise – als Bedrohung aufgefasst.[558] Beide Seiten unterschieden sich nicht in der Wahrnehmung des Wettbewerbs als globalem Phänomen, sondern in der Identifizierung desselben mit dem Untergang des Kapitalismus oder aber, im anderen Fall, mit einer notwendigen Anpassung des eigenen Wirtschaftssystems. Andererseits kann im weiteren Kontext auf das Begriffsfeld der „deutschen Arbeit" verwiesen werden, das der Globalhistoriker Sebastian Conrad im Detail analysiert hat. Hier verlief die Verwendung des Begriffes im Sinne des „Schutzes nationaler Arbeit" in den 1840er Jahren über die Bezeichnung der deutschen Arbeit als „Kulturleistung", aber auch im Sinne des liberalen Verständnisses von Arbeit als Grundlage der liberalen Gesellschaftsordnung und der mit ihr einhergehenden Rechte und Pflichten. Gemeinsam war allen diesen Nutzungen des Begriffsfeldes ihre nationalistische Konnotation.[559]

Der „Volksstaat" verwies im obigen Textausschnitt durch den Vergleich mit den Verhältnissen in Frankreich auch auf eine Art Wettbewerb der Natio-

---

556 Sobich, Frank Oliver: „Schwarze Bestien, rote Gefahr". Rassismus und Antisozialismus im deutschen Kaiserreich, Frankfurt am Main/New York 2006, S. 156.

557 Bourdieu, Politik, S. 19.

558 Vgl. zur Semantik von „Konkurrenz" und „Wettbewerb": Werron, Tobias: Wettbewerb als historischer Begriff, in: Jessen, Ralph (Hrsg.): Konkurrenz in der Geschichte. Praktiken – Werte – Institutionalisierungen, Frankfurt am Main 2014, S. 59–81, v.a. S. 73.

559 Conrad, Globalisierung, S. 283.

nen – hier ging es aber um den Wohlstand des „Volkes", der im deutschen Staat aus Sicht des Verfassers des „Volksstaat"-Artikels keine nennenswerte politische Rolle zu spielen schien. Es werden der Stolz auf die Nation und die Diskussion um das Preisniveau geschildert, die anders als in anderen Nationen das Hauptinteresse der deutschen Politik zu finden scheinen. So wird deutlich, dass die unterschiedlichen Definitionen wirtschaftlicher Stärke der beiden diskursiven Gegenpole unvereinbar sind. Die Sozialisten definierten die Stärke der Volkswirtschaft über das physische Wohlergehen des „Volkes", während sich die Diskussion im Reichstag vor allem auf den Wettbewerb der Nationen und den Zustand der Reichsfinanzen zu konzentrieren schien – zwei vollkommen unvereinbare Deutungskonzepte.

Auch innerhalb der nationalen Diskursgemeinschaft konnten empfehlenswerte Artikel einzelner Zeitungen erneut abgedruckt werden – vor allen in den beiden wichtigsten überregionalen Parteiorganen jener Jahre – und beschäftigten sich Sozialisten unterschiedlicher Herkunft mit dem Spannungsfeld „national/international", wie die Zusammenfassung des Artikels des „Genossen Greulich" in der „Tagwacht" im „Volksstaat" vom 19. Mai 1876 zeigt:

> „Die kapitalistische Welt lebt nur auf dem Weltmarkt und ihr ‚Vaterland' erweitert sich mit jedem Absatzgebiete, das neu angeschlossen wird. Der Geist des Arbeiters aber soll sich nicht über die engen Grenzen seiner Heimath erheben, er soll patriotisch dumm sein, um sich nach Herzenslust ausbeuten zu lassen [...]."[560]

Während also im Sinne des kapitalistischen Verwertungssystems nichts existiert, was dem Begriff des Vaterlandes entspräche, wird die Arbeiterschaft, vor allem „der Arbeiter" in seiner Vereinzelung – ohne kollektive Organisation – im Dunkeln gehalten, was die tatsächlichen Zustände angeht. Bleibt er patriotisch, hier gleichbedeutend mit dumm, bleibt er Teil einer Fiktion, die aufrechterhalten werden muss, um seine Ausbeutung voranzutreiben. Das Nationale und das Internationale überschneiden sich hier nicht mehr, sie widersprechen sich. Die Ebene des Nationalen wird als große Täuschungsaktion gebraucht, um eine Ablenkung darzustellen. In diesem Zitat aus dem Jahr 1876 gibt es kein konfliktäres Verhältnis mehr zwischen beiden Ebenen; nur das Internationale ist noch real, nur der internationale Weltmarkt ist wahrzunehmen, alle anderen Motive sind nur Mittel zum unheilvollen Zweck der Ausbeutung „nach Herzenslust". Die Verwendung des nationalen Bezugsrahmens im patriotischen Sinne grenzt damit an Verrat an der unaufgeklärten Arbeiterschaft: Nur eine international denkende Arbeiterschaft kann dem international stattfindenden Prozess der Unterdrückung etwas entgegensetzen.

Neben der Auseinandersetzung mit der Verteidigung des *Status quo* und dem Verhältnis von dessen Vertretern zu internationalen Topoi ist auch die Verteidigung gegen Anwürfe dieser Vertreter, die sich die internationalen Loyalitäten der Sozialisten zunutze machen wollen, ein wichtiges Element in der sozialdemokratischen Presse. Dabei galt es nicht nur, offizielle Regierungsvertreter auf

---

560 Der Volksstaat, 19. Mai 1876, Nr. 58.

etwaige Schwächen ihrer Argumentation hinzuweisen. Auch über populäre Literatur, welche sich polemisch mit der Sozialdemokratie auseinandersetzte, wurde nachgedacht, wie dieser Hinweis aus dem „Volksstaat" vom 7. April 1876 zeigt:

> „Höherer Blödsinn. ‚Die ‚Internationale oder Europas geheimnißvolle Mächte' – so ist der Titel eines angeblich ‚politisch-sozialistischen Zeitromans', dessen Prospekt von der ‚Rheinischen Verlagsbuchhandlung' nach allen Himmelsgegenden versandt wird. [...] Als Verfasser ist ein Graf von Allersberg genannt, dessen Machwerk wie folgt empfohlen wird: ‚Wer wollte nicht die Umtriebe der furchtbaren Internationale, ihre geheimen Ceremonien und ihr bald dem spaltenden Blitze, bald dem schleichenden Gifte der Schlange gleichendes Wirken kennen lernen? Wer folgte uns nicht mit dem lebhaftesten Interesse in die hohen und höchsten Kreise, deren Geheimnisse der Verfasser unseres Romans erlauschte und in anmuthigem Gewande leichter Erzählung an's Tageslicht fördert?' — Die ganze Geschichte ist natürlich nichts weiter als eine freche Speculation auf Neugierde, Leichtgläubigkeit, Dummheit und Angstmeiern, und wahrscheinlich sehr geeignet, die letzten beiden Eigenschaften zu vermehren und zu verbreiten. Mögen die Parteigenossen nach Kräften davor warnen!"[561]

Einer der vielen organisatorischen Traditionskerne, auf die sich die deutsche Sozialdemokratie berufen konnte, ist der „Bund der Kommunisten", sind andere Geheimbünde, die sich im zeitlichen Umfeld der 1848er-Revolution gebildet hatten, um angesichts der staatlichen Verfolgungsmaßnahmen im Stillen zu operieren. Diese Tradition greift der Verfasser des antisozialistischen Romans auf. Für den Redakteur des „Volksstaats" handelt es sich nur um ein „Machwerk", also um keine ernstzunehmende Literatur. Die Beschreibung des Buches bringt die Internationale als Geheimbund vor das geistige Auge, der sich in okkultistischen Zeremonien übt, damit fast schon eine urtümliche und unheimliche Anziehungskraft gewinnt, der aber grundsätzlich böse Absichten verfolgt. Die Redaktion des „Volksstaats" bezeichnet dieses Werk ohne Weiteres als „Spekulation", es profitiere von der Dummheit seiner Leserschaft und wolle diese möglichst nähren. Auf die Argumentation des Autors wird nicht weiter eingegangen, zu lächerlich scheinen die Vorwürfe. Der Gegenangriff zielt ab auf das Symbol der Unglaubwürdigkeit in der historischen Semantik der 1870er Jahre, die Spekulation. Genau wie die Gier der Börsenspekulanten, ist es nun die Gier des Verlages: Beide hoffen auf eine möglichst große Abnehmerschaft, denn ob Börsenpapiere oder Leser – nur die Dummheit des Publikums lässt sie prosperieren. Im Umkehrschluss bedeutet dies, dass eine Aufklärung der Massen auch das Ende der Spekulation bedeuten würde, ein Hinweis auf die Aufgabe, der sich die Sozialdemokraten verschreiben wollen.

Den politischen oder publizistischen Angriffen setzte die deutsche Sozialdemokratie ihr eigenes Bild von Internationalität und Internationalismus entgegen. Besonders elaboriert geschah dies im „Volksstaat", wo einerseits ökonomische Theorien dargestellt und weiterentwickelt wurden, in denen die negative Seite der Globalisierung zutage trat – zum Beispiel, indem die Feststellung „Das Kapital ist ‚international'" einen eindeutigen (negativen) Zusammenhang be-

[561] Der Volksstaat, 7. April 1876, Nr. 41.

nannte.[562] Gleichzeitig wurde auch die positive Seite der Internationalität reflektiert. Dies ist kein Zufall, denn die sozialistische Manifestation von Internationalismus war die Antwort auf die Macht des internationalen Kapitals und seiner Fürstreiter. Karl Kautskys Artikelserie „Die soziale Frage vom Standpunkte eines Kopfarbeiters aus betrachtet" – bei Ausbruch der Krise war der spätere sozialdemokratische Chefideologe Kautsky noch Gymnasiast – beschäftigte sich mit der internationalen Dimension des Kapitalismus und auch mit der internationalen – evolutionswissenschaftlich begründeten – Alternative zu den bestehenden Verhältnissen, die im Einklang mit Wissenschaft und Natur zu verwirklichen sei.[563] Die Artikelserie, auf die weiter unten näher einzugehen sein wird, erzeugte so ein hoffnungsfrohes Bild der Zukunft, der durch ihre wissenschaftliche Begründung auch eine große Chance auf Umsetzung zugesprochen wurde. Wie in der Tierwelt hilft aus Kautskys Sicht die Gemeinschaft der Nationen bei der Verbesserung der Lage aller; es ist die Kooperation, nicht die Konfrontation der Menschen, die erstrebenswerte Zukunftsperspektiven bietet:

> „Je internationaler der Mensch, desto schneller geht seine Vervollkommnung vor sich. Man bedenke nur die Isolirtheit der Staaten im Mittelalter und ihren langsamen Fortschritt im Vergleich zu dem heutigen. Den Kampf um Dasein innerhalb der Gesellschaft als Culturmotor anzuführen, heißt zurückkehren in die Voraffen-Zeit."[564]

Die Alternative zu der von Kautsky vorgeschlagenen Kooperation zwischen den Menschen ist eine Rückkehr in den vorzivilisatorischen Zustand der Vorfahren der Menschen beziehungsweise der Vorfahren der gemeinsamen Vorfahren der Menschen. Damit sind die Apologeten eines „Kampfes ums Dasein" gleichzeitig die Befürworter einer Rückkehr in dunkelste Vorzeiten und die Verteidiger der gegenwärtigen Zustände in Wirklichkeit reaktionär im biologischen Sinne: Sie wollen das menschliche Leben zurückdrehen oder befördern diese Entwicklung zumindest.

Zusammenfassend mag erstaunen, wie sehr die deutsche Sozialdemokratie nationale Reflexe und internationales Denken miteinander verband. So war es in

---

562 Der Volksstaat, 16. April 1875, Nr. 43.

563 Vgl. Morina, Erfindung, S. 95. Vgl. zu Kautsky und dem „Kautskyanismus": Conert, Hansgeorg: Die politischen Grundrichtungen innerhalb der deutschen Sozialdemokratie vor dem Ersten Weltkrieg, Offenbach 1974, S. 15: „Sieht man ab von der Autorität des in England lebenden Friedrich Engels, war in Deutschland der maßgebende Sprecher der Partei in theoretischen Belangen Karl Kautsky, der ab 1883 als wissenschaftliches Organ der Partei die ‚Neue Zeit' herausgab. [...] Den Modifikationen [der Ideen von Marx durch Kaustky, LSB] kann hier nicht im Einzelnen nachgegangen werden, allgemein lassen sie sich aber darin zusammenfassen, daß die historischen Entwicklungsprognosen bei Marx eine deterministische, mechanistische Ausdeutung erfahren, das grundlegende Prinzip der dialektischen Einheit von Theorie und Praxis aufgelöst wird zu einem nur sporadisch und willkürlich in Beziehung gebrachtem Nebeneinander der beiden Bereiche und daß das personale und aktivistische Element des für die Durchsetzung sozialökonomischer Entwicklungstendenzen schlechthin entscheidenden bewußten menschlichen Handelns in den Hintergrund verdrängt wird."

564 Der Volksstaat, 22. September 1875, Nr. 109.

den „Internationalen Gewerkschaften" der Wunsch, sich mit der internationalen Positionierung vom ADAV zu distanzieren, der dominierte, weniger die tatsächlich länderübergreifende Zusammenarbeit – solange die eigene Organisation noch nicht als stark genug empfunden wurde. Das Streben nach dem Schutz der Arbeiterschaft vor den Auswirkungen einer krisenhaften Globalisierung befeuerte die Kritik an „goldener" oder „Schwarzer Internationale". Verfolgten die deutschen Sozialisten die internationale Presse, bedeutete dies immer den vorrangigen Blick auf die westliche Welt.

Nach diesem Muster wurde auch die Krise als Krise des Westens, der „Kulturnationen" wahrgenommen. Der als Angriff empfundene Globalisierungsprozess mit zunehmend internationalen ökonomischen Verflechtungen bis in die eigene Lebenswirklichkeit hinein ließ das eigene sozialistische Streben nach internationaler Zusammenarbeit nur als Mittel zum Zweck, als Abwehrmechanismus gegen das bereits international verknüpfte „Gründertum" erscheinen. Somit lässt sich in der sozialistischen Krisenwahrnehmung der Krise ein klarer Vorrang der nationalen Krisenverarbeitungsdiskurse vor den internationalen Aspekten feststellen, die aber stets in Zusammenhang mit den Nationalisierungsprozessen gedeutet wurden. Ziel blieb dabei aber stets auch die Interessenwahrung der heimischen Arbeiterschaft – und so blieb auch die Rede von der Weltrevolution eher Drohung als konkret geplante Aktion und bot immerhin Anlass zu Aufrufen zur besseren Organisation der Arbeiterschaft, um bei der nächsten Gelegenheit dann wirklich gerüstet zu sein.

4. *Krisenrückblicke. Vergangenheitskonstruktion als Bewertungsmaßstab*

Die Krise von 1873 wurde von den unterschiedlichen Fraktionen der deutschen Sozialdemokratie – neben allen Gemeinsamkeiten – unterschiedlich bewertet und analysiert, aber auch in unterschiedlicher Art und Weise im Zeitverlauf verortet. Die Geschichte der Finanzkrisen des 19. Jahrhunderts beginnt nicht erst im Jahr 1873: Aber wie präsent waren die Ereignisse des Jahres 1857 – oder gar der Jahre 1837, 1846–1848 und 1866?

Wie schon beschrieben, waren die Auswirkungen der Weltkrise von 1857 im deutschsprachigen Raum eher begrenzter Natur. Dies gilt aufgrund der weniger entwickelten weltwirtschaftlichen Verflechtung auch für die vorangegangenen Krisen, die noch weniger auf gesamtdeutscher Ebene spürbar waren, als dies schon 1857 der Fall gewesen war, wo vor allem das global vernetzte Hamburg in den Sog der Ereignisse hineingezogen worden war, sich aber auch vergleichsweise schnell innerhalb von zwei Wochen im Dezember 1857 dank der ergriffenen

Stützungsmaßnahmen stabilisieren konnte.[565] In den Zentren von Industrie und Handwerk, die im zunehmenden Maße an dem Auf und Ab der Konjunkturbewegungen teilnahmen, waren die Auswirkungen aber – je nach Region – eindeutig zu spüren. Erschwert wird der Vergleich durch die Tatsache, dass das Auftreten landwirtschaftlicher Krisen des alten Typs, wie in den Jahren vor Ausbruch der Revolution von 1848/49, nicht eindeutig von global induzierten Finanz- und Wirtschaftskrisen zu trennen ist. Das Besondere der Krise von 1873 ist nach meinem Dafürhalten gerade diese erstmalig auch auf nationaler Ebene zu konstatierende diskursive Trennung unterschiedlicher Krisenphänomene, die einen nationalen Krisendiskurs hervorbringen konnte, der sich nicht ausschließlich, aber in signifikanter Weise mit den spezifischen Auswirkungen des Weltfinanzsystems und des Industriekapitalismus auseinandersetzen konnte. Dies geschah bei gleichzeitiger Institutionalisierung einer politisch schlagkräftigen Arbeiterbewegung, die – unter Verwendung der in zunehmendem Maße zur Verfügung stehenden Kommunikationsmittel – auf einem ganz anderen Niveau operierte, als dies beispielsweise noch 1857 der Fall gewesen war. Diese neuartige Verschränkung des nationalen Impulses eines neu gegründeten Staates und der Internationalität der Finanz- und Wirtschaftskrise ist es, welche die Krise von 1873 für Deutschland so paradigmatisch erscheinen lässt. Ganz zu schweigen hierbei noch von den im Vergleich stärkeren Auswirkungen der Krise, die nun auf viel breiterer Fläche zum Tragen kamen und damit nationalisierend wirkende Solidarisierungseffekte ermöglichten – auch aus der Sicht der internationalistischen Linken.

Schon vor dem Ausbruch der Krise im Deutschen Reich setzte sich ein Artikel des „Neuen Social-Demokraten“ am 15. Juni 1873 mit dem Titel „Ueber die Verwaltung von Produktivassoziationen“ – also rund einen Monat nach dem Zusammenbruch der Börse in Wien – intensiv mit den grundlegenden Ideen zur Umsetzung der vom ADAV angestrebten Produktivassoziationen auseinander. Der Autor war Wilhelm Hasselmann. Dieser Artikel verblieb jedoch nicht bei einer rein theoretischen Argumentationsweise, sondern nahm auch Bezug auf aktuelle Entwicklungen. Diese wiederum wurden durch den Vergleich mit historischen Krisen hervorgehoben:

> „Es sind nicht Waaren, welche in der Gegenwart überproduzirt sind und unverkäuflich die Märkte füllen, wie z. B. bei den Krisen von 1837, 1847 und theilweise auch noch 1857 – sondern Produktionsinstrumente sind überproduzirt. Die Industrieetablissements der ‚Gründungen‘ der letzten zwei Jahre sind noch nicht einmal zur Hälfte in Betrieb, ja wohl kaum betriebsfähig, und bereits sind die planlose Massengründung, das in die Höheschrauben der Aktien, die Spekulation auf riesige Dividenden so ungeheuerlich geworden, daß die Krise eintritt, wo noch Alles unfertig ist. Man wird also jene Industrieetablissements, die nicht, wie überproduzirte Waaren, allmälig konsumirt werden können, grade zu öde lie-

565 Vgl. Ahrens, Gerhard: Krisenmanagement 1857. Staat und Kaufmannschaft in Hamburg während der ersten Weltwirtschaftskrise, Hamburg 1986, S. 99. Vgl. zu den Gründen für den vergleichsweise milden Verlauf der Krise in Kontinentaleuropa auch: Rosenberg, Hans: Die Weltwirtschaftskrise 1857–1859. Mit einem Vorbericht, Göttingen 1974, S. 131.

gen und verfallen lassen müssen. Und diese nächsten Monate werden lehren, daß wir nicht zu schwarz malen."[566]

Der Unterschied zu den Krisen von 1837, 1847 und im begrenzten Maße auch 1857 lag für Hasselmann nicht vor allem im Ausmaß der Überproduktion begründet oder im ungleich höheren Stellenwert der Landwirtschaft – und damit zusammenhängend – dem niedrigeren der Industrie. Tatsächlich ist es die Überproduktion von Maschinen, nicht von Waren, die als Kennzeichen der jetzigen Periode hervorgehoben wird. Hier steht allerdings der Zusammenhang mit dem finanzgetriebenen Gründungsboom der Jahre vor Krisenausbruch zur Diskussion, sind es ja diese „planlose[n] Massengründung[en]", die für die Überproduktion verantwortlich zeichnen – vermittelt durch spekulative Finanzmärkte, die zwar Gründungen begünstigen, aber kein Interesse an der tatsächlichen Inbetriebnahme der neu geschaffenen Unternehmen zu haben scheinen. Es ist also „alles unfertig".

Der Finanzmarkt wird hier als beschleunigende Kraft beschrieben, die zwar zum enormen Wachstum der Unternehmensgründungen beiträgt, dies aber nicht durch tatsächliche Unternehmenstätigkeit unterfüttern hilft, sondern – im Gegenteil – vorschnell eine Krise herbeiführt. Der Autor scheint eine Art Wettlauf vor Augen zu haben, in welchem die Gründer und die mit diesen im Verbund handelnden Spekulanten immer einen Schritt der Entwicklung der Realwirtschaft voraus sind. Es geht hier um das Gleichgewicht zwischen der Leistungskraft der Arbeiter in ihrer vertrauten Arbeitsumgebung im Vergleich mit den Entscheidungen einzelner Unternehmer und der anonymen Finanzmärkte. Als Befürworter von Produktivassoziationen hat der Autor eigene Vorstellungen von der fruchtbaren Lenkung des Produktionsprozesses und gibt dieser Lenkung, die eben nicht „planlos" ist, den Vorrang vor den dynamischen Steigerungen des Produktionspotentials der vorangegangenen Jahre, die in keinem Zusammenhang zu tatsächlichen Bedürfnissen und Kapazitäten stehen. Die wertvollen „Industrieetablissements" sind es nun – anders als in vorherigen Krisen –, die in zu großer Zahl vorhanden sind und nicht wie im Fall einer Überproduktion von Waren aufgebraucht werden können. Der Autor stellt sich diese stattdessen als immerzu in Bewegung befindliche Produktionseinheiten vor, die aufgrund ihrer Stilllegung oder in Ermangelung überhaupt einer ersten Inbetriebnahme wohl oder übel ganz abgeschrieben werden müssen.

Die Beurteilung des Autors erfolgt keineswegs aus dem subalternen Standpunkt des einfachen Arbeiters heraus, der sich „nur" um eine Arbeitsstelle und den damit einhergehenden Lohn sorgt. Stattdessen wirkt die Expertise des Autors als selbstermächtigende Lagebeurteilung, die nicht nur die Konsequenzen aus der aktuellen Lage schildert, sondern auch die historische Vergleichsebene einbaut und – daraus abgeleitet – künftige Entwicklungen modellieren kann. Der Verweis auf vorangegangene Krisen dient dabei nicht nur als Ausweis der Kompetenz des Autors, sondern lässt auch auf einen historischen Entwicklungstrend

566 Neuer Social-Demokrat, 15. Juni 1873, Nr. 67.

schließen, der unter Berücksichtigung der größeren Rolle von voreiligen Gründern und Spekulanten auch die Zunahme des „planlosen" Elements konstatiert, das sich in der Vergangenheit vor allem in der Überproduktion von Waren, nun in der Überproduktion von Maschinen zeigt.[567] Damit scheint ein weiteres Argument für die bessere Planung und Lenkung des Produktionsprozesses gegeben, der in diesem Artikel nicht als reiner Ausfluss eines abzulehnenden kapitalistischen Systems betrachtet wird, sondern auch als potentiell unter Mitwirkung anderer Stakeholder steuerbarer – politisch *prima facie* neutraler – Produktionsprozess. In Ermangelung eigener weitreichender Praxiserfahrungen diente hier der historische Vergleich als wichtiges Argument für die Überlegenheit der eigenen Position, die sich ja aus den kumulativen Beobachtungen der Fehler des bestehenden Systems speiste und bei zunehmenden Fehlentwicklungen damit auch weiter an Plausibilität und argumentativer Autorität gewinnen konnte.

Hasselmanns Auseinandersetzung mit der Thematik der Produktivassoziationen zeigt, dass – mag auch dieser Vorschlag Lassalles vor allem taktischen Überlegungen gegenüber der Selbsthilfebewegung entsprochen haben – die eigenständige Weiterentwicklung einer ursprünglich von Lassalle angestoßenen Debatte innerhalb der sozialistischen Bewegung Früchte tragen konnte.[568] Die ökonomisch-theoretische Ebene, die bei Lassalle hinter dem agitatorischen Potential seines Vorschlags und der mit der infolge von dessen Umsetzung verbundenen organisatorischen Festigung der Arbeiterschaft zurücktrat, wechselt bei Hasselmann in den Vordergrund; polittaktische Implikationen treten zurück. Der gleiche Begriff, die gleiche politische Forderung, wurde also nach wenigen Jahren auch innerhalb des angeblich ideologisch so versteinerten ADAV in neuen Varianten interpretiert und auf dem politischen Markt der Ideologien feilgeboten.

Nach Ausbruch der Krise auch in Deutschland werden die historischen Vergleiche im „Neuen" detaillierter, wie dieser Ausschnitt aus dem bereits ausführlich angeführten Leitartikel „Die Geschäftskrisen" vom 21. November 1873 zeigt, der das Verhalten der Bank of England – erneut – als wichtigen Gradmesser weltwirtschaftlicher Entwicklungen beschreibt. Diesmal geschieht das jedoch nicht in Bezug auf gegenwärtige Entscheidungen der Bank, sondern auf jene der Jahre 1848 und 1849:

> „Selbst die ‚Englische Bank' wird wegen Herauszahlung bei ihr hinterlegter Summen bestürmt, besonders von Geldinstituten, welche in Folge des allgemein gesteigerten Zinssatzes anderweit die benöthigsten Gelder nur zu höheren Zinsen anschaffen können, wie die ‚Englische Bank' sie ihnen vergütet. Diese hat selbst während der geschäftsflauen Zeit

---

567 Ähnlich sah dies der Autor der „Zukunft", der in den Kreditverhältnissen die Ursachen einer solchen Entwicklung erblickte. Vgl. hierzu: Zur wirthschaftlichen Krisis (II), in: Die Zukunft. Socialistische Revue 1, Heft 14, 15. April 1878, S. 425–428, hier S. 426: „Es bewirkt nämlich der Credit durch seine Ueberfülle oder seinen Mangel, daß einmal die zuviel producirten Güter in Gestalt von neuen Anlagen stehenden Kapitals erscheinen, als Fabriken, Maschinen, Eisenbahnen, Häuser u.s.w., die sich später nicht rentiren werden, das andere Mal in der Form von Waaren und unbeschäftigten Arbeitskräften."

568 Vgl. zu Lassalles Motivation: Mommsen, Bedeutung, S. 279.

in den Jahren 1848 und 1849, sowie während der letzten Kriege in Europa, keine Veranlassung gehabt, den Zinssatz für die von ihr gewährten Darlehen in solcher Höhe zu bestimmen. Offenbar traut die Bank dem ‚Landfrieden' auf finanziellem, industriellem und kommerziellem Gebiete durchaus nicht mehr, sonst würde sie ihren Beständen nicht diesen kolossalen Riegel vorgeschoben haben."[569]

Die Jahre 1848 und 1849 werden hier nicht als ausgesprochene Krise, sondern als Episode einer „geschäftsflauen Zeit" geschildert. Damals war also die „Englische Bank" nach Ansicht des Autors nicht zu der Vorsichtsmaßnahme der Diskontsatzerhöhung gezwungen gewesen, um das Abziehen zu vieler Gelder zu vermeiden, die von in Not geratenen Finanzinstituten stark nachgefragt werden. Es ist auch nun ein wichtiges Ziel der Bank of England, ihre Gelder nicht abfließen zu sehen, und diese Tatsache dient als Beleg für das Aufkommen zusätzlicher finanzieller und wirtschaftlicher Schwierigkeiten in ganz Europa. So wird der historische Vergleich erneut verwendet, um die außergewöhnliche Situation zu verdeutlichen, in der sich nicht nur Deutschland, sondern auch Europa und die Weltwirtschaft befinden. Erneut wird auch implizit von einem geldpolitischen Transmissionsmechanismus ausgegangen, dessen Störungen im Sinne einer globalen Vernetzung notwendigerweise und relativ klar zu konturierende Folgen für das Deutsche Reich, die deutsche Sozialdemokratie und die deutsche Arbeiterschaft zeitigen werden. Die historische Erfahrung ist der Beleg dafür, dass das Kommende als eine Bedrohung eingeschätzt werden kann; nur die Dimensionen der zukünftig zu erwartenden Turbulenzen sind – wie der historische Vergleich zeigen soll – nun als ungleich größer einzustufen.

Die detaillierteste Auseinandersetzung mit der Krise von 1857 findet sich im „Neuen Social-Demokraten" vom 3. Dezember 1873. Mit der erklärten Absicht, einen Vergleich der Ereignisse des Jahres 1857 mit der jetzigen Krise anzustellen, beschrieb der Autor in seinem Artikel mit dem Titel „Die Handelskrise von 1857 und die Staatshülfe für die Bourgeoisie" die internationalen Ereignisse – auch hier wieder mit einem besonderen Augenmerk auf dem internationalen Geldmarkt und den Forderungen nach Staatsintervention seitens des Bürgertums:

„Gelegentlich des jetzigen Nothstandes ist es ganz zeitgemäß, einmal einen Rückblick auf die Vorgänge des Jahres 1857 zu werfen. Die große Krise von 1856 bis 1857 brach, wie die heutige, zuerst auf der Börse aus und entwerthete die Börsenpapiere, um dann auf den Waarenmarkt überzugehen. Während bis dahin die Krisen auf ein Staatsgebiet beschränkt geblieben waren, hatten unter den Konsequenzen jenes Sturmes, der unter dem Namen 1857er Krisis bekannt ist, alle Staaten Europa's und Amerika's zu leiden, die auf dem Weltmarkte nur halbwegs als maßgebende Faktoren betrachtet werden. Die Solidarität der Handelsinteressen aller Länder war zu dieser Zeit bereits so hoch gestiegen, daß nicht nur jede in irgend einem Theile der civilisirten Welt zum Ausbruche gelangte materielle Verwicklung in immer weiteren Kreisen über die Völkerscheiden hinweg fühlbar wurde, sondern daß andererseits auch die normale wirthschaftliche Thätigkeit der Nationen eine gewisse Gleichartigkeit erlangt hatte, der zufolge die Spekulation allerorten sich unter gleichen Voraussetzungen entwickelte und deshalb die gleichen Uebertreibungssünden beging. Veranlaßt war die 1857er Krise, gleich allen vorigen, durch eine die vernünftigen

569 Neuer Social-Demokrat, 21. November 1873, Nr. 135.

> Grenzen übersteigende Ueberspekulation und Ueberproduktion von Waaren. Die erstere beruhte auf eine Überschätzung der Konsumtionskraft der Völker; es wurden mehr papierene Werthe geschaffen und mehr Genußmittel aufgestapelt, als untergebracht werden konnten, und als sich dies nicht mehr länger verbergen ließ, trat die Katastrophe ein. Das Unheil war ein derartiges, daß fast alle davon betroffenen Staaten sich veranlaßt sahen, der Bourgeoisie Staatshülfe zu gewähren."[570]

Es hatte sich bei der Krise von 1856/57 wie auch im Falle der nun entstandenen Krise um eine „große" gehandelt, und ebenso damals, wie auch im Jahr 1873, ging sie aus Sicht des Autors von den Finanzmärkten aus, um auf die Realwirtschaft überzugreifen. 1857 wird als Weltkrise beschrieben, weil alle industrialisierten Länder, also alle Länder, „die auf dem Weltmarkte nur halbwegs als maßgebende Faktoren betrachtet werden", damals betroffen waren. Der höhere Industrialisierungsgrad und das Maß der Involviertheit in die Weltwirtschaft scheinen also spätestens seit der Weltwirtschaftskrise von 1857 fest an die Verwicklung in aufkommende Weltkrisen gekoppelt zu sein. Erneut ist es aber das Bild einer Naturkatastrophe, des Sturmes, welches aufgerufen wird – ein gleichzeitig aus Naturgesetzen abzuleitender, aber in der historischen Situation nur mit Ohnmacht zu beobachtender Prozess, wohl nicht unähnlich dem kapitalistischen Globalisierungsprozess aus Sicht des einfachen Arbeiters. Hier ist es jedoch nicht der „Kampf Aller gegen Alle", wie an anderer Stelle, der die globale Vernetzung kennzeichnet – ob 1857 oder 1873 –, sondern die „Solidarität der Handelsinteressen aller Länder", also die gemeinsame Beteiligung am Welthandel zum gegenseitigen Nutzen: Diese ist offensichtlich „zu dieser Zeit bereits", also im Jahre 1873 noch viel mehr, in einem so fein gesponnenen Netz über die beteiligten Länder gestrafft, dass der Ausbruch an einer Stelle, in einem der „civilisirten" Länder automatisch Folgen weltweit zeitigt.

Dieser Widerspruch zwischen Fragilität und hohem wirtschaftlichen Entwicklungsstand wird begünstigt durch die gleichförmige Entwicklung der spekulativen Energien allerorts, sodass auch die gleichen negativen Folgen überall zu erwarten sind. Aber auch die Krise von 1857 ist nicht die erste ihrer Art. Die erste Weltkrise war sie wohl, aber schon vorher gab es in gleicher Weise ablaufende Krisen, die allesamt auf der „Ueberspekulation und Ueberproduktion von Waaren" beruhten. Es sind die „Uebertreibungssünden" der Spekulanten und die Missachtung der „vernünftigen Grenzen" der Produktion, die insgesamt ursächlich sind. Es handelt sich deshalb nicht um systemisch zwingend angelegte

---

570 Neuer Social-Demokrat, 5. Dezember 1873, Nr. 141. Vgl. zum Beispiel zur Naturmetaphorik bei der Krisenbeschreibung zwischen 1857 und 1873 den folgenden Aufsatz von Catherine Davies: Davies, Catherine: Gott, Natur, Markt. Semantiken von Wirtschaftskrisen in der zweiten Hälfte des 19. Jahrhunderts, in: Jahrbuch für Wirtschaftsgeschichte 61, 1 (2020), S. 67–88. Die von ihr nicht untersuchten sozialdemokratischen Zeitungen zeigten ähnliche rhetorische Muster in den 1870er Jahren, wobei ein Vergleich mit 1857 aufgrund der zu diesem Zeitpunkt noch nicht etablierten Parteipresse nur schwer möglich ist. Stattdessen habe ich rückblickende Betrachtungen der damaligen Krise in den Vordergrund meiner Analyse gestellt. Vgl. außerdem: Engel, Alexander: Risikoökonomie. Eine Geschichte des Börsenterminhandels, Frankfurt am Main 2021, S. 172.

Gesetze der Weltwirtschaft, die notwendigerweise zu Weltkrisen führen müssen, auch wenn die Rhetorik des Autors teilweise darauf hindeuten mag. Letzten Endes lassen sich die Entwicklungen auf eine grundsätzliche Missachtung der Vernunft und der guten Sitten zurückführen, in deren Befolgung – und nicht in der grundsätzlichen Abschaffung des beschriebenen Systems – scheint somit auch ein möglicher Lösungsansatz zu liegen.

Apokalyptisch-eschatologische Deutungsmuster, etwa das Bild der „Uebertreibungssünde", verankern die Sprache des Autors in einer religiös angehauchten Metaphorik. Besonders wichtig mit Blick auf die Krise von 1857 ist jedenfalls, dass die große Krise in allen von ihr berührten Ländern staatliche Unterstützungsaktionen zur Folge hatte – ein Fingerzeig also für die zeitgenössische Leserschaft des Autors auf das, was noch kommen mag. Da die beschriebenen Entwicklungen übertragbar auf die aktuelle Situation sind, sind weitere Begründungen nicht erforderlich. Es ist der gleiche Krisentyp, es scheinen die gleichen Staatstypen: Allein hieraus – nicht aus sozioökonomischen Determinismen abstrakter Natur – bezieht das historische Argument seine Überzeugungskraft, da es die Logiken der wirtschaftlichen und politischen Prozesse nachzuvollziehen sucht, ohne diesen aber naturgesetzlichen Charakter zu verleihen, was sie gleichzeitig auch veränderbar erscheinen lässt.

Weitere historische Vergleiche lassen sich vor allem im „Neuen Social-Demokraten" finden. So wurde in einem Wahlkampfaufruf vom 10. Dezember 1873 mit dem Titel „Arbeitendes Volk zum Wahlkampfe!" an die kollektive Erinnerung bezüglich der Hungerkatastrophe appelliert, die in den Jahren vor Ausbruch der Revolution von 1848/49 in ganz Europa gewütet hatte, vor allem aber in den bereits 1844 durch den schlesischen Weberaufstand im gesamten deutschsprachigen Raum bekannt gewordenen frühindustriellen Gebieten, die unter wirtschaftlichen Missständen zu leiden hatten:[571]

> „Wahrlich, eher würde die Sonne im Westen aufgehen und im Osten niedersteigen, als daß die Handelsstockung nicht ihren vernichtenden Lauf nähme zwei Winter lang, wie in den Hungerjahren 1846 und 1847, als die schlesischen Weber elend dahin starben."[572]

Erneut ist es ein Naturvergleich, der hier die Regelmäßigkeit der gleich einer Naturkatastrophe herannahenden „Handelsstockung" ausdrücken soll. Ähnlich wie der Erwartungshorizont des Bauern von der Regelmäßigkeit beziehungsweise erwartbaren Unregelmäßigkeit bestimmter Naturereignisse geprägt ist, ist es der neue Typus des Industriearbeiters, der aus den Ereignissen der vergangenen

---

571 Vgl. hierzu: Tilly, Richard H.: Vom Zollverein zum Industriestaat. Die wirtschaftlich-soziale Entwicklung Deutschlands 1834 bis 1914, München 1990, S. 11: „[...] der berühmte Weberaufstand des Jahres 1844 galt als Indiz für die verzweifelte ökonomische Lage nicht nur der *schlesischen Leinenweber* (tatsächlich handelte es sich bei dem Aufstand um Baumwollweber), sondern für die Lage der ländlichen Heimarbeiter der Protoindustrie überhaupt. Obwohl die Quellen eine präzise Quantifizierung nicht zulassen, erweist sich das negative Bild einer Einkommens- und Lebensstandardverschlechterung als eindeutig."

572 Neuer Social-Demokrat, 10. Dezember 1873, Nr. 143.

Jahrzehnte und deren Interpretation – immerhin waren seit 1846/1847 nun bald drei Jahrzehnte vergangen – eine aus Erfahrungen abgeleitete Prognose treffen kann, was die Folgen von Abwärtsbewegungen in der Konjunktur betrifft. Dabei sind es hier nicht Missernten, die durch zu kalte Winter oder zu heiße Sommer hervorgerufen werden, sondern weltwirtschaftliche Phänomene anderer Natur, die vor allem vermittelt über geringere Löhne und Entlassungen aus Sicht des Betroffenen die gleichen Folgen zeitigen können, eben vor allem die genannte Unterernährung.

In diesem Fall wird nicht differenziert etwa zwischen einer vorwiegend landwirtschaftlich induzierten Krisendynamik, die sich dann in einem nächsten Schritt auf die Nachfrage von Industrie und Handel auswirkte, einer parallel ablaufenden Trias aus agrarischen, industriellen und Handelskrisen oder gar einer Finanz- und Wirtschaftskrise. Diese allgemeine und aus der Perspektive der Adressaten heraus gedachte Herangehensweise kann dann wie in einem Artikel vom 5. Februar 1875 dazu führen, dass sogar die aus dem Deutsch-Französischen Krieg resultierenden Störungen des Welthandels unter der allgemeinen Krisenthematik rubriziert werden – und dies in einer kleinen Zeitungsnotiz vier Jahre nach den eigentlichen Ereignissen. Schließlich hatten auch hier die Weber in Kaschmir „am Hungertuche nagen" müssen, weil die Nachfrage nach ihren Stoffen in Paris eingebrochen war.[573] Auch hier zählte in der Beschreibung des Autors, der den Artikel aus einer englischen Zeitung übernommen hatte, weniger vor allem die Klassifizierung eines bestimmten Krisentypus. Der Artikel zielte auf die Gemeinsamkeiten, nicht die Unterschiede von wirtschaftlichen Krisenphänomenen. Der für die Arbeiterschaft oder Handwerkerschaft resultierende Hunger ist hierbei das regelmäßig auftauchende Motiv, das einen gemeinsamen Nenner bei global stattfindenden Krisen bildet.

Mittels einer noch teilweise eine vorindustrielle Metaphorik verwendenden Sprache wird von den für die Arbeiterschaft erwartbaren Konsequenzen berichtet, und zwar sprachpragmatisch mit der Absicht, die Regelmäßigkeit der Krisen und die damit einhergehende Regelmäßigkeit der aus ihnen hervorgehenden Not zu betonen. Der Rückgriff auf vergangene Erfahrungen dient damit als Beleg für die Aussagen des Autors und führt letztendlich zu einer Gleichsetzung bestimmter Krisenphänomene, die sich ja auch in vielen Fällen aus Sicht des wahrscheinlich vom Gefühl der Ohnmacht befallenen Arbeiters in ihren konkreten Bedrohungen recht ähnlich präsentiert haben mögen. Eine Differenzierung unterschiedlicher Vorgänge, des Handelns von Regierungen und der Arbeiterschaft oder gar die Folgen des gesellschaftlichen und ökonomischen Fortschritts, der ja durchaus erläutert wird, tritt dabei immer wieder leicht zurück hinter die Evokation der konkreten Krisenerfahrung, was durch die unmittelbare, von unterschiedlichen Metaphern geprägte Rhetorik noch verstärkt wird. Dabei bleibt die Beschreibung wirtschaftlicher Vorgänge – auch im angeführten Artikel – immer Teil eines im Sinne eines Überblicks strukturierten Berichts. Was die sprachlich-emotionale Tiefe angeht, die vor allem durch Emotionen hervor-

---

573 Neuer Social-Demokrat, 5. Februar 1875, Nr. 16.

rufende Metaphern und persönliche Appelle an den Adressaten erzielt wird, so sind diese Stellen oftmals in Verbindung mit der Beschreibung der konkreten Krisenerfahrung zu finden, die in der Argumentation keine wichtige analytische Funktion erfüllt. Stattdessen ist es die „Rückbindung des abstrakt begrifflichen Denkens an die sinnliche Anschauung für die körperlich-biophysische Fundierung der Kognition", welche die bunte Metaphorik der Berichterstattung leisten muss.[574]

In diesen Fällen dienten zeitliche Rückblicke oft als Anknüpfungspunkt und koppelten die häufig als negativ porträtierten Erfahrungen der Vergangenheit an die ebenfalls eher als ungünstig geschilderten Erwartungen bezüglich der näheren Zukunft – die sich dann wiederum grundsätzlich von einer langfristig positiven Vision für die Weiterentwicklung des Staates hin zu einer sozialistischen Gemeinschaft unterschieden.

Einen weiteren Blick auf die Krise von 1857, der gleichzeitig auch Rückschlüsse auf die internationalen Verknüpfungen der deutschen Sozialdemokratie zulässt, wie er im vorangegangenen Kapitel gewagt worden ist, stellt ein Artikel vom 15. Juli 1874 mit dem Titel „Die amerikanischen Arbeiter bei der Krise von 1857" dar, den die Redaktion des „Neuen" – dieses Mal ohne charakteristische einleitende Worte – der „New-Yorker Arbeiterzeitung" entnahm:

> „Bis zur großen Krisis im Jahre 1857 hat wohl keine bedeutende Arbeitergesellschaft oder Anzahl von Arbeitern daran geglaubt, daß der produzirende Bürger dieser Republik in einer Spanne Zeit die Stellung einnehmen werde, die ihm heute zugetheilt ist. [...] Im Jahre 1857 brauste ein gewaltiger Orkan durch die bürgerliche Schwindelwelt, jagte deren Kartenhäuser nieder und zeigte der erstaunten Welt die Situation in ihrer Nacktheit. [...] Da Bankerott auf Bankerott sich häufte, traute Niemand mehr den Andern und ein wahrer Sturmlauf auf die Sparbanken ging los; Tage lang standen die Leute vor den Banken und warteten, an die Reihe zu kommen, bevor sich das Geschäft für bankerott erklärt. Sehr viele Arbeiter waren dabei, die ihre Baarschaft vor dem allgemeinen Ruin retten wollten und jedenfalls auch in der Lage waren, sie zu gebrauchen; doch nicht Alle waren so glücklich, von der Bank holen zu können und mußten sich auf die Privatwohlthätigkeit verlassen. [...] Die Polizei war damals noch nicht so disziplinirt und auf die Todtschlägerei eingerichtet, wie heute, das war vielleicht die Ursache, daß alles so ruhig ablief, [...] Wir wissen, daß auch hier schon vor der Zeit dergleichen Krisen eintraten, aber die arbeitende Bevölkerung war noch nicht so angehäuft, der Vorrath der Produktion nicht so groß und die Arbeiter noch wohlhabender; sie lebten noch nicht so von der Hand zum Mund, deshalb auch in dem Wahne, daß es Jeder noch zu etwas bringen könne, aber wie Wenige waren ausgewählt von den Vielen, die sich berufen glaubten. Da standen sie nun alle, die auf eine bessere Zukunft Hoffenden, vor dem Rubikon und verstanden sich selbst nicht mehr, es war eine grausame Ironie, sich so aus seinen Himmeln geworfen zu sehen – Armentisch und Zwangsarbeit – statt glückliches Familienleben und sorgenfreie Zukunft."[575]

Die Krise von 1857 wird hier als eine Art Weckruf beschrieben, in dessen Folge erstmals das Ausmaß des Einflusses des bürgerlichen Elements im Wirtschaftsleben der Nationen deutlich geworden sei. Es sind hier die Arbeiter, die nach

---

574 Jäkel, Metaphern, S. 42.
575 Neuer Social-Demokrat, 15. Juli 1874, Nr. 80.

Ansicht des Autors erst ab diesem Zeitpunkt davon ausgehen konnten, dass das Bürgertum in Zukunft eine solch führende Rolle einnehmen würde, wie es dies nun – 1874 – täte. 1857 stellte einen „gewaltigen Orkan" dar, der in diesem Fall nicht als bedrohliche Folge einer krisenhaften Entwicklung wirkt, sondern das als Kartenhaus imaginierte Lügengebäude des Bürgertums zum Einsturz bringt und dadurch erst Offenheit und resultierende Handlungsmöglichkeiten gegen diese bisher verdeckt sich herausbildende Konstellation geschaffen hat – und dies weltweit. Im weiteren Verlauf geht der Autor auch auf die Folgen für die Arbeiterschaft und deren Erspartes ein, welches nun infolge des Vertrauensverlusts in der Krise von diesen von ihren Sparkonten abgehoben wurde – Arbeiter ohne Erspartes mussten hier auf private Hilfe hoffen.

Im Gegensatz zur Lage im Jahr 1874 sei die Polizei in der Krise von 1857 zurückhaltender gewesen. Hierin erblickt der Autor auch die Ursache für die wenigen Unruhen, nicht in umgekehrter Weise darin, dass die Polizei keinen Grund zu stärkerem Durchgreifen hatte, weil die von der Krise Betroffenen weniger aufbegehrten. Ein weiterer positiver Aspekt der Krise von 1857 sei die Einrichtung von Arbeitsbeschaffungsmaßnahmen in New York gewesen. Dennoch: Die Arbeiterschaft war aus der Sicht des Autors wegen ihrer großen Zahl, relativen Armut und des zunehmenden Maßes an Überproduktion schon 1856 in einer deutlich schlechteren Lage als bei den Krisen zuvor. Vielleicht als ein Hinweis auf den „American Dream" zu deuten, ist die geschilderte Hoffnung vieler Arbeiter, es in der „neuen Welt" besonders weit zu bringen – diese sehen sich infolge der krisenhaften Zuspitzung und den mit ihr einhergehenden Zwangsmaßnahmen und Einschränkungen getäuscht.

Die Sichtweise des amerikanischen Autors weicht hier in interessanter Weise von den deutschen Genossen des ADAV ab. Während diese rückblickend Krisen vorangegangener Jahre oftmals nach einem bestimmten Schema beschrieben, das von einer früheren schlechten Lage der Arbeiterschaft ausging, die auch in der heutigen Krise wieder zu erwarten sei, oder aber eine weitere Verschlechterung der Zustände prognostizierten, wird die Hoffnung der amerikanischen Arbeiterschaft auf eine bessere gesellschaftliche Positionierung innerhalb der republikanischen Staatsform der USA hier als recht lebendig geschildert – jedenfalls bis zu den Ereignissen der Jahre 1856/57. Hier bewirkte die Krise nach dieser Lesart also nicht allein eine lebensbedrohliche Verschlechterung der Lage der amerikanischen Arbeiterschaft, sondern half in ihrer orkanhaften, also mit urtümlicher Energie ablaufenden Entlarvung des bis dahin nicht als unwahr durchschauten Gesellschaftskonstrukts auch dabei, den Zustand der Arbeiterschaft zu realisieren, und ermöglichte somit die richtige Einschätzung der eigenen Zukunftsperspektiven.

Eine „sorgenfreie Zukunft" war es also, die – wenn wir der Ansicht des Autors folgen –die in die USA eingewanderten Arbeiter erwartet hatten. Während ihre deutschen Genossen ihre Zukunftshoffnungen allein mit der Verschiebung der Zeitachse und damit einhergehenden Veränderungen verbanden und ideologisch rechtfertigten, hatten die Auswanderer die Zukunft schon in der Gegenwart des amerikanischen Kontinents zu finden gehofft und sich dieses „auch in dem Wahne, daß es Jeder noch zu etwas bringen könne", mit einer aus Sicht des Schreibers im Nachhinein als trügerisch erkannten Perspektive selbst eingeredet. So ist es für den Autor der „New-Yorker Arbeiterzeitung" der Blick zurück des sich eigentlich schon in der besseren Zukunft Wähnenden, der angesichts der neu ausgebrochenen Krise besonders schmerzvoll ist. Dagegen nutzten die deutschen Sozialdemokraten der lassalleanischen Richtung den zeitlichen Vergleich hauptsächlich als Beweisgrundlage für ihre Analyse der Gegenwart und als emotionalen Anknüpfungspunkt zur Moderation der Erwartungen ihrer Leserschaft – die Zukunft blieb hier aber noch offen und unter Zuhilfenahme der Lehren aus der Vergangenheit auch gestaltungsfähig. Somit ist das vergangene und gegenwärtige Leid als Teil der Lösung perspektiviert, nicht jedoch als bitterer Anlass, sich der enttäuschten Zukunftshoffnungen der Vergangenheit zu erinnern.

Die angeführten Artikel aus dem „Neuen Social-Demokraten" stehen in einem starken Kontrast zur Verwendung von zeitlichen Rückbezügen im „Volksstaat". Während in letzterem die Ereignisse der Pariser Commune und des Deutsch-Französischen Krieges oftmals eine prominente Rolle in thematischen Artikeln oder auch nur kurzen Referenzen spielten, was sich durch die exponierte Stellung von Wilhelm Liebknecht und August Bebel in diesen Jahren und dem bald folgenden Hochverratsprozess erklärt, blieben ausführliche Stellungnahmen zu vorangegangenen Finanz- und Wirtschaftskrisen aus. Dabei tauchten Andeutungen wie die Nennung der „Schwindelperiode von 1856" auf, zu näheren Erläuterungen kam es jedoch selten.[576]

Erläuterungen grundsätzlicher Natur blieben entweder in einem zeitlosen, eher theoretischen Rahmen oder verwiesen auf vorhandene Literatur, wie am 3. Dezember 1873 bei einem Hinweis auf Friedrich Engels' Werk „Die Lage der arbeitenden Klassen in England" in einem mit „Handelskrisen" betitelten Artikel:

> „Handelskrisen. Wir haben in letzter Nummer darauf aufmerksam gemacht, daß eine allgemeine Geschäftsstockung sich vorbereitet, daß eine allgemeine Handelskrise im Anzuge ist. Wie solche Unordnungen entstehen und welche Ursachen ihnen zu Grunde liegen, das führt Friedrich Engels in seinem schon 1845 erschienenen sozial-ökonomischen Werke: ‚Die Lage der arbeitenden Klassen in England' so treffend aus, daß wir eine Wiedergabe der einschlägigen Stellen für geboten erachten: [...]."[577]

Referenzen, welche die krisenhaften Ereignisse der Jahre 1837 oder 1846–1848 explizit als Vergleichsfolie zwecks einer detaillierten Analyse der aktuell aufkommenden Krise verwendeten, sind in dem von mir zusammengestellten Korpus im „Volksstaat" nicht aufzufinden. Für die Ereignisse des Jahres 1856 ist das Verhältnis weniger eindeutig, aber auch hier überwiegen die Darstellungen im „Neuen Social-Demokraten", der also ein stärkeres Gewicht auf historisch be-

---

576 Der Volksstaat, 29. September 1876, Nr. 114.

577 Der Volksstaat, 3. Dezember 1873, Nr. 119. Vgl. hierzu auch: Engels, Friedrich: Die Lage der arbeitende Klasse in England. Nach eigner Anschauung und authentischen Quellen, Leipzig 1845.

gründete Argumentationen legte. Eine Ausnahme stellt die zweiteilige Artikelserie „Ueber die letzte Gründungsepoche" dar, die im Februar 1874 erschien, aber vor allem auf die strukturellen Ursachen von Krisen allgemein sowie deren gegenwärtigen und zukünftigen Folgen einging.[578]

Die Frage nach dem Grund für diesen markanten Unterschied ist durch zwei angrenzende Phänomene zu beantworten. Der höhere theoretische Anspruch der Eisenacher Richtung der deutschen Sozialdemokratie, die sich zunehmend mit der Marx'schen Lehre identifizierte, führte zu einem Argumentationsmuster, welches sich durch seinen allumfassenden theoretisch-wissenschaftlichen Hintergrund weder zeitlich noch räumlich Begrenzungen auferlegte. In dieser positivistischen Sichtweise war der Verweis auf die bereits in den 1840er Jahren geleistete Vorarbeit von Friedrich Engels ausreichend; nicht notwendig war deshalb eine erneute Analyse unterschiedlicher Krisen mit dem Fokus auf deren historische Besonderheiten für das grundsätzliche Verständnis des gegenwärtigen und – auf Sicht – auch noch künftigen Wirtschaftssystems. Diese fehlende zeitliche Bindung ermöglichte den Eisenachern in ihren Analysen im „Volksstaat" eine Ausweitung des Geltungsbereichs ihres Krisenverständnisses, während sich die Redakteure des ADAV durch konkrete Hinweise auf vergangene Ereignisse auf einer weniger abstrakten Argumentationsebene bewegten. Diese war aber wiederum durch ihre sprachliche Unmittelbarkeit in der Lage, eine emotionale Nähe zu schaffen, die sich aus den spezifischen Krisenanalysen im „Volksstaat" nicht ergab – dieser Effekt wurde aber in diesem oft mittels ähnlicher sprachlicher Gestaltung bei anderen Textsorten erzielt, wie etwa Glossen und den anekdotischen Berichten über schlechte Arbeiterverhältnisse.

Die geringere zeitliche Bindung der Krisenkonzeption des „Volksstaats" ermöglichte eine gewisse Flexibilität bei Fragen nach Zeit und Ort von Krisen, da diese beiden Elemente nicht entscheidend aus Sicht einer überörtlichen und – in Bezug auf die erlebte Zeit auch – überzeitlichen Wirtschaftstheorie sind. Dabei ist für diese noch wichtiger die Festlegung auf den Ablauf und die Struktur von Krisen, wo auch Wert auf eine ideologisch konsistente Schilderung gelegt wird. Die dem ADAV nahestehenden Redakteure hingegen unterschieden Ort und Art von Krisen, aber vor allem auch ihre zeitlichen Zusammenhänge. Dass hierbei ähnlich wie im „Volksstaat" immer wieder der Fokus auf Gemeinsamkeiten zwischen den Krisenphänomenen gerichtet wurde, bildete das verbindende Element beider Seiten, die jeweils an einem Fundament einer stimmigen Krisenerzählung interessiert waren und sich nur in ihrer Herangehensweise, der induktiven oder der deduktiven, unterschieden. Während im „Neuen" der zeitliche Vergleich als ergänzende Ressource einer sich auf der Zeitschiene weiterentwickelnden Krisenkonzeption genutzt wurde, verfügten die Texte im „Volksstaat" – wenn es um die Struktur von Krisen ging – über eine geringere ideologische Bandbreite. Dabei blieb der seltenere zeitliche Rückbezug im „Volksstaat" nicht ersatzlos. Was im „Neuen" die Jahresdaten waren, übernahm in den Formulierungen des „Volksstaats" der Begriff der „Periode". So lassen sich allein in dem von mir für

578 Der Volksstaat, 6. Februar 1874, Nr. 15.

die Analyse der Krisenrezeption der beiden Publikationen erstellten Korpus nur sieben Erwähnungen des Begriffs „Periode" im „Neuen Social-Demokraten" über den Untersuchungszeitraum auffinden, hingegen aber 27 in den Artikeln des „Volksstaats". Diese Zahlen wären bei einem Quellenkorpus unter Beibehaltung der Doppelungen, die ich aus Untersuchungszwecken nicht berücksichtigt habe, noch höher – die Relation bietet aber hier den ausschlaggebenden Hinweis.

Zeitliche Rückblicke werden also im „Volksstaat" weniger mit konkreten Jahreszahlen und der Schilderung der mit diesen verflochtenen Ereignissen verbunden, sondern in Form von Komposita ähnlich der oben angeführten „Schwindelperiode" angeführt. Auch der Epochenbegriff findet häufiger Verwendung im „Volksstaat". Diese Erkenntnisse lassen Rückschlüsse auf die unterschiedlichen Zeitverständnisse der beiden Fraktionen der beiden deutschen Sozialdemokratie zu. So war – jedenfalls wenn es um die Betrachtung von Wirtschaftskrisen geht – die Redaktion des „Neuen Social-Demokraten" einem klassischen dreistufigen Modell von Vergangenheit, Gegenwart und Zukunft verpflichtet, welches das Herstellen von Verbindungen zwischen diesen Ebenen erlaubt, vor allem zum Zwecke der Extrapolation, also dem Ziehen von Lehren aus der Vergangenheit, um künftige Entwicklungen vorhersehen zu können, im Sinne des Konzepts der Geschichte als *magistra vitae*. Das Krisenverständnis in den Artikeln des „Volksstaats" war deutlich unabhängiger von unterschiedlichen Zeitkorridoren und war, wie die Begrifflichkeiten „Epochen" und „Perioden" und gar die Rede von „Gründer"- oder „Schwindelperioden" zeigen, von einer Zyklizität zeitlicher Abläufe geprägt, die weniger an konkreten Zeitpunkten zu fixieren sind und sich daher mehr durch ihre strukturellen Abläufe und zeitunabhängigen Funktionsmechanismen charakterisieren lassen. Damit war der Fraktion der SDAP vermittelt durch ihr Parteiorgan ein unabhängig vom Auf und Ab des Konjunkturverlaufs funktionierendes Deutungsinstrument an die Hand gegeben, das stets abrufbar und universell übertragbar als ideologisches Versatzstück dienen konnte. Gleichzeitig bietet der Reiz des an gleichen Mustern orientierten Denkens neben allen – vor allem agitatorischen – Vorteilen auch die Gefahr der ideologischen Erstarrung, sollten neuartige Theorien nicht nur allein deswegen abgelehnt werden, weil sie als Bedrohung des bisher bestehenden Deutungsrahmens gesehen werden, sondern weil dessen Erhalt mit dem Fortbestand des politischen Zusammenhalts der Bewegung gleichgesetzt wird – in einem solchen Fall transformiert sich Ideologie zur institutionellen Bedingung einer politischen Bewegung.

Wie auch schon die ältere sozialgeschichtliche Forschung festgestellt hat, war in der Geschichte der Arbeiterbewegung kein direkter Zusammenhang zwischen Krisen und dem Aufstieg der Arbeiterbewegung festzustellen – erst recht nicht folgten aus solchen Zeitbrüchen notwendigerweise revolutionäre Umwälzungen.[579] Stattdessen boten die Referenzen aus der Gründerkrise auf das Kri-

579 Vgl. Na'aman, Sozialismus, S. 8. Stattdessen war eine gewisse „Stabilisierung" der Lebensverhältnisse aus Sicht von Dieter Groh Voraussetzung für ein politisches Engagement der Arbeiterschaft: Vgl. hierzu: Groh, Integration, S. 45.

senjahr 1857 praktische Beispiele für den Zusammenhang zwischen wirtschaftlichen, politischen und diskursiven Konjunkturzyklen. Erst das Erleben und Verarbeiten der stattgefundenen Krisen, ob im In- oder Ausland, ob gegenwärtigen oder vergangenen Zeiten entstammend, boten das sprachlich-diskursive Fundament für sozialdemokratische Krisenreaktionen. So lassen sich die in der ersten Phase der Krise – vor allem in den Jahren 1873 und 1874 – vermehrt auffindbaren Referenzen dieser Art als eine Form von diskursiver Anknüpfung an bestehende Narrative schildern – bei gleichzeitiger, durch neue Interessen und Diskurse sich vollziehender Überformung derselben. Kurz gesagt: Die Arbeiterbewegung musste die Krise erst erlernen, bevor sie sie würde nutzen können. War man 1857 dazu nicht in der Lage, weder organisatorisch, klassenspezifisch noch das politisch-diskursive Feld betreffend, bot sich mit den Entwicklungen des Jahres 1873 die Möglichkeit, hier einen großen Schritt zu tun. Notwendige Vorbedingung hierfür war die Reaktivierung der Wissensschichten aus vergangenen Jahrzehnten und anderen Ländern, aber auch die Nutzbarmachung der neuen Kommunikations- und Organisationsformen der Arbeiterbewegung.

5. *Die Krise als Ausdruck unmoralischer Verhältnisse und gesellschaftlicher Korruption: „moral economy" aus Sicht sozialdemokratischer Aufklärer*

In Krisenzeiten ist die Konzeption von Moral ein wichtiger Ansatzpunkt, um den Ursprüngen der Krise auf den Grund zu gehen. Ist die Krise in ihrem Kern fast schon naturgesetzlich, dann kann auch richtiges Verhalten sie nicht abwenden. Ist aber das Verhalten von Eliten für Krisen verantwortlich, dann kann auch die Moralkritik – beschrieben durch Koselleck in „Kritik und Krise" – gesellschaftliche Veränderungen fordern und mit ihrer Durchsetzung berechtigte Hoffnungen im Sinne eines moralischen Fortschritts der Menschheit verbinden. Wie stand in diesem Kontext eine entstehende sozialdemokratische Partei zur „moral economy"?[580] War aus ihrer Sicht Wirtschaft von Moral geleitet, ja konnte sie es sein? Galten ökonomische Gesetze oder menschliche Agency als Ansatzpunkte zur Verbesserung der Lage der Arbeiterschaft? Konnte der Begriff der Korruption getrennt werden von unmoralischen Zuständen insgesamt? Waren es also die Verhältnisse, in denen gelebt wurde, die unmoralisch waren, oder waren diese gar neutral und der Einzelne korrumpiert, was in der Gesamtschau die Krisenphänomene erklären konnte? Diesen und anderen Fragen will ich in diesem Kapitel nachgehen, mit dem besonderen Fokus auf dem Moralbegriff der

---

[580] Vgl. hierzu: Thompson, Edward Palmer: The moral economy of the English crowd in the eighteenth century, in: Past & Present 50, 1 (1971), S. 76–136.

Sozialdemokratie zwischen 1873 und 1877 und mittels der – nicht davon zu trennenden – Beleuchtung des Korruptionsbegriffs.

Wie auch in der neueren Korruptionsforschung soll hierbei nicht ein aktueller Korruptionsbegriff als Analyseschema den historischen Quellen übergestülpt, sondern im Sinne eines „konstruktivistischen Korruptionsverständnisses" gezeigt werden, was die Zeitgenossen unter Korruption verstanden.[581] Festzustellen bleibt, dass die Nachverfolgung des Korruptionsbegriffes und seiner inhaltlichen Bedeutung im historischen Wandel offenlegt, wie sehr das „kommunikative Selbsterregungsschema" der Korruptionsanklage in modernen Gesellschaften oftmals den Anstoß zu Regelfindungen gegeben hat.[582] Inwiefern die Sozialdemokratie zu einem solchen gesellschaftlichen Modernisierungsprozess beigetragen hat, wird zu fragen sein. Gleiches gilt für den Begriff der Moral, für dessen Bewertung ich allerdings die Überlegungen Edward P. Thompsons zur „moral economy" heranziehen werde und der ebenfalls als wichtige Triebkraft gesellschaftlicher Veränderungen gewirkt hat. Während Thompson seine begriffliche Prägung mit einer großen normativen Kraft aufgeladen hatte, indem er kapitalistische Umwälzungen im Gegensatz zu althergebrachten Moralvorstellungen gesetzt hatte, möchte ich mit der Verwendung von „moral economy" keine solche Vorentscheidung treffen. Vielmehr soll erforscht werden, ob eine solche Entwicklung aus sozialdemokratischer Sicht feststellbar war, ob Moral und Wirtschaft gegensätzlich gedacht, als unvereinbar oder sogar sich ergänzend verstanden wurden – ganz im Sinne der Forderung nach einem Blick auf Moral und Wirtschaft im Zusammenspiel anstatt im Sinne von Gegensätzen.[583]

Die Debatte über die moralischen Zustände im Kaiserreich war in sozialdemokratischen Kreisen schon seit dessen Gründung im Gange. Hierfür war die Art seines Zustandekommens durch einen blutigen Krieg gegen das Nachbarland, welcher nur in den ersten Monaten bis zu Napoleons III. persönlicher Kapitulation nach der Schlacht bei Sedan am 1. und 2. September 1870 als Verteidigungskrieg gewertet und spätestens nach den Massentötungen im Rahmen der Niederschlagung der Pariser Commune als ungerechter Krieg empfunden wurde.[584] Die von den nicht „reichsfreundlich" eingestellten Zeitgenossen als enorm empfundenen Reparationszahlungen, die der französischen Republik aufgebürdet wurden, kamen noch hinzu.

Die Moralität der Eliten, des Bürgertums, des Adels und der Beamtenschaft, wurde in sozialdemokratischen Zeitungen aber auch schon in den Jahren vor 1870 angezweifelt. Mit dem Ausbruch des Krieges und der publikumswirksamen Stimmenthaltung von Bebel und Liebknecht bei der Abstimmung über die

581 Rothfuss, Korruption, S. 21.

582 Plumpe, Werner: Korruption. Annäherungen an ein historisches und gesellschaftliches Phänomen, in: Engels, Jens Ivo/Fahrmeir, Andreas/Nützenadel, Alexander (Hrsg.): Geld – Geschenke – Politik. Korruption im neuzeitlichen Europa, München 2009, S. 19–47, hier S. 30.

583 Vgl. hierzu: Götz, Norbert: ‚Moral Economy': its conceptual history and analytical prospects, in: Journal of Global Ethics 11, 2 (2015), S. 147–162.

584 Vgl. Conze/Groh, Arbeiterbewegung, S. 107f.

Kriegskredite scheint es erstmals zu einem reichsweiten Feedback-Prozess gekommen zu sein, bei dem aufgrund der großen politischen Brisanz die Gegnerschaft der Sozialdemokraten und ihr alternativ präsentiertes Wertesystem die Aufmerksamkeitsschwelle führender Vertreter des Reiches mehr als nur leicht überschritten. Bismarck hätten deshalb wohl viele zugestimmt, als er rückblickend äußerte, dass er anhand der Haltung der Sozialdemokraten zur Commune erstmals die mit deren Aufstieg verbundenen Gefahren realisiert habe.[585]

A. Lasker: Ein Liberaler macht den Anfang

Schon vor Ausbruch der eigentlichen Finanzkrise im Herbst 1873 in Deutschland war im politischen Diskurs eine Debatte über die Auswirkungen des modernen Gründerwesens entbrannt, die nicht anhand der Scheidelinie „Sozialdemokratie versus ‚Reichsfreunde'" verlief, sondern zu Querelen innerhalb der tragenden politischen Kräfte des Reiches führte. Namentlich die größte Fraktion des Reichstags, die Nationalliberalen, war von diesem Skandal betroffen und musste im Verhältnis zum eigenen linken Flügel und der linksliberalen und konservativen Konkurrenz um die Deutungshoheit ringen. Dabei war die Beteiligung an spekulativen Gründungen, die bei Politikern unterschiedlicher politischer Richtungen gemutmaßt oder nachgewiesen wurde, ein zusätzlicher Faktor, der auch im Zusammenhang mit dem Aspekt des Antisemitismus noch hervorzuheben sein wird.

Die aufsehenerregendste Rede zur Gründungsfrage hatte kein Sozialdemokrat gehalten, sondern der nationalliberale Eduard Lasker, als er am 7. Februar im preußischen Landtag ans Rednerpult trat. Er führte die schon zuvor angedeuteten Enthüllungen über den ersten Rat im Staatsministerium, Hermann Wagener, und dessen Beteiligung an der Pommerschen Centralbahn aus und äußerte sich auch zum „System Strousberg" mitsamt dessen Gründungsgeschäft zwecks Errichtung der Bahnstrecke Breslau–Warschau und der Nordbahn.[586] Lasker sprach aber auch die grundsätzlichen Auswirkungen der Gründungseuphorie an und richtete sich ganz allgemein – und dadurch vielleicht besonders treffend – auch an die Zielgruppe seiner Kritik:

> „Für die Volkswirthschaft im Großen entsteht dadurch der gefährliche und schädliche Zustand des übermäßig theuern Eisenbahnbaues. Es werden angelockt Personen, die sonst gar keinen legitimen Beruf haben, Eisenbahnen zu bauen, die sich bloß hereindrängen, um ohne einen Aufwand an Geld, an Kräften oder Ideen Gewinn zu ziehen, Personen bald

---

585 Vgl. hierzu: Tenfelde, Klaus: Bismarck und die Sozialdemokratie, in: Mitteilungsblatt des Instituts für Soziale Bewegungen, Nr. 26 (2001), S. 5–24, hier S. 10.

586 Stenographische Berichte über die Verhandlungen der durch die Allerhöchste Verordnung vom 1. November 1872 einberufenen beiden Häuser des Landtages. Haus der Abgeordneten, Bd. 2, Berlin 1873, Sitzung vom 7. Februar 1873.

> aus dem hohen Adel, bald aus den Schichten der Abenteurer, aus allen Gesellschaftskreisen zusammengesetzt, natürlicherweise auch von der hohen Finanz."[587]

Im „Volksstaat" bezeugte ein Artikel mit dem Titel „Corruption" vom 15. Februar 1873, dass die Sozialdemokratie nicht gewillt war, dieses Beispiel eines nationalen Korruptionsskandals agitatorisch ungenutzt verstreichen zu lassen.[588] Dabei genügte es der Redaktion vorerst, den stenographischen Bericht abzudrucken, der offenbar allein schon als wirksam genug eingeschätzt wurde. Aber die detaillierte Befassung mit dem Skandal folgte schon bald, wie die Reaktion auf eine weitere Rede Laskers – diesmal im Reichstag, wo er per Doppelmandat vertreten war – im April 1873 zeigte:

> „Am 4. April bereitete Hr. Lasker dem Reichstag das Traktament einer sittlichen Entrüstungsrede. ‚Die Mißbräuche, welche im Zusammenhang mit dem jetzigen Zustand der Gesetze über das Aktienwesen bei der Gründung und Verwaltung von Aktiengesellschaften obwalten' waren das Thema des neuen Tugendergusses, und Hr. Lasker wusste dieses unsaubere Thema mit solchem Anstand zu behandeln, daß es ordentlich reinlich wurde, und ‚allgemeine Heiterkeit' der Braune, Bamberger, Miquel und sonstigen Gründercelebritäten sein wohlverdienter Lohn ward. Um den bösen Sozialdemokraten nicht neue Waffen zu liefern, sagte Hr. Lasker nichts, was nicht schon längst bekannt gewesen wäre, und laugte das Bekannte obendrein noch aus –; und um nicht ein zweites Mal das Unglück zu haben, an eine der Säulen des herrlichen Reichs der Gottesfurcht und frommen Sitte anzustoßen, bewegte er sich in harmlosen Allgemeinheiten, von jeder Namensnennung abstehend. [...] Die Gründer aber gründen flott weiter und werden gründen, bis entweder die ‚Dummen alle werden', worauf man bekanntlich nicht rechnen darf, oder bis der allgemeine Kladderadatsch eintritt, der nicht mehr lange auf sich warten kann lassen."[589]

Die Rede Laskers wird als eine für die anwesenden Parlamentarier als Qual empfundene Zurschaustellung moralischer Überlegenheit gewertet. Das Resultat ist ein „Tugenderguss", der von der eigenen Rechtschaffenheit überzeugte Redner wird aus Sicht des Schreibers des „Volksstaat" als Heuchler dargestellt, das „unsaubere" Thema von Lasker „reinlich" umgesetzt. Dieser ironische Hinweis mittels oxymoronischer Anspielung gilt Laskers Absicht, nur so wenig Namen wie möglich zu nennen beziehungsweise nur gesicherte Tatsachen anzuführen. Dabei vermeidet er es aus Sicht des „Volksstaats" allerdings, die wirklichen Machenschaften der beteiligten Gründer offenzulegen, was diese beziehungsweise die sie vermeintlich politisch stützenden Politiker mit dem im stenographischen Bericht festgehaltenen Ausdruck der Heiterkeit quittieren. Hier handelt es sich also keineswegs um einen das Fundament der politischen Klasse des neuen Reichs bedrohenden handfesten politischen Skandal, sondern um eine Scharade, die von den „Gründercelebritäten" nicht als Gefahr, sondern als Belustigung empfunden wird. Auch die Rolle der Sozialdemokratie kommt zur Sprache. In ironischer Manier wird die Angst des politischen Establishments des Kaiserreichs vor der „bösen" Sozialdemokratie zum Grund für die Lasker'sche Zurück-

---

587 Ebenda, S. 944.
588 Der Volksstaat, 15. Februar 1873, Nr. 114.
589 Der Volksstaat, 16. April 1873, Nr. 31.

haltung bei Namensnennungen gemacht, die dieser ja ganz anders begründete. Nicht noch einmal wollte Lasker demnach „eine der Säulen des herrlichen Reichs der Gottesfurcht und frommen Sitte" anrühren, womit der Autor wahrscheinlich den engen Mitarbeiter Otto von Bismarcks, Hermann Wagener, meint, der zunächst – vor der für Wagener ungünstigen Klärung der Vorwürfe – noch vom Reichskanzler verteidigt worden war.[590]

All die politischen Schauspiele, die der Autor schildert, hindern „die Gründer" aber nicht an einem weiteren Betreiben ihrer Geschäfte. Der Politik wird hier wenig Gestaltungsmacht eingeräumt, sie befindet sich in einer anderen Sphäre als die eigentlich bestimmenden Kreise der Gründer, die – wie im obigen Fall – sogar Freude an den Vorgängen im Reichstag haben. Enden kann dies nur im Fall des großen Zusammenbruchs, nicht aber durch die allgemeine Erkenntnis über die Fragwürdigkeit des Gründerwesens. Es ist der in die Semantik der deutschen Sozialdemokratie vor dem Ersten Weltkrieg fest integrierte Begriff des „großen Kladderadatsch" – die allgemeine Wirtschafts- und Gesellschaftskrise –, welche letztlich den Verhältnissen ohne Zweifel ein Ende setzen wird. Diese Krise sieht der Autor wenige Monate vor Ausbruch des Gründerkrachs schon bald kommen.

Auch mitten in der Krise war der Fall Lasker weiterhin ein beliebtes Thema der sozialdemokratischen Berichterstattung. Dabei vermehrten sich die nach seinen ersten aufsehenerregenden Reden verwendeten ironischen Zuschreibungen in der Charakterisierung Laskers und dessen parlamentarischen Aktivitäten zusehends, wie folgender Artikel vom 29. Mai 1874 zeigt:

> „Lasker, der deutsche Reichs-Kasperle, der auf den beiden Marionettentheatern zu Berlin so unermüdlich viel agitirt und dem deutschen Publikum mit allerlei Kurzweil aufzuwarten weiß, hat neulich in dem einen dieser Puppentheater – man nennt's ja wohl auch preußischer Landtag – bei Gelegenheit einer Regierungsvorlage, welche die Hergabe von Staatsvermögen zur Füllung der Taschen einiger bankerotten Eisenbahnschwindler bezweckte, wieder eine sittliche Enthüllungs- und Eisenbahn-Entrüstungs Rede vom Stapel gelassen, nach Art derjenigen vom Februar vorigen Jahres, wegen welcher man damals allerwärts so geschickt den großen Tam-Tam zu schlagen gewußt hat. [...] Wie kommt nun aber wirklich, [...] der anerkannte Klopffechter der liberalen Bourgeoisie, die mit dem Börsenschwindel so gut wie identisch ist, der kleingeistige, pedantisch-doktrinäre Paragraphendrechsler, der knüppelschwingende Feind und Hasser des arbeitenden Volkes, in die Toga des ‚Volkstribunen' hinein? [...] Wie kommt der Psalmenfänger des politischen Gründerthums dazu, gegen dessen unzertrennlichen Zwillingsbruder, das wirthschaftliche Gründerthum, so energisch zu Felde zu ziehen, wie kann man mit einem Worte ‚liberal' und ehrlich zugleich sein? [...] Nicht um die Bewahrung des Volkssäckels vor Strauchdieben und Industrierittern, nicht um die ehrliche Bekämpfung der Corruption, des Betruges und der Ausbeutung geht es hier – dergleichen ist von einem Lasker nie und nimmer zu erwarten, sonst wäre er eben kein Lasker, vielmehr handelt es sich, wie immer, wenn die herrschenden Klassen anfangen, sich untereinander die Wahrheit zu sagen, von ‚öffentlicher Moral', von ‚Volksrechten' und andern dergleichen, sonst so überflüssigen Dingen zu schwärmen, auch diesmal einfach wieder um eine Balgerei der herrschenden

590 Vgl. Peter, Wagener, S. 492–493.

> Klassen unter sich, die sich wegen des Antheils an der Ausbeutung des guten Volkes wieder einmal in den Haaren liegen."[591]

Es waren die „christlich-germanisch-feudalen Elemente", die nun – wie in früheren Tagen – nach Raubrittermethoden vorgegangen waren. Die „nichtchristlich germanisch-feudalen Elemente" – es sind dies die Liberalen gegenüber den zuvor genannten Konservativen –, waren über die Verdrängung aus diesem Gebiet durch konservative Kräfte so verärgert, dass sie sich entschlossen, ihren Konkurrenten, den Konservativen und dem „hohen Beamtenthum", das Gründen auszutreiben.[592] Als der Gründerboom seinen Zenit erreicht hatte und der Liberalismus von allen Seiten auch als Schuldiger für dessen Auswüchse ausgemacht war, entschlossen sich die mit ihm verbundenen politischen Kräfte noch vor den Reichs- und Landtagswahlen, eine Wahlniederlage abzuwenden:

> „Es handelt sich hier, um es kurz zu sagen, einfach um einen Feldzug des liberalen Gründerthums in Parlament und Börse gegen das feudale, wobei das letztere, als das schwächere, nothwendig den Kürzern ziehen muß. [...] Die Angehörigen einer so herabgekommenen Kaste, wie es dieser Adel ist, in welcher Cretinismus und Idiotismus immer mehr Anhänger finden, sind ja überhaupt von vornherein schon viel zu dumm zu all den Schlichen und Kniffen, die hier erforderlich sind."[593]

So sind es aus Sicht des „Volksstaats" die „modernen Crösusse, die Rothschilde, die Bleichröder, die Hansemanns", welche der alten Elite den Rang abgelaufen hatten und nun zurückschlagen wollten und dabei die Früchte des Gründerbooms für sich reklamierten.[594] Der Text schließt mit der Aussage, dass sich einfache Proletarier das Ausmaß der Schätze der Reichen sich nicht vorstellen könnten, die diese nur dank einer „verrückten Gesellschaftsorganisation" erlangt haben – und zwar dank der Unterstützung des Staates, nicht nur materieller, sondern auch moralischer Natur.[595]

Die Beschreibung Eduard Laskers als „Reichs-Kasperle" lässt die schon von Anfang an ironisierende Berichterstattung über den Gründerskandal im Reichstag und im preußischen Landtag auf einen neuen Höhepunkt zutreiben. Er ist in diesem Bild eine Marionettenfigur, die nur zum Schein agiert, die ein Spiel aufführt und damit auch stellvertretend für die allgemeine Fragwürdigkeit der politischen Institutionen im neu entstandenen Kaiserreich steht. Während eine kritische Deliberation im Sinne eines offenen Diskurses über potentielle Missstände wie in diesem Falle eigentlich auch als ein positives Signal mit Blick auf die Responsivität des politischen Systems des Kaiserreichs gewertet werden könnte und die demokratische Reife eines monarchischen Systems, welches seine Pfründe nicht lautlos und ohne jegliche Skandale unter seinen Eliten aufteilt, ja immerhin erwähnenswert wäre, findet der Redakteur des „Volksstaats" hier

---

591 Der Volksstaat, 29. Mai 1874, Nr. 61.
592 Ebenda.
593 Ebenda.
594 Ebenda.
595 Ebenda.

die Vorgänge auf der Oberfläche nicht nennenswert, da sie letzten Endes nur eine Scharade darstellen. Das Ziel der Lasker'schen Reden ist – onomatopoetisch ausgedrückt – das „Tam-Tam"-Schlagen: Jedenfalls handelt es sich um einen scheinbar archaischen Ritus der Herstellung von Öffentlichkeit, die nur zum Schein vollbracht werden soll, um nach der Aufführung des Schauspiels noch viel mehr des eigentlich beklagten Unrechts begehen zu können.

Der „Klopffechter" Lasker bietet sich laut dieser Beschreibung für Geld dazu an, hier die Öffentlichkeitsarbeit der liberalen Partei zu besorgen, während seine Person von den schwindelhaften Vorgängen an den Börsen überhaupt nicht zu trennen ist. Ihm wird Pedanterie zugeschrieben, er ist ein „Paragraphendrechsler", der ohne eigene Wertbindung das Recht zu seinen Gunsten und zum Vorteil seiner Fürsprecher benutzt, während das „arbeitende Volk" nur seinen Hass ernten kann. Jetzt aber macht sich dieser Mann zum „Volkstribun", ein Vorgang, der bei dem sich mutmaßlich selbst in dieser Rolle verortenden „Volksstaat"-Autor größtmögliche Irritation auslöst, welche von rhetorischen Steigerungen begleitet wird: So ist Lasker nicht nur Feind der Arbeiter, sondern empfindet auch noch Hass gegen sie. Durch diese Doppelung wird ein besonderer Schwerpunkt auf die Unvereinbarkeit der Person Laskers und einem positiven Wirken im Sinne des vom „Volksstaat" als Zielgruppe betrachteten Arbeiters gelegt – was auch einen Hinweis auf die zugrundeliegenden Befürchtungen angesichts der sehr realen politischen Konkurrenz mit dem Liberalismus bietet.

Für den Autor ist es ausgeschlossen, gleichzeitig liberal und ehrlich zu sein, womit also ein Grundwiderspruch aufgeworfen ist zwischen den Worten Laskers und seinen Taten. Es geht diesem nicht um Korruptionsbekämpfung oder um das Ende der Ausbeutung der Arbeiterschaft, wie erneut erwähnt wird. Diese politischen Ziele sind für den „Volksstaat" unvereinbar mit der Person Lasker. Tatsächlich geht es aus Sicht des Autors um einen größeren Zusammenhang, um das Verteilen der Beute aus der Knechtung des Volkes zwischen zwei konkurrierenden Fraktionen, den Konservativen und den Liberalen. Dieses – in heutigen Worten als verschwörungstheoretisch oder zumindest populistisch zu bezeichnende – Denken stellt eine Dichotomie zwischen Gut und Böse her, zwischen dem „guten Volk" und den bösen, ausbeutenden Kräften. Die Handlungen Laskers und anderer Vertreter der besitzenden Klassen werden nicht für sich betrachtet und beurteilt, sondern können *per se* aufgrund der Zugehörigkeit zur herrschenden Elite nicht als Ausdruck eines wertbezogenen Handelns interpretiert werden. Diese Position hat in dieser Rigidität zur Folge, dass moralisches Handeln innerhalb der bestehenden politischen und gesellschaftlichen Institutionen unmöglich ist. Auch der Vorwurf versuchter Manipulation des Wahlergebnisses für die Liberalen durch die Provokation eines Skandals rüttelt an der Legitimität des Reichstags.

Hier wird eine Ablehnung des Kaiserreichs zum Ausdruck gebracht, die weit über die Ablehnung des von zeitgenössischen Sozialisten so oft gebrandmarkten Produktionssystems hinausgeht. Das Sprechen im Reichstag beziehungsweise noch viel mehr in dem von Sozialdemokraten dank des undemokratischen Wahlrechts nicht besetzten Landtags in Preußen verläuft auf einer völlig von den zugrundeliegenden politischen und gesellschaftlichen Tatsachen entrückten Ebene, die in der Beschreibung in diesem Artikel groteske Züge annimmt. Auf dieser Ebene werde von der „öffentlichen Moral" gesprochen, obwohl die Sprecher selbst in keiner Verbindung zu den moralischen Vorstellungen des Autors stehen.

Tatsächlich schwanken die in diesem Text hervorgerufenen Bilder zwischen der angesprochenen Polarität von Gut und Böse, bei der alles Gute mit der Arbeiterschaft und ihren Wertvorstellungen verknüpft wird, alles Böse indes mit den Taten und Worten des Bürgertums, der Politik, des Beamtentums und des Adels verbunden ist, und mit der mit dem klassischen Moralbegriff nur schwer zu beschreibenden politischen Parallelwelt. In dieser haben Worte keinerlei Zusammenhang mit den ihnen vermeintlich zugrundeliegenden Ideen, und in ihr wird zudem ein politisches Schauspiel aufgeführt, das keinen anderen Zweck verfolgt als die Ablenkung und Verwirrung des deutschen Volkes und vor allem der Arbeiterschaft. Die hier genannten Namen Bleichröder und Rothschild dienen nicht zufälligerweise als Kronzeugen der gesellschaftlichen Korruption. So verband sich das antisemitische Vorurteil des reichen Juden mit der Analyse einer zunehmenden Durchdringung des Adels und der Politik von Finanzinteressen. Dass Gerson von Bleichröder als erster Jude im Kaiserreich ohne Beitritt zum Christentum geadelt wurde, sollte diesen Zusammenhang wohl in den Augen vieler Zeitgenossen noch deutlicher machen.[596] Das genügte, ihn zu einer Symbolfigur für Korruption und zu einer Zielscheibe antisemitischer Vorurteile zu machen. Dies ging so weit, dass im „Vorwärts" des Jahres 1877 die Existenz eines Zwillingsbaums postuliert wurde, welcher einerseits aus „Bismarck'sche[r] Blut- und Eisenpolitik" und andererseits aus der „Camphausen-Achenbach-Bleichröder'sche[n] Wirthschaftspolitik" bestand – ein Ausdruck letzterer war demnach auch die „Geschäftskrise".[597] Die heraufbeschworene Verbindung von Liberalismus und Korruption, die Verschmelzung von Gründern und Korruption erwies sich als dauerhaft im historisch-politischen Gedächtnis der deutschen Sozialdemokratie: So war noch im Jahr 1906 in Mehrings „Geschichte der Deutschen Sozialdemokratie" die Rede vom „Gründersumpf" und den dort konstatierten politischen Ablenkungsmanövern der liberalen Partei.[598]

Die Spaltung innerhalb der politischen Eliten, zwischen nicht-christlichen (bzw. nicht-kirchlichen) und christlichen Kräften also, die sich aber in allen anderen Punkten einig zu sein scheinen, wurde im Anschluss in der beschriebenen Quelle auch beleuchtet. Dabei wird der althergebrachten Führungsschicht aus Konservativen und Beamten der Stempel der Dummheit aufgedrückt, während die neuen liberalen Kräfte mit einer besonderen Klugheit vorgehen und auch mit wirtschaftlichen Innovationen gleichzusetzen sind, die sie voranbringen und

---

596 Stern, Gold, S. 10. Vgl. hierzu auch ebenda, S. 248: Der Autor sieht Bleichröders Ehrung im Zusammenhang mit dessen Hilfe bei der Beseitigung der finanziellen Hinterlassenschaften des Bethel Henry Strousberg.

597 Vorwärts, 2. März 1877, Nr. 26.

598 Mehring, Geschichte, S. 29.

von denen sie auch profitieren. Letzten Endes treiben die modernen wirtschaftlichen Kräfte des politischen und wirtschaftlichen Liberalismus in dieser Sichtweise die althergebrachten Konservativen vor sich her, die eine heruntergewirtschaftete Kaste darstellen, also Vertreter eines Systems, das ebenso seinem Ende zugehen muss. Der Hinweis auf die Abgeschlossenheit der Kaste und jener auf die medizinische Diagnose des Idiotismus lassen auch den Vorwurf inzestuöser Verhältnisse in der Adelsschicht zwischen den Zeilen hervortreten. Diese Geschlossenheit der alten Verhältnisse wird nun von der liberalen Offenheit der neuen Verhältnisse vertrieben. Genau diese Entwicklung erfordert nähere Aufmerksamkeit, da die zur Schau getragene Offenheit der liberalen Politiker nur Ausdruck eines internen Machtkampfes der Eliten ist.

Die neuen Eliten arbeiten mit viel anspruchsvolleren Methoden und bedienen sich aus Sicht des Autors auch der Lüge, um ihre Macht zu stützen. So sind bei der Analyse der Reichstagsreden für den sozialdemokratischen Analysten große hermeneutische Fähigkeiten notwendig, um die tatsächlichen Absichten und Hintergründe der Reden offenzulegen. Das Zeitalter einer zunehmenden Differenzierung der Eliten wird in dieser Sichtweise begleitet von einer zunehmenden Schwierigkeit, vermeintlich massenwirksames dichotomisches Denken zu propagieren. Entweder wird diese Begleiterscheinung der Entstehung moderner politischer Diskursräume von einer anwachsenden Ambiguitätstoleranz begleitet, die freilich wenig ideologische Anknüpfungspunkte bietet; oder es werden neue systematische Gesellschaftsanalysen entworfen, die sich fernab moralpolitischer Vorstellungen bewegen und gleichzeitig noch – wie im Fall des noch nicht voll entwickelten sozialdemokratischen Marxismus – zusätzliches Mobilisierungspotential bergen.

Zwischen diesen beiden Polen liegt das beide Elemente verknüpfende Denkmuster des – um einen aktuellen Begriff zu gebrauchen – Verschwörungsmythos, der sich nicht von der Dichotomie Gut versus Böse lösen kann. Er muss sich aber gleichzeitig angesichts der Komplexitätsanforderungen der Moderne einer aus dem Dunklen operierenden dritten Macht bedienen, um die Plausibilität seiner Weltanschauung demonstrieren zu können. Diese dritte Macht muss verborgen sein, unter der Oberfläche operieren und erlaubt somit, unter der oberflächlichen Komplexität der modernen Politik die einfachen Triebkräfte des Bösen zu vermuten, ohne die Details, die diese Vorwürfe vielleicht entkräften könnten, näher betrachten zu müssen. Im hier gewählten Beispiel ist diese Triebkraft der moderne Wirtschaftsliberalismus und eine mit ihm einhergehende amoralische Kraft, deren Vertreter, – wie im Falle Laskers – nicht selten jüdischer Abstammung sind und deren Wirken zweidimensional geteilt in einen öffentlichen und einen nicht-öffentlichen Raum gesehen wird. Mit dieser Sichtweise versuchte der Autor, seine Leserschaft gegen die vorgetragenen Argumente Laskers und seiner Mitstreiter zu immunisieren, verabreichte ihnen aber unter Verwendung dieses Denkmusters eine potentiell giftige Kur in Form einer ideologisch starr vorgeprägten Weltsicht.

Dies zeigte sich auch im Fall der innersozialdemokratischen Auseinandersetzung über den „Gründer" Leopold Sonnemann. Dieser, Herausgeber der

„Frankfurter Zeitung" und Mitglied im Reichstag für die Deutsche Volkspartei, hatte schon vor dem Zusammenschluss von ADAV und SDAP Anschuldigungen ertragen müssen, die dem den Eisenachern nahestehenden Politiker undurchsichtige Finanzgeschäfte vorwarfen.[599] Auf dem SAP-Parteitag des Jahres 1876 kam es dann zum offenen Schlagabtausch, als der von der lassalleanischen Seite stammende Karl Frohme sich in der Debatte um einen entsprechenden Antrag dagegen aussprach, Sonnemann Unterstützung im Wahlkampf zukommen zu lassen, und das Schweigen des „Volksstaats" in dieser Frage beklagte.[600] Auch der mit Sonnemann in Verbindung stehende Liebknecht geriet in der Debatte in Bedrängnis und sah sich genötigt, jedwede unlautere Verbindung zu Sonnemann von sich zu weisen.[601] Zum Schluss der Debatte erhielt Liebknecht immer mehr Unterstützung für seine Position, die die weitere Zusammenarbeit mit Sonnemann befürwortete und Frohmes Vorwürfe als gegnerische Propaganda delegitimieren wollte. So beschloss der Kongress auch seine „entschiedene Mißbilligung" von Frohmes Behauptungen.[602]

B. Eine Frage der Moral – aber welcher?

Die Auseinandersetzung mit Fragen der Moral wurde neben den bissigen Kommentaren in Bezug auf aktuelle politische Entwicklungen auch auf einem abstrakten Niveau geführt. Ein Text wie der am 24. April 1874 erschienene erste Teil des Leitartikels „Moral und Eigenthum" konnte durchaus neben polemischen tagespolitischen Glossen und Analysen stehen, wie sie in dieser Arbeit immer wieder auftauchen. Er bildete mitsamt ähnlicher, teils sich auf einem hohen philosophischen Niveau bewegender Deliberationen, die oft aus der Feder des „Arbeiterphilosophen" Josef Dietzgen stammten, einen pluralen Textkorpus. Diese Texte waren Bestandteil eines weitgefassten sozialdemokratischen Diskurses, der im Beobachtungszeitraum nicht nur Platz für unterschiedliche Meinungen, sondern auch für unterschiedliche Textsorten bot – welche wiederum das Wirken unterschiedlicher Autoren, sprachlicher Herangehensweisen und damit auch Perspektiven ermöglichten.

Im ersten Teil von „Moral und Eigenthum" legt der Verfasser besonderes Augenmerk auf die Frage einer möglichen Bewertung der individuellen Leistung. Dabei nimmt er in seiner Auseinandersetzung mit Schopenhauers Gedanken in „Die beiden Grundprobleme der Ethik", einer Schrift, die sich im ersten Teil mit der Frage der Willensfreiheit und im zweiten Teil mit einer philosophi-

---

599 Vgl. Radu, Auguren, S. 139.

600 Vgl. Redebeitrag von Karl Frohme, 21. August 1876, in: Protokolle der sozialdemokratischen Arbeiterpartei, Bd. II: Gotha 1875–St. Gallen 1887, Bad Godesberg/Glashütten (Taunus) 1971, Protokoll des Socialisten-Congresses zu Gotha vom 19. bis 23. August 1876, Berlin 1876, S. 44.

601 Vgl. ebenda, Redebeitrag von Karl Liebknecht, 21. August 1876, S. 53.

602 Vgl. ebenda, Antrag von Wilhelm Bracke, 21. August 1876, S. 55.

schen Begründung der Moral in Abgrenzung zu Kant auseinandersetzte,[603] weniger Bezug auf ökonomische Kategorien, wie dies etwa Marx im ersten Band des „Kapitals" mit seiner Arbeitswertlehre getan hatte.[604] Die Argumentation findet stattdessen vor allem auf einer philosophischen Ebene statt, auch wenn der Betrachtungsgegenstand aus der modernen Arbeitswelt stammt. Für den Autor beruht – Schopenhauers Diktion folgend – Eigentum weniger auf eigener Leistung, bedeutet aber dennoch einen großen Faktor in der moralischen Bewertung des Einzelnen, und zwar auch für die Meinung, die dieser von sich selbst hat. Dabei sieht der Kommentator des „Volksstaats" die Trennung von Geistesarbeit und körperlicher Arbeit nicht, wie sie Schopenhauer in dem vorangestellten Zitat konstatiert hatte:

> „Justus von Liebig, der große Chemiker und Fleischextrakt-Fabrikant, hat in wenigen Jahren zwei Millionen erworben – aber nicht als Chemiker, nicht als Geistesarbeiter, nicht als Gelehrter, sondern als Fabrikant und Speculant. [...] Es ist demnach – unseres Erachtens – auch bei der vorwiegend geistigen Arbeit gar nicht möglich, abzuschätzen, wie viel Jemand infolge seiner eigenen Arbeit oder außerhalb seiner Macht liegender Zufälle erworben hat, bez. erwerben kann und soll. Denn, da jeder Mensch Collektivarbeit repräsentirt, so kann Niemand sagen: ‚Das und das habe ich aus mir selbst heraus geleistet'. Alles was wir sind und was wir haben, verdanken wir vielmehr der Gesammtheit. Es fällt somit auch die in Deutschland seit Jahren übliche Redensart vom ‚Arbeitsertrag' des Einzelnen – der sich unseres Erachtens aller Berechnung entzieht –, um dem viel deutlicheren System des Communismus Platz zu machen."[605]

Das Beispiel des Gelehrten, der gleichzeitig als Spekulant reich geworden ist, verweist auf den oft anzutreffenden Widerspruch der modernen Arbeitswelt, dem sich die aufstrebende Arbeiterbewegung gegenübergestellt sieht. Aus ökonomischen und moralischen Gründen lehnt sie die Auswüchse der Börsenspekulation und des Industriekapitalismus ab, während sie sich gleichzeitig einer Zivilisation zugehörig fühlt, die mit wissenschaftlichem Fortschritt und dank diesem auch mit dem Potential des sittlichen Fortschritts verknüpft ist. Während Schopenhauer also zumindest in Bezug auf die geistige Arbeit „der Advokaten, Ärzte, Beamten, Lehrer" einen gewissen Zusammenhang zwischen individuellem Fleiß und der Erlangung von Besitztümern zugesteht, diese Erkenntnis aber in der für ihn typischen Manier nicht auch „rohen Menschen" zutraut, will der Autor des „Volksstaats" keinerlei Trennung in dieser Kategorie gelten lassen.[606] Dabei werden nicht vor allem epistemologische Hürden angeführt, sondern die Grundüberzeugung einer der Menschheit gemeinen kollektiven Arbeitsleistung kons-

---

603 Vgl. Schopenhauer, Arthur: Die beiden Grundprobleme der Ethik. Behandelt in zwei akademischen Preisschriften, in: Löhneysen, Wolfgang von (Hrsg.): Arthur Schopenhauer. Sämtliche Werke, Bd. III, Darmstadt 2004, S. 483–815.

604 Vgl. Karl Marx: Das Kapital. Kritik der Politischen Ökonomie. Erster Band, Erstes Buch: Der Produktionsprozess des Kapitals (Karl Marx. Werke, Schriften, Bd. IV. Ökonomische Schriften Teil I, Darmstadt 2013.

605 Der Volksstaat, 24. April 1874, Nr. 47.

606 Schopenhauer, Grundprobleme, S. 719.

tatiert, die sich jeweils nur im einzelnen Individuum ausdrückt, nicht aber von der Allgemeinheit getrennt werden kann.

Hier scheiden sich die Wege Schopenhauers und der Sozialdemokratie. Während Ersterer den „grenzenlosen Egoismus fast aller" betont, der dann wiederum vermittelt über ein um ihn herum konstruiertes Staatssystem positive Konsequenzen nach sich ziehen kann, bleibt der „Volksstaat" von einer positiven Konzeption des Gemeinwohls überzeugt, die sich mit dem kommunistischen System verwirklichen lässt.[607] Sprachkritik ist im Fall von Begrifflichkeiten wie dem „Arbeitsertrag des Einzelnen" angezeigt, wenn die zentrale Forderung der Sozialdemokraten die Überwindung von Fehleinschätzungen über das tatsächliche Wesen des Menschen und dessen Leben in der Gemeinschaft sein soll. Vermittelt über die eigene Sprache muss die „richtige" Sichtweise vermittelt werden, um dadurch zu einer Verbesserung der Verhältnisse zu gelangen, die – in Kontrast zur Position Schopenhauers – tatsächlich verbessert werden können. Der „Arbeitsertrag des Einzelnen" lässt sich einerseits nach Meinung des Autors nicht berechnen, kann andererseits aber auch nicht seriös aus den Handlungen Einzelner abgeleitet werden. Erst mit diesem Hinweis zum Schluss des Artikels schließt der Autor an die Marx'schen Überlegungen an, die dieser in der erst Anfang 1873 erschienenen zweiten Auflage des ersten Bandes von „Das Kapital" noch einmal in überarbeiteter Form veröffentlicht hatte.

Vor allem im ersten Kapitel des Kapitals über „Die Ware" hatte Marx die Absicht verfolgt, die grundsätzliche Quantifizierbarkeit des Warenwertes zu hinterfragen – eine Frage, die erkenntnistheoretisch eng mit den Überlegungen zum individuellen Arbeitsertrag einhergeht. Während Marx seine Überlegungen aber vor allem in theoretischer Manier mit Blick auf die aus seiner Sicht abzulehnende bürgerliche Definition des Arbeitswerts durch die bürgerliche Wissenschaft vorantrieb und sich nicht mit Fragen der Moral aufhielt, war es die Absicht des Autors des „Volksstaats", auch noch die Kopplung von Moral und wirtschaftlicher Leistungsfähigkeit anzusprechen. Marx gelang es mit seiner Betonung der Geldform zu einem relativen Wertverhältnis der Waren überzugehen und damit der Diskussion über die etwaige Berechnung eines absoluten Warenwertes zu entgehen.

So ist es bei Marx auch die in den Waren verkörperte menschliche Arbeit, die nun – ob nützlich oder nicht, ob komplizierter Natur oder nicht – durch den Warenwert sichtbar wird.[608] Diese Analyse Marxens erreichte ein höheres Abstrak-

---

[607] Ebenda, S. 725.

[608] Vgl. hierzu: Marx, Das Kapital, Erster Band, Erstes Buch, S. 14 (Hervorhebungen im Original): „Sieht man ab von der Bestimmtheit der produktiven Tätigkeit und daher vom nützlichen Charakter der Arbeit, so bleibt das an ihr, daß sie eine *Verausgabung menschlicher Arbeitskraft* ist. Schneiderei und Weberei, obgleich qualitativ verschiedene produktive Tätigkeiten, sind beide produktive Tätigkeiten, sind beide produktive Verausgabung von *menschlichem* Hirn, Muskel, Nerv, Hand usw., und in diesem Sinne beide *menschliche Arbeit*. Es sind nur zwei verschiedene Formen, menschliche Arbeitskraft zu verausgaben. [...] Der Wert der Ware aber stellt menschliche Arbeit schlechthin dar, Verausgabung *menschlicher Arbeit* überhaupt. [...] Kompliziertere Arbeit gilt nur als *potenzierte*, oder vielmehr *multi-*

tionsniveau, als es die Berechnung eines individuellen Arbeitsertrags hätte tun können. Doch die vom Autor des „Volksstaats" angesprochene moralische Ebene der Arbeit, als von bürgerlichen Stimmen angeführter Disktinktionsmechanismus in Verbindung mit dem Eigentum als Ausweis der eigenen Überlegenheit, war in dem durch und durch von dem Entwicklungsstand der Ökonomie abhängigen moralischen Horizont in der Marx'schen Konzeption nicht befriedigend zu diskutieren. Daher eignete sich auch der Philosoph Schopenhauer als besserer Anknüpfungspunkt für eine solche Diskussion. Die Verbindung von Marx und Schopenhauer zeigt hier die Flexibilität und ideologische Innovationskraft im Umgang mit unterschiedlichen politischen Fragestellungen. Auch wenn Marxens Werk schon seit 1867 in den Diskurs der Sozialdemokratie einzusickern begann, so war es keinesfalls das *non plus ultra* und der einzige Referenzpunkt für politische Deliberationen abstrakter philosophischer oder ökonomischer Natur.[609]

Der Begriff der „Collektivarbeit" trägt dabei eine eigene Note in die Diskussion. Dieser positiv konnotierte Begriff wird schon im bestehenden ökonomischen System als wichtiges Faktum aufgeführt. Aus dieser Arbeitsform hervorgehendes Eigentum wird von den Sozialisten der 1870er Jahre durchaus positiv betrachtet – hier sei an Thomas Welskopps doppelten Eigentumsbegriff erinnert, der bezeichnet, wie unter Sozialdemokraten zwischen positiv besetztem, also ehrlich erarbeitetem Eigentum und negativ besetztem Eigentum der Bourgeois unterschieden wurde.[610] Diese Bedeutungsebene verweist also auf einen jetzt schon bestehenden Faktor der Solidarität zwischen den Menschen, der nicht erst auf eine ferne Zukunft verschoben wird, die erst die Überwindung der Klassengegensätze mit sich bringen muss. Während diese Perspektive keinesfalls abgelehnt wird und auch das „System des Communismus" noch in Aussicht gestellt wird, gelingt es dem Autor, mit dieser Formulierung auch noch eine Differenzierung hinzuzufügen, die sich auf aktuelle Entwicklungspotentiale bezieht. Sie spricht damit auch der Veränderung der Sicht auf die – wenn auch hintergründigen – Zusammenhänge der jetzigen Wirtschaftsordnung einen emanzipativen Wert zu und überträgt damit der politischen Agitation im Sinne einer Beteiligung am politischen Diskurs und nicht allein im Sinne der Beseitigung der Grundlagen des aktuellen Diskurses eine wichtige Aufgabe. Erneut war es die kreative Neukombination verschiedener Ideenstränge, die im sozialdemokratischen Diskurs der 1870er Jahre für eine neuartige Schwerpunktsetzung sorgte.

Für die Beschäftigung mit moralischen Fragen in den sozialdemokratischen Zeitungen ist grundsätzlich hervorzuheben, dass häufig zwei unterschiedliche Dimensionen von Moral postuliert wurden. Dabei ist die – implizit als eigentliche

---

plizierte einfache Arbeit, so daß ein kleineres Quantum komplizierter Arbeit gleich einem größeren Quantum einfacher Arbeit."

609 Vgl. zur Wirkungsgeschichte von Marxens Hauptwerk bis 1873: Kopf, Eike: Ein Buch geht um die Welt. Zur Wirkungsgeschichte von „Das Kapital", Köln 2016.

610 Vgl. Welskopp, Thomas: Markt und Klasse in der deutschen Sozialdemokratie, 1848–1878, in: Bouvier, Beatrix/Golovina, Galina/Hubmann, Gerald (Hrsg.): Marx-Engels-Jahrbuch (2004), S. 9–30, hier S. 20.

Moral dargestellte – Moral des Arbeiters zu trennen von den Moralvorstellungen der Eliten. Dabei dienten vor allem Komposita zur ironischen Abgrenzung von einer zu den eigenen moralischen Grundsätzen komplett gegensätzlichen „Bourgeoismoral" (Volksstaat), die sich aber auch in Termini wie „Bourgeoisgroßmuth" (Volksstaat), „Bourgeoishumanität" (Neuer Social-Demokrat), „göttlicher Bourgeoisordnung" (Volksstaat), „Bourgeoisregierung" (Neuer Social-Demokrat"), „Bourgeoisgesinnung" (Volksstaat), „Bourgeoiswelt" (Volksstaat), „Bourgeoisgesellschaft" (Neuer Social-Demokrat), „Bourgeois-Evangelium" (Volksstaat) und „Bourgeoisstaat" (Volksstaat) zeigen. Auffällig ist hierbei eine weitaus vielfältigere Verwendung solcher Komposita im „Volksstaat", während sich der Bourgeois-Begriff als solcher – innerhalb meines Samples – bei beiden Zeitungen etwa gleich häufig finden ließ. Das Kompositum „Bourgeoisgesellschaft" diente im „Neuen" als häufiger Referenzpunkt für die Klage über die mit bürgerlichen Kräften verbundenen gesellschaftlichen und ökonomischen Fehlentwicklungen.[611] Während die Redakteure des „Volksstaats", allen voran natürlich Wilhelm Liebknecht mit seiner persönlichen Verbindung zu den beiden vorrangigen Popularisierern des Bourgeois-Begriffes und seiner spezifisch gesellschaftskritischen Anwendung, sich dessen mit einer größeren Flexibilität bedienten, als dies im „Neuen" der Fall war, gehörte auch in diesem Blatt die Vorstellung einer von bourgeoisen Elementen getragenen Gesellschaftsschicht zur stillschweigenden Voraussetzung, aber auch zur explizit erwähnten Deutungskategorie.

Im Fall einer vorherrschenden moralischen Kategorisierung, die unterschied zwischen „Bourgeoismoral", die durch das Präfix erst noch erklärungsbedürftig war, also auch als Einschränkung des folgenden Wortteils gedeutet werden kann, und der eigentlich nicht erwähnenswerten eigentlichen Moral, also jene der Vorstellung der Arbeiterschaft und vor allem ihrer politischen Vertreter entsprechende, die sich als deren Multiplikatoren verstanden, wird erneut ein dichotomisches Denken sichtbar. Dieses schwankte zwischen der ironisierenden Zweiteilung der Welt und der mit wissenschaftlichem Ernst betriebenen Darstellung eines moralisch zweigeteilten Gesellschaftssystems.

Zur Darstellung der „Bourgeoismoral" wurden in vielen Einzelartikeln der Zeitungen regelmäßige Berichte gebracht,[612] die sich keineswegs nur mit ökonomischen Fragestellungen beschäftigten – was für eine allgemeine moralische Verurteilung des Bürgertums spricht, die nicht ausschließlich an bestimmte Vorwürfe der wirtschaftlichen Ausbeutung gekoppelt war. Der häufigste Fall ist jedoch der teilweise auf Anekdoten oder anderen Publikationen basierende Bericht über konkrete Geschehnisse, aus denen die dank der Bourgeoisie herrschenden (a)moralischen Verhältnisse im Spannungsfeld zwischen Ausbeutung

---

611 Vgl. hierzu exemplarisch: Neuer Social-Demokrat, 23. Juli 1873, Nr. 83; 3. August 1873, Nr. 88; 11. Januar 1874, Nr. 4.

612 Vgl. hierzu exemplarisch: Der Volksstaat, 19. Juni 1874, Nr. 70 (wörtlich) und 23. Oktober 1874, Nr. 124 (indirekt).

der Arbeiterschaft und Anhäufung von Reichtümern durch das Bürgertum hervorgehen sollten.

Ein Beispiel dafür ist der am 19. Juni 1874 erschienene Leitartikel mit dem Titel „Bourgeoismoral“: In diesem Text wurde das Verhalten der Essener Kohlengrubenbesitzer gegenüber Forderungen nach Lohnerhöhungen der dortigen Arbeiterschaft im Jahr 1872 angeprangert. Es handelt sich hierbei um den aufgrund seiner zu diesem Zeitpunkt außergewöhnlichen Anzahl von Streikenden berühmt gewordenen Essener Bergarbeiterstreik, der allerdings noch nicht unter sozialistischen Vorzeichen stand.[613] Einen Artikel der „Berliner Börsen-Zeitung“ zitierend, weist der Autor in diesem Artikel auf die nun im Jahr 1874 stattfindende Auseinandersetzung der Kohlenzechenbesitzer mit der Eisenbahnverwaltung hin. Diese befand sich über die Zuverlässigkeit vor allem der Kohlenqualität mit den Grubenbesitzern in einem Konflikt, kritisierte aber auch die Sonderrechte und unvorteilhaften Geschäftsbedingungen, welche die Besitzer der Kohlenzechen ihren Kunden auferlegten.[614]

Im Vergleich zu den erhobenen Forderungen kritisiert der Autor des „Volksstaats“ nun die offensichtlich unterschiedliche Bewertung der Auseinandersetzung zwischen Arbeitern und Unternehmern auf der einen und Eisenbahnverwaltung und Kohlengrubenbesitzern auf der anderen Seite. Die damaligen sozialdemokratischen Forderungen, welche die Unterbezahlung der Arbeiterschaft monierten, wurden demnach als unmoralisch bezeichnet; nun gehe es im Falle einer Auseinandersetzung unter Kapitalisten nur noch um „das Geschrei über die Unmoralität der Kohlenproduzenten!“[615] Resümierend wies der Autor noch einmal auf die zweigleisige Moralvorstellung hin, welche die Sozialdemokratie ablehnte. Die „Börsen-Zeitung“, als Vertreterin der Kapitalisten, setze das Gesamtwohl mit dem Wohl der Kapitalisten gleich; die Sozialdemokratie hingegen wolle diese Klasse bekämpfen. Sehr deutlich ist hier, wie auch schon beim Sozialbegriff der zeitgenössischen sozialdemokratischen Presse, eine Unterscheidung in das tatsächliche Gesamtwohl, welches als *pars pro toto* häufig auch mit dem Wohl der Arbeiterklasse gleichgesetzt wurde, und in die als Gesamtwohl oder Allgemeinwohl titulierten Vorstellungen der Bourgeois, die allerdings nur das Fortschreiben oder sogar die Verschlimmerung bestehender sozialer Missstände verkörpern sollten. Erneut war es hier der Blick hinter die Kulissen, dem sich die Sozialdemokratie verschrieb, indem sie sprachkritisch mit den Begrifflichkeiten des politischen Gegners umging und dabei versuchte, eigene Wortprägungen durchzusetzen. Zu verankern war demnach eine Sichtweise, dass die von der politischen und ökonomischen Elite gebrauchten Begrifflichkeiten nichts gemein hätten mit den für die Arbeiterschaft damit verknüpften

---

613 Vgl. zur erinnerungspolitischen Anknüpfung an 1872: Kellershohn, Jan: Streik und Erinnerung. Der Bergarbeiterstreik 1889 als vergangenheitspolitische Ressource. Arbeitspapier aus der Kommission „Erinnerungskulturen der sozialen Demokratie“, in: Hans-Böckler-Stiftung (Hrsg.): Arbeitspapier der Kommission „Erinnerungskulturen der sozialen Demokratie“, Düsseldorf 2019, S. 13f.

614 Vgl. Der Volksstaat, 19. Juni 1874, Nr. 70.

615 Ebenda.

Zuordnungen. Redete ein Bourgeois von Moral, konnte dies keine Moral sein, sondern nur Bourgeois-Moral; sie hatte also das Gegenteil von einer für die Arbeiterschaft als moralisch geltenden Gesellschaftsordnung zum Ziel. Gleiches galt für Begriffe wie Recht, Gesetz, Ordnung oder eben wie in diesem Falle dem Gemeinwohl.

Mit diesem Beitrag zum politischen Diskurs formuliert die Sozialdemokratie nicht etwa eigene Begrifflichkeiten, die sie durch effektive Propaganda zu verankern suchte, sondern säte Misstrauen über die sprachliche Autorität der führenden Kräfte des Landes. Vertraute Begrifflichkeiten sollen keinesfalls aufgehoben und durch neue, in bestimmter Weise sozialistische Begriffe ersetzt werden. Tatsächlich war es die Bourgeoisie, die der Überformung und Verformung von Werten und der sie repräsentierenden Begriffe bezichtigt und angeklagt wurde. Es war also in diesem Sinne die revolutionäre Sozialdemokratie, die Althergebrachtes bewahren und im eigenen Verständnis nur noch einer logischen Notwendigkeit folgend ausbauen wollte. Auf dem Feld der Moral, aber auch auf dem der Semantik verstand sich die frühe Sozialdemokratie nicht selten als konterrevolutionäre Kraft.

Dabei war die Verwendung des Moralbegriffs keinesfalls in sich kohärent, wenn man die Gesamtzahl von Artikeln überblickt. Nicht selten wurde dabei nicht der dichotomisch gedachte Moralbegriff einer sittlichen Zweiklassengesellschaft verwendet, sondern auf die Notwendigkeit für die Eliten verwiesen, sich für oder gegen die Moral zu entscheiden – anstatt sie einfach zu ihren Gunsten umzuformen. Ein Beispiel findet sich am 23. Juli 1876 im „Volksstaat" in der „Politischen Uebersicht":

> „Bourgeoismoral. Die preußische Regierung wollte in diesen Tagen eine Anleihe von 100 Millionen Mark aufnehmen, hatte aber das Pech, daß die geforderte Geldsumme nicht zur Hälfte gezeichnet wurde — was beiläufig nichts Auffallendes hat, wenn man den gegenwärtigen Stand des Geldmarktes und die angenehmen Aussichten auf einen Weltkrieg bedenkt, welchen der eine oder andere Staat schwerlich überleben dürfte. Ein anderen Grund hat die Berliner ‚Nationalzeitung' entdeckt: ‚die Verstimmung, die in Folge einer Reihe bekannter Erscheinungen gerade aus dem Geldmarkt sich so ankündigt.' Und was sind die ‚bekannten Erscheinungen'? Die Prozesse gegen Gründer zweiten und dritten Ranges. Durch diese Prozesse sind sämmtliche Gründer zweiten und dritten und, trotz ihres Vorrechts der Straflosigkeit, auch die ersten Ranges in die besagte ‚Verstimmung' hineingerathen und haben finanziellen Strike gemacht. [...] Wollt Ihr Moral, so verzichtet auf's Geld, und wollt Ihr Geld, so verzichtet auf die Moral.' [...] Der arme Tessendorf mag nicht schön erschrecken, wenn er erfährt, welchen Streich er seinen Brodgebern gespielt hat!"[616]

Hier wird erneut die Überschrift „Bourgeoismoral" verwendet, aber anders als bei anderen Textstellen, ist es nicht die eigene Konzeption einer „Bourgeoismoral", die zum Thema wird, sondern die Entscheidung gegen moralisches Handeln, die aufgrund der offensichtlich immanenten Immoralität der politisch Handelnden getroffen wird. Laut dem Autor des „Volksstaats" hatten sich die

---

[616] Der Volksstaat, 23. Juli 1876, Nr. 85.

potentiellen Abnehmer der preußischen Staatsanleihen bei deren Kauf zurückgehalten, da sie sich vor finanziellen und (außen-)politischen Verwerfungen ängstigten. Vor allem aber die gerichtlichen Verfolgungen unseriöser Gründergeschäfte – die laut dem Autor natürlich nur die in zweiter Reihe stehenden Akteure betreffen sollten – waren es, welche die Kapitalinvestoren von der Unterstützung des Staates abhielten und die Entscheidung gegen die Moral, also gegen die gerichtliche Verfolgung unseriöser Gründungen forderten.

Geld und Moral werden hier als zwei gegensätzliche Pole dargestellt, sodass es eine bewusste Entscheidung des Staates verlangt, sich mit Kapitalgebern gegen die Moral zu verbünden, um – wie in diesem Fall – seine Finanzierung aufrechtzuerhalten. Diese hochpolemische Beschreibung des Verhältnisses von Staat und Kapitalisten zeichnet eine klare Hierarchie, in der die über monetäre Mittel verfügenden Kräfte dem Staat klar übergeordnet sind. Sie verlangen von ihm Abstand von moralischen Vorstellungen zu nehmen, und erpressen ihn sogar mit dem Entzug finanzieller Unterstützung. Hier verfolgen der Staat oder das Bürgertum als ein Element innerhalb dieses Staates nicht eine eigene Moralkonzeption, sondern der Staat wird als handlungsfähiger Akteur vor die Wahl gestellt und entscheidet sich gegen die Moral. In dieser Vorstellung ist jedwede Verbindung des Staates mit finanzstarken Personen unmoralisch und jedweder mit Geld verfolgte Gewinnzweck ebenso. Die Verbindung zwischen Immoralität und Geld wird dabei oftmals über den Besitz und den Umgang mit demselben hergestellt. So fand Wilhelm Hasselmann bei seiner Reichstagsrede im Jahr 1876 die Worte, dass es die fehlende Moral der Börse, die „Unmoralität des Eigenthums" sei, welche die Sozialdemokraten hauptsächlich kritisierten.[617] Diese radikale Moralitätskonzeption setzte sich ab von den zuvor beschriebenen differenzierteren Varianten. Sie darf aber nicht nur auf ihr polemisches Element reduziert werden und muss – da es sich nicht um einen Einzelfall handelt – als ein wichtiger Typus der unterschiedlichen gesellschaftlichen Moralkonzeptionen der deutschen Sozialdemokratie in ihrer wichtigen Gründungsphase hin zur vereinigten Partei registriert werden.

Es wird deutlich, wie sehr utopische Vorstellungen eines geldlosen und hierarchiefreien Staates koexistieren konnten mit Konzeptionen, die auf wirtschaftlichen und sozialen Fundamenten beruhten, die – wenn auch von Idealismus beseelt – zumindest als radikal umsetzbare Formen innerhalb eines sozialistischen Zukunftsstaates denkbar waren. Die fehlende Beteiligung an konkretem Regierungshandeln sorgte dafür, dass sich in dieser Hinsicht kein Selektionsdruck aufbaute, wie dies die erforderliche Umsetzung der unterschiedlichen Wertkonzeptionen und damit deren Hierarchisierung und Strukturierung mit sich gebracht hätte. So ist es kein Zufall, dass es erst in den Jahren des Weltkrieges unter heftigsten Belastungsproben und vermehrt noch in den Jahren danach zur Freisetzung der politischen Spaltungspotentiale innerhalb der deutschen Sozialdemokratie kam, die in den Jahren der Einigung, Verfolgung und der empfundenen

---

[617] Stenographische Berichte über die Verhandlungen des Deutschen Reichstags, 2. Legislaturperiode, III. Session 1875/76, Zweiter Band, Berlin 1876, S. 949.

oder tatsächlichen wirtschaftlichen Misere der Gründerkrise von zentripetalen Energien gebunden waren. So erklärt sich auch das Paradoxon, dass Systemgegner in Zeiten von Systemkrisen nicht selten Stabilität und Vertrauen in die eigene Selbstwirksamkeit gewinnen, während die politische Umwelt sich ihrer eigenen Darstellung von den Insuffizienzen des *Status quo* anzunähern scheint. Unterdessen leiden sich mit dem System identifizierende Kräfte, also auch etwa die sich als innersystemische Opposition begreifenden politischen Parteien, unter der Abnahme der Attraktivität der gegenwärtigen Zustände, also unter der Abnahme von Stabilität und Vertrauen – ist die Krise vorbei, kann dieser Prozess schnell seine Richtung ändern. Darüber entscheiden nicht nur ökonomische Vorgänge, wie die unterschiedlichen Krisenbewältigungsgeschichten etwa der Weltwirtschaftskrise zeigen, wie sie Wolfgang Schivelbusch – allerdings mit der leicht überzeichneten Akzentuierung zuvor unterbelichteter Gemeinsamkeiten – dargestellt hat, sondern auch die politischen Konstellationen und die aus ihnen folgenden und die sie formenden diskursiven Muster der politischen Kommunikation im jeweiligen Einzelfall.[618]

Die Auswirkungen der kritisierten unmoralischen Verhältnisse wurden aber nicht nur in der Gestalt wirtschaftlicher Folgen für die Arbeiterschaft reflektiert. In einem Leitartikel vom 16. November 1873 untersuchten die Autoren im „Neuen Social-Demokraten" die angeblich auf die Arbeiter- und Handwerkerschaft übergehenden Vorstellungen, betrügerische Geschäfte seien nachzuahmen. Im Artikel wird von einer „Demoralisation" der Gesellschaft gesprochen, die nicht allein, aber auch auf dem „Gründerwesen" beruhe. Der Arbeiterschaft sei bekannt, dass schlechte wirtschaftliche Verhältnisse demoralisierende Folgen zeitigten, genau wie auf der anderen Seite „Ueberfluß und Uebermuth" diese hervorbrächten. Explizit bezugnehmend auf die Handwerkerschaft weist der Autor auf Fälle hin, in denen es zu existenzbedrohenden Verlusten durch unseriöse Geschäftspraktiken gekommen sei. Als Konsequenz dieses Erlebnisses scheint sich aus dieser Perspektive die Idee, auf betrügerischem Wege die Verluste wieder wettzumachen, auch in der Handwerkerschaft durchzusetzen:[619]

> „Da dämmert in dem Geschlagenen eine Hoffnung auf – er demonstrirt einfach: ‚ich bin betrogen und kann nicht zu meinem Recht gelangen, folglich muß derartiger Betrug auch erlaubt sein.' Daß aber das Wort Betrug ein sehr dehnbarer Begriff ist, ist ja bekannt, und so kann es einem ungebildeten Menschen sehr leicht passiren, daß er den gesetzlich erlaubten Aktienschwindel mit gemeinem Betruge und Fälschungen in eine Linie stellt und zu den letzteren als ebenso erlaubten Mitteln greift, um sein Gut wieder zu erhalten. Die Aktionäre aber und die Gründer, durch welche er in's Malheur geraten, sie stehen ihm zu hoch, sie sind ihm zu klug, als daß er sich mit seinen Manipulationen an sie heranwagen könnte, deshalb sucht er sich bei seines Gleichen zu entschädigen – und so hörten wir auch vor Kurzem von einem durch Aktienschwindel schwer geschädigten Berliner Handwerker folgenden Ausdruck, nachdem er seine eigentliche Jammergeschichte erzählt hatte: ‚Wenn ich nur den ersten Besten betrügen könnte, ich würde es sofort thun, da ich

[618] Schivelbusch, Wolfgang: Entfernte Verwandtschaft. Faschismus, Nationalsozialismus, New Deal. 1933–1939, München 2005.

[619] Neuer Social-Demokrat, 16. November 1873, Nr. 133.

> auch betrogen bin; ich habe dasselbe Recht, wie jene, die mich gemacht haben, und wer der Betrogene ist, kann mir gleichgültig sein, da er nicht schlechter daran ist, wie ich selber gegenwärtig.' Und die Folgen solcher Moral? Alles Zutrauen schwindet in der Gesellschaft, ein Mensch sieht den andern als einen Räuber und Spitzbuben an. Auch suchen die betreffenden Geprellten ihre Drohung wahr zu machen, und da sie keine schlauen Gründer erster Klasse sind, sondern plumpe Betrüger werden, so hat der Staatsanwalt sie bald beim Kragen, und der Schooß des Gefängnisses nimmt sie auf. Sind sie aber eine Zeit lang in ihren Unternehmungen glücklich, so giebt es so und so viel auf betrügerische Weise geprellte Weise mehr und das Mißtrauen und die Noth wachsen. Das sind die ‚gesegneten' Zustände unseres Zeitalters, das sind die Folgen der Kapitalherrschaft, und diese Zustände nennen alle Parteien, außer der unserigen: ‚Zustände der Ordnung'. [...] Wir nun, die Social-Demokraten, wollen solche jämmerlichen Zustände auch [sic] dem Wege der Gesetzgebung aus der Welt schaffen, wir wollen gesellschaftliche Ordnung haben, [...]. Die Kämpfer des Socialismus sind auch zugleich die Kämpfer der Moral; [...]."[620]

Die Rechtsgläubigkeit der betrogenen Handwerker führt auf direktem Wege in die Illegalität. Der beschriebene Handwerker wird als gutgläubiges Opfer ausgeklügelter Machenschaften dargestellt, der sich gar nicht vorstellen kann, was ihm durch trickreiche Geschäftemacher angetan wird. Der entscheidende Unterschied zwischen den ursprünglichen Betrügern und dem nun zum Betrüger sich wandelnden Betrugsopfer besteht in der mangelnden Bildung des Letzteren – anders als die gebildeten Gründer, die Angehörige einer kleinen gesellschaftlichen Elite sind und sich gesetzlicher Mittel bedienen können, auf die der Handwerker keinen Zugriff hat. Hier kommt es also zu simplen, wenig ausgefeilten Betrügereien, die ein hohes Risiko mit sich bringen – ganz im Gegensatz zu den Geschäften der Gründer.

Als anekdotisches Beispiel für einen solchen Fall wird ein betrogener Berliner Handwerker zitiert, der sich offen zu seiner Bereitschaft bekennt, den entstandenen Verlust durch eigene Betrügereien wettzumachen. Dabei tritt ein sehr individualistisches Moralverständnis zutage, welches den eigenen Handlungsspielraum an den eigenen Erfahrungen orientiert. Dieser Logik folgend, sieht der Autor eine allgemeine moralische Kettenreaktion folgen, die das Vertrauen der Menschen untereinander zerstört und für die weniger elaborierten Betrüger der Arbeiter- und Handwerkerschaft mittelfristig nur den Gang ins Gefängnis zum Ergebnis hat. Ist dies nicht der Fall, potenziert sich das Leid der Opfer, da mehr Betrüger und der Betrogene selbst auch mehr und mehr Betrüger bedeuten. Somit wird das Bild einer ansteckenden Krankheit evoziert, die das Denken entlang der Maxime des eigenen Vorteils gleichsam viral, also nicht linear, sondern exponentiell steigend weiterverbreitet.

Diesem Schreckensbild gegenüber steht der in ironischer Manier angeführte Begriff des „gesegneten Zeitalters", welchen der Autor dem Vokabular des politischen Gegners entnimmt. Er nimmt damit Bezug auf die affirmative Stellung führender wirtschaftlicher, politischer und religiöser Eliten, wenn es um das neu gegründete Deutsche Kaiserreich und die mit ihm identifizierte Gesellschaftsordnung geht. Während die Drohung einer um sich greifenden Epidemie von

---

620 Ebenda.

Immoralität immer realer zu werden scheint, befinden sich in dieser Sichtweise die führenden politischen Akteure in einer als Scheinwelt zu bezeichnenden Umwelt, die gleichzeitig das Leid der arbeitenden Bevölkerung – also nicht nur der Arbeiterschaft – ignoriert und es durch die eigenen Moralvorstellungen noch vermehrt. Darin scheinen sich alle Parteien einig – außer dem Allgemeinen Deutschen Arbeiterverein, der sich nach eigener Darstellung als einziger widersetzt.

Im Gegensatz zur bürgerlichen Vorstellung von gesellschaftlicher Ordnung, die mit den angeführten Begleiterscheinungen einhergeht, sind es die Sozialdemokraten, die der Autor mit einer kollektiven Identifikation über die erste Person Plural als Gemeinschaft aufruft, eine wirklich und in richtiger Weise geordnete Gesellschaft zu schaffen. Es ist erneut nicht die Schaffung eines neuen Begriffes, unter dem die Sozialdemokratie sie zu den Fahnen ruft, sondern die von den bestehenden Verhältnissen profitierenden gesellschaftlichen Kräfte werden angeklagt, sich einer Pervertierung von Begrifflichkeiten schuldig gemacht zu haben. Es ist also tatsächlich eine gesellschaftliche Ordnung, die wünschenswert ist; es geht nur um den Bedeutungsgehalt des Begriffes, den nach eigener Überzeugung nur die Sozialdemokratie zu füllen vermag. Dabei unterscheiden sich die Worte des Redakteurs des „Neuen Social-Demokraten" wohl in einer wichtigen Hinsicht von denen, die ein Autor des „Volksstaat" gewählt hatte: Die neue sozialdemokratische Gesellschaftsordnung soll auf dem gesetzgeberischen Wege erreicht werden – hier geht es nicht um eine Revolution. Auch im Programm zu den Reichstagswahlen im Dezember 1873, nur kurze Zeit nach der Veröffentlichung des oben zitierten Artikels, hatte Carl Wilhelm Tölcke den Zusammenhang zwischen einer schlechten Gesetzgebung und den dadurch auftretenden Krisen aus Sicht des ADAV hergestellt.[621] In Bezug auf die beklagte Pervertierung der Werte ist es aus Sicht der lassalleanischen Sozialdemokraten eher die Bourgeoisie, sind es Adel und etablierte Politik, die durch die Praktizierung einer gefährlichen Moral des Eigennutzes eine Revolution der Werte antreiben, gegen welche sich die Arbeiterschaft zu wehren hat. Hier ist auch deutlich der Einfluss der Moralvorstellungen der Handwerkerschaft zu erkennen: Diese lässt sich in der Orientierung an eine vorgegebene Ordnung auch zu einer aus Sicht des Autors unmoralischen Handlungsweise verleiten, da dieses Handeln durch ungestrafte Präzedenzfälle sozial Höhergestellter teilweise legitimiert zu sein scheint. Mit dem „guten alten Recht", welches die Handwerkerschaft in Bezug auf die überkommenen Arbeitsbeziehungen in Zünften und zwischen Meister und Lehrlingen spätestens seit der Frühindustrialisierung zu verteidigen suchte, war eben nicht nur die im engeren Sinne ökonomische Rolle des Handwerkers in einem geordneten gesellschaftlichen System gemeint.[622] Tatsächlich handelte es

---

[621] Neuer Social-Demokrat, 3. Dezember 1873, Nr. 140.

[622] Schönhoven, Klaus: Soziale Gerechtigkeit als reformpolitische Perspektive. Zum Staatsverständnis der sozialdemokratischen Gewerkschaftsbewegung 1848 bis 1914, in: Ruck, Michael (Hrsg.): Gegner – Instrument – Partner. Gewerkschaftliche Staatsverständnisse vom Industrialismus bis zum Informationszeitalter, Baden-Baden 2017, S. 21–42, hier S. 21. Vgl. hierzu auch die aus den Fugen geratene Relation zwischen Meistern und Ge-

sich hier auch um eine gewisse Stabilität moralischer Orientierungspunkte, die nun – wie die Sozialdemokratie als paternalistische Fürsprecherin der Handwerkerschaft anprangert – nicht nur verloren gingen, sondern durch höchst zweifelhafte Geschäftspraktiken ersetzt wurden.

Die Sozialdemokratie identifiziert in diesem Text sich selbst als Vertreterin „der Moral", die sich durchsetzen muss gegen gänzlich eigennützig handelnde und damit – in diesem Fall – amoralische Unterdrücker. Die durch diese herbeigeführten Zustände werden mit dem Mittelalter verglichen, es handelt sich bei ihnen um Raubritter, die nach der Vorstellung des Autors die historischen Vorbilder für das moderne Gründerwesen abgeben. Es sind also keine neuartigen Moralvorstellungen der mit dem Industriekapitalismus aufziehenden Moderne, die hier eingefordert werden, sondern es werden Bilder eines dunklen Mittelalters wachgerufen, in denen ähnlich unterdrückerische Zustände geherrscht haben sollen wie jetzt. Die durch den Kapitalismus, die „Kapitalwirthschaft" herbeigeführten Zustände haben somit in moralischer Hinsicht keine neue Situation geschaffen, sondern alte – überwunden geglaubte – Zustände erneut herbeigeführt. Mit der Zyklizität der Ökonomie scheint in dieser Sichtweise die Wiederkehr vermeintlich dunkler Epochen verbunden zu sein. Wenn man nun davon ausgeht, dass die vom „Neuen" gewünschten moralischen Zustände aus der fernen Vergangenheit genauso abgelehnt werden wie jene aus der Gegenwart, so deutet einiges darauf hin, dass hier das Bild einer nicht sehr lange zurückliegenden Zwischenzeit heraufbeschworen wird, welche die Überwindung der mittelalterlichen Zustände mit einem vorindustriellen Gleichgewicht der Stände verbunden hat. Es wird nicht ausdrücklich erwähnt, aber der Autor schien mit seinem politischen Kampf nicht die Schaffung einer völlig neuen Gesellschaftsordnung zu beabsichtigen, sondern die Wiederherstellung bestimmter moralischer Kategorien bei gleichzeitiger Moderation der neu hinzugetretenen Kräfte der wirtschaftlichen Modernisierung. Letztendlich ist es das Bild einer „moral economy", in der eine nachhaltige soziale Struktur erdacht wird, die keineswegs dem Bild einer klassenlosen Gesellschaft entspringt und in der sozialistischen Zukunft weit mehr als nur ein Stück idealisierter Vergangenheit zu finden hofft.

Die Handwerkerschaft spielt im ausgewählten Text die Rolle des Opfers, auch wenn einzelne Handwerker sich mehr schlecht als recht den neuen Vorstellungen von Recht und Ordnung, also aus der Sicht des „Neuen" in Wirklichkeit Unrecht und Unordnung, anzupassen suchen und auf die falsche Bahn geraten zu scheinen – diese Entwicklung wird eher mitleidig beobachtet und als Symptom der bestehenden Verhältnisse gedeutet, nicht als Ursache für negative Veränderungen. Indem der Handwerker als Opfer der Umstände und Vertreter eines

---

sellen, das zunehmende Phänomen verheirateter Gesellen, generell das Verschieben des Verhältnisses von Meistern und Gesellen in Richtung eines „Kleinunternehmer-Lohnarbeiter-Verhältnisses", wie sie Jürgen Kocka geschildert hat: Sie können Ursachen gewesen sein für den Wunsch nach Ordnung, Kontrolle, Rückkehr in traditionelle Verhältnisse, mehr Stabilität und Produktivgenossenschaften; vgl. Kocka, Arbeiterverhältnisse, S. 334.

untergegangenen Zeitalters beschrieben wird, bleiben auch dessen politische Handlungsoptionen begrenzt: Der Anschluss an die Sozialdemokratie – so lässt sich hier herauslesen – könnte die Selbstwirksamkeit des Handwerkers erhöhen, dessen Selbstverständnis als freier und stolzer Arbeiter stützen, aber die jetzige gesellschaftliche Konstellation würde all diese Elemente unaufhaltsam zerstören. Auch wenn an anderen Stellen im sozialistischen Diskurs der untersuchten Jahre mitunter darauf angespielt wurde, dass auch das Kleingewerbe sich nicht als „unschuldig an den planlosen Spekulationen und deren Folgen" bezeichnen solle, überwiegen insgesamt die Quellenfunde, in denen der Handwerker als Signum einer überholten und unwiederbringlichen Epoche charakterisiert und vor die Alternative gestellt wurde, sich entweder der Sozialdemokratie anzuschließen und eine extreme Trendwende in die positive Richtung zu erzielen oder aber – ohne jeglichen Einfluss – in Richtung des unvermeidlichen Untergangs zu marschieren.[623]

Dieser Befund mag paradox erscheinen, stützte sich ja die frühe Sozialdemokratie vornehmlich auf die Handwerkerschaft als Kernklientel.[624] Die Strahlkraft der Idee einer neuen politischen Klasse, der Arbeiterschaft, die über die fast schon standesförmigen Unterschiede in der lohnabhängigen Bevölkerung hinwegbrechen würde, überwog offensichtlich immer mehr gegenüber dem Beharren auf klassischem, auf der handwerklichen Lebenswirklichkeit basierenden Gedankengut. Dabei ist hervorzuheben, dass dieser Prozess keine Folge von Einzelunterscheidungen war und nicht als ein Entweder/Oder verstanden werden kann. In den 1870er Jahren trafen althergebrachte utopistisch-sozialistische Ideen, von Marx und Lassalle geprägte Ansätze, Vorstellungen von Handwerkern und Fabrikarbeitern sowie vor allem von Akademikern, die diese Vorstellungen in ihrem Sinne interpretiert und beeinflusst sehen wollten, zusammen und schufen ein ganz eigenes Amalgam politischer Potentialitäten, welches sich nur unzureichend unter bestimmten Schlagworten rubrizieren lässt.[625] Als verbindendes Element, also beispielsweise in Bezug auf die im handwerklichen Diskurs

---

623 Most, Johann: Der Kleinbürger und die Socialdemokratie: ein Mahnwort an die Kleingewerbetreibenden, Augsburg 1876, S. 22. Vgl. zur Entwicklung des Kleingewerbes und die mit dessen Analyse verbundenen Probleme bei der Quellenlage in den Jahren hin zur Jahrhundertwende: Spiekermann, Uwe: Basis der Konsumgesellschaft. Entstehung und Entwicklung des modernen Kleinhandels in Deutschland 1850–1914, München 1999, S. 418f. Vgl. zu Artikeln über den Untergang der Handwerker: Der Volksstaat, 30. Juli 1875, Nr. 86 und 7. Januar 1876, Nr. 2; Neuer Social-Demokrat, 5. November 1873, Nr. 128 und 10. Dezember 1873, Nr. 143, sowie 28. Dezember 1873, Nr. 150.

624 Bernd Faulenbach sieht diese handwerkliche Basis auch über das 19. Jahrhundert hinaus als maßgeblich an: Vgl. Faulenbach, Geschichte, S. 15–16.

625 Dabei ist ganz zentral die Übergangsphase von althergebrachten gesellschaftlichen Ordnungsmodellen hin zu modernen Klassenlagen, die den Sozialismus in seiner Entwicklung in diesen Jahren formte. Vgl. hierzu: Osterhammel, Jürgen: Die Verwandlung der Welt. Eine Geschichte des 19. Jahrhunderts, München 2011, S. 864: „Sozialismus war eine neue Sprache der Solidarisierung von Nicht-Privilegierten, die aufkam, als ständische Sicherheiten von Unterschichten verschwanden und die politisch amorphe Existenz unorganisierter Armut als unzureichend empfunden wurde."

dominierenden Anklagen gegenüber ständischer Unterdrückung, Korruption und Unmoral und der sozialistischen Kritik an Lohndruck, Arbeitslosigkeit und Klassenstaat, boten sich dabei Bezüge auf Gründerkrach und Gründerkrise an und lieferten somit Ansatzpunkte für eine gemeinsam fundierte Gesellschaftskritik. Es sind dies die von Jürgen Kocka angesprochenen „Reibungen, Enttäuschungen und Protestpotentiale", welche in der frühen Arbeiterbewegung Handwerkerschaft und aufkommende Industriearbeiterschaft verbanden.[626] Dies aber war kein rein ökonomisch induzierter Prozess, sondern die Folge eines erarbeiteten gemeinsamen Standpunkts und unermüdlicher Ideologieproduktion, die auch ein Wettbewerb war um die „Realitätstüchtigkeit ideologischer Zuspitzungen".[627] Dabei konnte die Handwerkerschaft entweder unter die väterlichen Fittiche der großen Sozialdemokratie genommen werden oder aber ebenso väterlich auf ihre eigenen Schwachpunkte hingewiesen werden. Ganz in diesem Sinne sind auch die Worte der Figur des Kaufmanns in August Otto Walsters Roman „Allerhand Proletarier" – ein Jahr nach dem Gründerkrach publiziert – als Warnung an die Handwerkerschaft zu sehen, wenn dieser schildert, wie sein Gewinnstreben im Kapitalismus aufgrund von „Krisen oder Krachs" und der vorherrschenden ungeregelten Produktionsweise doch immer wieder scheiterte und der so zum „Leben eines Kleinbürgers zurückgewiesen wurde".[628] In dieser Konzeption stand also nur die Sozialdemokratie als Handlungsoption bei der Wahl zwischen zwei Extremen zur Verfügung. Selten haben teleologische Geschichtsauffassung, ökonomischer Determinismus und die Suche nach der elektoralen Verpflichtung einer in Wirklichkeit zu diesem Zeitpunkt alles andere als schwachen wirtschaftlichen Kraft innerhalb des Kaiserreichs – der Handwerkerschaft – als politische Stütze der Sozialdemokratie in einer solch konzentrierten Form zusammengewirkt.

Auch religiöse Bezugnahmen finden sich in der Verarbeitung des Gründerkrachs und seiner moralischen Implikationen. Dabei sticht vor allem ein Text im „Neuen Social-Demokraten" hervor, der am 3. Juni 1874 veröffentlicht wurde und einen biblischen Vergleich zwischen dem Gastmahl des Belsazar und den Geschäftspraktiken der Gründercliquen zog:

> „König Belsazer: machte ein herrliches Mahl seinen Gewaltigen und Hauptleuten und er soff sich voll mit ihnen – so beginnt die urwüchsig naive Historie, welche so manches Kinderherz mit Grauen erfüllt hat; [...] Es ist wahrlich naheliegend genug, an diese alte Historie zu denken, wenn wir das tolle Getriebe des modernen Gründerschwindels betrachten. [...] Die Börse ist der Tempel, das Palais des Gründers ist der Prunksaal des Belsazer der Gegenwart, und die entnervte Schlemmerrotte, welche sich um den Götzen Mammon und um die Tische beim Prassermahle drängt, steht den chaldäischen Hauptleuten, über welche der alte Prophet Daniel sich so arg erzürnte, an Tollheit und Genußsucht wohl in Nichts nach. [...] Jene unsauberen Früchtchen der Gründerepoche aber jobbern und

626 Kocka, Jürgen: Traditionsbindung und Klassenbildung. Zum sozialhistorischen Ort der frühen deutschen Arbeiterbewegung, in: Historische Zeitschrift 243, 2 (1986), S. 333–376, hier S. 357.

627 Welskopp, Banner, S. 760.

628 August Otto Walster: Allerhand Proletarier, Leipzig 1874, S. 41 und 42.

renommiren fort, trotz des ‚Börsenkrachs', inmitten der allgemeinen Noth, und auch ihr Treiben wird nicht eher enden, als bis der ‚Krach' unbarmherzig sie Alle vernichtet. [...] Nun, die Tagesereignisse haben unsere Ansicht glänzend gerechtfertigt. Kaum war eine Woche verflossen, seit der Fürst Putbus von der gesammten Presse seines ‚Gründens' halber so schlecht gemacht worden war, daß kein Hund von ihm ein Stück Brot nahm, und schon drängte sich das Literatengeschmeiß in hellen Haufen zu einem Gründerschmause herbei, welchen er gab. Es handelte sich um das ‚Flora'-Etablissement. Eine Gründung vom reinsten Wasser ist es; die Aktien stehen weit unter Pari, die Gebäude sind schon einmal eingestürzt; kurz, weder die Geschichte des Baues, noch die der Spekulation läßt etwas zu wünschen übrig. Aber es gab ja Leckerbissen, es floß Wein in Strömen, der hochgeborene Herr wird auch mit dem Golde nicht geknickert haben, und so summten denn die Schmeißfliegen der Presse zahllos herbei; sämmtliche Einladungskarten an Berliner Zeitungen fanden ihre hungrigen Abnehmer, bis auf eine, die – Ironie des Schicksals – dem ‚Neuen Social-Demokrat' übersandt war. Es war – wir glauben uns diesen Ausdruck erlauben zu können – ein Belsazermahl im Kleinen, wie die Orgie der Börse eins im Großen ist. [...] Aber so tanzte man lustig auf dem Vulkane und kümmerte sich wenig darum, ob nicht bald das Ende dieser Wirthschaft mit großem ‚Krach' bevorsteht. Hier prassende ‚Gründer' mit ihren Preßtrabanten, dort arbeitslose Arbeiter, die Opfer der Krise; hier schallende Hochs auf das Kapital und Spottreden auf die Social-Demokratie, dort die Seufzer des nothleidenden Volkes; ist das etwa kein Belsazermahl und ist das kein Mene Tekel? Die besoffenen Chaldäer haben ein gar jämmerliches Ende genommen; wie wird es unsern Gründern noch ergehen, uns däucht, es kommt noch ein ‚Krach!'."[629]

Die biblische Geschichte des Belsazar, eine noch weiter zurückliegende historische Vergleichsfolie als der häufige Rückbezug auf das Mittelalter, dient hier als moralischer Leitfaden für die Beurteilung und Bestrafung des Gründerwesens. Dabei ist es hier erneut die Moderne, die einer fernen Vergangenheit gegenübergestellt wird, nur um eine erstaunlich große Überschneidungsmenge feststellen zu müssen. Die Börse fungiert als Tempel, ist also ein Produkt babylonischer Selbstvergöttlichung des Menschen; die Gründervilla dient als Schauplatz des Verbrechens, wie schon Belsazars luxuriöser Speisesaal. Die ihm Untergebenen sind in der modernen Diktion identisch mit der Presse, die die Gründer verherrlicht. Der des Gründens – erneut durch Eduard Lasker – angeklagte Fürst Putbus war zuerst Opfer heftiger Anfeindungen der Presse, nun – kurze Zeit später – hatte dieser Journalisten zum Rencontre eingeladen, und schon war deren Ablehnung dem Gründer gegenüber verflogen. Dabei steht die Presse in dieser Beschreibung noch unterhalb der Hunderasse und wird stark abwertend als Geschmeiß bezeichnet. Das Gebäude des Treffens selbst ist Objekt und Produkt der Spekulation und steht mit seiner offensichtlichen Baufälligkeit für die Instabilität des Gründerbooms. Die Einladung zum Mahl, die Fürst Putbus versandt hatte, fand überall ihren Zuspruch, nur die Redaktion des „Neuen Social-Demokraten" wird als standhaft gegenüber den Lockungen des Gründertums beschrieben. Der „Neue" beteiligt sich nicht an diesem Tanz „auf dem Vulkane", der – wie schon Belsazars Gastmahl zeigt – nur mit dem völligen Zusammenbruch des hochmütigen Unterfangens enden kann.[630]

---

629 Neuer Social-Demokrat, 3. Juni 1874, Nr. 62.

630 Ebenda.

Nur wenige Monate nach dem Börsenkrach in Berlin und mehr als ein Jahr nach jenem in Wien ist die Erwartung also groß, dass es noch zu einem weiteren, dann ganz und gar zerstörerischen „Krach“ kommt, der die Profiteure des bestehenden Systems hinwegfegt. Es ist hier nicht die Sozialdemokratie, die durch ihre politische Arbeit die unhaltbaren Zustände beseitigt, sondern fast schon eine Hand des Schicksals, die – wie schon in der Bibel – von einer höheren Macht kommend die moralischen Zustände auf Erden nicht länger weiterbestehen lassen wird.

Der Autor stellt die durch die Krise leidende Arbeiterschaft den Auswüchsen des luxuriösen Gepränges der Eliten gegenüber. Die Krise ist schon da, aber der noch größere Krach muss angesichts der geschilderten Umtriebe folgen. Es gibt in diesem Diskursfragment keinen Zweifel am Fortgang der Geschichte. Aus den moralischen Vergehen der beschriebenen Gründerclique resultiert logisch zwingend der Zusammenbruch des gesamten Systems. Die Sozialdemokratie spielt hier nur die Zuschauerin, die sich voller Ekel abwendet, aber nicht als eigentliche Akteurin in das Geschehen eingreift: Dies übernimmt der unzweifelhaft kommende Krach. Die Moral, beziehungsweise die gerechte Strafe bei unmoralischem Verhalten, wirkt hier als historische Kraft, mit der zu rechnen ist. Damit übernimmt der aus ökonomischen und sittlichen Verfehlungen hervorgebrachte „Krach“ die revolutionäre Aufgabe der Sozialdemokratie, wie sie in späteren Schriften marxistischer Denker von den sich zuspitzenden Klassengegensätzen übernommen wird.

Eine ausführliche Darstellung der moralischen Vorstellungen der deutschen Sozialdemokraten lassalleanischer Prägung zeigt sich in der mehrteiligen Artikelserie „Fabrikantenspiegel“ im „Neuen Social-Demokraten“. Dabei wird vor allem im fünften Teil illustriert, erschienen am 28. März 1875, welche Zusammenhänge aus Sicht des Autors (wahrscheinlich Wilhelm Hasselmann aufgrund dessen Zuständigkeit für viele wirtschaftsbezogenen Artikel im „Neuen“) zwischen öffentlicher Moral und Korrumpierung der Arbeiterschaft bestanden. Dabei wurden zwei gegensätzliche, im Menschen verankerte Triebe genannt, auf denen einerseits eine für die Allgemeinheit positive sozialistisch-kommunistische Gesellschaft beruhen könne, andererseits aber bei Förderung des egoistischen Triebes auch das Gegenteil einer dem Allgemeinwohl abträglichen Ellbogengesellschaft entstehe:

> „Diese Lichtseite unserer Gesellschaft wird nun sofort vom tiefsten Schatten unterbrochen, wenn wir das Gebiet des Egoismus betreten und der Unterschied ‚reich oder arm‘, die Menschen in Klassen theilt, welchen das gemeinsame Streben und Interesse fehlt. Innerhalb der modernen Gesellschaft tritt in der allerbedeutendsten Frage, nämlich dort, wo es sich um den Lebensunterhalt, um die Existenz handelt, nicht der Mensch dem Menschen, der Staatsbürger dem Staatsbürger, sondern der Käufer der Waare gegenüber. [...] Der, welcher die sociale Macht, das heißt den Besitz des Kapitals, in seiner Hand hat, ist allmächtig gegenüber Jenem, welcher Nichts besitzt und dadurch zur Ohnmacht verdammt ist. Der Arbeiter muß seines Lebensunterhalts halber seine Arbeitskraft verkaufen, der Fabrikant spekulirt kaltblütig nach Angebot und Nachfrage, um den möglichst geringsten Preis für dieselbe zu zahlen. Und die Folge ist nur zu selbstverständlich: Noth, Unwissenheit und Knechtsinn auf der einen Seite; Schätze, Genußsucht und Uebermuth

> auf der anderen. Wer noch an der Existenz dieser Laster unserer Gesellschaft zweifelt, der werfe einen Blick auf die Ursachen, aus welchen ihre deutlichsten Früchte, nämlich die Verbrechen, hervorgehen; er wird dann stets eine dieser Triebfedern finden. [...] Wenn der männliche Arbeiter eine zu theure Arbeitskraft auf den Markt bringt, dann kauft sich der Fabrikant einfach die Arbeitskraft von Frauen oder Kindern, und da das Geschäft glückt, so hat er nach heutigen Begriffen ganz recht gehandelt. Natürlich bleiben die Folgen nicht aus, die Arbeiterfamilie wird tatsächlich zerstört, die Frauen und Kinder leiden die schwersten Schäden an Gesundheit wie an Sittlichkeit durch die aufreibende Arbeit und die gemischte Umgebung. [...] Es bringt sodann die heutige Produktionsweise die mit schrecklicher Regelmäßigkeit eintretenden Arbeitsstockungen. Ihre moralischen Folgen sind ärger, als die materiellen. Der Mannesmuth der Menschen, welcher vergebens nach Brod ringt, wird gebrochen und zur Sclavenseele entmannt, sein Leib ist schutzlos den Krankheiten des Elends preisgegeben. Mit einem Wort, das, was die egoistischen Triebe und Gesellschaftseinrichtungen aus der Menschheit gemacht haben, ist ein Zerrbild, ein Hohn, auf Gerechtigkeit, Freiheit und Wohlergehen. Das Monopol des Besitzes der Arbeitsmittel seitens einer Klasse und der selbstsüchtige Kampf der konkurrirenden Menschen – das sind die Kernpunkte, aus welchen alle socialen Uebel hervorgehen. Und hier, an diese Wurzel des Uebels muß die Axt angelegt werden, wenn es besser werden soll.“[631]

Es sind in der Beschreibung des Autors einzelne begabte Wissenschaftler, die sich ihres „communistischen“ Triebes bedienen, um die Gesellschaft zum Wohle der ihr Angehörenden auf ein höheres Entwicklungsniveau zu bringen. Daher ist nun der Stand einer „überaus glänzenden Gesellschaft“ erreicht. Als Anhänger Ferdinand Lassalles ist es den Autoren – auch kurz vor dem Gothaer Parteitag – daran gelegen, auf die positive Wirksamkeit einzelner „genialer“ Männer (Frauen bleiben außen vor) zu verweisen, die durch ihre Visionen die gesamte Gesellschaft voranbringen können. Es sind also nicht die Arbeiter in ihrer Gesamtheit, die durch ein gemeinsames Voranschreiten allein die Gesellschaftsentwicklung vorantreiben, sondern es braucht einzelne Männer besonderer Begabung, um eine Kaskade positiver Entwicklungen anzustoßen.

Auf der anderen Seite existiert jedoch der egoistische Trieb, der durch die Lücke zwischen Arm und Reich und die daraus folgende Unterteilung in Klassen angeregt wird. Es ist ein Merkmal der „modernen Gesellschaft“, dass sich – anders als etwa in politischer Hinsicht wie unter Gleichen – in wirtschaftlicher Hinsicht eine Hierarchie zwischen Käufern und Waren gebildet hat. Diese führt dazu, dass nur Kapitalbesitzer auch über soziale Macht verfügen, sich ihre wirtschaftliche Macht sich also ohne Weiteres auch auf die sozialen Machtverhältnisse überträgt, womit eine Gesellschaft der Gleichen unmöglich wird. Der Begriff der Allmacht zeigt in diesem Zusammenhang die Absolutheit dieser sozioökonomischen Hierarchie, die hier in einer die menschlichen Verhältnisse transzendierenden Begrifflichkeit geschildert wird. Die Arbeitskraft des Arbeiters, welche hier mit Marx'scher Perspektive als Ware und nicht etwa als Instrument zur Herstellung einer solchen beschrieben wird, kann von den Kapitalisten unter Ausnutzung der Wirkungen von Angebot und Nachfrage möglichst günstig aufgekauft werden. Dieser Mechanismus hat auf der einen Seite extremen Luxus und Hochmut, auf der anderen Seite Not, mangelnde Bildung und unterwürfiges

---

[631] Neuer Social-Demokrat, 28. März 1875, Nr. 38.

Verhalten zur Folge. Somit stehen nicht nur die existenzbedrohenden Folgen der zunehmenden Spaltung zwischen Arm und Reich in der Kritik, sondern auch die sich daraus ergebenden moralischen und der geistigen Entwicklung abträglichen Folgen, die ja in beiden Richtungen feststellbar zu sein scheinen. Als Beleg für diesen Wirkungszusammenhang sieht der Autor kriminelles Verhalten, welches sich ursächlich auf die negativen Folgen der Spaltung zwischen Reich und Arm, zwischen Käufern und Anbietern der Ware Arbeitskraft zurückführen lässt.

Die negativen Konsequenzen dieser Konstellation greifen in der Schilderung auf den Seiten des „Neuen Social-Demokraten" noch weiter aus. Sollte sich der männliche Arbeiter gegen die zu starke Ausbeutung seiner Arbeitskraft durch die Forderung nach höheren Löhnen wehren, stehen dem Fabrikanten noch Frauen und Kinder zur Verfügung, auf die er als Arbeitskräftereservoir zu Dumpinglöhnen zurückgreifen kann. Durch die harte Arbeit und die ungewohnte Umgebung bleibt als Folge nur die Zerstörung der gesamten Arbeiterfamilie. Dieser Tenor, in fast gleicher Wortwahl, war auch jener der von Wilhelm Hasselmann am 11. März 1874 im Reichstag gehaltenen Rede, in welcher er noch einmal besonders das Ehrgefühl der Arbeiterschaft gegenüber den vielen Anreizen zur Kriminalität ansprach, was für die Urheberschaft Wilhelm Hasselmanns beider Quellen spricht.[632]

Als zusätzliches Element dieser an sich schon schreckenerregenden Zustände treten in der Schilderung des „Neuen Social-Demokraten" regelmäßige „Arbeitsstockungen" auf. Dieser Begriff beschreibt die aus Sicht des Arbeiters auftretenden konjunkturellen Krisen, in deren Folge der Wert der Arbeitskraft der Arbeiterschaft noch weiter herabsinkt – ein Vorgang, den das aktuell bestehende Wirtschaftsmodell mit sich bringt. Somit ist dieses für die Verschlechterung der zuvor schon unerfreulichen Zustände verantwortlich, indem es die Elemente der krisenbedingten Unsicherheit und der zunehmenden Abhängigkeit von Konjunkturbewegungen beisteuert. Der Autor sieht hierbei allerdings das Gewicht auf den moralischen Folgen für die Arbeiterschaft. Dabei ist es der mit dem Arbeiter eng verbundene Männlichkeitsbegriff, der zuerst angeführt wird. Der zweimalige Hinweis auf den Verlust der Männlichkeit innerhalb eines Satzes wie auch der Hinweis auf die Zerstörung der Arbeiterfamilie durch die Beschäftigung von Mann und Kind, die einerseits nicht geeignet zur Arbeit sind, andererseits durch ihre günstige Verfügbarkeit eine Konkurrenz für den männlichen Arbeiter darstellen – eine Konkurrenz aus der eigenen Familie –, dienen als aufschlussreiche Beispiele für die geschlechterspezifische Dimension des Selbstbildes der Arbeiterschaft. Zu der durch Konjunkturkrisen regelmäßig stattfindenden Beschädigung des Berufsstolzes des Arbeiters gesellten sich noch

[632] Stenographische Berichte über die Verhandlungen des Deutschen Reichstags, 2. Legislaturperiode, I. Session 1874, Erster Band, Berlin 1874, Sitzung vom 11. März 1874, S. 293–296. Vgl. hierzu S. 295: „[...] das, was die Arbeiter, selbst, wenn sie arbeitslos auf der Straße sind, wie jetzt bei dieser Krisis, von Verbrechen zurückhält, [...] das ist ihre Ehre, ihr Ehrgefühl!"

weitere Deprivationserfahrungen.[633] Zusätzlich zu der wirtschaftlichen Entmannung, also dem Erwerbsverlust, und zusätzlich zur familiären Entmannung, also dem Verlust des Familienzusammenhalts, der Rolle des Alleinverdieners und Familienoberhaupts, kommt auch noch der Verlust der Gesundheit: Der männliche Körper wird dem Verfall preisgegeben, was nicht zuletzt Auswirkungen auch für die für die männliche Identität des Arbeiters nicht unwichtige sexuelle Potenz haben muss. Die Entmannung ist komplett.

Es ist in diesem Diskursfragment die egoistische Veranlagung des Menschen, die in den gesellschaftlichen Institutionen perpetuiert wird, welche für diese Entwicklung verantwortlich gemacht werden. Dieser Zustand wird als „Zerrbild" solidarischer Grundwerte bezeichnet. Wie schon an anderen Beispielen aus der sozialdemokratischen Presse ersichtlich ist, wird hier eine falsche, verzerrte oder verschobene Gegenwart den tatsächlichen Erfordernissen einer gerechten Gesellschaft gegenübergestellt. Begrifflichkeiten, die diese Forderungen ausdrücken, werden als unwirklich und inhaltsleer empfunden. Anschließend an diese tragische Schilderung der gesellschaftlichen Zustände, setzt der Autor des „Neuen Social-Demokraten" noch ein Zeichen der Hoffnung, indem er auf die zentralen Übel des „Monopol[s] des Besitzes der Arbeitsmittel" und den Konkurrenzkampf der Menschen untereinander verweist. Da diese beiden Elemente als grundlegende Mängel des gegenwärtigen Gesellschaftssystems identifiziert worden sind, kann die Beseitigung derselben zu einer Verbesserung der Verhältnisse beitragen. Die Identifizierung zentraler Baustellen im oftmals auch mit körperlichen oder naturbezogenen Metaphern beschriebenen Gesellschaftskonstrukt macht diese ideologiefähig, indem sie sich zu Schlagwörtern und wiederkehrenden Hauptforderungen einer sozialen Bewegung formen lassen. Gleichzeitig suggeriert die Möglichkeit der Beseitigung bestimmter problematischer Auswüchse auch realistische Handlungs- und Erfolgschancen und bildet, indem sie gesellschaftliche Komplexität in sprachlich und gedanklich fassbare ideologische Versatzstücke umdeutet, konkrete Ansatzpunkte für politisches Handeln.

In den oben angeführten Textstellen war häufig die Rede von einem spezifisch sozialdemokratischen Moralbegriff. Der Begriff der Korruption als spezifischer Fall einer Verfehlung in Bezug auf die öffentliche Moral ist schwer davon zu trennen. Selten war die Formulierung einer genuin sozialdemokratischen Moral so pointiert wie bei Josef Dietzgen, der mit dem Diktum „das Prinzip der Moral ist das Prinzip der Gesellschaft, und das Prinzip der Gesellschaft ist das Prinzip des Fortschritts" den mehr oder weniger klaren Weg der Moraldefinition über das sozialistische Zukunftskonzept wählte und Sittlichkeit und Fortschritt gleichsetzte.[634] Auffällig ist aber, dass der Moralbegriff in seinen unterschiedli-

---

633 Vgl. Welskopp, Thomas: Anerkennung – Verheißung und Zumutungen der Moderne, in: Honneth, Axel/ Lindemann, Ophelia/Voswinkel, Stephan (Hrsg.): Strukturwandel der Anerkennung. Paradoxien sozialer Integration in der Gegenwart, Frankfurt am Main/New York 2013, S. 41–73, hier S. 58.

634 Josef Dietzgen: Die Moral der Sozialdemokratie, 8. Kanzelrede, in: Arbeitsgruppe für Philosophie an der Akademie der Wissenschaften zu Berlin (Hrsg.): Joseph Dietzgen. Schriften in drei Bänden, Bd. 1, Berlin (Ost) 1961, S. 260–267, hier S. 261.

chen Variationen in den beiden untersuchten Zeitungen viel häufiger auftaucht als der Korruptionsbegriff. Die Korruption gilt als einer von vielen möglichen moralischen Verstößen, wogegen ein unmoralisches Gesellschaftssystem, wie es oft geschildert wird, ja in seinen Auswirkungen weit über einzelne korrupte Praktiken hinausgeht. Damit zeigt sich in der unterschiedlichen Häufigkeit der Verwendung beider Begriffe, dass es den deutschen Sozialdemokraten um eine grundsätzliche Verurteilung der bestehenden Verhältnisse und der mit diesen identifizierten moralischen Zustände ging. Es waren nicht bloß Einzelpersonen oder Institutionen, die Anlass zur Kritik gaben, es war der gesamte *Status quo*, welcher zur Debatte stand. Die Waffen in dieser Auseinandersetzung waren nicht zuletzt die der moralischen Argumentation.

Dieser Befund deckt sich auch mit der von Reinhart Koselleck entworfenen Konzeption einer Aufklärungsarbeit von nicht der Regierung angehörenden Gesellschaftsschichten, die durch eine beständig an das Gewissen appellierende Kritik der gesellschaftlichen Verhältnisse praktiziert werden soll. Während Koselleck sich auf das Bürgertum konzentriert hatte, welches sich in der geschützten Lage eines von absolutistisch Kräften regierten Staats ohne Zwang zur eigenen Übernahme von politischer Verantwortung immer mehr auf die Untergrabung des Ancien Régime konzentrieren konnte und damit die moderne Konzeption von Macht und Moral vollkommen neu definierte, war es nun die Sozialdemokratie, die das nun an der Herrschaft beteiligte Bürgertum und vornehmlich die heraufziehende moderne Industriegesellschaft einer rigiden Moralkritik unterzog.

Es war also die Beteiligung fordernde und sich gleichzeitig durch diese politische Willensbekundung diskursiv selbst erfindende Arbeiterklasse, die Begriffe wie Freiheit, Moral, Recht, Korruption, Republik und Allgemeinwohl anführte. Noch wenige Jahrzehnte zuvor hatten dies allein die liberalen Bewegungen getan, die sich der Kritik monarchischer Machtbefugnisse gewidmet hatten. Die zunehmende Relevanz bürgerlicher Vorstellungen, die sich nicht zuletzt auch in der politischen Struktur des Norddeutschen Bundes und des Deutschen Reiches wiederfinden lässt, und die gleichzeitige zunehmende politische Einbindung liberaler Parteien in das Herrschaftssystem hatten die Fronten zwischen konservativen Regierungen und liberaler Opposition verwischt. Durch die fehlenden Befugnisse des Deutschen Reichstags und das damit verbundene Machtungleichgewicht zugunsten der Exekutive – wiewohl im zeitgenössischen Vergleich weniger ausgeprägt als in anderen europäischen Ländern – wurde dies nur noch verstärkt.

Ebenjene Entwicklung war es, die den sozialdemokratischen Artikeln im „Volksstaat“ und im „Neuen Social-Demokraten“ die Kritik an liberalen Vorstellungen und damit verbundenen Begrifflichkeiten nahelegte. Die von den Aufklärern in Gang gesetzte und von der liberalen Bewegung Anfang des 19. Jahrhunderts fortgesetzte Herrschaftskritik mit den Mitteln des moralischen Appells an das Gewissen, wurde nun – in Teilen – von der sozialdemokratischen Bewegung fortgeführt. Diese fand sich nun an der Frontlinie der nicht in das System integrierten Gesellschaftsschichten wieder, welche nun durch die langsame Entkopplung und den langsamen Bedeutungsverlust einer nationalliberalen Mehrheit und dem in der Wählergunst stagnierenden Linksliberalismus verwaist war.[635] Die Begrifflichkeiten liberaler Kritik aufgreifend und diese selbst verwendend, befanden die Sozialdemokraten nun die bestehende politische Sprache als unzureichend, um den zentralen politischen Herausforderungen gerecht zu werden. Es waren aus Sicht der mit der sozialen Frage konfrontierten Sozialdemokraten nicht viel mehr als begriffliche „Zerrbilder“, die bei Verwendung der Begrifflichkeiten liberaler Herrschaftskritik heraufbeschworen wurden. Die Sozialdemokraten empfanden diese als Worthülsen, die nun mit neuem Leben gefüllt oder ganz ersetzt werden sollten. Es war also nicht nur polemische Kritik am politischen Gegner, die wir hier vorfinden, sondern ein veritabler Bruch im politischen Diskurs.

Aber nicht nur die innovative Verwendung neuer, auch die Umdeutung überkommener Begrifflichkeiten kann als charakteristisch für die Frühphase der deutschen Sozialdemokratie gelten. So umfasste etwa für Lassalle, wenn er von Freiheit sprach, dieser Begriff eine Form geistiger Freiheit, die nur denkbar in einer gerecht strukturierten politischen Gemeinschaft war, während Marx seinen Freiheitsbegriff auch über die Geistesebene hinausgehend konstruierte.[636] Mit der Neuinterpretation bereits etablierter Topoi entstand naturgemäß eine diskursive Arena, in der mit dem bereits etablierten politischen Gegner über die Umprägung und Realisierung bestimmter Ideen gestritten werden musste, sollte die junge politische Bewegung auch nur einen nennenswerten Anspruch auf ihre Rolle als zukünftige transformative Kraft haben. Auch in Bezug auf die Rolle als Opposition zu den herrschenden Kräften, in der sich bisher die Liberalen wohl gefühlt hatten – und eben dies belegt die Durchsetzung der von dieser politischen Strömung gewählten Begrifflichkeiten –, war die Frage der Konkurrenz zum Bestehenden zu klären. Wie sollte mit dem bestehenden Handwerkszeug legaler politischer Opposition umgegangen werden? Die deutsche Sozialdemokratie der 1870er Jahre beider Strömungen schwankte hier zwischen Übernahme, Umdeutung und dem Verwerfen von Begriffen und den damit transportierten Bedeutungen.

Was den Begriff der Korruption angeht, ist neben der deutlich selteneren Verwendung ein weiterer Befund hervorzuheben. Vor allem die Beschreibung der politischen Verhältnisse in den USA ging verstärkt mit der Korruptionsthematik einher. Nach meiner Ansicht ist dies dadurch zu erklären, dass die grundsätzliche Befürwortung einer Republik – sollte sie eine Republik der Gleichen sein – nicht die gleiche Fundamentalkritik erforderte wie die Ablehnung der konstitutionellen Monarchie. Gleichzeitig waren es die Vorurteile über das an-

635 Vgl. zum Niedergang des Nationalliberalismus und zur Stagnation des Linksliberalismus: Kitzing, Michael: Der Badische Großblock 1905–1913. Zur Kooperation zwischen Liberalen und Sozialdemokraten im Kaiserreich, in: Braune, Andreas/Dreyer, Michael/Lang, Markus/Lappenküper, Ulrich (Hrsg.): Einigkeit und Recht, doch Freiheit? Das Deutsche Kaiserreich in der Demokratiegeschichte und Erinnerungskultur, Stuttgart 2021, S. 161–177, S.164–165.

636 Mommsen, Bedeutung, S. 274.

geblich von chronischer Geldsucht befallene amerikanische Volk, welche den Korruptionsbegriff als Ausdruck einer ganzen Kultur sprachpragmatisch attraktiv machten. Ein Beispiel hierfür ist der Bericht im „Neuen Social-Demokraten“ vom 12. November 1873 über eine Rede nach der Rückkehr des von einem Deutschlandbesuch in die USA emigrierten Revolutionärs der Jahre 1848/49 Friedrich Hecker, die einen Vergleich zwischen öffentlicher Moral und Korruption in Deutschland und in den Vereinigten Staaten bezweckte:

> „In der Rede, welche Hecker an die Gesangvereine hielt, brachte er unter Anderem folgende derbe Wahrheiten für Deutschland vor: ‚Gottlob, daß ich wieder die knebellose, ordenslose, königslose Lust dieser verschrieenen Republik athmen kann. O, Korruption und Schwindel drüben, schreit die Dienerschaar. Nun, wenn bei uns Korruption zu Tage tritt, so hat sie einen acuten Charakter. Die Blase platzt, und den Korruptionswurm treten wir in den tiefsten Schlamm, zum Nimmerauferstehen, wir pensioniren die Wagener nicht. Aber die chronische Korruption, die dressirte, kennen wir nicht in serviler Erziehung beginnend, aufkriecht bis zur obersten Charge, stets gebückt, stets nach dem Wink von Oben blickend, wir kennen die chronische, unheilbare Korruption nicht. – Schwindel! [...] und die Thüringer Bankaktien, die im Frühjahre 203 und im Herbste 10 standen, sind noch mehr als ‚Yankeedoom‘ vermag, und 442 Bankerotte in Wien, vom ‚Black Friday‘ des 9. Mai bis Ende August, 4 Monaten, sind kein Schwindel und Krach, Gott bewahre, Zephyr und Geflüster.‘ Wir schonen und vergöttern die Bourgeoisrepublik nicht und weisen daher schonungslos die Korruption nach, zu welcher sie in Amerika führt. Aber ebenso energisch entlarven und geißeln wir auch die deutsche Fäulnis, denn sie ist in der That, wie Hecker sagt, nicht geringer, sondern nur versteckter.“[637]

Für den Kommentator des „Neuen“ sind es „derbe Wahrheiten“, welche der „Alt-48er“ in seiner Betrachtung der unterschiedlichen politischen Verhältnisse in den USA und Deutschland anführt. Hecker, der seine „emotionale Heimat“, die USA, immer mehr zu seiner wirklichen Heimat gemacht hatte, war von dem seit Jahrzehnten von ihm angestrebten Ziel der Republik in Übersee in weitaus größerem Maße erfüllt als von der Vision einer Republik in Deutschland.[638] Für Hecker ist vor allem die Freiheit von unterschiedlichen Ausdrücken des Autoritarismus in den USA hervorzuheben, er bezieht sich in seiner Aufzählung auf die Meinungsfreiheit („knebellos“), die Freiheit von Militarismus („ordenslos“) und die Freiheit von der Monarchie („königslos“). Damit definiert er die Freiheiten der Vereinigten Staaten vor allem über den Mangel an deren Unterdrückung, nicht über deren positiven Inhalte.

Im Vergleich von „Korruption und Schwindel“ unterscheidet der Redner zwischen einer spontan auftretenden Korruptionsdynamik in den USA, die mit der schnellen Vernichtung des „Korruptionswurms“ beantwortet wird, während in Deutschland eine langfristige und strukturell begründete Korruptionskrankheit geschildert wird, deren Vertreter (Hermann Wagener) nicht wirklich bestraft werden. Während also auf der anderen Seite des Ozeans die Korruption in Form eines Wurms, also einer externen Bedrohung der Gesundheit auftaucht, nichts mit den Fundamenten des dortigen politischen Systems gemein hat

637 Neuer Social-Demokrat, 12. November 1873, Nr. 131.
638 Hochstuhl, Kurt: Friedrich Hecker. Revolutionär und Demokrat, Stuttgart 2011, S. 82.

und vergleichsweise leicht vernichtet werden kann („treten wir in den tiefsten Schlamm"), handelt es sich in Deutschland um eine herangezogene Krankheit, die unheilbar ist und als identisch mit dem politischen System betrachtet werden kann. Mit der Darstellung der Kursentwicklung der Thüringer Bankaktien und der anhaltenden Baisse an der Berliner Börse sowie den mit ihr einhergehenden Fallissements versucht Hecker seine These zu begründen, dass die Vorgänge in Wien und Berlin einen viel grundsätzlicheren und andauernden Schaden mit sich gebracht hätten, als dies etwa in den USA der Fall gewesen sei. Aber diese Ansichten will auf dem alten Kontinent keiner hören, sie enden aus Heckers Sicht als sanftes Geflüster des griechischen Gottes des Westwinds, des Zephyr.

Der Kommentator des „Neuen Social-Demokraten" scheint sich leicht von dem sich mit den Vereinigten Staaten identifizierenden und ja auch im Amerikanischen Bürgerkrieg als Offizier gedienten Alt-Revolutionärs zu distanzieren, indem er betont, dass auch die „Bourgeoisrepublik" in Nordamerika zu kritisieren sei. Das Krankheitsbild Heckers übernehmend spricht der Autor von der Fäulnis, die es zu kritisieren gelte, und betont die Einigkeit mit Hecker, der darauf hingewiesen habe, dass die Korruption in Deutschland nicht weniger grassiere als in Nordamerika. Tatsächlich aber hatte dieser die Zustände im alten Europa sehr deutlich kritisiert und ein eher positives Bild von den USA gezeichnet, einer Republik, mit welcher der in Deutschland nicht erfolgreiche Revolutionär sich ja auch im Kollektiv („bei uns") identifiziert hatte. Die Redaktion des „Neuen Social-Demokraten" schien sich in ihrer Bewertung demgegenüber differenziert als Kritikerin der Zustände in beiden Herrschaftssystemen verstehen zu wollen und wollte auch Hecker in dieser Art verstanden wissen. Wie die gleiche Rede in der Redaktion des „Volksstaats" aufgenommen wurde, ist in folgendem aussagekräftigen Artikel zu finden, der einige Zeit nach dem Bericht des „Neuen Social-Demokraten" – und auch in Abgrenzung zu diesem – am 7. Dezember 1873 erschien:

> „Die Illusionen, mit denen der Revolutionsromantiker Hecker im vorigen Sommer nach Deutschland zurückkehrte, sind gründlich durch die häßliche Polizei-, Soldaten- und Gründerwirklichkeit, die er im neuen Reich vorfand, zerstört worden. Kaum war er wieder auf amerikanischem Boden, so machte er seiner Enttäuschung in derbsten Ausdrücken Luft. [...] Komischer Weise wird er vom ‚Neuen Sozialdemokrat' verherrlicht, und gegen ‚die gehässigen Lügen des ‚Volksstaat" in Schutz genommen, die allein Schuld daran seien, daß Hecker von der Arbeiterbewegung nichts verstände!"[639]

Der radikaldemokratische Hecker wird in den Worten des „Volksstaats" als „Revolutionsromantiker" tituliert, was dessen Autorität von vornherein untergraben soll. Dessen Illusionen, so wird angedeutet, hatten darin bestanden, die Hoffnung zu hegen, ob nicht eine Revolution im alten Reich möglich sei. Diese Hoffnungen seien aber sofort durch die herrschenden, von Unterdrückung und Korruption geprägten Zustände zerstoben. Dabei distanzierte sich die Redaktion des „Volksstaats" von den auch in den eigenen Reihen, vor allem durch Wilhelm

---

639 Volksstaat, 7. Dezember 1873, Nr. 121.

Liebknecht vertretenen Revolutionshoffnungen, welche zuletzt im Rahmen des Deutsch-Französischen Krieges und zusammenhängend mit den Entwicklungen der Pariser Commune aufgekeimt waren. Nun scheinen solche revolutionären Ambitionen keine Illusionen und Sache der „Revolutionsromantiker" zu sein. Was in den Zeilen des „Neuen Social-Demokraten" noch als einfacher Vergleich der Verhältnisse in den USA und Deutschland daherkam, war für den „Volksstaat" nur noch müder Ausdruck von Heckers enttäuschten revolutionären Hoffnungen.

Ein interessantes Licht auf die Auseinandersetzungen zwischen den beiden konkurrierenden Parteiblättern werfend, zeigt sich der polemische Hinweis auf die Unterstützung Heckers durch den „Neuen Social-Demokraten" als Illustration der unterschiedlichen Stellung zu dem Revolutionär von 1848/49 und der Bewertung des politischen Systems der USA. Während der „Volksstaat" Heckers positive Sichtweise der auch im „Neuen Social-Demokraten" als „Bourgeoisrepublik" bezeichneten Staatsform in den USA strikt ablehnte und darüber hinaus auch die Hecker'schen Revolutionshoffnungen verurteilte, schloss sich der lassalleanische Flügel der deutschen Sozialdemokratie dessen Einschätzungen weitgehend an. Wie der Hinweis des „Volksstaats" zeigt, kam es dabei sogar zu einer Verteidigung Heckers durch den „Neuen Social-Demokraten", der offensichtlich nicht bereit war, sich von der Identifikationsfigur der Revolution von 1848/49 und damit auch von den radikaldemokratischen Wurzeln der deutschen Sozialdemokratie zu trennen. In diesem Fall verstehen sich die Vertreter des „Volksstaats" als Proponenten einer modernen deutschen Sozialdemokratie, die sich von den Konzeptionen der Revolutionäre von 1848/49, aber auch von den von Korruption durchdrungenen Verhältnissen in der „Bourgeoisrepublik" jenseits des Atlantiks distanziert. Während sich in der Kritik der Korruption, die seltener als die Verurteilung unmoralischer Verhältnisse aufzufinden ist, aber häufig in Verbindung mit den USA angeführt wird, beide Flügel der deutschen Sozialisten einig sind, ist es die Identifikation mit bestimmten Führungsfiguren, die den Vertretern des ADAV erneut wichtiger zu sein schien als bei deren Widerstreitern. Dabei ging es weniger um die inhaltliche Auseinandersetzung als um das Verhältnis zum Linksliberalismus und der „Generation 1848/49". Was den Korruptionsbegriff betrifft, so weist die Verwendung dieses Begriffes durch die Sozialdemokraten darauf hin, dass die Korruption in den USA als temporäre Erscheinung einer eigentlich zu befürwortenden Staatsform, der Republik, die ihre Grundwerte nicht genug ehre, zu gelten hatte. Dagegen ging die Anklage öffentlicher (Un-)Moral in Bezug auf das Deutsche Reich von einem durch und durch falsch konstruierten Gesellschaftssystem aus.

Insgesamt zeigt der Blick auf die sozialistische Verarbeitung moralischer Fragen im Diskurs der 1870er Jahre, wie sehr Fragen der Moral nicht nur als Ausdruck ökonomischer Verhältnisse gesehen wurden, sondern wie auch ein „planloses" Wirtschaftssystem Zeichen einer unmoralischen Gesellschaft sein konnte. Beide Topoi standen in vielen Diskursfragmenten der Zeit unvermittelt nebeneinander und konnten mit ganz unterschiedlichen Schwerpunktsetzungen verknüpft werden. Allgemein verbirgt sich hier der für die Epoche der Moderne diagnostizierte „Generalisierungsschub", den sozialistische Akteure mit vorantrieben, indem sie gemeinsame normative Standards einforderten und keinesfalls von Anfang an partikular-sozialdemokratische an ihre Stelle setzten.[640] Die gesellschaftlichen Eliten, allen voran die Liberalen wurden als Heuchler und Profiteure des Systems dargestellt. Die von jenen genutzten Begrifflichkeiten von Recht, Freiheit und Moral waren aus sozialdemokratischer Sicht pervertiert und mussten zu ihren ursprünglichen Bedeutungen zurückgeführt werden, indem die Unmoral derjenigen, die sie verwendeten, aufgedeckt würde. Mit der Politik als ausführendem Organ der Wirtschaft, der geschilderten Dichotomie zwischen den „guten" Werten der Arbeiterschaft und den „bösen" der Eliten, mit der Moral der Arbeiterschaft und jener der Eliten, legten die Sozialisten diskursiv eine Denkstruktur an, die keinen Raum für Kompromisse oder politische Integration ließ: Ein bestimmendes „entweder, oder" reifte heran. Somit erfanden sich die deutschen Sozialdemokraten nicht nur, aber auch im Lichte der Krise als Verteidiger der wahren, althergebrachten Werte, die durch eine vergnügungssüchtige und gierige Elite pervertiert worden waren. Der schädliche Einfluss des Bürgertums auf die Handwerkerschaft, die ständige Ausbeutung der eigentlich Wertschaffenden und die zunehmende Entwertung des Männlichkeitsbildes des Arbeiters waren Entwicklungen, denen entgegnet werden musste – und zwar mit einer moralisch defensiven und ökonomisch offensiven politischen Mobilisierungsstrategie.

C. Der Fall Ofenheim und ein Märchen

Victor Ofenheim, der sich schon in den 1850er Jahren um die Ausweitung des österreichischen Eisenbahnbaus durch die Anwerbung ausländischen Kapitals verdient gemacht hatte, war es, der im Laufe der Jahre 1873–1875 im Rahmen seines vielerorts verfolgten Gerichtsprozesses zur Personifizierung des Gründers schlechthin wurde. Als Generaldirektor der für den rumänischen Export wichtigen Lemberg-Czernowitz-Jassy-Eisenbahn verfügte Ofenheim auch über weitreichende politische Verbindungen.[641] Der Vorwurf eines nicht regelkonformen Umgangs mit Staatsgeldern durch die Bahn führte jedoch zur Sequestration am 7. Oktober 1872.[642] Nach einer ersten Verhaftung (Untersuchungshaft) am 16. Dezember 1873 begann erst am 3. Januar 1875 der Prozess gegen Ofenheim, der sich vor allem auf den Vorwurf der mangelhaften Sicherheit der Eisenbahnen der Linie Lemberg–Czernowitz–Jassy und auf die Anklage wegen Betruges

640 Nassehi, Armin: Die Paradoxie der Unsichtbarkeiten und die „Unbedingtheiten" von Religion und Moral, in: Ders. (Hrsg.): Geschlossenheit und Offenheit, Frankfurt am Main 2003, S. 258–283, hier S. 264. Vgl. hierzu auch passend S. 274: „In diesem Sinne taugt Moral gerade in der funktional differenzierten Gesellschaft dazu, Themen kommunikationsfähig zu machen."

641 Vgl. Benedikt, Entwicklung, S. 95; Davies, Speculations, S. 117–118.

642 Vgl. ebenda, S. 98.

konzentrierte. Während des Prozesses stellte sich heraus, dass viele der Vorwürfe gegen den Finanzier jüdischer Herkunft haltlos waren. So konnten keine besonderen, von den Standards der Donaumonarchie abweichenden Mängel festgestellt werden. Nach und nach geriet Handelsminister Banhans als politisch wirkende Triebfeder der Anklage in die Kritik und wurde ungewöhnlicher Weise auch von der Verteidigung als Zeuge vorgeladen, wobei dessen eigene Gründertätigkeiten zutage traten. Im Ergebnis endete der Prozess mit dem Freispruch Ofenheims und dem Rücktritt des Handelsministers Banhans.[643]

Die sozialdemokratische Presse Deutschlands, der weniger Hürden in den Weg gelegt wurden als ihren Äquivalenten in Österreich, kommentierte den Fall Ofenheim von dessen Verhaftung bis hin zu seinem Freispruch. Besonders intensiv war die Berichterstattung im „Volksstaat", der die Ereignisse schon zum Zeitpunkt von Ofenheims Verhaftung vollständig dokumentierte – ein Ausdruck der guten Beziehungen der SDAP zu Österreich, nicht zuletzt auch verkörpert durch die Person Wilhelm Liebknechts.

Bei Ofenheims Verhaftung verwies der „Volksstaat" auf ein „Wunder", da in Deutschland ähnliche Gründerpersönlichkeiten wie Hermann Wagener „und Consorten" vor solcherlei Wundern geschützt seien.[644] In einem Artikel vom 20. Januar 1875 – auf dem Höhepunkt des Prozesses – kommentierte die Zeitung die Verteidigungsreden des Angeklagten. Der Artikel trug den Titel „Wie man reich wird":

> „ ‚Heutzutage wird Niemand schnell reich, ohne mit dem Aermel das Zuchthaus zu streifen', rief einst der Gründer Ofenheim aus, der jetzt in Wien wegen Betrugs vor Gericht steht, den Spieß aber umgedreht hat und als Ankläger gegen seine Ankläger auftritt. ‚Was ich gethan, entspricht der herrschenden Geschäftspraxis –, bin ich ein Spitzbube, gut, dann sind Tausende und aber Tausende von Bankiers, Fabrikanten, Kaufleuten, Ministern — kurz, sind die meisten reichen Leute Spitzbuben!' Das ist im Wesentlichen die ‚Vertheidigung" Ofenheim's, des Ritters vom Schwarzen Meere, der das Zuchthaus so wohl verdient hat, wie es je verdient worden ist. In der Bourgeoiswelt findet man die ‚Vertheidigung' des frechen Betrügers ‚glänzend', und ist ordentlich stolz auf den ‚genialen' Anwalt und Märtyrer des Bourgeois-Evangeliums: der frohen Botschaft vom Reichwerden ohne eigene Arbeit. Wird Ofenheim schuldig befunden werden? Warten wir ab. Jedenfalls wäre es eine große Ungerechtigkeit, denn er ist nicht schuldiger als die Andern."[645]

Hier wird deutlich, wie sehr die Person Ofenheims als Vorlage für die Auswüchse der „Bourgeoiswelt" schlechthin genutzt wurde. Deswegen wurde auch im weiteren Verlauf des Textes der deutsche Industrielle Alfred Krupp mit Ofenheim verglichen:[646] Industrielle und Gründer stehen in diesem Fall moralisch auf einer Stufe, gleichgültig in welchem Betätigungsfeld sie aufzufinden waren, gleich

---

643 Vgl. ebenda, S. 98–103.
644 Der Volksstaat, 31. Dezember 1873, Nr. 130.
645 Der Volksstaat, 20. Januar 1875, Nr. 7.
646 Vgl. zur Person Alfred Krupps, der auf der „Konstituierung eines Herrschafts- und Unterwerfungsverhältnisses" in der Beziehung zwischen Arbeiterschaft und der Unternehmensführung beharrte und sich damit als Gegner der Sozialdemokratie profilierte: Paul, Johann: Alfred Krupp und die Arbeiterbewegung, Düsseldorf 1984, S. 31f.

welcher Nationalität, sie waren für die Redaktion des „Volksstaats" moralisch zu verurteilen. Zum Zeitpunkt der Veröffentlichung dieses Artikels hatte sich der Prozess gegen Ofenheim schon gegen dessen einstigen Ankläger gerichtet. In seiner Verteidigung weist Ofenheim darauf hin, dass sein Verhalten der großen Mehrheit der in ähnlichen Betätigungsfeldern wirkenden „Bankiers, Fabrikanten, Kaufleuten, Ministern" entspricht. Während Ofenheim weder sich noch die angeführten Angehörigen elitärer Kreise als „Spitzbuben" bezeichnen will und damit offensichtlich auf die von ihm als abwegig empfundene Stoßrichtung der Anklage verweist, verwendet der „Volksstaat" dieses Zitat mit der Implikation, tatsächlich seien alle der Genannten moralisch zweifelhafte Persönlichkeiten. Den Hinweis auf die Strafwürdigkeit der Vergehen Ofenheims lässt der Autor des Artikels ebenfalls nicht aus und will Baron Ofenheim in das Zuchthaus versetzt sehen. Zusätzlich zu den von Ofenheim selbst angeführten ähnlich handelnden Akteuren wird auch auf die Zustimmung äußernde bürgerliche Presse verwiesen, die den vom „Volksstaat" als „frechen Betrüger" gebrandmarkten Ofenheim mit einem Schwall extremen Lobes überschüttet haben soll („glänzend", „stolz", „genial"). So ist es auch, wie der Autor ironisch bemerkt, nicht angemessen, Ofenheim zu verurteilen, da – wie dieser selbst anmerkt – auch andere Akteure aus seinem Umfeld ähnlich gehandelt haben.

Im vorliegenden Artikel wird ein Bild der Verzerrung und Verkehrung der moralischen Begrifflichkeiten der herrschenden Eliten wachgerufen, was mit Blick auf deren tatsächlichen gesellschaftlichen Einfluss auch für die moralische Bewertung des Gesellschaftssystems insgesamt negative Folgen hat. Mehr noch, die Moral des Bürgertums wird polemisch als quasireligiöse Lehre dargestellt, als „Bourgeois-Evangelium" und „frohe Botschaft vom Reichwerden ohne Arbeit". Damit zeigt sich, dass die Werte des Bürgertums sich einzig an dem Ziel der Wohlstandsvermehrung orientieren und gleichzeitig durch ihre religiöse Verankerung zu einer nicht hinterfragbaren Ideologie geworden sind – und dies bei einer sich von althergebrachten religiösen Traditionen vorgeblich emanzipierenden politischen Bewegung wie dem Liberalismus. Auch hier wird also an der Glaubwürdigkeit liberaler Werte gezweifelt, die – so scheint es in diesem Artikel – die Regeln des Ancien Régime durch die eigenen ersetzt haben, ohne aber die eigentlichen moralischen Forderungen mit den entsprechenden Inhalten zu füllen – stattdessen wird ein neuer Kultus, nämlich der des Gelderwerbs, eingeführt.

Die intensive Auseinandersetzung mit dem Fall Ofenheim erfolgte nicht zuletzt auch über die Kommentierung von Presseberichten anderer Zeitungen, zumeist jener, die dem politischen Gegner zugerechnet wurden. Ein Beispiel hierfür ist der folgende Artikel aus dem „Neuen Social-Demokraten" vom 19. Februar 1875. Auch im „Neuen" wurde also der Gerichtsprozess in Wien genauestens verfolgt, allerdings nicht im selben Maße wie durch den „Volksstaat", der überdies bessere Verbindungen nach Österreich vorweisen konnte und anders als die Lassalleaner nie die kleindeutsche Perspektive vertreten hatte, wie die häufigen Versammlungsberichte als Ausdruck regen Interesses an der Entwicklung der österreichischen Arbeiterschaft im „Volksstaat" zeigen:

> „Die ‚Volkszeitung' in Berlin macht bei Besprechung des Prozesses Ofenheim in Wien folgende Betrachtungen: ‚Wohin es übrigens schließlich führen kann, wenn Börsen- und Gründer-Interessen im öffentlichen Leben überwuchern, das sieht man in Oesterreich: Der Ofenheim'sche Prozeß bietet in dieser Beziehung grelle Schlaglichter. In Oesterreich haben die Kameraderien der Gründer in der That Ministerium, Parlament und Presse zu Handlangern. Die schlimmen Erscheinungen in dem erwähnten Sensationsprozesse sind die Minister mit banditenhaften Gründergesinnungen und ein hinter den Koulissen befindliches Journalistengezücht, das mit dem Mastschwein um die Wette seinen Speck angesetzt hat und gleich Dirnen seine Dienste sich abmiethen läßt. [...]' – Solche Zugeständnisse von solchen Zeitungen sind allerdings höchst erfreulich! – Und gegen solche Krebsschäden der heutigen Gesellschaft helfen doch wahrlich keine Schulze'schen Palliativmittel – das einzige Radikalmittel ist: Umänderung der heutigen Produktionsweise – dadurch wird der kapitalistische Schwindel und die Herrschaft des goldenen Kalbes zugleich vernichtet."[647]

Die dem Linksliberalismus nahestehende „Volkszeitung" und ihr kritischer Bericht über die das Gründerwesen insgesamt leitete hier über zu einer zustimmenden Kommentierung aus der Redaktion des „Neuen". Wie auch die Sozialdemokraten in ihren Berichten über den Prozess, so sahen auch die Redakteure der „Volkszeitung" eine Seilschaft aus Politik, Presse und Wirtschaft am Werke, die ihre Interessen gemeinsam und auf legalen oder illegalen Wegen verwirklichte. Die bunte Metaphorik aus Tierzucht, Räuberei, Theater und Prostitution verhilft zu einem eindrücklichen Bild über den Grad der Ablehnung, welche die Redaktion der „Volkszeitung" den Ereignissen gegenüber empfand. So erklärt sich auch die Zustimmung des „Neuen Social-Demokraten", welcher die gemachten Äußerungen als „Zugeständnisse" bezeichnet, also damit auf eine Einsicht verweist, die bei der Sozialdemokratie schon vorhanden, in der „Volkszeitung" sich aber erst noch hätte durchsetzen müssen. Im nächsten Satz allerdings folgt schon die Distanzierung von der Konkurrenz. Da sogar die von einer Revolution eigentlich absehenden Vertreter des Linksliberalismus die Unhaltbarkeit der gegenwärtigen Zustände einsehen, ist dies aus sozialdemokratischer Sicht eine passende Gelegenheit, die Mängel der „Schulze'schen Palliativmittel" zu erkennen, also die von Hermann Schulze-Delitzsch und anderen betriebene Gründung von Spargenossenschaften zwecks gemeinschaftlicher Teilnahme der Arbeiterschaft am kapitalistischen Wirtschaftssystem, ohne dieses grundsätzlich zu hinterfragen. Für den Autor handelt es sich um „Krebsschäden"; es muss zu einer grundsätzlichen wirtschaftlichen Umgestaltung kommen. So ist die von den Sozialdemokraten erwünschte Folge der von den Gründern und ihren als Komplizen dargestellten Eliten hervorgebrachten unmoralischen Zustände, die nun auch von Vertretern anderer politischer Richtungen erkannt werden, dass radikale Mittel zur Umgestaltung der Wirtschaftsordnung an Akzeptanz gewinnen. Die Radikalität der moralischen Vergehen der Herrschenden wird somit als Legitimation für radikale Maßnahmen zur grundlegenden Umstrukturierung der Gesellschaft betrachtet.

---

[647] Neuer Social-Demokrat, 19. Februar 1875, Nr. 22.

Hier zeigt sich anschaulich die Trias der Reformvorschläge vom Linksliberalismus bis hin zur radikaler denkenden Sozialdemokratie des Eisenacher Flügels: Es kann unterschieden werden zwischen einer gemeinsamen wirtschaftlichen Organisation der Arbeiterschaft zwecks besserer Integration in die bestehende Wirtschaftsordnung (Schulze-Delitzsch-Liberalismus),[648] der gemeinsamen politischen Organisation der Arbeiterschaft zur Durchführung radikaler Reformen des Wirtschaftssystems (Lassalle) – Lassalle hatte offen gelassen, wie genau eine Revolution der Verhältnisse auszusehen habe – und der Organisation der Arbeiterschaft zur Revolutionierung der wirtschaftlichen und politischen Verhältnisse (Eisenacher).[649] Gemeinsam war den letzten beiden Ansätzen, dass für ADAV und SDAP Organisation „sowohl Repräsentation eines angestrebten gesellschaftlichen Endzustandes wie ein Medium zur Durchsetzung desselben" bedeutete.[650] Es versteht sich von selbst, dass innerhalb dieser idealtypischen Konzeption noch unterschiedliche Ansätze bestanden und auch zwischen diesen, vor allem zwischen Lassalleanern und Eisenachern, zahlreiche Anknüpfungspunkte vorhanden waren – auch wenn dies aus politischen Gründen nicht immer transparent gemacht wurde.

Der Ausgang des Ofenheim'schen Prozesses wurde ebenso gründlich analysiert, wie dies schon von dessen Beginn an geschehen war. So berichtete der „Volksstaat" am 28. Februar 1875 von einer Quelle an der Berliner Börse, welche angesichts der Vorgänge dort, bei denen „vornehme Herren in Gründereien und Spielpapierchen gemacht" hatten, von Betrügereien viel größeren Ausmaßes in Berlin im Vergleich mit Wien zu erzählen gewusst hatte. Eine ähnliche Anekdote gab Wilhelm Liebknecht bei seiner Rede zum Stiftungsfest des Arbeiter-Bildungsvereins Leipzig vom 27. Februar 1875 zum Besten, was angesichts des Inhalts und der zeitlichen Nähe für seine Verfasserschaft des „Volksstaat"-Artikels spricht.[651] Dabei hätten die in Berlin stattgefundenen Verstöße auch zu Anklagen und Gefängnisstrafen geführt, „wenn – nun der Leser möge den Satz vollenden!"[652] Somit sind die Auswüchse des Gründerwesens aus Sicht des

648 Vgl. zu Hermann Schulze-Delitzschs Position zur sozialen Frage: Grimmer-Solem, Rise, S. 112: „The vestigial privileges of estate society and state intervention had to be eliminated in order to give individuals scope to help themselves, the aim of which was turning workers into capitalists. Since the 1840s, it had been an aspiration of many German liberals to broaden the *Mittelstand* downward to create a broad, politically responsible class and prevent the radicalization of unpropertied classes."

649 Mommsen, Bedeutung, S. 275.

650 Welskopp, Staat, S. 94.

651 Vgl. hierzu: Rede von Wilhelm Liebknecht zum Stiftungsfeste des Arbeiter-Bildungsvereins Leipzig vom 27. Februar 1875, BArch, NY4034/118, Zitat nach Kopie des Originals, Bl. 42: „Ich hatte neulich Gelegenheit in Berlin mit einem Manne zu reden, der in alle Geheimnisse der Börse eingeweiht ist. Er sagte: Dieser Ofenheim er ist ein Engel der Unschuld an der Seite von Spitzbuben und großen Dieben, die hier in der deutschen Reichshauptstadt herumlaufen und gegen die die Staatsanwälte einschreiten könnten, wenn man nicht wüßte, daß man zu tief greifen würde, zu viel packen würde, wenn man diese packt."

652 Der Volksstaat, 28. Februar 1875, Nr. 24.

„Volksstaats" in Deutschland viel stärker, als dies in Österreich-Ungarn der Fall ist. Einen Unterschied, der erneut einen Hinweis auf die moralische Bewertung der deutschen Eliten gibt, betont der Autor dennoch: Es gibt anders als in der Donaumonarchie keinerlei gerichtliche Konsequenzen für illegal handelnde Akteure – ein erneuter Hinweis auf die enge Verschmelzung von Justiz, Politik und Wirtschaft. Dieses Urteil wird an anderer Stelle auch in Bezug auf die Verhältnisse in Österreich ausgesprochen; in diesem Fall dient es nur noch einer stärkeren Verurteilung der deutschen Eliten, die sich demnach noch unmoralischer verhalten, als die ohnehin schon als unmoralisch geltenden Österreicher dies tun.

Nach dem Freispruch Ofenheims erschienen vielerlei Kommentare in der sozialdemokratischen Presse. Dabei erblickte der „Volksstaat" den Grund für seinen Freispruch darin, dass dieser sein Verhalten gleichgesetzt hatte mit dem allgemeinen Verhalten einer Gesellschaftsschicht. Deswegen hätten die „Bourgeoisgeschwornen" ihn freigesprochen und die Identität der bürgerlichen Gesellschaft mit dem Schwindler Ofenheim erklärt.[653] Für den „Volksstaat" ist der Prozess gegen Ofenheim als Paradebeispiel für „den Gründer" *par excellence* auch gleichzeitig – da dieser sein Verhalten öffentlich als konform mit dem Verhaltenskodex einer ganzen Gesellschaftsschicht erklärt hatte – eine Anklage gegen die bürgerliche Gesellschaft. Mit dem Freispruch durch die bürgerlichen Geschworenen ist aus Sicht der Sozialdemokraten das endgültige Urteil über die bestehenden Verhältnisse mitsamt der sie verkörpernden Institutionen und Diskurse gesprochen.

Die ausführliche Auseinandersetzung mit dem Freispruch Ofenheims erfolgte am 5. März 1875 im „Volksstaat" in einer Generalkritik der öffentlichen Moral der bürgerlichen Gesellschaft, die aus Sicht des Autors offensichtlich mehr noch auf der Anklagebank saß als der Angeklagte selbst:

> „Ofenheim freigesprochen. Ofenheim, angeklagt und überführt des gemeinsten Schwindels, der gewissenlosesten Betrügerei, stellte sich vor den Geschworenen hin als Vertreter der bürgerlichen Gesellschaft: ‚Verurtheilt Ihr mich, so verurtheilt Ihr die bürgerliche Gesellschaft. Ich bin die Gesellschaft' [...] Nehmt dem Arbeiter, dem Fabrikanten, dem Kaufmanne und dem Industriellen die Aussicht darauf, daß er vorwärts kommen und für sich und seine Kinder eine Zukunft gründen könne, und Ihr habt alle Thätigkeit des Volkes, den Handel und Wandel ertödtet. Eigennutz im schönen Sinne des Wortes ist Tugend, er nütze dem Mitmenschen, begründe und fördere das materielle Wohl der Gesellschaft und in letzter Reihe des Staates. [...] der Angeklagte schleudert den Machthabern die Anklage entgegen: ‚Den Krach haben Jene verschuldet, welche die Concessionen ertheilten!' [...] Beim Schluß seiner Rede gab sich im ganzen Saale eine große Bewegung kund, und selbst auf der Geschworenenbank konnte man etwas wie Mitleid (!) bemerken.' [...] Sie fühlten nicht nur ‚Mitleid', sondern die warme Sympathie gleichfühlender Seelen. ‚Mit Sittensprüchen baut man keine Eisenbahn!' hatte er ihnen zugerufen. ‚Mit Sittensprüchen werden wir keine Fabrikanten, keine Kaufleute, keine Unternehmer!' hallte es wider in der biederen Brust der bürgerlichen Geschworenen. ‚Eigennutz im schönen Sinne ist eine Tugend' und die Tugend des Eigennutzes ist, daß der gute Bürger ihn immer ‚im schönen Sinne' nimmt. ‚Wahr – er hat es arg getrieben, aber was in weniger auffallender Form, gesellschaftlich erlaubter und gut befundener Gebrauch ist, können wir doch

653 Der Volksstaat, 3. März 1875, Nr. 25.

nicht an diesem Manne bestrafen, bloß weil die Form eine ausfallendere war? Um das Wesen handelt es sich; im Wesen ist er gerade so schuldig oder unschuldig wie wir, wie jeder andere gute Bürger. Verurtheilen wir Ofenheim, so verurtheilen wir uns selbst, so verurtheilen wir die ganze bürgerliche Gesellschaft!' [...] Im Gerichtssaale gerieth bei Verkündigung des Urtheils die anwesende ‚gute Gesellschaft' so in Extase, daß der Präsident des Gerichtshofes zornig ‚den Skandal' rügen mußte. Und die Reptilienpresse. Ein wahres Delirium. [...] und Ofenheim ist der Held des Tages! Ach wie konnten die österreichischen Staatsmänner und Staatsanwälte doch so naiv sein! Wie konnten sie sich so vollständig über die Natur der modernen Gesellschaft, und des modernen Staates täuschen! So vollständig übersehen, daß die moderne Gesellschaft nur Ein Recht, nur Eine Tugend kennt: Geld zu machen, und daß der moderne Staat nur Eine Pflicht, nur Einen Beruf hat: die moderne Gesellschaft in Ausübung dieses Rechts, dieser Tugend zu beschützen. Die Thoren! Sie wollten den Staat seiner Pflicht, seinem Beruf entfremden, und zu einem utopistischen Kampf gegen die Gesellschaft benutzen. Und die Staatsmaschine hat ihnen den Dienst versagt. Der moderne Staat ist ein Klassenstaat, der Handlanger der herrschenden Klassen, das Werkzeug der bürgerlichen Gesellschaft. Wendet der Handlanger sich gegen die herrschenden Klassen, richtet das Werkzeug sich gegen die bürgerliche Gesellschaft, so wird der Handlanger zu Paaren getrieben, das Werkzeug zerbrochen. [...] Ofenheim kann ungestört fortschwindeln und fortbetrügen. Ofenheims Spießgesellen desgleichen. Die Gesellschaft ist gerettet."[654]

Die Verteidigungsrede Ofenheims, die sich auf eine Verteidigung bürgerlicher Leistungsethik zusammenfassen ließe, war für die Autoren des „Volksstaats" – trotz seines Freispruchs – die Aussage eines überführten Schwindlers und Betrügers. Schon zu Beginn des Artikels verabschiedet sich der Autor von der Legitimität der vom Gericht getroffenen Entscheidung. Zentral ist aus Sicht der Sozialdemokraten die Identifikation Ofenheims mit der bürgerlichen Gesellschaft, die dieser selbst affirmativ mit einer leistungsorientierten Wettbewerbskultur verbindet und der sich damit als deren im legalen Rahmen handelnder Vertreter keiner Schuld bewusst ist. Aus Sicht des „Volksstaats" ist aber die Übereinstimmung zwischen Ofenheims Handeln und den Werten der bürgerlichen Gesellschaft, der Schwindel und Betrug derselben, aufgedeckt. Dessen Freispruch dient nur als weiterer Beweis dessen, denn die Geschworenen gehören ja zur selben bürgerlichen Schicht. Mit Ofenheims Verteidigungsrede, die Eigennutz als potentiell wohlstandsmehrende Kraft betrachtet, eignet sich diese als gute Vorlage für die sozialdemokratische Kritik. Während diese die Anklage gegen Ofenheim als öffentliches Theaterstück wahrnimmt und den Institutionen des Staates aufgrund der engen Beziehungen ihrer Vertreter untereinander jedwede Legitimität abspricht, sieht Ofenheim sich als idealtypischen Wirtschaftsakteur, dessen Wagemut belohnt und nicht gebremst werden sollte. Genau wie Ofenheims sozialdemokratische Gegner betrachtet der Angeklagte den Prozess als die überpersönliche Verhandlung einer gesellschaftlichen Frage: Ist Eigennutz zu verurteilen, auch wenn er den Wohlstand mehrt?

Für den Zusammenbruch der Börse sieht sich Ofenheim nicht verantwortlich, er weist auf die Konzessionsvergabe als krisenbegünstigenden Faktor hin. Dies kann – wie gesehen – auch als wichtiger Aspekt der institutionellen Vo-

654 Der Volksstaat, 5. März 1875, Nr. 26.

raussetzungen des Gründerbooms betrachtet werden: in Deutschland wie in Österreich-Ungarn. Bei all seiner Kritik am österreichischen Staat und seinen Institutionen betont Ofenheim abschließend noch seine patriotischen Motive, appelliert also anders als zu Beginn seiner Verteidigungsrede an kollektiv begründete Moralvorstellungen. Die beschriebenen Mitleidsäußerungen scheinen den Erfolg seiner Verteidigung zu bestätigen.

Für den Autor des „Volksstaats" ist es offensichtlich, dass Ofenheims Appelle an das bürgerliche Publikum der Grund für seinen Freispruch waren. Aufgrund ihrer eigenen moralischen Ansichten, deren leicht übertriebener Ausfluss aus Sicht des „Volksstaats" das Verhalten Ofenheims war, hatten die Geschworenen sich notwendigerweise solidarisch mit diesem erklären müssen. Gleichzeitig waren es auch die eigenen Karriereambitionen, die sie sich mit der Verurteilung bestimmter – nützlicher – Geschäftspraktiken nicht zunichtemachen wollten. So sind der Freispruch wie auch der Jubel der Anwesenden und der bürgerlichen Presse aus Sicht der Sozialdemokraten nur folgerichtig. Genau wie auch in der Beschreibung der moralischen Zustände die vom Establishment genutzten Begrifflichkeiten aus Sicht der Sozialdemokratie als inhaltsleer oder verzerrt erscheinen, so ist es nun der Akt der Justiz, der Freispruch, der als Ausdruck der abzulehnenden bürgerlichen Gesellschaft eigentlich das Gegenteil bedeutet: Es ist die schlimmste Verurteilung Ofenheims und vor allem der mit ihm gleichgesetzten Gesellschaft, wenn aus deren Mitte Verständnis und Lob für seine Geschäftspraktiken geäußert werden.

Selbst die Ofenheim unter Anklage stellenden Vertreter der Staatsanwaltschaft haben aus der Perspektive des „Volksstaats" keine Schonung zu erwarten. Ihr Streben nach der Verurteilung Ofenheims ist kein Beleg für das Funktionieren der Judikative trotz aller sozialdemokratischen Zweifel. Stattdessen sind es die Naivität und die Torheit derselben, die sie für die tatsächliche Funktionsweise des Rechtsstaates blind machen. Die von Ofenheim angesprochene Tugend des Eigennutzes wird in der sozialdemokratischen Polemik zum eigentlichen Sinn und Zweck des Staatswesens. Dieses wird nicht – wie manchmal in Artikeln des „Neuen Social-Demokraten" – getrennt von den innerhalb seiner Institutionen wirkenden Akteuren betrachtet, sondern ist Ausdruck der Bestrebungen einer Gesellschaftsklasse. Damit ist deren Moral auch gleichzusetzen mit der Moral des Staates, der Gerichte, der Wirtschaft: Er ist – ganz mechanistisch betrachtet – ein Instrument einer bestimmten Klasse. Für eine evolutionäre Sichtweise im Sinne eines politischen Reformismus ist in diesem Artikel aus dem Jahr 1875 kein Platz mehr. Moralkritik wird somit nicht mehr viel erreichen: Der Klassenstaat ist entschleiert.

Der Fall Ofenheim bietet, wie auch die bereits zuvor dargestellten sozialdemokratischen Kritiken der öffentlichen Moral, ein anschauliches Beispiel für die Pluralität sozialdemokratischer Moralvorstellungen in den 1870er Jahren. In ihrer Verurteilung der bestehenden staatlich-politischen Ordnung waren beide sozialdemokratische Fraktionen sich einig. Ob es der von Eduard Lasker herbeigeführte Skandal war oder die Gründeraffäre Ofenheim – kriminelle Machenschaften mit dem Ziel der Gewinnmaximierung oder zumindest amoralisches Verhalten mit gleichem Zweck wurden von Seiten der deutschen Sozialdemokratie vorausgesetzt. Dabei sind besonders die Kommentierungen von Gerichtsprozessen oder öffentlichen Debatten illustrativ, da hier der von den Sozialdemokraten geschmähte Staat selbst an der Verfolgung von Irregularitäten teilnahm. Wenn dieser aber selbst „Komplize" einer gewissenlosen Gründerclique war, warum dann Gerichtsverfahren und Enthüllungsreden?

Zur Erklärung dieses Verhaltens etablierter Kreise aus Liberalismus und Justiz zogen die sozialdemokratischen Akteure oft die Metaphorik einer verzerrten, gestörten oder schlicht und einfach falschen Moral der Führungsschichten heran. Stimmt man Olaf Jäkel zu, der davon ausgeht, dass Metaphern das „Weltbild einer Sprachgemeinschaft unbewußt bestimmen", dann erklärt sich, warum die Sozialdemokraten die etablierten Begrifflichkeiten umzudeuten suchten und sie nicht ohne Weiteres durch andere zu ersetzen vermochten.[655] Die von Liberalen geäußerten Wertvorstellungen mochten die gleichen Worte gebrauchen wie ihre sozialdemokratischen Kritiker. Diese waren aber aus sozialistischer Sicht oft bar jeden Inhalts oder konnten sogar das Gegenteil bedeuten. So entstand das Bild eines schwankenden, auf ungenauen und pervertierten Begrifflichkeiten und Wertvorstellungen beruhenden Gesellschaftsgebäudes, welches zusammenbrechen würde: Das war der moralische Krach, der sich mit der Erwartung des ökonomischen und politischen Zusammenbruchs überschnitt und ein distinktes Merkmal sozialdemokratischer Diskursfragmente der 1870er Jahre war.

Ein besonderes Beispiel für die Distanzierung von den moralischen Begriffen des Liberalismus und die Vermischung von Moralkritik und ökonomischer Kritik ist das 1875 erschienene sozialdemokratische Kinderbuch „Der große Krach. Ein Märchen für große und kleine Kinder", welches auch regelmäßig mittels Annoncen im „Volksstaat" angeboten wurde.[656] Der Autor schilderte das Universum in zwei Einflusssphären geteilt: die der Lichtgöttin, auf der Sonne lebend und mit den Attributen der Vernunft versehen, auf der Erde vermittelt durch ihre umherreisende Tochter Liberta, und die Einflusssphäre des „bösen Geists", der die Menschheit unter seiner Kontrolle hält. Liberta nimmt sich im Märchen vor, den Menschen die Augen zu öffnen, „daß sie sehen, wie ungerecht sie von seinen [des bösen Geistes; Anm. LSB.] Statthaltern behandelt werden".[657] Es ist die Erkenntnis über die Zustände, welche hier in einer in Gut und Böse geteilten Welt den Schlüssel zur Befreiung darstellen – genauso, wie das Aufdecken der unmoralischen Gesellschaftsverhältnisse in den sozialdemokratischen Zeitungsartikeln versucht wird. Der von Königen und Priestern unterstützte böse Geist setzt sich dem Wirken Libertas entgegen, indem er seinen Vertretern, welche die Aufgabe haben, die „gesunde Vernunft der Menschen" zu verwirren, befiehlt, fortan Gerechtigkeit zu predigen, um die Menschen zu täuschen. Diese müssten glauben, schon in gerechten Verhältnissen zu leben, denn dann sei die

---

655 Jäkel, Metaphern, S. 41.

656 Schulze, Friedrich Gottlieb: Der grosse Krach. Ein Märchen für grosse und kleine Kinder, Zürich 1875.

657 Ebenda, S. 10.

bestehende Herrschaft gesichert.[658] Hier taucht das bekannte Motiv der pervertierten Begrifflichkeiten auf. Das im Märchen an der Dummheit der Menschheit interessierte Böse will die positiv besetzten Begriffe für sich vereinnahmen, um jedweden mit ihnen verknüpften Veränderungswillen zu unterbinden. Genau dieser Vorwurf ist der sozialdemokratische Hauptvorwurf in Moralfragen gegenüber den Liberalen. Diese wollten demnach keine Veränderung, sondern die bestehenden Verhältnisse aufrechterhalten und ausbauen. Die revolutionäre Kraft der Sprache ist den Sozialdemokraten schon ein Jahrhundert vor dem Auftauchen des Postmodernismus klar: Die diskursive Macht der Herrschenden musste erst gebrochen werden, sollte Veränderung legitimierbar und erreichbar werden.

Im Märchen gelingt es den bösen Mächten vorerst, ihre Strategie der politischen Kommunikation umzusetzen: Sie reden den Menschen ein, dass sie in Gerechtigkeit leben, und sperren überdies Liberta ein, deren Licht aber aus dem Gefängnis weiter strahlt – ein unverhohlener Hinweis auf die Verfolgungsmaßnahmen gegenüber der Sozialdemokratie.[659] Um Liberta zu befreien, erscheint die Göttin des Lichts einem kleinen Jungen, Fritz, verabreicht ihm den „Wein der Erkenntnis" und erteilt ihm den Auftrag, Liberta zu befreien – mit der Unterstützung der Wahrheit an seiner Seite.[660] In einer Stadt voller goldener Paläste auf der einen und schmutziger Gassen auf der anderen Seite werden dem Gott der Finsternis Opfer gebracht, von Priestern, die sich als „Boten des Lichtes" ausgeben.[661] Auf dem zentralen Platz der Stadt wird eine Menschenpyramide gebildet, an deren Spitze ein mit Gold bekleideter Mensch sich als weiser und gerechter Herrscher darstellt und bejubeln lässt. Am unteren Ende der Pyramide stehen hart arbeitende Menschen, denen die Nahrung von den Höherstehenden abgenommen wird.[662] Der beobachtende Fritz stößt dabei aus: „Ist das Gerechtigkeit? [...] Das ist ja die reine Räuberei!"[663]

Diese Äußerung bezahlt er mit Gefängnishaft. Durch die kritische Bemerkung allerdings entsteht Unruhe in der Pyramide, die durch Drohung der Obenstehenden aber noch unterdrückt werden kann.[664] Bei Fritzens Gerichtsverhandlung äußert sich dieser erneut kritisch über das bestehende System. Der ihn unterstützende Geist der Wahrheit beeinflusst die Richterschaft, die sich nicht trauen, ihn zu verurteilen. Auch die Bestechungsversuche mit einem großen Schatz beeindrucken Fritz nicht; er ist dem Tod geweiht.[665] Der Ring der Wahrheit und der mit ihm verbundene Geist blenden allerdings seine Henker, und er ist gerettet. Die Pyramide wankt nach diesem Vorfall gewaltig, der obenstehende Anführer wird von den darunter rangierenden Vertretern der Elite gestürzt.

658 Ebenda, S. 12f.
659 Vgl. ebenda, S. 14.
660 Ebenda, S. 19–20.
661 Ebenda, S. 23.
662 Vgl. ebenda, S. 24f.
663 Ebenda, S. 26.
664 Vgl. ebenda, S. 27.
665 Vgl. ebenda, S. 28–30.

Über diesen Erfolg jubelnd, wollen die untenstehenden Arbeiter weiter schuften, aber Fritz warnt sie vor dem Weiterbestehen des altbekannten Systems unter anderer Herrschaft.[666] Im Ergebnis wird die Pyramide gestürzt – auch weltweit –, und die Menschen leben brüderlich miteinander; Liberta ist befreit.

Deutlich wird hier neben der Verkehrung der Werte, die den herrschenden Eliten vorgeworfen wird, auch die enorme Bedeutung, die der Verbreitung „der Wahrheit" beigemessen wurde. Die amoralischen Verhältnisse anzuprangern, scheint angesichts der überall stattfindenden Leugnung und Verzerrung der Tatsachen wichtiger zu sein als die Einleitung konkreter Schritte zu ihrer Beseitigung. Fern von der marxistischen Überzeugung einer gleichsam naturgesetzlichen Ablösung der bürgerlichen Gesellschaft durch die proletarische Revolution wurde in diesem Märchen, ganz wie auch in vielen Artikeln in der sozialdemokratischen Presse, ein großer Wert auf die Agency der politischen Akteure gelegt – diese wird aber vor allem auf dem diskursiven Feld verortet, weniger in der Umsetzung konkreter politischer Entscheidungen. Hier finden sich auch Anknüpfungspunkte für eine „revolutionäre, aber nicht Revolution machende Partei", zu der die deutsche Sozialdemokratie bald schon wurde.[667]

In der Beurteilung des Verhaltens der Eliten changierten die Sozialdemokraten zwischen einer begrifflichen Verwirrung, der sie selbst zum Opfer fallen würden, und einer im modernen Sinne als verschwörungstheoretisch zu betrachtenden Sichtweise, die von geschauspielerten Entrüstungen über politisches Fehlverhalten, im Ergebnis feststehenden Gerichtsprozessen und einer allgemeinem Kameraderie zwischen Wirtschaft, Politik, Kirche, Presse und Justiz ausging. Auch diese Bewertungen unterschieden sich von der späteren marxistischen Auslegung, die Wertvorstellungen des Einzelnen seien über seine Klassenzugehörigkeit determiniert. Stattdessen wurde hier oftmals ein entgegengesetzter Zusammenhang angenommen: Klassenzugehörigkeiten reizen zur Manipulation von Moralvorstellungen durch die Profiteure an – und dies ganz bewusst, mit dem eigenen Vorteil im Sinn.

Dabei sind es die eigenen Moralvorstellungen, häufig verknüpft mit dem höheren Wert der Arbeit an sich gegenüber dem Eigentum als Ausdruck einer kriminellen Habgier oder politischen Dienstbarkeit, die in der Regel als bedroht dargestellt wurden. Die Arbeiterschaft litt unter den Auswirkungen der Wirtschaftskrise, und die Auswirkungen von Betrug und Gründertum beförderten aus Sicht der Sozialisten neben den ökonomischen Aspekten auch ein Übergehen der bürgerlichen Unmoral auf die Arbeiterschaft. Schon der Antrieb zum Verkauf der Ware Arbeitskraft wurde als korrumpierender Faktor wahrgenommen. Es war in dieser Lesart nicht die Arbeiterschaft, nicht die Sozialdemokratie, die neue Werte für eine Verbesserung der bestehenden Verhältnisse einbrachte, sondern sie war es, die sich verteidigte gegen die eindringenden fremden

---

666 Vgl. ebenda, S. 31–32.

667 So Karl Kautsky in seinem Artikel aus dem Dezember 1893 in der Zeitschrift „Die Neue Zeit": Ders.: Ein sozialdemokratischer Katechismus, in: Die Neue Zeit. Revue des geistigen und öffentlichen Lebens 12, 1 (1893–1894), S. 361–369, hier S. 368.

Wertvorstellungen der modernen politischen und wirtschaftlichen Eliten – ein konservativer Impuls, aus dem ein revolutionärer Antrieb werden konnte, wenn nicht nur die Werte der Vergangenheit, sondern auch eine neue ökonomische Konzeption für die Zukunft in Anwendung gebracht würde. Dabei konnten politische Bewegungen oder – vor allem für die Anhänger Lassalles – auch einzelne Persönlichkeiten zu Treibern des Fortschritts werden. Es fällt auf, dass moralische Beurteilungen für die Sozialdemokratie der 1870er Jahre eine nicht zu unterschätzende Bedeutung hatten und nicht nur, aber oft aus ökonomischen Verhältnissen abzuleiten waren. Den Höhepunkt dieser Wahrnehmung bildeten Prozesse wie jener gegen den Gründer Ofenheim, in welchem sich die bürgerliche Gesellschaft selbst verurteilte. Hier findet sich ein eigentümliches Amalgam aus Marx'scher Gesellschaftsanalyse und Moralkritik im Sinne einer „moral economy".

Mit der Kritik an Eliten, deren Moral und den herrschenden Verhältnissen stellten die Sozialisten zwecks Ausbildung einer „kollektiven Identität" eine „semantische Brücke" her, die dafür sorgte, dass „zwischen den unpersönlichen Zielsetzungen einer sozialen Bewegung und den privaten Verletzungserfahrungen ihrer Mitglieder" stets Verbindung gehalten wurde.[668] Neben der in der Anfangsphase der Partei besonders wichtigen Praxis der Identitätsbildung, die immer wieder neu wiederholt werden musste, um wirksam zu sein, weswegen auch immer neue Skandale und Skandalisierungen, Abgrenzungen vom politischen Gegner und ein „Framing" der von diesem vertretenen Werte erforderlich waren, ist auch die Ebene der Konsequenzen moralischer Argumentation für den politischen Diskurs des Kaiserreichs interessant. Dabei mag die moralische Ebene mal als reiner Ausfluss der bestehenden Produktionsweise, mal als gleichzeitig mit dieser sich vollziehenden allgemeinen gesellschaftlichen Auflösung gemeinsamer Werte dargestellt worden sein. Mal mochte das Anführen der Moral im Sinne agitatorischer Rhetorik und im Bewusstsein der rein ökonomisch begründeten gesellschaftlichen Polarisierungen geschehen werden, mal als Ausdruck ernst gemeiner Empörung und in der Hoffnung auf Veränderung durch Skandalisierung. Tatsache bleibt, dass beide Hauptströmungen der Partei sich der moralischen Argumentation bedienten und sich damit nicht nur als Kritiker des Bestehenden und als Verteidiger der Unterdrückten in die Position der „muckracker" brachten, sondern sich auch gleichzeitig die Verpflichtung einhandelten, selbst nach den geforderten Maßstäben zu agieren. Dieses Muster festigte sich und war auch in den folgenden Jahrzehnten der deutschen Sozialdemokratie als geeinter Partei immer wieder zu beobachten, wie neuere und ältere Forschungsarbeiten gezeigt haben.[669]

---

668 Honneth, Axel: Kampf um Anerkennung. Zur moralischen Grammatik sozialer Konflikte, Frankfurt am Main 1994, S. 261.

669 Vgl. vor allem: Rothfuss, Korruption; aber auch: Hall, Alex: Scandal, Sensation and Social Democracy. The SPD Press and Wilhelmine Germany 1890–1914, Cambridge 1977.

Damit aber wurde die moralische Kritik des Außenstehenden, der aus einer scheinbar von der Wählerschaft geteilten Berechtigung derselben auch in zunehmender Zahl als Volksvertreter in den Reichstag entsandt wurde, zur gemeinsamen moralischen Grundlage aller in diesem Diskurs operierender Akteure. Die Aufforderung, den berechtigten Klagen der Arbeiterschaft Gehör zu schenken, die moralischen Verfehlungen zur Kenntnis zu nehmen, der Druck der Wähler und unterschiedlicher politischer Akteure, die sich der teilweise aus den eigenen Reihen angestoßenen und von den Sozialdemokraten nur aufgenommenen moralischen „Aufregerthemen" bedienten, bedeutete gleichzeitig einen diskursiven Machtgewinn der sozialistischen Gerechtigkeitskämpfer und eine Verringerung ihrer Oppositionsstellung im politischen Koordinatensystem durch Zurkenntnisnahme der berechtigterweise diskutablen Themen. Sie bedeutete zudem auch eine indirekte Akzeptanz gemeinsamer moralischer Standards, wenn etwa im Forum des Reichstags Gründerskandale und Korruptionsaffären von allen Seiten debattiert und in gewisser Weise auch von allen Seiten verurteilt wurden.

Ob in Verteidigung des Geltenden oder durch Aufnahme und Verarbeitung der Kritik: Die moralische Anklage bleibt, einmal ausgesprochen, garantiert nicht folgenlos. In diesem Sinne verstehe ich auch den Hinweis von Anna Rothfuss auf „Korruptionskommunikation als demokratisierendem Faktor" und nehme ihre Beobachtung der zunehmend als Initiatorin von Korruptionsdebatten auftretenden Sozialdemokratie und der zunehmenden „Homogenisierung" der Korruptionsdebatten im Kaiserreich als Beleg für die angeführte These der Ablösung der liberalen Bewegung als führender kritischer Kraft mit gesamtgesellschaftlichen Implikationen im Sinne Kosellecks durch die Sozialdemokratie beziehungsweise als Hinweis auf die Auswirkungen der sozialdemokratischen Moral- und Korruptionskritik über Parteigrenzen hinweg.[670]

Damit bot die sozialdemokratische Moralkritik ein emanzipatorisches Moment ohne direkten Zusammenhang mit der geforderten Auflösung klassenspezifischer Ausbeutungsbeziehungen. Die sozialdemokratische Moralkritik hantierte auch und vor allem mit der Rhetorik des Bürgers, der auf sein Recht pocht, und nicht nur mit der des Proletariers, der es dereinst zu erringen hofft – es ist ein demokratisches Anliegen, welches immer wieder neu aktiviert und damit am Leben erhalten wird. Auf diesem Wege konnte der Eindruck entstehen, dass die Sozialdemokratie und die anderen tragenden politischen Kräfte zwar in der Wahl der Mittel vollkommen unterschiedliche Positionen vertraten, aber zumindest in Grundfragen der Moral – erst einmal bloß auf der Wortebene – ein ähnliches Fundament vertraten, auch wenn sich hinter den geteilten Formulierungen und Forderungen nach Einhaltung bestimmter Werte ganz unterschiedliche Konzepte verbargen. So konnte die notwendige Verknüpfung von Deprivationserfahrungen der von den Sozialisten angesprochenen Gruppen (mochte sie auch, was nicht zu belegen ist, oftmals rein wahltaktische Absichten gehabt haben) mit einer bestimmten moralisch begründeten Gerechtigkeitsideologie,

670 Rothfuss, Korruption, S. 316 und 326.

die zwar aus dem Ökonomischen abgeleitet wurde, aber für sich allein auch erstrebenswert war, einen weiteren Ansatzpunkt bilden. Anhand dessen ließ sich auch das Engagement für das bestehende System rechtfertigen, ohne vorrangig dessen Zusammenbruch zu erwarten oder ihn gar zu beschleunigen. Vor dem Sozialistengesetz stand dieser systemintegrative Weg der Sozialdemokratie noch offen, danach – bezogen auf das Kaiserreich – in viel geringerem Maße. Er blieb aber ein lebendiges Erbe der „praktischen Ideologie" der frühen Sozialdemokratie und ihrer funktionalen Rolle als Anwältin derer, die sonst kein Gehör zu finden hofften.

Die häufige Möglichkeit der Skandalisierung, die in den folgenden Jahrzehnten ja keinesfalls seltener, während die publizistische Kraft der Sozialdemokratie – vor allem nach 1890 – keinesfalls geringer wurde, hat in der Sozialdemokratie des Kaiserreichs sicherlich nicht den Anreiz verkleinert, sich in der politischen Agitation auf die Themen zu konzentrieren, die tagespolitisch am meisten Aufmerksamkeit, also politische Relevanz bescherten. Gleichzeitig bedurfte die grundlegende ökonomische Analyse keiner ständigen Überarbeitung, solange sie in ihrer wissenschaftlichen Genauigkeit den selbständigen Zusammenbruch des Systems über kurz oder lang vorhersagte und der sozialdemokratischen Politik somit die Freiräume ließ, sich – angesichts eines kaum vor dem Zusammenbruch stehenden Kapitalismus – mit pragmatischeren Fragestellungen aktueller Prägung zu beschäftigen. Diese waren aus Sicht einer radikalen Oppositionspartei am besten mit der Strategie der Skandalisierung auf das politische Tableau zu heben. Es waren eben „die Verhältnisse", welche im Sinne der Partei sich entwickelten und die nur noch aufgenommen werden mussten.[671]

Gerade mit diesem Vorgehen aber machte die Partei sich zu einem wichtigen funktionalen Bestandteil der politischen Landschaft, auf dessen Rolle als aufklärerischer Kraft nicht mehr verzichtet werden konnte und deren moralische Überlegenheit beim Zusammenbruch des Systems von den scheidenden Eliten als eine so große Gefahr gesehen wurde, dass diese nur durch die Perfidie der Verantwortungs- und Schuldübertragung im Moment der Niederlage zu bekämpfen war. Denn der Kapitalismus bestand zu diesem Zeitpunkt immer noch, und die der deutschen Sozialdemokratie implizit übertragene Aufgabe nach der gleichzeitig langsamen und rapiden Machtübergabe war nicht die Aufhebung der Klassengegensätze, sondern die Hebung des moralischen Ansehens des Deutschen Reichs gegenüber dem Ausland und der eigenen desillusionierten Bevölkerung. Damit hatte die Sozialdemokratie exekutiv die Aufgabe übernommen, mit der sie sich in den letzten Jahrzehnten in der Praxis hauptsächlich

---

[671] Vgl. Stenographische Berichte über die Verhandlungen des Deutschen Reichstags, 2. Legislaturperiode, III. Session 1875/76, Erster Band, Berlin 1876, Sitzung vom 18. Dezember 1875, S. 757: „Die Verhältnisse aber machen die beste Propaganda für uns und unsere Gegner, die Männer, welche das jetzige System tragen, beschleunigen nach Kräften den politischen und ökonomischen Auflösungsprozeß der alten Gesellschaft. Die ganze Lage, die Geschäftskrisis, die politische Unsicherheit – alles wirkt propagandistisch in unserem Sinn."

und zuletzt in der Rolle der Oppositionsführerin auseinandergesetzt hatte – und nicht die, welche sie in der Theorie angegeben hatte, übernehmen zu wollen.

6. *Sozialdemokratische Kapitalismusanalysen und Kapitalismuskritik*

Die Betrachtung der sozialdemokratischen Krisenrezeption lässt sich – wie hier geschehen – in viele unterschiedliche Untersuchungsbereiche unterteilen. Um die Frage zu beantworten, in welchem Zusammenhang die Auswirkungen der Gründerkrise zur konkreten Ideologie – oder besser den Ideologien – der deutschen Sozialdemokratie in den Jahren vor und nach ihrer Vereinigung standen, ist besonders die Einordnung der ökonomischen Verhältnisse und krisenhaften Ereignisse hervorzuheben. Erfolgte diese vor dem Hintergrund eines vollständig ausgearbeiteten ideologischen Gesamtzusammenhangs, der vielleicht sogar überhaupt keiner Erläuterungen mehr bedurfte, also diskursiv fest verankert war? Oder wurden unterschiedliche ideologische Versatzstücke in mehr oder weniger flexibler Manier miteinander kombiniert – als Zwischenstufe zu einer vermeintlich dogmatischen Erstarrung, in der sich die Partei in den nächsten Jahrzehnten zunehmend wiederfand? Oder können Krisenkritik und Kapitalismusanalyse der Sozialdemokraten als derart heterogen betrachtet werden, dass von einem Bruch zwischen sozialdemokratischem Denken vor und nach dem Sozialistengesetz ausgegangen werden kann? Wie immer werden auch Unterschiede zwischen und innerhalb der beiden sozialdemokratischen Fraktionen zu analysieren sein. Unabhängig von der Beantwortung dieser Fragen soll die ökonomische Ideologie der deutschen Sozialdemokratie in den Jahren zwischen 1873 und 1877 im Folgenden als historische Repräsentation eines Zeitabschnitts *sui generis* betrachtet werden und nicht als „vorkautskyanische" Version eines vermeintlich erst in den Jahrzehnten danach vervollständigten Idealtypus sozialdemokratischer Weltanschauung, auf den sich die Wissenschaft nicht ohne Grund als legitimen Repräsentanten typischer sozialdemokratischer Ideologie in den Jahren vor 1914 geeinigt hat.[672]

In Bezug auf die Verwendung Marx'scher Begrifflichkeiten sollen im Folgenden Anhaltspunkte für die Verbreitung seiner Vorstellungen über die Funktionsweise des Kapitalismus gesammelt werden. War es – trotz Johann Baptist von Schweitzers Engagement für die Vermittlung Marx'scher Gedanken, das seinen Ausdruck fand in einer sich über mehrere Ausgaben erstreckenden Rezension des ersten Bandes des „Kapitals" im Jahr 1867 – noch zu keinem wirklichen Aufgreifen der Marx'schen Begriffe und Ideen im ADAV gekommen?[673] Und wie verhielt sich das in der SDAP und umgekehrt in Bezug auf Lassalle? Abschließend

672 Groh, Integration, S. 58.
673 Vgl. Herzig, Der Allgemeine Deutsche Arbeiter-Verein, S. 229f.

soll abgewogen werden, in welchem Verhältnis die oben analysierte moralische Dimension der Krisenrezeption zu der rein ökonomischen sowie auf sozialen Funktionsgesetzen beruhenden Anschauung stand.

Was die Diskussion der Funktionsweise des Kapitalismus anlangt, so waren die Ereignisse des Jahres 1873 nicht Auslöser, sondern eher zusätzlicher Motor für die Intensivierung der sozialdemokratischen Auseinandersetzung mit diesen Fragen. Das Erscheinen des ersten Bandes des „Kapitals" kann ebenfalls keineswegs als der eigentliche Anfang eines tiefergehenden sozialdemokratischen Diskurses über das bestehende Wirtschaftssystem betrachtet werden, genauso wie nicht erst mit Ferdinand Lassalles reger Publikationstätigkeit in ökonomischen Fragen seit Beginn der 1860er Jahre ein eindeutiger Schnitt gemacht werden kann. Ganz zu schweigen von dessen Beeinflussung durch den konservativen Denker Rodbertus, dessen Vorschläge für eine Art „Staatssozialismus" sich in Lassalles Denken wiederfinden und demgemäß auch keine klare Trennung zwischen einer genuin „sozialistischen" oder „sozialkonservativen" Debatte zu diesem Zeitpunkt erlauben.[674]

Durch die europaweite Vernetzung im Rahmen einer frühsozialistischen Diskursgemeinschaft, die wohl auch infolge der Schmähungen durch Marx und Engels rückblickend in der Forschung zu gering gewichtet worden ist, lassen sich einzelne Denkströme, die in der ersten Hälfte des 19. Jahrhunderts unter dem Terminus „Sozialismus" firmierten, nicht immer genau bis zu ihrem Ursprung zurückverfolgen. Die Prägung eigener Begrifflichkeiten und die Ausarbeitung eines recht konsistenten Denksystems sind ja gerade das Erfolgsrezept des Autorenduos Marx und Engels gewesen. Diese Feststellung darf aber nicht darüber hinwegtäuschen, dass sozialistische Ideen – und damit auch bestimmte kapitalismuskritische Topoi – bereits in der französischen und englischen Presse der späten 1820er und frühen 1830er Jahre auftauchten, wie anhand der begriffsgeschichtlichen Rekonstruktion des Wortes „Sozialismus" deutlich geworden ist.[675] Was die Besonderheit der historischen Situation der 1870er Jahre ausmacht, sind also nicht allein die von dessen Anhängern als Offenbarung gefeierten Marx'schen Ideen, sondern deren Zusammentreffen mit einer politischen Bewegung.

Sich in einer ideologisch erklärungsbedürftigen Situation befindend, war diese in der Lage, besagte Ideen aufzugreifen, und schuf aufgrund der spezifischen politischen Nische, die sich ihr öffnete, erstmals in der Geschichte der Arbeiterbewegung eine organisatorische Struktur, die als Container ideologischer Inhalte diente und nicht als Kampfplatz unterschiedlicher politischer Strömungen untereinander. Eben diese Situation bildet den Ursprung des sozialdemokratischen Kampfspruchs „Einigkeit macht stark". In diesem Sinne entbehrt es nicht

---

674 Vgl. zu Rodbertus: Meurer, Bärbel: Bürgerliche Kultur und Sozialdemokratie. Eine politische Ideengeschichte der deutschen Sozialdemokratie von den Anfängen bis 1875, Berlin (West) 1988, S. 126–128.

675 Vgl. Bartholmes, Herbert: Bruder, Bürger, Freund Genosse und andere Wörter der sozialistischen Terminologie, Göteborg 1970, S. 225f.

der Ironie, dass ein Denkgebäude wie jenes Marx'scher Prägung, welches von gewissen logisch bedingten historischen Entwicklungskräften ausging, in so hohem Maße von dem historisch kontingenten Zusammentreffen einer entstehenden Arbeiterpartei auf der Suche nach einem ideologischen Fundament – nach der enttäuschenden Aufgabe aller revolutionären Nahziele – mit einer Ideologie profitierte, die sich auf die historische Situation passgenau anwenden ließ und von einer politisch besonders praktikablen Impraktikabilität geprägt war.

Dabei kann aber nur aus der rückblickenden Warte des Historikers von einer politisch immobilisierenden Kombination „von radikaler Theorie und reformistischer Praxis" gesprochen werden, wie sich die Entwicklung der Sozialdemokratie im Kaiserreich unter dem von Dieter Groh geprägten Stichwort des „revolutionären Attentismus" zusammenfassen lässt.[676] Nehmen wir die Handlungsspielräume der historischen Zeitgenossen ernst, können wir – spätere Entwicklungen einmal beiseite lassend – von einer beeindruckenden Integrationsleistung unterschiedlicher sozialistischer Konzeptionen sprechen, die erst in den Jahrzehnten danach zu einer ideologischen Erstarrung gelangten. Der Blick auf die 1870er Jahre zeigt eine unter staatlicher Verfolgung, innerer Konkurrenz und wirtschaftlicher Misere leidende politische Bewegung, der es gelang, die äußeren Triebkräfte zur eigenen Stabilisierung zu nutzen. Gerade dieses Element ist es, welches die Erfolgsgeschichte der deutschen Sozialdemokratie im Kaiserreich ausmacht, die mit dem Gipfelpunkt bei den Reichstagswahlen 1912 endete. Die enorme ideologische Flexibilität und Vielfalt an Debatten ist es, welche für den Diskurs der deutschen Sozialdemokratie vor dem Sozialistengesetz hervorsticht. Besonders anschaulich gilt dies für die unterschiedlichen Kapitalismusanalysen.

A. Was geschieht in der Krise?

Schon nach Ausbruch der Krise in Österreich verfolgten „Volksstaat" und „Neuer Social-Demokrat" die Entwicklungen dort, in Europa und weltweit sehr genau. Nach regelmäßigen Hinweisen auf vermeintlich kommende Krisen in den Monaten zuvor war nun der Zeitpunkt gekommen, die jetzige Krise einzuordnen. Ein Artikel im „Neuen Social-Demokraten" vom 6. Juli 1873 widmete sich der Frage der Zerstörung von Kapital infolge der Krisen. Die später zurückgenommene Konfiszierung des ersten Teils des Leitartikels „Wer zerstört das Kapital" zeigt die nicht nur in sozialdemokratischen Zirkeln wahrgenommene Wirkungskraft der Argumentation. Der Autor, „H." – wohl nicht Wilhelm Hasenclever, der Mitherausgeber des „Neuen Social-Demokraten", Präsident des ADAV und späterer Mitbegründer des „Vorwärts", sondern sein Kollege Wilhelm Hasselmann, der durch seine Funktion als Redakteur des „Neuen" „die Richtung der Lassalleaner wesentlich beeinflussen" konnte, wie Günter Bers konstatierte – beschrieb ein-

---

676 Groh, Integration, S. 58.

leitend das Kapital als selbstzerstörerische Kraft.[677] Dabei sei die jetzige, in Wien ausgebrochene Krise, schon Ursache für eine größere Zerstörung von Kapitalien geworden, als dies für Frankreich im Krieg von 1870/71, inklusive der Reparationszahlungen, der Fall gewesen sei:

> „Und den Vernichtungsprozeß, welchen von Zeit zu Zeit das Kapital über sich selbst heraufbeschwört, man nennt ihn Geschäftskrise. [...] Wie wir mehrfach schon ausführten, ist eine Krise die direkte Folge der durch planlose Herstellung von Gütern verursachten Ueberproduktion, und die Krise besteht darin, daß sämmtliche Unternehmer, welche bisher fieberhaft produzirten, ihre Thätigkeit einschränken oder ganz einstellen. Die Verluste, welche wir messen wollen, sind nun einmal direkte: die überproduzirten Waaren, welche verderben, die Fabriketablissements, die unbenutzt in Verfall gerathen, oder die Kosten, welche ein Umbau derselben erfordert, um sie zu anderen Zwecken wieder nutzbar zu machen; dazu kommt an indirekten Verlusten so viel, wie während der Dauer der Geschäftsstockung weniger produzirt wird, als bei flottem Geschäft, denn es ist klar, daß sich das arbeitende Volk eine entsprechende Werthgröße in dieser Zeit abdarben muß. Wollen wir für diese gesammten Verluste einen Maßstab gewinnen, so müssen wir annehmen, daß dieser Ausfall der Produktion sich im Durchschnitt auf die gesammte Industrie vertheilt. In dem Augenblick, wo die Krise beginnt, werden sich die Einzelunternehmer daher im Durchschnitt auf einen entsprechenden direkten oder indirekten Verlust gefaßt machen, der erst in dem Augenblick vorüber ist, wo der flotte Geschäftsbetrieb wieder seine bisherige Höhe erreicht hat. Deshalb wird der Verkaufspreis einer jeden Fabrik im großen Ganzen bei Ausbruch einer Krise um so viel sinken, als der voraussichtliche Verlust beträgt, den dieses Unternehmen während der Krise zu tragen haben wird. Bei Aktiengesellschaften giebt der Börsencours der Aktien diesen Verkaufspreis der Unternehmung an, und der Rückschlag des Börsencourses zeigt somit deutlich an, welcher Kapitalwerth verloren geht, bis dahin, wo die Krise beendet ist. Kann man also, indem man die Aktiengesellschaften als Maßstab annimmt, den durchschnittlichen Verlust der gesammten Industrieetablissements eines Landes in Bausch und Bogen taxiren und rechnet man dazu die Lohnverluste der arbeitslosen Handwerker und Lohnarbeiter, so bekommt man den Gesammtschaden, welchen die Krise anrichtet. Und diese Zerstörung von Werthen ist allerdings ungeheuer."[678]

Die Krise wird aus der Sicht des Autors als Moment der Kapitalvernichtung charakterisiert. Hierfür verantwortlich sind keine exogenen Faktoren, sondern ein inhärenter Selbstzerstörungsmechanismus des Kapitals. Begründet wird diese Aussage durch die planlose Überproduktion, die als ständiger Topos in der Argumentation beider sozialdemokratischer Fraktionen gelten kann. Die Krise selbst wird auf das individuelle Verhalten der Produzenten zurückgeführt: diese stellen ihre „fieberhafte", also im krankhaften Wahn erfolgende Überproduktion ein. Welche Rolle das Kapital selbst als Krisenauslöser spielt, wird dabei nicht erklärt. Weiterhin stellt sich die Frage, ob nicht die Überproduktion selbst von Nutzen gewesen sein könnte, wenn ihr Ende gleichbedeutend mit dem Ausbruch der Krise ist. Und zuletzt: Warum handeln die beschriebenen Unternehmen so, wie sie es tun? Zumindest im Fall der letzten Frage wird das sozialpsychologische Moment der Krise deutlich: Die Unternehmer nehmen – wie auch der Autor des

---

677 Bers, Günter: Wilhelm Hasselmann 1844–1916. Sozialrevolutionärer Agitator und Abgeordneter des Deutschen Reichstages, Köln 1973, S. 15.

678 Neuer Social-Demokrat, 6. Juli 1873, Nr. 76.

Artikels – an, dass sich die Krise auf alle Sektoren auswirkt. Daher bereiten sie sich auf Verluste vor. Die zentrale Rolle stabiler Erwartungen für die Funktionsweise des Wirtschaftssystems taucht hier ganz nebenbei auf: Es ist der Prognostiker des „voraussichtlichen" Wertverfalls, der hier, ähnlich wie im Fall der Bewegungen der Aktienkurse, die folgenden Preisbewegungen nicht vorhersieht, sondern erst konstruieren hilft – dieser Zusammenhang tritt deutlich zutage, wird aber nicht weiter verfolgt, denn die „Planlosigkeit" des Produktionssystems reicht als fest etablierter Referenzpunkt für dessen Irrationalität. Dabei dient das Auf und Ab der Aktienkurse, welches Tempo und Instabilität suggeriert und an den Topos der irrationalen Spekulation anschließt, wie ihn Urs Stäheli herausgearbeitet hat, nur als *pars pro toto*.[679] In diesem Fall werden aber die Aktienkurse als immerhin korrekter Ausdruck des Wertes der Unternehmungen geschildert, was ihnen noch eine gewisse Aussagekraft zuspricht, da hier von einem einseitigen Einfluss des Unternehmenswerts auf dessen Aktienkurs und nicht in die andere Richtung ausgegangen wird. Auch hier ist es eher die Sichtweise des Arbeiters, die dominiert, der die Vorgänge an den Börsen nicht näher verfolgt, als dies der Ökonom tut, der bestimmte Zusammenhänge von vermeintlich höherer Warte aus beurteilen will – im zweiten Teil des Artikels wird sich dies ändern.

Statt näherer Erläuterungen soll es in dem fraglichen Artikel um die Quantifizierung der Kapitalverluste gehen. Neben den zerstörten Waren und dem ebenso zerstörten Kapital in Form von Produktionsvorrichtungen kommt laut Autor der Verlust des theoretisch in dieser Zeit weiterhin produzierten Materials hinzu: Ist die Überproduktion also doch von Vorteil? Jedenfalls muss der infolge der ausgefallenen Produktion entstandene Wertverlust durch die Arbeiterschaft ausgeglichen werden. In dieser Vorstellung verfügen die Kapitalbesitzer über ein beständiges Einkommen. In der Phase der Hochkonjunktur wird dieses über die Produktion und den Verkauf von Waren erzielt, in der Krise ersetzt der Arbeiter die Verluste durch seine niedrigeren Löhne. Hier finden wir die Sicht der Vorkommnisse aus der Warte der einzelnen Arbeiter. Ein Gesamtzusammenhang zwischen Angebot und Nachfrage, die Frage also, wie sich die gesunkene Nachfrage in der Krise auf die Produktion von Waren und die Löhne der Arbeiter auswirkt, wird hier nicht erörtert. Stattdessen entziehen sich die Kapitalbesitzer gewissermaßen den Konjunkturbewegungen, indem sie die negativen Auswirkungen von Krisen an die Arbeiterschaft weiterreichen: Letztere wird in diesem Fall als Spielball der Überproduktion und ohnmächtige Beobachterin eines dysfunktionalen Systems dargestellt.[680]

---

679 Vgl. Stäheli, Urs: Spektakuläre Spekulation. Das Populäre der Ökonomie, Frankfurt am Main 2007, S. 63.

680 Eine ähnliche Sichtweise teilte auch die Analyse des Überproduktionsproblems in der sozialistischen Theoriezeitschrift „Die Zukunft", die anders als Marx und Engels einen durch ihren Herausgeber Karl Höchberg geprägten ethischen Sozialismus vertrat. Hierbei lag aber der Fokus neben der Unterkonsumtion der Arbeiterschaft vor allem auch auf der übertriebenen Sparneigung der Arbeitgeber, die damit selbst für Überproduktion und somit für ihren eigenen Schaden sorgten. Vgl. hierzu: Ueberproduction, in: Die Zukunft. Socialistische Revue 1, Heft 6, 15. Dezember 1877, S. 175–183.

Die Aktienkurse selbst sind in dieser Analyse nicht Ausdruck eines Systems planloser Überproduktion oder dekadenter Verirrung höchster Gesellschaftskreise, sondern ein legitimer Ausdruck der wirtschaftlichen Entwicklung von Unternehmen. Somit hilft die Beobachtung der Finanzmärkte sogar bei der Analyse des Kapitalismus. Eine individuelle Kritik an einzelnen Akteuren auf den Aktienmärkten, die Catherine Davies für die Jahre nach 1873 in Arbeiterpublikationen beobachtet hat, war in diesem Artikel nicht zu finden.[681] Vielmehr verläuft die Analyse unternehmenszentriert und betrachtet die Entwicklungen der Gesamtwirtschaft aus der Sicht des Arbeiters – ohne kausalen Zusammenhang mit den Ereignissen auf den Finanzmärkten. Diese sind reine Abbildung der realwirtschaftlichen Vorgänge.

In der Fortsetzung des Artikels „Wer zerstört das Kapital" am 9. Juli 1873 ging der Autor noch einmal detaillierter auf die Frage der Verflechtung von Börsen- und Geschäftskrise ein. Durch den Konjunkturboom wird demnach aufgrund des guten Geschäftsganges eine große Zahl an neuen Unternehmen gegründet – dies aber unter Nutzung hoher finanzieller Aufwendungen, was mit einer zunehmenden Verschuldung der Unternehmer einhergeht:

> „Sobald nun der Zeitpunkt kommt, wo die vorhandene Ueberproduktion den Unternehmern zum Bewußtsein kommt, versuchen dieselben zunächst aus ihren Kreditverbindlichkeiten herauszukommen und für die etwa vorhandenen Waaren oder Etablissements mindestens soviel baar Geld zu beschaffen, um die dringlichen Zahlungen zu leisten. Es entsteht eine gewaltige Nachfrage nach Baargeld und ein entsprechendes Angebot sonstiger Tauschwerthe – Waaren und Produktionsinstrumente – in Folge dessen tritt natürlich das kolossale Fallen der Preise jener Tauschwerthe ein, und die Unternehmungen, welche übermäßige Verpflichtungen eingegangen sind, werden bankerott. [...] Eine solche Börsenkrise macht mehr Lärm durch den plötzlichen Fall aller Aktien und Börsenpapiere, als sie wirklich ökonomischen Schaden anrichtet; die eigentlichen Zerstörungen der Gebrauchswerthe erfolgen erst dann, wenn die Börsenkrise in eine Industriekrise übergeht. Dies geschieht in der Weise, daß die von der Börsenkrise in ihrem Kredit arg beschränkten industriellen Unternehmer, welche zugleich eine Ueberfüllung der Märkte wahrnehmen und also die Hoffnung auf hohe Unternehmergewinne verlieren, dadurch veranlaßt werden, den Betrieb zu beschränken, die neuen Etablissements nicht zu vollenden und ihre Arbeiter zu entlassen. Im Laufe dieser Zeit der Arbeitsstockung treten die zerstörenden Folgen der planlosen Produktionsweise mit ihrer ganzen Schroffheit hervor, und diese Industriekrisen sind es, welche die Zerstörung an Kapital und Arbeitskraft so lange andauern lassen, bis die Nachfrage nach Waaren und der Spekulationsgeist wieder langsam sich steigern."[682]

Die Beschreibung des Krisenverlaufs lässt auf eine starke Vertrautheit mit den erwartbaren Folgen von Konjunkturschwankungen schließen. Das lässt sich nicht nur auf die aktiven Erinnerungen an die Ereignisse von 1857 zurückführen, auch internationale Entwicklungen waren ja immer wieder Gegenstand unterschiedlicher Betrachtungen gewesen. Gleichzeitig zeigt sich, dass die Sozialdemokratie durch die Übernahme des konjunkturellen Denkens auch selbst

---

681 Vgl. Davies, Speculations, S. 151.

682 Neuer Social-Demokrat, 9. Juli 1873, Nr. 77.

Bestandteil eines Wirtschaftsdiskurses war, der sich durch die Vermittlung von Wissen und Erwartungen an der Ausformung des modernen Industriekapitalismus beteiligte. Es ist eine in das Wirtschaftssystem und in das Denken über die Wirtschaft integrierte Stimme, die hier spricht und bereits auf gemachte Krisenerfahrungen verweisen kann und kein außenstehender Beobachter, welcher die Entwicklungen nur ungenau beschreiben kann.

Die Rolle der gesellschaftlichen Wahrnehmung von Krisen wird auch in diesem Abschnitt des Artikels erneut deutlich. Die „vorhandene Ueberproduktion" muss den Unternehmern erst zu „Bewußtsein" kommen. Erst dann versuchen diese, ihre Verschuldung zurückzuführen und sich möglichst viel Liquidität zu verschaffen – John Maynard Keynes sollte die Vorteilsprämie auf in bar gehaltene Gelder mehr als 60 Jahre danach unter dem Begriff der Liquiditätspräferenz festhalten, also dem Bestandteil des Zinses, der für die Aufgabe des Nutzens von Bargeld durch den Kreditgeber in Rechnung gestellt wird.[683] In der Zeit der Krise – so erkennt der Autor des „Neuen" zutreffend – wird der Nutzen von Bargeld noch höher veranschlagt, da die mit diesem verbundene Flexibilität in Zeiten erodierenden Regelvertrauens höchst vorteilhaft scheint. Die Reaktion auf das zunehmende Bedürfnis nach Liquidität liegt in der Wertzunahme von Bargeld und im Preisverfall der „Tauschwerthe". Die Unternehmen, die sich in ihrer Finanzierung zu sehr auf die stabilen Werte ihrer Sicherheiten verlassen haben, stehen nun – in Zeiten „kolossalen" Preisverfalls – vor dem Ruin, da sich die Bewertung der Zukunftsaussichten geändert hat. Diesen Mechanismus hat Hyman P. Minsky in seiner Hypothese der finanziellen Instabilität beschrieben – der Autor des „Neuen Social-Demokraten" kennt ihn schon ein Jahrhundert zuvor.

Auch die Investitionszurückhaltung infolge von Krisen, die sechs Jahrzehnte später den Vorreiter der keynesianischen Revolution dazu veranlasste, das Einspringen des Staates in Krisensituationen zu fordern, um den Nachfrageausfall zu kompensieren, wird vom Journalisten des „Neuen" klar als größte Gefahr erkannt. Nicht die für manche Betrachter mitunter willkürlich anmutenden Bewegungen der Aktiennotierungen sind ursächlich für die krisenhafte Zuspitzung der Lage, sondern die Reaktion der einzelnen Unternehmer. Diese handeln für sich betrachtet rational und wollen mit ihren Mitteln haushalten, werden aber damit insgesamt das Wachstum abwürgen – diese Erkenntnis könnte genauso gut einer makroökonomischen Analyse aggregierter individueller Handlungsmechanismen entspringen. Nur der Zusammenhang zwischen Lohndeflation und sinkender Konsumneigung fehlt noch, um die volkswirtschaftliche Analyse vollständig zu machen. In diesem Artikel freilich steht der Arbeiter als Betroffener der Krise im Fokus, nicht dessen volkswirtschaftliche Aufgaben. Insgesamt ist der bemerkenswerte Abstraktionsgrad der Ausführungen nur in wenigen Bereichen nicht erstaunlich hoch. Die Tendenz, Kapital und Arbeit als Bestandsgrößen, weniger in ihrem Zusammenhang als Stromgrößen zu betrachten, wird deutlich, wenn der Autor von der Vernichtung von Arbeitskraft und Kapital spricht. Die in Zeiten gutgehender Geschäfte als absolute Größen betrachteten

683 Vgl. Keynes, General Theory, S. 85f.

Werte können demnach in Krisenzeiten vernichtet werden. Es ist weniger die Relation unterschiedlicher Werte zueinander, die im Blickpunkt steht, als ein scheinbar erreichter Zustand der optimalen Ausnutzung von Arbeitskraft und Kapital. Vor allem in dieser Hinsicht fällt ein mechanistisches Bild von der Funktionsweise einer Volkswirtschaft auf, was aber der festzustellenden Modernität dieser – besonders hervorstechenden – Krisenanalyse im „Neuen Social-Demokraten" nicht abträglich ist, sondern diese noch eher bestätigt.

Die Ereignisse an der Börse eignen sich, ähnlich wie schon im ersten Teil des Artikels, in erster Linie als Gradmesser der realwirtschaftlichen Vorgänge und werden vom Autor selbst nicht als besonders schädlich für die Gesamtwirtschaft erachtet. Es zeigt sich eine klare Priorität bei der Bewertung der Krisenfolgen zugunsten der Realwirtschaft. Die Börsen werden nicht als von der Realität losgelöste Casinos beschrieben, reißen aber auch nicht mit ihrem Treiben den Rest der – eigentlich gesunden – Wirtschaft in den Abgrund. Stattdessen ist es der Prozess der Überproduktion, aus dem sich logischerweise Krisen ergeben müssen. Diese Erkenntnis steht fest, und die Börse als Institution kann nur als Abbild des Prozesses der Überproduktion betrachtet werden und ist keine eigenständige Akteurin im Zusammenspiel zwischen Finanzmärkten und Realwirtschaft. Dies ist der einzige Punkt der Analyse des mutmaßlichen Autors Hasselmann, der sich auf ausschließlich ideologische Grundsätze zurückführen lässt. Ansonsten handelt es sich bei dieser um die Darstellung eines idealtypischen Verlaufs einer Finanzkrise, wie er in leicht modifizierter Sprache auch bis in die Gegenwart hinein geschildert werden könnte. Der Krisenverlauf wird – zeitlich noch vor dem Ausbruch der eigentlichen Krise – objektiv geschildert und analysiert. Mehr noch, die nächsten Zeilen des Artikels setzen sich mit dem Versuch auseinander, die Ausmaße der Krise zu messen. Die Börsenkurse unterschiedlicher Aktien der Berliner Börse werden für den Zeitraum vom 2. April bis 25. Juni des Jahres verglichen. Seine Ausführung resümiert der Autor mit der Erkenntnis, dass die „allersichersten Unternehmungen eine Einbuße von mindestens 10 bis zu 25 Prozent ihres Preises erlitten".[684] Besonders risikoreiche Aktien brachen dagegen um die Hälfte ein, der Gesamtkursverlust wird mit „vier- bis fünftausend Millionen Thaler[n]" taxiert:

> „Das ist allein schon das drei- oder vierfache der gesammten so viel besprochenen ‚Kriegsbeute'. Wie groß ist nun erst der Gesammtverlust, den die noch in weit überwiegender Zahl vorhandenen Privatunternehmungen erleiden? Und dieser ungeheure Preisausfall; er steht nicht blos auf dem Papier; er ist nicht imaginär; er macht sich vielmehr in der jetzt beginnenden Geschäftsstockung durch Werthzerstörung und Arbeitslosigkeit geltend. Jene zerstörten Milliarden und aber Milliarden muß sich das Volk abdarben; in ihnen sind die Vermögen der bankerotten Kleinbürger enthalten, und wenn dann wieder neuer Geschäftsaufschwung mit neuer Ueberproduktion erfolgt, dann ist es das Großkapital, welches allein dies ausnutzt. Wir können solchen Thatsachen gegenüber wohl noch einmal fragen: ‚Wer zerstört das Kapital?' – und wir denken, unsre Gegner müssen schweigen."[685]

684 Neuer Social-Demokrat, 9. Juli 1873, Nr. 77.
685 Ebenda.

Der Zusammenhang zwischen dem durch die Krise vernichteten Kapital und der französischen Reparationszahlung verweist auf die geringe Durchsetzungskraft eines Staates, der sich des Verbuchens einer hohen Kriegsentschädigung rühmt, dem Verlust einer vielfach größeren, infolge der Überproduktion gefährdeten Summe jedoch nichts entgegenzusetzen vermag: (Außen-)politische Erfolge können angesichts der Dimensionen wirtschaftlicher Gefahren nicht überzeugen, ohne die Lösung der Letzteren werden die Ersteren keine bleibenden Erfolge sein. Für die Zukunft sieht der Autor schwarz: Die errechnete Summe des Gesamtverlustes an Kapital ist noch nicht komplett. Die tatsächlich relevanten Verluste der „Privatunternehmungen" erfolgen erst in der nächsten Stufe des Krisenprozesses. Erneut sind es Arbeitslosigkeit und die Zerstörung von Werten, die als größte Bedrohungen betrachtet werden. Und nach der Krise ist vor der Krise: Das Großkapital kann aus Sicht des „Neuen Social-Demokraten" anders als das ruinierte Kleinbürgertum profitieren. Eine rhetorische Frage beendet den Artikel mit dem Hinweis darauf, dass seine größten Befürworter die eigentlichen Zerstörer des Kapitals sind und nicht – indirekt maschinenstürmende – Sozialisten, die in der zeitgenössischen Presse – und auch von Regierungsseite – häufig wegen angeblich unangemessener Lohnforderungen für die Krise verantwortlich gemacht worden waren.

Die Auseinandersetzung mit den Krisenfolgen und die Krisenanalyse, sowie die Analyse des Wirtschaftssystems insgesamt, waren in der sozialdemokratischen Presse der 1870er Jahre immer auch Gelegenheiten zur Konfrontation mit dem politischen Gegner. Dabei waren Berichte über Krisendeutungen des politischen Gegners, der ja gleichgesetzt wurde mit Vertretern bestimmter Klassen, eine willkommene Gelegenheit für Ideologiekritik und die Schärfung der eigenen Argumentation, wie der folgende Bericht vom 10. Januar 1875 über die Verhandlungen des „Deutschen Fabrikantentags" in Leipzig zeigt. Der Autor des „Volksstaats" schwankte in seiner Betrachtung zwischen Ironie („eine Probe deutscher Manchesterweisheit") und dem mehr oder weniger subtilen Versuch, einen Keil zwischen die Vertreter der größeren und kleineren Fabrikunternehmen zu treiben.[686] Die pejorative Verwendung des Begriffs „Manchestertum", der hier in einer Abwandlung auftaucht, ist übrigens eine interessante Erscheinung historischen Sprachwandels – war doch, wie Werner Plumpe festgestellt hat – dieser Begriff vor der Gründerkrise nicht allgemein gebraucht worden, vor allem von Seiten der Sozialdemokraten. Er fand in den Folgejahren aber in breiten Kreisen seinen Niederschlag: ein Beleg für die Diskreditierung des Wirtschaftsliberalismus nach 1873.[687] Dabei ist nicht eindeutig, ob der Autor des Kongressberichts der sozialdemokratischen Richtung zuzuordnen ist. Dazu gibt es auch keine weiteren Hinweise, außer der inhaltlichen Übereinstimmung in der Bewertung der Vorgänge mit der sozialdemokratischen Sicht. Der Berichterstatter über die wirtschaftliche Lage, ein Herr Janke aus Cottbus, berichtete davon, dass diese nicht allzu schlimm sei und keine Geschäfts- und Handelskri-

686 Volksstaat, 10. Januar 1875, Nr. 3.
687 Vgl. Plumpe, Gründerkrach, S. 23.

se bestünde, sondern eine „Waarenkrisis".[688] Diese zurückhaltende Bewertung der herrschenden wirtschaftlichen Gefahrenlage – von vielen Anwesenden ausdrücklich nicht geteilt, was deren Unmutsäußerungen bestätigen – fand noch weniger Zustimmung, als der Redner die Sorgen der Kleinfabrikanten regelrecht zu ignorieren schien:

> „Aber nachdem auf Grund der im letzten Kriege von Deutschland gewonnenen 5 Milliarden, kein Sinken des Nationalwohlstandes (!) durch den Herrn Referenten entdeckt worden war, nachdem derselbe ferner (wie er selbst sagte als ‚Nichtkracher (‚den ‚famosen Wiener Krach' als eine gesunde Blutreinigung gerühmt, [...] und endlich von Krieg und Kriegsaussichten keine Spur, überall aber die untrüglichen Zeichen des dauernden Friedens sah (Beweise wurden allerdings verschwiegen), fanden wir unsere Vermuthung bestätigt, daß der Herr Berichterstatter nach all seinen Erwägungen unter einer ‚förmlichen' Krise nur eine solche meinen könnte, bei welcher selbst das Großfabrikantenthum in die Brüche geht. Bekräftigt fanden wir diese Ansicht, als Herr Janke von den Jeremiaden und Klageliedern las, denen vielfach jede Berechtigung fehle. Der Seitensprung nach der Concurrenz hin sollte wohl sagen, daß die kleinen Jammerleute, die der Großproduktion lästigen Concurrenten, die kleinen Fabrikanten, schon durch minder schwere Krisen und Stockungen zum Klagen gedrängt seien und daß erst dann Abhülfe nöthig (und berechtigt?) erschiene, wenn der Fabrikantentag das Singen der Klagelieder anordnet!? ‚Speziell in der Wollwaarenbranche sei der Uebergang des Tuch-Detailhandels zum Confektionsgeschäft, die Erschwerung des Exportes, die Ueber-Produktion, die Ursache der Geschäftsstockung und als wir die Ueberproduktion das fatalistische Schicksal unserer modernen Produktion nennen hörten, beugten wir uns dieser Selbsterkenntniß und stimmten im Stillen dem Kleinfabrikanten bei, der neben uns bemerkte: ‚Wer produzirte denn am tollsten drauf los? Sind's nicht gerade die Großen!?' Als gewichtigste Ursache der Krisis stellte der Referent schließlich die Ueberproduktion dar, als Mittel zur Abwehr die Einschränkung, die Minderproduktion, und wenn wir die Adresse, an welche der gute Rath in erster Linie gerichtet sein mochte, zwischen den Zeilen richtig herausgelesen haben, so lautete sie: ‚An das geehrte Kleinfabrikantenthum. Absender: die Herren Großfabrikanten'."[689]

Der „Nationalwohlstand" wird aus der Sicht des Redners durch die der Regierung zur Verfügung stehende Menge an Geldmitteln begründet – die sozialdemokratische Beurteilung der Relevanz der französischen Reparationszahlungen im Vergleich zu den Auswirkungen der Finanz- und Wirtschaftskrise ist bereits in dem vorigen Beispiel gezeigt worden. In diesem Fall reichte ein einfaches Ausrufezeichen als Ausdruck der Skepsis gegenüber der Aussage von Janke. Nicht vom Börsenkrach betroffen, bezeichnet der Redner diesen als „Blutreinigung", scheint also davon auszugehen, dass durch die Vernichtung unprofitabler Unternehmungen insgesamt ein positiver Effekt durch den Crash zu verzeichnen sei. Die drohende Gefahr eines Krieges sieht er nicht. Für den Beobachter der Rede geht aus diesen Aussagen hervor, dass Janke nur deswegen nicht von einer Krise spricht, weil die Gruppe, welche er vertritt, die der Großfabrikanten, bisher nicht betroffen sei. Deswegen kritisiere er auch die Klagen seiner Kollegen – damit sind erneut die Vertreter der Kleinfabrikation gemeint, die sich dem Abschwung wegen geringerer Rücklagen, weniger Sicherheiten und einer größeren Speziali-

688 Volksstaat, 10. Januar 1875, Nr. 3.
689 Ebenda.

sierung naturgemäß weniger gut entziehen konnten. Als Hauptursache des momentanen Konjunkturtals betrachtet Janke die Überproduktion – ganz wie auch die deutschen Sozialdemokraten. Der Kongressberichterstatter sieht diese Äußerung offensichtlich als Ausweis der Heuchelei der Großfabrikanten, die – wie auch ein anwesender Kleinfabrikant bemerkt haben soll – selbst die Hauptverantwortlichen für die Überproduktion sein sollen. Nicht genug, als Gegenmittel zur Überproduktion wird die Verminderung der Warenproduktion vorgeschlagen – ein Hinweis, der laut dem Autor von den Großfabrikanten an ihre kleineren Konkurrenten gerichtet sein soll. Damit ist die Trias der aus Sicht des Autors offensichtlich nicht ernstzunehmenden Positionen des Großfabrikantentums im Angesicht der Krise vollständig: Die Krise wird nicht als solche erkannt, die Überproduktion wird als Übel registriert, aber als deren Antreiber werden die Kleinfabrikanten ausgemacht und zu guter Letzt sind diese auch noch dazu angehalten, ihre Produktion zu reduzieren.

Damit stellt sich dieser Artikel nicht nur als Analyse der „Manchesterweisheiten" der liberal gesonnenen Großfabrikanten dar. Diese sprechen dem Wirken der Marktkräfte grundsätzlich positive Wirkungen zu („Blutreinigung"), verlangen etwaige Anpassungen aber nicht von sich selbst, sondern bloß von ihren Konkurrenten. Dies ist zugleich auch als Hinweis an die – nach Marx'scher Ansicht – ja langfristig aus der Bourgeoisie herabsinkenden Verlierer der vollständigen Durchsetzung des Kapitalismus zu verstehen, an den Kleinfabrikanten als Teil des momentan noch nicht, aber in Zukunft für den Sozialismus zu begeisternden Kleinbürgertums. Der Markt und die mit seinem Ausgreifen verbundenen Gefahren werden dabei gleichzeitig zu einem wichtigen Element der sozialdemokratischen Problemanalyse und zum Anwerbeinstrument für die dem politischen Ziele der Partei – noch – fernstehenden Bevölkerungsgruppen. Die große Relevanz der Beschreibung von Marktmechanismen in der frühen deutschen Sozialdemokratie ist auch bereits an anderer Stelle gezeigt worden.[690] In diesem Sinne ist auch die Schlussbemerkung aus der Redaktion des „Volksstaats" zu deuten, in der es hieß, den Kleinfabrikanten zu beweisen, warum diese mit der Zusammenarbeit mit den Großfabrikanten „sich das eigene Grab graben".[691]

In den vielen Artikeln aus den beiden Leitmedien der deutschen Sozialdemokratie der 1870er Jahre, die sich mit der Positionierung des politischen Gegners beschäftigen, bietet sich die Gelegenheit, die sozialdemokratische Krisenanalyse *ex negativo* zu beschreiben. Die ironisch gekennzeichneten Aussagen der Gegenseite werden, wenn man sie wendet, zu Hinweisen auf die Lagebeurteilung der sozialdemokratischen Beobachter. Das Beschwichtigen des Redners, dessen Hinweis auf die positiven Auswirkungen der – im Vergleich zum Körper des Menschen – notwendigen „Blutreinigung" der Wirtschaft und das Abschieben der Verantwortung auf die Kleinfabrikanten boten für sozialdemokratische Leser einen deutlichen Hinweis auf den Ernst der Lage und sollten sie in ihrer

690 Vgl. Welskopp, Markt.

691 Volksstaat, 10. Januar 1875, Nr. 3.

Abneigung gegenüber einem sich der unterdrückerischen Ignoranz schuldig machenden Klassensystem bestätigen.

Die Fortsetzung des Artikels in der nächsten Ausgabe des „Volksstaats" sollte sich in diesem Sinne noch einmal vertiefend mit der Sicht der Sozialdemokraten, in Abgrenzung zu der des Redners, beschäftigen. Für den sozialdemokratischen Betrachter ist es ein deutlicher Hinweis auf die sozialen Zustände, wenn Janke von einer „Waarenkrisis" spricht, die zu einem geringen Absatz der Waren führt, die für den alltäglichen Gebrauch bestimmt sind.[692] Die Seite der Konsumenten, also derjenigen, welche nun innerhalb dieser „Waarenkrisis" kein Geld mehr für die Anschaffung von Gebrauchsgegenständen haben, ist es, auf die der Autor hinweist, während der Redner auf dem Fabrikantentag nur die Produzentensicht beleuchtet hatte. Eine die beiden Elemente verbindende Sichtweise in Form einer gesamtwirtschaftlichen Betrachtung, die den engen Zusammenhang zwischen Nachfrage und Angebot hervorhebt, liefern weder die Aussagen des Vertreters der Großfabrikanten noch die der Sozialdemokraten. Letztere fordern jedoch von den Produzenten die Rücksichtnahme auf die Bedürfnisse der Konsumenten – vor allem sind damit die städtischen Unter- und Mittelschichten gemeint – und gehen zumindest einen Schritt weiter, indem sie deren Lage als Ursache für den mangelnden Absatz betrachten. Dazu ist vor allem der Begriff der „Normalkonsumtion" von Interesse. Als autoritative Begründung der sozialdemokratischen Argumentation dient auch ein Hinweis auf Friedrich Engels' Werk „Die Lage der arbeitende Klasse in England",[693] der ebenfalls die rücksichtslose Überproduktion gegeißelt hatte – eines von mehreren Beispielen, in denen sich Krisenanalysen des „Volksstaats" auf die Argumentation aus einem der wichtigsten Werke von Friedrich Engels bezogen.

Wenn man das Erscheinungsjahr dieser Studie – das Jahr 1845 – heranzieht und die Tatsache berücksichtigt, dass Karl Marx selbst nie eine detaillierte Krisentheorie entwickelt hat, dann wird noch einmal der enorme Stellenwert von Friedrich Engels für die ideologische Ausrichtung der deutschen Sozialdemokratie deutlich, der durch sein im Jahr 1877 veröffentlichtes Projekt, den „Anti-Dühring", nochmals untermauert wurde:

> „Jede Produktion, die ihren wichtigsten Zweck, die Befriedigung normaler Bedürfnisse der Gesellschaft überschreitet, muß naturnothwendig zur Verwüstung ihrer nächstliegenden Absatzgebiete, zur Ueberproduktion und endlich zum Niedergang derjenigen Branche treiben, der sie obliegt [...] Daß die vom Fabrikantentage zugestandene Waarenkrisis aber nicht blos eine Stockung in der Waarenspekulation ist, daß diese Stockung nicht in Folge Geldmangels der Spekulanten auftritt, sondern in Folge gewaltiger Störungen der natürlichen Absatzgebiete, d. h. in Folge gänzlicher Entkräftung der natürlichen Consumenten, der Massen, dies dem fabrizirenden und spekulirenden Manchesterthum begreiflich zu machen, würde schwer halten. Diese Herren lieben es nicht, bis auf den Grund zu sehen und darum sagen sie einfach: ‚Nationalwohlstand ist da, untrügliche Zeichen dauernden Friedens sind da, Spekulanten sind da, Fabrikanten sind da, folglich ist bewiesen, daß die Hauptbedingungen fürs Geschäft da sind und doch wie ungeschickt waren nicht die Volks-

---

692 Volksstaat, 13. Januar 1875, Nr. 4.

693 Vgl. Engels, Lage.

wirthe, welche diese edlen ‚Dinge' von anderen ‚Dingen' abhängig gemacht haben, die das ‚Ding' Geschäftskrisis (heute Waarenkrisis) bewirken helfen? [...] Und wenn wir heute sagen, macht die Massen consumtionsfähig, dann wird Eure Produktion einen geregelteren Blutlauf bekommen, wenn wir dazusetzen, zügelt Euer Profitmachen im Vornherein, wenn wir endlich erinnern, gebt höhere Löhne, kürzere Arbeitszeit, menschenwürdigere Existenz für die niederen Massen, dann, – ja, dann erst ist der Teufel los! [...] Alles reuig, Alles klar, Alles organisirt, genau nach dem Rezept des deutschen Fabrikantentags und zu seinen Füßen der erdrosselte Normalarbeitstag, die geknebelte Coalitionsfreiheit, der beschnittene Arbeitslohn des von der Hand in den Mund vegetirenden Proletariates [...] ‚Der Eine kann nur gewinnen, wenn der Andere verliert', das ist ihr Lehrsatz, das ist ihr Anfang und ihr Ende, dem wir ruhigen Sinnes entgegensehen. [...] Der Kleinfabrikant mag es bestreiten und der Großproduzent mag es belächeln, die fortgesetzte Ausbeute der arbeitenden Massen allerwärts, ihre Knechtung, ihr Hunger, ihre unnatürliche Bedürfnißlosigkeit sind auch in Deutschland die Hauptursachen jener Erscheinungen, vor denen sie Beide heute stehen, tastend und rathend, ob Geschäftskrisis oder Waarenkrisis der richtige Name sei, ob Minder-Produktion oder Erschließung neuer Absatzgebiete Hilfe bringen werden. [...] die Todtengräber der Hazardproduktion. In's Grab mit ihr!"[694]

Wie schon eingangs erwähnt, wurde aus sozialdemokratischer Perspektive ein statisches Verhältnis zwischen Produktion und Konsumtion angenommen, ebenso wie auch auf der Gegenseite aus Sicht der Fabrikanten kein dynamischer Zusammenhang zwischen den Elementen von Angebot und Nachfrage erblickt wurde, die sich gegenseitig beeinflussen. Genau auf dieser Trennlinie befanden sich auch die Erklärungen über die Ursache der Krise: Für die eine Seite ging es um einen zu geringen Absatz von Waren, für die andere um die Lohnhöhe der Konsumenten. Was als weiteres spaltendes Element gelten kann, ist auch die ideologische Festlegung der Sozialdemokraten, die – naturgesetzlich – argumentierten, dass jedwede Produktion über die bestehenden Bedürfnisse hinaus die Absatzgebiete verwüsten würde – auch hier findet sich also eine naturnahe Metaphorik, die Überproduktion mit einer Naturkatastrophe gleichsetzt – und auch letzten Endes die überproduzierenden Gewerbe vernichtet. Damit waren die gegensätzlichen Erwartungen zwischen den Produzenten und den sich als Vertretern der Konsumenten verstehenden Sozialdemokraten festgelegt: Die einen suchen ihr Heil in einer zeitweiligen Drosselung der Produktion, um alsbald wieder in alte Muster zu verfallen; die anderen gehen von einer festgelegten Menge an benötigten Produkten aus, deren Überschreitung in der Produktion fatal ist. Ein solches Beispiel, nicht eine „Waarenkrisis", ist die Krise seit 1873 für den Autor des „Volksstaats"; es handelt sich bei dieser um das Ergebnis stattgefundener Überproduktion und der daraus logisch zwingend folgenden Vernichtung der Konsumtionskraft der unteren Schichten, des „Proletariats". Dieser Begriff, der erst in den 1870er Jahren zunehmend in der deutschen Arbeiterbewegung verwendet wurde, ist ein Beispiel für die zunehmende „Verbalradikalisierung" der deutschen Sozialdemokratie.[695] Gleichzeitig war die Entstehung beziehungsweise „Erfindung des Proletariats" eine wichtige Voraussetzung für die Entwicklung

694 Volksstaat, 13. Januar 1875, Nr. 4.
695 Welskopp, Banner, S. 611.

und Übertragung einer potentiellen Machtressource auf die bisher diskursiv in weniger homogener Weise gefassten unterbürgerlichen Schichten.[696]

Rein ökonomisch betrachtet vertrat die Sozialdemokratie in diesem Artikel eine nachfrageorientierte Sichtweise, die der rein angebotsorientierten ihrer politischen und wirtschaftlichen Gegner gegenüberstand. Es gab hier keinen Verhandlungsspielraum, kein Zugeständnis an die Gegenseite, die Gegensätze waren absolut. So lässt sich die scharfe Frontstellung auf der politischen Ebene auch durch die scharfen Unterscheidungen zwischen den ökonomischen Rollen von Arbeiterschaft und Bürgertum ausdrücken. Genauso wie die von beiden Seiten betriebene politische Konfrontation Gelegenheiten für eine bessere Zusammenarbeit auf dieser Ebene verbaute, so war das ökonomische Denken in klaren Gegensätzen auch ein Hindernis für ein pragmatisches Verständnis und die Entwicklung von Problemlösungsstrategien mit Blick auf die wirtschaftliche Lage.

Der Vorwurf von Seiten des „Volksstaats" lautet, dass die ökonomische Ideologie der Fabrikanten kaum auf Zusammenhänge achte und gegebene Werte als notwendig hinnehme. Anders als der systemoppositionelle Autor des „Volksstaats" sollten die Fabrikanten aus dessen Sicht von der „normativen Kraft des Faktischen" abstrahieren können. Sogar den Nationalökonomen, die Zusammenhänge wie jenen zwischen Konsumtion und Produktion aus der Sicht der Sozialdemokraten zumindest benennen, wird den Fabrikanten in Sachen kritischer Reflektion die Totalverweigerung vorgehalten. Die vorgeschlagenen Lösungen der Sozialdemokraten, die den „Blutlauf" der Wirtschaft verbessern wollen – also auch ein von Körperlichkeit geprägtes Bild der Volkswirtschaft haben, die gesund oder ungesund sein kann –, sind höhere Löhne, geringere Profite, kürzere Arbeitszeit. Aber dieser Vorschlag wird aus Sicht der Sozialdemokraten mit radikaler Ablehnung der Produzenten beantwortet, womit diesen die Verantwortung für jegliche ökonomische Mängel im Hier und Jetzt zugeschoben wird. Zusätzlich dazu sind auch noch die Ideen der Sozialdemokraten, wie der Normalarbeitstag, die Koalitionsfreiheit und die Löhne, „erdrosselt", „geknebelt", „beschnitten". Diese sprachlichen Bilder reichen von einem gewaltsamen Tod bis hin zur Freiheitsberaubung und verweisen in ihrer Dramatik auf die hilflose Lage der Arbeiterschaft, die sich im sozialdemokratischen Verständnis am Ende der gesellschaftlichen Hierarchie wiederfindet, bar fast aller Rechte, die aber tatsächlich als einzige gesellschaftliche Kraft über Lösungen für die gegenwärtigen Probleme verfügt, während für die Gegenseite jede Beziehung zu einem Nullsummenspiel verkommt. Geistige Überlegenheit und soziale Deprivation bilden die Mixtur, aus der die sozialdemokratische Gesellschaftsanalyse gemacht ist: Als sprachliche Mittel liegen Polemik und Ironie daher nahe. Aber

---

696 Eiden-Offe, Patrick: Die Poesie der Klasse. Romantischer Antikapitalismus und die Erfindung des Proletariats, Berlin 2017. Vgl. hierzu auch: Wuthnow, Communities, S. 490: „Just as the concept of the bourgeois became a kind of figural actor, defined by the discursive field that the enlightenment writers created, so the concept of a proletariat developed as a symbolically laden category that stood somewhere between, as it were, the institutional experience of actual working men and women and the potentiality attributed to them by socialist visions of the transformed society."

auch die Selbstvergewisserung über die eigene diskursive Prägekraft und die Relevanz der eigenen Zukunftskonzeption, „das ist ihr Anfang und ihr Ende, dem wir ruhigen Sinnes entgegensehen", zählen dazu.[697] Hier verbinden sich gefühlte Überlegenheit und tatsächliche soziale Unterlegenheit zum klassischen Stil der sozialdemokratischen Presse der 1870er Jahre.

Die geschilderten negativen Begleiterscheinungen der herrschenden Produktionsweise bezogen sich jedoch nicht nur auf die ökonomische Ebene, sondern kennzeichneten auch das sozialdemokratische Staatsverständnis. Im gegenwärtigen Staat war nach dieser Lesart keine Verbesserung der Verhältnisse möglich. Der schon seit Ende der 1860er Jahre von Eisenacher Seite geforderte Normalarbeitstag, ebenso wie die angestrebte Verbesserung der Position der Gewerkschaften fungierten nicht als Hoffnungsanker für eine baldige Verbesserung der Lage der Arbeiterschaft. Stattdessen zeigt der Umgang mit diesen Forderungen, wie wenig realistisch Verbesserungen im Hier und Jetzt wahrgenommen wurden. Diese dienten aus sozialistischer Sicht nurmehr als Versuchsballons, deren Abschuss durch die herrschenden Eliten nur ein weiterer Beweis für deren Unrechtmäßigkeit und die geringen Aussichten des bestehenden Systems auf langfristige Fortexistenz war.

Zum Gestus der Überlegenheit zählten auch die ständigen Referenzen im sozialdemokratischen Diskurs auf vermeintlich korrekte Prognosen bezüglich des Aufkommens der Krise. Ob für Vergangenheit, Gegenwart oder Zukunft der Krise, es gilt: „Die Beobachtung der Krise zielt nicht nur auf die Diagnose und die Anamnese ihrer Vorgeschichte, sondern sie ist immer auch Prognose."[698] In einem Artikel vom 15. Juni 1873 im „Neuen Social-Demokraten" gab der Autor den Hinweis auf das schon „lange zuvor" erkannte Heraufziehen der Krise durch die sozialdemokratische Presse, und dies, während die bürgerliche Presse noch in „Wonne schwamm":[699]

> „Wir überschätzen aber ebenso wenig diese Krise, denn wir wissen, sie ist nicht auf dem Boden des kapitalreichsten Produktionscentrums in England erwachsen, sondern in Deutschland und Oesterreich; deshalb wird sie nicht ganz mit der zerstörenden Gewalt auftreten, wie die nach einigen Jahren mit der gleichen Nothwendigkeit erfolgende vom englisch-amerikanischen Geldmarkt ausgehende Weltkrise. Aber genügen wird auch die jetzige Krise, um durch einen Ruck das Schwindelgebäude der letzten Jahre über den Haufen zu werfen und die Kläglichkeit der modernen Produktionsweise zu enthüllen. [...] In Börsenkreisen erzählte man sich beispielsweise dieser Tage, daß Herr von Bismarck viele Millionen baaren Geldes unbekannten Ursprungs durch den Banquier Bleichröder zur Rettung der Börse zur Verfügung gestellt habe. Mag dem sein, wie ihm wolle, die Handelskrise, welche aus der Ueberproduktion mit Nothwendigkeit entspringt, wird dadurch in ihrem Verlaufe nicht aufgehalten. [...] Wir wollen vorerst hierzu aber ein Beispiel anfüh-

697 Der Volksstaat, 13. Januar 1875, Nr. 4.

698 Meyer, Carla/Patzel-Mattern, Katja/Schenk, Gerrit Jasper: Krisengeschichte(n). „Krise" als Leitbegriff und Erzählmuster in kulturwissenschaftlicher Perspektive – Eine Einführung, in: Meyer, Carla/Patzel-Mattern, Katja/Schenk, Gerrit Jasper (Hrsg.): Krisengeschichte(n). „Krise" als Leitbegriff und Erzählmuster in kulturwissenschaftlicher Perspektive, Stuttgart 2013, S. 8–23, hier S. 10.

699 Neuer Social-Demokrat, 15. Juni 1873, Nr. 67.

> ren, nämlich einiges die Berliner Bauthätigkeit Betreffende: Die Preise für Ziegel waren letzthin auf 22 bis 24 Thlr. per Tausend gestiegen. Die Folge war nicht nur eine riesige Ueberproduktion, sondern massenhafte Gründung von Ziegeleien, von denen sehr viele noch unfertig sind; jetzt sind beim Beginn der Krise die Ziegelpreise auf 12 Thlr. per Tausend, also auf die Hälfte, gefallen; ganz ebenso steht es mit den Holzpreisen. Jetzt wird ein Naiver meinen, es müsse das Baugeschäft aufblühen, denn noch immer Wohnungsnoth und plötzlich halbe Preise für das Bau-Material, das wäre ein Geschäft! Aber man rechne mit der Krise, die mit einem Schlage allen Kredit erschüttert! [...] Wenn es sich bei der planlosen Spekulation nur darum handelte, daß die Kapitalisten sich untereinander übervortheilten, dann wäre es nichts Nennenswerthes. Aber das Verzweifelte dabei ist, daß das Schicksal blindlings die ganze Produktion lahm legt, daß Hunderttausende von Arbeitern zum Feiern gezwungen werden und Milliarden an Werthen zerstört werden [...]."[700]

Mit der eben wieder erwiesenen prognostischen Kompetenz im Rücken ist auch die Beurteilung der gegenwärtigen Krise durch die Sozialdemokraten von hohem Wert. Trotz ihrer Vorhersage der Krise überschätzen diese sie laut dem Autor des „Neuen Social-Demokraten" nicht und halten sie nicht für eine große „Weltkrise", da eine solche nur von den kapitalstarken Wirtschaftsnationen jenseits des Atlantiks und jenseits des Ärmelkanals hervorgebracht werden könne. Der Artikel aus dem Sommer 1873 sieht eine „Weltkrise", die im sozialdemokratischen Sprachgebrauch oftmals gleichbedeutend mit dem Zusammenbruch des globalen Wirtschaftssystems verwendet wurde, erst in mehreren Jahren kommen. Die im Herbst desselben Jahres ausbrechende Krise in New York war demnach in diesem Fall nicht erwartet worden – eine Weltkrise sollte in jedem Fall auftreten, wenn auch nicht mit den erwünschten Folgen eines weltweiten politischen Aufbruchs. Die jetzt ausbrechende Krise, und sei sie nur auf Mitteleuropa begrenzt, dient als Lehrstück für die Mängel der herrschenden Produktionsweise und damit auch als Gelegenheit zur politischen Agitation. Auch die mutmaßlichen Rettungsversuche des Reichskanzlers, für die Sozialdemokraten ein weiterer Beweis für die Verschmelzung staatlicher und wirtschaftlicher Interessen, vor allem aber für die von der Verschlechterung der ökonomischen Lage ausgehenden Bedrohungen für das Fundament des Staates, können keine Besserung bringen. Gegen den quasi naturgesetzlichen Zusammenhang zwischen Produktionssystem und Krisen kann staatliches Handeln nichts ausrichten.

Es ist nicht die Macht über die gegenwärtigen politischen Entscheidungen, die sich die Sozialdemokraten ausbedingen, sondern die Deutungsmacht über vergangene, gegenwärtige und zukünftige Entwicklungen. Die Analyse der Krise der Gegenwart, die dank der als zutreffend empfundenen vorherigen Prognose noch zusätzliches Gewicht erhält, ist Anlass zur Hoffnung auf weitere zutreffende Einordnungen und die damit zunehmende Bedeutung der selbstproduzierten Diskurse.

Damit bot der sozialdemokratische Diskurs als Subsystem der öffentlichen politischen Debatte paradoxerweise einen stabilisierenden Faktor: Die Krise wurde in einen zunehmend stabilen Deutungsrahmen gefasst, der sich aus vergangenen Erfahrungen, gegenwärtigen Analysen und Zukunftsprognosen speis-

---

[700] Ebenda.

te. Die Unsicherheit des sozialdemokratischen Wählers, die in ihrer politischen Sprengkraft auch, aber nicht nur in Krisen ein gewisses revolutionäres Potential barg, wurde durch die sozialdemokratische Krisenerzählung, ob von Seiten des ADAV oder der SDAP als politisch responsive Ansprechpartner, reduziert und politisches Handeln in Richtung der Agitation und Organisation der eigenen Bewegung gelenkt. Damit stabilisierten in diesem Fall also systemskeptische und systemoppositionelle Parteien insgesamt jenes System, welches sie so deutlich ablehnten. Eben hier liegt auch der Ansatzpunkt für den Aspekt, den ich mit der praktikablen Impraktikabilität der sozialdemokratischen Ideologie umschrieben habe, die von außen betrachtet fälschlicherweise als dysfunktional gewertet werden könnte, tatsächlich aber die im politischen System des Kaiserreichs vorhandenen Spielräume erfolgreich nutzbar machte, ohne die Organisation selbst in Gefahr zu bringen.

Mit der Sicht auf die wirtschaftlichen Ursachen der Krise indes boten die Sozialdemokraten keine besonders ideologisch gefärbten Analysen. Die Beschreibung der Arbeiterschaft als Opfer des bestehenden Produktionssystems abstrahierte ein Stück weit von einzelnen Krisen, die durchaus pragmatisch als untere Wendepunkte des Wirtschaftszyklus wahrgenommen wurden. Davon zu differenzieren war aus sozialistischer Sicht die kommende Weltkrise, die man aber nicht in naher Zukunft vermutete, nachdem man hierüber schon in Bezug auf die große Volksrevolution eines Besseren belehrt worden war. Mit einer die Auswirkungen der zeitgenössischen Wirtschaft besonders nüchtern analysierenden Herangehensweise gelang es den Sozialdemokraten, auch ökonomische Prozesse, wie das mitunter im Spannungsverhältnis stehende einzelbetriebliche Denken der Unternehmer und dessen Auswirkungen auf der makroökonomischen Ebene, im Abstrakten und Konkreten nachzuvollziehen. Gleiches gilt für die asymmetrische Beziehung zwischen Groß- und Kleinfabrikanten, die – wie gesehen – angesichts der Krise in besonders grelles Licht gerückt wurde, um im vermeintlich herabsinkenden Teil des Bürgertums Anhängerschaft zu gewinnen.

B. Krisen erforschen, Krisen bekämpfen – nie wieder Krisen?

Ein weiterer relevanter Aspekt des gewählten Diskursfragments und ein erstes Beispiel für die nun folgenden Quellenbeispiele, die von der Krisenanalyse zur ersten Erarbeitung eigener Antworten übergingen und für die zuerst ein – wissenschaftliches – Fundament gelegt werden musste, ist der empirische Begründungszusammenhang, mit welchem der Autor arbeitete. Im Rahmen einer empirischen Argumentationsweise wird darauf verwiesen, dass die gestiegenen Preise für eine Welle der Überproduktion verantwortlich gewesen seien. Die nun stark gesunkenen Preise gehen mit einem Zusammenbruch der Produktion einher. Nur „ein Naiver“ müsse denken, dass der Bedarf an Wohnungen und gesunkene Preise für Ziegel gut in Einklang zu bringen seien. Tatsächlich tritt erneut die aus sozialdemokratischer Sicht so oft kritisierte Verzerrung der realen Verhältnisse ein: Hohe Preise führen zur Überproduktion, niedrige Preise zum Produktionsrückgang.

Ein dynamischer Zusammenhang zwischen Konjunktur und Preisverläufen, zwischen Lohnsummen und Erträgen, wird hier nicht explizit angenommen, sondern stattdessen auf eine jeglicher Vernunft entbehrende Produktionsweise verwiesen, die aus Sicht des Handwerkers und Arbeiters schlichtweg nicht nachvollziehbar ist. Die Wahrnehmung der Ökonomie als Feld für sich ist hier nicht akzeptiert, der Diskurs der eigenen Gesetzmäßigkeiten unterworfenen Wirtschaft nicht fest etabliert. Stattdessen fordert die Sozialdemokratie Rechenschaft über die nicht erfolgte Bedarfsdeckung (Wohnungsnot), sie bemängelt die fehlende Vernunft im herrschenden System und nimmt damit auch letztendlich prinzipiell eine Steuerbarkeit desselben an, die sie dem Staat der Gegenwart jedoch abspricht. Die Wirtschaft wird nicht teilnahmslos als Ausdruck einer Fremdherrschaft betrachtet, vielmehr ist es die Arbeiterschaft, die in großer Zahl unter den Zerstörungen des als planlos bezeichneten Systems leidet. Aus Sicht der Autoren des „Neuen Social-Demokraten" ist die Krise nicht als politischer Möglichkeitsraum zu begrüßen, sondern in erster Linie eine Zeit der unnötigen Leiden. Anstatt sich in grundsätzlicher Systemopposition zu befinden, verstehen sich die in Berlin so starken Vertreter des ADAV als Interessenvertreter der dortigen Arbeiterschaft und legitimieren damit auch ein Stück weit den politischen und wirtschaftlichen Rahmen, innerhalb dessen sie Interessen wahrnehmen wollen. Um das System zu ändern, so wird hier deutlich, ist es die Aufgabe der menschlichen Vernunft, seine Mängel offenzulegen.

Diese Analyse stand im Spannungsfeld zur ständig angedeuteten Naturgesetzlichkeit der Krisen und Dysfunktionalitäten. Zwischen radikaler Reform und grundsätzlicher Opposition schwankend, bot den gemäßigteren Sozialdemokraten die Krise weniger Chancen, als den Sozialdemokraten Eisenacher Prägung. Diese lehnten das Reich und seine (kleindeutsche) Form grundsätzlich ab und konnten sich zudem einer wirtschaftlichen Analyse bedienen, die eine weit umfassendere Systematik bot und damit auch die konkreten Probleme der eigenen Wählerschaft in weniger akute Problemlagen verwandelte und sie als Teil eines größeren Ganzen beschrieb. Der ständige Verweis auf das unvernünftige und planlose „Produktivsystem" durch den ADAV war hier ein möglicher Anknüpfungspunkt, wie er auch durch seine häufige Verwendung auf beiden Seiten, aber in unterschiedlichen Zusammenhängen, zu bestätigen ist.

Wie veränderte sich die Sichtweise des ADAV auf die Gründerkrise, nachdem ihre Vorhersage zum Ausbrechen einer weltumspannenden Krise bereits wenige Monate später und nicht etwa Jahre später eintraf, sondern schon im Herbst 1873? Im „Vereins-Theil" des „Neuen Social-Demokraten" vom 29. Oktober 1873 taucht ein Hinweis auf die Verständigung und Konstruktion eines gemeinsamen Krisennarrativs auf, wie es nicht nur in Zeitungsartikeln, sondern auch in Reden vor Ort geschah, die dann allerdings wieder in die Presseberichterstattung Eingang fanden. Oftmals kam es zu einer gemeinsamen Resolution der Mitglieder der Volksversammlungen, an denen keineswegs nur Parteimitglieder teilnahmen.

Allerdings wurden diese nicht selten bei diesen Versammlungen rekrutiert.[701] In der Annahme einer Resolution durch die Volksversammlung kann man die rituelle Konstitution der eigenen, auch oft regional spezifischen Perspektive(n) auf die politische Gegenwart sehen. Die Herstellung einer gemeinsamen Sichtweise war die konkrete Produktion von Erzählmustern, und die Beteiligung örtlicher Sympathisanten daran war eine politisch-emanzipative Handlung ersten Ranges. Die Demonstration von Einigkeit, wie sie auch in der nun folgenden, von Karl Frohme aus Frankfurt am Main übermittelten, einstimmig angenommenen Resolution vom 8. Oktober 1873 praktiziert wurde, war dabei ein weiterer wichtiger Effekt politischen Handelns vor Ort:

> „Die Spekulation des Kapitals in Börsengeschäften und Gründungen beruht auf dem Prinzip der größtmöglichen gegenseitigen Uebervortheilung vermöge der immer großartiger Dimensionen annehmenden Ueberproduktion auf industriellem, – wie des Chancenschwindels auf kommerziellem Gebiete; – diese Spekulation offenbart nichts Anderes, als den mit völliger Ueberlegung rücksichtslos geführten Vernichtungskampf der Kapitalien untereinander. [...] durch die Intervention des Staates zu Gunsten ruinirter Börsenspekulanten und Gründer wird aber die für den Arbeiterstand so mißliche Produktionsweise nicht abgeschafft oder nur verbessert, sondern im Gegentheil in ihrem durchaus rechts- und vernunftswidrigen Wesen bestärkt und befestigt; der Kredit, womit Staatsbanken den Spekulanten und Gründern aufhelfen, erfolgt mittelst des Staatskapitals, welches Eigenthum des ganzen Volkes, aller an der direkten wie indirekten Steuer partizipirenden Staatsbürger, also auch der Masse in schlechtester Lage sich befindenden Arbeiter, während das Gesammteigenthum nur für das Gesammtwohl verwandt werden darf, nicht aber für das Interesse sich verspekulirt habender Kapitalisten, die in ihrem Untergang die gerechte Strafe erhalten; – in Erwägung all dieser Thatsachen erklärt die Versammlung: die Gewährung von Staatshülfe in irgend welcher Form an Repräsentanten des bestehenden Ausbeutungs-, Gründer- und Spekulationssystems ist (abgesehen von dem für das öffentliche Wesen daraus entstehenden Risiko) im Prinzip ein Verbrechen am Volke, eine schamlose Verletzung der Rechte der Arbeit, ein Paktiren mit Elementen, die ihrem Egoismus und ihrer unbegrenzten Gewinnsucht die Wohlfahrt der Gesammtheit aufopfern! [...] Der einzig rechtliche, durch eine vernünftige Auffassung des Staatszweckes und Wesens gebotene Staatskredit ist – in dem unter der Herrschaft der Volkssouveränität gesetzten Staate, und nur in diesem – nach dem Vorschlage Ferdinand Lassalle's, der für die Produktivassoziationen, welche das Wohl aller Staatsangehörigen, aufgrund wahrhaft nutzbringender Thätigkeit in planmäßiger, wohlgeordneter gegliederter Gesammtproduktion voll und ganz und dauerhaft garantiren."[702]

In der Hochphase des Gründerkrachs, in welcher sich die internationalen Ereignisse zu überschlagen schienen, halten die versammelten Frankfurter Lassalleaner in einem Akt der Selbstvergewisserung ihr Verständnis des Krisenablaufs fest: „Uebervortheilung" des Spekulationskapitals und „Ueberproduktion" hängen zusammen. Ein normales, bedarfsgerechtes Maß an Produktion wird in der jetzigen Produktionsweise überschritten, worin der Kern wirtschaftlicher Turbulenzen besteht. Wie schon gesehen, ist die Annahme eines feststehen-

701 Vgl. hierzu exemplarisch: Der Volksstaat, 8. August 1873, Nr. 69; Neuer Social-Demokrat, 1. Oktober 1875, Nr. 116.

702 Neuer Social-Demokrat, 29. Oktober 1873, Nr. 125.

den Bedarfs an Produkten noch von einer eher statisch geprägten Sichtweise auf die Wirtschaft geprägt, als dies bei der zunehmend von sektoral übergreifenden Konjunkturverläufen und Wachstumsprozessen geprägten modernen Wirtschaftsweise der Fall war. Schwindel und Überproduktion sind aus Sicht der sozialdemokratischen Versammlung eng miteinander verbunden, und zwar in einem konträren Verhältnis des Kampfes der Vertreter unterschiedlicher Fraktionen der Kapitalbesitzer. Dieser allerdings wird, anders als in anderen Diskursfragmenten dargestellt, planvoll ausgeführt und nicht in Form einer wirren Spekulationsmanie. Die Folgen dieses darwinistischen Kampfes der Arbeiterschaft werden in einem hier nicht im Wortlaut wiedergegebenen Textabschnitt als verheerend charakterisiert;[703] das eherne Lohngesetz – ein weiterer Ausdruck der Annahme einer statischen ökonomischen Gesetzmäßigkeit – kommt auch in der Krise zum Tragen.

Neben dieser Krisenanalyse im engeren Sinne wird auf eine mögliche Krisenlösungsstrategie eingegangen, nämlich die der Staatsintervention. Diese wird als systemstabilisierender Faktor betrachtet, der die Ursache der gegenwärtigen Kalamität, die Überproduktion, nicht abschafft, sondern stattdessen noch zusätzlich antreibt. Erneut ist es hier der Hinweis auf die Mängel eines „rechts- und vernunftswidrigen" Systems, der als Begründung für die sozialdemokratische Ablehnung desselben gewählt wird. Es handelt sich um ein aus moralischen und Verstandesgründen abzulehnendes System, nicht um eine der historischen Notwendigkeit entsprungene Entität, die über eine immanente, aber verborgene, gar dialektisch angelegte Funktionalität verfügt, wie es eher der Marx'schen Sicht entsprechen würde. Erneut sind es hier ein geringerer Abstraktionsgrad und die Argumentation auf der Basis der Lebenswirklichkeit der Arbeiterschaft, welche die mit der Krise in Verbindung stehenden Vorgänge nur als Ausdruck eines unnötiger Weise konvulsierenden Produktionsprozesses versteht, der schwer zu überblicken und wenig einsichtig erscheint. Es ist nicht die Sehnsucht nach der Zuspitzung der Lage, gar der Revolution, die aus dieser Analyse spricht, sondern die Hoffnung auf eine Rückkehr oder – je nach Sichtweise – auf den Fortschritt hin zu einer gleichmäßigeren Wirtschafts- und Gesellschaftsstruktur.

Dabei ist die Rolle des Staates nicht einseitig negativ besetzt. Dieser wird als institutionelle Verkörperung der gesamten Bevölkerung betrachtet und wäre, würde er demgemäß handeln, auch in der Lage, in einer Krisensituation zu agieren. Es geht hier also nicht um die grundsätzliche Ablehnung einer Krisenintervention, sondern ganz eindeutig um die Ablehnung gegenüber der Intervention einer kleinen Schicht, die dem „Gesammtwohl" zuwiderhandelt. „Gesammtwohl" und „Gesammteigenthum" sind hier, auch in der Realität des bürgerlichen Staates, positiv besetzte Begriffe und lassen sich schon auf Ferdinand Lassalles Gemeinwohlkonzeption zurückführen. Die aus der liberalen Tradition stammende positive Besetzung des Begriffs des „Staatsbürgers", der durch sein Wirken als Teil des großen Ganzen das Recht auf politische Mitwirkung und Förderung durch das Gemeinwesen erhält, wird ebenso verwendet.

---

703 Vgl. Ebenda.

Anders als die Vertreter der Eisenacher Richtung gebrauchten die Repräsentanten des ADAV in ihrer politökonomischen Analyse explizit eine Trennung zwischen Staat und dem – gehen wir nach der immer radikaler werdenden Ausdrucksweise – offensichtlich zunehmend abgelehnten „Ausbeutungs-, Gründer- und Spekulationssystem". Während Ersterer von den Interessen des Letzteren übermannt wird und in deren Sinne zu handeln vermag, bedeutete dies für die Lassalleaner nicht die Identifizierung des Staates mit der gegenwärtigen Wirtschaftsweise. Änderte sich diese, würde auch die Rolle des Staates positiver besetzt sein, dafür bedurfte es aber einer grundlegenden politischen Umgestaltung. Auch lange nach der Vereinigung der Sozialdemokraten in Gotha im Jahr 1875 wurden Hoffnungen auf friedliche Reformen von Staat und Gesellschaft, unter Berufung auf Marx und Lassalle, jetzt im neuen Parteiorgan, dem „Vorwärts", vertreten. Erneut zeigt sich hier die „Einheit in der Ambivalenz" zwischen Marx'schem und lassalleanischem Denken, das eigentlich fundamental unterschiedliche theoretische Versatzstücke in der Praxis kompatibel wirken lassen konnte.[704]

Auch ein Blick auf die symbolische Verwendung der Epigonen Marx und Lassalle in der bildlichen Darstellung in den 1870er Jahren ist hier wegweisend. Die beiden folgenden Illustrationen zeigen unterschiedliche Anordnungen der jeweils als Vorkämpfer der Partei stilisierten Sozialdemokraten aus der Phase der Parteieinigung. Die linke Abbildung stammt aus dem Jahr 1892 aus dem „Wahren Jacob" – geht aber auch vielleicht auf eine ältere Quelle zurück –, bei der rechten handelt es sich um eine Gedenkpostkarte, die auf den Tag des Gothaer Parteitags datiert ist.[705] Auffällig ist, dass sich in der einen Version der Aufstellung der sozialdemokratischen „All-Stars" eine viel homogenere Anordnung der Persönlichkeiten zeigt und diese überdies auch Namen wie den von Wilhelm Weitling enthielt, der aus Marx'scher Sicht sicherlich nicht in die Reihe der wichtigsten Vorkämpfer zu stellen war.[706] In der anderen Abbildung ist das Bild vollständig anders, da hier nur noch sozialistische Parteipolitiker dargestellt sind, die tat-

---

704 Stephan, Genossen, S. 124.

705 Zum „Wahren Jacob": „Mit dem ‚Sozialistengesetz' (1878–1890) wurde die Verbreitung sozialdemokratischer Druckschriften mit hohen Strafen bedroht, dennoch gab Wilhelm Blos 1879 im Verlag von Heinrich Dietz in Hamburg die erste Nummer der illustrierten humoristisch-satirischen Zeitschrift „Der Wahre Jacob" heraus. Ein Wagnis, das nicht lange gut ging. Nur zehn Nummern konnten erscheinen, bis die Zensurbehörde zuschlug. Der Verlag und damit auch „Der Wahre Jacob" wichen 1884 ins liberalere Stuttgart aus. „Der Wahre Jacob" entwickelte sich nach dem Auslaufen des ‚Sozialistengesetzes' zu einer der massenwirksamsten Zeitschriften der Sozialdemokratie, gleichzeitig avancierte er zu den populärsten satirischen Publikationen in Deutschland. Seit 1884 firmierte „Der Wahre Jacob" als „Illustriertes humoristisch-satirisches Monatsblatt" im zwischenzeitlich in Stuttgart gegründeten Verlag J. H. W. Dietz. Seine Beliebtheit wuchs rasch. Bis 1914 stieg die Auflagenzahl des Blatts auf 366.000 Exemplare." (Quelle: https://erinnerungsorte.fes.de/der-wahre-jacob/, zuletzt abgerufen am 22.12.2021)

706 Vgl. zur Konfrontation von Karl Marx und Wilhelm Weitling und Marx' Kritik an Weitlings „phantastischen Hoffnungen": Stedman-Jones, Gareth: Karl Marx. Die Biographie, Frankfurt am Main 2017, S. 263f.

Abb. 1: Das Gedenken an die Vorkämpfer der deutschen Sozialdemokratie gestaltete sich unterschiedlich. Quelle: AdSD/FES, Fotoarchiv, 6/FOTB002570

Abb. 2: Das Gedenken an die Vorkämpfer der deutschen Sozialdemokratie gestaltete sich unterschiedlich. Quelle: AdSD/FES, Fotoarchiv, 6/FOTA009304)

sächlich am Parteitag von Gotha teilgenommen hatten. Die einzige Ausnahme sind die gleichberechtigt nebeneinander und in der Mitte also gleichsam als Herz der Bewegung dargestellten Lassalle und Marx. Beide Abbildungen können im Wortsinn als Illustration für die unterschiedlichen Bewertungen und Priorisierungen dienen, die in der Frühphase der deutschen Sozialdemokratie möglich waren. Ob Marx und Lassalle als gleichberechtigt oder als zwei wichtige Köpfe unter vielen rangierten, die frühe Sozialdemokratie bezog ihre ideologischen Ressourcen aus ganz unterschiedlichen Quellen und verhehlte dies auch nicht. In der Frühzeit der Bewegung war es üblich, eigene Gedanken mit denen der intellektuellen Vorreiter zu kombinieren oder diese zu ergänzen – dies zeigte sich auch in der Ikonographie der Arbeiterbewegung.

So war es auch kein Zufall, wenn der spätere Linksabweichler Johann Most seinen Artikel mit dem Titel „Reform oder Revolution", der zwischen dem 22.10.1874 und dem 28.10.1874 in der „Chemnitzer Freien Presse" erschien, mit einem Zitat Lassalles einleitete, um danach seine eigene Konzeption vorzustellen, die jeden Sozialdemokraten als Revolutionär und die Reform als eine Art friedliche Revolution definierte.[707] Als Triebkraft für politisch-sozialen Wandel, den Most unter Berufung auf die allgemeinen Menschenrechte für jedes Regime, welches diese nicht achte, als notwendig ansieht, nennt Most vor allem Vernunft und Egoismus – und bleibt dabei bei einer philosophisch-ideellen Herleitung der Motivationen Einzelner, statt diese in erster Linie an deren ökonomischer Lage festzumachen.[708] Die Vernunft, weniger der Egoismus, ist auch auf den Seiten des „Neuen Social-Demokraten" immer wieder ein zentraler Gesichtspunkt, an welchem gesellschaftliche Verhältnisse gemessen werden. Eine weitere Begrifflichkeit, die Most ins Feld führt und die eine eigentümliche Mischung aus Eugen

---

707 Vgl. Johann Most, Reform oder Revolution, in: Szmula, Volker (Hrsg.): Johann Most. Dokumente eines sozialdemokratischen Agitators, Bd. 2, Grafenau 1989, S. 30–43, hier S. 30. Vgl. zur Person Johann Mosts: Bock, Wolfgang: Terrorismus und politischer Anarchismus im Kaiserreich, in: Diefenbacher, Hans (Hrsg.): Anarchismus. Zur Geschichte und Idee der herrschaftsfreien Gesellschaft, Darmstadt 1996, S. 143–168, S. 152: „Most wird im Januar 1874 das erste Mal für den Chemnitzer Wahlkreis in den Reichstag gewählt. Seine negativen Erfahrungen im Reichstag, wo er auf Grund einer radikalen Kampfansage nur einmal als Redner zu Wort kommt, bringen ihn zu antiparlamentarischen Anschauungen. [...] Mit dem sozialdemokratischen Arbeiterführer Auer gerät er in Streit, da Auer eine soziale Reformstrategie befürwortet. [...] Er gibt seine Familie zugunsten der Politik auf und geht nach London ins Exil. Dort gibt er als Mitglied des kommunistischen Arbeiter-Bildungsvereins die Zeitung ‚Freiheit' heraus." 1880 wird Most aus der Partei wegen seiner anarchistischen Ansichten ausgeschlossen. Vgl. hierzu außerdem: Woodcock, George: Anarchism. A History of Libertarian Ideas and Movements, Toronto 2009, S. 362. Wilhelm Liebknecht unterschied sich in seiner Haltung schon früh von der positiven Konnotation der Revolution Mosts. Für Liebknecht ist diese auch ein mögliches Mittel zur Durchsetzung reaktionärer Ziele. Vgl. hierzu: Liebknechts Rede in der Öffentlichen Sitzung (Volksversammlung), 19. Juli 1874, in: Protokolle der sozialdemokratischen Arbeiterpartei, Bd. I: Eisenach 1869–Coburg 1874, Bad Godesberg 1971; Protokoll über den sechsten Congress der Sozial-demokratischen Arbeiterpartei, abgehalten zu Coburg, am 18., 19., 20. und 21. Juli 1874, S. 34.

708 Vgl. Most, Reform, S. 32.

Dührings Idee der Möglichkeit des Erreichens eines abschließenden Entwicklungsstandes, wie er dies ausdrücklich in Bezug auf Moral und Recht für möglich hielt, und dem positivistischen Gedankengut der Zeit darstellt, ist der der Vervollkommnung. Die Richtung der Revolution beziehungsweise Reform ist für ihn die Maßgabe, Fortschritt oder Rückschritt zu bestimmen. Das Fortschreiten der menschlichen Gesellschaften hin zur Vervollkommnung dient dabei als richtungsbestimmend. Und auch wenn Most beschreibt, dass der Prozess menschlicher Gesellschaftsentwicklung kein Ende findet, so enthält die Verwendung des Begriffs „Vervollkommnung" doch eine eindeutige normative Komponente und impliziert auch den möglichen Zustand der Vollkommenheit. So finden sich Idealismus, Utopismus, evolutionäres Denken und Dialektik zusammen in einer im Endergebnis doch wieder pragmatischen Analyse.

Ohne das Endziel dieser Entwicklung in konkreten Worten zu beschreiben, war es ein Anliegen Mosts, die Verbesserung der Existenzbedingungen als gemeinsames, vervollkommnendes Ziel der Menschheit hervorzuheben. Dies begründet er mit dem Naturzustand des Menschen, welcher sich nur zu diesem Zwecke in größeren Gruppen zusammengeschlossen habe.[709] Ein weiteres Naturgesetz stellt für Most die Tatsache dar, dass die einmal von der Ungerechtigkeit der bestehenden Verhältnisse überzeugte Volksmasse auch notwendigerweise zur Revolution drängen müsse: „Ist die Revolution der Geister einmal Tatsache geworden, dann vollzieht sich auch die Revolution der Dinge."[710] Diese Revolution meint Most mit der „Gewalt der öffentlichen Meinung" durchführen zu können, weswegen er auf eine umfassende Organisation der Arbeiterschafft hofft.[711] Erst jetzt stützt sich seine Argumentation auf die ökonomische Logik, dann nämlich, wenn Most von der durch die Produktionsweise beförderten Vermehrung des Proletariats spricht.[712] So ist für Most nicht vor allem die Verelendung der Arbeiterschaft, sondern ihre schiere Zahl und der solidarisierende Effekt gedrängter Arbeitsverhältnisse verantwortlich dafür, dass die Organisation der Arbeiter fortschreiten muss. Die höchst eigenständige Kombination unterschiedlicher ideologischer Versatzstücke ist in diesem Fall besonders auffällig. Auch wird deutlich, wie sehr das eigentliche politische Ziel, nämlich die Organisierung der Arbeiterschaft und die Umsetzung ihrer politischen Anliegen, im Zentrum der Argumentation steht.

Der Text von Most belegt, dass die Sozialdemokratie aus höchst pragmatischen Gründen auf der Suche nach Theorien war und diese nicht gleichsam sich die Sozialdemokratie zwecks ihrer Umsetzung aussuchten. Dabei changierten die Vorstellungen zwischen kompromissorientierten Ansätzen und eher radikalen Ideen. Most stand diesbezüglich im Jahr 1874 noch in der Mitte zwischen diesen beiden Polen.

---

709 Vgl. ebenda, S. 34.
710 Ebenda, S. 37.
711 Ebenda, S. 40.
712 Vgl. ebenda, S. 41.

Als ein weiteres Beispiel für eine Kompromisshaltung kann ein Artikel aus dem Oktober 1877 gelten, in welchem gezeigt werden sollte, dass aufgrund der erfolgreichen Organisation der Arbeiterklasse die Einsicht in die Künstlichkeit und mangelnde Funktionsweise des bestehenden Systems auf der anderen Seite die Kapitalisten unter Umständen zu einer besseren Kooperation innerhalb des bestehenden Staatswesens befähigen würde.[713] Dem Staat als Ausdruck der Mehrheit des Volkes kam demgemäß eine moralische Funktion zu.

In einem Artikel des „Neuen Social-Demokraten" aus dem Jahr 1873 ist die Hoffnung auf eine Reform des Staatswesens ebenfalls vorhanden. Hier ist sie aber noch viel eher auf der Wertebene verankert als im eher ökonomisch argumentierenden Artikel des „Vorwärts" aus dem Jahr 1877. Die Mehrheit und ihr Wohl sollen nach Meinung des Autors Leitfaden des Staatshandelns sein, demokratische und moralische Prinzipien werden eingefordert, denn momentan kann nur eine kleine Minderheit von diesen profitieren. Es ging hier also viel weniger um eine Analyse des Kapitalismus als um eine des politischen Systems, welches sich von Einzelinteressen hatte okkupieren lassen.

Dieser Situation wird am Ende des Artikels eine Alternative gegenübergestellt. Diese wird als rechtlich und vernünftig bezeichnet, erfüllt somit die Hauptkriterien, die aus Sicht des Autors für ein gerechtes Wirtschaftssystem anzulegen sind. Dabei bedeutet die Verwendung von „rechtlich" nicht vor allem eine rein legale Handlungsweise, wie dies im heutigen Sprachgebrauch der Fall wäre, sondern bezieht sich auf die aus den natürlichen Rechten des Volkes begründeten Fürsorgepflichten des Staates: Dieser wird nicht als bloße staatsrechtliche Hülle, sondern im aufklärerischen Sinne als aktives Instrument der Durchsetzung des Allgemeinwohls betrachtet und erwirbt erst in diesem Zuge seine Berechtigung. Hier ist es die Person des Ferdinand Lassalle, auf welche und auf deren Vorschlag der Produktivassoziationen verwiesen wird, welche letztere ausdrücklich das Gesamtwohl des ganzen Volkes, also nicht nur einer bestimmten Klasse, zu erfüllen vermögen. Lassalle geht es dabei letzten Endes um eine „Identität von Staat und Gesellschaft – individuellem und Gemeinwillen – und damit auch um das ‚Verschwinden' des Staates als übergeordneter Instanz".[714] Im Ergebnis bedeutet dies eine reibungslos ablaufende Produktionsweise, die durch genaue Planung den konjunkturellen Ausschlägen der historischen Gegenwart ein Ende setzen soll. Genauso wie das mit der als hemmungslos wahrgenommenen Überproduktion verbundene Produktionssystem recht unabhängig von den herrschenden politischen Verhältnissen geschildert wird, so ist es in dieser Perspektive auch die Einführung einer neuen, geregelten, wirtschaftlichen Produktionsweise, die ganz ohne politische Reformen das „Wohl aller Staatsangehörigen" verwirklichen kann. Der Artikel aus dem „Vorwärts" zeigt eine Kombination der lassalleanischen Idealisierung des Gemeinwillens und der eher Marx'schen Priorisierung der ökonomischen Verhältnisse vor den politischen. Auch wenn beide Ideen streng genommen widersprüchlich sind, dienen

[713] Vgl. Vorwärts, 7. Oktober 1877, Nr. 118.
[714] Stephan, Genossen, S. 130.

sie im Rahmen eines gesamtsozialdemokratischen ideologischen Versatzstücks der Mobilisierung des geistigen Erbes beider Strömungen der Partei.

Nach dem Blick auf die ersten Reaktionen nach Ausbruch der Börsenkrise in Österreich und später in Berlin und New York bietet sich ein Blick auf mögliche Veränderungen des sozialdemokratischen Krisennarrativs über die folgenden Jahre an. Im „Neuen Social-Demokraten" findet sich am 1. Oktober 1875 ein Bericht über eine am 25. September 1875 abgehaltene Volksversammlung, die also rund zwei Jahre nach Ausbruch der Krise stattfand. Im Vergleich zum Beschluss der Frankfurter Volksversammlung aus dem Jahr 1873 fällt auf, dass schon in der Überschrift des Artikels auch von der „Beseitigung" der Krise die Rede ist – ein Schwerpunkt, der zu Beginn derselben noch nicht gesetzt worden war.[715]

Der Redner mit dem Namen Kuhl verweist in gängiger Manier auf die Überproduktion als zentrale Ursache der Krise. Er bezieht sich dabei auf ein weltweites Phänomen, perspektiviert die Krise also nicht nur als Ausdruck nationaler Probleme. Die – wie schon weiter oben angeführt – den Ministern Achenbach und Camphausen zugeschriebene Theorie von erhöhten Arbeitslöhnen der Arbeiterschaft als Grund für die Krise, die in der sozialdemokratischen Presse ein so großes Echo gefunden hatte, wird auch hier erneut angesprochen. Der Redner verharrt allerdings laut dem Bericht nicht bei der bloßen Verurteilung der These, sondern setzt dieser entgegen, dass höhere Löhne auch zu mehr Konsum und folglich zu einer höheren Produktion führen würden. Momentan aber führten niedrigere Löhne zu niedrigerer Konsumtion und in der Folge auch zu niedrigerer Produktion – dies sei Ursache der Krise. Hier zeigt sich eine hohe ideologische Flexibilität in der Argumentation der sozialdemokratischen Vertreter vor Ort. Einerseits wird die Überproduktion als Ursache von Krisen bezeichnet, andererseits ist es die infolge niedriger Löhne entstandene Zurückhaltung bei der Produktion. Wären nicht steigende Löhne ein zusätzlicher Antrieb für die so oft kritisierte Überproduktion? Diese Fallstricke der eigenen Argumentation werden nicht weiterverfolgt und stattdessen ergänzt durch den Hinweis auf die Anklage gegen Ofenheim und das „Gründerthum" als zusätzliche Krisenfaktoren.[716] Der Schlusssatz des Redners fasst die Grundaussage seines Referats mit einem Heine-Zitat zusammen: „Verschlemmen soll nicht der faule Bauch, Was fleißige Hände erwarben."[717] Auch hier deutet alles auf die Grundkonzeption von Gerechtigkeit hin, an welche die Sympathisanten des ADAV appellieren. Gründer und ihre Tätigkeiten werden als hemmend in Bezug auf die gesellschaftliche Weiterentwicklung bezeichnet, ihre Faulheit enthält eine moralische und wirtschaftliche Komponente.

So löste das Bild des „faulen Kapitalisten" jenes des ausbeuterischen Verlagskaufmanns ab.[718] Die konzise Analyse des Produktionssystems bleibt dabei

---

715 Neuer Social-Demokrat, 1. Oktober 1875, Nr. 116.

716 Vgl. hierzu das vorherige Kapitel.

717 Neuer Social-Demokrat, 1. Oktober 1875, Nr. 116. Vgl. hierzu: Heinrich Heine: Deutschland. Ein Wintermärchen, in: Ders.: Neue Gedichte, Hamburg 1844, S. 281.

718 Welskopp, Banner, S. 625. Vgl. hierzu auch ders.: Von „Geldsäcken" und „Couponabschneidern". Sozialdemokratische Semantiken der Nicht-Arbeit zwischen der Revolution von

oftmals im Hintergrund. Einander widersprechende Argumentationen standen nebeneinander. Die angenommene Resolution schloss mit der Forderung nach „Einführung der socialistischen Produktiv-Associationen“, um in Zukunft Krisen zu verhindern.[719]

Während zuvor Erwartungen kurz vor Kriegsausbruch und Einschätzungen auf dem Höhepunkt der Krise analysiert wurden, als sich die ganzen Ausmaße des Börsenkrachs bei gleichzeitiger Entfaltung der realwirtschaftlichen Folgen offenbarten, mit dem Höhepunkt im Jahr 1875, dem Beginn der „großen Deflation“, soll nun ein rückblickender Kommentar aus dem Jahr 1876 veranschaulichen, welche Schlüsse die Eisenacher Richtung der deutschen Sozialdemokratie aus dem bereits Geschehenen zog. Am 9. Januar 1876 wagte die Redaktion des „Volksstaats“ in Form des Schlusses der Artikelreihe „Sozialdemokratische Philosophie“ einen Rückblick auf die Krise bei gleichzeitiger theoretischer Reflexion. Der Autor, der später oft als Arbeiterphilosoph bezeichnete Josef Dietzgen, nutzte somit die Gelegenheit, in Krisenzeiten seine eigene Interpretation der Ereignisse zu popularisieren – mit dem Verweis auf seine eigene Tätigkeit als Lohgerber, auf seine Rolle als Autodidakt und mit dem Aufruf an die Leser des „Volksstaats“, es ihm gleichzutun und sich eine eigene Meinung zu bilden.[720]

Auch wenn Dietzgen, wie von seinem Biographen Gerhard Huck angemerkt, in der sozialdemokratischen Theoriebildung der 1870er Jahre eine weniger prominente Rolle spielte, als es seinem Potential entsprach, sollten dessen Beiträge keinesfalls geringgeschätzt werden.[721] Sein Wirken betonte noch einmal das emanzipatorische Potential eigener Theoriearbeit aus den Reihen der Arbeiterschaft, welche offensichtlich auch in Zeiten der Krise nicht als Zeitverschwendung wahrgenommen wurde, sondern als inhärenter Bestandteil einer sozialdemokratischen Krisenbewältigung durch Krisenerklärung – konkrete Aktionen wurden hierbei zum Gegenstand von Erörterungen, nicht aber direkt gefordert. Hierbei zeigt sich die von der älteren Forschung oft als Defizit charakterisierte „Unsicherheit und Konfusion hinsichtlich der Theorie innerhalb der Eisenacher Partei“ als Stärke, da solche Spielräume der Ideologieformung (noch) nicht nur von führenden Parteiintellektuellen monopolisiert wurden und weitflächig und vergleichsweise niedrigschwellig zugänglich waren.[722] Stattdessen zeigt sich ge-

---

1848 und den 1890er Jahren, in: Leonhard, Jörn/Steinmetz, Willibald (Hrsg.): Semantiken von Arbeit: Diachrone und vergleichende Perspektiven, Köln u.a. 2016, S. 249–267.

719 Neuer Social-Demokrat, 1. Oktober 1875, Nr. 116.

720 Vgl. Volksstaat, 9. Januar 1876, Nr. 3.

721 Vgl. hierzu: Huck, Joseph Dietzgen, S. 99: „In den Auseinandersetzungen um die ideologische Linie der Sozialdemokratie in der Mitte der siebziger Jahre hat Marx nicht mehr auf die Vermittlerdienste Dietzgens zurückgegriffen, so daß für die Parteiöffentlichkeit die authentische Auslegung der Marxschen Theorie weiterhin mit dem Namen Liebknecht verknüpft blieb.“ Vgl. zur Person Dietzgens allgemein: Welskopp, Banner, S. 195: „Der als ‚Arbeiterphilosoph‘ renommierte Siegburger Lohgerbermeister Joseph Dietzgen schließlich hatte keine Probleme, Geschäftssinn, handwerkliches Arbeitsethos und sozialdemokratische Weltsicht zur einer stimmigen Orientierung zu verknüpfen.“

722 Steinberg, Hans-Josef: Sozialismus und deutsche Sozialdemokratie. Zur Ideologie der Partei vor dem I. Weltkrieg, Bonn 1979, S. 13.

rade für die frühe Phase der deutschen Sozialdemokratie als Parteienbewegung, dass die Figur des Parteiintellektuellen „von ihrem Anspruch her von vielen Sozialdemokraten angestrebt und von relativ zahlreichen Mitgliedern und Sympathisanten der Bewegung vorübergehend tatsachlich eingenommen wurde – und zwar von Personen mit stark variierendem formellen Bildungsstand".[723] Eben hier begründet sich der angesprochene emanzipative Charakter der praktischen Ideologieformung in der frühen deutschen Sozialdemokratie.

Was war nun Dietzgens Beitrag zu den politischen Tagesfragen? Im Schlussteil der „Sozialdemokratischen Philosophie" bekräftigt er erneut die Wirkmächtigkeit der kapitalistischen Rahmenbedingungen („die Gewalt der Umstände") gegenüber individuellen Ambitionen („des Bourgeois schlechter Wille"). Ob moralisch eher gut zu bewerten oder – wie im Fall der Bourgeois – negativ, für die Gesamtentwicklung spielt diese Deutungsebene keine Rolle.[724] Den Rahmen für die zu erwartende Weiterentwicklung der Krise bietet bei Dietzgen die „Militärwirthschaft", denn diese stimuliere die Nachfrage, sorge für zunehmende Produktion und steigende Löhne: Der große Zusammenbruch sei nicht zu erwarten, das bestehende System trage noch in sich die – kurzfristig – systemstabilisierenden Faktoren, die langfristig seinen Untergang bedeuten würden. Denn es ist laut Dietzgen eine „paradoxe Volkswirthschaft".[725]

Hier traf sich die hegelianisch inspirierte Sichtweise einer dialektischen Fortentwicklung des Staats- und – mit Marx gewendet – Wirtschaftswesens mit dem auf Seiten der Arbeiterschaft und der politischen Vertreter derselben immer wieder geäußerten Unverständnis über die als weithin wahrgenommene Akzeptanz eines so plan- und ziellos wirkenden Systems. Was naheliegend scheint, nämlich die Beschreibung der abstrakteren und systematischeren Sichtweise im Sinne der Marx'schen Interpretation als Fortschritt gegenüber einer überkommenen, gewissermaßen noch ständisch geprägten Erwartung bezüglich einer für alle Gesellschaftsschichten nach einem einsichtsvollen Prinzip strukturierten Gesellschaftsordnung, erfolgte hier nicht. Was stattdessen betont werden sollte, ist die enorme Integrationskraft dieser beiden – theoretisch ja unvereinbaren – Sichtweisen durch die Verbindung bestehender Topoi, wie dem „paradoxen" System, dem Wahnwitz und Irrsinn der Überproduktion und der sich langsam verbreitenden Marx'schen Termini. Diese konnten wie hier im Falle Josef Dietzgens in einer populären Verbindung unter das Parteivolk gebracht werden und waren damit in der Lage – anders als die spezifisch-politischen Äußerungen und Forderungen ihres Urhebers –, eine vereinheitlichende Wirkung im sozialdemokratischen Diskurs zu erzielen: nicht im Sinne einer Übernahme sämtlicher Marx'schen Kategorien, sondern in Form einer Neukombination, die an Bestehendes anknüpfte.

---

723 Vgl. Welskopp, Thomas: „Arbeiterintellektuelle", „sozialdemokratische Bohemiens" und „Chefideologen": Der Wandel der Intellektuellen in der frühen deutschen Sozialdemokratie, in: Alemann, Ulrich von/Cepl-Kaufmann, Gertrude/Hecker, Hans/Witte, Bernd (Hrsg.): Intellektuelle und Sozialdemokratie, Opladen 2000, S. 43–58, hier S. 50.

724 Volksstaat, 9. Januar 1876, Nr. 3.

725 Ebenda.

Für Dietzgen ist die Schlussfolgerung aus der paradoxen Wirtschaftsordnung, dass eine Zunahme der Produktion gleichzeitig eine Zunahme des Elends bedeutet. Die Produktivität der Arbeiterschaft wird in dieser Sichtweise nicht zu einem vielversprechenden Motor der wirtschaftlichen und gesellschaftlichen Modernisierung, sondern zu einer umfassenden Bedrohung, da – ganz in Marx'scher Manier – das vermehrte Kapital durch Produktivitätsfortschritte das zur Verfügung stehende Arbeitsvolumen verknappt. Deswegen dankt Dietzgen den „unproduktiven Arbeitern", die verhindern, dass „uns das Elend nur bis an den Hals geht".[726] Ebenfalls Marx folgend, entwirft Dietzgen eine aus der historischen Entwicklung der Produktivkräfte abzuleitende Vorhersage kommender Umwälzungen mit dem Ziel des Kommunismus. Auch können Einzelne an der Entwicklung wenig ausrichten, denn diese ist objektiv vorhersehbar und wird in einer wenig versteckten mechanistischen Metaphorik zum Ausdruck gebracht, in der – im Sinne des sich in ganz Europa durchsetzenden Positivismus – der Wissenschaftler als Mechaniker bezeichnet wird.[727] Aus dieser Weltsicht lässt sich auch die Einordnung konkreten politischen Handelns nachvollziehen, die Dietzgen vornimmt:

> „Wir haben unsere Thatkraft auf die Geburtshülfe zu beschränken. Der unwiderstehliche Weltprozeß, der die Planeten geballt, aus ihren feuerflüssigen Substanzen Krystalle, Pflanzen, Thiere und Menschen nacheinander hervorgetrieben, treibt ebenso unwiderstehlich zu einer rationellen Verwendung unserer Arbeit, zur strengen Entwicklung der Produktivkraft. [...] Weil die fortentwickelte Produktivkraft heute nicht weiter kommen kann, darum muß dem Volk Theil gegeben werden am Konsum, Absatz muß verschafft, die Bismarckerei beseitigt, und Sittlichkeit, Freiheit, Gleichheit und Brüderlichkeit vervollkommnet werden. Also en avant! nolens volens, ob man will oder nicht will. Auf dem Mechanismus des Fortschritts beruht die Zuversicht der Sozialdemokraten. Wir wissen uns unabhängig vom guten Willen. Unser Prinzip ist ein mechanisches, unsere Philosophie materialistisch. [...] Der Geist der Verneinung ist in uns zugleich positiv, unser Element ist dialektisch."[728]

Es ist die „Vernunft der Dinge", die zu einer Maximierung des menschlichen Potentials treibt. Die Produktivkraft ist der ausschlaggebende Faktor aller gesellschaftlichen und politischen Entwicklungen. Es ist ein auf urtümlichen Kräften beruhender „Weltprozeß" , welcher hier aber nicht mit unkontrollierbaren Naturgewalten zum Ausdruck gebracht oder verglichen – wie etwa in vielen Berichten des „Neuen Social-Demokraten" zu Beginn der Krise –, sondern mit bestimmbaren und wissenschaftlich auch mittels einer klaren teleologischen Zuordnung kontrollierbaren Begrifflichkeiten bezeichnet wird. Dieser Prozess vermag – einmal erkannt – alle weiteren nachstehenden Fragen zu klären, da er eine „Krisenbegrifflichkeit im Objektivitätsgestus der modernen wissenschaft-

---

[726] Ebenda.
[727] Vgl. ebenda.
[728] Ebenda.

lichen Kritik anstrebt".[729] Das emanzipative Element und die daraus resultierende potentielle Anziehungskraft in dieser Schilderung eines Autodidakten, der sich durch die Aneignung wissenschaftlicher Begrifflichkeiten auf ein Niveau der Weltdurchdringung emporschwingen konnte, welches im Vergleich zu sämtlichen jenseitigen und diesseitigen Autoritäten überlegen schien, ist nur allzu deutlich. Während eine weltweite Wirtschaftskrise die Arbeiter allerorts in unterschiedlicher Weise traf, an wenigen jedoch spurlos vorbeiging, bot sich in der autodidaktisch zugänglichen Welt der materialistischen Geschichtsphilosophie eines Karl Marx und seiner Epigonen der Schlüssel zur übersinnlichen, weil nicht von individuellen Sinneseindrücken abhängigen Selbstwirksamkeit.

Die Befreiung von der Debatte um willensbasierte Handlungsmaximen musste besonders tief im Milieu der politisch und vor allem ökonomisch bisher ausgegrenzten Arbeiterschaft wirken. Der selbst wohl als besonders prekär wahrgenommene Zugang zu politischen Resonanzbeziehungen wurde nun – in der geistigen Sphäre – ersetzt durch die Aufforderung zum autodidaktischen Engagement anstelle des politischen Kampfes. Für die Anhänger dieser Lehre war dies erst einmal ein Schlusspunkt für die zwischen Sozialisten, Kommunisten, Linksliberalen, Utopisten, Anarchisten und Berufsrevolutionären jeglicher Couleur geführte Debatte über das Wann, Wie und Wo der aufkommenden Revolution – auf jeden Fall aber bezüglich der Frage nach individuellem Handeln und dem Anstoßen revolutionärer Entwicklungen. Stattdessen war die Frage der Revolution ins Reich der Wissenschaft verschoben und ihrer konkreten Dringlichkeit enthoben worden. Damit barg diese Ansicht – neben ihrer oft kritisierten kurzfristigen politischen Zurückhaltung als Folge – auch ein einigendes Potential, wenn sie die heiß diskutierte Frage nach revolutionärem Tun durch die besser zu bewerkstelligende Frage nach dauerhafter und friedlicher parteilicher Organisation ersetzte. Infolge der Vergemeinschaftung der Zuversicht, die nun nicht mehr durch das Handeln Einzelner, sondern durch das Wirken tieferer, nicht aufzuhaltender Kräfte begründet wurde, schaffte die sozialdemokratische Teleologie Marx'scher Provenienz nicht zuletzt auch den Schritt zur wissenschaftlich orientierten Organisation als Trägerin substanziierter Zukunftshoffnungen. Hier fand sich auch das Erbe liberaler Arbeiterbildungsvereine ein, die in der Weiterbildung der Arbeiterschaft die einzige Möglichkeit für deren Integration in das herrschende Wirtschafts- und Gesellschaftsmodell gesehen hatten. Nun war die Bildung der Arbeiterschaft nicht mehr die letzte Etappe des Entwicklungsprozesses, sondern die Voraussetzung für die Erkenntnis über die systemimmanente Selbstzersetzung des bestehenden Staates.

Ein weiteres Beispiel für eine zunehmende Popularisierung Marx'scher Gedanken, wohlgemerkt basierend auf den Leistungen einzelner Autodidakten, die durchaus ihre eigenen Interpretationen vorlegten, ist der im Jahr 1875 erschienene Beitrag Johann Mosts mit dem Titel „Die Arbeit". Der sozialdemokratische

---

[729] Tanner, Jakob: Krise, in: Dejung, Christof/Dommann, Monika/Speich Chassé, Daniel (Hrsg.): Auf der Suche nach der Ökonomie. Historische Annäherungen, Tübingen 2014, S. 153–181, hier S. 161.

Reichstagsabgeordnete, der sein Mandat seit Januar 1874 besaß, eignet sich besonders gut für die Betonung der eigenständigen Rezeption der Marx'schen Schriften in der Sozialdemokratie, da dieser sich in den 1880er Jahren mit der Verbreitung anarchistischer Ideen theoretisch wieder neu orientierte und damit die ideologische Flexibilität der ersten Generation der in Parteien organisierten Arbeiterbewegung in Deutschland demonstriert. Gleichzeitig ist Mosts Parteiausschluss im Jahr 1880 eine wichtige Etappe bei der Etablierung einer gefestigten „Parteilinie".

Im Folgenden werde ich mich auf den überarbeiteten Text des zuerst 1875 im „Volksstaat" erschienenen Werks aus dem Abdruck im September 1877 in der „Berliner Freien Presse" beziehen.[730] Kritik ziehen bei Most besonders solche Arbeitswertdefinitionen auf sich, die alle Tätigkeiten als Arbeit bezeichnen wollen, aber auch jene, die Arbeit als nützlich oder weniger nützlich oder produktiv und unproduktiv einteilen wollen. Besonders kritisch betrachtet Most die „Spießbürger", welche Arbeitsprodukte, die zu einer Zufuhr von Edelmetallen führen, als Resultate nützlicher Arbeit betrachten – für Most mit Verweis auf die Geschichte der Goldeinfuhr in Spanien ein „planloses Treiben", aber auch die vermeintliche Geldentwertung in Deutschland infolge der französischen Reparationszahlungen deutet er an.[731] Das Verständnis des Arbeitsbegriffs bei Most bezieht sich vor allem auf die Frage ihrer Produktivität im Sinne ihrer gesamtgesellschaftlichen Folgen:

> „Produktiv ist diejenige Arbeit, die zur Erhaltung, Vermehrung, Erzeugung oder Verteilung (d.h. Zuführung an die Konsumenten) solcher geistiger oder materieller Güter beiträgt, welche die Arbeitsfähigkeiten der einzelnen oder der Gesamtheit zu erhalten oder zu vermehren geeignet sind."[732]

Diese Definition ist in gewisser Weise tautologisch: Produktive Arbeit ist jene Arbeit, die einzelne oder größere Teile der Gesellschaft zu noch produktiverer Arbeit befähigt. Damit entkommt Most zwar der schwierigen Definition eines Gemeinwohls, welches als Ziel aller produktiver Arbeit in die Gleichung eingefügt werden könnte, klärt aber nicht den Arbeitswert an sich und bietet eine axiomatische Lösung, die bei Einzelfragen zu einer Beurteilung der Nützlichkeit von Arbeit führen kann – wie die folgenden Zeilen zeigen. In diesem Sinne ist der Handel – anders als für manche Ökonomen dieser Jahre – weder eindeutig als produktiv oder unproduktiv zu bezeichnen, sondern muss unter der Perspektive der „Erhaltung resp. zweckmäßigen Verwertung von Waren" betrachtet werden.[733] Dabei behält sich Most für eine zukünftige kommunistische Wirtschaftsordnung auch das Entfallen der Notwendigkeit des Handels vor, da in dieser eine

---

730 Johann Most: Die Arbeit, in: Szmula, Volker (Hrsg.): Johann Most. Dokumente eines sozialdemokratischen Agitators, Bd. 2, Grafenau 1989, S. 11–29.

731 Ebenda, S. 13.

732 Ebenda, S. 14.

733 Ebenda.

bessere Planung von Konsum und Produktion erfolgen könnte.[734] Der in dieser Frage genauso denkende Bruno Geiser nannte dieses als wissenschaftliches Desiderat verstandene sozialistische Planungsziel den „Gesellschaftsproduktionsplan".[735] Eine weitere Unterscheidung trifft Most für die Frage der Arbeit von Soldaten. Während diese einerseits für Zerstörung sorgen, kann eine für eine gerechte Wirtschaftsordnung kämpfende Truppe diese vor äußeren Gefahren schützen und erbringt somit eine produktive Tätigkeit – eine Ansicht, die Most mit einer grundsätzlichen Aussage stützt:

> „Je tiefer der Despotismus irgendwo Wurzeln fasst, desto mehr steigert sich die Unlust und Unfähigkeit zu gemeinnütziger Tätigkeit, der Despotismus muß notwendigerweise auf Geist und Körper einen lähmenden Einfluß ausüben [...]. Ein freies Gemeinwesen ist daher auch stets friedliebend und bedacht, seine Produktivität zu erhöhen, während der Despotismus sein Heil nur in Krieg und Raub sucht."[736]

Der Gegensatz zwischen Despotismus und einer auf Freiheit basierenden politischen Ordnung wird bei Most verknüpft mit der Arbeitsproduktivität der Staatsbürger. Produktive Tätigkeiten, die immer mit einem Nutzen für die Gesamtheit verknüpft sein müssen, nehmen dann zu, wenn die politische Ordnung alle Bürger am Produkt der gemeinsamen Arbeit teilhaben lässt. Während der Despotismus, hiermit ist nicht zuletzt auch das den Wenigen zukommende Arbeitsprodukt der Vielen gemeint, mit seiner ungerechten Ordnung in dieser Sicht notwendigerweise negative Folgen in Bezug auf das Engagement der Bürger hat, kann Wachstum und Fortschritt nur mit einer freien und gerechten politischen Ordnung einhergehen. Die Betonung des Freiheitsbegriffs, den Most hier eng mit dem Arbeitsbegriff verknüpft, verweist schon auf Mosts spätere Hinwendung zum Anarchismus: Denn hier ist – anders als in der sozialistischen Lesart – die Realisierung der maximalen gesellschaftlichen und ökonomischen Freiheit Vorbedingung für Wohlstand, während im Sozialismus oder Kommunismus Marx'scher Prägung Freiheit sich als Endergebnis einer durch die dem Produktionssystem innewohnende Tendenz zur dialektischen Entwicklung und einer notwendigerweise daraus folgenden Überwindung des Kapitalismus ergibt.

Für die Frage der Bewertung einzelner Produkte, also nicht nur einzelner Tätigkeiten, gibt Most im dritten Teil seines Artikels weitere Hinweise. So unterscheidet er notwendige, angenehme und überflüssige Produkte.[737] Bei einer korrekten statistischen Darstellung auf Seiten des Staates, die er aktuell als nicht vorhanden ansieht, geht Most sogar von der Möglichkeit eines „ziffernmäßigen Fazit[s]" aus, also der Möglichkeit eines volkswirtschaftlichen Gesamtüberblicks über die Nützlichkeit einzelner Produkte.[738] Dabei entwickelt Most auch eine ge-

---

734 Vgl. ebenda, S. 15.

735 Bruno Geiser: Die Forderungen des Sozialismus an Zukunft und Gegenwart, Braunschweig 1876, S. 13.

736 Most, Arbeit, S. 15.

737 Ebenda, S. 17.

738 Ebenda.

nuin sozialistische Vorstellung einer Handelsbilanz, die nicht nur zwischen Exporten und Importen und deren Wert unterscheidet, sondern stattdessen – und entlang Mosts obiger Definition – zwischen der Ausfuhr oder Einfuhr von produktiven oder unproduktiven Waren.[739]

Für das Gesamtbedürfnis der Volkswirtschaft unterscheidet Most im Rahmen einer fiktiven Rechnung zwischen den notwendigen Konsumartikeln, die im Laufe eines Jahres verbraucht werden und „gesellschaftlich anerkannt" sind, und den als überflüssig titulierten Konsumartikeln.[740] Um das Verhältnis von unproduktiver Arbeit zu produktiver Arbeit zu errechnen, zieht Most noch den Verbrauch der in der Luxusproduktion tätigen, also unproduktiven Arbeiter ab. Gleiches geschieht mit dem Verbrauch der Luxuskonsumenten von gesellschaftlich als produktiv klassifizierten Produkten. Als Ergebnis dieser fiktiven Rechnung kann Most zwar keinen Zahlenwert vorweisen, betont aber, dass die in produktiven Tätigkeiten verweilenden Arbeiter im Vergleich zu den Produzenten von Luxuserzeugnissen weit schlechter daständen, was in keinem rechten Verhältnis zum tatsächlichen Wert der jeweiligen Arbeit stünde. Würden die Arbeiter aus dem unproduktiven Bereich ihre Arbeit einstellen, könnte die Gesellschaft ungehindert fortexistieren; im umgekehrten Fall sieht Most ihren kompletten Zusammenbruch voraus.[741] Die Bezeichnung des Luxuskonsums als „Parasitentum" betont gegen Ende dieses Abschnitts der Arbeit, dass es Most keineswegs um werturteilsfreie Wissenschaft geht.[742] Die Bestimmung der Begrifflichkeiten „produktive/unproduktive Arbeiter" „Nurkonsumenten" und „Nichtarbeiter" erfolgt nicht aus übergeordneten Gründen, sondern leitet sich aus einer Ethik des Bedarfs ab. Eine als relativ konstant wahrgenommene Menge an Bedarfsgütern wird als notwendiges Ziel der gesellschaftlichen Produktion betrachtet, die daran beteiligten Arbeiter gelten als produktive Mitglieder der Gesellschaft. Alle nicht an diesem Prozess beteiligten Mitglieder der Gesellschaft gelten – ökonomische Begrifflichkeiten hin oder her – eindeutig als unbrauchbare „Parasiten", und dies ganz unabhängig davon, welche gesellschaftlichen Leistungen diese Gesellschaftsschicht abseits ihrer Rolle als Konsumenten erbringt. Eine Ausnahme sieht Most jedoch für den Fall, dass der gesellschaftliche Bedarf an Gebrauchsgütern in jeder Hinsicht gedeckt ist: Dann, und nur dann, sollen auch über dieses Maß hinaus Güter produziert werden dürfen.[743] Auch das Argument, dass in der Luxusproduktion tätige Arbeiter überqualifiziert seien und sich daher zu Recht in diesem Bereich – mitsamt höheren Löhnen – befänden, lehnt Most ab. Auch geistige Arbeiter sieht er nicht berechtigt zu höheren Ansprüchen, da diese ihr Wissen nur auf der Basis der gesamtgesellschaftlich bereitgestellten Bildungsmöglichkeiten erzielt hätten.[744] Grundsätzlich geht Most nicht von einer Relevanz individueller Fähigkeiten im Arbeitsprozess aus. Bei

---

739 Vgl. ebenda.
740 Ebenda, S. 18.
741 Ebenda, S. 18f.
742 Ebenda, S. 20.
743 Vgl. ebenda, S. 21.
744 Vgl. ebenda, S. 22.

zunehmender Größe des Produktionsapparats ist es für Most nur allzu deutlich, dass der einzelne Arbeiter nur ein kleines „Glied" des Produktionsprozesses ist, das ohne Einbindung – „an der richtigen Stelle" – wenig Gewicht hat.[745] Dabei evoziert Most das Bild eines aus den vielen einzelnen Arbeitern bestehenden „Gesamtarbeiters".[746]

Ähnlich wie schon im physiokratischen Wirtschaftsdenken im Sinne Quesnays der Wirtschaftsprozess im Sinne eines Blutkreislaufs beschrieben wurde, ähnlich wie die mechanistische Metaphorik der kommunizierenden Röhren im Wirtschaftskreislauf der liberalen Ökonomen, ist es aus Sicht des Sozialisten ein Gesamtkörper des Arbeiters, der den Wirtschaftsprozess ausmacht oder ausmachen sollte.[747] Als kleines Teil eines Ganzen fungierend, konnte der einzelne Arbeiter in dieser Sicht dennoch stolz auf seine Teilhabe sein, denn – wie gezeigt – nur seine Arbeit in produktiven Bereichen war es, welche die Gesellschaft funktionsfähig hielt. Ganz in diesem Sinne ist es aus Mosts Sicht auch nicht möglich, die individuelle Arbeitsleistung zu errechnen: Nur im Kollektiv wird Arbeit berechenbar.[748] Damit wird die Arbeiterschaft als Ganzes vom ausgebeuteten Opfer der Umstände zum eigentlichen Wertgaranten im Wirtschaftskreislauf.

Somit zeigt sich eine Parallele zum politischen Verständnis der deutschen Sozialdemokratie, die im zunehmenden Zeitverlauf während des Kaiserreichs in ihrem Beharren auf einheitlicher Organisation, ob im gewerkschaftlichen oder parteipolitischen Bereich, mehr Gewicht auf diese als auf politische Inhalte legte.[749] Die Stellung des Individuums zum Staat, die in der bürgerlichen Gesellschaft als ohnmächtige Beobachterposition oder sogar auch als Opfer der herrschenden Zustände wahrgenommen wurde, wurde in der sozialdemokratischen Zukunftsperspektive nicht aufgelöst durch eine Entmachtung staatlicher und eine Entflechtung wirtschaftlicher Zusammenhänge, sondern – ganz im Gegenteil – im politischen und im ökonomischen Bereich zu einer harmonischen Gesamtkonzeption von Ordnung und Anerkennung im Kollektiv transformiert. Die wirtschaftliche Analyse und Trennung von produktiver und unproduktiver Arbeit im Sinne Mosts sollte für diese Ansicht konkrete Belege bringen und Ansätze für eine zukünftige Wirtschaftsordnung schaffen. Somit sind Texte wie „Die Arbeit" von Most keinesfalls nur als Kritiken der gegenwärtigen Verhältnisse zu bezeichnen, sondern als relativ konkrete Zukunftsentwürfe, wie sie in den 1870er Jahren in der deutschen Sozialdemokratie nicht ohne Hoffnung auf

---

745 Ebenda, S. 23.

746 Ebenda.

747 Vgl. zum physiokratischen Denken, welches sich auch im klassischen Liberalismus wiederfinden lässt: Kurz, Geschichte, S. 30: „Dem Leibarzt von Madame de Pompadour (François Quesnay, LSB), der Mätresse Ludwigs XV. am Hof von Versailles, ist eine epochemachende Entdeckung zu verdanken – das *Tableau* Èconomique (1756). Es stellt in Analogie zur mechanischen Uhr in einem einzigen Bild Produktion, Verwendung und Verteilung des gesellschaftlichen Reichtums einer ganzen Nation dar." Vgl. hierzu auch: Gömmel, Rainer/Klump, Rainer: Merkantilisten und Physiokraten in Frankreich, Darmstadt 1994, S. 120f, mit Betonung des mechanistischen Elements des Kreislaufs.

748 Most, Arbeit, S. 15, S. 24.

749 Vgl. den „Organisationsfetischismus" der Sozialdemokratie bei Groh, Integration, S. 59.

realistische Umsetzung innerhalb der nächsten Jahre immer wieder konzipiert wurden – vom „revolutionären Attentismus“ als Gesamtphänomen war hier noch keine Spur.[750]

Den Abschluss von Mosts Artikel bilden historische Betrachtungen über die Rolle der Arbeit in unterschiedlichen Epochen, die sich im Wesentlichen der Marx'schen Konzeption anschließen. Darüber hinaus beschäftigte Most der Wert der Arbeitskraft, den er wie Marx in der „in der Ware verkörperte[n] Arbeitsmenge“ sah.[751] Andererseits schloss sich Most aber auch Lassalles ehernem Lohngesetz an, da er von einer langfristigen Deckung der Arbeitskraft durch den Lohn spricht, die nur kurzfristig infolge von Marktschwankungen über dieses Niveau hinausgehen könne. Im Unterschied zu Lassalle betont aber Most die Möglichkeit der Arbeiterschaft, sich gegen das Sinken des Lohnniveaus unter das Existenzminimum zu wehren, als Ursache für dessen Stabilität; es sei nicht die Übersterblichkeit der Arbeiterschaft in Zeiten niedriger Löhne, die zu einem erneuten Anstieg der Löhne führen soll.[752] Damit befand sich Most wieder nah bei Marx. In einem Ausblick auf die zu erwartenden Entwicklungen beschreibt Most die langsame Verdrängung des kleinen durch das große Kapital, eine Entwicklung, an deren Ende sogar der Besitz aller Kapitalien in den Händen eines einzigen „Generalkapitalisten“ denkbar scheint.[753] Diese Entwicklung aber sieht Most als Wendepunkt, an den sich eine Weiterentwicklung der menschlichen Arbeit hin zu einer gerechten Verteilung und Nutzung der Arbeitsressourcen anschließen wird.

Paradoxerweise machte sich Most, der ja wenige Jahre später schon die sozialdemokratische Partei verließ und fortan als berühmter Linksabweichler und Anarchist gefeiert oder bekämpft wurde, als einer der wichtigsten Verbreiter der Marx'schen Schriften in der deutschen Arbeiterbewegung einen Namen. Schon 1873 während seiner Gefängnishaft in Zwickau, als er Marx verständlich machen wollte und dies mit „Kapital und Arbeit“ tat, ebenso wie später mit seiner Schrift „Der Kleinbürger und die Socialdemokratie: ein Mahnwort an die Kleingewerbetreibenden“ aus dem Jahr 1876, machte sich Most als Marx-Popularisierer verdient.[754]

So zeigt sich an der Person Mosts, welche ideologische Pluralität in den 1870er Jahren in der deutschen Arbeiterbewegung herrschte und welche Entwicklungslinien von diesem Zeitabschnitt aus möglich wurden. So ist die Hinwendung Mosts zum Anarchismus nicht Ausdruck einer mangelhaften Integrationskraft der Arbeiterbewegung, sondern Beleg für ihre Vielfalt und Entwicklungspotentiale, die sich freilich zunehmend an die bestehenden Organisationen banden.

Wenn das „planlose“ System und die „Überproduktion“, ob von Waren oder Maschinen, von allen Sozialdemokraten als Ursache der herrschenden Krise

---

750 Groh, Integration, S. 58.
751 Most, Arbeit, S. 25f.
752 Vgl. ebenda, S. 26.
753 Ebenda, S. 28.
754 Johann Most: Kleinbürger; ders.: Kapital und Arbeit: ein populärer Auszug aus „Das Kapital“ von Karl Marx, Zwickau 1873.

erkannt wurden, wenn der Arbeiter als Opfer der Umstände und der Kleinfabrikant als nächster in der Reihe der zu vernichtenden Existenzen geschildert wurde, so bedeutete dies noch lange nicht, dass man auch in weiteren, sich aus dem zu beobachtenden System ergebenden Fragen Einigkeit herstellen konnte. Dies war jedoch vorerst noch kein grundlegendes Problem für die beteiligten Akteure. Wenn Vertreter des ADAV den Grund der Überproduktion in übertriebener Spekulation sahen und der Arbeiterphilosoph Dietzgen mehr Produktion mit mehr Elend gleichsetzte, dann musste man sich nicht in der Analyse einig sein. Man teilte die gleichen Grundüberzeugungen, die nur unterschiedlich hergeleitet, ergo rationalisiert wurden. Wenn Most die einzelnen Arbeiter nach Produktivität klassifizierte, ganz ähnlich also wie die von ihm kritisierten Kapitalisten handelte, dabei aber eine andere Definition von Produktivität anstrebte, während im ADAV oft nicht auf der Ebene des Einzelnen angesetzt wurde, sondern der Appell an den – politisch potenziell als neutral vorstellbaren – Staat herausging, die Arbeiterfrage gemäß dem Volkswillen zu lösen, dann mochte dies unterschiedliche Analysen bedeuten, aber das analysierte Problem war ein gemeinsames. Der Meinungspluralismus in der deutschen Sozialdemokratie der 1870er Jahre, wie er sich auch in den offiziellen Parteizeitungen darstellte, wurde von den unterschiedlichen Akteuren genutzt. Gemeinsamkeiten wie das als statisch angenommene Verhältnis zwischen Produktion und Konsumtion und die Erkenntnis über die wichtige Rolle der Löhne in einer modernen Ökonomie wichen Unterschieden in der Bewertung des Werts der Arbeit, der Produktivität und der Resilienz des bestehenden Systems gegenüber der aufziehenden Krise – und den kommenden Krisen.

7. *Die Krise als Chance? Agitation im Schatten des „Großen Krachs" – Parteiakteure agitieren vor Ort*

Die Geschichte der deutschen Sozialdemokratie wurde oftmals mit organisationsgeschichtlichen, sozialgeschichtlichen oder ideengeschichtlichen Schwerpunkten geschrieben. All diese Sichtweisen verdienen Beachtung, sollten aber meiner Meinung nach immer wieder ergänzt werden um Einblicke in die konkreten Praktiken der Arbeiterbewegung, die diese erst konstituierten. Handelt es sich hier bei den Exiljahren vieler sozialistisch inspirierter Auswanderer nach London, Paris oder Brüssel nach der Revolution von 1848/49 vornehmlich um Briefe und politische Traktate, die in den Blick kommen und dabei helfen, das geknüpfte Band einer gemeinsam konstruierten Zukunftsvision lebendig werden zu lassen, gelten für die 1860er und 1870er Jahre in meiner Sicht nicht in erster Linie die oben genannten Quellen als idealtypische Repräsentationen dieser neuen Epoche der Geschichte der Arbeiterbewegung.[755] Vor allem waren es die durch Ferdinand Lassalle popularisierten Arbeiterversammlungen, die nun den Aufstieg einer neuartigen politischen Bewegung dokumentierten, die sich nicht mehr als Anhängsel linksliberaler und demokratischer Strömungen verstanden sehen und dies auch in aller Öffentlichkeit zum Ausdruck bringen wollte.[756] Im Zusammenhang mit der entstehenden sozialistischen Wochen- beziehungsweise Tagespresse konnte mit den vorher nur als Druckschriften verbreiteten Reden in den tagesaktuellen politischen Diskurs eingegriffen werden. Die neue Anforderung an das Zeitungswesen, möglichst aktuelle Informationen zu liefern, brachte auch das Erfordernis und zugleich die Möglichkeit mit sich, Versammlungsberichte und Reden aus ganz Deutschland wie auch aus anderen Ländern abzudrucken.

Bereits vor ihrem Einzug in den Reichstag hatten die deutschen Sozialisten somit das Reden vor großem Publikum einüben können und hatten – nach Lassalles Tod noch vermehrt – auch politischen Nachwuchs über diese Agitationsform akquirieren können. Wenn die Verbreitung sozialdemokratischer Schriften in den 1870er Jahren noch nicht als weitflächig betrachtet werden kann, so muss – neben der medialen Institution des Wirtshauses als Ort des Austauschs – das Mittel der Volks- beziehungsweise Parteiversammlung als besonders wichtiges Agitationsinstrument betrachtet werden. Auch wenn es noch keine durchgehende Institutionalisierung des Agitationsprozesses bei den beiden sozialdemokratischen Parteien gab, so gab es doch autodidaktisch geschulte Redner, die durch Reden vor Ort populär, dann – im Fall des ADAV – auf einem Arbeitertag und danach auf einer Generalversammlung Bekanntheit erlangten und so einen dreistufigen Auswahlprozess durchliefen.[757]

Durch zunehmende Repressionen wurde es immer notwendiger für den ADAV, die Agitation erstmals in festere Strukturen umzulenken. Unter dem Eindruck der Verfolgungen, unter denen die „fliegenden Agitatoren" zu leiden hatten, wurde bei der Generalversammlung von 1873 erstmals das Modell der „stabilen Agitation" erprobt, wobei die Redner bestimmten Distrikten zugeteilt wurden, um unerwarteten Verhaftungen zu entgehen.[758] Diese Vorgehensweise war die Vorstufe einer besseren Absicherung der führenden Agitatoren, änderte aber nicht viel an dem beschriebenen Auswahlprozess des Nachwuchses.

---

755 Nicht außer Acht lassen darf man die nach der Revolution von 1848/49 entstandene demokratische Versammlungs- und Debattierkultur. Nur als genuiner Ausdruck einer eigenständigen sozialistischen Arbeiterbewegung kann diese meines Erachtens nicht gewertet werden. Vgl. hierzu: Schmidt, Brüder, S. 231f.; hier ist die Rede von einer „unterbürgerlichen Gegenöffentlichkeit".

756 Vgl. Welskopp, Banner, S. 760: „Die Arbeitervereine und Volksversammlungen dienten als soziale Kompensationsuniversen und zugleich als Gegenwelten mit Anspruch auf Ausweitung auf die Gesamtgesellschaft; sie fungierten als Debattenforen, in denen ältere Mentalitäten gefiltert, gebündelt und auf die moderne reflexive Grundlage der Vergesellschaftung gestellt werden konnten; und schließlich bildeten sie eine konkrete Erfahrungswelt, an der sich die Realitätstüchtigkeit ideologischer Zuspitzungen beweisen musste."

757 Vgl. Herzig, Der Allgemeine Deutsche Arbeiter-Verein, S. 74.

758 Vgl. Herzig, Der Allgemeine Deutsche Arbeiter-Verein, S. 74, S. 80.

Ein weiterer emanzipatorischer Moment, der während der Versammlungen zum Ausdruck kam, war – im Fall des ADAV – die Loslösung vom Übervater Lassalle, wurden doch zunehmend nicht nur seine Schriften, sondern auch allgemeine Zeitungartikel diskutiert und wiedergegeben, was den Informationsfluss zwischen Partei, Mitgliedern und Parteipresse noch zunehmend verstärken und zu politischen Diskussionen anregen musste.[759] Auch die Versammlungen selbst, die im ADAV in Vereinsversammlungen (nicht-öffentlich), Arbeiterversammlungen (öffentlich) und Arbeitertage (öffentlich oder nicht-öffentlich) getrennt wurden, gingen in ihrer Definition auf von Lassalle festgelegte Vorschriften zurück.[760] Durch die häufig genutzte Möglichkeit des Abdrucks von Redebeträgen, meistens als Teil von kleinen Berichten über den Ablauf von Versammlungen, war ein überörtliches Publikum verfügbar, was bei gleichzeitiger Einordnung in den aktuellen Diskurs über politische Tagesfragen noch ein weiteres kohäsives Element in der Entstehung der deutschen Arbeiterbewegung darstellte. So waren es nicht nur Versammlungen von Parteien, sondern auch solche von Gewerkschaften und Mitgliedern von Arbeiter-Hilfskassen, die politische Beiträge produzierten, welche dann in der Presse erneut diskutiert wurden. Die wichtige identifikatorische Wirkung von Parteiversammlungen zeigen auch die vor allem vor 1874 regelmäßig stattfindenden Sprengungen von Versammlungen, in denen Mitglieder des ADAV bei Versammlungen der SDAP (oder andersherum) jeweils versuchten, der konkurrierenden Partei das Präsidium über die Versammlung zu entziehen, Reden zu stören oder sogar – oft mit Erfolg – gewalttätige Auseinandersetzungen zu provozieren.

Die sozialdemokratische Versammlung muss demnach als konstitutiver politischer Akt betrachtet werden, der immer wieder neu die Geltung und Wirkungsmacht der sozialistischen Idee und Organisation vor Ort symbolisieren sollte und damit die ferne Politik in verschiedenste Regionen des Landes transportierte. Das den Versammlungen innewohnende Mobilisierungspotential war jedenfalls auch von Seiten der Staatsmacht erkannt worden. Teilweise war dieses auch bewusst von sozialdemokratischer Seite instrumentalisiert worden, wie ein Brief von Carl Grillenberger an Wilhelm Liebknecht aus dem Februar 1875 zeigt:

> „Die polizeilichen Stänkereien dahier haben immerhin verschiedene Leute abgeschreckt [...]. Es muß also wieder einmal einige Aufregung unter die Leute gebracht werden, und dazu ist eine große Volksversammlung nöthig.“[761]

Neben der Frage nach den unterschiedlichen ideologischen Bausteinen in den Reden der sozialdemokratischen Parteiakteure vor Ort, die ja oftmals keine „großen“ Namen hatten – oder noch nicht –, wird mit Blick auf einige ausge-

---

759 Vgl. hierzu: Offermann, Lassallean Labor Movement, S. 106.

760 Vgl. Herzig, Der Allgemeine Deutsche Arbeiter-Verein, S. 71.

761 Brief von Carl Grillenberger an Wilhelm Liebknecht, 16.2.1875, in: Wilhelm Liebknecht. Briefwechsel mit deutschen Sozialdemokraten, Bd. 1 (Quellen und Untersuchungen zur Geschichte der deutschen und österreichischen Arbeiterbewegung, Bd. 4, Assen 1973, Nr. 391, S. 609f., hier S. 609 (Hervorhebung im Original).

wählte Reichstagsreden auch zu fragen sein, ob diese in Stil und Rhetorik Ähnlichkeiten mit den Reden auf lokalen Versammlungen hatten oder ob sich diese schon zu einem frühen Zeitpunkt mehr an die politische Konkurrenz richteten als an das sozialdemokratische Forum. Letzteres fand sich in den Parteizeitungen, die fast alle größeren Reden sozialdemokratischer Reichstagsabgeordneter zumindest teilweise abdruckten und wo kein ablehnender Reichstagspräsident oder prozedurale Hürden wie absichtlich herbeigeführte Debattenschließungen drohten, den Informationszufluss zu behindern. Fest steht, dass die Volksversammlungen und Parteiversammlungen mit den Erlebnissen der Sozialisten im Reichstag kontrastiert wurden – so zum Beispiel, wenn das Niederschreien von Julius Vahlteich durch liberale Zuhörer mit ähnlichen Vorkommnissen im Reichstag gleichgesetzt wurde.[762] Überhaupt waren die negativen Reaktionen auf sozialdemokratische Reden im Reichstag – verglichen etwa mit den häufig positiveren Erlebnissen sozialdemokratischer Agitatoren auf ihren Vortragsreisen – ein Grund für manche, wie zum Beispiel Johann Most, sich bewusst vom parlamentarischen System zu entfernen und auf den Anarchismus als Alternative zu setzen.[763] Für August Bebel war klar, dass das sozialdemokratische Wirken im Reichstag „nie nach Innen, stets nur nach Außen, im Volke, Erfolge" zeitigen konnte.[764] So dachte auch Wilhelm Hasselmann, wenn er in seiner Rede zum Antrag bezüglich einer Verbesserung der Invalidenversorgung angesichts des Hohns der anderen Fraktionen rief, dass er sich mit seinen Ausführungen „an das Volk außerhalb des Hauses" richte.[765] In diesen Fällen hatte die Exklusionsstrategie der etablierten Politik Erfolg gehabt und zu einer Polarisierung der Opposition beigetragen. Daher kann in mancherlei Hinsicht zu Recht von „antiparlamentarischen Tendenzen" in der deutschen Sozialdemokratie der 1870er Jahre gesprochen werden, die nicht zuletzt auch durch sozialistische Forderungen nach direkter Volkssouveränität – wie etwa durch Moritz von Rittinghausen vertreten – begünstigt wurden.[766]

---

762 Vgl. Pracht, Parlamentarismus, S. 43.

763 Vgl. hierzu Mosts Haltung zum Reichstag in seinen eigenen Worten: Most, Johann: Ein Sozialist in Deutschland, München 1974, S. 77: „Ich aber machte die Idee, vom Reichstag überhaupt Reformen zu erwarten, einfach lächerlich. Der Reichstag sei doch zu ganz anderen Zwecken da. Er habe die nötigen Mittel für den Militarismus zu beschaffen, der kapitalistischen Gründerei unter die Arme zu greifen, nach Bismarcks Pfeife zu tanzen und im übrigen das Maul zu halten."

764 Redebeitrag von August Bebel vom 21. August 1876, in: Protokolle der sozialdemokratischen Arbeiterpartei, Bd. II: Gotha 1875–St. Gallen 1887, Bad Godesberg/Glashütten (Taunus) 1971, Protokoll des Socialisten-Congresses zu Gotha vom 19. bis 23. August 1876, Berlin 1876, S. 27.

765 Stenographische Berichte über die Verhandlungen des Deutschen Reichstags, 2. Legislaturperiode, I. Session 1874, Erster Band, Berlin 1874, S. 625.

766 Stalmann, Volker: Das Verhältnis der Sozialdemokratie zum parlamentarischen System 1871–1890, in: Lehnert, Detlef (Hrsg.): SPD und Parlamentarismus. Entwicklungslinien und Problemfelder 1890–1990, Köln 2016, S. 37–68, hier S. 46, zur direkten Demokratie S. 42.

Die Betrachtung der Versammlungen von Anhängern des ADAV und der SDAP zeigt, wie sehr die beiden sozialistischen Faktionen bis zum Ausbruch der Krise im Herbst 1873 zerstritten waren. So kam es noch im Frühling 1873 zu einer Auseinandersetzung am 27. Mai in Krefeld, wo sich bei einer „Volksversammlung“, welche also öffentlich zugänglich war, die örtlichen Vertreter des ADAV gegen die „Friedensstörer“ der SDAP äußerten und – laut dem Bericht des sicher nicht als neutral zu bezeichnenden „Volksstaats“ – auch die Auflösung der Versammlung durch die Polizei provozierten.[767] Wie wichtig neben der symbolischen Präsenz der eigenen, „richtigen“ Arbeitervertretung vor Ort auch die lokale Rolle der Parteipresse war, zeigt sich in einem Bericht vom 11. Juni 1873 im „Volksstaat“, in dem bei einer Versammlung des ADAV in Stuttgart der „Neue Social-Demokrat“ als das „einzige in Deutschland bestehende Arbeiterblatt“ bezeichnet wurde.[768] Obwohl die anwesenden Vertreter der Eisenacher dem Bericht zufolge nicht unzufrieden gewesen waren mit den Inhalten des Vortrags von Paul Grottkau – was erneut die inhaltliche Konvergenz der beiden Parteien belegt –, führten diese Aussage und die Bezeichnung des „Volksstaats“ als „Bourgeoisblatt“ naturgemäß zu einer großen Ablehnung durch die anwesenden Mitglieder der SDAP. Diese hatten sich auch gegen Vorwürfe zu wehren, Bebel und Liebknecht seien dazu auserwählt worden, die Arbeiterschaft zu spalten.[769] Der Berichterstatter für den „Volksstaat“, W. Schröder, wies auf die Reden der beiden im Reichstag und die Gefängnishaft der beiden Parteiführer hin, um die Vorwürfe Grottkaus – eines Gegners der Vereinigung der beiden Parteien – zu entkräften.

Deutlich werden hier die unterschiedlichen Arenen der sozialdemokratischen Auseinandersetzung, die Selbstlegitimation und Diskreditierung des Gegners. Neben den Volksversammlungen als Machtdemonstrationen und argumentatives Kräftemessen beziehungsweise Gelegenheit zu handgreiflichen Auseinandersetzungen waren es die Parteipresse als wichtigstes Kommunikationsmedium und die politischen Führungsfiguren sowie deren politisches Handeln, die als Bezugspunkte und Autoritäten im Ideenstreit angeführt wurden. Die besondere „Effektivität“ der Parteiversammlungen war es, die dafür sorgte, dass gerade jenes Element vor der Einigung der deutschen Sozialdemokratie besonders umkämpft war.[770] Aber dies galt auch für die Parteipresse. Dabei waren es die wenig prominenten Parteimitglieder vor Ort, die den Ruf und damit auch die Ehre dieser diskursiven Schnittstellen verteidigten. Die Reden im Reichstag sind bekannt, die Relevanz der Parteizeitungen wird als hoch eingeschätzt, und die Fragen, welche sozialdemokratische Richtung die führende Parteizeitung ver-

---

767 Der Volksstaat, 7. Juni 1873, Nr. 46.

768 Der Volksstaat, 11. Juni 1873, Nr. 47.

769 Ebenda.

770 Offermann, Labor Movement, S. 98: „The public assembly was especially effective. For agitational purposes, meetings of the members could be opened to the public, although guests did not enjoy the right to speak or vote. [...] In addition to opening their own meetings to non-members, established Lassallean locals would often organize public rallies and meetings in nearby towns, and anyone could speak or otherwise take part in these sorts of gatherings, which remained an especially effective form of mass propaganda.“

legt und welche Persönlichkeiten sich als die führenden Sozialisten in Deutschland bezeichnen können, werden als überlebenswichtige Fragen für die eigene Organisation wahrgenommen. Für den Erstkontakt blieben Parteiversammlungen am wichtigsten, denn sie konnten dabei helfen, für die Sozialdemokratie zu begeistern und Leidenschaft für die Sache des Sozialismus zu wecken – bei den schon Engagierten war die Parteipresse im zunehmenden Maße wichtiger.[771] Diese Bedeutung der Parteipresse wurde auch registriert und immer wieder angeführt, wie im Leitartikel „Parteipresse" im „Neuen Social-Demokraten" vom 26. September 1873, wo auch abgewogen wurde, warum Lassalles Wirkungskreis noch begrenzt gewesen war – es fehlte an eigenen Presseerzeugnissen:

> „Nach zehnjähriger mühsamer Arbeit hat sich der Allg. deutsch. Arb.-Verein die Waffe geschmiedet, die Lassalle so sehr gefehlt; die Parteipresse ist vorhanden, ja, sie ist mächtig."[772]

In diesem Zusammenhang waren die Vertreter der SDAP zur Zeit der Gefängnishaft von Bebel und Liebknecht argumentatorisch sicher im Vorteil, hatten sich ihre führenden Vertreter durch ihre Haltung im Deutsch-Französischen Krieg 1870/71 weit über das sozialdemokratische Milieu hinaus Respekt verschafft. Die Ressource Glaubwürdigkeit als zentraler Faktor politischer Macht konnte bei den führenden Politikern des ADAV nicht im selben Maße demonstriert werden – gerade weil die zentrale Führungsfigur, Ferdinand Lassalle, keine neuen Belege für die Richtigkeit seiner Ansichten und die Glaubwürdigkeit seiner Person mehr liefern konnte, während keiner seiner Nachfolger auch nur annähernd die gleiche politische Autorität erlangen konnte.

Aber nicht nur Konfrontationen innerhalb der deutschen Sozialdemokratie wurden auf den Versammlungsforen ausgetragen, auch der eigentliche politische Gegner wurde stets zum Ziel sozialdemokratischer Agitation. Mehr noch als diese Selbstverständlichkeit mag es verwundern, dass nicht selten lokale bürgerliche Honoratioren an den öffentlichen Versammlungen der Sozialdemo-

---

771 Vgl. Loreck, Jochen: Wie man früher Sozialdemokrat wurde. Das Kommunikationsverhalten in der deutschen Arbeiterbewegung und die Konzeption der sozialistischen Parteipublizistik durch August Bebel, Bonn-Bad Godesberg 1978, S. 247.

772 Neuer Social-Demokrat, 26. September 1873, Nr. 111. Gleichzeitig bestand auch die Eisenacher Richtung auf der Wirkmächtigkeit ihrer Presse, diesmal in der Auseinandersetzung mit der sozialistischen Konkurrenz. Vgl. hierzu: Der Volksstaat, 19. April 1873, Nr. 32: „Dieses läppische Gebahren des ‚Neuen' – sich zu scheuen, seinen Anhängern mitzutheilen, wo der ‚Volksstaat' ausliegt, – harmonirt prächtig mit seiner sonstigen Großmachtsthuerei. Die wüthendsten Tyrannen sind eben immer zugleich die feigsten! Die Knüppelianer vermögen wohl eine Versammlung zu sprengen, fürchten sich aber vor einem Stück Papier, das den Titel ‚Volksstaat' führt." Die Rolle der Parteipresse, die Gründung neuer Blätter, das Verhältnis der Redaktionen zueinander – all diese Punkte wurden auch in der vereinigten Partei lebhaft diskutiert. Dabei war zu jeder Zeit klar, dass der sozialdemokratischen Publizistik höchste Bedeutung für das Wachstum der Bewegung zugesprochen wurde. So zum Beispiel zwischen Ignaz Auer und Carl Hirsch, der seine Artikel gesammelt in einer gesonderten Schrift herausgab: Carl Hirsch: Die Parteipresse, ihre Bedeutung und Organisation, Leipzig 1876.

kraten teilnahmen, wie auch Letztere sich bei Veranstaltungen des Bürgertums beteiligten. Dieser Grad an Offenheit des Austauschs ist kennzeichnend für die frühe Phase der parteipolitisch organisierten Arbeiterbewegung in Deutschland. Schließlich bedeutete der oft beschriebene Ablösungsprozess der Arbeiterbewegung von Linksliberalismus und Sozialkonservatismus, dass bis zum Ende dieses Prozesses noch Anbindungen an diese Strömungen bestanden. Die Ablösung von örtlichen Vertretern von Arbeiterbildungsvereinen, Kirchen und liberalen Politikern geschah eben nicht durch eine Ruptur und vollständige räumliche und diskursive Trennung dieser Milieus, sondern durch eine immer wieder von beiden Seiten angestrebte Konfrontation – also durch eine annähernde Bewegung als Voraussetzung für ein folgendes Auseinanderstreben.

Auch der Blick auf die sozialdemokratische Parteipresse der 1870er verweist darauf, wie häufig Presseartikel anderer Presseorgane abgedruckt und kommentiert wurden – gleiches gilt für Leserbriefe. Um die politische Auseinandersetzung zu führen, die erst die Bildung einer politischen Gemeinschaft im Sinne einer performativ herbeigeführten „imagined community" zur Folge hatte, anstatt dieser erst nachzufolgen, war die diskursive und körperliche Annäherung an die politische Konkurrenz notwendig.[773] Dies passierte gleichzeitig in Bezug auf die Konkurrenz in der Arbeiterbewegung und auf jene aus dem bürgerlichen Raum. Erst mit diesem emanzipatorischen Akt der politischen Selbst(er)findung wurde die Sozialdemokratie zu einem, wenn nicht formal, so zumindest diskursiv gleichberechtigt agierenden politischen Akteur. Dieser Emanzipationsakt ist die eigentliche Geburtsstunde der einheitlich parteilich organisierten Arbeiterbewegung in Deutschland, der sich zwar organisatorisch mit dem Zusammenschluss von ADAV und SDAP auf das Jahr 1875 zuspitzen lässt, der aber diskursiv in vielen Foren der politischen Auseinandersetzung über die gesamten 1870er Jahre hinweg wiederholt wurde, vor Ort, auf Papier, im Reichstag, in Zeitungen, Broschüren und auf Versammlungen. Es ging aber der Sozialdemokratie nicht allein darum, als gleichberechtigte politische Akteurin anerkannt zu sein. Ihre grundsätzliche Opposition zum Staatssystem, die von diesem nicht zuletzt auch befördert wurde, und die Konkurrenz um Wählergruppen, die zuvor etwa noch dem Linksliberalismus oder dem Zentrum angehörig waren, machten den Kampf im politischen Feld des Kaiserreichs zum Existenzkampf – und zwar (im Sinne Bourdieus) zum Kampf, „um das Monopol auf das Recht, im Namen eines mehr oder weniger großen Teils der Laien zu sprechen und zu handeln".[774]

Die lokale Dimension dieses Prozesses wird besonders im Versammlungsformat deutlich, und dies vor allem im Zusammenhang mit der Gründerkrise, wenn zum Beispiel der „Bankerott der hiesigen Spar- und Vorschußbank" in der Stadt Staßfurt, eines Instituts, welches nach dem Schulze-Delitzsch'schen Konzept

---

773 Vgl. hierzu zum Themenkomplex des Nationalismus, aber prozessual nicht unähnlich: Anderson, Benedict: Die Erfindung der Nation, Frankfurt am Main 1996.

774 Bourdieu, Pierre: Die politische Repräsentation. Elemente einer Theorie des politischen Feldes, in: Ders.: Politik. Schriften zur politischen Ökonomie 2, Berlin 2013, S. 43–96, hier S. 71.

der Selbsthilfe für die Arbeiterschaft gegründet worden war, zu einer größeren Bewegung führte.[775] Laut dem Bericht des aus sozialdemokratischer Perspektive urteilenden Autors hatte die Bank auch Anleihen an örtliche Unternehmen vergeben, die nun zahlungsunfähig geworden waren, womit die Ersparnisse der Arbeiter verloren seien. Als Reaktion auf diese Ereignisse beriefen die örtlichen Sozialisten eine Parteiversammlung und eine öffentliche Versammlung ein und nutzten die Gelegenheit zur Kritik an der linksliberalen Vision einer systemimmanenten Arbeiterhilfe wie auch grundsätzlich am kapitalistischen Gesamtsystem – der Berichterstatter nennt als Ergebnis zehn neu hinzugewonnene Parteimitglieder.[776]

Auch die der Sozialdemokratie mehrheitlich eher skeptisch gegenüberstehenden Gruppen suchten die Diskussion über unterschiedliche politische Konzeptionen, wenn sie – wie beispielsweise auf einer Volksversammlung in Lobberich am 18. November 1873 – bei Volksversammlungen zugegen waren und sich an der politischen Diskussion beteiligten. Für die sozialdemokratische Seite war bei solchen Gelegenheiten oftmals der Vergleich der anwesenden Arbeiter mit der Zahl der anwesenden Mitglieder der Bourgeoisie ein Hinweis auf den Grad der erfolgten Mobilisierung der Arbeiterschaft. So waren bei der genannten Volksversammlung in Lobberich laut Bericht im „Volksstaat" deutlich mehr Arbeiter erschienen, welche „die Gründer, die Verwaltungsräthe und Directoren, den feisten Bauch auf dem Tisch hängend" zumindest von der Anzahl her politisch aus dem Feld schlagen konnten.[777] Zumindest aus Sicht der Sozialisten hatte das Zeitalter der Demokratie begonnen und damit die pure Zahl der Unterstützer eine wichtigere Dimension bekommen.

Neben der politischen Auseinandersetzung auf neutralen Foren und bei sozialdemokratischen Versammlungen war es häufig auch ein wichtiges Anliegen der lokalen sozialdemokratischen Organisation, Versammlungen anderer politischer Richtungen zu besuchen und diese zu beeinflussen oder durch die eigene Präsenz eine Art von stiller, aber nicht zuletzt körperlicher Opposition auszuüben. So war die „Wählerversammlung" des Professors Dr. Karl Joseph Eugen Birnbaum in Rötha, ein nationalliberaler Landwirtschaftsexperte und zu diesem Zeitpunkt für eine einzige Legislaturperiode Mitglied im Reichstag,[778] von örtlichen Sozialdemokraten besucht worden, welche ihn der „Gründereien" bezichtigten.[779] Auch wenn Birnbaum mit Blick auf seine Beteiligung an den Bischweiler Tuchfabriken mit Verweis auf eine ergebnis- und folgenlose Auswertung des Geschäftes durch den Staatsanwalt auf seine Unbescholtenheit hinwies, so waren Vorkommnisse wie dieses keine Seltenheit und ein Beleg für die tatsächliche Politisierung der Gründerkrise vor Ort. Anders als vielleicht anzunehmen, sind Bezüge auf die Krise und die mit ihr verbundenen, nicht immer seriösen Ge-

775 Der Volksstaat, 2. November 1873, Nr. 106.

776 Vgl. ebenda.

777 Der Volksstaat, 26. November 1873, Nr. 116.

778 Vgl. hierzu: o. Verf.: Eintrag „Birnbaum", in: Hirth, Georg (Hrsg.): Deutscher Parlaments-Almanach, Berlin 1871, S. 162f.

779 Der Volksstaat, 9. Januar 1874, Nr. 3.

schäfte, in die auch Vertreter der politischen Kreise verwickelt waren, nicht nur in überregionalen Leitartikeln und Reichstagsreden zu finden, sondern auch in ganz unterschiedlichen Zusammenhängen wie in lokalen Wahlversammlungen. Dabei ließen sich die „Gründergeschäfte", die oftmals auch mit Fallissements von kleinen Unternehmungen verbunden und dank der Verwicklung bekannter Persönlichkeiten auch leichter personalisierbar waren, ganz unabhängig von der Schwere der wirtschaftlichen Auswirkungen als Symbol für die Korruption im Kaiserreich stilisieren.

Wenn man so will, kann auch hier das nationalisierende Moment einer den ganzen Nationalstaat umfassenden Krise ausgemacht werden. Es waren keinesfalls die als anonym wahrgenommenen Finanzmärkte, in denen ausschließlich dunkle und nicht zu durchdringende Machenschaften vermutet wurden. Stattdessen wurden Personen aus Fleisch und Blut, wie der erwähnte nationalliberale Politiker bei seiner Wahlversammlung in Rötha, zur Rede gestellt und als Repräsentanten eines korrupten Systems betrachtet. Auch Verhandlungen vor Gerichten, Entscheidungen derselben, wie auch konkrete Geschäftszahlen fanden in diesem Zusammenhang ihren Weg in die Tagespresse – nicht zuletzt in die sozialdemokratische. Vieles spricht dafür, dass dieser Aspekt der Gründerkrise, die sich ja eben durch die vielfältigen Verknüpfungen von Politik, Börse(n) und Wirtschaft auszeichnete, besonders nah an der Lebenswirklichkeit der Arbeiterschaft war, die sich auf der einen Seite bei betroffenen Unternehmen wiederfand oder aber – durch Vermittlung der genannten Unterstützungskassen – selbst an Unternehmen beteiligt hatte. Durch diese nicht eben geringe finanzielle und informationelle Integration der Akteure in das Geschehen war auch die Möglichkeit zur Diskreditierung bestimmter Personen gegeben – so geschehen im Fall der beschriebenen Wahlversammlung, in der sich – laut Bericht – die „Herren ‚Macher'" sich „außer sich vor Aerger" gezeigt hatten.[780]

Dabei waren in solchen Fällen auch Reaktionen des Staates oder der örtlichen Eliten nicht selten. Zu Versammlungsauflösungen kam es regelmäßig – so zum Beispiel in Fällen, in denen unter anderem auch „die Folgen des liberalen Schwindels" zur Tagesordnung gehört hatten und die anwesenden Vertreter der Polizei die Versammlung kurz nach diesem Tagesordnungspunkt die Versammlung auflösten.[781] Eine weitere Versammlung mit dem Titel „Die Ziele der Arbeiterbewegung" am 16. Oktober 1874 in Luckenwalde wurde – laut Bericht eines Sozialdemokraten namens Ehrhardt an den „Volksstaat" – aufgelöst, als dieser in seinem Vortrag die „Manchester-Männer" kritisierte, die staatliche Eingriffe in die Wirtschaft ablehnen würden.[782] Auch hier hatte die Auflösung also kurz nach einer Kritik am Wirtschaftsliberalismus stattgefunden, was wohl als ein Indiz für die Nervosität der Polizeibeamten gewertet werden kann, die nur schwerlich zwischen Angriffen auf den Staat und die – noch – vorherrschende ökonomische Ideologie unterscheiden konnten. Die Auflösung der Versamm-

---

780 Ebenda.
781 Der Volksstaat, 10. Mai 1874, Nr. 54.
782 Der Volksstaat, 28. Oktober 1874, Nr. 126.

lung resultierte dem Bericht zufolge in 15 Anklagen, von denen nur drei mit Freisprüchen endeten.[783]

Neben den Repressalien durch die Polizei gab es auch Wirte, die bei anstehenden Versammlungen von Sozialisten unter Druck gesetzt wurden. Im Fall einer Versammlung am 28. Februar 1876 in Solingen war der Wirt laut Bericht im „Volksstaat" vom Bürgermeister selbst dahingehend eingeschüchtert worden, die Versammlung in seinem Lokal zu unterbinden. Als die örtlichen Sozialisten zum verabredeten Zeitpunkt dennoch erschienen, wurden bei einer verbalen Auseinandersetzung mit der anwesenden Polizei Worte ausgesprochen, die dem betroffenen Jakob Nahl eine Verurteilung wegen Beleidigung einbrachten.[784]

Abgesehen von der Kritik an Wirtschaftskonzepten des politischen Gegners wurden schon nach Ausbruch der Börsenkrise in Wien Reden auf Volksversammlungen gehalten, die sich den Berichten nach zu urteilen auch tiefergehend mit den Ursachen und Folgen der Spekulationsbewegungen befassten. So befasste sich der ADAV schon am 2. Juli 1873, also noch weit vor dem Zusammenbruch der Berliner Börse, bei einer Volksversammlung in Berlin mit der „Bankkrise", über die Wilhelm Hasselmann „in eingehender Weise" redete.[785] Auch hier schien die Veranstaltung von Erfolg gekrönt gewesen zu sein, schließlich fanden sich nach deren Ende 91 Neumitglieder für den ADAV.

Das Jahr 1875, welches auch die wirtschaftlichen Folgen der Gründerkrise in Deutschland erst deutlich spürbar machte, war auch ein Jahr der sozialistischen Versammlungen, die sich nun detailliert mit diesen auseinandersetzten.[786] Ein Beispiel hierfür ist die Versammlung am 4. Juni 1875 in Ernstthal, in der August Bebel einen Vortrag zum Thema „Die Ursachen der gegenwärtigen Geschäftskrise" hielt. In seinem Vortrag ging Bebel auf die Vorwürfe ein, die Sozialdemokratie trage die Verantwortung für die Wirtschaftskrise – hier ging es also um die Debatte der angeblich überhöhten Löhne der deutschen Arbeiter, die durch politische Unterstützung der Sozialisten und Streiks zum Nachteil der deutschen Wirtschaft in den Jahren vor 1873 errungen worden seien.[787]

Auch im „Neuen Social-Demokraten" fanden im selben Jahr viele Versammlungen zum selben Thema statt. In Bornheim hielt Carl Klein am 1. März 1875 einen Vortrag über „Die heutige Produktionsweise und ihre Folgen" und zeichnete dabei in den Worten des „Rapporteurs" Carl Gerlach „ein treffliches Bild von der jetzigen Arbeitskrise und dem großen Krach".[788] Auch außenpolitische

783 Vgl. ebenda.

784 Vgl. Der Volksstaat, 5. April 1876, Nr. 40.

785 Neuer Social-Demokrat, 4. Juli 1873, Nr. 75.

786 Vgl. zur konjunkturellen Wende nach 1873/74: Ritter/Tenfelde: Arbeiter, S. 61: „Sehr klar läßt sich [...] zeigen, daß seit etwas 1852/53 eine durchweg starke, bis 1873/74 anhaltende Nachfrage nach industriellen Grundstoffen, die vor allem für die Herstellung von Investitionsgütern gebraucht werden, herrschte. Diese Hochstimmung wich einem abrupten Preisverfall, der erst nach rund 20 Jahren wieder in eine dann langfristig stark ansteigende Tendenz überging."

787 Vgl. Der Volksstaat, 14. Juli 1875, Nr. 79.

788 Neuer Social-Demokrat, 10. März 1875, Nr. 30.

und makroökonomische Zusammenhänge der Krise wurden hierbei angerissen, wenn der Redner mit einem Witz auf die Auswirkungen der französischen Reparationszahlungen hinwies:

> „Ein Franzose sagt zu einem Deutschen: Wir Franzosen sind groß, wir haben 5 Milliarden bezahlt und haben nichts davon verspürt, worauf der Deutsche antwortete: Wir sind noch größer: Wir haben 5 Milliarden bekommen und haben nichts davon verspürt."[789]

Trotz Ermangelung einer unmittelbar bevorstehenden Reichstagswahl war die Frequenz dieser Thematik und der Volksversammlungen weiterhin hoch, und der Topos der Krise bot eine von beiden sozialistischen Richtungen genutzte Gelegenheit den politischen Gegner an verschiedenen Fronten zu attackieren, anstatt Auseinandersetzungen in den eigenen Reihen zu forcieren, die im Jahr 1875 schon längst nicht mehr erwünscht waren. Somit kann die Gründerkrise mit Blick auf den Binnendiskurs der Arbeiterbewegung als viel gewichtiger betrachtet werden, als dies etwa für die konkreten Auswirkungen von Wahlergebnissen gilt.[790] Zwar war auch hier ein klarer Aufwärtstrend zu beobachten: Dessen Vorbedingung aber – die Vereinigung von ADAV und SDAP – scheint nicht zuletzt dank der Validierung gemeinsamer Feindbilder – Staat und Produktionsweise durch respektive Repressionen und Krise – erst möglich geworden zu sein.

Dass die Krise nicht nur durch die nationale Linse betrachtet wurde, ist bereits gezeigt worden. Aber nicht nur in Leitartikeln, auch bei Volksversammlungen trat diese Perspektive hervor, wenn etwa ein SAP-Vertreter namens Scheil (ehemals ADAV) am 15. Oktober 1875 auch die Auswirkungen der französischen und englischen Konkurrenz auf die deutsche Wirtschaftslage zur Sprache brachte. Scheils Argumentation zufolge führte die Spekulation mit Finanzwerten deutsches Geld ins Ausland. Er nannte die Zahl von bis zu fünf Milliarden Mark, welches dieses vielleicht sogar auch zu einem Krieg gegen Deutschland verwenden würde.[791] Um einen Eindruck von der Häufigkeit von Volksversammlungen zu geben, sei darauf hingewiesen, dass Scheil nach eigener Auskunft im Zeitraum von zwei Wochen um den besagten Termin in Mannheim herum noch Reden in Darmstadt, Hanau, Ricklingen, Offenbach und Heidelberg hielt – immer zu ganz verschiedenen Themen wie dem Wert der Arbeit, dem allgemeinen Schwindel

789 Ebenda.

790 Selbst zurückblickend auf die Reichstagswahlen von 1877 war aus Sicht des „Vorwärts" doch schon ein eindeutiger Zusammenhang mit den Krisenfolgen und den Wahlerfolgen der Sozialisten spürbar; vgl. Vorwärts, 9. Februar 1877, Nr. 17: „Es konnte unseren ‚Agitatoren' natürlich nicht schwer fallen, [...] zu entwickeln, daß die gegenwärtige ökonomische und politische Krise, das allgemeine Uebelbefinden der Massen nicht etwas Zufälliges ist, sondern in dem Wesen der heutigen Gesellschafts- und Staatseinrichtungen wurzelt, und daher nicht ‚vorübergehender' Natur ist, so lange diese Staats- und Gesellschaftseinrichtungen dauern; daß also, wer die gründliche Beseitigung der herrschenden Nothstände wolle, auf die Beseitigung des herrschenden Staats- und Gesellschaftssystems hinwirken müsse."

791 Vgl. Neuer Social-Demokrat, 5. November 1875, Nr. 131.

und der Erhöhung der Biersteuer und oft auch unter Anwesenheit eines bürgerlichen Publikums.[792]

Im überregionalen Zusammenhang genannt wurde immer wieder der Name des Eisenbahnmagnaten Strousberg, der ja schon Jahre zuvor Bankrott gemacht hatte, aber offensichtlich noch als Symbolfigur für Spekulation und Korruption dienen konnte – so geschehen bei einer Rede von Wilhelm Hasenclever in Burg auf Fehmarn am 9. Januar 1876. Die überzeitliche Symbolisierung des Gründertums, die dessen Ausstrahlung auf alle Gesellschaftsbereiche deutlich machen sollte, fügte sich dann auch ein in die Aussage Hasenclevers, der kurzfristige Verbesserungen der Lage in dieser Hinsicht nicht in Aussicht stellte, sondern deren Erreichen erst für die Nachkommen der Anwesenden als wahrscheinlich ankündigte.[793]

Eine weitere wichtige Figur, die symbolisch für die vermuteten Ausschweifungen der gesellschaftlichen Eliten betrachtet wurde, war der bereits angesprochene Fürst Ofenheim, der in einem Referat des Redners Kuhl als Beispiel für die „Schwindelhaftigkeit" des „Gründerthums" angeführt wurde.[794] Wahrscheinlich handelte es sich bei dem Redner um Carl Julius Kuhl, der auch Delegierter des Wuppertals für den Kongress in Gotha gewesen war.[795] Hauptsächlich ging es aber bei der Volksversammlung am 25. September 1875 in Düsseldorf um die Überproduktion der Waren, die der Unterkonsumtion durch die Arbeiter gegenübergestellt wurde – auch ein gängiger Topos dieser Zeit, der aus sozialdemokratischen Kreisen als Antwort den Vorwürfen vor allem aus den Kreisen des preußischen Finanzministeriums entgegengesetzt wurde, wonach die Arbeiterschaft in Deutschland zu hohe Löhne erhalte und diese zur Krisenbewältigung herabgesetzt werden müssten.

Einer der prägnantesten Namen, der sich in den Zeitungsberichten des „Volksstaats" und des „Neuen Social-Demokraten" in den Jahren 1873 bis 1877 wiederfindet, wenn es um die Personalisierung der Krise geht, ist der des Unternehmers Heinrich Quistorp.[796] Am meisten erregte der Zusammenbruch des Bankhauses Quistorp im Herbst 1873 die Gemüter, sodass die Latenz der Nennung von Quistorps Namen in den folgenden Monaten am häufigsten war. Ein Beispiel hierfür ist die Versammlung des ADAV in Elberfeld am 22. Oktober 1873, in der ein ADAV-Mitglied namens Hörig (es handelte sich wohl um August Hörig (1834–1888) aus Hamburg, da dieser häufiger als Versammlungsredner tätig war)[797] im Beisein des Vereinspräsidenten eine Darstellung der „Geschäfts- und

792 Vgl. ebenda.

793 Vgl. Neuer Social-Demokrat, 6. Februar 1876, Nr. 15.

794 Neuer Social-Demokrat, 1. Oktober 1875, Nr. 116. Vgl. hierzu das Kapitel 5.C.

795 Vgl. SPD Wuppertal (Hrsg.): Wuppertal ist historischer Boden des Sozialismus, 140 Jahre SPD. Dokumentation zur Ausstellung, Wuppertal 2003, S. 33.

796 Vgl. hierzu: Neuer Social-Demokrat, 8. Oktober 1873, Nr. 116; 12. Oktober 1873, Nr. 118; 5. November 1873, Nr. 128; Der Volksstaat, 15. Oktober 1873, Nr. 98; 13. Oktober 1874, Nr. 120.

797 Vgl. hierzu: Graf, Angela: Hörig, August, in: Kopitzsch, Franklin/Brietzke, Dirk (Hrsg.): Hamburgische Biographie. Personenlexikon, Hamburg 2003: „Als verwahrlostes Kind kam August Hörig in die Lehre bei einem Schornsteinfeger, wo er zum Betteln und Stehlen

Handelskrisen, ihre Entstehung und Folgen“ brachte. In dieser war in ironischer Weise vom „großen Quistorp“ die Rede, der bei einer Rede in Hamburg vor seinen Zuhörern, unter ihnen nach den Worten des Berichts auch Hörig, zur Lösung der sozialen Frage die Errichtung von „Jungfrauenstiften“ vorgeschlagen und sich gegen die Vorschläge der Sozialdemokratie ausgesprochen hatte.[798] Diese Ausführungen hatten dem Sozialisten Hörig naturgemäß nicht gefallen, und dementsprechend äußerte er sich über Quistorp und beendete seine Rede nach einer kurzen Darstellung der Lage in Ungarn und England sowie einem Ausblick auf die unvermeidliche „Befreiung des Proletariats“.[799]

In diesem Bericht wird nicht nur erneut deutlich, über welch hohe Mobilität die Agitationsredner der beiden sozialistischen Strömungen verfügten, wenn der Hamburger Hörig in Elberfeld sprach und seine Erfahrungen mit Quistorp teilte. Auch der Blick ins Ausland blieb – nicht nur für die scheinbar weniger internationalistischen Vertreter des ADAV – ein wichtiges Element der Vorträge. Der Name Quistorps war vor allem deswegen ein Reizwort, weil sein soziales Engagement aus Sicht der deutschen Sozialdemokraten in einem auffälligen Gegensatz zu seiner Gründertätigkeit stand, die mit Korruption gleichgesetzt wurde. Seine religiöse Ader machte Quistorp dann auch gleich zum „Pfaffen“.[800] Als dann auch noch Staatshilfe für Quistorps Unternehmen in den Zeitungen thematisiert wurde und gar noch von Quistorps abweisenden Reaktionen auf Kaufangebote durch die Preußische Bank zu lesen war, war das Feindbild perfekt. So ließen sich in Quistorps Person die als heuchlerisch wahrgenommenen sozialkonservativen Elemente des Mäzenatentums mit der staatlichen Unterwürfigkeit gegenüber undankbaren Spekulanten zu einem kohärenten Feindbild verbinden, das fortan allein unter dem Schlagwort „Gründer“ abrufbar war. Als ruchbar wurde, dass die Stützungsaktionen Quistorps auch noch mit Verlusten einhergingen, war dies Wasser auf die Mühlen der Sozialisten[801] – dies alles, während die Staatshilfe

---

gezwungen und deshalb mehrfach zu Gefängnisstrafen verurteilt wurde. Mit eisernem Willen eignete der spätere Zigarrenarbeiter sich jedoch ein beträchtliches Wissen im Selbststudium an. Er kam 1867 nach Hamburg und wurde als begabter Redner bald Bevollmächtigter der Hamburger Lassalleaner und der Zigarrenarbeitergewerkschaft. 1871 übernahm er den Vorsitz des Komitees zur Reichstagswahl.“

798 Neuer Social-Demokrat, 5. November 1873, Nr. 128. Vgl. hierzu auch mit ähnlicher Rhetorik: Neuer Social-Demokrat, 1. Oktober 1873, Nr. 113: „Staatskredit wurde dem am ärgsten in Spekulationen verrammten Kapitalisten gewährt – und wer ist es? – Ironie des Schicksals, es ist der in socialer Frage machende Herr Quistorp, der sich als Arbeiterwohnungs-Erbauer, als Mucker u.s.w. einen bekannten Namen verschafft hat. Der Herr Quistorp ist aber nicht blos Humanitätsapostel, der durch allumschlingende patriarchalische Liebe den Socialismus vertilgen zu wollen, vorgiebt, er ist auch ein großer ‚Gründer‘ vor dem Herrn, wie Nimrod war ein großer Jäger.“

799 Ebenda.

800 Der Volksstaat, 17. Oktober 1873, Nr. 99.

801 Vgl. hierzu: Neuer Social-Demokrat, 22. Oktober 1873, Nr. 122: „Des Gründers Quistorp Sturz ist jetzt vollendet. Ueber das Vermögen: 1) der Vereinsbank Quistorp, 2) der Westend-Gesellschaft, H. Quistorp u. Comp., 3) des Deutschen Central-Bauvereins, 4) der Deutschen Pferde-Eisenbahn-Gesellschaft (Bühling) ist Concurs eröffnet. Das Gerücht, daß Mitglieder der Hohenzollern'schen Herrscherfamilie betheiligt sind, bestätigt sich. Und

für Produktivgenossenschaften als Hauptforderung der Sozialisten von den politischen Gegnern aller Couleur als utopisch abgelehnt worden war. Gleichzeitig blieb der Bankrott Quistorps keinesfalls fernab der Lebenswirklichkeit der Handwerker und Arbeiter, die das sozialistische Klientel ausmachen sollten.[802]

Während Quistorp, Ofenheim und Strousberg also symbolisch für Korruption, Gier und Heuchelei der adligen und bürgerlichen Eliten standen und mit den Vorgängen an den Börsen identifiziert wurden, waren es bei der Lohnfrage Industrielle wie Alfred Krupp („Der große Krupp") und der preußische Finanzminister von Camphausen, die zu Feindbildern wurden.[803] Als weiterer Industrieller war auch Friedrich Harkort, der sich mit seinem 1875 veröffentlichten „Arbeiterspiegel" als Verfechter einer bürgerlichen Integrationspolitik mit Blick auf die Arbeiterschaft exponiert hatte, für eine gewisse Zeit im Fokus der Sozialdemokraten. Diese antworteten mit ihrem eigenen „Arbeiterspiegel", also einem „Fabrikantenspiegel", und hoben damit die Klassenperspektive hervor, die Harkort in seiner Schrift zu überdecken gesucht hatte.[804] Um die Riege von Vertretern gesellschaftlicher Eliten zu komplettieren, traf die Kritik der Sozialdemokraten auch die Politik. So wurden vornehmlich adlige Mitglieder des Preußischen Herrenhauses, Abgeordnetenhauses und Mitglieder des Reichstags, die sich an Gründungen beteiligt hatten, in einem Gedicht mit dem Titel „Gründer – Volksvertreter" im „Volksstaat" verewigt.[805]

Weder waren es anonyme wirtschaftliche Gesetzmäßigkeiten noch reine Personalisierungen, die zur Vermittlung der politischen Ziele der Sozialdemokraten genutzt wurden. Beide Elemente wurden in höchst flexibler Weise genutzt und zu einem – nicht immer kohärenten – Ganzen verknüpft. Dabei wurden einzelne Persönlichkeiten auch deswegen zur Zielscheibe der sozialistischen Agitation,

zwar haben nach der ‚Schlesischen Presse' die Summen, um die es sich handelt, mindestens die folgende Größe: Der auf die Königin-Wittwe fallende Verlust-Antheil soll sich auf 100,000 Thaler belaufen; außerdem soll Prinz Albrecht mit 80,000 Thlrn. betheiligt sein. Außer diesen Enthüllungen wird noch der weitere interessante Umstand gemeldet, daß die Staatsbank arg in Mitleidenschaft gezogen ist. Der Geh.-Rath Boese, Mitglied des Preußischen Bank-Direktoriums, soll, während er selbst beim Quistorp'schen Unternehmen betheiligt gewesen sein soll, zweifelhafte Papiere als Unterpfand anzunehmen gestattet haben. Somit müsste der Staat die Staatshülfe für ‚Gründer' mit einem Schaden an dem eigenen Beutel ausbaden."

802 Vgl. hierzu: Neuer Social-Demokrat, 19. Oktober 1873, Nr. 121: „Der Gründer Quistorp hat eine Menge Leute aus dem Mittelstande in verschiedenen Städten in seinen Fall mit hineingezogen: So schreibt man aus Magdeburg: Die Quistorp'sche Affaire hat für unsere Stadt und die Umgegend eine viel größere Bedeutung angenommen, als man Anfangs glaubte. Ganz abgesehen von den Aktieninhabern, die bei der Westendgesellschaft und dem Zentralbauverein nicht immer freiwillig gezeichnet haben, sondern durch besondere, geschäftliche Verhältnisse dazu veranlaßt wurden, haben namentlich die Bauhandwerker nicht unerhebliche Verluste zu befürchten. Maurer- und Zimmermeister, Maler und verwandte Gewerbetreibende sind für ihre Leistungen beim Villenbau in Sudenburg, Salze und Thale nur zum Theil befriedigt worden."

803 Neuer Social-Demokrat, 8. Januar 1875, Nr. 4.

804 Vgl. Neuer Social-Demokrat, 21. Februar 1875, Nr. 35.

805 Vgl. Der Volksstaat, 21. November 1873, Nr. 114.

weil Kritik an in Verruf geratenen Personen wie Ofenheim, Quistorp und Strousberg nicht zensurverdächtig war und dabei gleichzeitig doch immer als *pars pro toto* verstanden werden sollte – es ging dann zum Beispiel um „Strousberg und Konsorten", oder es war von Vorgängen „à la Strousberg, Quistorp, Ofenheim u.s.w." die Rede.[806]

Dass Vortragsreisen ein effektives Element zur massenhaften Mobilisierung waren, kann allein durch die zahlreichen enthusiastischen Berichte von solchen Veranstaltungen sowie die immer besser werdenden Ergebnisse der Sozialdemokraten bei den Reichstagswahlen belegt werden. Berichte wie jener über die Vortragsreise Mosts im Jahr 1876 können – trotz aller in Abzug zu bringenden Hyperbeln – als Ausweis dieser Tatsache gesehen werden.

Johann Most hatte bei seinem Auftritt in Chemnitz am 26. Juni eine geschlossene Sozialistenversammlung besucht, in welcher der örtliche Gesangsverein ihn begrüßte. Mosts Rede, in der er auf seine lange Haft wegen einer Rede zur Pariser Commune einging, wurde von einem wenige Tage später stattfindenden „Massenausflug" gekrönt, bei dem sich dem Bericht zufolge „mehrere Tausend Menschen" versammelten und Most eine spontane Rede hielt, worin er auch die herrschende Krisis anführte und diese als „Folge der heutigen Produktionsweise" bezeichnete.[807] Die geschilderte überschwängliche Feier, die Most zu Ehren stattfand, kann bei aller Vorsicht als wahrscheinlich angesehen werden. Most war in der Zeit seiner Gefängnishaft, ähnlich wie Bebel und Liebknecht zuvor, zu einer Art Märtyrerfigur der deutschen Sozialisten geworden. Somit hatten die Verfolgungsmaßnahmen des Staates starke Widersacher desselben erschaffen, vor allem im Falle des späteren Anarchisten Most. Was für manche Volksversammlungen dieser Art als gesichert gelten kann, ist wohl die prophetenähnliche Stellung, die führende Sozialdemokraten in manchen Teilen des Reichs in bestimmten Gruppen innerhalb weniger Jahre erlangt hatten. Einen interessanten Vergleichspunkt stellen hierbei die religiösen Laienumzüge dar, die in der Zeit des Kulturkampfs in katholisch geprägten Regionen stattfanden und die Religiosität der unteren Schichten in Krisenzeiten eindrücklich bekundeten.[808] Wem es einsichtig ist, dass Krisenzeiten immer auch Massenmobilisierungen nach sich ziehen können, wenn etablierte Regulationsmechanismen die Krisenerscheinungen nicht früh genug glaubhaft und erfolgreich abwehren, der muss die Verehrung führender Sozialdemokraten in manchen Teilen Deutschlands in diesen Jahren mit dem augenscheinlichen Anstieg der Volksfrömmigkeit in manchen Regionen im selben Zeitraum teilweise unter der gleichen Perspektive betrachten. Auch, aber nicht nur in diesem Zusammenhang ist auch der

---

806 Neuer Social-Demokrat, 5. Februar 1875, Nr. 16; Neuer Social-Demokrat, 21. Februar 1875, Nr. 35.

807 Der Volksstaat, 30. Juni 1876, Nr. 75.

808 Vgl. hierzu: Nonn, Christoph: 12 Tage und ein halbes Jahrhundert. Eine Geschichte des Deutschen Kaiserreiches 1871–1918, München 2020, S. 61–110.

Kult um Ferdinand Lassalle als ein durch „vielfältige religiöse Stimmungs- und Kultelemente“ sich auszeichnendes Phänomen bezeichnet worden.[809]

Abgesehen von diesen Ausnahmeerscheinungen waren Volksversammlungen jedoch alles andere als religiöse Veranstaltungen. Sie stellten basisdemokratische Machtdemonstrationen der örtlichen Sozialdemokraten dar, die sich trotz aller repressiven Maßnahmen zur öffentlichen Debatte trafen. Öffentliche Versammlungen boten die Gelegenheit zur Konfrontation mit dem politischen Gegner. Dies zeigt eindeutig, dass die deutschen Sozialdemokraten zu diesem Zeitpunkt noch keineswegs in einem eigenen politischen Resonanzraum verharrten, der nach außen und innen über unüberwindbare Barrieren verfügte. Die Beteiligung der Arbeiterschaft, die Diskussion über Leittexte und vor allem über Zeitungsartikel, also auch über aktuelle politische Themen, wie über Theoriefragen zeigen, dass Versammlungen in diesen Jahren ein Amalgam aus Ideologieproduktion und Ideologiedistribution darstellten. Dazu war die Präsenz der Sozialdemokraten im öffentlichen Raum eine Verkörperung ihres Machtanspruchs, der auf dem Fundament der Parteipublizistik errichtet worden war. Auch das Männlichkeitsideal der Anführer der Parteiorganisationen konnte in der öffentlichen Rede vor möglichst großem Publikum am besten performativ erlebt werden.[810] Die Frage nach der Durchsetzung Marx'scher Theorien in der Arbeiterbewegung muss hinter der demokratisierenden und emanzipativen Kraft der vielfältigen Diskurse zurücktreten, denen sich Sozialisten unterschiedlichster Gesinnungen und sozialer Schichtung gemeinsam aussetzten.[811] Zu lange ist, wie Thomas Welskopp zutreffend formuliert hat, „die Ideologiegeschichte der frühen deutschen Arbeiterbewegung als eine Geschichte der unvollständigen Rezeption sozialistischer Ideen geschrieben worden“.[812] Die logisch-argumentative Arbeit, die in zahllosen Artikeln, zum Beispiel beim Vorlesen während der Arbeit oder im Wirtshaus durch ausliegende Presseorgane geleistet worden war, erfuhr vor Ort die körperlich-emotionale Bestätigung durch die Anwesenheit führender Sozialdemokraten aus dem ganzen Land. So fügten sich Nationalisierung der deutschen Sozialdemokratie und parteipolitische Identitätsfindung zu einem erfolgreichen Machtmittel, welches sich in den häufigen Parteiversammlun-

---

809 Korff, Gottfried: Rote Fahnen und Tableaux Vivants. Zum Symbolverständnis der deutschen Arbeiterbewegung im 19. Jahrhundert, in: Lehmann, Albrecht (Hrsg.): Studien zur Arbeiterkultur, Münster 1984, S. 103–140, hier S. 119.

810 Vgl. Schmidt, Brüder, S. 445.

811 Vgl. hierzu: Kutz-Bauer, Arbeiterschaft, S. 267: „Aus dieser historischen Situation heraus verbietet sich die Frage danach, wie weit die Marxsche Theorie schon vor dem Sozialistengesetz Eingang in die Parteimitgliedschaft gefunden habe. Allenfalls für einen Teil der Funktionäre und für die Parteipresse gibt es zu einer solchen Fragestellung Anlaß. Die Themenlisten und die z.T. akribisch notierten Vorträge bei den alltäglichen Parteiversammlungen belegen jedoch vor allem eins: hier waren Gruppen von bildungswilligen Arbeitern und Handwerkern, die sich selbst notgedrungen unsystematisch mit sozialen und politischen Fragen auseinandersetzten. Weil ihnen in der Schule nur ein unzulängliches Fundament an allgemeiner Bildung vermittelt worden war, mußten sie sich häufig mühsam ihr Wissen aneignen, ohne dieses verarbeiten zu können.“

812 Welskopp, Banner, S. 670.

gen bot. Dabei verknüpften sich individuelle Aufstiegschancen der Agitatoren mit dem emanzipativen Element der öffentlichen Volksversammlung, während in der Konfrontation mit dem politischen Gegner vor Ort demokratische Riten eingeübt und Selbstverständigungsprozesse eingeleitet wurden. Der „Gründerschwindel" diente dabei als passender Anlass, um der Korruption auch ein – oftmals lokal bekanntes – Gesicht zu geben. Die Gelegenheit zur Bloßstellung der Eliten, die sich auch im Reichstag ergab, war somit ein wichtiger Aspekt der politischen Selbst(er-)findung der deutschen Sozialdemokratie, der Ritus der Partei- oder Volksversammlung dabei eine willkommene Gelegenheit zur Traditionsschaffung und Fortführung im Sinne einer immer wieder ausgeübten diskursiven Praktik.

8. *„Herrn Eugen Dühring's Umwälzung der Wissenschaft"*

Friedrich Engels' Beitrag zur Geschichte des Marxismus, der zuletzt vor allem in Tristram Hunts Biographie hervorgehoben worden ist, in welcher Hunt Engels als dessen Erfinder bezeichnet, bestand nicht nur in der Weiterverbreitung der Marx'schen Lehre, der Herausgabe von Band II und III des „Kapitals" und seinem Wirken als Symbolfigur, als Zeitzeuge und Autorität in unterschiedlichen (tages-)politischen Fragen für die deutsche Arbeiterbewegung.[813] Stattdessen waren es auch die eigenen Beiträge zur sozialistischen Ideenwelt des 19. Jahrhunderts, die sich zwar teilweise dem Themenkomplex der „Erfindung des Marxismus" zuordnen lassen, gleichzeitig aber auch das Bild des eigenständigen Denkers Friedrich Engels nachzeichnen helfen können.[814]

Aus dieser Perspektive ist für den Untersuchungszeitraum dieser Arbeit zu konstatieren, dass Engels' wichtigstes Werk in den 1870er Jahren, nämlich „Herrn Eugen Dühring's Umwälzung der Wissenschaft", exakt jene beiden genannten Dimensionen enthält und – vor allem aus der Perspektive der marxistischen Nachkommenschaft – symbolisiert. Es muss deswegen – also vor allem wegen seiner großen Nachwirkung – als wichtiger Baustein in der Darstellung der Entwicklung der sozialdemokratischen Ideologie im ersten Jahrzehnt des Kaiserreichs dienen. Die ab dem Jahr 1877 im „Vorwärts" publizierte Artikelserie, die später ab 1878 und in vielen folgenden Auflagen als Buch erschien, war einerseits wirkungsvoll, weil in der Auseinandersetzung mit dem Philosophen und Nationalökonomen Eugen Dühring, der mit seinen Ausflügen in den Sozialismus auch die Herzen so mancher deutscher Sozialdemokraten entflammt hatte, die praktischen Leitlinien des entstehenden Marxismus besonders trennscharf und

---

813 Vgl. hierzu: Hunt, Tristram: Friedrich Engels. Der Mann, der den Marxismus erfand, Berlin 2012.

814 Vgl. das gleichnamige Werk von Christina Morina.

vorteilhaft zur Geltung kamen. Andererseits bietet die Engels'sche Argumentation im sogenannten „Anti-Dühring" auch Einblicke in dessen eigenständige wissenschaftliche Beschäftigung mit den Naturwissenschaften, welche in seinem erst posthum veröffentlichten Werk „Dialektik der Natur" kulminieren sollte. In der – wie im zur gleichen Zeit verfassten „Anti-Dühring" – unternahm Engels den Versuch, die philosophischen Grundgedanken der Marx'schen Dialektik, die politische Vision des wissenschaftlichen Sozialismus, mit der positivistischen Weltsicht der entstehenden modernen Naturwissenschaft in Einklang zu bringen. Für Tristram Hunt war es dementsprechend auch die „wirkliche Leistung" des „Anti-Dühring" und dessen Verfassers, „dass er den durch seine Erkenntnisse aus der Beschäftigung mit der Naturwissenschaft bereicherten dialektischen Materialismus auf den Kapitalismus anwandte".[815]

Mit Engels und seinem Werk gelang der deutschen Sozialdemokratie ein weiterer wichtiger Schritt hin zu einer „Überwindung der Spezialwissenschaften durch eine Integrationswissenschaft".[816] Diese Leistung ist zu honorieren, dennoch ist auch die zweite von mir genannte Dimension des „Anti-Dühring" nicht zu vernachlässigen: die Abwehr Eugen Dührings und viel wichtiger die Abwertung von dessen Ideen und die damit einhergehende Festigung der Position von Marx und Engels innerhalb der deutschen Arbeiterbewegung. Es war nämlich August Bebel selbst gewesen, der im Jahr 1874 in einer Artikelserie mit dem Titel „Ein neuer Kommunist" die Ansätze Dührings als wertvoll für die deutsche Sozialdemokratie dargestellt hatte.[817] Gleichfalls im Jahr 1874 hatte sich Wilhelm Liebknecht brieflich an Engels mit der Frage gewandt, ob Dühring als „ein Lump, oder versteckter Feind" zu werten sei – seiner eigenen Einschätzung nach sei dieser „zwar etwas konfus aber durchaus ehrlich [...] und entschieden auf unserer Seite".[818] Diese Beurteilungen konnten sich nicht nur auf Dührings offenes Bekenntnis zur Sache der Arbeiterschaft und dessen herbe Kritiken etwa an konservativen Sozialreformern stützen, sondern mögen sich zum Beispiel auch auf Dührings Hinweise zur wichtigen Rolle der Gewerkschaften bezogen haben.[819]

Während Bebel und Liebknecht also keinesfalls von Beginn an Kritiker von Dühring waren, so waren andere prominente Parteiführer – allen voran Johann Most – sehr überzeugt von dessen Kompatibilität mit der Arbeiterbewegung und seinen Anschauungen mit den Grundsätzen der deutschen Sozialdemokratie und äußerten sich konsterniert angesichts einer möglichen „Herunterrei-

---

815 Hunt, Engels, S. 393.

816 Leonhard-Schmid, Elke: Zur Bewusstseinsbildung der frühen Sozialdemokratie. 1863–1891, Frankfurt am Main 1982, S. 61.

817 Vgl. Der Volksstaat, 13. und 20. März 1874, Nr. 30 und 33.

818 Wilhelm Liebknecht an Friedrich Engels, 13.6.1874, in: Georg Eckert (Hrsg.): Wilhelm Liebknecht. Briefwechsel mit Karl Marx und Friedrich Engels (Quellen und Untersuchungen zur Geschichte der deutschen und österreichischen Arbeiterbewegung, Bd. 5, Den Haag 1963, Nr. 84, S. 189f., hier S. 190.

819 Vgl. Dowe, Dieter/Tenfelde, Klaus: Zur Rezeption Eugen Dührings in der deutschen Arbeiterbewegung in den 1870er Jahren, in: Pelger, Hans u.a. (Hrsg.): Wissenschaftlicher Sozialismus und Arbeiterbewegung. Begriffsgeschichte und Dühring-Rezeption, Trier 1980, S. 25–59, hier S. 33.

ßung Dührings" durch Engels.[820] Andere, wie Wilhelm Blos, die im selben Jahr wie Bebel und Liebknecht noch voller Sympathie für Dühring gewesen waren, hatten schon den sozialdemokratischen Philosophen Joseph Dietzgen um die Abfassung einer Dühring-Kritik gebeten.[821] Wieder andere, wie der überzeugte Marx-Anhänger Wilhelm Bracke, waren sich zunächst unsicher in der Beurteilung Dührings.[822] Allein dass solch unterschiedliche Wertungen innerhalb der sozialdemokratischen Partei in der Bewertung Dührings Bestand haben konnten, zeugt von der Meinungsvielfalt innerhalb der Partei, der wenig gefestigten ideologischen Grundhaltung und auch von den vielfältigen Entwicklungspotentialen innerhalb des sozialdemokratischen Binnendiskurses, die sich aus so einer offenen Ausgangslage ableiten ließen.

Keinesfalls war es so – wie an mancher Stelle behauptet –, dass Dührings Ideen keine Spuren in der deutschen Sozialdemokratie hinterließen.[823] Stattdessen fand der schneidig auftretende sowie wissenschaftliches Renommee versprühende und sich offen zum Sozialismus bekennende Eugen Dühring zwischen 1873 und 1877 nicht wenige Anhänger in der deutschen Sozialdemokratie.[824] Die Bedrohung durch Dühring kam – aus der Perspektive von Marx und Engels – also keineswegs nur aus der ideologischen Richtung. Dessen Verankerung in Deutschland, die manchen Sozialisten wie etwa Eduard Bernstein sogar die Teilnahme an seinen Vorlesungen ermöglichte, und dessen zu diesem Zeitpunkt noch aufrechterhaltener wissenschaftlicher Status boten Ansätze für eine erfolgversprechende Zusammenarbeit.

Vieles spricht aus meiner Sicht dafür, diese Elemente in der Begründung dafür stark zu machen, warum Bebel und Liebknecht der Person Dührings anfangs offener gegenübertraten, als dies die Parteiintellektuellen taten. Als Parteiführer waren sie viel mehr an konkreten und kurzfristigen Möglichkeiten interessiert, die Partei zu entwickeln, als an der ideologischen Reinheit derselben. Doch dieses Motiv ist in der Geschichtswissenschaft nicht ernstgenommen worden. Wie sonst konnte man sonst die Aufnahme der Lehren Dührings, vor allem in der Berliner Sozialdemokratie, in der allen voran Johann Most eine wichtige Rolle spielte, als „Infektion" bezeichnen?[825] Eine „Infektion" war dies gewesen, die sogar dazu führte, dass Most in seiner Schrift „Die Lösung der socialen Frage" Dühring in seiner Maßgeblichkeit für den Sozialismus sogar über Marx und Lassalle stellte.[826] Was aus der rückblickenden Perspektive also für viele schein-

---

820 Johann Most an Wilhelm Liebknecht (?), 21. Februar 1876, BArch, NY4034/173, Bl. 116f.
821 Vgl. Huck, Joseph Dietzgen, S. 101.
822 Vgl. Seidel, Bracke, S. 158.
823 Vgl. Steinberg, Sozialismus, S. 22.
824 Vgl. Welskopp, Banner, S. 714.
825 Dowe/Tenfelde, Rezeption, S. 57.
826 Vgl. Johann Most: Die Lösung der socialen Frage. Ein Vortrag, gehalten vor Berliner Arbeitern, Berlin 1876, S. 21. Letzten Endes war Most aber für eine gemeinsame Kraftanstrengung aller sozialistischer Denker (ebenda, S. 23): „Frägt man mich nun, welchen von den vier vorgeschlagenen Socialisten ich den Vorzug gebe, so antworte ich ganz einfach: Wir können sie alle miteinander gut gebrauchen!"

bar selbstverständlich war, der Drang nach einer einheitlichen sozialdemokratischen Lehre, war keineswegs ein ausgeprägter Wunsch der mittleren und unteren Ebenen der Parteiorganisation, und auch die Parteiführer waren – wie gezeigt – noch relativ aufgeschlossen für Alternativen zu Marx und Engels. Dieser Befund wird sich auch über Dühring hinaus in die allgemeine Entwicklung der deutschen Sozialdemokratie der 1870er Jahre einreihen lassen. Wie wenig jedenfalls das Dogma der Marx'schen Lehre anerkannt war, bestätigen auch die auf dem Parteikongress von 1877 ausgetragenen Debatten darüber, ob der Erscheinungsort des „Anti-Dühring" wirklich im wichtigsten Parteiorgan „Vorwärts" hätte sein müssen und ob die Publikation nicht in der weniger prominenten wissenschaftlichen Beilage hätte erscheinen können.

Welche inhaltlichen Herausforderungen verbanden sich aber nun mit Eugen Dührings Ideen? In seinen drei Hauptwerken aus den 1870er Jahren, dem Werk mit dem Titel „Kritische Geschichte der Nationalökonomie und des Socialismus", welches erstmals 1871 erschien, dem „Cursus der National-, und Socialökonomie einschliesslich der Hauptpunkte der Finanzpolitik" von 1873 und dem „Cursus der Philosophie als streng wissenschaftlicher Weltanschauung und Lebensgestaltung" von 1875, sorgte Dühring insofern für Furore, als dass er sich wissenschaftlich, wie auch in politischer Hinsicht, zwischen die von ihm kritisierten Kathedersozialisten und den von ihm heftig angefeindeten Karl Marx stellte und somit eine ideologische Alternative bot.[827] Für den Dühring-Experten Peter Gay liegt der Vorteil bei Dühring im geringeren Abstraktionsgrad seines Werkes im Vergleich zum Gedankengebäude eines Karl Marx, in der „Anschaulichkeit" seiner Ideen.[828] Da sich Dühring mit seinen Ideen vom ökonomischen Determinismus eines Marx löste und etwa – wie Lassalle – das allgemeine Wahlrecht als wichtigen Schritt zur Erkämpfung besserer Verhältnisse sah, war seine Popularität in der deutschen Arbeiterbewegung naturgemäß eine potentielle Gefahr für die Anhänger von Marx.[829] Weil Dühring auch insgesamt eine aktive Rolle des Staates befürwortete, dabei aber Marx und im geringeren Maße auch Lassalle abkanzelte, ließ sich seine Figur für die Parteistrategen nicht eindeutig zuordnen und musste so für manche als unberechenbare Größe gelten. Dies gilt nicht nur im politischen Sinne, sondern auch wissenschaftlich, denkt man an die zahlreichen logischen Widersprüche in seinem philosophischen Hauptwerk, dem „Cursus der Philosophie als streng wissenschaftlicher Weltanschauung und Lebensgestaltung", dank derer sich Dühring eklektisches Werk für viele unterschiedliche Anknüpfungspunkte – nicht zuletzt für Autodidakten – eignete.

---

827 Vgl. Dühring, Eugen: Kritische Geschichte der Nationalökonomie und des Socialismus, 3. Auflage, Leipzig 1879 (3. Auflage); ders.: Cursus der Philosophie als streng wissenschaftlicher Weltanschauung und Lebensgestaltung, Leipzig 1875; ders.: Cursus der National-, und Socialökonomie einschliesslich der Hauptpunkte der Finanzpolitik, Berlin 1873.

828 Gay, James: The Blind Prometheus of German Social Science. Eugen Dühring as Philosopher, Economist and Controversial Social Critic, 2012, https://www.db-thueringen.de/servlets/MCRFileNodeServlet/dbt_derivate_00031949/GAY.pdf [zuletzt abgerufen: 6.10.2020], S. 234.

829 Vgl. ebenda, S. 56.

An den Unzulänglichkeiten des Werks setzte dann auch Engels' Kritik im „Anti-Dühring" hauptsächlich an, was erneut zeigt, wie sehr sich Marx und Engels das Argument der Wissenschaftlichkeit und damit einhergehenden prognostischen Kraft in der ideologischen Auseinandersetzung zunutze machen konnten. So beginnt Engels mit dem Nachweis, dass sich Dühring, der Hegels Gedanken an anderer Stelle kritisierte, sich tatsächlich aber an dessen Ideenschatz – und zwar bei Hegels Konzeption der Übergangsstufen des Seins – bedient.[830] Gleiches wirft Engels Dühring in Bezug auf Kants „Kritik der reinen Vernunft vor" – dieses Mal ist es für Engels aber nicht nur ein Plagiat, sondern auch ein falsch verstandenes.[831] Ein Hauptkritikpunkt an Dührings Moralphilosophie ist Engels nach dessen Streben nach einer vollumfänglich wirksamen und allgemein anzuerkennenden Moral.[832] Gegen diese Idee, die konträr zu Engels' Wissenschaftsempfinden verläuft, bezieht er ausführlich Stellung.[833] Auch in anderen Bereichen, wie etwa der Rechtswissenschaft, setzt Engels auf die Strategie der Diskreditierung Dührings, welcher – in diesem Fall – wohl das Preußische Landrecht kenne, nicht aber die Rechtssysteme anderer Nationen, aber dennoch universale Rechtsgrundsätze aufstellen wolle.[834] Doch Engels lässt es nicht dabei bewenden. Dührings persönliche Schwachpunkte, wie etwa dessen „ostelbische Eigenschaft" des Antisemitismus, werden immer wieder hervorgehoben.[835] Am Ende des Buches attestiert Engels Dühring „Unzurechnungsfähigkeit aus Größenwahn".[836]

Im nächsten Schritt, also nach Dührings wissenschaftlicher und persönlicher Diskreditierung, folgt die besondere Leistung Engels in seinem „Anti-Dühring": die Darstellung des materialistisch-dialektischen Wissenschaftsprogramms als Gegenmodell zu Dührings Konzeptionen – und zwar in allgemein verständlichen Worten. Hier sind es Vergleiche aus Mathematik und Geologie, die sich – wie etwa im Fall der aus dem Hegel'schen Werkzeugkasten stammenden dialektisch wirksamen „Negation der Negation" – laut Engels auch auf Geschichte und Ge-

830 Vgl. Engels, Friedrich: Herrn Eugen Dühring's Umwälzung der Wissenschaft, Frankfurt am Main, 1971, S. 37.

831 Vgl. ebenda, S. 41.

832 Vgl. hierzu auch: Mehring, Geschichte, S. 122: „Gerade das, was sie am meisten brauchte: die dialektisch-historische Methode der Auffassung, konnte sie am wenigsten lernen von einem Manne lernen, der in seinem System, wie es denn nun war, für absehbare Zeit die wissenschaftliche Entwicklung abgeschlossen haben wollte."

833 Vgl. hierzu Engels, Umwälzung, S. 79: „Welche Moral wird uns heute gepredigt? Da ist zuerst die christlich-feudale, aus frühern gläubigen Zeiten überkommne, die sich wesentlich wieder in eine katholische und protestantische teilt, wobei wieder Unterabteilungen [...] nicht fehlen. Daneben figuriert die modern-bürgerliche und neben dieser wieder die proletarische Zukunftsmoral, so daß Vergangenheit, Gegenwart und Zukunft allein in den fortgeschrittensten Ländern Europas drei große Gruppen gleichzeitig und nebeneinander geltender Moraltheorien liefern. Keine einzige, im Sinn absoluter Endgültigkeit; aber sicher wird diejenige Moral die meisten, Dauer versprechenden, Elemente besitzen, die in der Gegenwart die Umwälzung der Gegenwart, die Zukunft, vertritt, also die proletarische."

834 Vgl. ebenda, S. 94.

835 Ebenda, S. 95.

836 Ebenda, S. 277.

sellschaften übertragen lassen.[837] An anderer Stelle zeigen Vergleiche wie dem der sich gleichsam wie ein Gas ausdehnenden Industrie, wie sehr in Engels' Wissenschaftsverständnis Natur- und Gesellschaftswissenschaften überlappten.[838]

Wenn Dühring in seinem Werk den Primat der Politik vor der Wirtschaft konstatiert, so lehnt Engels diese These vehement ab – und wendet sich damit indirekt gegen die Lehre Lassalles.[839] In Bezug auf die bestehenden Verhältnisse wirft Engels Dühring vor, die kapitalistische Produktionsweise zu akzeptieren, die Erzeugnisse nur anders verteilen zu wollen.[840] Trotz des Engels'schen Vorwurfs war die Verteilung des Arbeitsprodukts eine hochbrisante Frage für die sozialdemokratische Diskussion der 1870er Jahre.[841] Auch das restliche Wirtschaftskonzept Dührings, seine Idee einer „Wirtschaftskommune", lehnt Engels ab, und zwar mit der Begründung, im bestehenden System müsse jedes Unternehmen Kapital akkumulieren oder zugrunde gehen – wohl auch nicht zuletzt eine autobiographische Erfahrung von Engels.[842] Auch die im Zentrum meiner Arbeit stehende Krisenthematik kommt zur Sprache. Für Engels ist es die Überproduktion, welche Krisen auslöst, aus Dührings Sicht handelt es sich dagegen um eine Problematik, die durch Unterkonsumtion ausgelöst wird.[843]

Nicht umsonst lässt sich das Jahr 1877 als Schlusspunkt der Hochphase der Dühring-Rezeption nennen, was allerdings wohl kaum allein Friedrich Engels anzurechnen ist. Mit der Einigung auf den „Vorwärts" als dem neuen Parteiorgan mit dem Erscheinungsort Leipzig und der an die Parteilinie gebundenen Redaktion war der Meinungsvielfalt innerhalb der Partei eine erste Grenze gezogen worden.[844] Im selben Jahr waren die Dühring-Anhänger in der Partei noch stark genug gewesen, um auf dem Parteikongress des Jahres 1877 die Erscheinung des „Anti-Dührings" in die Wissenschaftliche Beilage des „Vorwärts" zu verlagern.[845] Andere Verlage, wie der Verlag Wilhelm Bracke jr. in Braunschweig leisteten weiterhin wie auch zuvor Arbeit im Sinne der Parteiführung.[846]

Wie gründlich nun aber im Jahr 1877, anders als noch 1874, die sozialdemokratische Führung auf Seiten von Marx und Engels stand – und dies trotz der Meinungsverschiedenheiten angesichts des von Marx so heftig kritisierten Parteiprogramms –, zeigen Wilhelm Liebknechts Briefe an Engels aus dem Jahr 1877, in denen er sich zum Beispiel darüber freute, dass der „Dühringerei [...]

837 Vgl. ebenda, S. 120.
838 Vgl. ebenda, S. 234.
839 Vgl. ebenda, S. 134.
840 Vgl. ebenda, S. 158.
841 Vgl. hierzu: Stephan, Genossen, S. 213–216.
842 Vgl. Engels, Umwälzung, S. 256.
843 Vgl. ebenda, S. 242.
844 Die Anregung dazu stammte laut August Geib vom Vertreter des ADAV, Carl Wilhelm Tölcke. Vgl. hierzu: Brief von August Geib an unbekannten Empfänger, 4. April 1876, BArch, SGY 16/19, Bl. 4: „Tölcke ist für Erhebung des ‚Volksstaat' zum einzigen Centralorgan, unter Änderung des Titels."
845 Vgl. Steinberg, Sozialismus, S. 22.
846 Vgl. Seidel, Bracke, S. 107.

jetzt ein Riegel vorgeschoben" sei.[847] Für Liebknecht war gegenüber Karl Marx klar, dass das Werk von Engels „der Handvoll Dühringianer mißfallen, sonst aber die günstigste Aufnahme gefunden" habe.[848] Wenige Monate später wies Liebknecht Engels darauf hin, dass auch die Lassalleaner in der Partei sich nicht gegen die Linie der Parteiführung in der Causa Dühring gestemmt hatten – schließlich hatte dieser auch Lassalle heftig kritisiert, und dies war ihm nicht vergessen worden.[849]

Wilhelm Liebknecht betreffend lassen sich zwei Punkte sehr deutlich zeigen. Einerseits war die ideologische Bedrohung durch Dühring ein Aspekt, der von den beiden eben erst vereinigten Fraktionen der deutschen Arbeiterbewegung geteilt wurde und welche auch gemeinsam bekämpft werden konnte, was wiederum nur als zusätzlicher Kitt für die junge Partei gelten konnte. Andererseits waren die enormen Meinungsunterschiede zwischen der Parteiführung in Deutschland und der sich als geistige Führung verstehenden Zwei-Mann-Fraktion in England in Bezug auf das Parteiprogramm durch nichts besser zu überspielen als durch die gemeinsame Bekämpfung eines kollektiven Gegners – die tatsächliche Bedrohung einmal dahingestellt.

So zeigt sich mit dem „Anti-Dühring" und der kollektiven Ausstoßung des Berliner Gelehrten aus der sozialistischen Gemeinschaft in Deutschland, dass neben einfachen Meinungsverschiedenheiten auch manifeste ideologische Gegensätze notwendig sein können, um den Zusammenhalt einer politischen Organisation zu fördern. Die symbolische Demarkationslinie zwischen akzeptierten Meinungen und Häresien zu ziehen, war ein gemeinschaftsfördernder Akt und aus organisationsgeschichtlicher Perspektive sicherlich wichtiger für die Geschichte der Sozialdemokratie in den 1870er Jahren als die Frage, wo genau diese verlief. Denn schließlich hatten die politischen Forderungen Dührings noch einige Gemeinsamkeiten mit denen Lassalles gehabt, wie etwa in Bezug auf Wahlrecht und Wirtschaftsreformen, welche wiederum teilweise Eingang in das Programm der vereinigten Sozialdemokratie gefunden hatten. In der Dühring-Auseinandersetzung ging es aber um viel mehr; es ging um die alleinige Beanspruchung der ideologischen Machtressourcen innerhalb der Arbeiterbewegung durch Marx und Engels.[850] Waren deren Ambitionen noch 1875 gescheitert, war

---

847 Wilhelm Liebknecht an Friedrich Engels, 13.7.1877, in: Georg Eckert (Hrsg.): Wilhelm Liebknecht. Briefwechsel mit Karl Marx und Friedrich Engels (Quellen und Untersuchungen zur Geschichte der deutschen und österreichischen Arbeiterbewegung, Bd. 5, Den Haag 1963, Nr. 108, S. 229.

848 Wilhelm Liebknecht an Karl Marx, 16. April 1877, BArch, NY4034/219, Zitat nach Abschrift auf Bl. 74.

849 Vgl. Wilhelm Liebknecht an Friedrich Engels, 4.8.1877, in: Georg Eckert (Hrsg.): Wilhelm Liebknecht. Briefwechsel mit Karl Marx und Friedrich Engels (Quellen und Untersuchungen zur Geschichte der deutschen und österreichischen Arbeiterbewegung, Bd. 5, Den Haag 1963, Nr. 112, S. 237.

850 Vgl. hierzu: Stedman Jones, Gareth: Engels und die Geschichte des Marxismus, in: Schöttler, Peter (Hrsg.): Klassen, Politik und Sprache. Für eine theorieorientierte Sozialgeschichte, S. 231–275, S. 234: „Die späten 70er Jahre markieren aber nicht nur den Tiefpunkt des persönlichen Einflusses von Marx und Engels auf die Politik der deutschen Partei, sie wa-

nun ein Achtungserfolg notwendig, um zumindest die Illusion einer Einheit von Theorie und Praxis aufrechtzuerhalten, deren Bestand viel wichtiger war als die tatsächliche Umsetzung eines solch hehren Ziels.

Die Position als Hauptproduzenten von sozialistischer Ideologie, die Marx und Engels noch keinesfalls vollständig besetzten, bot diesen die Möglichkeit, soziale Ressourcen zu verteilen, Autoritäten zu begründen oder – wie im Falle Dührings – zu bekämpfen und langfristige Spuren in der ideologischen DNA der Sozialdemokratie zu hinterlassen.[851] Die Selektion von Ideologien, wie sie Robert Wuthnow beschrieben hat, kann von der Vielfalt des Ausgangsangebots profitieren, für die Reproduktion von Ideologien jedoch ist die Ressourcenfrage entscheidend.[852]

Genau diese Ausgangslage macht die Dühring-Auseinandersetzung so wichtig. In den Jahren der Existenz einer gespaltenen Arbeiterbewegung mir nur geringen Ressourcen, schlechten Wahlergebnissen und auch einer teilweise prekären Finanzlage waren Debatten um sozialistische Auslegungsfragen wichtig, gingen aber nicht mit dem gleichen Risiko für die Verlierer und der gleichen Chance für die Gewinner der Auseinandersetzung einher. Während Marx und Engels dem ADAV Ende der 1860er Jahre noch die kalte Schulter zeigen konnten, weil dieser ihnen zu eigenständig operierte, war die Situation in den Jahren 1877 die einer geeinten Partei mit zunehmend besseren Wahlergebnissen und öffentlicher Resonanz. Marx und Engels setzten sich als Autoritäten also gerade zu dem Zeitpunkt gegen ihre Konkurrenz durch – und dies betraf Dühring ebenso wie Lassalle und andere sozialistische Vordenker wie Wilhelm Weitling –, als dies am langfristig wirksamsten im Sinne historischer Pfadabhängigkeit war. Dass sich die beiden Londoner aber vorerst nur gegen die intellektuelle Konkurrenz durchgesetzt hatten, bedeutete noch nicht gleichzeitig die Penetration der gesamten Partei mit ihrem Gedankengut. Dieser Prozess war erst im Entstehen begriffen.

Eine langsame Herausbildung einer intellektuellen Parteielite mit Marx und Engels als Vordenkern war ausgehend vom Jahr 1877 keinesfalls vorhersehbar, wurde aber zunehmend wahrscheinlicher. Gleichzeitig begünstigte die Verfolgung der Sozialisten gewisse „Konzentrationsprozesse“ auch bei Parteifunktionären.[853] Der viel beklagte „Eklektizismus“ in der Partei war aber zu diesem Zeitpunkt ebenfalls noch nicht beseitigt, wie in der Forschung immer wieder behauptet.[854] Wie angedeutet, möchte ich diesen als Voraussetzung für die Herausbildung einer politisch eigenständigen Sozialdemokratie verstanden wissen, während das zunehmend dogmatische Vertreten der Marx'schen Lehre ab ei-

---

ren zugleich der eigentliche Entstehungszeitraum für den Marxismus der Zweiten Internationale. Denn die weltweite Verbreitung des Marxismus in Form eines systematischen und wissenschaftlichen Sozialismus begann weder mit dem *Kommunistischen Manifest*, noch mit dem *Kapital*, sondern mit der Veröffentlichung von Engels‘ *Anti-Dühring*.“

851 Vgl. Wuthnow, Communities, S. 548.

852 Vgl. ebenda, S. 550.

853 Welskopp, Banner, S. 486.

854 Vgl. Leonhard-Schmid, Bewusstseinsbildung, S. 121.

nem bestimmten Zeitpunkt die Anpassungsfähigkeit der Sozialdemokratie an aktuelle politische Entwicklungen soweit schmälerte, dass sich Denker wie Eduard Bernstein auf den Weg machten, wieder neue Ideen in die Welt zu setzen. Es war kein Zufall, dass eben dieser Eduard Bernstein zu den jungen Bewunderern Dührings gehört hatte. Inhaltlich war er weit entfernt, als er die Revisionismus-Debatte vom Zaun brach. Es war das Verständnis des „wissenschaftlichen Sozialismus" als multiperspektivisches Unterfangen, welches ihn auszeichnete, und dabei half es, eine – unabhängig von deren Inhalt – notwendige Dosis neuen Diskussionsmaterials in die Vorkriegs-Sozialdemokratie zu injizieren. Aber auch hier gilt, dass die praktische Ideologie, die sozialdemokratische Arbeit vor Ort, nicht nur untergeordnet, sondern auch immer wieder separat von den abstrakten Theoriegebäuden der Parteiintellektuellen zu betrachten ist, wenn ein realistisches Bild einer Gesamtpartei gezeichnet werden soll.

9. *Bürgerliche Wirtschaft und sozialistische Zukunft: „Und darum blicken wir so heiteren Muths in die Zukunft. Die heutigen Staaten werden wir überleben!"*

Nachdem in den vorangegangenen Kapiteln der Blick auf die historischen Rückbezüge der Sozialdemokraten und ihre Gegenwartsanalysen in den Jahren der Krise gerichtet wurde, soll nun die Frage der sozialistischen Zukunftskonzeptionen behandelt werden. Wie schon aufgezeigt, ist in der Forschung die Rede vom „revolutionären Attentismus", den Dieter Groh weniger von Marx als von Engels inspiriert sieht, maßgeblich gewesen für die Einordnung der sozialdemokratischen Ideologie in den Jahren des Kaiserreichs.[855] Der Zusammenbruch des bestehenden Gesellschaftssystems sollte demgemäß „weitgehend unbeeinflußt durch den Willen der handelnden Individuen erreicht" werden können, was – im Umkehrschluss – zu einer gewissen ideologischen Versteinerung geführt haben könnte, die in einem Zitat aus dem Werk von Cora Stephan treffend mit „Genossen, wir dürfen uns nicht von der Geduld hinreißen lassen!" im Zusammenhang mit dem Wydener Kongress von 1880 gut zum Ausdruck gebracht wird.[856] Die Untersuchung der Jahre 1873–1878 lässt vor dem Hintergrund der älteren Forschung die Fragen aufkommen, inwiefern sich der Entwicklungstrend hin zum Warten auf den „großen Kladderadatsch" bereits in der Frühphase der Parteibildung der Sozialdemokratie zeigte, ob diese Tendenz eng mit Marx'schem Gedan-

---

855 Groh, Integration, S. 57.

856 Ebenda. Der Buchtitel von Cora Stephan lautet vollständig: „Genossen, wir dürfen uns nicht von der Geduld hinreißen lassen!" Aus der Urgeschichte der Sozialdemokratie 1862–1878, Frankfurt am Main 1977.

kengut verknüpft war oder auch bei Lassalleanern auftrat, also ein einigender Aspekt war, und wie oft welche Zukunftsvorstellungen geäußert werden. Auch die Frage nach konkreten Planungen für die mittelfristig und langfristig erwartete Revolution soll in diesem Zusammenhang verfolgt werden.

Was die Erwartung einer kommenden Revolution anbelangt, so waren bei Ausbruch der Krise im Deutschen Reich, im Herbst 1873, die Einschätzungen der Redaktion des „Neuen Social-Demokraten" dahingehend, dass Arbeiterunruhen infolge der Krise wohl eher nicht zu erwarten seien. Für die deutsche Sozialdemokratie Stellung nehmend, bezeichnet es der Autor als deren Pflicht, einen Putsch zu vermeiden, da dieser „nur einer wüthenden Reaktion zur Handhabe dienen" könne.[857] Als Begründung für diese Haltung führt der Schreiber die Ansicht an, die „Bourgeoisgesellschaft" habe noch „nicht ihre Reife erlangt", da spekulative Bewegungen nur in Teilen Deutschlands vorhanden seien, genauso wie Maschinen und Großkapital. Infolge der fehlenden wirtschaftlichen Durchsetzung des modernen Kapitalismus lautete die Erklärung der Lassalleaner, das „Geschwür" sei „noch nicht reif, und die Social-Demokratie wird sich daher hüten, es vor der Zeit künstlich zu öffnen".[858] Nur noch wenige Jahre soll es aus Sicht des Autors dauern, bis das Platzen des mit Eiter gefüllten Geschwürs von selbst stattfindet. Die Analogie der wirtschaftlichen Modernisierungskräfte mit einer Hautkrankheit, die bei den Lesern vielleicht die Beulenpest als Bild hervorrufen sollte, folgt erneut dem Muster des Vergleichs des modernen Staates und seiner Wirtschaftsordnung mit einem Körper, der aber nicht temporär erkrankt und leicht heilungsfähig zu sein scheint, sondern dessen Gesundung eine radikale Krisis erforderlich macht, so wie der Begriff der Krisis im 19. Jahrhundert auch vorrangig verwendet wurde.

Die Selbstheilungskräfte liegen in diesem Bild aber nicht in einem leistungsfähigen Immunsystem begründet, sondern erfordern den kompletten Zusammenbruch des gesellschaftlichen Systems. Dabei sind es auch die weniger von Marx inspirierten Lassalleaner, die hier, ähnlich wie später Karl Kautsky in seinem evolutionär-positivistischen Verständnis und seiner Popularisierung der Marxschen Lehre, von einem quasi selbständigen Revolutionsprozess ausgehen; dieser müsse von sozialdemokratischer Seite nach Ausbruch nur vorsichtig begleitet werden. Hier bieten sich also große ideologische Anknüpfungspunkte zu einer Zeit, in der sich auch im Eisenacher Flügel noch kein einheitliches Revolutionsverständnis durchgesetzt hatte.

A. Produktivassoziationen als Zukunftsrezept

Die abwartende Haltung in Bezug auf eine zukünftige Revolution war in den 1870er Jahren keinesfalls gleichbedeutend mit einer Zurückhaltung bei der inhaltlichen Diskussion von Fragen, welche die zukünftige Generation einer

857 Neuer Social-Demokrat, 24. Oktober 1873, Nr. 123.
858 Ebenda.

sozialistischen Gesellschaft betrafen. Im Fall der Lassalleaner waren es die Produktivassoziationen, welche regelmäßig auf den Seiten des „Neuen Social-Demokraten“ beworben und diskutiert wurden. So kam es schon im Frühling 1873 mit einer Artikelserie unter dem Titel „Ueber die Verwaltung von Productivassoziationen“, deren Autor Wilhelm Hasselmann war („H.“), zu einer intensiven Auseinandersetzung mit dem Thema, während es in Wien schon „gekracht“ hatte. Im ersten Teil des Artikels beschrieb Hasselmann die Motivation, die hinter der Beschäftigung mit Produktivassoziationen stehe – diese sei nicht utopischen Charakters, sondern es gehe vor allem um die Festlegung auf gemeinsame Prinzipien für die zukünftige Umgestaltung der Gesellschaft.[859] Für die erstmalige Umsetzung der Produktivassoziationen sieht Hasselmann die Notwendigkeit eines Diktators, der sich in der Phase revolutionärer Kämpfe mit der Durchsetzung der Prinzipien befassen sollte, die dann – später – demokratisch umgesetzt werden sollten. In praktischer Hinsicht betont der Autor die Kooperation verschiedener Assoziationen untereinander, die ihre Produktionsziele, Maschinen und Löhne zugeteilt bekommen und dabei ausdrücklich ohne jegliche Konkurrenz untereinander wirtschaften sollten. Trotz des vorherigen Hinweises auf diktatorische Befugnisse entgegnet Hasselmann Kritikern mit der demokratischen Legitimierung der Assoziationen durch eine durch „gleiches allgemeines Wahlrecht“ zustande gekommene Volksrepräsentation.[860] Ohne Klassenunterschied und unter den Bedingungen der freien Meinungsäußerung im sozialistischen Staat wären – im Vergleich zu den bürgerlichen Parlamenten der historischen Gegenwart – keine größeren Probleme zu befürchten, da entstandene Probleme auf dem Weg öffentlicher Diskussion bereinigt werden könnten.[861]

In der Fortsetzung des Artikels, am 13. Juni 1873, behandelte Hasselmann die Leitung der Produktivassoziationen durch ein Abgeordnetenhaus respektive ein Büro von „Fachmännern“, im heutigen Sprachgebrauch „Technokraten“, die sich aus einem gewählten Gewerberat rekrutieren beziehungsweise von diesem gewählt werden sollten.[862] Ähnlich sah dies auch C. A. Schramm in einem Artikel in der „Zukunft“, die auch an anderer Stelle staatssozialistische Institutionen forderte, um nach der sozialdemokratischen Machtübernahme Ansatzpunkte für den Umbau von Staat und Wirtschaft zu haben.[863] Als zentrales Ziel betont Hasselmann die Zentralisation der Produktion, die besonders alle „Kulturvölker“ in Gestalt einer Föderation umfassen sollte.[864] Um die komplexe Organisation einer so weltumspannenden Wirtschaftsordnung zu gewährleisten, sieht Hasselmann keine Alternative zu einer Einbindung von Experten und statistischen Methoden; allein in einer zu großen Macht einer solchen Bürokratie betrachtet der Autor die Gefahr einer Korrumpierung, wie er sie in den USA zur

859 Neuer Social-Demokrat, 11. Juni 1873, Nr. 65.
860 Ebenda.
861 Vgl. ebenda.
862 Vgl. Neuer Social-Demokrat, 13. Juni 1873, Nr. 66.
863 Vgl. Die Wirthschafts-Commune, in: Die Zukunft. Socialistische Revue 1, Heft 18, 15. Juni 1878, S. 529–539, hier S. 536.
864 Ebenda.

Geltung kommen sieht. Der Vorteil einer solchen Organisation liegt aber in der größeren Fachkenntnis gegenüber einfachen Abgeordneten. Um dieses Problem zu lösen, spricht sich Hasselmann für eine Gewaltenteilung dergestalt aus, dass technische Fragen von Experten beantwortet werden müssten und Interessengegensätze von gewählten Abgeordneten behandelt werden sollten.[865] Die zentrale Argumentationslinie des gesamten zweiten Teils des Artikels begründet auf der Basis einer idealistischen Vorstellung der Debattenkultur. Durch den Wegfall von Klassenunterschieden bietet die freie Auseinandersetzung der unterschiedlichen Meinung Gewähr dafür, dass die richtigen Entscheidungen getroffen werden. Weil die Durchsetzung freier Meinungsäußerung und Mitbestimmung an staatliche Institutionen geknüpft und diese Elemente als zwingend notwendig angesehen wurden für das Funktionieren der im Land und weltweit sich ausbreitenden Produktivassoziationen, bot das lassalleanische Konzept viele Anknüpfungspunkte für die konkrete Diskussion über politische und wirtschaftliche Institutionen und deren Umsetzung. Auch wenn die Erwartung einer nahenden Umgestaltung der Gesellschaft nicht mit konkreten Aktionen der Sozialdemokraten verbunden wurde, so war die Neugestaltung des Staates eine als organisatorische Aufgabe wahrgenommene Tätigkeit, die sich nicht innerhalb abstrakter Theoreme abspielte, sondern immer mit Bezug auf konkrete politische Planungen gedacht wurde.

Im dritten Teil des Artikels über die Produktivassoziationen beschrieb Hasselmann die Auswirkungen der nun herrschenden Geschäftskrise, die er als praktischen Beweis für die mangelnde Funktionsweise des herrschenden Produktionssystems verstanden wissen wollte. Den besonderen Vorteil in der Krise betrachtete Hasselmann darin, dass nun auch die Unternehmer die Folgen der als planlos beschriebenen Produktionsweise wahrnehmen müssten:

> „Die heutigen ‚freien‘ Unternehmer gleichen Schiffbrüchigen, welche sich an ein vom Sturm umhergeschleudertes Wrack klammern, wie es ein Jeder vermag; die organisirten Arbeiter der Zukunft gleichen einer dem Kommando strikte gehorchenden Schiffsmannschaft, welche auf festem Kiel sicher die Wogen durchfährt.“[866]

Das Verständnis der Unternehmerschaft spielt hier aus Sicht der Lassalleaner eine wichtige Rolle. Sollte diese nur genügend Einblicke in die Nachteile der gegenwärtigen Produktionsweise erlangen, dann – so scheint es – kann auch eine Kooperation mit Unternehmern im Rahmen einer neuartigen Gesellschaftsordnung gelingen. Der Autor orientiert sich bei seiner drastischen Schilderung der Unternehmer als Schiffbrüchige erneut an dem Bild der Krise als Naturkatastrophe. Der Unternehmer figuriert in diesem Zitat jedoch nicht mehr als Unterdrücker, der dem Arbeiter übergeordnet und der bewusst oder unbewusst nur Ausführender im Rahmen eines systemischen Gesamtzusammenhangs ist. Stattdessen wird der Unternehmer als Opfer dargestellt und die Arbeiterschaft als diesem überlegen, auch wenn diese Hierarchie mit Blick auf eine künfti-

865 Vgl. ebenda.

866 Neuer Social-Demokrat, 15. Juni 1873, Nr. 67.

ge Wirtschaftsordnung formuliert wird. Klar zu sehen ist hier indes, wie sehr Krisenzeiten als „window of opportunity" betrachtet werden, als sich schnell öffnendes und vielleicht auch ebenso schnell schließendes Zeitfenster, in dem Alternativen zur bestehenden Ordnung, wenn nicht umgesetzt, so doch wenigstens erdacht und verbreitet werden können. Somit bietet die Krise eine Gelegenheit für die Arbeiterschaft, das herrschende Regelvertrauen zu erschüttern und gesellschaftliche Frontstellungen aufzuweichen – und zwar nicht im Sinne einer gewaltsamen Machtübernahme, sondern mittels Realitätsdeutung und der Weiterverbreitung von Zukunftskonzeptionen: Der Unternehmer kann in seiner Rolle als Krisenopfer zur Einsicht gelangen, dass die – militärisch organisierte – Arbeiterschaft der Zukunft Zustände herbeiführen wird, welche die jetzigen in jeder Hinsicht bei weitem übertreffen werden. Die Krise als Chance, aber auch als Hoffnungskeim für eine zukünftige Umgestaltung der Gesellschaft dient gleichzeitig als Agitationsinstrument und als empirischer Beweis für die Mängel der Gegenwart. Der Unternehmer als Opfer der herrschenden Produktionsweise wird in der hier gewählten Lesart zu einem potentiellen Bündnispartner. Somit hatte – zumindest rhetorisch – das Heraufziehen einer Krise nicht zwingend notwendig und zu jeder Zeit eine Verschärfung der Auseinandersetzung zur Folge. War der Unternehmer in dem auch während der Gründerkrise noch populären und Ende der 1860er Jahre von ADAV-Präsident Schweitzer geschriebenen Bühnenstück „Ein Schlingel" die lächerliche Figur des überforderten Bürokraten, konnten demgegenüber – wie gesehen – auch andere, weniger klassenkämpferische Sichtweisen verbreitet werden, die mit anderen, eher agonistischen Modellen koexistieren konnten.[867]

Die Deliberationen Hasselmanns verblieben bei all ihrer Zukunftsorientierung keineswegs im luftleeren Raum. So erschien schon am 1. August 1873 ein an die Diskussion anknüpfender Artikel, in welchem sich der „Neue Social-Demokrat" mit den Argumenten seiner politischen Gegner auseinandersetzte und der – von konservativer Warte – die Chancen von Produktivassoziationen auslotete und diese als nicht grundsätzlich schlecht einschätzte.

Der Leitartikel mit dem Titel „Ein interessantes Geständniß" befasste sich mit der Berichterstattung des „Hamburgischen Correspondenten", einer sozialkonservativen Zeitung, die über die Gründung einer Produktivgenossenschaft durch die streikenden und damit arbeitslos gewordenen Hamburger Zimmerer und Maurer berichtet und den Versuch als grundsätzlich verständlich, aber infolge mangelnder finanzieller Unterstützung als zum Scheitern verurteilt beschrieben hatte. Dieser Analyse stimmte der Autor des „Neuen Social-Demo-

---

[867] Vgl. nähere Informationen über „Ein Schlingel" bei Münchow, Ursula: Arbeiterbewegung und Literatur 1860–1914, Berlin (Ost)/Weimar 1981, S. 136–138. Vgl. zur Person Johann Baptist von Schweitzers den Artikel in der Neuen Deutschen Biographie von Stefan Jordan (Neue Deutsche Biographie, Band 24, Berlin 2010, S. 59–60: Schweitzer war seit Ende der 1850er Jahre in der Arbeiterbewegung aktiv, war seit 1868 Eigentümer des „Social-Demokrat", war seit 1867 Präsident des ADAV, beendete 1871 seine politische Karriere und war ab 1872 nicht mehr Mitglied des ADAV und war während jener Jahre nebenher schriftstellerisch tätig.

kraten“, erneut wohl der Experte für Produktiv-Assoziationen Hasselmann, zu, indem er betonte, „daß ein nachhaltiger socialistischer Erfolg nur dann erzielt werden kann, wenn nicht eine alleinstehende Assoziation in Mitten der heutigen Speculation besteht, sondern wenn eine ganze Reihe von Assoziationen sich produktiv in die Hände arbeitet“ – es ging also nicht um das Prinzip, sondern nur um den richtigen Maßstab, der für den notwendigen Erfolg der Assoziationen gebraucht würde.[868] Diese Idee hatte schon bei der internationalen Umsetzung von Produktivgenossenschaften zur Zeit der Pariser Commune eine Rolle gespielt und findet sich in entsprechender Weise auch bei Hasselmann.[869] Die für die Mobilisierung hinreichend großer Mittel von den Lassalleanern als notwendig erachtete Staatshilfe schien nach Ansicht von Hasselmann auch der Autor des „Correspondenten“ zu befürworten. Jedenfalls lehnten beide die Idee der Schulze-Delitzsch'schen Kreditgenossenschaften ab, die sich ja zum Ziel gesetzt hatten, im Rahmen des bestehenden Systems Fortschritte für die Arbeiterschaft zu erlangen. Dafür aber seien – laut Hasselmann –, wie für ihn auch der Hamburger Versuch zeigte, große Unterstützungsgelder unerlässlich. In der Ausnahmesituation der Arbeitseinstellung, unter der die Hamburger Arbeiter litten, war es ebenso für Hasselmann eindeutig sinnvoll, den Versuch der genossenschaftlichen Arbeit für eine begrenzte Zeit zu wagen.[870] Anders als die zitierten Befürchtungen des „Correspondenten“, dessen Autor sich über die unfairen Bedingungen, unter denen der Versuch der Produktivgenossenschaften stattfand, sorgte und befürchtete, infolgedessen würde man in Zukunft von solchen vielversprechenden Experimenten absehen, reklamierte Hasselmann für sich und die Lassalleaner das Selbstbewusstsein, bei zukünftigen Umsetzungen der Idee der Produktivgenossenschaften – anders als im Fall der Schulze-Delitzsch'schen Genossenschaften – unter angemessenen Bedingungen auch erfolgreich zu sein.

In Anbetracht dieses Optimismus muss man konstatieren, dass auch – „herausgelöst aus dem revolutionären Kontext“ – noch einige Hoffnungen an die Umsetzung der Produktivassoziationen geknüpft wurden, auch wenn dies von der Geschichtsschreibung nicht immer wahrgenommen worden ist.[871] Als Verhandlungsführer bei den Vereinigungsverhandlungen des ADAV und der SDAP gelang es Hasselmann dann auch, dieser Hoffnung über die Existenz des ADAV hinaus programmatisch Ausdruck zu verleihen.[872] Damit setzte sich in der deut-

---

868 Neuer Social-Demokrat, 1. August 1873, Nr. 87. Vgl. auch zu den von Christiane Eisenberg als gering eingeschätzten Erfolgschancen von Produktivgenossenschaften, die durch ihre geringe Kapitalisierung, rechtliche Hürden und die Konkurrenz zur Gewerkschaftsbewegung begründet waren: Eisenberg, Christiane: Frühe Arbeiterbewegung und Genossenschaften. Theorie und Praxis der Produktivgenossenschaften in der deutschen Sozialdemokratie und den Gewerkschaften 1860er/70er Jahre, Bonn 1985, S. 64–84.

869 Vgl. Ross, Kristin: Die Pariser Kommune – jenseits des „zellenartigen Regimes der Nationalität“, in: Historische Anthropologie 24, Heft 3 (2016), S. 376–395, hier S. 389.

870 Vgl. ebenda.

871 Stephan, Cora: Bemerkungen zur Rezeption Ferdinand Lassalles, in: Andréas, Bert: Ferdinand Lassalle – Allgemeiner Deutscher Arbeiterverein. Bibliographie ihrer Schriften und der Literatur über sie 1840 bis 1975, Bonn 1981, S. 9–25, hier S. 12.

872 Vgl. Bers, Hasselmann, S. 23.

schen Arbeiterbewegung eine Idee fort, die Lassalle nicht erst entwickelt hatte, sondern die schon mit der Genossenschaftsidee der „Arbeiterverbrüderung" aufgekommen war – auch wenn hier die Staatshilfe als Mittel zum Zweck noch nicht Konsens gewesen war.[873] Mit der Aufgabe des „Neuen Social-Demokraten" und der Gründung des „Vorwärts" verlor Hasselmann jedoch seine dominierende ideologische Stellung innerhalb der deutschen Sozialdemokratie, eine Problematik, der er mit der Gründung der – kurzlebigen – „Rothen Fahne" im Jahr 1876 und Artikeln in der „Bergischen Volksstimme" zu begegnen suchte – doch angesichts des Verbots der „Volksstimme" im Jahr 1878 und Hasselmanns zunehmender Radikalisierung blieb dies vergeblich.[874] Dennoch konnte er als Reichstagsabgeordneter, wie im Jahr 1876, noch für die Idee der Produktivassoziationen werben und blieb somit bis zu seinem Ausscheiden aus dem Reichstag im Jahr 1881 und seiner Emigration in die USA eine wichtige Stimme, die jedoch immer weniger gehört wurde.[875]

Zum Schluss des Artikels zitierte Hasselmann einen Absatz aus der Analyse des „Correspondenten", in welcher den Produktivgenossenschaften gute Aussichten für eine Verbesserung der Lage der Arbeiterschaft zugesprochen wurden. Denn nur in der Umsetzung derselben würde eine Annäherung an den „volle[n] Arbeitsertrag" für die Arbeiterschaft zu erlangen sein.[876] Diese Übereinstimmung über das bisherige Entziehen des vollen Arbeitsertrags, eine Ungerechtigkeit, die laut Hasselmann den Arbeitern das Recht gäbe „diese Gesellschaft zu vernichten und eine neue gerechte an deren Stelle zu setzen", war für den Autor besonders hervorzuheben. Aber auch sonst sah sich dieser in der Analyse des „Correspondenten" bestätigt und erblickte hierin das Ergebnis eines Durchdringens der „Wahrheiten Lassalle's".[877]

Auch wenn die Zitate aus dem „Hamburgischen Correspondenten" nicht mit derselben Überzeugung von der Idee der Produktivgenossenschaften durchdrungen waren, wie es die Kommentare Hasselmanns glauben machen wollten: Die Auseinandersetzung der bürgerlichen Presse mit der Selbstorganisation der Arbeiterschaft und die positive Beurteilung eines so eminent wichtigen Teils der lassalleanischen Ideologie zeigen deutlich, dass – revolutionäre Rhetorik außen vor lassend – erstaunliche Gemeinsamkeiten zwischen Sozialkonservativen und Sozialisten existierten. Die Jahre vor dem Sozialistengesetz, in denen Sozialisten in Deutschland noch nicht durchgehend als Gefahr für die staatliche Ordnung gebrandmarkt wurden und in denen auch – wie gesehen – im „Neuen Social-Demokraten" der Unternehmerschaft eine mögliche Rolle bei der Verbesserung

873 Vgl. Schmidt, Brüder, S. 364.

874 Vgl. Bers, Hasselmann, S. 27. Schon im Jahr 1874 hatte Hasselmann zwecks Umgehung des Vereinsverbots des ADAV eine Zeitungsgründung betrieben, „die Lassallesche Westentaschenzeitung", die allerdings nur von Juli 1874 bis Februar 1875 erschien. Vgl. hierzu: Herzig, Der Allgemeine Deutsche Arbeiterverein, S. 307.

875 Vgl. Stenographische Berichte über die Verhandlungen des Deutschen Reichstags, 2. Legislaturperiode, III. Session 1875/76, Zweiter Band, Berlin 1876, S. 948.

876 Neuer Social-Demokrat, 1. August 1873, Nr. 87.

877 Ebenda.

der herrschenden Zustände zugesprochen wurde, boten also viel mehr Anknüpfungspunkte für eine weniger agonistisch geprägte Debatte, als dies vielleicht rückblickend zu erwarten ist. E war eine Atmosphäre des offenen Gedankenaustauschs, auch über politische Grenzen hinweg, die in den Jahren der Krise auch das Nachdenken über alternative Formen des Wirtschaftens ermöglichte. Die Gründung des „Vereins für Socialpolitik" im Jahr 1873 fällt nicht zufällig in diese Zeit.[878]

Auch nach Ausbruch der Krise im Deutschen Reich war die Diskussion über die Organisation von Produktivassoziationen immer wieder Thema im „Neuen Social-Demokraten". Auf den Vorwurf aus der bürgerlichen Presse, die sozialistischen Ideen wären praktisch bisher nicht bewiesen worden, begegnete der „Neue" am 31. Oktober mit einem Leitartikel unter dem Titel „Praktischer Socialismus", in welchem im Gegenteil zur unbewiesenen Wirkung der sozialistischen Vorschläge verwiesen wurde auf schon entstandene, aber „nur Kleinproduktion treibende Assoziationen, [...] welche ebenso gut, respektive besser existiren, als die Kleinbürger des betreffenden Geschäftszweiges".[879] Für die Argumentation im Sinne eines Großbetriebs als im Vergleich besonders effektive Methode der Produktion zog der Autor des „Neuen Social-Demokraten" die modernen Aktiengesellschaften heran. Diese hätten bewiesen, dass eine große Organisation – geleitet von einem Angestellten, also nicht dem Eigentümer – sich besonders gut eigne als zukünftiger Hauptbestandteil einer neuen Wirtschaftsordnung. Auch die wichtige Frage nach der finanziellen Stützung von Produktivgenossenschaften, die ja schon bei der Diskussion der Hamburger Produktivgenossenschaft während der Zeit der Arbeitsausstellungen eine wichtige Rolle gespielt hatte, wurde abermals erörtert. Mit Verweis auf die Krise und die „Börsenspekulanten", die ja durch staatliche Unterstützung – beispielsweise des Eisenbahnbaus – von „Staatshülfe" profitiert und dadurch „großartige Projekte" realisiert hätten, wird auch die praktische Wirkung staatlicher Interventionen in die Wirtschaft als empirisch bewiesen dargestellt.[880]

Für den „Neuen Social-Demokraten" läuft die Analyse des gegenwärtigen Wirtschaftssystems offensichtlich nicht auf eine vorbehaltlose Verurteilung des bestehenden Systems hinaus; vielmehr sah dieser Anknüpfungspunkte, die auf die zukünftige Wirtschaftsordnung verwiesen. Genossenschaften, Großbetriebe und Staatshilfe sind aus Sicht des Autors bereits erfolgreiche Modelle, auf die zurückgegriffen werden kann. Auch die Aktiengesellschaft, diese urkapitalistische Innovation, kann – richtig umgewandelt – zum Modell für ein gerechteres Wirtschaftssystem werden. Mit dem Verweis auf die empirische Bestätigung der genannten Reformvorschläge in der kapitalistischen Praxis wird erneut der Einfluss positivistischen Denkens auf die Vertreter der Arbeiterschaft deutlich. Dieses ist einem reformorientierten und schrittweise sich vollziehenden Poli-

---

[878] Vgl. hierzu auch die Verbindung der wissenschaftlichen mit der sozialdemokratischen Problemanalyse in den 1870er Jahren: Plumpe, Gründerkrach, S. 21f.

[879] Neuer Social-Demokrat, 31. Oktober 1873, Nr. 126.

[880] Ebenda.

tikstil viel näher, da hier immer wieder Rückkopplungen an Erfahrungswerte gesucht werden können, als dies beispielsweise im Fall des von der Wirkungskraft tieferer welthistorischer Antriebskräfte überzeugten Denkens des Hegelianismus der Fall ist. Zwar sind revolutionäre Umwälzungen erwünscht, aber die sozialistische Gesellschaft entsteht nicht aus dem Nichts, und vor allem sind die Konzepte der Zukunft schon in der Gegenwart zu erproben. Bereits die Antwort auf die bürgerliche Kritik und die Berücksichtigung von Anregungen aus Zeitungen anderer politischer Provenienz verweisen auf eine gewisse Offenheit im Diskurs, die auf einer offensichtlich geteilten Skepsis gegenüber bestimmten Ausprägungen des Kapitalismus basiert – bei gleichzeitiger Anerkennung einer potentiell wichtigen Rolle des Staates im Wirtschaftsgeschehen, wie sie ja auch in den letzten Jahrzehnten beim Ausbau der Infrastruktur in ganz Deutschland geprägt worden war.

Dass dieses Denken die Vereinigung von Gotha um Jahre überlebte, zeigen auch die mehrheitlich reformsozialistisch argumentierenden Artikel der „Zukunft“, die sich als Insel des ethischen Sozialismus kurz vor Einführung des Sozialistengesetzes gegründet hatte und durch dieses in den Abgrund gerissen wurde. Aus der Sicht der „Zukunft“ boten staatskapitalistische Ansätze, die dafür sorgten, dass eine „nur in etwas vernunftgemäßer organisirte Gesellschaft“ entstehen würde, ein sinnvolles Etappenziel.[881] Die in der Atmosphäre der 1870er Jahre im sozialistischen Diskurs wabernden Konzepte der Produktivgenossenschaften und der Übernahme von staatlichen Monopolen nach dem Zusammenbruch des Kapitalismus wurden somit bereits vor dem Sozialistengesetz vor dem Hintergrund praktischer Anwendung zu vereinbaren gesucht. Somit war vielleicht nicht direkt der Weg aus den revolutionären „Flegeljahren“ gewiesen, aber es bestanden der Wille und auch die Möglichkeiten zu einer attraktiven Verschmelzung der sozialistischen Ansätze zu einem systemkompatiblen radikalen Reformsozialismus.[882]

Wie sahen die Autoren des „Volksstaats“ den Zusammenhang zwischen staatlichem Wirken in der Gegenwart und künftigen Reformperspektiven? Die auf dem Gothaer Kongress getroffene Vereinbarung, die in der Formulierung gipfelte, „die Errichtung von sozialistischen Produktivgenossenschaften mit Staatshilfe unter der demokratischen Kontrolle des arbeitenden Volkes“ anstreben zu wollen, war – wie anders auch nicht möglich – ein Kompromiss gewesen, dem nicht alle aus dem Lager des Eisenacher Flügels der Partei zustimmen konnten.[883] Vor allem Wilhelm Bracke hatte sich in seiner Schrift „Der Lassalle'sche Vorschlag“ einen Namen als Gegner der Produktivassoziationen gemacht, die er als Ausdruck eines aussichtslosen Klassenkompromisses wertete, der die

---

881 Vgl. Carl August Schramm: „Polemik“, in: Die Zukunft. Socialistische Revue 1, Heft 10, 15. Februar 1878, S. 299. Vgl. zu der Debatte in der Sozialdemokratie zu diesem Thema auch den Beitrag „Ueber den Zusammenhang des wirthschaftlichen und des politischen Princips im demokratischen Socialismus“ im gleichen Heft.

882 Nonn, 12 Tage, S. 137.

883 Das Gothaer Programm. Beschlossen auf dem Vereinigungs-Kongreß der Sozialdemokraten Deutschlands in Gotha vom 22. bis 27. Mai 1875, Offenbach 1947, S. 87.

notwendigen revolutionären Umgestaltungen nur erschweren würde.[884] Dass das langsame Verschwinden der Produktivgenossenschaft aus dem offiziellen Gedankengut der deutschen Sozialdemokratie – was zu trennen ist von Fragen der praktischen Ideologie – keineswegs vorherbestimmt war, zeigt folgende Abhandlung im „Volksstaat" vom 11. August 1875. Es war der Vorsteher des Schuhmachermeister-Vereins, Carl Ruoff, der die Diskussion über Produktivgenossenschaften weiterführen wollte:

> „Unser Hauptstreben muß es sein, in Concurrenz mit der Großproduktion treten zu können. Durch gemeinschaftliche Einkäufe, Gründung von Rohstoff-Associationen, haben wir zwar die Bahn der Cooperation, der Gemeinschaft betreten. Allein wenn auch in den gemeinschaftlichen Einkäufen die Arbeit vieler Zwischenhändler überflüssig wird, und dadurch schon ein Element der Vertheuerung der Rohstoffe entfernt ist, wenn auch selbst dem kleinsten Producenten betreffs seiner Einkäufe sich theilweise die Vortheile des Großbetriebs zuwenden, so kann immerhin dadurch noch keine Concurrenz mit der Waare erzielt werden, weil es sich bei dem Großbetrieb nicht einzig und allein um die Einkäufe, sondern auch um die billigere und vortheilhaftere Herstellung und Production durch Theilung der Arbeit handelt. [...] Im Uebrigen betrachte ich, sagte Redner, die Rohstoff-Associationen als die Brücke, die uns über die Klippe zwischen Gegenwart und Zukunft führen soll — sie sind nur eine cooperative Uebergangsbildung. – Denn sobald die Cooperation allgemein zur genossenschaftlichen Production fortgeschritten sein wird, werden die Rohstoffvereine überflüssig. Unser rettendes Endziel kann nur in Errichtung von Waaren-Magazinen und schließlich – auf was die Cooperation hinsteuern muß – eben die gemeinsame productive Thätigkeit sein, und dabei wird sie gerade die größten Siege feiern! [...] – wir könnten den heutigen Bedarf unmöglich mit bloßer Handarbeit mehr decken. [...] In der Productiv-Association liegt selbst die Lösung der ganzen sozialen Frage. – Keinem Mitgliede der Productiv-Association würde es einfallen, den Arbeiter in ähnlicher Weise auszubeuten und zum ‚weißen Sclaven' zu stempeln, wie es die Großindustriellen der Gegenwart fast Alle thun. [...] er [der Arbeiter; Anm. LSB.] wird als nöthiges Glied bei der Production betrachtet und ihm auch sein Antheil am Gewinn eingeräumt werden müssen."[885]

Der Abdruck zeigt einerseits die Diskussionsbereitschaft mit Milieus außerhalb des sozialdemokratischen Kerns der Handwerksgesellen und Arbeiterschaft seitens der Redaktion des „Volksstaats". Andererseits wird deutlich, dass die Diskussion um die praktische Umsetzbarkeit von Produktivgenossenschaften auch nach der Einigung der beiden Parteien auf dem Gothaer Parteitag weiterhin stattfand, was praktische Gründe in der sozialen Zusammensetzung der frühen Sozialdemokratie hatte.[886] Aus Sicht des Schuhmachermeisters war die herrschende Konkurrenz mit der Großindustrie maßgeblich für die politische Gestaltung der zukünftigen Wirtschaftsordnung. Aus der Analyse der praktischen

884 Vgl. Wilhelm Bracke: Der Lassalle'sche Vorschlag. Ein Wort an den 4. Kongreß der sozialdemokratischen Arbeiterpartei, Braunschweig 1873.

885 Der Volksstaat, 11. August 1875, Nr. 91.

886 Vgl. hierzu: Kocka, Lohnarbeit, S. 185: „Indem sie für Produktivgenossenschaften bis in die frühen 70er Jahre eintraten, entsprachen die Gewerkschaften wahrscheinlich sowohl den Vorstellungen unter Druck geratener kleiner Meister wie den handwerklich geprägten, vom Ziel der späteren Selbstständigkeit nicht ganz ablassenden Erwartungen vieler gelernter Lohnarbeiter unter ihren Mitgliedern."

Hemmnisse heraus erkennt er die mangelnde Konkurrenzfähigkeit der Kleinbetriebe zu den Großbetrieben als aktuelle Problematik und will kurzfristige Lösungen für diese Situation – und nicht etwa langfristige revolutionäre Strategien – entwickeln.

Mit Gründung der „Rohstoff-Associationen“ ist hierfür ein erster Schritt getan, denn die Konkurrenz zu den Großbetrieben wird zumindest im Bereich der Einkaufspreise vermindert. Aber hier endet der Gestaltungsdrang des Redners nicht: Die Konkurrenz in Bezug auf die Produkte ist nach wie vor zu Ungunsten der Kleinbetriebe ausgestaltet. Die Begründung dafür, die besseren Möglichkeiten der Arbeitsteilung im Großbetrieb, hält der Handwerksmeister ebenfalls für erwiesen. Die Lösung dieses Aspekts verschiebt er nicht auf eine postrevolutionäre Utopie, sondern sieht einen Fortschritt in Genossenschaften und später, als „Endziel“, die Organisation kollektiver Arbeit über die gesamte Gesellschaft hinweg. Damit verbindet der Autor Gegenwart, kurzfristige und mittelfristige Reformperspektive mit einem Zukunftsideal, welches nach und nach erst erreicht werden kann und soll. Nicht rein rückwärtsgewandt, sondern unter Anerkennung wirtschaftlicher Fortschritte, die durch bessere Arbeitsteilung und den größeren Maßstab der Produktion erzielt werden, wird hier ein Reformansatz nach einem Stufenmodell entwickelt. Zurück zu einer von Zünften und starren Hierarchien geprägten Vergangenheit soll es hierbei nicht gehen. Stattdessen wird das Mittel der „Productiv-Association“ unter Verwendung der bereits durch den Kapitalismus zur Verfügung stehenden Methoden umgesetzt, um ein politisches und wirtschaftliches Ziel zu erreichen: die Aufhebung der wirtschaftlichen Konkurrenz zwischen Groß- und Kleinbetrieben und vor allem der gesellschaftlichen Hierarchie zwischen Arbeiterschaft und Bourgeoisie. Damit gibt der Redner keinesfalls den Anspruch an wirtschaftliche Modernisierung auf und priorisiert nicht die politische Freiheit vor wirtschaftlichem Fortschritt. Er betont beide Aspekte und bringt in einem anderen Teil des Zitats durch ein Rechenbeispiel – und damit ein weiteres Argument wissenschaftlicher Art – die Vorteile der Großproduktion in Anwendung, die auch in Zukunft die Basis für Wohlstand bieten soll.

Die enge Verbindung zwischen wirtschaftlicher und politischer Emanzipation zeugt vom unabhängigen und unternehmerisch-selbstbewussten Geist auf Seiten des Redners. Die Genossenschaftsidee war eben auch besonders attraktiv gewesen für den handwerklichen Teil der deutschen Arbeiterbewegung. Dieser konnte sich infolge der Erfahrungen aus Selbständigkeit und Kleinunternehmertum für ein staatlich unterstütztes Wirtschaftsmodell begeistern, welches versprach, die gewünschte Unabhängigkeit mit einer besseren wirtschaftlichen Absicherung und gerechteren Ausgestaltung zu verbinden. Die zunehmende Spaltung in Meister und Gesellen im Handwerk, bei der letztere in Richtung Gewerkschaftsbewegung abwanderten, anstatt sich gemeinsam mit den Meistern zu organisieren, wird ein wichtiger Faktor bei dem Verlust der Attraktivität der Sozialdemokratie für die Kleingewerbetreibenden gewesen sein, die sich ja – nach 1875 – auch immer weniger für die Genossenschaftsidee einsetzte.[887]

Dennoch halte ich es nicht für zutreffend, aus der Hinwendung zur Gewerkschaftsbewegung nach 1875 einen „Bruch" der Sozialdemokratie mit der Genossenschaftsidee abzuleiten.[888] Der von Christiane Eisenberg angesichts der zunehmenden Konzentration der Gewerkschaften auf Verbesserungen der Lohnarbeitsverhältnisse gewählte Begriff der „gewerkschaftlichen Identitätsfindung" ist hier zutreffender, weil er den prozesshaften Charakter dieser Entwicklung betont und gleichzeitig die Offenheit der historischen Lage berücksichtigt – dies vor allem, wenn man unter „Identitätsfindung" vor allem die Herausformung einer Identität versteht.[889] Die Differenzierung der beiden Konzepte, die auf Seiten der Parteiführungen sicherlich vorhanden war, hat in der politischen Praxis der Sozialdemokratie eine geringere Rolle gespielt. Zeitungsartikel aus beiden Lagern belegen, wie die Ideen bezüglich der Genossenschaften und der Rolle der Gewerkschaften immer wieder neu beleuchtet, kritisiert und umgeformt worden sind. Nicht nur die Tatsache, dass viele Gewerkschaften sich anfangs auch Gewerksgenossenschaften nannten und dass Streiks – wie jener in Hamburg – dazu führten, dass eine Gewerkschaft eine spontane Produktionsgemeinschaft bildete, aber auch der Blick auf den sozialdemokratischen Binnendiskurs zeigen, wie sehr die beiden Konzepte ineinander übergehen konnten. So war es also keineswegs eine bewusste Entscheidung, die sich aus theoretischen Erkenntnissen ableitete, wenn die Produktivgenossenschaften nach und nach in den Hintergrund traten – ganz unabhängig von deren Nennung im Parteiprogramm oder deren Akzeptanz durch die intellektuelle Speerspitze der Partei in London.

Tatsächlich war es die von Cora Stephan herausgestrichene Verschiebung künftiger Produktionsmodi in den Staat der Zukunft und das Setzen auf die Übernahme der monopolistischen Großbetriebe, welche die Diskussion über Produktivgenossenschaften weniger relevant, den praktischen Kampf der Gewerkschaften dafür umso drängender erscheinen ließ.[890] Zusätzlich scheint wichtig hervorzuheben, dass schon Lassalle selbst seine Idee der Produktivgenossenschaften mit Staatshilfe sich ebenfalls nur wirksam im großen Maßstab hatte vorstellen können.[891] Der Übergang des Kapitalismus hin zu einer Wirtschaft mit nur wenigen Großbetrieben mit seinem anschließendem Zusammenbruch und

---

887 Renzsch, Handwerker, S. 98.

888 Stephan, Genossen, S. 185.

889 Eisenberg, Arbeiterbewegung, S. 84.

890 Vgl. ebenda, S. 186.

891 Vgl. hierzu: Ferdinand Lassalle, Offnes Antwortschreiben, S. 33: „Sie sehen, meine Herren, wenn Sie über diese Thatsachen nachdenken, daß sich die großen Fragen immer nur im Großen, nie im Kleinen lösen lassen. So lange der allgemeine Arbeitslohn durch das oben betrachtete Gesetz bestimmt wird, so lange werden auch die kleinen Associationen sich dem herrschenden Einfluß desselben nicht entziehen können. Und was gewinnt dann der allgemeine Arbeiterstand, der Arbeiter als solcher dabei, ob er für Arbeiterunternehmer oder für Bourgeois-Unternehmer arbeitet? Nichts!"

Aufbau des Sozialismus oder die Umwandlung der Unternehmen in demokratische Produktionsgemeinschaften im großen Stil – beide Ansätze waren durchaus kompatibel und wurden durch die an Bedeutung zunehmende Erwartung des „Großen Kladderadatschs" zunehmend entlastet. Was also bei Lassalle der Staat bewirkte, das würde laut zeitgenössischer Marx-Lesart die geschichtliche Notwendigkeit der zunehmenden Konzentration des Großkapitals bringen.

Dies war aber keine Entwicklung der 1870er Jahre, sondern vor allem ein ideologischer Wandlungsprozess der folgenden Jahrzehnte. Begünstigt wurde er durch die Repressionen des Staates, die dessen vollständigen Zusammenbruch als wünschenswerter erschienen ließen als das Erproben konkreter Reformprojekte im bestehenden System. Anders als von Cora Stephan beschrieben, waren Produktivgenossenschaften für die Sozialisten der 1870er Jahre nicht ausschließlich denkbar in Verbindung mit revolutionären Entwicklungen und immer auch eine Frage gegenwärtiger Erörterungen.

Das Scheitern einzelner lokaler genossenschaftlicher Projekte bedeutete – vor allem für die lassalleanische Fraktion – noch lange nicht, nun zu schlussfolgern, dass erst nach einer revolutionären Umwälzung Produktivgenossenschaften der Neuordnung der Wirtschaft dienen konnten. Auch die Staatshilfe des existierenden Staats konnte in Anwendung gebracht werden. Dessen Charakter als Klassenstaat wurde dabei nicht, wie in späteren Jahren, absolut verstanden, sondern wurde – wie gezeigt – vor allem aus der Korruption seiner Eliten und der herrschenden Wirtschaftsordnung abgeleitet. Die Selbstzerstörung der Ersteren und der Zusammenbruch der Letzteren bedeuteten in dieser Perspektive noch nicht den Zusammenbruch des Staates. So zeigen die Forderungen nach Staatshilfe für die Arbeiterschaft im Anschluss an den Gründerkrach, wie sehr auch dem bestehenden System, der bestehenden Gesellschaft, die Möglichkeiten zur Lösung der sozialen Frage nicht abgesprochen wurden. Eine Zwischenposition bot dabei der „Arbeiterphilosoph" Joseph Dietzgen an, der in einem seiner nationalökonomischen Vorträge, welche er zwecks Popularisierung der Marx'schen Ideen hielt, davon sprach, dass schon die gegenwärtige „menschliche Gesellschaft" eine vollständige Produktivgenossenschaft darstellen würde. Nur sei diese in ihrer Organisation mangelhaft, ihr fehle das Bewusstsein, sie sei „kopflos".[892] Mit Rhetorik wie dieser wurde das sozialistische Projekt der Organisation der Arbeit als bessere Version der gegenwärtigen Organisation dargestellt, anstatt den Fokus auf die als revolutionäre Bedrohung empfundenen Endziele der sozialistischen Bewegung zu lenken. Anknüpfend an die Mängel des Bestehenden wurde so die Notwendigkeit einer Utopie begründet. Die immer wieder verlangte Organisation der Arbeit war, einmal nachgewiesen als Faktum, ob im Kapitalismus oder Sozialismus, aus Sicht der Sozialdemokraten der 1870er Jahre ein Kernanliegen. Hier trafen sich die Krisenanalysten aus Eisenach und die Vertreter der lassalleanischen Strömung. Die ausbrechende Wirtschaftskrise machte die Notwendigkeit noch einmal zusätzlich deutlich, die herrschenden Zustände zu hinterfragen und alternative Vorschläge zu unterbreiten. Nur trau-

---

892 Josef Dietzgen: National-Oekonomisches. Vorträge, Leipzig 1877, S. 9.

te man – wie immer wieder erwähnt – den herrschenden Eliten diesen Schritt nicht zu, dem bestehenden Staat als Instrument aber grundsätzlich schon. Diese recht abgeklärte Sichtweise konnte etwa Johann Most in seiner in der „Chemnitzer Freien Presse" am 11. und 12. März 1876 erschienenen Abhandlung „Utopien" äußern und im gleichen Atemzug auch die ökonomische Notwendigkeit der Monopolisierung von Großbetrieben und der damit einhergehend logisch folgenden besseren Verteilung des Wohlstands nennen, wenn er „die *Gesellschaft* an sich nicht tadelnswert, sondern nur gewisse *gesellschaftliche Einrichtungen*" bezeichnete, für die man sich nur auf das „Wie der Reform im klaren" werden müsse.[893] Bei der Frage der Großbetriebe hingegen war es für Most klar, dass „sich der Staat (Gesellschaft, Gesamtheit oder Einwohnerschaft eines Landes)" der Privatmonopole bedienen würde, um eine allgemeine und gerechte Verteilung des Wohlstands zu garantieren.[894]

Für Wilhelm Bracke ging es in seiner Kritik am Kompromiss auf dem Gothaer Parteitag von 1875 ebenfalls um die Verteilung des Wohlstands, weniger um die Produktion desselben, auf welche sich die Idee der lassalleschen Produktivgenossenschaften konzentrieren wollte:

> „Auch heute fließt der Arbeitsertrag im Ganzen u. Großen unverkürzt allen Gesellschaftsmitgliedern zu, da doch Nichts oder nur wenig davon in die Krätze geht, aber die Vertheilung des Gesammtertrages, das ist der Punkt! Soll dieß nach gleichem Rechte stattfinden, so haben Banquiers, Couponabschneider u. andere Nichtsthuer denselben gleichen Antheil daran. Es muß also gesagt werden, daß jedermanns Pflicht ist, zu arbeiten, daß nur die nach vorhandenen Kräften geleistete Arbeit berechtigt, an dem Gesammtarbeitsertrage theil zu nehmen, u. zwar nach dem Babeufschen Grundsatz: Jedem nach seinen Bedürfnissen."[895]

Während die Diskussion über Sinn und Zweck von Produktivgenossenschaften ein konkreter, in die Zukunft weisender Topos war und blieb, so waren gegenüber solchen konkreten Auseinandersetzungen mit dem zukünftigen Staat häufiger allgemeinere Formulierungen zu finden, die vor allem zur Mobilisierung der sozialdemokratischen Anhängerschaft dienten und die gegenwärtigen Missstände mit in der Zukunft zu erwartenden Verbesserungen zu kontrastieren suchten. Die enge Verbindung zwischen Rückblick und Zukunftshoffnungen, auf die schon im Kapitel über Vergangenheitskonstruktionen eingegangen worden ist, zeigt zudem ein sehr konzentrierter Krisenrückblick aus dem Januar 1876 im „Volksstaat", in dem die krisenbedingten außen- und innenpolitischen Entwicklungen als Hoffnungsschimmer für die in Zukunft zu erwartenden revolutionären Umwälzungen gekennzeichnet wurden:

---

893 Johann Most: Utopien, in: Szmula, Volker (Hrsg.): Johann Most. Dokumente eines sozialdemokratischen Agitators, Bd. 2, Grafenau 1989, S. 44–50, S. 46 (Hervorhebungen im Original).

894 Ebenda, S. 48.

895 Wilhelm Bracke an August Bebel, 23. März 1875, BArch, NY4022/101, Zitat nach Abschrift, Bl. 5. Und weiter: „So viel aber steht fest: Das jetzige Programm u. zumal die ‚Staatshülfeproductivgenossenschaften zur Lösung der Socialen Frage' unterschreibe ich nicht."

„Was verschlägt's, daß dieser und jener ‚Gründer', dieser und jener Handelsherr, dieser und jener Fabrikant durch die Krisis zu Boden geschmettert wird – die Bourgeoisie bleibt herrschende Klasse, bleibt ausbeutende Klasse, und wälzt im Großen und Ganzen die Wirkungen der Krisis auf die beherrschte Klasse ab, auf das arbeitende Volk. So will es die heutige Gesellschaftsordnung. Wer unterfängt sich zu sagen, daß es so gut sei? Daß es so bleiben solle? ‚Gut oder nicht gut', reden Soldschreiber uns vor, ‚es ist so, nach unabänderlichen Gesetzen.' ‚Unabänderlich', ja! Aber nur so lange die heutige Gesellschaftsordnung dauert, antwortet die Sozialdemokratie. ‚Die Krisis ist die nothwendige Folge Euerer Mißwirthschaft, Euerer anarchischen Produktion; und so lange diese Mißwirthschaft besteht, wird es Krisen geben; werden die Krisen sich wiederholen mit unbarmherziger Regelmäßigkeit, jede folgende heftiger, verheerender als ihre Vorgängerin, weil der Kapitalismus sich immer mehr entwickelt, die Großproduktion immer mehr an Ausdehnung und Intensivität zunimmt. Organisiren wir die Arbeit; ordnen wir Produktion und Consumtion in gemeinnutzlicher Weise, und diese unheilvolle Abwechslung von Geschäftskrisis und ‚Ueberproduktion' – bei Massenarmuth – wird aufhören. [...] Nehmen wir lächelnd die Verfolgungen hin, schulen, stärken wir uns in den Kämpfen, die nicht aufhören werden, bis uns der Sieg winkt. Des Siegs sind wir gewiß. [...] Es lebe der Sturm, der uns rascher hinübertreibt in die Neue Welt! Glück auf!"[896]

Die mikroökonomisch als negativ zu bewertenden Folgen für einzelne Unternehmer werden hier getrennt beobachtet von gesamtgesellschaftlichen Zusammenhängen, die durch die Krise nicht aufgehoben werden können.[897] Solange die Bourgeoisie als Ganze besteht, so der Autor, kann auch kein systematischer Wandel stattfinden.

Die Gründerkrise kann also nicht den transformatorischen Charakter haben, der vonnöten ist – jedenfalls solange die Konsequenzen des Wirtschaftseinbruchs an die Arbeiterschaft weitergereicht werden können. Die scheinbar naturgegebene Ordnung, wie sie von „Soldschreibern" betont wird, sieht die Sozialdemokratie nur begrenzt. Es ist die „heutige Gesellschaftsordnung", die nach bestimmten Gesetzmäßigkeiten funktioniert; davon getrennt zu betrachten ist eine zukünftige Gesellschaftsvision. Hier verlagern sich die politischen Ambitionen der Sozialdemokratie eindeutig in die Zukunft, da nur dann grundlegende Veränderungen möglich sind. Die Erwartung, dass der gegenwärtigen Krise bald eine letzte, vielleicht revolutionär wirkende folgen kann, wird in diesem Artikel nicht zum Ausdruck gebracht. Stattdessen wird die sozialistische Zukunftsvision immer weiter auf dem Zeitstrahl verschoben, da vorher Krisen an Krisen sich reihen, in „unbarmherziger Regelmäßigkeit".

Der Krisenmoment wird in dieser Sichtweise nicht zur Gelegenheit für politische Aktion, sondern zum empirischen Beweis der herrschenden Gesetzmäßigkeiten. Die Krise wird zeitlos und zur Regelmäßigkeit, sie wird zur rhetorischen

---

896 Der Volksstaat, 5. Januar 1876, Nr. 1.

897 An anderer Stelle betonte auch „Die Zukunft", dass selbst ein Unternehmer, der sich gegen die Zustände wendet, aufgrund der Konkurrenz seiner Mitbewerber keine positive Veränderung im Gesamtsystem herbeiführen könnte, selbst wenn er wollte. Hier sehen die Sozialisten auch den klaren Unterschied von Mikro- und Makroökonomie. Vgl. hierzu: „Zur wirthschaftlichen Krisis, in: Die Zukunft. Socialistische Revue 1, Heft 12, 15. März 1878, S. 363–368, hier S. 367: „Der einzelne Fabrikant kann der Ueberproduction nicht entgegenwirken, er würde [...] in einer Periode der Absatzstockung sich sehr bald ruiniren."

Figur, empirischen Bestätigung der Unterlegenheit des bestehenden Systems, nicht aber zur politischen Gelegenheit. Die Vision der geordneten Arbeit – erneut sind es die Begriffe der Ordnung und der Organisation, die den Wirrnissen der Gegenwart entgegengestellt werden – dient der Beruhigung und Förderung der Resilienz im Angesicht politischer Verfolgungen: Siegesgewissheit dient in diesem Sinne zur Kräftigung der Kampfmoral in schweren Zeiten. Wie aber die Krisen, wie aber das Gesellschaftssystem der Gegenwart in eine geordnete Zukunft münden soll(en), dieser Nexus bleibt hier offen. Stattdessen sind es die Stürme, also Krisen, die glücklicherweise den Wandel in Richtung Zukunft beschleunigen.

Hier sehen wir eine objektivierte mechanistische Geschichtsphilosophie, in der sich die politische Bewegung in der Praxis von konkreten politischen Einzelzielen entfremdet hat. Das Ziel der einmal geordneten und dann funktionierenden Wirtschaft entwickelte sich dabei parallel zur Wahrnehmung marktwirtschaftlicher Zusammenhänge, die auch Prognosen über die nähere Zukunft erlaubten. So war auch der durch seine Gewerkschaftsarbeit bestens informierte August Geib sicher, dass das „Zünglein an der Wage [sic] ‚Angebot und Nachfrage' wieder zu Gunsten der Arbeiter sich neigen" würde.[898] Mit Äußerungen wie diesen waren Teile der Sozialdemokratie nah an einer Akzeptanz der Realität einer Marktwirtschaft und damit auch am Anfang einer möglichen strategisch-politischen Auseinandersetzung mit dieser über die praktische Gewerkschaftsarbeit hinaus.[899] Die Krise war also eine zeitlich bedingte Erscheinung und würde vorerst wieder ökonomischen Wachstumsphasen weichen. Diese und ähnliche Äußerungen zeigen: Manche frühe Sozialdemokraten „konnten" Konjunktur, waren also in der Lage, diese zu analysieren und Prognosen abzugeben, die sich auf die bisherigen Erfahrungen aus Gewerkschafts- und Parteiarbeit stützten.

B. Sind Gegenwartsfragen auch Zukunftsfragen?

Die Ausbreitung der Marx'schen Geschichtsphilosophie im Sinne des historischen Materialismus bedeutete in den Jahren vor dem Sozialistengesetz keineswegs, dass politische Einzelfragen nicht zur Diskussion kamen. Die Debatte über den Sinn und Nutzen von Zöllen, die während der Gründerkrise zunehmend vehement zwischen Konservativen und Liberalen ausgetragen wurde und mit der protektionistischen Wende Bismarcks 1878/79 einen ersten Kulminationspunkt fand, aber schon durch ein erstes Abweichen von einer freihändlerischen Haltung frühestens seit 1875 vorgezeichnet war, wurde auch unter Sozialdemo-

---

898 Geib, Normalarbeitstag, S. 4.

899 Vgl. zur Genealogie sozialistischer Marktkritik: Honneth, Axel: Einleitung: Die Kritik des Marktes vom 19. Jahrhundert bis zur Gegenwart, in: Herzog, Lisa/Honneth, Axel (Hrsg.): Der Wert des Marktes. Ein ökonomisch-philosophischer Diskurs vom 18. Jahrhundert bis zur Gegenwart, Berlin 2014, S. 155–173.

kraten ausgetragen.[900] So wurde am 19. Mai 1876 im „Volksstaat" der Schluss eines Artikels eines Sozialdemokraten mit dem Namen Greulich (der Schweizer Sozialdemokrat Herman Greulich, der Gründer der Sozialdemokratischen Partei der Schweiz) aus der „Tagwacht" abgedruckt, in dem Schutzzölle als „Narrheit" bezeichnet wurden.[901] Die Debatte über die Vor- und Nachteile von Schutzzöllen beziehungsweise eines Freihandelssystems, sei nur der „Rathlosigkeit der Ausbeuterklasse und ihrer Schleppträger" geschuldet. Diese fühlten sich infolge des regelmäßig wiederkehrenden Prozesses von Aufschwung und Niedergang der Wirtschaft überfordert, wie Greulich durch Marxens Beschreibung des Wirtschaftszyklus aus dem Vorwort zur zweiten Auflage des „Kapitals" wiedergibt.[902]

Die Krise bietet in dieser Sichtweise wenigstens die Chance zur Selbstreflexion der Bourgeoisie, die aber nicht hinauskommt über eine aus Sicht der Sozialdemokratie müßige Debatte über Freihandel oder Schutzzoll. Hier bezieht sich der Autor indirekt auf eine seit dem Jahr 1875 festzustellende Umorientierung der deutschen Politik in Richtung protektionistischer Handelspolitik.[903] Zölle betrachtet Greulich als Äquivalent zum überwunden geglaubten Zunftsystem und verortet diese zeitlich im Mittelalter. Der Freihandel hingegen – erneut wird hier der historisch-materialistischen Logik eines Marx gefolgt – entspricht dem Entwicklungsstadium der modernen Industrie und bietet die besten Voraussetzungen für die Entwicklungen, die nach der Abwicklung der bürgerlichen Gesellschaft im Sozialismus münden sollen.[904] Rein aus der geschichtlichen Logik heraus – nicht aus einer Abwägung über die praktischen Folgen wirtschaftspolitischer Maßnahmen – wird hier die Frage von Freihandel oder Schutzzöllen beurteilt. Die Sozialdemokraten, welche wie Greulich die Marx'sche Geschichtsphilosophie verinnerlicht haben, nehmen weiterhin an gesellschaftlichen Debatten teil und wägen mitunter auch recht extensiv die Argumentationen der beteiligten Akteure ab. Eine praktische Umsetzung wirtschaftspolitischer Maßnahmen im Hier und Jetzt kann sich aber in dieser Sicht daraus nicht ergeben – höchstens in Form gewerkschaftlichen Wirkens in Frontstellung gegenüber Arbeitgebern und politischen Eliten. Ein Hineinversetzen in die politischen Entscheidungsträger, im nächsten Schritt also die Antizipation der eigenen Übernahme politischer Verantwortung, wie es eher schon die Idee der Produktivgenossenschaften bedingte, die ja nur mit Staatshilfe zustande kommen sollten, fehlt hier völlig.

Die Übertragung der historischen Aufgabe auf die Bourgeoisie, die mit der Weiterentwicklung der Industriegesellschaft in Richtung einer sich dem revolutionären Kipppunkt nähernden kapitalistischen Dystopie beauftragt wird, enthebt die Sozialdemokraten ihrer politischen Entscheidungskompetenz. So wird die Diskussion über Außenwirtschaftspolitik zum Symptom einer korrekt

---

900 Vgl. zur protektionistischen Wende und ihrem Für und Wider aus Sicht der Zeitgenossen: Torp, Herausforderung, S. 147f.

901 Volksstaat, 19. Mai 1876, Nr. 58.

902 Ebenda.

903 Etges, Wirtschaftsnationalismus, S. 257. Etges führt zuerst die Debatte um die Eisenzölle, gefolgt von jener um Getreidezölle als Beispiele an.

904 Vgl. Volksstaat, 19. Mai 1876, Nr. 58.

vorhergesagten zukünftigen Entwicklung, nicht zur Gelegenheit des Einübens innerparteilicher Deliberationen im Stil eines „Was, wäre wenn (wir an der Macht wären)“. Dabei spricht Greulich in seinem Text den Sozialdemokraten keineswegs Kompetenzen ab, es gibt vielmehr keinen Grund, sich in die Lage der politischen Entscheidungsträger hineinzuversetzen. Diesem imaginativen Lernen, welches das Zusammenspiel von Opposition und Regierung in modernen Demokratien kennzeichnet, entzogen sich die gemäß der Marx'schen Ideen denkenden Sozialdemokraten hier und konnten so nicht umfassend sprechfähig zu aktuellen politischen Themen werden.

In diesem Sinne ist es nur logisch, wenn Greulich dafür plädiert, dass sich die Sozialisten der Frage „Schutzzoll oder Freihandel“ komplett entziehen sollten. Mit der Antwort „Sozialismus“ auf diese soll genau wie mit der Antwort „Zukunft“ auf die Frage nach „Vergangenheit oder Gegenwart“ ausgedrückt werden, dass die Sozialdemokratie in der konkret-politischen Sphäre als auch in der Frage unterschiedlicher Temporalitäten stets auf dem Standpunkt des Außenseiters beharrt. Die Vertreter einer solchen Position profitieren einerseits von einer beständigen Glaubwürdigkeit, die vor allem in Krisensituationen zunimmt, da das kritisierte System seine Untauglichkeit gerade dann unter Beweis zu stellen scheint. Der Nachteil einer solchen Position ist, dass die Ablehnung einer – vorerst rein mentalen – Eingliederung in bestimmte gesellschaftliche Debatten in der politischen Praxis zur Selbstentmündigung führen kann. Das Ausbleiben des performativen Akts der Selbstermächtigung zum politischen Handeln kann mitunter auch ein reales Ausbleiben politischer Macht bedingen. Es ist eine Strategie des „Alles oder Nichts“, die Greulich in seiner Analyse der Debatte um Schutzzoll oder Freihandel entwirft; hauptsächlich gestützt wird sie durch die Marx'sche Weltanschauung.

Keineswegs hielten sich alle Sozialdemokraten an die Losung der bewaffneten Neutralität gegenüber handelspolitischen Fragen. Dennoch blieb es auch im Jahr 1877, anlässlich der Debatte um Eisenzölle, die Position der geeinten Sozialdemokratie, dass sie der Frage der Schutzzölle „sehr kühl gegenüber“ gegenüberstehe.[905] Tatsächlich, so führte Wilhelm Bracke aus, sei die Sozialdemokratie durchaus bereit für eine Zustimmung zu Schutzzöllen, wenn es sich um eine zu schützende Industrie im Anfangsstadium ihrer Entwicklung, um eine bisher durch Zölle geschützte und von deren Abschaffung bedrohte Industrie handele oder – als letzte Ausnahme – wenn höhere Arbeitsstandards der heimischen Industrie durch Verschlechterung der Lage der Arbeiter im Ausland zu deren verringerter Konkurrenzfähigkeit führen würden.[906] Diese doch sehr umfangreiche Liste von Ausnahmen, unter denen die deutschen Sozialisten sich für eine protektionistische Politik erwärmen konnten, zeigt, wie sehr man – unabhängig von dem langfristig erwarteten Zusammenbruch des Systems – auch theoretisch bereit war, die Notwendigkeit praktischer Schutzmaßnahmen für die Arbeiter-

---

905 Stenographische Berichte über die Verhandlungen des Deutschen Reichstags, 3. Legislaturperiode, I. Session 1877, Zweiter Band, Berlin 1877, Sitzung vom 23. April 1877, S. 711.

906 Vgl. ebenda, S. 710.

schaft und die heimische Industrie anzuerkennen. Nur das ständige erzwungene Verharren in Opposition bewahrte die Sozialdemokraten davor, diesen Widerspruch in konkretes Regierungshandeln aufzulösen oder daran zu zerbrechen. Selbst aber der theoretischen Beantwortung der Richtigkeit der vorliegenden Frage der Eisenzölle suchte Bracke in seiner Rede zu entgehen. Er begründete die Gleichgültigkeit der Sozialisten in diesem Fall damit, dass die Eisenzölle eine nur geringe Wirkung haben würden, während die eigentliche Frage – die geringe Kaufkraft der Massen – nicht behandelt würde, die zu einer verbesserten Absatzfähigkeit der deutschen Industrie führen sollte.

Tatsächlich aber wurde die Frage nach Schutzzoll oder Freihandel nicht auf die Zukunft vertagt: Mit der zollpolitischen Wende von 1878/79 wurde die Anpassungsfähigkeit des vermeintlich nicht überlebensfähigen Gesellschaftssystems deutlich, ebenso wie die Zustimmungsfähigkeit konservativer Zollpolitik über Klassengrenzen hinaus.[907] Die Sozialdemokratie war bei dieser Debatte dann folgerichtig auch kein zentraler diskursiver Akteur.

Wenn nun aber die Sozialdemokratie sich – wie hier – als totale Systemopposition stilisierte, wie sah das ihrerseits bevorzugte Gegenmodell in der Praxis aus? Diese Frage wurde Sozialdemokraten von ihren Kritikern gestellt. Am 13. September 1876 antwortete der „Volksstaat“ mit einer Replik auf die Kritik des fortschrittlichen Politikers Max Hirsch, der mit seinem durch eine Englandreise und die Beobachtung der dortigen erfolgreichen Gewerkschaftsbewegung inspirierten Engagement für das Genossenschaftswesen in Form der Hirsch-Dunckerschen Gewerkvereine eine alternative Variante zur Verbesserung der Lebensumstände der Arbeiterschaft und des Kleinbürgertums propagierte. Diese musste notwendigerweise allein schon aufgrund ihrer Gegenwartsbezogenheit und systemimmanenten Vorgehensweise auf den Unmut vieler Sozialdemokraten stoßen. Überdies war Max Hirsch noch 1867 als unterlegener Gegenkandidat gegen August Bebel in Erscheinung getreten, als beide um die Präsidentschaft des VDAV konkurrierten und Hirsch für eine Fortführung des liberalen Kurses gestanden hatte.[908] Mit „Dr. Max Hirschkuh oder das Amt des Heuchlers“ war 1872 überdies eine sozialdemokratische Auseinandersetzung ganz anderer Art mit dessen Ideen in Form eines Bühnenstücks von August Kapell uraufgeführt worden.[909] Es lag also sicher keine gegenseitige Sympathie vor. In dem Artikel im „Volksstaat“ mit dem Titel „Wie sich Max Hirsch als Kritiker blamirt“ machte es sich der Verfasser zur Aufgabe, die Hirsch’sche Kritik an einem sozialistischen Zukunftsstaat, welchen der Verfasser in seinem Artikel „Blick in die Zukunft“ beschrieben hatte, zu entkräften.

So hatte Hirsch die Fragen gestellt, ob Eigentümer von Grundstücken nach der sozialdemokratischen Machtergreifung geköpft würden, was aus großen und mittleren Städten werden würde, wer die Bezahlung von Neubauten übernehmen, was in einem zukünftigen „Volksstaat“ aus Kunst, Wissenschaft und

---

907 Vgl. Stephan, Genossen, S. 242.
908 Vgl. Schmidt, Jürgen: August Bebel. Kaiser der Arbeiter, Zürich 2013, S. 93.
909 Vgl. Münchow, Arbeiterbewegung, S. 142.

aus „Handelsspekulationen" werden würde, was die außenpolitische Stellung des neuen Staates sein würde und wie mit renitenten „Communen" umgegangen werden sollte, die sich den Vorstellungen der Regierung widersetzten.[910]

Die sozialdemokratische Antwort auf diese Fragen erfolgte sehr deutlich und in Form einer Abfertigung der Hirsch'schen Anwürfe, die offensichtlich als Polemik aufgenommen worden waren. Die Frage nach der Enteignung von Eigentumsbesitzer(n) wird nur indirekt beantwortet; in einem drohenden Gestus deutet der Autor nur an, „wenn es zum Uebergang in die sozialistische Gesellschaft kommt, nicht Eigenthümer eines Grundstückes ec. sein" zu wollen.[911] Auch auf die Frage nach größeren Kommunen und deren Rolle im Sozialismus ging der „Volksstaat" nur ausweichend ein – und zwar mit der Antwort, dass man einer Spekulation mit Häusern durch eine Antwort keinen Boden bereiten wolle. Ebenso kurz angebunden blieb die Antwort auf die Frage nach der Bezahlung von neugebauten Häusern: Diese sollte laut „Volksstaat" von dem bezahlt werden, der sie bauen würde. Die einzige ausführliche Antwort blieb der Frage nach Kunst, Wissenschaft und der Spekulation vorbehalten. Der Spekulationsbegriff, der schon in den ersten Antworten eine wichtige Rolle bei der Delegitimierung der Hirsch'schen Kritik gespielt hatte, war nun der Aufhänger für eine intensive Replik, welche den Rahmen für Spekulationen, „wie sie Herrn Hirsch am Herzen liegen", für den Zukunftsstaat als sehr begrenzt darstellte. Sie betonte ferner, dass in diesem Staat die Arbeit der Künstler, Wissenschaftler, aller Arbeiter allgemein mit dem gleichen Lohn honoriert werden würde. Auf weitere Details verzichtend, wies der Autor seinen Kritiker an, auf die genauere Umsetzung dieser Fragen im Zukunftsstaat zu warten.[912]

Für die Frage nach der zukünftigen Außenpolitik im „Volksstaat" erachtete der Autor der gleichnamigen Publikation eine Organisation befreundeter Staaten als sinnvolle Zielsetzung. Im Falle widerspenstiger Kommunen war es aus Sicht des Sozialdemokraten die Aufgabe des Landesausschusses, mit diesen umzugehen, sie also mit anderen kooperativen Kommunen aufzuwiegen oder im Fall des eigenen Versagens zurückzutreten. Auffällig bei der sozialdemokratischen Replik auf Hirschs Kritik war, dass die Auseinandersetzung mit Zukunftsfragen nicht im Stil einer argumentatorischen Auseinandersetzung mit offenem Ende geführt wurde, die auch zum Ziel gehabt hätte, den Gegner zu überzeugen. Stattdessen waren die Vorverurteilung der anderen Seite – auf einer persönlichen Ebene – als Spekulant und die geringe Bereitschaft zur detaillierten Erklärung der eigenen Konzepte Ausdruck eines abgeschlossenen Weltbilds und der erneuten „Alles oder Nichts"-Positionierung mancher Sozialdemokraten aus dieser Phase der Geschichte der deutschen Sozialdemokratie, die auch zum Schluss des Artikels erneut zur Geltung kam:

---

910 Der Volksstaat, 13. September 1876, Nr. 107.
911 Ebenda.
912 Vgl. ebenda.

> „Der Verfasser des ‚Blicks in die Zukunft' wollte mit diesem Artikel nur die Parteigenossen, wie es die Redaktion des ‚Volksstaat' ja auch richtig erfaßt hat, anregen, sich selbst möglichst klare Vorstellungen zu machen, wie künftig einmal die Gesellschaft beschaffen sein müsse. Zugleich wollte er den Beweis liefern, daß es nicht gar so schwer ist, sich eine klare Vorstellung darüber zu machen, wenn man sich nur an die großen, allgemeinen Züge des Bildes beschränkt. [...] Herr Hirsch wird nie begreifen, daß es leichter ist, zehn sozialistische Zukunftsstaaten zu gründen, als einen Bourgeoisstaat vor dem Untergang zu bewahren, weil Ersteres möglich, Letzteres unmöglich ist."[913]

Offensichtlich wird, dass der Autor sich in seinem Text nicht wirklich an Max Hirsch wendet, sondern vor allem an sozialdemokratische Sympathisanten mit einer polemischen Herabstufung der Hirsch'schen Reformvorschläge unterhalten und ermutigen wollte. So erklärt sich auch die wenig intensive Auseinandersetzung mit der gegnerischen Argumentation. Ein anderes Motiv, welches auch explizit genannt wird, ist der Aufruf zur Imagination eines sozialistischen Zukunftsstaats, die ja – wie aus den Worten des Schreibers hervorgeht – nicht ganz ohne Probleme erfolgen konnte, außer, man würde sich auf die allgemeinen Grundlagen beschränken. In genau diesem Stil war auch die Antwort an Max Hirsch formuliert gewesen, die sich nicht weiter aufgehalten hatte mit Details und stattdessen nur in groben Zügen beschrieb, was einst sein würde, und im Zweifel das Abwarten empfahl, um möglicherweise aufkommende Neugierde zu befriedigen.

Der Schlusssatz ist in diesem Zusammenhang besonders aufschlussreich, weil er die sozialdemokratische Erwartung dokumentiert, die sich wahrscheinlich auf die Marx'sche Axiomatik zum Zusammenbruch der kapitalistischen Gesellschaft stützt, dass die revolutionären Umwälzungen – wenn sie denn kommen würden – wesentlich einfacher im Sinne der Sozialisten zu moderieren wären, als dies für die Vertreter der jetzigen Gesellschaftsform im politischen Tagesgeschäft der Jetztzeit möglich sein würde.

Erneut zeigte sich hier der Zusammenhang von sozialdemokratischer Siegesgewissheit und der Verweigerung von Gegenwartsgestaltung, welche ihr zugleich verweigert wurde. Dabei galt die Verweigerung nicht der Diskussion politischer Probleme oder Sachfragen, die ja – wie die Diskussion über Schutzzölle und Freihandel – durchaus stattfand. Nur wurde die Lösungskompetenz durch die Sozialisten nie in der Gegenwart manifestiert, sondern stets auf die Zukunft verschoben. Hinzu kommt jedoch, dass die Ausgestaltung dieser Zukunft auch nicht konkret dargestellt, sondern bestimmten sozioökonomischen Automatismen überlassen wurde. So ist es die politische Extratemporalität dieser sozialdemokratischen Strömung, die den Reiz der Utopie mit den Fallstricken der Totalopposition auf eigentümliche Weise verband. Wie gesehen, war in diesem Zusammenhang bei den Anhängern Lassalles ein größerer Gestaltungswille in der historischen Gegenwart vorhanden, der sich in der Debatte um die konkrete Ausgestaltung von Produktivgenossenschaften zeigte. Zugute kamen den Lassalleanern dabei die tatsächlich stattgefundenen Experimente mit diesem Mittel

---

913 Ebenda.

in der Pariser Commune, aber auch – wie im obigen Beispiel – aus Anlass von Aussperrungen. Nicht vergessen werden darf auch die genossenschaftliche Bewegung in Deutschland, welche ja nicht nur im Oppositionsverhältnis zur Sozialdemokratie stand, sondern mit ihr zumindest das Bedürfnis teilte, die Lebensumstände der Arbeiterschaft zu verbessern.

Für die unter dem Einfluss der Marx'schen Geschichtsdialektik stehenden Sozialisten des Eisenacher Flügels, also beileibe nicht alle dieses sozialdemokratischen Flügels, gab es einfach keine gemeinsame Basis, auf der mit bürgerlichen Reformern über Mittel und Zweck politischer Maßnahmen diskutiert werden konnte. Zum Zweck der politischen Agitation konnte das geschehen, aber eine argumentative Auseinandersetzung mit dem Ziel der Einigung konnte hier nicht entstehen, da nie das Element des konkreten Handelns im Mittelpunkt stand, mit dem sich bürgerliche Reformer beschäftigten, sondern der Hinweis auf eine im positivistischen Sinne als unaufhaltsam verstandene Entwicklung das Ziel aller Rhetorik blieb. Somit befanden sich Sozialisten dieser Couleur in Theoriedebatten, auch wenn sie über die Gegenwart sprachen, immer gedanklich in der Zukunft, also nicht selten in einer anderen Zeitschicht als ihre Kontrahenten.

Die große Attraktivität der Marx'schen Konzeption, nämlich die Ausstrahlung einer Idee der Zukunft, führte somit zu einer argumentativen Selbstentwaffnung, wenn es um die konkrete Ausgestaltung dieser Zukunft ging. Der Übergang zwischen Gegenwart und Zukunft, also die Zeit von der Revolution bis zur Geburt des „Volksstaats" blieb damit unkartographiertes Gelände in den Köpfen vieler der im Marx'schen Sinne denkenden Sozialisten. So lässt sich auch die Formulierung des „Blicks in die Zukunft" verstehen, die mit dem Auge als beobachtendem Sinnesorgan verknüpft ist und vor allem eine sich vollziehende Entwicklung beobachtbar macht.

Das Handeln in der Zukunft, die Sprache der Zukunft, die Ausgestaltung der Lebenswelt der Zukunft bleiben in diesem Konzept zurück. Auch wenn sich die Sozialdemokratie mit den politischen Tagesfragen, ob Freihandel oder Schutzzoll, Tabakmonopol oder Verstaatlichung der Eisenbahnen, beschäftigte und hierzu auch immer wieder eine Positionierung vorschlug: Über alldem schwebte das Damoklesschwert der sozialistischen Teleologie, die Tagesfragen zu Grundsatzfragen werden ließ, die keine praktischen, sondern nur theoretische Antworten erforderten und nicht im Heute beantwortet werden mussten, sondern in der Zukunft lagen und in dieser im Zweifel sich mehr oder wenig von selbst darstellen würden. Dabei handelte es sich um keine naturgesetzliche Entwicklung, die nur beschrieben werden musste, sondern um eine gesellschaftliche Entwicklung, die die Sozialisten betreiben mussten, um sie wahr zu machen. So zeigte sich auch in Zukunftsfragen eine Pluralität an theoretischen Ausrichtungen innerhalb der deutschen Sozialdemokratie. Dem Staat, von beiden Seiten als potentiell nützliches Instrument revolutionärer Umgestaltungen betrachtet, wurde von Vertretern des ADAV mehr zugetraut als von Eisenacher Seite. Einig war man sich über die Unzurechnungsfähigkeit der herrschenden Eliten. Ob Produktivgenossenschaften oder Monopolisierung und Übernahme der Großbetriebe, praktische Überlegungen tauchten auf allen Seiten auf. Dabei wurde dem

Staat als Instrument stets eine bedeutsame Rolle beigemessen, aber eben dem Staat der Zukunft. All dies wurde jedoch zunehmend von einer stärker werdenden sozialistischen Teleologie Marx'scher Prägung überdeckt, in die nun auch die Gewerkschaften gleichsam als praktischer Ansatz integriert wurden.

10. Lage der Arbeiterschaft und die Gewerkschaftsfrage

Der Arbeiterbegriff, der die Sozialdemokratie in der Zeit der Hochindustrialisierung prägte, war ein aus unterschiedlichen historischen Überformungen und keineswegs durch eine Beschreibung einer objektiv beobachteten Klassenzugehörigkeit entstanden, die sich in einer ebenso objektiv zuzuordnenden politischen (Selbst-)Verortung der deutschen Arbeiterschaft ausdrückte. Beobachtet man die Wandlung des Arbeiterbegriffs in den Jahrzehnten zuvor, war es nach und nach zu einem auffälligen Wechsel von einer pejorativen Verwendung des Arbeiterbegriffs zu einer positiven Konnotation desselben gekommen.[914] Jürgen Schmidt, der diese Entwicklung hervorhebt, betont den Umbruchscharakter der 1870er Jahre in diesem Prozess, da von nun an unterschiedliche Faktoren dazu führten, dass der Arbeiterbegriff einen deutlich anderen Klang erhielt – und zwar durch die Zuordnung einer „visionäre[n] Komponente" durch die sich langsam popularisierende Marx'sche Geschichtsphilosophie, durch die Einebnung der Unterschiede zwischen Handwerkern und Arbeiterschaft infolge zunehmender Lohnarbeit, durch die Abgrenzung der Arbeiterschaft nach unten („Lumpenproletariat") und – worauf im Folgenden der Schwerpunkt liegen soll – basierend auf der zunehmenden politischen Verwendung des Begriffs.[915] Nach und nach wurde der Arbeiterbegriff zu einem „Koalitionsbegriff", der verschiedene Interessen zusammenführte und damit weit weniger als objektive Beschreibung einer Klassenzugehörigkeit und weit mehr als Signum der erfolgenden Konstruktion einer solchen gelten muss.[916] Dabei war es keineswegs allein der Eisenacher Zweig der Sozialdemokratie, der sich eher auf die Arbeiterschaft als zentrale Stütze festlegte. Bei den Einigungsverhandlungen mit dem ADAV hatte August Bebel für eine offenere Formulierung im Parteiprogramm geworben, welche noch explizit auf Nicht-Arbeiter hätte hinweisen sollen. Dieser Passus wurde vor allem unter dem Druck der vom ADAV herstammenden Sozialdemokraten nicht ins gemeinsame

914 Vgl. hierzu: Kocka, Jürgen: Lohnarbeit und Klassenbildung. Arbeiter und Arbeiterbewegung in Deutschland 1800–1875, Berlin (West)/Bonn 1983, S. 135f.: „Im Unterschied zum Begriff ‚Proletarier', den die meisten Arbeiter nicht gern zur Selbstbezeichnung benutzten, waren ‚Arbeiter' und ‚Arbeiterklasse' in den 1860er und 1870er Jahren in der Rhetorik der entstehenden Arbeiterbewegung als positiv aufgeladene Schlüsselbegriffe wohl etabliert. Zwar zeigte sich der Sprachgebrauch weiterhin unsicher, ob der Begriff nicht auch kleine Meister einschlösse, aber die Tendenz lief dagegen."

915 Schmidt, Brüder, S. 33.

916 Welskopp, Banner, S. 70.

Programm übernommen.[917] Auch in seiner Schrift „Unsere Ziele“ führte Bebel diesen Punkt aus.[918]

Die Lebens- und vor allem Arbeitsräume der Arbeiterschaft, die sich – wie Jürgen Kocka feststellte – in den 1860er und 1870er Jahren zusehends homogenisierten, trugen wohl ebenfalls zu einem vermehrten Solidaritätsgefühl unter der Arbeiterschaft bei.[919] Sich ähnelnde Fabrikordnungen, Disziplinarmaßnahmen, aber auch Sozialleistungen seitens der Unternehmerseite führten zu einer besseren Vergleichbarkeit der Arbeiterverhältnisse untereinander und damit auch – wie im Fall der Beziehungen zwischen Handwerkern und Arbeitern – zu einem Wegfall von Hierarchien, die der Solidarisierung der Arbeiter untereinander hätten abträglich sein können.

Auch die Handwerkerschaft durchlebte rasante Veränderungen. Wolfgang Renzsch hat mit Blick auf die Berliner Bauarbeiterschaft gezeigt, wie sehr gerade auch der Bauboom in den 1870er Jahren die Differenzierung „zwischen Baumeistern und Gesellen bzw. zwischen Bauunternehmern und Arbeitern“ noch einmal beschleunigte, worauf sich beim „Konflikt um Lohn und Leistung“ die „Erfahrung der Klassentrennung“ zuspitzte.[920] Die Differenzierung zwischen „Oben“ und „Unten“ sorgte also bei der Handwerkerschaft, wie auch bei der Arbeiterschaft, zu einem zunehmenden Denken im Kollektiv. Dabei unterschieden sich natürlich auch die Gewerbe insofern, als dass zum Beispiel anders als im Bauhandwerk die Schneider weniger Konflikte innerhalb des Gewerbes erleben mussten und sich stattdessen Meister und Gesellen teilweise gemeinsam gegen das aufkommende Konfektionswesen wehrten – allerdings kam es auch hier nicht selten schnell zu einem Bruch der Koalition, da „das Arbeitskampfrisiko sehr ungleich verteilt war“ zwischen Meistern und Gesellen.[921] Die schlechte Lage auf dem Arbeitsmarkt für die Schneider ist für Wolfgang Renzsch auch ein Hauptgrund für deren größere Politisierung (vor allem zugunsten des ADAV) und Skepsis gegenüber der Gewerkschaftsbewegung – einzig noch weniger organisiert, ob politisch oder gewerkschaftlich, blieb die Textilarbeiter- bzw. Textilhandwerkerschaft.[922]

Auch wenn die Gewerkschaftsbewegung im Untersuchungszeitraum sich noch nicht allerorts durchgesetzt hatte, lagen ihre Wurzeln ebenfalls weiter zurück und lassen sich bis zur Revolution von 1848/49 zurückverfolgen. Hier waren es vor allem die „ökonomisch und sozial relativ günstig situierten“ Drucker und Tabakarbeiter, die in organisatorischer Hinsicht vorangingen.[923] Entscheidend für die Identifizierung mit der Gewerkschaftsbewegung waren wohl die praktischen Erfolge der Gewerkschaften in den 1850er und 1860er Jahren. Die Arbeitskämpfe „entwickelten sich unter konjunkturell günstigen Bedingungen und un-

---

917 Vgl. Schmidt, Bebel, S. 99f.

918 Vgl. August Bebel: Unsere Ziele, Leipzig 1872, S. 19.

919 Vgl. Kocka, Jürgen: Arbeitsverhältnisse und Arbeiterexistenzen. Grundlagen der Klassenbildung im 19. Jahrhundert, Bonn 1990, S. 499.

920 Renzsch, Handwerker, S. 185.

921 Ebenda, S. 186.

922 Vgl. ebenda, S. 187.

923 Schönhoven, Gewerkschaften, S. 20.

ter dem Eindruck von Lebensmittelteuerungen zu kollektiven Lernprozessen".[924] Hinzu kommt, dass die liberale Gewerkschaftsbewegung mit ihrer Niederlage im Waldenburger Bergarbeiterstreik im Jahr 1869 eine empfindliche Niederlage hatte einstecken müssen und damit der sozialistischen Gewerkschaftsbewegung neue Spielräume eröffnete.[925] Die staatliche Seite nahm die Streikwelle der 1860er und frühen 1870er Jahre zum Anlass, schärfere Verfolgungsmaßahmen umzusetzen. Seit dem Frühjahr 1874 wurde per Erlass die Strafbarkeit von polemischen Äußerungen gegenüber der Arbeitgeberseite fixiert.[926] So begegnet uns im Untersuchungszeitraum zwischen 1873 und 1878 eine zunehmend selbstbewusste Gewerkschaftsbewegung, die in der Krisenzeit allerdings nicht mehr mit dem gleichen Erfolg agieren konnte.

Neben der ökonomischen Herausforderung kann als wichtiges Kennzeichen der untersuchten Jahre auch die Konkurrenz zwischen Gewerkschaften, die dem ADAV nahestanden, solchen, die der IAA beziehungsweise der SDAP verpflichtet waren, und den liberalen Gewerkvereinen genannt werden.[927] Nachdem der von ADAV-Präsident Schweitzer orchestrierte Versuch einer organisatorischen Zentralisierung der nach Berufen getrennten Arbeiterschaften, die dem ADAV nahestanden, in Form des „Allgemeinen Deutschen Arbeiter-Unterstützungsverbandes" gescheitert war und zu einem Mitgliederverlust von 80 Prozent zwischen Anfang 1870 und Mai 1871 geführt hatte, war die Gewerkschaftsbewegung im Deutschen Reich in einer Phase der Neuorientierung angekommen, die auch für die geschwächten „Internationalen Gewerksgenossenschaften" anstand.[928] Der Drang zum Zentralismus, der den politischen Bestrebungen des ADAV oftmals innewohnte, war auch in den Folgejahren immer wieder Teil der innersozialdemokratischen Auseinandersetzung. Mit der Vorbildorganisation des Gewerkschaftsgedankens des ADAV, den englischen „trade unions", konnten die deutschen Gewerkschaften zu keinem Zeitpunkt mithalten.[929] Letzten Endes war das Einigungsjahr der Sozialdemokratie, 1875, auch das Einigungsjahr der sozialdemokratischen Gewerkschaften, nicht aber der Gewerkschaftsbewegung insgesamt.

Dass sich die Hochkonjunktur der Gründerperiode positiv auf die gewerkschaftliche Mobilisation auswirkte, ist hinlänglich belegt, ebenso der Rückgang der Streikbewegungen in den Jahren nach dem Gründerkrach.[930] Die Reichsgewerbeordnung von 1872 beschränkte das Gewerkschaftswesen weiterhin, und der „Klassenkampfparagraph" 130 des Strafgesetzbuches von 1871 bot Anlass zu Verfolgungen und Strafen von bis zu zwei Jahren Gefängnis für Sozialisten,

---

924 Ebenda, S. 25.
925 Vgl. Schmidt, Brüder, S. 40.
926 Schönhoven, Gewerkschaften, S. 43.
927 Vgl. Kocka, Lohnarbeit, S. 182.
928 Schönhoven, Gewerkschaften, S. 40.
929 Vgl. Eisenberg, Gewerkschaften, S. 180.
930 Vgl. Machtan, Streiks, S. 271 (Machtan endet hier seine Zählung für das Jahr 1872 mit 362 Streiks) und S. 378 (hier endet seine Zählung mit 289 Streiks im Jahr 1873), sowie S. 447 (hier endet die Zählung für das Jahr 1874 mit 135 Streiks).

die sich als Gewerkschaftsvertreter oder sozialdemokratische Aktivisten angeblich des Aufhetzens von verschiedenen Klassen der Bevölkerung gegeneinander schuldig gemacht hatten.[931] Auch dank des Scheiterns zusätzlich angedachter Repressionsmaßnahmen, wie des „Sozialistenparagraphen" von 1875/76, blieben die Spielräume der Arbeiterbewegung allgemein und der Gewerkschaften im Speziellen offensichtlich groß genug, um in den ersten Jahren des Jahrzehnts bedeutende Fortschritte im Sinne einer Weiterentwicklung des Gewerkschaftswesens in Deutschland zu erreichen – auch wenn diese nicht auf dem Niveau etwa der britischen Gewerkschaftsbewegung stattfanden.[932] Deswegen möchte ich im Folgenden untersuchen, wie die Gewerkschaftsbewegung in den Jahren vor dem Sozialistengesetz aus der Sicht sozialdemokratischer Politiker beider Flügel dargestellt und bewertet wurde. Gleichzeitig befinden sich auch die gewerkschaftlichen Akteure im Fokus des folgenden Kapitels. Besonders zielführend ist die Analyse der Zeitungsquellen des „Volksstaats" und des „Neuen Social-Demokraten" auch deswegen, weil in den 1870er Jahren diese Zeitungen noch die hauptsächlichen Publikationsorte für Artikel gewerkschaftlicher Provenienz waren.[933]

Der Blick auf die Artikel aus „Volksstaat" und „Neuer Social-Demokrat" im Sommer 1873 zeigt, dass auch schon vor dem Ausbruch der Krise in Deutschland mit einer bald heraufziehenden „Handelskrisis" gerechnet wurde.[934] Schon in Erwartung einer solchen Entwicklung und dem damit einhergehenden – bereits antizipierten – Lohndruck riet der Autor im „Neuen Social-Demokraten" dazu, auf dem „Höhepunkt der Krise" keine Hoffnung auf gemeinsame Aktionen zur Verbesserung der Lage zu setzen, da das eherne Lohngesetz gerade in dieser Phase nicht zu durchbrechen sei.[935] Für die Lage im Sommer 1873 jedoch konstatiert der Autor, dass die Konjunktur noch nicht an einen solchen Tiefpunkt gelangt sei. Stattdessen würden die Unternehmer nun bereits zu hohen Preisen verkaufte Waren in der Produktionsphase noch günstiger herstellen wollen, um die Gewinnmarge zu erhöhen. Die Reaktion, welche den Arbeitern in einem solchen Fall empfohlen wird, ist ein Bummelstreik, mit dem die Strategie der Arbeitgeberseite unterbunden werden soll: „[...] das wird die Bourgeois schon zur Räson bringen."[936]

Für den „Volksstaat" war in seiner Reflexion in der Rubrik „Politische Uebersicht" über die „Geschäftskrise" zu einem ähnlichen Zeitpunkt, im Juli 1873, klar, dass diese „bereits so ziemlich in ganz Deutschland fühlbar" sei – vor allem die Bauhandwerkerschaft sah man bedroht.[937] Aus den sinkenden Preisen von Baugrundstücken und Immobilien waren auch die sinkenden Löhne der in diesem Bereich tätigen Arbeiter abzuleiten, die auf diese Weise unter der nach-

---

931 Klönne, Arbeiterbewegung, S. 39.
932 Vgl. Tenfelde, Bismarck, S.15.
933 Vgl. Schönhoven, Gewerkschaften, S. 186.
934 Neuer Social-Demokrat, 20. Juli 1873, Nr. 82.
935 Ebenda.
936 Ebenda.
937 Der Volksstaat, 9. Juli 1873, Nr. 56.

lassenden Nachfrage litten. Für den Fall Berlin lobte der Autor des „Volksstaats" explizit die Mitglieder des „Allgemeinen deutschen Zimmerer-Vereins", welcher „die Lage der Arbeiter nicht durch einen unter den jetzigen Verhältnissen hoffnungslosen Widerstand" zusätzlich belasten würde.[938] Die Zurückhaltung der Eisenacher Richtung der Sozialdemokratie in Bezug auf gewerkschaftliche Aktionen im Vergleich mit den Lassalleanern, die zumindest zu organisierter Obstruktion bei einer Lohnsenkungsstrategie des Unternehmers geraten hatten, ist hier sehr aufschlussreich. Sie zeigt die Skepsis gegenüber allen auf Basis der gegenwärtigen politischen Situation agierenden Institutionen, welche im ADAV offensichtlich weniger ausgeprägt, aber mit Bezug auf das eherne Lohngesetz dennoch im Ergebnis durch eine äußere – quasi naturgesetzliche – Beschränkung begründet werden konnte.

Für den Autor des „Volksstaats" war zweifellos festzustellen, dass keine „auf dem Boden der heutigen Gesellschaft stehende Organisation" errichtet werden könnte, „welche die Arbeit den Fluktuationen des Markts, den Folgen der Ueberproduktion und Krise entziehen könnte".[939] Nicht genug, dass mit diesen Worten jeglichen gewerkschaftlichen Aktionen ein mittelfristig positiver Effekt für den Lebensstandard der Arbeiterschaft abgesprochen wurde: Im Nachsatz betonte der Autor weiterhin, auch bei steigenden Löhnen sei keinesfalls die Leistung des „Allgemeinen deutschen Maurer- und Zimmerervereins" ursächlich, und dies solle auch den Arbeitern nicht in dieser Form erklärt werden, ebenso wie die jetzige schlechte Lage nicht in die gewerkschaftliche Verantwortung falle. Stattdessen war es aus Sicht des „Volksstaats" „reaktionär", wenn das Wirken der Gewerkvereine in der bestehenden Gesellschaftsform als ein Schritt in Richtung einer „menschenwürdige[n] Existenz" dargestellt würde; dies sei zu werten als „Verurtheilung der sozialdemokratischen Bewegung".[940] Anstatt der vorsichtigen Einordnung des „Neuen Social-Demokraten", der die gewerkschaftlich organisierte Arbeiterschaft nur auf dem Höhepunkt der Krise zur vollständigen Zurückhaltung aufrief, ist es im „Volksstaat" das paternalistische Lob der sozialdemokratischen Parteipolitik, welches nicht nur vorschnelles Handeln in Form von Streiks verhindern soll, sondern allgemein den Zusammenhang zwischen gewerkschaftlichen Aktionen und einer Verbesserung der Lage der Arbeiterschaft abstreitet und das Erwecken des Anscheins eines solchen Zusammenhangs als Hochverrat an der sozialdemokratischen Sache betrachtet. Ganz anders hatte dies in seiner Broschüre „Der Normalarbeitstag" von 1875 August Geib gesehen, als er die Krise zwar als verheerend für die Arbeiterschaft schilderte, jedoch davon ausging, dass es nur der Arbeit der Gewerkschaften zu verdanken gewesen sei, wenn es in der jetzigen Krise allein zu Lohnreduktionen käme und nicht auch zu einer Vermehrung der Arbeitszeit.[941] So unterschieden sich also auch inner-

---

938 Ebenda.

939 Ebenda.

940 Ebenda.

941 Vgl. hierzu: August Geib, Der Normalarbeitstag, Leipzig 1875, S. 4: „Die Arbeiter, welche die kapitalistische Produktionsweise bekämpfen, müssen mehr noch als die Kapitalisten das Risico, welches der Mißwirthschaft eigen ist, tragen, müssen sich direct auf kargen

halb der Eisenacher Fraktion die Erwartungen an die Gestaltungskraft der Gewerkschaftsbewegung deutlich.

Wenn in Krisen bestimmte Akteure eine besänftigende Rolle spielen können, dann sind es solche, die als oppositionelle Kräfte auch Systemgegner ansprechen können. Die Sozialdemokratie der Eisenacher Richtung demonstriert in diesem Fall, wie Stabilität aus dem Handeln potentiell destabilisierender politischer Akteure entstehen kann: nämlich dann, wenn Frustrationspotential nicht in eine mehr oder weniger konstruktive Krisenlösungsstrategie umgeleitet, sondern auf die langfristige Perspektive der politischen Utopien verschoben wird – bei gleichzeitiger Stärkung der bestehenden Organisationen der Systemgegner innerhalb des Systems. So stabilisierte die Zukunftsvision der Sozialisten die bestehenden Herrschaftsverhältnisse, indem jeglicher Aufruhr über die Kanäle der Arbeiterbewegung begrenzt und alle Energie in die Stärkung der organisatorischen Solidität umgeleitet wurde. Dass der geringe Organisationsgrad sozialdemokratischer Organisationen in der Arbeiterschaft zu diesem Zeitpunkt die rationale Grundlage für eine solche abwartende Haltung bildete, kann nicht darüber hinwegsehen lassen, dass diese sich als Teil einer Ideologie verfestigte, die in Form einer pfadabhängigen Entwicklung in künftigen Situationen ähnliches Handeln auch unter ganz anderen Bedingungen hervorbringen sollte.

Nach Ausbruch der Krise an der Berliner Börse im Herbst 1873 waren in den folgenden Wochen zwei Topoi in der sozialdemokratischen Berichterstattung dominierend. In den Monaten zuvor hatten noch andere Themen eine wichtige Rolle gespielt, wie etwa die Auseinandersetzungen zwischen dem ADAV und der SDAP und den jeweiligen Gewerkschaftsvertretern – im Laufe des Jahres 1874 spielte dieser Konflikt in der sozialdemokratischen Presse bald schon keine Rolle mehr.[942] Stattdessen wurde die Krise zu einem wichtigen Dauerbrenner in der Berichterstattung, wenngleich auch weiterhin ganz unterschiedliche Inhalte in den Artikeln zum Tragen kamen. Einerseits war dies die Rede von der Unterstützung des Spekulationswesens durch Staatshilfe seitens des preußischen Staates, andererseits war ein wesentlicher Bestandteil der Berichterstattung das Zusammentragen von Berichten aus ganz Deutschland, aber auch aus Ländern wie Österreich, Frankreich, Großbritannien und Italien, welche die – meist über-

Lohn setzen lassen, wenn wie jetzt die Geschäfte stocken oder wenn die Arbeiter — unorganisirt und schutzlos gegenseitig die Wucht freier Concurrenz über sich hereinbrechen lassen. Uebrigens sind die Kämpfe der Arbeiter in den letzten vier bis sechs Jahren nicht vergeblich gewesen, denn so sehr auch gegenwärtig die Arbeitslosigkeit auf den Arbeitern lastet, so ist deren Wirkung doch viel mehr in Lohnherabsetzungen, als in Verlängerung der Arbeitszeit wahrnehmbar."

942 Vgl. hierzu ein Diskursfragment der innergewerkschaftlichen Auseinandersetzung in: Der Volksstaat, 23. April 1873, Nr. 33: „München. [...] Behandelt jeden Agitator einer mit dem Allgemeinen deutschen Arbeiterverein in Verbindung stehenden Gewerkschaft gleich den Agitatoren des Allgemeinen deutschen Arbeitervereins so lange als Feind, bis er in den unzweideutigsten Ausdrücken seine Mißbilligung des hetzerischen Treibens der jetzigen Leiter des Allgemeinen deutschen Arbeitervereins erklärt und öffentlich sein Wort verpfändet hat, mit aller Kraft auf Entfernung der betreffenden Persönlichkeiten und auf Einigung der deutschen Sozialdemokratie hinzuwirken."

aus – schlechte Lage der Arbeiterschaft infolge der Krise zum Gegenstand hatten.[943] Dabei waren die Übersichten zur Lage der Arbeiterschaft Ausdruck eines Wunsches zur empirischen Darstellung des aus Sicht der Sozialdemokraten auf Ungerechtigkeit basierenden Wirtschaftssystems. Gleichzeitig waren die Schilderungen von „Arbeitermassakres durch Hunger, verpestete Wohnungen und Werkräume und ‚wunderthätige' Hinterlader" auch als Mittel zur Agitation gedacht, die nicht zuletzt an die betroffene Arbeiterschaft appellierte, sich ihrer eigenen Situation bewusst zu werden – so geschehen in Leitartikeln wie jenem vom 23. November 1873, der den Titel „Was wir wollen!" trug und mit der Lage der Arbeiterschaft auch die sozialdemokratischen Forderungen nach revolutionärem Wandel zu begründen suchte.[944]

Die Gewerkschaften selbst, die ebenfalls auf den Seiten der sozialdemokratischen Parteiblätter am Krisendiskurs teilnahmen, schlossen sich im Wesentlichen der Aufgabe an, eine Übersicht über die schlechte Lage der Arbeiterschaft zu geben, und zwar in Form von Berichten, die von kleinen Städten, Dörfern, aber auch ganzen Industrieregionen aus von den örtlichen Partei- und Gewerkschaftsfunktionären an die Redaktionen des „Neuen" und des „Volksstaats" gesandt wurden. In einem diskursiven Prozess auf nationaler Ebene – denn die meisten Berichte stammten aus dem Inland – wurden somit Berichte verfasst, die örtliche Begebenheiten als Symbol für reichsweite Phänomene darstellten und damit den Ereignishorizont der sozialdemokratischen Leser- und Autorenschaft verbreiterten. Die daraus entstehenden Solidarisierungseffekte, die bestehende innerdeutsche, aber auch europäische Grenzen überschritten, wirkten wohl einerseits im Sinne einer weiteren Festigung der organisierten Arbeiterbewegung, waren aber Teil eines Nationalisierungsprozesses, der durch auf der nationalen Ebene operierende diskursive Praktiken erst das Bild eines zusammengefügten Deutschen Reiches entstehen ließ.[945] Gegen dieses hatte vor allem die SDAP opponiert; andererseits stellte das neue Staatsgebilde aber erst den diskursiven Raum und in Form der entstehenden Massenmedien auch die Mechanismen zur Verfügung, die eine sich als internationale Bewegung verstehende Partei benötigte, um zu wachsen und zu agitieren.

Während die Darstellung der Lage der Arbeiterschaft einerseits propagandistische Zwecke verfolgte, war in vielen Berichten auch von der Begeisterungsfähigkeit der Arbeiterschaft für die Sache des Sozialismus die Rede. Somit diente die Arbeiterschaft nicht nur als Referenzobjekt und Ziel der politischen Ansprache, wenn es um wirtschaftliche Missstände ging – auch die Beobachtung der Reaktionen der Arbeiter auf Veränderungen ihrer Umwelt, vor allem die Frage nach der Mobilisierungsfähigkeit der Arbeiter infolge der Krise, war ein wichtiger Bestandteil der Berichterstattung. Dabei lassen sich grob zwei unterschied-

---

943 Vgl. etwa zu Österreich und Frankreich: Neuer Social-Demokrat, 7. Februar 1875, Nr. 17; Der Volksstaat, 25. Januar 1874, Nr. 10 und 10. Februar 1875, Nr. 16.

944 Der Volksstaat, 23. November 1873, Nr. 115.

945 Vgl. zur wichtigen Rolle der Gemeinschaftskonstruktion bei der Herausformung von Nationen: Anderson, Erfindung.

liche Sichtweisen unterscheiden. Einerseits ist es die romantisch-paternalistische Darstellung des hilflosen Opfers des Systems, das in romanhafter Weise als Symbolfigur dient und alle Übel der herrschenden Gesellschaftsordnung exemplarisch am eigenen Leib erfährt – ein klarer Verweis auf die halbbürgerliche Perspektive, aus der manch gebildeter Sozialist die Arbeiter betrachtete. Andererseits ist es die Arbeiterschaft als Zahl, als Masse und als Statistik, die ihr Leid in wissenschaftlich-beobachtender Weise weniger über die literarische Qualität der einzelnen Erfahrung zum Ausdruck bringt, sondern über die überzeugende Faktensammlung der Berichterstattung. Ein anderes Bild gaben die Versammlungsberichte aus den örtlichen Parteizusammenkünften ab, die oft explizit an die Arbeiterschaft gerichtet waren und auch von ihrer Beteiligung und aktiven Teilnahme an Veranstaltungen zehrten, also in diesem Fall weniger über die Arbeiterschaft sprachen als mit ihr.

Ein anschauliches Beispiel für den sozialdemokratischen Blick auf die Arbeiterschaft ist ein Bericht aus Berlin vom 17. Oktober 1873, welcher im „Volksstaat" erschien und in dem die Rede war von negativen Auswirkungen der „Geschäftsstockungen" auf die „geistige Entwicklung" der dortigen Arbeiterschaft.[946] Neben der schlechten Beteiligung an Parteiversammlungen beklagte der Autor die Wirkung der Krise, die anders als erwartet nicht als Lehrbeispiel für die Mängel des herrschenden Wirtschaftssystems, sondern bloß als Motivationsbremse wirkte:

> „Denn statt gerade durch solche Krisen belehrt zu werden, daß Alles ungesund, morsch und faul im Staate Dänemarck und man deshalb mit aller Kraft für die Beseitigung solcher ungesunden Zustände beizutragen hat, hört man höchstens: ‚Ja es ist eine böse Zeit! Wer weiß, wie das noch werden wird!' und ähnliche Stoßseufzer. – Energie findet man sehr wenig unter den Arbeitern Berlins, dagegen recht viel Gleichgültigkeit."[947]

Auch in einem Artikel aus dem weiteren Verlauf des Oktobers 1873 findet man im „Volksstaat" in einem Bericht über die Arbeiterverhältnisse in Pforzheim die Diagnose, dass die „Gemüther der Arbeiter" infolge der Krise „düster umhängt" seien.[948] Der Vergleich mit einem Gewitter beschwört metaphorisch die bevorstehende Reinigung der unnatürlich ruhigen politischen Atmosphäre herauf. Der Autor trennt die Arbeiterschaft in zwei Teile: die zur Revolution bereiten, aber in der jetzigen Situation noch ruhig verharrenden Arbeiter und eine Gruppe von dem Bürgertum nacheifernden Arbeitern, die sich über die durch die Krise gewonnene Freizeit freuen. Der Bericht schließt mit der durch den regen Versammlungsbesuch der Arbeiter begründeten Hoffnung auf eine baldige Veränderung des politischen Klimas, einer Ernte, die bald zu erwarten sei.[949] In diesem Diskursfragment ist es nicht die Krise, welche einer Naturgewalt gleich über die Arbeiterschaft hineinbricht, sondern die Arbeiterschaft selbst, die – von ei-

[946] Der Volksstaat, 17. Oktober 1873, Nr. 99.
[947] Ebenda.
[948] Der Volksstaat, 25. Oktober 1873, Nr. 102.
[949] Vgl. ebenda.

nem teilnehmenden Beobachter beschrieben und naturwissenschaftlich in zwei Arten klassifiziert – aufgrund ihrer Veranlagung zum Fleiß und der steten agitatorischen Arbeit notgedrungen bald eine Phase der Veränderung einleiten wird. Vermittelt über die Naturgewalt des Arbeiters kann in dieser Weise die gefühlte Ohnmacht des sozialdemokratischen Aktivisten gegenüber einer anderen Naturgewalt, der der Krise, überwunden werden. Dabei darf jedoch nicht allein der Blick auf die wirtschaftlichen Nöte der Arbeiterschaft gerichtet werden; auch sollten diese nicht als Hauptbeweggrund ihres gewerkschaftlichen Engagements betrachtet werden. Die „düster umhängten" Innenleben der Arbeiter waren sicher auch von den infolge der Krise sich einengenden politischen Spielräumen gezeichnet, trat doch – wie Christiane Eisenberg festgestellt hat – bei den der SDAP und dem ADAV nahestehenden Arbeitern das „ökonomisch-rationale[s] Nutzenkalkül" deutlich hinter der persönlichen Wertorientierung zurück.[950]

Andere Berichte ließen – auf kurze Sicht – weniger optimistische Schlussfolgerungen zu. So ist noch im August 1875 im „Volksstaat" von einer „Entmuthigung" der Arbeiterschaft die Rede,[951] nachdem der „Allgemeine deutsche Schneiderverein" schon im Frühjahr 1874 festgestellt hatte, dass die in Konsequenz der gesunkenen Löhne notwendige Mehrarbeit der Schneider sich negativ auf deren politisches Engagement ausgewirkt hatte.[952]

Ein weiterer Topos, welcher in der sozialdemokratischen Presse vor, aber auch besonders nach Ausbruch der Krise häufig auftauchte, ist der Hinweis auf die negativen Auswirkungen von Frauen- und Kinderarbeit – beides Phänomene, die auch in den kommenden Jahren im Kaiserreich noch relevant blieben, vor allem die Beteiligung am Erwerbsleben von Frauen nahm stetig zu.[953] Dabei wurde einerseits auf die körperlichen Konsequenzen für Kinder und Frauen hingewiesen, die schwere Arbeit verrichten mussten, für welche die sozialdemokratischen Journalisten eigentlich nur Männer als geeignet ansahen. Der Schwerpunkt der Kritik lag aber oftmals auf den moralisch abträglichen Folgen der Fabrikarbeit, aber auch der Entwertung traditioneller Familienwerte, die durch eine innerfamiliäre Konkurrenz bedroht sei, wenn „die Frau und die Kinder [...] zu wirthschaftlichen Feinden des Familienvaters durch den unheilvollen Kampf Aller gegen Alle" würden.[954] Die Diagnose einer „Entwerthung der Man-

---

950 Eisenberg, Gewerkschaften, S. 209.

951 Der Volksstaat, 11. August 1875, Nr. 91.

952 Der Volksstaat, 4. März 1874, Nr. 26.

953 Vgl. hierzu: Ritter/Tenfelde: Arbeiter, S. 211, für die statistisch besser belegte Periode, die während unseres Untersuchungszeitraums angesetzt wird: „Zwischen 1875 und 1907 nahm der Frauenanteil an der Erwerbstätigkeit insgesamt im sogenannten Produzierenden Gewerbe von 16,3 auf 17,8 Prozent, in den Dienstleistungen – vor allem allerdings wegen der besseren statistischen Erfassung der Mithelfenden Familienangehörigen – von 21,7 auf 38,1 Prozent zu."

954 Neuer Social-Demokrat, 3. Dezember 1873, Nr. 140. Vgl. hierzu auch: Neuer Social-Demokrat, 12. Juni 1874, Nr. 66: „Berlin, 11. Juni. Es ist haarsträubend, wie trotz der gegenwärtigen ungeheuren Arbeitsstockung alle erdenklichen Mittel angewandt werden, um die Arbeitslöhne zu drücken. Besonders geschieht dies durch Anwendung von Frauen und Kindern. So ist z. B. die Direktion der Niederschlesisch-Märkischen Bahn im Stande,

nesarbeit", die in dem Beispiel aus dem „Neuen Social-Demokraten" durch das Verbot von Frauen- und Kinderarbeit und die spätere Einrichtung von Produktivassoziationen aufgehalten werden sollte, verweist deutlich auf die Sorge vor dem Verlust der gesellschaftlichen Rolle des arbeitenden Mannes als Ernährer und Familienoberhaupt.[955] Die harte Arbeit war also nicht nur ein notwendiges Übel zum Lebensunterhalt, sondern auch wichtiges Element des Selbstbildes vieler sozialdemokratischer Arbeiter. Mit der Forderung nach einem Ende der ungeplanten Produktionsweise, die Konjunkturschwankungen und Krisen immer wieder mit sich brachte, war auch die Forderung nach einer Festigung und Verbesserung des gesellschaftlichen Status des arbeitenden Mannes innerhalb seiner eigenen Familie gemeint; ein weniger auf Gleichheit als auf Hierarchie basierendes Rollenbild rückte damit in den Fokus. Dabei war es aber auch ganz einfach der Verlust der ehelichen Erwerbsgemeinschaft in ihrer existierenden Form, die bisher Halt und Sicherheit geboten hatte, welche nun – durch die Auswirkungen der Krise – als bedroht aufgefasst wurde, wie ein Auszug aus einem von „Rich. Wolf" verfassten Artikel der Internationalen Metallarbeitergewerks-Genossenschaft aus Chemnitz zeigt:

> „Selbst das Schönste, was Ihr bisher noch hattet, das eheliche Glück, es wird herzlos zerstört. – dem Mammon zu liebe. Die jetzige Produktionsweise demoralisirt den Arbeiter und dessen Familie. Oder wähnt Ihr, wir sagten zu viel?"[956]

Die moralische Komponente, die angesprochene Demoralisation, wird also nicht nur bezogen auf einen auf die Gesamtgesellschaft zutreffenden Verlust hergebrachter Normen und Werte, die infolge der Zerstörung der traditionellen Familienstruktur ihr Fundament einbüßen. Stattdessen ist auch auf individueller Ebene das „Schönste", was der Arbeiter bisher in seinem Leben sein Eigen nennen durfte, der sich also statt als Herr von Besitztümern als Herr seiner Familie betrachtete, bedroht. Die Demoralisation bedeutet also neben dem Verlust überindividueller Wertorientierung auch den Verlust der Selbstmotivation und Zielorientierung im Sinne des Erreichens und Sicherns eines eigenen Wirkungsraums, der zumindest aus der Perspektive des Arbeiters ein Minimum an (mit männlicher Identität verflochtener) Autonomie und Selbstwirksamkeit verbürgte – gleichsam als Entschädigung für die harte Arbeit. Dass dieser Aspekt in der direkten Ansprache des Gewerkschaftlers auftaucht und weniger aus der Perspektive des sozialdemokratischen Journalisten oder parteipolitischen Akteurs, mag auf die größere Nähe zur Lebenswelt des Arbeiters und die eigene Erfahrung des Autors verweisen, der sich – wie aus seinen Worten hervorgeht – zu-

---

auf der Strecke von Frankfurt bis Berlin die Reparaturen am Bahnkörper und am Geleise gemeinschaftlich von Männern, Frauen und Mädchen ausführen zu lassen. Durch solche Wirthschaft wird selbstverständlich nicht blos das Einkommen der Arbeiter geschmälert, sondern auch die Sittlichkeit des Volkes untergraben. Was kümmert das aber eine Aktiengesellschaft, wenn nur die Dividende steigt!"

955 Neuer Social-Demokrat, 3. Dezember 1873, Nr. 140.

956 Der Volksstaat, 8. Oktober 1873, Nr. 95.

mindest im familiären Rahmen auch ein glückliches Leben in der bestehenden Gesellschaftsordnung vorstellen konnte – doch infolge der Krise nicht mehr.

Als Verteidiger der Arbeiterinteressen wie auch als Beobachter der Arbeiterverhältnisse und Vermittler zwischen Arbeiterschaft und Politik sahen sich die deutschen Sozialdemokraten. Dabei war aber immer der Appell an die Arbeiterschaft, sich selbst zu bilden und sich in die Politik einzumischen, ein wichtiger Bestandteil des sozialistischen Pressediskurses. Wenn es um den Einbruch der Wirtschaft nach Ausbruch der Krise ging, war also eine Gelegenheit gekommen, um die Arbeiter auf ihre eigene Verantwortung hinzuweisen:

> „Und in der That, es hängt nur von dem Verständniß, welches die Arbeiter für ihre Interessen haben und von dem Willen derselben ab, wie lange sie ‚unbedingten Gehorsam' leisten wollen, um der Ausbeuterei das Handwerk zu legen."[957]

Die aus diesen Worten hervorragende Frustration angesichts einer politisch vermeintlich zu wenig zu Radikalismus hinneigenden Arbeiterschaft ist überdeutlich. Ebenso wird klar, wie sehr die Vermittlung der sozialdemokratischen Ideologie und die Vereinnahmung derselben durch die Arbeiterschaft als Voraussetzung für gesellschaftlichen Fortschritt betrachtet wurden. Letzten Endes brauchten die Sozialdemokraten in dieser Sicht auf der einen Seite also „nur" auf den Zusammenbruch des Kapitalismus zu warten und auf der anderen auf die baldige Offenbarung der sozialistischen Lehre innerhalb der deutschen Arbeiterschaft zu setzen. Was in einer solchen Konstellation zu tun übrig blieb, war das Werben für die eigene Sache.

In einer weiteren Konsequenz bedeutete die Erkenntnis, dass die Arbeiterschaft – noch – nicht bereit war zum eigenständigen Handeln, dass sie geschützt werden musste vor Angriffen aus Politik und Wirtschaft. Für diesen Kampf nutzten die Vertreter der Sozialdemokratie im Reichstag das dort zur Verfügung stehende Podium. Um seine Argumentation zu stärken, verwies etwa August Bebel in seinem Redebeitrag auf die herrschende Wirtschaftskrise und verwendete damit die ökonomische Lage als argumentativen Hintergrund, um die Rechtlosigkeit der Arbeiterschaft zu schildern; er verband damit also das Allgemeine mit dem Besonderen. Außerdem zeigt die zeitliche Einschätzung Bebels, der von einer Wiederanstellung der Arbeiter nach einigen Monaten ausging, dass dieser Anfang 1876 mit einer bald abflauenden Absatzkrise rechnete und beileibe noch nicht den „Großen Kladderadatsch" erwartete:

> „Nun nehmen Sie eine Krise an wie die gegenwärtige, wo in einer Fabrik, wie die Borsigsche, tausende von Arbeitern entlassen sind. Arbeiter, die zehn, zwanzig Jahre in der Fabrik beschäftigt waren, diese Arbeiter sind nicht in der Lage zu warten, bis sie in drei oder sechs Monaten bei Borsig ihre Beschäftigung aufnehmen können."[958]

---

[957] Der Volksstaat, 7. November 1873, Nr. 108.

[958] Stenographische Berichte über die Verhandlungen des Deutschen Reichtags, 2. Legislaturperiode, III. Session 1875/76, Bd. 2, Berlin 1876, Sitzung vom 1. Februar 1876, S. 1081.

Auch die Ehre des Arbeiters war für die Sozialdemokraten immer wieder eine publizistische Verteidigung wert. So war in einem Artikel vom 22. Dezember 1875 die Rede von der infolge der Wirtschaftskrise ubiquitär schlechten sozioökonomischen Lage der Arbeiterschaft, die von Seiten der Bourgeoisie nur durch Aufforderung zu mehr Fleiß und weniger Konsum beantwortet würde, während die Arbeiter selbst „fromm, voll Milch der frommen Denkungsart, diese ‚Schickung Gottes' still hinnehmen", sich den Reichen anbiedern und etwaige Frustration im Hass auf Frankreich ventilierten.[959] Unterdessen hier erneut der Ärger über den empfundenen Opportunismus der Arbeiterschaft sich Luft verschafft und die erfolgreich wirkenden Ablenkungen von Fehlern der Obrigkeit durch Gottesfurcht und Nationalismus beklagt werden, ist es gegen Ende des Artikels die gleiche sozialdemokratische Feder, die sich über die Lethargie der Arbeiterschaft ärgert. Sie verteidigt die angesichts der Krisen friedlich gebliebenen Arbeiter gegen die Anwürfe der „Deutschen Landeszeitung", die die Arbeiter mit einer Brandstiftung in Verbindung gebracht hatte. Diese Anschuldigung weist der Autor des „Volksstaats" emphatisch zurück und schließt mit dem Hinweis: „Der Arbeiter, socialistisch und nicht-socialistisch, aber hält auf Ehre."[960]

Das zwiespältige Verhältnis der Sozialdemokratie zu ihrer politischen Zielgruppe wird offensichtlich. Einerseits wollte die sozialistische Ideologie beworben werden – durch die Sozialdemokraten –, musste aber durch die Arbeiterschaft als Ganzes umgesetzt und sollte durch diese zu diesem Zweck verinnerlicht werden. Gleichzeitig begriff sich die Sozialdemokratie weiterhin als Anwältin der als unmündig verstandenen Arbeiterschaft, die sich – wie hier – ihrer Ehre erwehren musste, die durch die bürgerliche Presse bedroht war, beziehungsweise in Abrede gestellt worden schien. Hier verstand sich der Autor des „Volksstaats" auch als Verteidiger der Ehre aller Arbeiter, auch der „nicht-socialistisch" gesonnenen. Die kuriose Lage der Sozialdemokratie, die einerseits die Arbeiter als historische Kraft instrumentalisieren wollte, sich aber gleichzeitig als ehrliche Vertreterin ihrer Interessen verstand, führte – wie gesehen – immer wieder zu einer nicht geringen Frustration über die fehlende Durchdringung der Arbeiterschaft mit der sozialistischen Ideologie. Dabei übersahen die Autoren des „Volksstaats" und des „Neuen Social-Demokraten", dass eine wirkliche Emanzipation der Arbeiterschaft – die ja schon stattfand – auch mit einer gewissen Meinungsvielfalt innerhalb derselben einhergehen konnte oder – wie Bismarck sich bei der Einführung des gleichen, wenn auch nicht immer geheimen Wahlrechts wohl erhofft hatte – mit einer monarchistischen Grundhaltung, die den Interessen der Sozialdemokratie zuwiderlaufen mochte.

Die Verteidigung der Ehre der Arbeiterschaft war für die deutschen Sozialdemokraten nicht weniger relevant als die Verteidigung ihrer Rechte. Der Versuch seitens der Reichsleitung, über das Mittel einer „Reichsenquête" mehr über die Arbeiterverhältnisse im Kaiserreich zu erfahren und sich damit *de facto* als sozialpolitisch interessierter Akteur zu zeigen, fand auf sozialdemokratischer

---

[959] Der Volksstaat, 22. Dezember 1875, Nr. 152.

[960] Ebenda.

Seite erwartungsgemäß wenig Beifall.[961] Die Tatsache aber, dass die Stichprobe über die Arbeiterverhältnisse politisch in roter Farbe gefärbte Städte auszusparen suchte, rief die Sozialdemokraten auf den Plan. Mehr noch, war es der Beauftragte für die Ausarbeitung der Denkschrift, „der berüchtigte Sozialdemagog, Gründer, Günstling und Rathgeber Bismarck's, der Mann, ‚welcher mit dem Arme das Zucht-Haus gestreift hat", Hermann Wagener, der im Eisenbahnkonzessionsskandal eine wichtige Rolle gespielt hatte.[962] Wenn das „Wohl und Wehe" der Arbeiter dieser Person übertragen würde, so der Autor des Artikels, dann sollten die Arbeiter daraus ihre eigenen Schlüsse ziehen.[963] Wagener, der laut Hans-Joachim Schoeps „Mentor und Berater Bismarcks für alle Fragen der Sozialpolitik" gewesen war, war demnach als Person schon derart verbrannt, dass er infolge seiner Verwicklung in die Überzogenheiten des Gründerbooms nur stellvertretend für ein von den Sozialdemokraten vollständig abgelehntes System genannt zu werden brauchte, um die Ziele der „Reichsenquête" zu diskreditieren.[964]

Ein weiterer wichtiger Aspekt, bei dem in der sozialdemokratischen Presse die Verteidigung der Arbeiterschaft anstand, war die – schon genannte – Theorie über zu hohe Löhne der Arbeiterschaft als Ursache der Wirtschaftskrise. Diese Behauptung sorgte vor allem im Jahr 1875 für zahlreiche Berichte in der sozialdemokratischen Presse und wurde – wie bei einer von Eduard Bernstein geleiteten Volksversammlung im Mai 1875 – zum Gegenstand einer regen Debatte. Der DDR-Historiker Jürgen Kuczynski begründete die hohe Zahl von Berichten über die Krise und deren Auswirkungen im Jahr 1875 damit, dass sich die Arbeiterbewegung erst an die Krise und den Umgang mit ihr hatte gewöhnen müssen, sodass im Jahr 1875 Versäumtes aus dem Jahr 1874 nachgeholt werden konnte.[965] Meine Analyse zeigt, dass mit dem Beginn der Verhandlungen über einen Zusammenschluss von SDAP und ADAV und auch in den Monaten zuvor ein Hauptgegenstand der bisherigen Berichterstattung weggefallen war. Da im Jahr 1875 die Lösung der Frage eines Zusammenschlusses geklärt wurde und gleichzeitig die ökonomischen Konsequenzen der Krise nachhaltig zu wirken begannen, würde ich das Zusammenspiel dieser beiden Faktoren hervorheben und nicht einen Lerneffekt der Sozialdemokratie, die sich ja – wie gesehen – immer wieder auf bisherige Krisen bezog und auch den Blick in das Ausland als Referenzpunkt nutzte.

So konnte auch ein eher abstrakter Denker wie Bernstein, der erst Anfang der 1870er Jahre Sozialdemokrat geworden war, in seiner Rede auf etablierte Topoi zurückgreifen, die teils jüngeren Datums („Gründungsschwindel"), teils schon in den Lassalle'schen Schriften der 1860er Jahre („Produktionsweise") eta-

---

961 Zum Ergebnis derselben konnte ich in der Literatur keine Hinweise finden.

962 Der Volksstaat, 27. Juni 1875, Nr. 72. Vgl. hierzu auch das fünfte Kapitel dieser Arbeit und: Schoeps, Hans-Joachim: Hermann Wagener – Ein konservativer Sozialist. Ein Beitrag zur Ideengeschichte des Sozialismus, in: Zeitschrift für Religions- und Geistesgeschichte 8, 3 (1956), S. 193–217.

963 Der Volksstaat, 27. Juni 1875, Nr. 72.

964 Schoeps, Wagener, S. 196.

965 Vgl. Kuczynski, Studien, S. 50.

bliert waren, und zu einem Krisennarrativ verbinden. Nicht nur Parteiorganisationen fanden also im Jahr 1875 zueinander, sondern auch bestehende und eher neue Bestandteile einer einheitlicher werdenden, aber pluralen sozialdemokratischen Ideologie. Für Bernstein war klar, dass die „Ausschreitungen seitens der Unternehmer (Gründungsschwindel etc.)" und die „heutige Produktionsweise" verantwortlich für die Finanz- und Wirtschaftskrise zu machen seien.[966] Da laut Bernstein die bestehende Produktionsweise als Hauptursache auszumachen war, konnten auch nicht die Handlungen Einzelner als Erklärung für die herrschende Misere angeführt werden. Eben dieses aber sah Bernstein im Vorwurf an die Adresse der Arbeiterschaft verwirklicht, sie habe mit der Forderung nach zu hohen Löhnen die Krise provoziert. Nicht nur Finanzminister Camphausens Rede, in der dieser die Lohnhöhe der Arbeiterschaft als wichtige Krisenursache gebrandmarkt hatte, auch die Wiederholung dieser Anklage durch die Unternehmerschaft („Feldgeschrei der Unternehmer") und der Versuch, durch Organisationsauflösungen „den Arbeiter rechtlos zu machen", fasste Bernstein unter das Rubrum des klassenpolitischen Gegensatzes zusammen. Dem könne nur durch stärkere Organisation und größeres Klassenbewusstsein der Arbeiterschaft begegnet werden – eine Aufforderung, der auch einige der Anwesenden folgten (25 Beitritte zum Wahlverein für die SDAP, acht Abonnements für den „Volksstaat").[967]

Die Debatte über die Lohnhöhe der Arbeiterschaft ebbte nicht ab. Noch im Jahr 1876 vermerkte der „Neue Social-Demokrat", dass in vielen der „Organe der Kapitalmacht und Industrie" als „verhängnisvolle Losung" für das neue Jahr die Lohnsenkung zu finden sei.[968] Nur ein Jahr später erschienen auch im „Vorwärts" allerorts diesbezügliche Berichte, die von zunehmenden Lohnreduzierungen handelten.[969] Zur Verteidigung der Arbeiterschaft gegen diesen Vorwurf ging in der gleichen Ausgabe der Artikel mit dem Titel „Die Leistungen der deutschen Arbeiter" noch einmal genau auf die vom Autor als herausragend empfundene Arbeitsleistung der deutschen Arbeiterschaft ein. Er tat dies trotz der Anschuldigungen aus Handwerkerschaft und Unternehmertum, wobei der Autor den Wunsch nach Erhöhung der Profitrate seitens des Letzteren und bei Ersteren die unheilbringende Konkurrenz zwischen Groß- und Kleinindustrie als Ursache für die Unzufriedenheit mit den zur Verfügung stehenden Gesellen nennt. Zur Begründung für die Bezeichnung der deutschen Arbeiterschaft als besonders tüchtig führt der Autor statistische Daten an, welche zeigten, „daß die Produktion fortdauernd in viel größerem Maßstabe steigt, als die Anzahl der Arbeiter".[970] Somit war einerseits der empirischen Begründungslogik als auch der deskriptiven Erläuterung des Verhältnisses der Arbeiterschaft zu Groß- und

966 Der Volksstaat, 14. Mai 1875, Nr. 55.
967 Ebenda.
968 Neuer Social-Demokrat, 7. Januar 1876, Nr. 2.
969 Vgl. hierzu etwa: Vorwärts, 8. Juni 1877, Nr. 66 und 18. Mai 1877, Nr. 58; sowie international: 4. Februar 1877, Nr. 15.
970 Neuer Social-Demokrat, 7. Januar 1876, Nr. 2.

Kleinfabrikanten Genüge getan und – aus Sicht der Sozialdemokratie – der Vorwurf der zu hohen Lohnsteigerungen abgewehrt.

Auch auf den Seiten des „Volksstaats" fand die Debatte um die Lohnhöhe der Arbeiterschaft immer wieder ihren Nachhall – so zum Beispiel in der Rede eines sozialdemokratischen Aktivisten namens Ufert, der, aus Weimar stammend, am 14. Juni 1876 eine Rede auf einem Arbeiterfest in Zwickau gehalten hatte. In dieser wies der Redner einerseits auf die Wichtigkeit von Arbeiterfesten und einer eigenen Parteipresse für den Zusammenhalt der Arbeiterschaft hin, andererseits unterstrich auch er den großen Schaden von Lohnsenkungen für die Industrie, da „zu schlecht bezahlte Arbeiter nicht verhältnißmäßig consumiren" könnten.[971] Ufert wies überdies hin auf eine seit der Annexion Elsass-Lothringens steigende Anzahl von Produkten, welche „Deutschland gegenwärtig" angeblich „überschwemmen", und nannte auch die Gründerjahre als Ursache höherer Löhne, die aber seiner Meinung nicht außergewöhnlich hoch gewesen seien.[972] Als Ausweg aus der Krise, in deren Verlaufe die Arbeiterschaft über die Verhältnisse aufgeklärt werden würde, sah der Redner dann die Möglichkeit einer erneuten flächendeckenden Lohnerhöhung, die dann für eine steigende Nachfrage sorgen könnte.

Die gesamtwirtschaftliche Sichtweise, welche der Nachfrageseite der Konsumenten eine bedeutsame Rolle für das Funktionieren der Wirtschaft beimaß, war ein ständig abrufbarer Topos in den Kreisen deutscher Sozialdemokraten und der organisierten Arbeiter dieser Jahre. Oft trafen – wie im vorliegenden Fall – Aussagen über die mangelnde Funktionsweise des bestehenden Systems zusammen mit solchen über dessen grundsätzliche Zukunfts(un-)fähigkeit. Im vorliegenden Fall war es einerseits die Kritik am bestehenden Produktionssystem, die Ufert äußerte, während er gleichzeitig mit der Strategie höherer Löhne und einer strengeren Lenkung von Importen mögliche Auswege aus der Krise aufzeigte. Diese wurde also keinesfalls nur als propagandistische Vorlage instrumentalisiert, wenngleich dieser Aspekt auch gesehen und genutzt wurde. Stattdessen bot sich hier auf lokaler Ebene der Parteiorganisation, auf einem Zwickauer Arbeiterfest, eine multiperspektivische Auseinandersetzung mit den Krisenphänomenen aus Sicht eines vermutlich als Arbeiter oder Handwerker tätigen Parteifunktionärs an. Ein klarer Trennstrich zwischen Zusammenbruch des Systems und radikaler Reform desselben wurde auch in anderen Zeugnissen dieser Art selten gezogen: Das spricht für die relative Aufgeschlossenheit für Wandlungsprozesse innerhalb der bestehenden Rahmenbedingungen seitens der Arbeiterschaft und verweist erneut auf die fließenden Übergänge zwischen ADAV und SDAP sowie „Volksstaat" und „Neuem Social-Demokrat" in ihrer Positionierung. Beide sozialdemokratischen Richtungen unterschieden sich zu diesem Zeitpunkt in vielen Fällen graduell, aber nicht grundsätzlich – wenn man sich auf der Ebene der Parteipresse bewegt.

---

971 Der Volksstaat, 2. Juli 1876, Nr. 76.

972 Ebenda.

Die Krise und ihre Auswirkungen wurden in den sozialdemokratischen Zeitungen jedoch nicht nur unter dem defensiven Aspekt der Unterstützung der Arbeiterschaft und deren Leistungen gegen Vorwürfe seitens des Unternehmertums betrachtet, sondern auch unter der Perspektive der Kritik an den Verflechtungen von Staat und Wirtschaft, welche den Verhältnissen der ehrlichen Leidtragenden, der Arbeiterschaft, gegenübergestellt wurden. Schon am 1. Oktober 1873 gelangte im „Neuen Social-Demokraten" der Artikel Wilhelm Hasselmanns mit dem Titel „Staatshülfe für preußische Spekulanten" zu der Schlussfolgerung, dass die Preußische Bank nicht nur Gerson Bleichröder – zitiert als „Bismarcks-Jude" – sondern auch dem „Mucker" Heinrich Quistorp Hilfe habe zukommen lassen und damit einen Bankrott dieser und anderer Finanzmarktakteure verhindert habe.[973]

Der „in socialer Frage machende" Quistorp war die Hauptzielscheibe des Artikels, in welchem genüsslich die Möglichkeit von Staatshilfen für Gründer von der behaupteten Unmöglichkeit der Staatshilfe für die Arbeiterschaft differenziert und satirisch dargestellt wurde.[974] Wie von Lassalle gefordert, hatte der Staat in dieser Sichtweise durch die behaupteten Stützungsmaßnahmen bewiesen – auch der Verweis auf die USA und Österreich und ähnliche Vorgänge dort sollte dies belegen –, dass er durchaus über das Potential verfügte, regulierend in den Wirtschaftsprozess einzugreifen. Die laut Autor in der Überproduktion begründete Handelskrise habe notwendigerweise Verluste der Gründer zur Folge und die Stützung der Quistorp'schen Akten mit circa 3 Millionen Thalern zeige, dass der Staat Risiken nicht „zum Wohle des Volkes", nicht für den „Arbeiterpöbel", sondern nur „zum Nutzen eines Einzelnen" einzugehen bereit sei.[975] Mehr noch, auch von Insiderhandel ist *avant la lettre* die Rede, da ein Rechenbeispiel zeige, wie durch die Stützungsaktion der Preußischen Bank „Eingeweihte" vor Ankauf der Aktien durch die Bank von deren niedrigen Preisen hätten profitieren können.[976] Dabei ist es nicht der mit der antisemitischen Anspielung im Sinne einer Funktion als Bismarcks ausführendes jüdisches Organ – ergo mit Geldfragen betraut – betitelte Bleichröder, der hier das Feindbild der Sozialdemokraten abgab, sondern der sozial engagierte Heinrich Quistorp. Dieser wurde durch seine als heuchlerisch wahrgenommene Ablehnung der sozialdemokratischen Forderungen bei gleichzeitigem sozialkonservativem Engagement als Symbol für das Gründerwesen der Reichsgründungszeit dargestellt und dessen Wirken als typischer Ausdruck der „Bourgeoisgesellschaft" betrachtet.[977]

In diesem Sinne waren es aber nicht nur konservative Sozialreformer, sondern auch liberale Fürsprecher der Arbeiterschaft, welche von der Sozialdemokratie abgelehnt wurden. Denn alle „Phrasen von der Selbsthilfe", also der diametral entgegengesetzten Idee eines Wandels aus der Richtung „bottom up"

---

973 Neuer Social-Demokrat, 1. Oktober 1873, Nr. 113.
974 Ebenda.
975 Ebenda.
976 Ebenda.
977 Neuer Social-Demokrat, 29. Oktober 1873, Nr. 125.

anstatt der staatlichen Intervention zugunsten der Arbeiterschaft („top down"), sollten unter Verweis auf die Erkenntnisse aus der „Staatshülfe für preußische Spekulanten" als nutzlos erkannt und bekämpft werden. In diesem Artikel gelang es der sozialdemokratischen Seite, einerseits die Lassalle'sche Idee der Staatshilfe anhand der Interventionen der Preußischen Bank zu legitimieren: Sie appellierte also an die Logik des Bestehenden und die darin begründeten Anknüpfungspunkte für eine zukünftige sozialistische Praxis. Andererseits war es eben jene Staatshilfe, die mit harten Worten kritisiert wurde, da sie den Falschen zugutekäme – von dem endgültigen Zusammenbruch der Quistorp'schen Vereinsbank kurze Zeit später wusste man Anfang Oktober 1873 noch nichts.

Es ist auffällig, dass der ADAV dem existierenden Staat zumindest prinzipiell ein Handeln im Sinne der Arbeiterschaft zutraute. Das von Lassalle geforderte Instrumentarium gewann damit an Glaubwürdigkeit. Gleichzeitig spricht aus der Hoffnung auf mögliche Veränderungen von staatlicher Seite auch die typisch lassalleanische Skepsis gegenüber einer eigenständigen Arbeiterschaft, die in der Literatur auch als „zynischer Realismus" im Gegensatz zu der Überschätzung der Arbeiterschaft durch Marx bezeichnet worden ist.[978] Es ist in dieser Sichtweise das bestehende Wirtschaftssystem, welches die Korruption der herrschenden Eliten nach sich zieht. Interessant ist, dass Hasselmann in seinem Artikel – abweichend von dem Hauptziel Lassalles: der Machtübernahme der Arbeiterschaft anhand eines demokratisierten Wahlrechts – nun auch den Zusammenbruch des ökonomischen Systems antizipierte.[979] So wird deutlich, wie die Auswirkungen der Gründerkrise auch in diesem Punkt eine Annäherung der Lassalleaner an die Idee einer ökonomisch begründeten Zusammenbruchstheorie bewirkten. Auch die Rolle der Arbeiterschaft im bestehenden Staat wurde von beiden Seiten pessimistisch beurteilt. Hier überschnitten sich Lassalle und Marx, zumindest was die Schlussfolgerung angeht. So zeigen es zumindest die kurze Zeit später im „Volksstaat" erschienenen Worte in einem mit „Der Klassenstaat" überschriebenen Artikel. Laut „Volksstaat" war es der Staat in seiner Funktion als „Klassenstaat", deren Vertreter sich notwendigerweise nicht um die Arbeiterschaft scherten, außer im Fall des Aufruhrs, denn dann sei „Staatshülfe" angebracht – „in Gestalt von blauen Bohnen aus der ‚wunderthätigen Zündnadel'".[980]

Die Beschreibung der möglichen Profite aus dem kurzzeitigen Anstieg der Quistorp'schen Aktien im Artikel des „Neuen Social-Demokraten" belegt überdies, dass die Funktionsweise des Aktienmarkts durchaus Bestandteil sozialdemokratischer Debatten war – auch schon zu diesem frühen Zeitpunkt – und dass die Personen Bleichröder und Quistorp als konkrete „Übeltäter" ausgemacht waren und keinesfalls nur anonyme Kräfte an den Finanzmärkten als Beteiligte wahrgenommen wurden.

---

978 Mommsen, Bedeutung, S. 273.

979 Vgl. Eisenberg, Arbeiterbewegung, S. 53.

980 Der Volksstaat, 10. Dezember 1873, Nr. 122.

Schließlich ist es die Parteinahme für die Arbeiterschaft, welche offensichtlich das Hauptmotiv des Artikels darstellt. Diese erfolgt keineswegs aus der Gewissheit der sich gleichenden Interessenlage von Arbeiterschaft und Sozialdemokratie. Stattdessen ist es das Wissen um die Konkurrenz der konservativen und liberalen Sozialreformer, das hier als Grundlage der Kritik dient. Der Gründerkrach wird in diesem Sinne verwendet als Beispiel für die Unfähigkeit der herrschenden Eliten, ob Liberale oder Konservative, für das Wohlergehen der Arbeiterschaft Verantwortung zu tragen. Gleichzeitig soll deren Profitieren von den Vorgängen an der Börse und der daraus resultierenden Staatshilfe ihre politische Position vollends diskreditieren. Somit appellierten die Sozialdemokraten in dieser frühen Phase der Parteibildung an die Arbeiterschaft mit dem Ziel, diese von der sozialistischen Ideenwelt zu überzeugen. Gleichzeitig ging es aber um die endgültige Diskreditierung des politischen Gegners, der Vertreter der Selbsthilfe und der obrigkeitsstaatlichen Sozialreform, die als Apologeten des Linksliberalismus und des Sozialkonservatismus an die Arbeiterschaft appellierten und diese nicht kampflos der Sozialdemokratie als Wählerreservoir überlassen wollten. Wie die Wahlergebnisse in den folgenden Jahren zeigten, gelang die Sozialdemokratisierung der Arbeiterschaft im zunehmenden Maße, nie jedoch ganz.[981] Und das Jahr 1873 markierte ja auch erst den Anfang dieser Entwicklung, befand man sich ja noch in der ersten Wahlperiode des deutschen Kaiserreichs, zwei Jahre nach dessen Gründung und in seiner größten wirtschaftlichen Krise sowie zwei Jahre vor der Gründung einer gemeinsamen sozialdemokratischen Partei, die erst die Grundlagen für eine effektive sozialistische Agitation schaffen sollte.

Für die Lassalleaner waren in der Auseinandersetzung mit den herrschenden politischen und ökonomischen Gesetzmäßigkeiten zwei Leitbegriffe essentiell, die in vielen der Leitartikel, aber auch in kleineren Artikeln regelmäßig fielen: das eherne Lohngesetz und die Staatshilfe für Produktivgenossenschaften. Wurde die Idee der Staatshilfe oftmals vorgetragen und nicht zuletzt auch im Zusammenhang mit Produktivgenossenschaften und deren praktischer Umsetzung diskutiert, so war das eherne Lohngesetz oft ein grundlegender Bestandteil der Argumentation, der selten weiter erläutert wurde. In einem Artikel aus dem Herbst 1873 diskutierte die Redaktion des „Neuen Social-Demokraten" die Folgen der „Arbeitsstockung" aus der Perspektive der deutschen Arbeiterschaft. Die hohe Arbeitslosigkeit, so prognostizierte der Autor, werde in Verbindung mit einem kalten Winter für „Hungersnoth und Hungerkrankheiten" sorgen, „bei welchem das eherne Lohngesetz mit seiner grausigen Folgerichtigkeit die überzähligen Arbeiter [...] dahinrafft".[982] In diesem Artikel, in dem die fatalen Folgen

---

981 Vgl. hierzu die letzten Reichstagswahlen von 1912, bei denen die Sozialdemokratie zwar große Erfolge erzielen konnte, aber in ihren (großstädtischen) Hochburgen stagnierte, somit dort, im urbanen Milieu, das Wählerpotential ausgeschöpft hatte: Steinbach, Peter: Die Entwicklung der deutschen Sozialdemokratie im Spiegel der historischen Wahlforschung, in: Ritter, Gerhard (Hrsg.): Der Aufstieg der deutschen Arbeiterbewegung. Sozialdemokratie und freie Gewerkschaften im Parteiensystem und Sozialmilieu des Kaiserreichs, München 1990, S. 1–35, hier S. 14.

982 Neuer Social-Demokrat, 26. November 1873, Nr. 137.

der Krise für die Arbeiterschaft betont werden, erhob die Sozialdemokratie die Stimme für diese und vertrat so auch die Rolle einer Mittlerin zwischen Staat und Arbeitern. So fordert der Autor „mit Entschiedenheit“, „daß die heutigen Regierungen und die gesetzgebenden Körper, bei einem Massenelende die Hülfe des Staates wenigstens insoweit in ausreichendem Maße gewähren, daß keine Hungersnoth entsteht“.[983] Im bestehenden System sei demnach keine Hoffnung auf eine Umsetzung effektiver Staatshilfe gegeben, aber um Hunger und Not und einen möglicherweise blutig niedergeschlagenen Putsch zu vermeiden, sehen sich die Sozialdemokraten in der Pflicht, alles Notwendige zu tun, um das Leid der Arbeiterschaft und das Risiko derartiger politischer Verwerfungen zu verringern – daher die Forderung nach einer vollständigen Lohnfortzahlung mittels Staatsgeldern.[984]

Mit Verweis auf Hansjörg Siegenthaler sei noch einmal gesagt, dass fundamentales Lernen in Bezug auf Institutionen bedeutet, dass diese sich infolge eines Verlusts von Regelvertrauen auf eine neuartige Wissensstruktur einstellen müssen und den Aufbau eines neuen Regelvertrauens beschleunigen helfen können, wenn ihnen die Chance dazu gegeben wird.[985] Dies gilt nicht nur für die Vertreter des *Status quo*. Eine Bewegung mit teilweise revolutionären Implikationen wie die Sozialdemokratie war im Kaiserreich als Vertreterin der unteren Gesellschaftsschichten, sich an der Grenzlinie der politischen Ausdrucksfähigkeit (denn das „Lumpenproletariat“ meinte man nicht, wenn man von „den Arbeitern“ sprach) befindend, gerade in Krisenzeiten ein politischer Faktor. Wie würden sich vermeintlich von Deprivation betroffene oder diese fürchtende Schichten und deren politische Vertreter sich angesichts des Diskreditierungspotentials der Wirtschaftskrise für Politik und Wirtschaftsordnung verhalten? Die repressive Reaktion des Bismarck'schen Systems zeigt eindeutig, dass die Sozialisten als revolutionäre Bedrohung wahrgenommen wurden und nicht als integrationsfähig.

Die Analyse der politischen Kommunikation der Sozialdemokraten aus den frühen 1870er Jahren zeigt jedoch ebenso, dass auch zu diesem Zeitpunkt nicht die Rede war von einem geplanten revolutionären Umsturz. Es gibt Ausnahmen, aber die Mehrzahl der lasselleanischen Beiträge, wie auch jene aus dem Eisenacher Flügel, äußerten sich gegen jedweden gewaltsamen Akt.[986] Stattdessen zeigen Ausschnitte wie der obige, wie sehr sich die Sozialdemokraten sich auch als legitime Interessenvertreter der deutschen Arbeiterschaft verstanden – auch wenn diese in der Mehrheit noch lange nicht diese Ansicht teilen mochte. Damit aber, also mit dem Festhalten an der grundsätzlichen Kritik am bestehenden System bei gleichzeitiger Ablehnung von Gewalt (und dies in einem politischen Rahmen, der in naher Zukunft keinen sozialdemokratischen Machtgewinn auf

---

983 Ebenda.
984 Vgl. ebenda.
985 Vgl. Siegenthaler, Regelvertrauen, S. 189f.
986 Vgl. hierzu exemplarisch: Neuer Social-Demokrat, 14. Mai 1873, Nr. 56 und 24. Oktober 1873, Nr. 123.

legalem Wege aussichtsreich machte), ist das politische Biotop der Anfangsjahre der deutschen Sozialdemokratie recht genau beschrieben. Die Entscheidung, in einer Zeit des Verlusts von Regelvertrauen, also in der Zeit des Gründerkrachs, sich als Fürsprecherin im Namen der Arbeiterschaft gegenüber der Obrigkeit zu positionieren und eben nicht zu einer radikalen Systemtransformation überzugehen zu versuchen, kam einer ideologischen Blockade des revolutionären Wegs gleich. Eine politische Institution, die zum Sammelpunkt für Systemgegner geworden war, nutzte das ihr zukommende politische Expressionspotential und die potentiell große Beeinflussung des Subdiskurses der „Unzufriedenen" nicht im Sinne einer revolutionären Strategie, sondern verblieb schon früh auf dem halben Weg zwischen Revolution und radikaler Reform stehen. Damit aber trugen die Sozialdemokraten unbewusst zu einer Beruhigung des Gesamtsystems bei, nahmen das oppositionelle Potential der Unzufriedenen auf, überformten es ideologisch und halfen somit, dieses in institutionelle Bahnen zu lenken, über welche das politische System des Kaiserreichs nicht verfügte.

Somit kann zumindest aus institutioneller Sicht von einer hohen Integrationsfähigkeit der deutschen Sozialdemokratie gesprochen werden, garantierte sie als Fürsprecherin und gleichzeitige Hüterin der Arbeiterschaft doch deren politische Ausdrucksfähigkeit in einem nicht gewalttätigen Rahmen. Dagegen konnte sich das Gesamtsystem immer wieder stabilisieren, und der „Große Kladderadatsch" blieb aus. Mit der Aufrechterhaltung der revolutionären Drohung bei ihrer gleichzeitigen Bändigung hat die deutsche Sozialdemokratie einen weit größeren Beitrag zur Stabilität des Kaiserreichs geleistet, als ihr gemeinhin zugebilligt wird. Der Nukleus dieser staatsbejahenden, aber systemgegnerischen Ideologie findet sich in den frühen Zeugnissen des sozialdemokratischen Diskurses – vor allem aus der Zeit ihrer Gründungsphase, also in den Jahren, als die Institutionen des Staates wie auch jene der Partei(en) noch in einer fragilen Formationsphase waren und ideologische Grundsatzentscheidungen wichtige Weichenstellungen sein konnten. Dies gilt weniger in Bezug auf Schlagworte wie das „eherne Lohngesetz", „Klassenstaat" oder „Staatshilfe für Produktivassoziationen". Vielmehr möchte ich auf das hinter diesen ideologischen Kompromissen stehende Verhältnis der Sozialdemokratie zum Staat verweisen, welches in den Jahren nach 1878 durch das Sozialistengesetz gewissermaßen eingefroren wurde (bei gleichzeitiger Entfremdung radikaler Elemente, die schon früh keine Chancen für ihre revolutionäre Ziele bei den deutschen Sozialisten mehr sahen).[987] Danach begünstigte es durch einen langsamen Aufstieg in der Wählergunst und ersten Kooperationen mit dem Linksliberalismus schon vor 1914 bei ausbleibenden außenpolitischen oder wirtschaftlichen Krisen bis 1914 die Stabilität des Gesamtsystems des Kaiserreichs und des Subsystems der Sozialdemokratie.

Die vorangegangenen Beispiele haben demonstriert, welchen Rang die Verteidigung der Arbeiterschaft gegenüber der Obrigkeit und die Vermittlung zwischen dieser und den als ausgegrenzt wahrgenommenen Arbeitern in der sozialdemokratischen Parteipresse besaßen. Es soll im Folgenden eine dritte

---

987 Vgl. hierzu das Schicksal Johann Mosts wie geschildert in Anmerkung 709.

Dimension hinzukommen, die sich von den beiden erstgenannten Elementen, der Fürsprache und der Vermittlung aus paternalistischen Beweggründen, noch einmal deutlich unterschied. Es handelt sich hierbei um die Rolle der Parteiorgane als Foren für die Selbstermächtigung der Arbeiterschaft. Einerseits soll darauf verwiesen sein, dass vor allem die lokale Berichterstattung nicht selten aus dem gewerkschaftlichen Bereich, aber auch aus den Reihen der Parteiaktivisten immer wieder die Perspektive des Arbeiters zum Ausdruck brachte, indem sich selbst als Arbeiter identifizierende Aktivisten zur Sprache kamen. Durch die Auswahl abzudruckender Texte ist es nicht möglich, eine wie auch immer geartete äquidistante Vermittlerposition zwischen Zielgruppe und Zeitungsinhalten zu gewährleisten. Jedoch fällt es auf, dass vor allem in den ersten Jahren ihres Erscheinens, also noch vor der zunehmenden Professionalisierung des sozialdemokratischen Journalismus im Kaiserreich, Beiträge aus den Reihen der Arbeiterschaft in den sozialdemokratischen Zeitungen einen nicht geringen Raum einnehmen konnten und dass diese Möglichkeiten auch ausgeschöpft wurden.

Ein Beispiel stellt die bereits angesprochene Debatte um die Rolle der aus Sicht von führenden Politikern vergleichsweise hohen Löhne der Arbeiterschaft als Ursache der Krise dar. Die so geschmähten Arbeiter wurden dabei nicht bloß durch sozialdemokratische Politiker verteidigt, sondern taten dies selbst, indem sie Artikel zum Abdruck einsandten. Ein eindrückliches Beispiel hierfür bietet ein Leserbrief aus dem „Volksstaat", welcher am 2. Februar 1876 abgedruckt wurde und sich auf eine Reihe von Beiträgen (auch aus den Reihen der Arbeiterschaft) bezog, die infolge eines Artikels in Ausgabe Nr. 145 des „Volksstaats" aus dem Jahr 1875 erschienen waren und sich mit der Positionierung eines Professors Biedermann in der Lohnfrage beschäftigten – es handelt sich wohl um Professor Friedrich Carl Biedermann, der seit 1838 eine Professur an der Universität Leipzig innehatte und von 1871 bis 1874 Mitglied für die Nationalliberalen im Deutschen Reichstag saß.[988] Die Artikelserie setzte sich mit den Vorwürfen Biedermanns aus sozialdemokratischer Sicht auseinander; Arbeiter wie der Hamburger Zigarrenarbeiter Carl Traber adressierten ihre Meinung in Artikeln mit dem Titel „An Herrn Professor Biedermann" persönlich an den Professor und gingen inhaltlich auf dessen Argumentation ein. Traber kritisierte in seinem Artikel Biedermanns „Universal-Heilmittel", nämlich die Forderung nach mehr Sparsamkeit.[989]

---

988 Vgl. hierzu den Eintrag o. Verf.: Biedermann, Friedrich Carl, in: Hirth, Georg (Hrsg.): Deutscher Parlaments-Almanach, Berlin 1871, S. 161–162.

989 Der Volksstaat, 2. Februar 1876, Nr. 13. Vgl. hierzu auch über die Einstellung der Arbeiterschaft zur Wissenschaft aus Sicht der Parteispitze: Wilhelm Liebknecht an Friedrich Engels, 21.7.1877, in: Georg Eckert (Hrsg.): Wilhelm Liebknecht. Briefwechsel mit Karl Marx und Friedrich Engels (Quellen und Untersuchungen zur Geschichte der deutschen und österreichischen Arbeiterbewegung, Bd. 5, Den Haag 1963, Nr. 109, S. 230–232, hier S. 232 (Hervorhebungen im Original): „Du irrst, wenn Du glaubst, die *Masse* unserer Leute seien gegen wissenschaftliche Artikel. Das ist bloß eine winzige Minderheit, auf die aber bis jetzt *Rücksicht* genommen werden mußte – wenn auch nur äußerlich. [...] Gerade der unverdorbene, mit richtigem Instinkt ‚noch' der echten Wissenschaft und Wissenschaftlich-

Ausdrücklich bezog sich Traber in seinem Debattenbeitrag auch darauf, dass „wir Arbeiter die wissenschaftlichen Artikel im ‚Volksstaat' nicht blos lesen, sondern daß wir auch zu unserm Glücke anfangen, dieselben zu begreifen".[990] Also wurde der „Volksstaat" keineswegs von allen seinen Lesern als „schwerfällig" wahrgenommen – trotz dessen wissenschaftlicher Ausrichtung.[991] Der Zigarrenarbeiter unterschied – aus heutiger Sicht sehr fortschrittlich – zwischen dem individuellen Sparen und dem gesamtgesellschaftlichen Sparen. Zwar könne manch ein Arbeiter mit gutem Gehalt sich vielleicht eine kleine Rücklage schaffen, doch müsse alles Produzierte auch konsumiert werden. Auch müssten sich die sparsamen Arbeiter, folgten sie „Sparapostel" Professor Biedermanns Argumentation, sich der Konsumtion in einem nicht unerheblichen Maße enthalten, was wiederum Folge für die Produzenten hätte.[992] Ein Rechenbeispiel aus der eigenen Arbeitswelt anführend, wies der Zigarrenarbeiter auf die Folgen von Lohnverringerung und Arbeitsplatzverlust hin, die infolge einer allgemeinen Zurückhaltung beim Tabakkonsum erwachsen würden. Als Ergebnis sieht Traber eine gesamtgesellschaftliche Abwärtsspirale am Werk:

> „Je mehr sich die Arbeiter ihrer gewohnheitsmäßigen Bedürfnisse entwöhnen, um recht viel sparen zu können, je mehr würden sie ihre übrigen Arbeitsbrüder brodlos machen, die Lohnverhältnisse würden bald so gedrückt sein, daß die sparenden Arbeiter nicht mehr verdienten, als sie bisher zu ihrem Lebensunterhalt verbrauchten. Um nun weiter sparen zu können, würden die Arbeiter immer mehr ihre Bedürfnisse einschränken müssen, die Löhne würden mehr und mehr herabgedrückt, und die deutschen Kulis wären fertig und damit auch die Absicht des Herrn Prof. Biedermann resp. die seiner Partei erreicht."[993]

Lasalle zitierend, fügte Traber noch hinzu, dass die Überproduktion keinesfalls das Problem der jetzigen Wirtschaft sei, sondern die zu geringe Konsumfähigkeit der Arbeiterschaft, die – würde sie behoben – dem „Elend" der deutschen Arbeiterschaft ein Ende machen könne. Am Schluss seines Beitrags wies der Autor noch darauf hin, dass trotz der geringen Kosten seiner Schulbildung („monatlich 2 ½ Sgr.") im Verhältnis zu jenen im Falle des Professors nur durch „Volksstaat" und die „Lassalle'schen und [...] übrigen Parteischriften, soweit ich mir dieselben anschaffen konnte", für ihn ein Bildungsstand erreichbar gewesen sei, der zeige, dass „die Sozialdemokratie die wahre Bildnerin des Volkes" sei.[994]

Wir können nicht mit Sicherheit feststellen, ob der Autor wirklich „nur" ein Arbeiter war. Aber die Masse an Quellenzeugnissen aus den Reihen der Arbeiterschaft, die nicht immer ein so hohes Niveau erreichten, zeigt, wie sehr schon zu diesem Zeitpunkt Teile der deutschen Arbeiterschaft auf die Lockrufe der Sozialdemokratie mit Aufgeschlossenheit und Partizipation am sozialdemokratischen

---

keit sich zuwendende Sinn unserer Arbeiter ist's, was mich über so viel Arges und Dreck mich hinwegsetzen und den Geduldsfaden nicht reißen läßt."

990 Der Volksstaat, 2. Februar 1876, Nr. 13.

991 Mehring, Geschichte, S. 56.

992 Der Volksstaat, 2. Februar 1876, Nr. 13.

993 Ebenda.

994 Ebenda.

Projekt antworteten. Dabei wirkte in diesem Fall das sozialdemokratische Medium als – auftragsgemäß – buchstäbliche Mittlerin zwischen einem nationalliberalen Professor aus Leipzig und einem Hamburger Zigarrenarbeiter. Aber in diesem Fall konnte der Arbeiter seine Meinung auch frei zum Ausdruck bringen und auch seine auf verschiedenen sozialdemokratischen Ideen gründenden Gedanken verbreiten – der persönliche Hinweis des Autors auf die Bildungschancen durch die sozialdemokratische Presse dient hier noch als ein zusätzlicher Beleg für deren Anziehungskraft.

Zuletzt spricht auch die eklektizistische Sichtweise des schreibenden Arbeiters, die sich aus den Schriften Lassalles und anderer Sozialdemokraten bedient, für die These, dass die Sozialdemokratie zu diesem Zeitpunkt in der Praxis noch aus einem viel breiteren Reservoir von ideologischen Varianten schöpfen konnte, was in der Geschichtsschreibung als ein Defizit einer noch nicht hinreichend erfolgten Durchsetzung des Marxismus beschrieben worden ist.[995] Aus meiner Sicht ist dies allerdings als Merkmal einer modernen Partei zu betrachten, die an der aktuellen politischen Debatte teilnimmt und damit nicht selten auf die Wahl eines Mittelwegs zwischen ideologischer Verbohrtheit und vollkommener Flexibilität angewiesen ist. Zu diesem Zeitpunkt, so scheint es, waren die Sozialdemokraten im Kaiserreich schon recht nah an einer solchen Vorstellung von einer aktionsfähigen politischen Partei im modernen Sinne. Denn eine solche sollte in einer umfassenden Definition nicht nur mit Blick auf Formalia wie der regelmäßige Beiträge zahlenden Mitgliedschaft und die Teilnahme an Wahlen gesehen werden, sondern auch – output-orientiert – unter der Perspektive der tatsächlichen Wirkung und massenmedialen politischen Kommunikation im Sinne einer modernen Partei. So ist die Flexibilität der Parteimitglieder, die sich in Zeitungen, Briefen und Parteiversammlungen äußerten und dabei oft inhaltlich „improvisieren“ mussten,[996] keineswegs ein Zeichen von Rückständigkeit, sondern von gelebter Emanzipation der Parteimitglieder. Diese konnten sich in den Jahren vor 1878 noch in vielen Zusammenhängen frei äußern, ohne vom Obrigkeitsstaat belästigt oder aber als Angreifer einer als überlebenswichtig angesehenen Parteidoktrin betrachtet zu werden.

Auch die Statistiken zeigen deutlich die Mobilisierungserfolge der deutschen Sozialdemokraten. So ergibt zum Beispiel der Vergleich der antretenden sozialdemokratischen Kandidaten zu den Reichstagswahlen 1871 (98) und 1874 (163) ein rasantes Wachstum an politisch aktiven Sozialisten, die sich auch in der Öffentlichkeit zu präsentieren wagten. Der quantitative Anstieg verlangsamte sich in den Folgejahren mit „nur“ noch mit 196 Kandidaten im Jahr 1877 und – angesichts der veränderten politischen Lage – lediglich 190 im Jahr 1878.[997] In diesem Sinne sind vor allem die Mobilisierungserfolge zwischen 1871 und 1877 hervorzuheben – die Zeit der Gründerkrise.

---

995 Vgl. hierzu: Steinberg, Sozialismus, S. 13. Der Autor beschreibt übereinstimmend mit Marx und Engels das Gothaer Programm als von „Unzulänglichkeiten“ geprägt.

996 Offermann, Lassallean Labor Movement, S. 91.

997 Vgl. Fricke, Handbuch, S. 702, Tabelle 81.

Eine zentrale Frage neben der politischen Organisation der Arbeiterschaft war seit dem gemeinsamen Auftreten von Gewerkschaften und Arbeiterparteien in den 1860er Jahren die nach dem Verhältnis zwischen Arbeiterschaft, Gewerkschaften und Partei(en). Was die Reflektion über diese Thematik angeht, so lag der Schwerpunkt der Debatte in den Jahren vor 1873 vor allem auf der Organisation von Streiks beziehungsweise dem Unterlassen derselben und auf der Fernhaltung wandernder Gesellen und Arbeiter, die über die Parteipresse aufgefordert wurden, nicht in bestimmte Gegenden zu reisen, um den Arbeitgebern das Streikbrechen zu erschweren.[998] Dabei ist die Rolle der Parteipresse für das Gelingen von Streiks noch einmal besonders hervorzuheben.[999] Ein zweiter Punkt, der vor allem vor 1873 eine Rolle spielte, war zudem die Auseinandersetzung zwischen ADAV und SDAP, die auch über die Gewerkschaftsfrage geführt wurde. Hinzu kam auch die Debatte um die Lehren aus der Krise für die Gewerkschaftsorganisationen, die sich nach der gewerkschaftlichen Boomphase der 1860er und frühen 1870er Jahre einer vollkommen veränderten Umgebung ausgesetzt sahen und – nach 1873 – zunehmend zu Motoren einer Einigung der beiden sozialdemokratischen Flügel wurden.

Aber auch nach der Vereinigung der sozialistischen Gewerkschaften in Gotha war die Debatte um die Rolle der Gewerkschaften in der Arbeiterbewegung weiter umkämpft. Karl Hillmann griff vor Veröffentlichung seiner Broschüre zum Thema mit dem Titel „Die Organisation der Massen“ mit einem Artikel in die Debatte auf Seiten des „Volksstaats“ ein und wies – gegen Karl Kautskys in Nummer 68 des „Volksstaats“ erfolgte Meinungsäußerung, die eher auf staatliche Reformen als auf die Gewerkschaftsbewegung setzte – darauf hin, dass gegen die Koalitionen der Arbeitgeber untereinander notwendigerweise auch Koalitionen der Arbeiter geschlossen werden müssten. Eine wichtige Aufgabe der Gewerkschaften sah Hillmann auch in der Bildung der Arbeiterschaft. Diese sollte über die ökonomischen Gesetzmäßigkeiten aufgeklärt werden, von denen die Arbeitgeber profitierten:

> „Die geringe Verbreitung der Kenntniß des Gesetzes von Angebot und Nachfrage unter den Arbeitern, ist die Ursache ihrer Niederlagen. [...] Die Gewerkschaftsorganisationen sind das Mittel, um das Gesetz von Angebot und Nachfrage zu Gunsten der Arbeiter zu verschieben, denn vereinigt sind die Arbeiter keine leblosen Waarenballen, sondern eine compacte Menschenmasse mit energischem Willen, mit Gedanken und Thaten. Sie werden um so eher ihren Willen durchsetzen, je besser die Organisation, je überzeugter die Mitglieder, je höher die Zahl der Verbündeten ist, je mehr sie sich bewußt sind, daß kurze

---

998 Vgl. hierzu exemplarisch einige Artikel, in denen Streiks und die vor Ort verfolgte Strategie (etwa Fernbleiben aller Kollegen aus benachbarten Gebieten) im gewerkschaftsfreundlichen „Volksstaat“ angekündigt wurden: 12. April 1873, Nr. 30; 31. Mai 1873, Nr. 44; 10. August 1873, Nr. 70; 29. April 1874, Nr. 49.

999 Herzig, Arno: Das Verhältnis zwischen Sozialdemokratie und freien Gewerkschaften (1868–1914), in: Dunk, Hermann W. von der/Lademacher, Horst (Hrsg.): Auf dem Weg zum modernen Parteienstaat. Zur Entstehung, Organisation und Struktur politischer Parteien in Deutschland und den Niederlanden, Melsungen 1986, S. 149–164, hier S. 156.

Arbeitszeit, hoher Lohn und Organisation die Factoren sind, um das Gesetz von Angebot und Nachfrage zu ihrem Vortheil zu reguliren."[1000]

Weniger das politische Handeln der Arbeiterschaft war demnach das entscheidende Desiderat, die schlechte Informationslage über die Gesetzmäßigkeiten des Arbeitsmarktes war es, die für Hillmann der Hauptgrund für bisheriges Scheitern war. Die Bezeichnung der Arbeiter als „leblose Waarenballen" im Einzelzustand zeigt vielleicht auch das geringe Vertrauen Hillmanns in das Handeln einzelner Arbeiter, neben ihrer Rolle als Verkörperung auszubeutender Arbeitskraft, die er mehr über die von ihm formulierten Gesetze der Ökonomie definiert, anstatt als eigenständige Akteure. Ganz ähnlich kam Hillmanns diesbezügliche Sicht in seiner Schrift „Praktische Emanzipationswinke" aus dem Jahr 1873 zum Ausdruck, wenn er dort die von Lassalle indoktrinierten Arbeiter als wenig selbständig denkende Wesen schilderte.[1001] Anders verhält sich dies bei einer kollektiven Organisation der Arbeiterschaft. Erst dann scheint die Formierung eines Willens möglich, die dem einzelnen Arbeiter nicht gelingen kann. Dieser Willen, durch Information genährt, wird hier als politisches Standbein der Sozialdemokratie herausgearbeitet. Ganz im Gegensatz zur Sichtweise der staatlichen Obrigkeit ist der Arbeiter für den Sozialdemokraten als Einzelner eine Bedrohung und nur im Kollektiv von Nutzen. Da nur in Letzterem ein kollektiver Wille entstehen kann, ist die Gewerkschaftsbewegung in dieser Sichtweise die Voraussetzung jeglichen politischen Drucks im sozialdemokratischen Sinne.

Weiter war aus Hillmanns Sicht „999mal durch Praxis und Erfahrung widerlegt", dass es einen direkten Zusammenhang von Lohnsteigerungen und Preissteigerungen gebe, wie von den „Manchestermännern" behauptet.[1002] Stattdessen seien es Rationalisierungen bei der Produktion und Innovationen, die trotz steigender Kosten der Arbeitskraft ein gleichmäßiges Steigen der Löhne und der Warenpreise verhinderten. Gegen die Forderung zur Gründung von Assoziationen, also gegen den Lassalle'schen Vorschlag, wendet sich der zuvor selbst noch in ADAV-Kreisen tätige Hillmann mit dem Argument, dass vor allem die Regelung von Angebot und Nachfrage die Aufgabe der Gewerkschaften sein könne und Produktivassoziationen nur dann hilfreich sein könnten, wenn sie sich in Besitz der Gewerkschaften befänden.[1003] An anderer Stelle begründet Hillmann auch – gegen das Verständnis des ehernen Lohngesetztes als unabänderlich –, dass sich dieses nach den gewohnten Bedürfnissen der Arbeiterschaft richte, der Lohn also durchaus steigen könnte, wenn sich diese änderten.[1004] Auch hier appellierte Hillmann an die kollektive Kraft der Arbeiterschaft, auch in Bezug auf die Veränderung scheinbarer ökonomischer Gesetzmäßigkeiten.

[1000] Der Volksstaat, 30. Juni 1875, Nr. 73.

[1001] Vgl. Karl Hillmann: Praktische Emanzipationswinke. Förderung der Gewerksgenossenschaften, Leipzig 1873, S. 7.

[1002] Der Volksstaat, 30. Juni 1875, Nr. 73.

[1003] Vgl. ebenda.

[1004] Hillmann, Emanzipationswinke, S. 11.

Wenn wir die Positionierung des Gewerkschaftstheoretikers Hillmann mit derjenigen auf den Seiten des „Neuen Social-Demokraten" vergleichen, welcher sich zum Beispiel am 10. April 1874 in einem Leitartikel mit dem Titel „Die politische und die gewerkschaftliche Arbeiterbewegung" und am 5. Juli 1874 mit „Was lehrt uns die Arbeitsstockung?" mit der Thematik auseinandersetzte, dann wird deutlich, dass die Lassalleaner eher die Funktion der Gewerkschaften als Kaderschmiede betonten. Sie verwiesen dabei stets auf das eherne Lohngesetz, dessen Implikationen auf Seiten des „Volksstaats" naturgemäß keine Zustimmung fanden, wie auch schon Hillmann bewiesen hatte, als er von der Möglichkeit einer Verschiebung von Angebot und Nachfrage im Sinne der Arbeiterschaft ausgegangen war.

Für die Autoren des „Neuen Social-Demokraten" hingegen war es eindeutig, dass das eherne Lohngesetz unaufhebbar war, solange die Lohnarbeit fortexistierte. Im Artikel vom 5. Juli 1874 wurde sogar die Wirtschaftskrise als klare Bestätigung des ehernen Lohngesetzes gekennzeichnet.[1005] Gleichzeitig bot sich aber ein Kompromiss zwischen den beiden Positionen an, da man zu diesem Zeitpunkt innerhalb des ADAV bereits von einer gewissen Flexibilität des ehernen Lohngesetzes ausging – oder, um es über ein Zitat aus dem Artikel auszudrücken, davon, dass „der Arbeitslohn bald unterhalb, bald oberhalb der Durchschnittshöhe steht, je nach Angebot und Nachfrage, also je nach der Dringlichkeit der Geschäfte und der Menge sich anbietender Arbeiter". [1006] Aus dieser Trennung zwischen der langfristigen und kurzfristigen Perspektive konnte gleichzeitig die Wirksamkeit von Gewerkschaften abgeleitet werden, nämlich dahingehend, dass diese zumindest ein Absinken unter den Lohn verhindern konnten, den das eherne Lohngesetz bedingte. Bei dieser Sichtweise endeten die Ausführungen im „Neuen Social-Demokraten" jedoch nicht. Auch die Verbesserung der Lebensweise der Arbeiterschaft hielt der Autor durch gewerkschaftliches Handeln für erreichbar, vor allem in Hinsicht auf eine Arbeitszeitverkürzung. Diese Faktoren aber wären das Maximum an gewerkschaftlich zu erkämpfenden Fortschritten, damit die „Grenzen der gewerkschaftlichen Thätigkeit gezogen".[1007] Auch wenn diese Betonung der begrenzten Möglichkeiten der Gewerkschaftspolitik noch die Ehre des ehernen Lohngesetzes retten sollte, so wird in diesem Artikel deutlich, welchen Weg der ADAV mittlerweile aus ideologischer Sicht in der Gewerkschaftsfrage zurückgelegt hatte. Den entscheidenden Kampf der Arbeiter sahen die Lassalleaner dennoch in der politischen Auseinandersetzung.

Während sich also beide Seiten einig waren über die große Bedeutung der Gewerkschaften als Bildungs- und Selbstverständigungsort für Arbeiter, so unterschieden sich die Ansichten vor allem über die Wirksamkeit des ehernen Lohngesetzes und bei der Frage der Produktivassoziationen. Da das erstere nicht beweisbar war und dank einer temporalen Verschiebung in der Betrachtungsweise in der kurzen Frist auch nicht sichtbar sein konnte und die Produktivas-

---

[1005] Vgl. Neuer Social-Demokrat, 5. Juli 1874, Nr. 76.
[1006] Neuer Social-Demokrat, 10. April 1874, Nr. 41.
[1007] Ebenda.

soziationen erst bei der Umwandlung in die sozialistische Gesellschaft ihre Wirkung tun sollten, gab es zu diesem Zeitpunkt – in den Jahren um 1875 – weit weniger Unterschiede zwischen SDAP und ADAV als noch in den Jahren zuvor.

Das wichtigste gemeinsame Anliegen beider Strömungen war die Mobilisierung der Arbeiterschaft für den politischen Kampf. Auf dem Weg dorthin gestanden die Vertreter der SDAP den Gewerkschaften ein etwas größeres Potential bei der Verschiebung von Angebot und Nachfrage zugunsten der Arbeiterschaft zu. Aber auch der ADAV näherte sich dieser Position an. Ein wesentlicher Aspekt, der beide Seiten vereinte, war auch die gemeinsame Ablehnung jeglicher „selbsthülflerischer" also aus der Richtung der liberalen Arbeiterbildungsvereine stammenden Konzepte, die eine Verbesserung der Lebensumstände der Arbeiter durch deren individuelles Fortkommen im Sinne hatten. Im ersten Teil der Schrift „Die soziale Frage vom Standpunkte eines Kopfarbeiters aus betrachtet" von Karl Kautsky, die am 22. September 1875 im „Volksstaat" erschien, wurde auf ebendiesen Punkt hingewiesen.[1008] Für Kautsky war klar, dass derjenige, der sich als „Opfer der Verhältnisse" diesen ausgesetzt sah, sich nicht durch Selbsthilfe würde retten können. Die vorgeschlagene Lösung der Assoziierung mittels Gewerkschaften betrachtete Kautsky insofern skeptisch, als dass er deren Nutzen vor allem im Falle einer vollständig gewerkschaftlich organisierten Arbeiterschaft erblickte. Diese sei dann auch wieder mit einem Staat vergleichbar, also warum sollte man sich dann nicht direkt als Staat organisieren? Den Nationalökonomen Wilhelm Roscher zitierend – alles andere als ein von Marx akzeptierter Ökonom –, wies Kautsky auf die beständig bessere Verhandlungsposition der Unternehmerschaft gegenüber der Arbeiterschaft hin.[1009] Für den Fall aber, so Kautsky, dass sich dank der Gewerkschaften die Verhandlungsposition der Arbeiter sich in einem Maße verbessern würde, das der Unternehmerschaft nicht zusagen würde, könne diese – da im Besitz der politischen Mittel – ganz einfach die Gewerkschaftsbewegung in die Illegalität drängen und der Arbeiterschaft nur die Möglichkeiten der Akquieszenz oder Revolte geben. Deswegen lautete Kautskys Fazit, „muß man mit der Organisirung der Gewerkschaften zugleich den Besitz der politischen Macht anstreben, gerade im Interesse friedlicher Entwicklung".[1010]

Auch wenn sich also beide Richtungen der deutschen Sozialdemokratie in den Jahren um 1875 noch nicht einig gewesen sein mögen, weshalb der Gewerkschaftsbewegung nicht die entscheidende Rolle bei der Emanzipation der Arbeiterschaft zukommen sollte, so waren sie es – ehernes Lohngesetz und Priorität der Politik hin oder her – vom Grundsatz her doch. Bis auf Weiteres blieb die Sozialdemokratie allerdings in erster Linie auf Organisations- und Agitationsarbeit

---

[1008] Vgl. Der Volksstaat, 22. September 1875, Nr. 109.

[1009] Hans Jaeger sieht Wilhelm Roschers Werk „Staatswirtschaft nach geschichtlicher Methode", in dem die wichtige Rolle des Staates in der Wirtschaft betont wird, als „bahnbrechend für diese [die ältere historische Schule, LSB] aus der deutschen Hochschätzung staatlich gesetzter Ordnung erwachsene Richtung des ökonomischen Denkens." (Jaeger, Geschichte, S. 68.)

[1010] Der Volksstaat, 22. September 1875, Nr. 109.

angewiesen, denn genau wie auch die Gewerkschaftsbewegung war sie ohne die notwendige Massenbasis im Zweifelsfall nicht schlagkräftig.

Nachdem einige der brennendsten Fragen entweder gütlich geklärt oder auf die lange Bank verschoben worden waren, wartete schon die eigentlich bestimmende Frage der deutschen Arbeiterbewegung am Horizont, die vor allem in den Jahren vor 1914 immer drängender werden sollte: die Frage nach dem Verhältnis von Gewerkschaften und Partei.

Vorerst aber wartete als nächste Etappe die Zeit des Sozialistengesetzes, mit welchem ab 1878 „die letzten Hoffnungen auf korporatistische Alternativlösungen" verstoben und die „Klassenspannungen" zunahmen – in einer solchen Situation profitierten nicht mehr jene Vertreter der Arbeiterbewegung, die Kompromissformeln in der Auseinandersetzung mit Staat und Wirtschaft für richtig hielten, sondern nur ihre weniger zurückhaltenden Genossen.[1011]

Hervorzuheben ist für die 1870er Jahre die große Aufgeschlossenheit der Parteipresse für aus der Arbeiterschaft stammende Beiträge und Kommentare, die allerdings einherging mit einem paternalistischen Selbstverständnis – die Sozialdemokraten sahen sich als Verteidiger der Ehre, des Rechts und vor allem der Arbeitsleistung der Arbeiterschaft. Diese aber – wie gesehen – nahm es auch selbst in die Hand, sich etwa gegen Vorwürfe wie den der angeblich überhöhten Löhne zu wehren. So bot sich im sozialdemokratischen Diskurs ein emanzipatorisches Element bei gleichzeitiger Tendenz zur Vereinnahmung der Arbeiterschaft.

Neben der Sammlung von Fakten über die Lage der Arbeiterschaft, die sich nicht nur auf Deutschland beschränkte, hier aber einen deutlich nationalisierenden Einfluss haben musste, da die regionalen Berichte immer wieder zusammengefast und unter der gedachten Rubrik der Gesamtlage der deutschen Arbeiter rubriziert wurden, war die Aufgabe der Gewerkschaften noch nicht geklärt. Sollten sie eher Parteiakteure rekrutieren, den Übergang in die neue Wirtschaft organisieren oder – wie Karl Hillmann forderte – Angebot und Nachfrage auf dem herrschenden Arbeitsmarkt zugunsten der Arbeiterschaft verschieben? Vorerst blieben diese Fragen Zukunftsfragen und der Blick auf die Arbeiter einer, der wenig optimistisch auf deren kurzfristige Mobilisierungsfähigkeit blickte – gerade in der Krise.

11. Das „Milliardenreich" und seine Feinde

Um zu zeigen, welche politischen Kämpfe in Verbindung mit der teilweise übergeordneten, teilweise untergeordneten Frage des Umgangs mit den Auswirkungen der Gründerkrise aus Sicht der Sozialdemokratie zu führen waren, soll in diesem Kapitel ein Blick geworfen werden auf die unterschiedlichen Aus- und

[1011] Eisenberg, Gewerkschaften, S. 263.

Abgrenzungen gegenüber dem politischen Gegner und deren Zusammenhang untereinander, der nicht selten in der Frage der wirtschaftlichen (Neu-)Ausrichtung des Kaiserreiches bestand. Während der Konflikt mit den Liberalen, der sich noch in den 1860er Jahren an der sozialen und nationalen Frage entsponnen hatte, sich ab 1873 oftmals über die Dichotomie Selbsthilfe oder Produktivgenossenschaften kanalisieren ließ, war die Konkurrenz zwischen sozialdemokratischer und bürgerlicher Presse aus Sicht der Sozialisten schon bald ein Kampf zwischen korrupten Journalisten, die von Gründern und Börsenmaklern bezahlt wurden, und den die ehrlichen Forderungen des Volkes verkörpernden Presseorganen der Linken. Auch sozialkonservative Politiker waren in den Jahren zwischen 1873 und 1877 immer wieder Ziel sozialdemokratischer Diskreditierungsversuche, mit denen eine Bindung der Arbeiterschaft an konservative Sozialreformer verhindert werden sollte. Wenn gleichzeitig die Stellungnahmen des im Sinne der Arbeitnehmerschaft reformwilligen und im Jahr 1873 gegründeten „Vereins für Socialpolitik“ die soziale Frage aus der wissenschaftlichen Perspektive auf die Tagesordnung brachten, dann wird schnell deutlich, dass die Neuentdeckung der sozialen Frage seit dem Jahr 1873, die in den Reichsgründungsjahren von Krieg und nationalen Emotionen überdeckt worden war, nicht nur mehr Aufmerksamkeit für die Sozialdemokratie brachte, die sie ja bis dahin vor allem als angebliche Reichsfeindin erhalten hatte – eine Zuschreibung, die weiterhin im diskursiven Raum verblieb –, sondern als handfeste Konkurrenz um die politische Deutungshoheit.[1012] Wie ging sie damit um?

Erneut wird klar, dass Umbruchszeiten, wie etwa Krisen sie mit sich bringen, politische Spielräume eröffnen beziehungsweise erweitern können. Anzunehmen aber, dass nur bestimmte, dazu scheinbar auserkorene Gruppen in diese Räume hineinstoßen und diese im eigenen Sinne nutzen können, hieße, teleologisch zu denken und andere politische Akteure zu übersehen. Dass die deutschen Sozialisten sich dieser Gefahr nicht bewusst waren, kann nicht behauptet werden. Wie die folgenden Seiten zeigen werden, wurde der rhetorische Kampf an vielen Fronten geführt und – mit Blick auf den sozialdemokratischen Antiklerikalismus – auch ausgeweitet beziehungsweise verschärft. Gleiches gilt für die Abwehr staatlicher Verfolgungsmaßnahmen, wozu auch die Zensur zu zählen ist. Angesichts dieser unterschiedlichen Dispositive sind die Antworten der Sozialdemokraten nachzuverfolgen. Diese erlauben dann wiederum *ex negativo* Rückschlüsse auf die Antworten der anderen politischen Akteure beziehungsweise auf deren Wahrnehmung und Verarbeitung durch die Sozialdemokratie. Eine wichtige Frage dabei ist die nach einer möglichen Trennung der unterschiedlichen Opponenten nach Themenkomplexen beziehungsweise nach Relevanz, die den Argumenten des politischen Gegners zugeschrieben wurde. Fand eine solche statt, oder wurden angesichts der notwendigerweise entstehenden Wagenburgmentalität der Sozialisten keine solchen Unterscheidungen mehr gemacht und die politische Konkurrenz als kompakte Front betrachtet? Diese Frage ist

---

1012 Vgl. zur sozialen Frage aus Sicht der sogenannten „Kathedersozialisten“: Grimme-Solem, Rise, S. 127–168; Plumpe, Gründerkrach, S. 32f.

deswegen so interessant, weil sie eine Antwort auf das Differenzierungspotential der sozialdemokratischen Akteure zu dieser Zeit zu geben vermag – auch ein Gradmesser für das Potential für eine mögliche politische Integration. War diese zu diesem Zeitpunkt – vor dem Sozialistengesetz – schon ausgeschlossen aus Sicht der Sozialisten? Oder waren die Jahre 1873 und 1877 diejenigen, in denen ein solcher Abschottungsprozess stattfand?

A. Die Presse als Gegnerin

Die Jahre 1873 bis 1878 zeigen einen Zeitabschnitt, in der die Sozialdemokratie ihre Machtbasis noch nicht gefestigt hatte, sich inhaltlich noch finden musste und auch noch nicht die enorme Reichweite etwa des „Vorwärts" vorweisen konnte, der zum Ende des Jahrhunderts in der deutschen Presselandschaft fest etabliert war.[1013] Da eine politische Bewegung von Öffentlichkeit lebt, mussten die Sozialdemokraten, die zu diesem Zeitpunkt noch keine umfassende Gegenöffentlichkeit etabliert hatten, den Schritt tun, sich an Debatten und Diskussionen zu beteiligen, die sie selbst nicht angestoßen hatten. Der Weg in die Arena des Gegners, der vor allem über Zeitungszitate ging, war damit aber auch ein begrenztes Zugeständnis angesichts dessen kommunikativer Vorrangstellung. So kennzeichnen die gleichzeitige, teilweise sogar angewiderte Ablehnung und die praktische Angewiesenheit auf die gegnerische Presse den Umgang der Sozialdemokratie mit derselben in den 1870er Jahren.

Tatsächlich hatten sich manche Zeitungsjournalisten während des Gründerbooms wohl einer gewissen Käuflichkeit – zumindest aus der Perspektive heutiger journalistischer Normen – schuldig gemacht.[1014] Überdies hatten erfolgreiche Unternehmer auch den Zusammenhang zwischen günstiger Presseberichterstattung und dem eigenen Geschäftsglück erkannt und deswegen Zeitungen gekauft oder gegründet, um – wie Robert Radu festgestellt hat – „die Ambitionen ihrer Besitzer oder Teilhaber auf anderen wirtschaftlichen Feldern werbewirksam zu flankieren".[1015] Aber auch die nicht direkt im Besitz von Gründerpersönlichkeiten befindlichen Presseorgane profitierten von den „goldene[n] Jahre[n] des Prospektgeschäfts".[1016]

Schon im September 1873 kam der „Neue Social-Demokrat" auf die Thematik der „gekauften" Zeitungen zu sprechen, als in einem Artikel mit der Überschrift „Selbsterkenntniß" auf die „Volkswirthschaftliche Presse" und ihre angeblichen Besitzer, laut dem „Neuen" Vertreter Wiener und Frankfurter Banken,

---

1013 Vgl. hierzu die Entwicklung des „Vorwärts" um die Jahrhundertwende, die durchaus profitabel war: Leesch, „Vorwärts", S. 61f.

1014 Vgl. Radu, Auguren, S. 108.

1015 Radu, Robert: Auguren des Geldes. Eine Kulturgeschichte des Finanzjournalismus in Deutschland 1850–1914, Göttingen 2017, S. 116.

1016 Ebenda, S. 123.

eingegangen wurde.[1017] Da das genannte Blatt in dem zitierten Artikel selbst von der „Prostitution der Presse“ sprach, fiel es den sozialdemokratischen Journalisten nicht schwer, Bestätigungen für ihre Auffassung zu finden, dass die Presse in Deutschland allgemein, vor allem aber die Wirtschaftspresse im Besitz der Börsen und Banken sei. Mit dieser Sichtweise standen die Sozialisten auch nicht allein, denn auch Linksliberale und Demokraten hatten immer wieder ähnliche Vorwürfe vorgebracht.[1018]

Weil die „Volkswirthschaftliche Presse“ selbst die Vorwürfe anführte, hielt es der „Neue“ für notwendig, auch die Seriosität dieses Blattes anzuzweifeln – man vermutete hier eine Ablenkungsstrategie.[1019] Das Stilmittel der „verkehrten Welt“, das schon in Moralfragen aufgezeigt worden ist, kommt auch hier zum Tragen. Aus der bürgerlichen Welt stammende Diskurse sind demnach von Grund auf anzuzweifeln. Selbst die sich ehrlich gebende „Volkswirthschaftliche Presse“ gehört dieser Sichtweise nach zu den korrupten Blättern, ja muss zu diesen gehören, weil die von ihr – korrekt – beschriebenen Vorgänge der Pressekorruption nur zur Ablenkung von den eigenen Verfehlungen dienen können und diese Vorgänge so umfassend sind, dass keine Ausnahmen vorstellbar sind. So war es nicht verwunderlich, wenn Wilhelm Blos in seiner Schrift „Unsere Preßzustände“ Folgendes fragte und im weiteren Verlauf die Journalisten als einfache Lohnarbeiter charakterisierte, die eben das Bestellte liefern mussten:

> „Und hat die Presse der herrschenden Klassen etwa einen andern Zweck, als die Bereicherung ihrer Besitzer und die Verdummung des Volks?“[1020]

Der „Volksstaat“ ging auf einen ähnlichen Komplex ein, als dieser im Oktober 1874 auf einen von Juni 1874 datierenden Artikel aus der „Gerichtszeitung“ Bezug nahm und beschrieb, wie ein Journalist namens Julius Mayer angeklagt worden war, der „Quistorpschen Vereinsbank“ 4.000 Thaler zu zahlen, während dieser – sich auf eine Abmachung berufend – darauf hinwies, dass er für „günstige Zeitungsberichte“ Aktien im Wert von 4.000 Talern hätte erhalten sollen.[1021] Auch ein Redakteur des „Börsenwächters“ berichtete in dem Artikel von ähnlichen Abmachungen. Für den „Volksstaat“ stand insofern die „Thatsache“ fest, dass die „deutsche Presse im Großen und Ganzen [...] während der letzten Grün-

---

1017 Neuer Social-Demokrat, 24. September 1873, Nr. 110.

1018 Vgl. hierzu: Radu, Auguren, 2017, S. 136: Als Franz Mehring noch Demokrat war, verfasste er zu Beginn des Jahres 1873 eine Artikelserie in der „Staatsbürger-Zeitung“ gegen Julius Schweitzer und seine „National-Zeitung“ sowie die vermeintliche Kooperation mit der Börse.

1019 Neuer Social-Demokrat, 24. September 1873, Nr. 110: „Grade das vorstehende gewaltige Moralgeschrei läßt es nur zu deutlich durchblicken, daß dies Börsenblatt einige Spekulanten nur deshalb ‚verreißt‘ – wie der Börsenausdruck lautet – um ihren Gönnern Spekulationen zu erleichtern und dem Publikum darüber Sand in die Augen zu streuen.“

1020 Wilhelm Blos: Unsere Preßzustände, Leipzig 1875, S. 2.

1021 Der Volksstaat, 13. Oktober 1874, Nr. 120. Vgl. zu diesem Vorgang auch: Radu, Auguren, S. 133.

derepoche den Bauernfängern der Börse als Zuschlepperin gedient [hat]"[1022] Wie auch schon im vorangegangenen Beispiel diente bürgerliche Berichterstattung, welche die Vorwürfe an einzelne Zeitungen oder Journalisten zu erhärten schien, für die Sozialdemokraten als Beweis, wie berechtigt eine Verallgemeinerung der Vorwürfe war.

Diese Verallgemeinerung fand allerdings nicht nur horizontal statt, indem sie alle bürgerlichen Zeitungserzeugnisse betraf, sondern auch vertikal, nämlich dann, wenn die Verfehlungen der Presse zurückgeführt wurden auf den „Reptilienfonds", also auf die von Reichskanzler Bismarck 1869 eingerichtete Kasse zur Bezahlung bestimmter Zeitungen, die im reichsdeutschen Sinne argumentierten.[1023] War dieser Begriff ursprünglich vor allem gegen das Königshaus Hannover gerichtet gewesen, wandelte er sich – vor allem in der sozialdemokratischen Version – zu einer Zuschreibung für die gesamte bürgerliche Presse und Bismarcks Rolle bei deren Instrumentalisierung. Während man mit diesem Ausdruck die Regierung vermittelt über die Presse attackieren konnte, ohne sich in rechtlich angreifbares Terrain zu begeben, wies der Begriff gleichzeitig auch indirekt auf die Zusammenarbeit der Liberalen mit Bismarck hin, die ja teilweise vor der Reichseinigung noch zu den Hauptzielscheiben des „Reichsfonds" gezählt hatten, nun aber – so implizierten es die Sozialisten – von diesem profitierten und mit der Regierung kooperierten.

In dem vom 25. April 1875 datierenden Artikel im „Volksstaat" mit dem Titel „Das Kriegsgeheul der Reptilien" – einer unter vielen dieser Art aus dem ausgewerteten Quellenbestand – bezogen sich die Autoren auf die „Krieg-in-Sicht"-Krise, welche die drohende Gefahr eines französischen Angriffs in die europäischen Medien transportierte, und zwar mit dem Ziel, in Deutschland und international die öffentliche Meinung gegen Frankreich zu mobilisieren: mit zweifelhaftem Erfolg.[1024] Die Journalisten des „Volksstaats" trauten der Behauptung der drohenden Kriegsgefahr nicht, brachten aber die von Bismarck gesteuerte Pressekampagne mit Kriegsprofiteuren an der Börse zusammen, welche von einer Vorabinformation bezüglich eines bevorstehenden Krieges – heute würde man sagen: von Insiderinformationen – profitieren würden.[1025] So zeigt das wohl vor allem in außenpolitischen Zusammenhängen zu verortende Skandalon, dass auch hier aus sozialistischer Sicht direkt eine Verbindung mit schimpflichen Praktiken an der Börse hergestellt wurde. Die Börse, als Symbol unmoralischer Kriegstreiber und Spekulanten, diente somit als argumentatives Versatzstück zur Plausibilisierung niedriger Beweggründe bei jedweden politischen Vorstößen von Regierungsseite oder der politischen Konkurrenz. Diese sprachpragmatische Tradition, die allein mit der Nennung des Wortes „Börse" automatisch

---

1022 Der Volksstaat, 13. Oktober 1874, Nr. 120.

1023 Vgl. Nipperdey, Thomas: Deutsche Geschichte 1868–1918. Arbeitswelt und Bürgergeist (Bd. 1.), München 1998, S. 808.

1024 Vgl. hierzu: Janorschke, Johannes: Bismarck, Europa und die „Krieg-in-Sicht"-Krise von 1875, Paderborn 2010; Kolb, Eberhard: Bismarck, München 2009, S. 98.

1025 Vgl. Der Volksstaat, 25. April 1875, Nr. 47.

eine negative Konnotation heraufbeschwor, ist undenkbar ohne die mit dem Gründerkrach in Verbindung stehenden Ereignisse.

B. Die „Kathedersozialisten“ als Gegner

Neben allgemeinen Vorwürfen gegenüber der Presse, die als Teil eines „Lügensystems“, also einer großangelegten Verschwörung galt,[1026] lassen sich noch weitere Topoi in der sozialdemokratischen Berichterstattung während der Krisenjahre festmachen. Diese, natürlich oftmals auch vermittelt über Kritik an anderen Zeitungen, lassen sich aber dennoch noch spezifischer fassen, sodass im Folgenden die hauptsächlichen Adressaten sozialdemokratischer Kritik und Polemik in den Jahren 1873 bis 1877 aufgeführt werden sollen.

Ohne eine bestimmte Reihenfolge anzunehmen, soll zuerst auf die Mitglieder des 1873 gegründeten „Vereins für Socialpolitik“ eingegangen werden, welche – mit dem Spottnamen Kathedersozialisten bezeichnet – der Sozialdemokratie in Fragen der Sozialreform Konkurrenz zu machen drohten. Dass dies der Fall war, kann objektiv aus den häufigen Bezugnahmen der untersuchten Zeitungen auf Gustav Schmoller, den seinerzeit und auch heute noch bekanntesten Vertreter der jüngeren historischen Schule der deutschen Nationalökonomie, und andere Vertreter derselben wie etwa Adolph Wagner geschlossen werden.[1027] Dabei zeigt sich die Janusköpfigkeit im sozialdemokratischen Umgang mit dem „Verein für Socialpolitik“, da einzelne Zitate der Autoren oftmals wohlwollend aufgenommen wurden – auch wenn sie vor dem Hintergrund einer grundlegenden Bejahung des bestehenden Gesellschaftssystems geäußert wurden. Dagegen wurden die Autoren selbst oft als Vertreter einer nicht vertrauenswürdigen Kompromissfraktion aus der herrschenden Klasse geschmäht. Und tatsächlich war es das Ziel etwa Gustav Schmollers, einen ausgleichenden staatlich-institutionellen Rahmen für das Zusammenleben der verschiedenen Klassen zu entwickeln.[1028]

[1026] Blos, Preßzustände, S. 37: „Angesichts all der Thatsachen, die wir aufgeführt, wird es Niemand zu stark finden, wenn wir die Presse von heute als ein großes Lügensystem bezeichnen, das einen um so widerwärtigeren Eindruck macht, da es sich stellt, als ob es die Wahrheit und Glaubwürdigkeit gepachtet habe.“

[1027] Vgl. zur Positionierung Schmollers in der Beantwortung der sozialen Frage während der 1870er Jahre: Herold, Jens: Der junge Gustav Schmoller. Sozialwissenschaft und Liberalkonservatismus im 19. Jahrhundert, Göttingen 2019, S. 101f. Adolph Wagner war ein 1835 in Erlangen geborener und 1917 in Berlin verstorbener Universitätsprofessor für Volkswirtschaftslehre, Statistik, Staatswissenschaft, Kameralistik und gleichzeitig konservativer Politiker. (Vgl. Hansen, Eckhard/Tennstedt, Florian (Hrsg.): Biographisches Lexikon zur Geschichte der deutschen Sozialpolitik 1871 bis 1845 (Band 1), Kassel 2010, S. 167–168.) Vgl. hierzu auch: Heilmann, Martin: Adolph Wagner – Ein deutscher Nationalökonom im Urteil der Zeit. Probleme seiner biographischen und theoriegeschichtlichen Würdigung im Lichte neuer Quellen, Frankfurt am Main 1980.

[1028] Vgl. hierzu: Priddat, Birger P.: Die andere Ökonomie. Eine neue Einschätzung von Gustav Schmollers Versuch einer „ethisch-historischen“ Nationalökonomie im 19. Jahrhundert, Marburg 1995, S. 32: „Böhm-Bawerks spätere Hypothese der Minderschätzung des Zu-

Aber auch über die sozialdemokratischen Kreise hinaus hatte deren Umgang mit Schmoller und Co. Auswirkungen. So war der Abdruck von Schmollers Rede „Die soziale Frage und der preußische Staat" aus dem Jahr 1874 im „Neuen Social-Demokraten" schnell ein Politikum und war eine der Motivationen für Heinrich von Treitschke zu dessen Schrift „Der Sozialismus und seine Gönner".[1029] Was das Abdrucken und die positive Bezugnahme auf Stellungnahmen der Nationalökonomen der Historischen Schule anbelangt, so fällt auf, dass vor allem Stellen ausgewählt wurden, die sich gegen die „Manchesterleute" wandten, also gegen den ökonomischen Liberalismus, und dann von sozialdemokratischen Kommentatoren auf die liberale Politik als solche ausgeweitet wurden. Dies geschah viel seltener in umgekehrter Weise, also durch die positiven Bezugnahmen auf die liberale Darstellung von Sozialkonservativen, denen oftmals ökonomischer Unverstand oder eine zu große Nähe zur Kirche oder der Krone unterstellt wurden. Daran lässt sich erneut zeigen, dass der Kampf gegen den Liberalismus – vor allem gegen dessen ökonomische Ausprägung – die absolute Priorität für die deutschen Sozialdemokraten beider Hauptströmungen hatte: jedenfalls im Untersuchungszeitraum, bevor anschließend der Liberalismus in Deutschland nach und nach seinen vorher beherrschenden Einfluss verlor.

Der sozialistische Blick auf den „Verein für Socialpolitik" war von Anfang an ein interessierter und ein kritischer zugleich. Die Tagung des Vereins in Eisenach im Jahr 1873 wurde somit im „Neuen Social-Demokraten" unter dem Titel „Kathedersocialistisches" zu einem Treffen der „Weltverbesserer", deren Beschlüsse nach „Schulstaub" riechen würden.[1030] Der Autor, wahrscheinlich Wilhelm Hasselmann, äußerte sich enttäuscht über das Vorhaben der Mitglieder, der sozialen Frage mit „Palliativmitteln" zu begegnen und nicht stattdessen Lassalles Mittel der Produktivassoziationen anzuerkennen.[1031] Der konkrete Vorschlag der Vereinsmitglieder, über Einigungsämter einen Schlichtungsweg für Arbeitgeber und Arbeiterschaft zu institutionalisieren, erntete bei den Lassalleanern nur eine ablehnende Reaktion. Wenn der Autor die „verzwackte Kathedersprache" der Akademiker aus dem Verein für Socialpolitik kritisiert und weiter oben von „Schulstaub" spricht, später noch „Gehirngespinste" der „Arbeiterbeglücker" sieht und diese als Narren charakterisiert, dann ist eindeutig das Mittel der De-

kunftsnutzens ist den deutschen Ökonomen, die sich um die beiden historischen Schulen versammeln, längst bekannt: sie plädieren für staatswirtschaftliche und gesellschaftliche Institutionen, die die Ungewißheit der in rationaler Nutzenoptimierung noch ungeübten Klassen durch normative Stabilisation der Erwartungen reduzieren sollen. Die sozialökonomischen Institutionen, allen voran die Sozialversicherungen, sollen neue rationale Verhaltensmuster oder, in ‚terms of time', ‚Sitten' herausbilden helfen, die längerfristig die Informationen aller Beteiligten über ihre neuen Handlungsmöglichkeiten verbessern und zu Verhandlungsformen (z.B. in den Tarifauseinandersetzungen) führen. Die tradierten Handlungserwartungen sollen den neuen, industriellen Wachstumsbedingungen angepaßt werden."

1029 Vgl. Plumpe, Gründerkrach, S. 31.

1030 Neuer Social-Demokrat, 22. Oktober 1873, Nr. 122. Vgl. zur Tagung der Ökonomen: Grimmer-Solem, Rise, S. 184.

1031 Ebenda.

legitimierung zu erkennen, welches die Professoren als lebensfremde und vor allem der Arbeiterschaft fernstehende Intellektuelle brandmarken soll. Inhaltlich sah der „Neue“ ebenfalls keinen Grund darin, durch „Einigungsämter“ eine Aufhebung des ehernen Lohngesetzes erreichen zu können. Durch Lohnfestlegungen seien dann konziliante Arbeitnehmer nicht mehr konkurrenzfähig gegenüber ihren Kollegen.[1032] Auch der „Volksstaat“ hatte den gleichen Kongress beobachtet und dabei vor allem die „Angst“ des „Vereins für Socialpolitik“ vor der Sozialdemokratie angeführt, welche überall zu spüren gewesen sei. Ebenso traf die Polemik die Professorenschaft, welche als „politisch charakterlos und rechte Angstmeier“ gekennzeichnet wurde.[1033] Auch die Anwesenheit des Konkurrenten von August Bebel um den Vorsitz des VDAV aus dem Jahr 1867, Max Hirsch, und des laut „Volksstaat“ von Bismarck gesandten Hermann von Wagener, der als „Schwindler“ erkannt worden sei, trug nicht unbedingt zur Akzeptanz des Kongresses des Vereins bei den Sozialdemokraten bei.[1034]

C. Der Liberalismus als Hauptgegner

Kaum ein anderer politischer Gegner musste sich auf den Seiten des „Neuen Social-Demokraten“ und des „Volksstaats“ so viel Kritik gefallen lassen wie der Liberalismus. Die Ereignisse des Gründerkrachs und der Gründerkrise waren eine nachhaltige Erschütterung für das Fortschrittsversprechen liberaler Wirtschaftspolitik. Die einzelnen in Gründungen oder Börsengeschäfte verwickelten Politiker boten zum Topos des gewissenlosen und gierigen liberalen Machtpolitikers, der von Freiheit redet, aber die Arbeiterschaft bekämpfen will, die passende Illustration und wurden immer wieder zu Feindbildern gemacht. So kamen Vorwürfe im Stil einer Verschwörung auf.[1035] Es war laut dem „Neuen Social-Demokraten“ die „Herrschaft des Geldsacks“, welche mit dem Liberalismus einherging und welche die alte Feudalherrschaft durch die moderne, nicht weniger ungerechte Gesellschaftsform ersetzt hatte.[1036] Während diese historisch-teleologische Fortschrittserzählung ganz nah an jene von Karl Marx anschließt, fällt in vielen Artikeln auf, dass vor allem der Vorwurf des Gründens, der Zusammenhang der liberalen Politik mit Börse und Geschäftswelt, ganz im Fokus der sozialdemokratischen Kritik steht. Dabei war es auch hier der Vorwurf der Heuchelei, der geäußert wurde, wenn etwa die Reden Eduard Laskers gegen die Korruption höchster Gesellschaftskreise nicht auch die Namen seiner liberalen Parteifreunde enthielten. Das, so schrieb der „Neue“ im Juni 1874, sei dann als „komischer Zufall“ zu werten.[1037] Die Gründer, für die Sozialdemokraten nicht

1032 Vgl. ebenda.
1033 Der Volksstaat, 23. Oktober 1874, Nr. 124.
1034 Vgl. ebenda.
1035 Vgl. Neuer Social-Demokrat, 9. November 1873, Nr. 130.
1036 Ebenda.
1037 Neuer Social-Demokrat, 10. Juni 1874, Nr. 65.

nur Liberale, sondern auch Konservative und Adlige, welche sich gegenseitig der Korruption beschuldigen, sind ein immer wiederkehrendes Moment.

Aus sozialistischer Sicht auffällig, waren es jedoch allzu häufig Vertreter der Liberalen, die als Aufklärer fungieren wollten, ohne dies in den eigenen Reihen mit gleicher Verve tun zu wollen. Ohne auf die Stichhaltigkeit dieses Aspektes einzugehen – denn es handelte sich eindeutig um einen immer wiederkehrenden Topos, dessen ständige Wiederholung auffällig ist –, wird deutlich, dass der Übergang des Liberalismus von einer Kraft, die den Ist-Zustand kritisierte, hin zu einer, die diesen verkörperte, von der heranwachsenden neuen großen gesellschaftlich-politischen Oppositionskraft, der Sozialdemokratie, beobachtet und erkannt wurde. Während also die liberalen Prinzipien für viele eine Trennung von Politik und Geschäft bedeuteten, waren einige dieser Werte schon auf so vielfache Weise an der Spitze der Gesellschaft verankert, dass eine glaubwürdige Distanzierung und ein einwandfreies Verhalten nicht mehr einfach umsetzbar schienen, wenn man gleichzeitig Führungsfunktionen im politischen System ausfüllte.

Für die deutschen Sozialisten war klar, dass der liberalen Bewegung nicht zu trauen sei. Das Verhalten Eduard Laskers, der die Rolle des Aufklärers bewusst aufnahm und selbstbewusst verkörperte, zeigt eine andere Wahrnehmung, welche gleichzeitig Regierungsverantwortung und liberales Rechtsverständnis demonstrieren sollteAuch wenn infolge mangelnder Abgeordnetendiäten alle Parteien im Reichstag ähnlichen Schwierigkeiten begegneten, so gelang es manchen, wie etwa der späteren SPD, ihren wichtigsten Vertretern gewisse Unterstützungsleistungen angedeihen zu lassen, während dies auf der anderen Seite mitunter – auch durch das liberale Selbstverständnis des Politikers als nicht nur von der Politik, sondern auch von der Partei in gewissem Grad unabhängigen Akteurs – nicht begünstigt wurde.[1038]

Die Verwirklichung der Prinzipien des Liberalismus bedeutete damit gleichzeitig eine vollständige politische Integration der Liberalen in das politische System des Kaiserreichs, während die noch auszuhandelnden Normen der neuen Wirklichkeit gerade bei den eifrigsten Verfechtern der Rechtsstaatlichkeit am strengsten ausgelegt wurden. An diesem Prozess beteiligte sich die Sozialdemokratie keinesfalls von der Seitenlinie aus, sondern übte einen konstanten Druck auf den Liberalismus in Deutschland aus, indem sie diesem die Rolle eines gesellschaftlichen Aufklärungsmechanismus streitig machte, was auch immer mehr gelang. In diesem Sinne waren auch die Liberalen nicht die wahrhaften Patrioten, da diese – aus Sicht der Lassalleaner zumindest – den Staat abschaffen wollten und sich derweil an der Ausbeutung der Arbeiterschaft bereicherten.[1039]

[1038] Die Sozialdemokratie forderte indes schon früh Abgeordnetendiäten, wie etwa August Bebel in seiner Reichstagsrede am 19. April 1871. Vgl. hierzu: Schulz, Ursula (Hrsg.): Die deutsche Arbeiterbewegung 1848–1949 in Augenzeugenberichten, Düsseldorf 1968, S. 180: „Es ist einfach die Angst sowohl in Regierungskreisen wie auf der Seite der Rechten, wie auch zu einem großen Teile auf Seiten der Linken dieses Hauses vor dem Ausfall der radikalen Wahlen, die die Herren abhält, für die Diäten zu stimmen."

[1039] Vgl. Neuer Social-Demokrat, 14. November 1873, Nr. 132.

Der Topos des heuchelnden Liberalen fand auch dann Verwendung, wenn es um die Frage der Staatshilfe ging, die zum Beispiel in einem Artikel mit dem Titel „Staatshülfe für Eisenbahn-Barone“ vom „Neuen Social-Demokraten“ aufgeworfen wurde.[1040]

Die praktischen Lehren aus den Erfahrungen des Gründerkrachs waren aus der Perspektive der Sozialdemokratie unterschiedlich zu bewerten. Was die liberale Idee der Selbsthilfe anging, so waren sich Lassalleaner und Eisenacher einig, dass die gehäuft auftretenden Bankrotte von Schulze-Delitzsch'schen-Banken ein eindeutiges Zeichen für deren grundsätzliche systemische Mangelhaftigkeit waren – gleichzeitig war auch der Vorwurf der Korruption nicht weit. Beispiele, wie jenes des „Vorschußvereins“ aus Posen, bei dem es laut Artikel im „Neuen Social-Demokraten“ zum Diebstahl von 70.000 Talern durch ein Mitglied des Vorstands und einen Prokuristen gekommen war, wurden gesammelt und immer wieder in der Presseberichterstattung eingestreut.[1041] Natürlich mussten sich – wenn man von möglichen Veruntreuungen von Geldern absieht – Fehlinvestitionen infolge des Gründerkrachs besonders negativ auf solche Institute auswirken, die wie die kleinen örtlichen Kassen keine großen Rücklagen für den Krisenfall hatten bilden können. Gleichzeitig war auch eine möglichst große Streuung von Investitionen für kleine, zur Selbsthilfe gedachte Institute ungleich schwieriger zu bewerkstelligen als bei der großen Konkurrenz. Diese Tatsachen mussten durch den Gründerkrach besonders offen zutage treten und boten somit – aus Sicht der Sozialdemokraten – ein empirisches Beispiel für die Unhaltbarkeit der liberalen Forderungen, denen man ja von Seiten des ADAV die Konzeption der Staatshilfe entgegengesetzt hatte, da nur diese über ausreichend finanzielle Kapazitäten verfügen würde. In diesem Sinne waren die Krisenauswirkungen allein schon auf dem Bankenmarkt, noch vor den eigentlichen gesamtwirtschaftlichen Folgeerscheinungen, Bestätigung und Argumentationshilfe für die sich in einem Abgrenzungsprozess von der linksliberalen Tradition befindlichen Sozialdemokraten und diejenigen Teile der Arbeiterschaft, die sich mit ihr verbündeten. Die Vorwürfe bezogen sich jedoch nicht nur auf die inhärenten Mängel des Selbsthilfekonzepts. Vielmehr wurde, wie im oben genannten Fall, immer wieder der Vorwurf der Korruption geäußert, also in dem Sinne, dass sich die Vertreter der Selbsthilfe-Idee selbst an den von den Arbeitern bezahlten Beiträgen zu bereichern suchten.

Auch noch lange nach den direkten Auswirkungen der Börsenpaniken in Wien und Berlin wurden Artikel veröffentlicht, die auf gescheiterte Selbsthilfe-Projekte hinwiesen. Ein „Creditverein“ in Meuselwitz (Sachsen) hatte durch einen „kleinen Krach“ und die fehlende Summe von 360.000 Talern Aufsehen erregt und die Einlagen der mehr als zur Hälfte aus Arbeitern bestehenden Anleger bedroht.[1042] Aus der Lokalpresse zitierend, wies der Artikel auf „große Aufregung und Erbitterung gegen die Verwaltung dieses Vereins“ und „Brandbriefe“

1040 Neuer Social-Demokrat, 15. Dezember 1875, Nr. 148.

1041 Vgl. Neuer Social-Demokrat, 7. November 1873, Nr. 129.

1042 Der Volksstaat, 14. Mai 1876, Nr. 56.

hin – ein deutliches Zeugnis für die große Relevanz der Vorkommnisse für die Ortsansässigen.[1043]

Die Gelegenheiten zur Instrumentalisierung des Scheiterns etlicher Kreditinstitute mit dem Grundgedanken der Selbsthilfe blieben also nicht aus. So wurde Schulze-Delitzsch regelmäßig als „Sparapostel“ bezeichnet, was dessen irrationale Konzentration auf das Sparen der Arbeiterschaft betonen sollte.[1044] Der nächste Vorwurf betraf die soziale Hierarchie, welche die Selbsthilfe implizierte, denn diese habe zum Ziel, „die Arbeiter abhängig von der Gnade der Kapitalisten und Fabrikanten“ zu machen – somit erkannten die Redakteure des „Neuen Social-Demokraten“ eine antiemanzipatorische Idee hinter den Bestrebungen Schulze-Delitzschs und dessen Mitstreitern.[1045] Ähnliche Allusionen finden sich in vielen Diskursfragmenten der 1870er Jahre: Die Verbindung zum Christentum, wie sie im Begriff des „Sparapostels“ zum Ausdruck kommt, wird auch verwendet, wenn vom „predigen“ der Sparsamkeit die Rede ist.[1046]

Gleichzeitig appellierten die Lassalleaner nicht nur an die Arbeiter im sechsten Berliner Wahlbezirk, ihre Hoffnungen nicht mehr auf die linksliberale Politik zu setzen, sondern auch an die Kleinbürger, welche – so das offensichtliche Kalkül – die Auswirkungen der Krise auf ihr Erspartes zu spüren bekommen hatten und sich nun vom Liberalismus abwenden sollten. Daher wurde im Artikel auch erneut die Überlegenheit der Idee der Staatshilfe gegenüber jener der Selbsthilfe beschworen. Auch wenn Hasenclever die Wahlabstimmung im sechsten Berliner Wahlkreis verlor, so zeigen die Worte des „Neuen Social-Demokraten“, dass durch den Gründerkrach die Angriffsfläche der liberalen Bewegung verbreitert worden war und dies von Seiten der Sozialdemokratie auch erkannt und genutzt wurde.[1047]

D. Die Kirche, die Konservativen und die Justiz als Gegner

Eine weitere wichtige Gegnerin in der sozialdemokratischen Agitation war die Kirche. Dabei wurde in vielen Artikeln und Aussagen von Sozialisten deutlich, dass trotz des andauernden Kulturkampfes der Liberalismus und die Kirche beide abzulehnen waren – eine Zusammenarbeit mit antiklerikalen Liberalen wur-

---

1043 Ebenda.

1044 Neuer Social-Demokrat, 14. Januar 1874, Nr. 5.

1045 Ebenda.

1046 Die rothe Laterne, o. D., 1874, Nr. 00, Zitat aus dem Gedicht „Der grosse Sparapostel“. Schon vor Beginn der Krise, im Jahr 1870, hatte August Bebel in „Unsere Ziele“ die Forderung an die Arbeiterschaft, sich durch das Sparen selbst zu helfen, einer scharfen Kritik unterzogen; vgl. Bebel, Ziele, S. 7.

1047 Bei der Nachwahl im sechsten Berliner Wahlbezirk gewann der fortschrittliche Politiker Edward Bartels Banks 1874 das Mandat anstelle von Schulze-Delitzsch, vgl. o. Verf.: Eintrag „Banks“, in: Hirth, Georg (Hrsg.): Deutscher Parlaments-Almanach, Leipzig 1874, S. 10.

de also nicht gesucht. Stattdessen wurde in Artikeln wie „Der große Kampf“ vom 6. Juli 1873 im „Neuen Social-Demokraten“ eine alle gegnerischen Kräfte umfassende Auseinandersetzung geschildert, bei der „die Reaktion“ einen „Vernichtungskampf“ gegen die Sozialdemokratie führen würde.[1048] Zu dieser Reaktion wurden gezählt die „schwächlichen Junkern und Pfaffen“, aber auch „der Liberalismus, die Macht der kapitalistischen Ausbeutung“, nur noch gefolgt von den „scheinsocialistischen Parteien“, die im Sommer 1873 aus Sicht des ADAV noch die SDAP umfassten: alles Kräfte, die im Gesamtpaket in Form einer „giftigen Schlange“ auftraten und auszuschalten waren.[1049] Das dabei evozierte Bild Ferdinand Lassalles als Schlangentöter, als sozialistischer heiliger Georg gar, mag befremdlich erscheinen, da die vereinigte Opposition aller anderen relevanten politischen und gesellschaftlichen Kräfte, die immer wieder angeführt wurde, nicht unbedingt zum Optimismus verleiten musste. Tatsächlich passten die religiös gefärbte Sprache und die Hervorhebung einer großen Aufgabe überaus gut zur Heldenverehrung Ferdinand Lassalles innerhalb des ADAV, die nur dann einen Sinn ergab, wenn auch Heldentaten zu erbringen waren: Dies versetzte wiederum die handelnden Akteure selbst in den Status von Heiligen, Helden oder gar Märtyrern und vermochte gewissermaßen nebenbei scheinbar kleine Unstimmigkeiten – deren es viele innerhalb des ADAV gab – zu überdecken.

Die Verurteilung religiöser Lehren war wichtig genug, um in Einzelartikeln separat behandelt zu werden. Dabei lassen sich immer wieder Bezugnahmen zur aktuellen wirtschaftlichen Lage finden, etwa wenn die von der Theologie behauptete Erbsünde in der lassalleanischen Lesart zum „Kampf Aller gegen Alle“ wird und als „Grundlage unserer Gesellschaft“ bezeichnet wird.[1050] Eine – vor allem im „Neuen Social-Demokraten“ häufiger zu findende – Trennung zwischen der Kirche als Institution und den eigentlich positiv bewerteten Lehren Jesu postulierend, beschrieb der Verfasser des Artikels den Sozialismus als wirklichen Ausdruck der christlichen Lehre und als dessen konkretes Mittel die Einrichtung von Produktivassoziationen.[1051] Hier findet sich nicht die vollständige Überwindung aller religiöser Dogmen wie an ähnlicher Stelle im „Volksstaat“. Stattdessen wird in bekannter Manier die Umkehrung der Verhältnisse konstatiert, die eine „falsche“ Kirche mit den richtigen ursprünglichen Lehren verglich, um dann einen als authentisch dargestellten Lösungsansatz zu präsentieren, der den Verhältnissen die ursprünglich angestrebte Form gab. Damit wird noch einmal die ökonomische Dimension sozialdemokratischer Kirchenkritik deutlich, die in bisherigen Studien einen geringeren Stellenwert eingenommen hat als die genuin dogmenkritischen und atheistischen Argumentationslinien der deutschen Sozialisten.[1052]

[1048] Neuer Social-Demokrat, 6. Juli 1873, Nr. 76.

[1049] Ebenda.

[1050] Neuer Social-Demokrat, 24. Oktober 1873, Nr. 123.

[1051] Vgl. ebenda.

[1052] Sebastian Prüfer etwa beschäftigt sich mit der Fragestellung in einem weiteren Sinne im Unterkapitel „Religion und Herrschaft“ seines Buches „Sozialismus statt Religion“: Prü-

Keinerlei dialektisches Denken prägt hier die Weltanschauung der Jünger Ferdinand Lassalles. Stattdessen ist es eine eher statische Konzeption, die nur die passenden Instrumente verlangt, um einen Wandel herbeizuführen, der dauerhafte Verbesserungen bringen kann. Was fehlt, ist allein die Einsicht der Menschen und nicht ein in dialektischer Manier sich vollziehender ökonomischer Wandlungsprozess, der die Dinge zum Ausdruck bringt und welcher höchstens beschleunigt werden will. Fast schon denkt man hier an das Bild des dostojewskischen Großinquisitors, der in seiner Verblendung und Orientierung auf die bestehenden Institutionen hin die Ankunft des wiedergeborenen Jesus Christus zum Anlass für dessen Inhaftierung nimmt.[1053] Sicherlich sahen auch einige Anhänger Lassalles ihn als ähnliche Figur.

Aus Sicht des „Neuen Social-Demokraten“, der natürlich auch die Auseinandersetzungen zwischen Liberalen und Katholiken während des „Kulturkampfs“ reflektierte, war dieser nichts anderes als ein Versuch, das „Volk zum Religionshaß zu entflammen“.[1054] In dem Artikel mit dem Titel „Die religiösen Tagesfragen“ wurden die negativen Folgen der Finanz- und Wirtschaftskrise und der Übermacht der besitzenden Klassen für die Arbeiterschaft betont.[1055] Er stellte diesen dann die Auseinandersetzungen der „machthabenden Klassen“ über Religion gegenüber, welche – so der Autor – den Religionsstreit bewusst nutzten, um die Arbeiterschaft über ihre Situation zu täuschen. Auch hier nutzte der Redakteur des „Neuen“ ein biblisches Gleichnis, um die aktuelle politische Situation zu verdeutlichen. Es ist die Geschichte des „unheiligen“ Samariters, der den von Banditen angegriffenen Israeliten bei sich aufnimmt, wohingegen Priester und andere nur reden und nicht helfen sollen – die Banditen werden im Artikel mit den „Gründern“ der historischen Gegenwart verglichen.[1056] Auch hier endet der Artikel mit dem Hinweis auf die Sozialdemokratie als die eigentliche Verkörperung der christlichen Lehre, die von den Herrschenden verschmäht wird, sich aber dennoch der Richtigkeit ihres Handelns bewusst ist.

Die gemeinsame Nennung von religiösen und politischen Gegnern als Zielscheibe sozialdemokratischen Spotts fand einen ihrer Höhepunkte im Vergleich Bismarcks mit Mohammed („Allah ist groß und Bismarck ist sein Prophet!“) in einem Artikel des „Volksstaats“ im Vorlauf der Reichstagswahlen 1874.[1057] Noch im selben Atemzug wurden „Reptilienfond-Presse“ und „Börse; Salon- und Caféhaus-Existenzen“ als Jünger dieser sehr weltlichen Religion bezeichnet, welche der Autor unter dem Stichwort „Milliarden-Patriotismus“ firmieren ließ.[1058] Religion, Staat, Börse, Presse – all diese gesellschaftlichen Akteure verschmelzen

---

fer, Sebastian: Sozialismus statt Religion. Die deutsche Sozialdemokratie vor der religiösen Frage 1863–1890, Göttingen 2002.

[1053] Vgl. Dostojewski, Fjodor: Die Brüder Karamasow. Roman in vier Teilen und einem Epilog, Köln 2010, S. 368f.

[1054] Neuer Social-Demokrat, 24. Dezember 1873, Nr. 149.

[1055] Vgl. ebenda.

[1056] Ebenda.

[1057] Der Volksstaat, 7. Januar 1874, Nr. 2.

[1058] Ebenda.

im sozialdemokratischen Diskurs zu einer nur scheinbar sich unterscheidenden Masse, sodass hier das auf dem Gothaer Vereinigungsparteitag festgezurrte Diktum der „reaktionären Masse“ aller Klassen gegenüber der Arbeiterschaft ganz praktisch deutlich wird. Auffällig aber ist, dass weniger die ökonomischen Klassenbeziehungen hervorgehoben wurden, sondern vielmehr erneut die moralischen Verfehlungen der als ökonomische Profiteure eines korrupten Systems bezeichneten gesellschaftlichen Eliten. Es ist der Börsenkrach, es sind die „Börsenpatrioten“ , die „Ultra-Germanen und Weltmachts-Bismärcker“, welche der Hohn und Zorn der sozialistischen Parteipresse trifft.[1059] Das Heilige und das Profane, die als oberflächlich kritisierten religiösen und politischen Verortungen der gesellschaftlichen Eliten, treffen aus sozialdemokratischer Sicht auf eine direkte Rückkopplung an ökonomische Machtverhältnisse – Patriotismus, Weltmachtstreben und Religion dienen in dieser Sicht nur als bewusste oder unbewusste Trugbilder und werden weniger als politische Triebkraft *sui generis* wahrgenommen.

Auffällig bleibt aber, dass gerade diese Elemente einen besonders großen Raum in der sozialdemokratischen Berichterstattung einnahmen. Als verbindendes Bild findet sich immer wieder die Börse, in der sich Presse, Liberale, Konservative und Reichsleitung in ihrem bloßen Gewinnstreben zu treffen scheinen. Die Rede von „der Börse“, mit allen unterschiedlichen Wortkonstruktionen und Wortspielen, ist in diesem Sinne eine aus der sozialdemokratischen Sicht fast schon dankbar angenommene rhetorische Möglichkeit, Korruption und Amoral mit wirtschaftlichem Egoismus und den behaupteten Klassengegensätzen zusammenzubringen. Somit bietet die Institution der Börse auch für nicht an ihr notierte Unternehmungen, wie die politische Unternehmung der Sozialdemokratie eine ist, die Möglichkeit der Verbindung vielfältiger Kritiken und deren Fusion zu einem Schlagwort, einem Kollektivsingular, welches zeitsparend und flexibel kombinierbar in die sozialistische Rhetorik einfließen kann. Ähnlich wie die Gründung eines Unternehmens auf Aktien das Geschäftsrisiko auf viele Schultern verteilt und damit einen Mehrwert an sich bietet, führt die rhetorische Verkörperung aller gesellschaftlichen und ökonomischen Missstände im Reizwort „Börse“ zu einem diskursiven Mehrwert und zu einer verbesserten Chance auf Verbreitung. Ebenso resultiert sie in einer höheren Anknüpfungsfähigkeit des sozialdemokratischen Diskurses, der somit auch für Kleinanleger, Religionskritiker, gegen Konservative eingestellte Liberale, gegen Liberale eingestellte Konservative und nicht zuletzt für Antisemiten anschlussfähig werden konnte, welche die Kritik einer von Juden dominierten Wirtschaft anführten – wenngleich mit ganz anderen Zielen, aber ähnlichen Ressentiments.

So konstatiert Massimo Zumbini in seiner Studie über die Entstehung des Antisemitismus im Kaiserreich in der Gründerkrise die Entstehung des „Dreigestirn[s] ‚Liberalismus-Bismarck-Judentum‘“, welches in der Form einer „kritischen Argumentationsmasse, bei der Altes und Neues sich überlagert und

---

[1059] Ebenda.

stützt", beobachtet werden kann.[1060] Der politische Antisemitismus, den die Sozialdemokraten keinesfalls offiziell vertraten, aber auf dessen Metaphorik, dessen Tropen, immer wieder zurückgegriffen wurde, um in boshafter oder auch nur scherzhafter Weise auf die Herkunft bestimmter Politiker oder Wirtschaftsakteure hinzuweisen, bot eine Brücke zwischen Konservativen, Sozialdemokraten und Antisemiten. Zweifelsfrei lässt sich ein solcher Diskurs in den 1870er Jahren feststellen, und man muss hier auch die Beteiligung der Sozialdemokraten nennen, um den Gesamtkomplex „Antisemitismus im Kaiserreich" vollständig verstehen zu können.

Wie im Fall des partiellen Abdrucks von Marxens „Zur Judenfrage" im September 1872 im „Neuen Social-Demokraten" und der vom ADAV behaupteten jüdisch-intellektuellen Manipulation der Arbeiterschaft durch die SDAP waren antisemitische Topoi in den 1860er und 1870er Jahren eher Mittel zur Diskreditierung der sozialdemokratischen Konkurrenz als ernsthafter Bestandteil der sozialistischen Agitation gegenüber anderen Parteien.[1061] Innerhalb des ADAV tat sich vor allem Wilhelm Hasselmann mit antisemitischen Reden und Anspielungen unrühmlich hervor.[1062] Zum Beispiel veröffentlichte er in der Erstausgabe des von ihm herausgegebenen und von Paul Grottkau redigierten kurzlebigen Satireblatts „Die rothe Laterne" ein Gedicht, in welchem ein liberaler Mephisto dem fragenden Arbeiter rät, „Judenblätter" zu lesen, welche sich nach den Anweisungen der Liberalen „zu richten" hätten.[1063] Erst mit der Krise von 1873 änderte sich dies, nämlich indem die innersozialdemokratischen Vorwürfe nachließen und der Liberalismus häufiger zur Zielscheibe antisemitischer Rhetorik wurde – hier kam es nicht zu häufigen antisemitischen Äußerungen, aber eine gewisse Signifikanz lässt sich feststellen. Die behauptete enge Verbindung von Judentum und Börse, die über Jahrzehnte hin in Deutschland und andernorts einen dauernden Niederschlag fand, ist ebenso in der sozialdemokratischen Presse immer wieder auffindbar, wobei auch hier direkte Hinweise auf Antisemitismus und die Ablehnung desselben vorhanden sind. Eine besonders hervorstechende Äußerung enthält August Bebels Wahlaufruf aus dem Jahr 1878 an die Wähler des 12. Wahlkreises, in welchem er Judentum und Börse miteinander identifizierte und diesem eine Umkehrung der Pogromstimmung gegen die Sozialdemokratie im Stil der Hep-Hep-Unruhen von Anfang des Jahrhunderts vorwarf. Mit dieser Äußerung stellt er die antijudaistischen und antisemitischen Verfolgungen der Juden in Deutschland mit denen der Sozialdemokratie gleich:

> „Bezeichnender Weise ist es ein großer Theil der Juden, die ihre eigene Vergangenheit vergessen und als Vertreter der Kapitalmacht par excellence sich an die Spitze des modernen Hepp! Hepp! stellen."[1064]

1060 Zumbini, Wurzeln, S. 129.

1061 Vgl. Fischer, Lars: The Socialist Response to Antisemitism in Imperial Germany, New York 2007, S. 57.

1062 Vgl. Herzig, Der Allgemeine Deutsche Arbeiterverein, S. 88.

1063 Die rothe Laterne, o. D., 1874, Nr. 00, Zitat aus dem Gedicht „Der grosse Sparapostel".

1064 August Bebel, An die Wähler des 12. Wahlkreises, 24. Juli 1878, BArch, NY4022/11, Bl. 2.

Insgesamt hat die Forschung festgestellt, dass vor allem die Ereignisse im Zusammenhang mit der unter dem Begriff der „Konservativen Wende" von 1878/79 firmierenden politischen Umorientierung Bismarcks – jedenfalls die Organisation von Reichstagsmehrheiten betreffend – den „Antisemitismus zu einem parteipolitischen Faktor von erheblichem Gewicht" machten – er wurde fortan vor allem für die konservative Politik im Kaiserreich „als offiziell toleriertes bis hin zum offiziell geförderten Kampfinstrument" anwendbar gemacht.[1065]

Wer nach der Verbindung zur deutschen Sozialdemokratie fragt, dem sollte neben den Hinweisen auf diskursive Überschneidungen auch mit dem Fingerzeig auf die Person Otto Glagaus deutlich werden, dass die Kritik an Wirtschaftssystem und ökonomischem Liberalismus mitunter zu ungewöhnlichen Allianzen führen konnte.

Die Karriere eines der erfolgreichsten antisemitischen Journalisten der ersten Jahrzehnte des Kaiserreichs, Otto Glagau, begann in den 1870er Jahren besonders erfolgreich zu werden, als dieser mit seinem Buch „Der Börsen- und Gründungsschwindel in Berlin" und dem Abdruck seiner Schrift in der illustrierten Zeitung „Gartenlaube" Antisemitismus mit Liberalismus- und Börsenkritik verband. Für den Gründerkrach machte Glagau schon in der Einleitung seines Werkes die „Juden und Semiten" als hauptsächliche Urheber verantwortlich – da dies beileibe nicht der einzige antisemitische Topos in seinem Werk war, konnte Glagaus Lesern dessen eindeutig diagnostizierbarer Judenhass nicht entgehen.[1066] Dies – und das Benennen weiterer für die Börsenkalamität verantwortlicher Personen aus den höchsten Kreisen – bediente aus Sicht von der Historikerin Daniela Weiland ein Bedürfnis der Leserschaft:

> „Im Kern bemühte sich der Verfasser mit seinen Ausführungen zum Aktienwesen, zur Börse und zur Gründertätigkeit, die nach seiner Auffassung eigentlich Schuldigen am Börsenkrach von 1873 zu benennen. In bewusster Opposition zu den wissenschaftlichen Erklärungsmodellen zyklisch wiederkehrender Wirtschaftskrisen, wie sie von der Volkswirtschaft angeboten wurden, beabsichtigte Glagau, die anonym erscheinenden ökonomischen Prozesse zu personifizieren."[1067]

Mit seinem Werk „Der Bankerott des Nationalliberalismus und ‚die Reaction'" setzte Glagau dann 1878 ein weiteres Ausrufezeichen auf dem Weg zu einem der bekanntesten antisemitischen Autoren des Kaiserreichs in den folgenden Jahren. Die bisher wenig beachtete Verbindung zur Sozialdemokratie lässt sich daraus ableiten, dass Glagau im „Volksstaat" ein weiteres Forum für seine Thesen erhielt und daran auch aktiv mitwirkte, indem er Beiträge an dessen Redaktion schickte (wie auch an andere führende Zeitungen). Im Februar 1876 bezeichnete

---

1065 Weiland, Otto Glagau, S. 72. Vgl. den Lexikoneintrag zur Person Otto Glagaus, der 1834 in Königsberg geboren wurde, 1892 verarmt starb und einer der bekanntesten antisemitischen Journalisten im Deutschland der 1870er und 1880er Jahre war: Levy, Richard (Hrsg.): Antisemitism. A Historical Encyclopedia of Prejudice and Persecution (Band 2, L-Z) Santa Barbara 2005, S. 276.

1066 Glagau, Otto: Der Börsen- und Gründungsschwindel in Deutschland, Leipzig 1877, S. XVIII.

1067 Weiland, Otto Glagau, S. 49.

der „Volksstaat“ Glagaus Werk als „einen immerhin schätzenswerthen Beitrag zur Geschichte der Gründer und Gründungen in Deutschland“.[1068] Auch im September 1876 druckte der „Volksstaat“ weitere Vorwürfe gegen den Nationalliberalen Hammacher durch Otto Glagau ab und vereinte sich somit mit diesem gleichsam zur gemeinsamen Front gegen den Liberalismus.[1069] Wenngleich diese Form der indirekten Kooperation mit Otto Glagau sich nicht zu einer vollständigen Akzeptanz dessen antisemitischen Gedankengutes auswuchs, so zeigt die Handlungsweise des „Volksstaats“ doch, dass die Bekämpfung des Liberalismus Vorrang besaß, demgegenüber andere Unterschiede zurücktreten konnten. Eindeutige Schranken gegenüber bestimmten Ressentiments gab es jedenfalls offensichtlich nicht.

Das Vorgehen gegen den Liberalismus führte jedoch zu keinem Zeitpunkt zu einer weitergehenden Kooperation mit dem Konservatismus; vielmehr wurde auch hier regelmäßig die Auseinandersetzung von Seiten der Sozialdemokraten gesucht. Mit Kritik an Schutzzöllen, was die Konservativen traf, die nach diesen riefen, genauso wie mit der Ablehnung der Haltung der Sozialkonservativen, welche als reines Täuschungsmanöver und Hinhaltestrategie gewertet wurde, die den Zusammenbruch des Kapitalismus nicht wirklich würden aufhalten können, grenzten sich die Sozialdemokraten eindeutig ab.[1070] Daneben traf vor allem die Kritik an der protestantischen Religion und am Nationalismus die Überzeugungen der Konservativen, sodass auch hier keine Kooperation denkbar oder auch nur erwünscht war.

Es waren allerdings nicht nur die Liberalen, denen die Sozialdemokraten im Zusammenhang mit dem Gründerkrach Heuchelei vorwarfen – so vor allem, wenn es um die liberalen Gründer ging –; auch die Rolle von Hermann Wagener und anderen konservativen Politikern, die in den Ruch der Korruption gerieten, gelangte unter ähnlichen Vorzeichen ins Visier der sozialistischen Parteipresse. Die Verfolgung der Arbeiterbewegung durch den aus Magdeburg in die Reichshauptstadt gewechselten Berliner Staatsanwalt Hermann Tessendorf wurde mit der argumentativen Stoßrichtung hinterfragt, warum die Justiz sich der Arbeiterschaft, nicht aber den als eigentliche Verbrecher wahrgenommenen Vertretern der oberen Gesellschaftsschichten zuwenden würde. Eine Glaubwürdigkeit der Justiz war aus sozialdemokratischer Sicht nicht vorhanden. Dies belegen auch künstlerische Verarbeitungen dieses Themas, wie etwa in Max Kegels „Preßprozesse oder Die Tochter des Staatsanwalts“ von 1876, wo die Figur

---

1068 Der Volksstaat, 20. Februar 1876, Nr. 21.

1069 Vgl. Der Volksstaat, 29. September 1876, Nr. 114. Vgl. zur Person Friedrich Hammachers, der 1824 in Essen geboren wurde und 1904 in Berlin starb und als westdeutscher Unternehmer und liberaler Politiker, zuletzt bis zu seinem Tod als Vorsitzender der Nationalliberalen wirkte: Hansen, Eckhard/Tennstedt, Florian (Hrsg.): Biographisches Lexikon zur Geschichte der deutschen Sozialpolitik 1871 bis 1845 (Band 1), Kassel 2010, S. 63–64.

1070 Vgl. hierzu auch: Vorwärts, 10. Oktober 1877, Nr. 119: „Daß wir mit den Schutzzöllnern und den conservativen ‚Wirthschaftsreformern‘ nichts weiter gemein haben, als die Unzufriedenheit mit dem gegenwärtig herrschenden wirthschaftlichen System, brauchen wir wohl nicht besonders zu versichern.“

eines unerbittlichen Staatsanwalts sicherlich an Tessendorf erinnern sollte.[1071] Für Herrn Tessendorf, so der „Volksstaat“, fiel stattdessen das „öffentliche Interesse“ zusammen „mit dem Interesse der Herren Wagener, Bismarck, Stieber und – Tessendorf“.[1072]

So bekam Tessendorf auf den sozialdemokratischen Zeitungsseiten den Spitznamen „Gesellschaftsretter“ und musste sich bei Prozessen gegen Sozialisten dagegen verteidigen, warum er selbst keine Anklage gegen Gründer erhebe, worauf dieser die mangelnde Bereitschaft zur Anklage durch die Kollegen der Gründer beklagte, selbst Anklage gegen kriminelle Individuen zu erheben.[1073]

Allein die Tatsache, dass führende Sozialisten im eigenen Prozess den Staatsanwalt in dieser Weise in Bedrängnis brachten, zeigte, wie effektiv die in der sozialdemokratischen Presse so oft aufgeworfene Frage nach den Prioritäten der deutschen Justiz gewirkt hatte. Schon der Hochverratsprozess gegen Bebel und Liebknecht hatte ja vor allem für Sympathien aus allen Lagern für die beiden Angeklagten gesorgt. Auch wenn dies für weniger hochrangige Akteure der Arbeiterbewegung in geringerem Maße gelten mochte, so waren es gerade der Bezug auf „die Gründer“, welche straflos geblieben waren, und jener auf „die Justiz“, welche dort untätig geblieben war. Die Identifikation von Staat, Regierung, Justiz und korruptem Wirtschaftssystem wurde durch diese Umstände naturgemäß erneut bestätigt und durch die diskursive Vervielfältigung durch die Sozialisten noch weiter erhärtet – bis sie wieder an ihren Ursprungsort zurückkehrte, vor den berühmtesten Gegner der deutschen Arbeiterbewegung innerhalb der Justiz in diesen Jahren, also Hermann Tessendorf selbst. War demnach eine Eindämmung der Arbeiterbewegung das Ziel gewesen, so hatten die getroffenen Maßnahmen vielleicht zu einer langsameren Verbreitung, dafür aber zu einer umso nachhaltigeren Feindschaft zu den Vertretern der wichtigsten Institutionen des Kaiserreichs geführt: Sie stand einer Integration der Arbeiterbewegung bis 1914 immer wieder im Weg.

So zeigt sich abschließend, dass sich die Sozialdemokratie in Deutschland in den 1870er Jahren mit besonderem Schwerpunkt gegenüber dem Liberalismus abzugrenzen suchte, also in der politischen Topographie einer angrenzenden politischen Strömung, der man die Meinungsführerschaft in vielen Fragen nicht gönnte und in den nächsten Jahrzehnten auch zunehmend zu entreißen suchte. Der Konservatismus, der Staat und dessen Vertreter gerieten demgegenüber weniger in das Fadenkreuz sozialistischer Agitationsattacken, blieben aber stets als unerbittliche Feinde präsent. Gleiches lässt sich über die Kirche sagen, wobei vor allem die katholische Kirche immer wieder ridikülisiert wurde, was aber oftmals im Stil einer Rhetorik des überholten Christentums geschah, welches keine Zukunft habe und deshalb auch nicht als Hauptgegner betrachtet wurde. Hier zeigt sich erneut die wissenschaftliche Gewissheit, die in der deutschen Sozialdemokratie in vielen Fragen herrschte und sich zunehmend in das Kleid

---

1071 Vgl. Münchow, Arbeiterbewegung, S. 148f.
1072 Der Volksstaat, 9. August 1874, Nr. 92.
1073 Der Volksstaat, 26. März 1875, Nr. 35.

des Positivismus hüllte, wenngleich auch hier die Übergänge zu idealistischem Gedankengut fließend waren. Gleiches lässt sich sagen für die Mobilisierung von Ressentiments, wie etwa antisemitischer Topoi. Hier lassen sich eindeutige Antisemiten wie Wilhelm Hasselmann von Äußerungen trennen, die sich eher im Rahmen der zeitgenössisch üblichen Sprache bewegen, also nicht auf eine tiefgehende Ablehnung des Judentums oder einer wie auch immer konzipierten jüdischen Rasse schließen lassen konnten.

IV. Schlussbetrachtung und Ausblick

Die in dieser Arbeit beleuchtete Epoche der Gründungsphase der deutschen Sozialdemokratie war eine kurze, aber intensive Phase der politisch-organisatorischen und diskursiv-ideologischen Ausschließungen und Einschließungen. In diesen Jahren tauchten erstmals die Mechanismen auf, die in Deutschland in den nächsten Jahrzehnten die Grundlagen des klassischen Marxismus lieferten. Dieselben Mechanismen hätten aber genauso ein völlig anderes politisches Konzept hervorbringen können und waren – wie gezeigt worden ist – vor dem Greifen des Sozialistengesetzes auch auf dem besten Weg dorthin. Im einen wie im anderen Fall zeigt die Untersuchung institutioneller Vorbedingungen, wie Partei- und Zeitungsmacht, Diskurs, das Handeln einzelner Akteure, der Faktor Charisma, die wirtschaftliche Entwicklung und politische Ereignisse gemeinsam eine einzigartige Verbindung aus Sprache und Struktur hervorbrachten, die sich als gesamtgesellschaftliche Machtrelation beschreiben lässt – im Falle dieser Arbeit aber auch als Geschichte derjenigen, die den Widerstand probten.

Während sich über lange Jahre die teilweise durch den Ost-West-Konflikt vorgezeichnete, aber wenig hilfreiche Dichotomie „marxistisch/nicht marxistisch" über die Quellen gelegt und deren Bewertung hauptsächlich unter diesem Gesichtspunkt zur Folge hatte, haben in den letzten Jahren neuere Forschungen immer wieder auf transnationale Verknüpfungen, multiperspektivische Erzählmuster und die mannigfaltigen Entwicklungschancen der europäischen Arbeiterbewegung hingewiesen. Diese Lesart ist auch in dieser Arbeit vertreten worden. Wie schon David Sassoon festgestellt hat, gab es nie einen kausalen Zusammenhang zwischen der Ideologie des Sozialismus, Industrialisierungsprozessen und dem Aufstieg der organisierten Arbeiterbewegung.[1074] Es gab allerdings ein Meer aus Zusammenhängen, die zwar selten kausal determiniert waren, aber dennoch von den sozialdemokratischen Aktivisten der ersten Stunde selektiv aufgegriffen, verändert und derart geformt wurden, dass sie sich bis heute entweder aus modernisierungstheoretischer Sicht als soziale Entwicklungsprozesse im Sinne einer logischen Folge eines bestimmten kapitalistischen Entwicklungsstadiums ausdrücken lassen können oder auch als fast schon mit naturgesetzlicher Notwendigkeit auftretende politische Bewegungen im Sinne einer marxistischen Teleologie. Zu oft sind die Zeugnisse der Versuche, die praktische Ideologie der Sozialdemokratie zu „managen", verwechselt worden mit deren tatsächlicher Ausprägung während eines bestimmten Zeitabschnitts. Stattdessen muss mit dem Schlagwort der „Interideologizität" darauf verwiesen werden, wie sich unterschiedliche Diskurse zu einem ganz neuen zusammensetzen, der mehr als die Summe seiner Teile ist.[1075] Tatsächlich sind es die nicht zuletzt durch Industri-

---

1074 Sassoon, Donald: One Hundred Years of Socialism, London 1996, S. 5.

1075 Vgl. hierzu: Van Dijk, Teun A.: Political discourse and ideology, in: Doxa Comunicación Revista interdisciplinar de estudios de comunicación y ciencias sociales, Nr. 1/2003, S. 207–

alisierungs- und Nationalisierungsprozesse bedingten Handlungsoptionen der historischen Akteure, die ja keinesfalls im luftleeren Raum operierten, die nie aus dem Blick geraten dürfen – gleichzeitig war der Umgang der Akteure mit besagten Handlungsoptionen auch mitentscheidend für den weiteren Verlauf der Geschichte der Sozialdemokratie. Gerade die Feststellung, dass die Voraussetzungen bestimmter Entscheidungssituationen nicht maßgeblich von einzelnen Akteuren, sondern durch ein Zusammenspiel vieler unterschiedlicher abhängiger und unabhängiger Variablen geschaffen wurde, erhöht die Relevanz gerade in den besonderen Momenten, in denen Akteure in ihren Entscheidungen über größere Spielräume verfügen.

Eine „Critical Juncture", also ein historischer Moment, in welchem Entscheidungen eine besonders große Prägekraft entwickelten, war der Gothaer Parteikompromiss nicht. Eine – vor allem aus rückblickender Perspektive – wichtige Weichenstellung, die sich allerdings schon abgezeichnet hatte, war er hingegen schon. Dies lag aber nicht daran, dass einzelne Akteure, also etwa Wilhelm Liebknecht, nicht die Gelegenheit gehabt hätten, in den Verhandlungen eigene ideologische Standpunkte noch tiefer im offiziellen Parteiprogramm zu verankern und damit langfristige Vorentscheidungen in bestimmten Fragen zu begünstigen. Hier muss der im Nachhinein konstruierte Wunsch nach vollständiger ideologischer Konsistenz innerhalb der deutschen Sozialdemokratie erneut als Missverständnis bezeichnet und infolgedessen ausgeräumt werden: Liebknecht hatte die Gelegenheit, er nutzte sie nur nicht, weil das Ziel 1875 die Herstellung der einheitlichen Organisation, nicht der einheitlichen Ideologie gewesen war – trotz aller Unkenrufe von jenseits des Ärmelkanals. Genauso ging es aus Sicht der Parteigranden bei der Dühring-Auseinandersetzung um die Einigung der Partei gegenüber einem gemeinsamen Gegner, weniger um die Ablehnung einer Ideologie, die ja etwa Bebel nur wenig zuvor noch selbst für sehr brauchbar gehalten hatte. Anders sahen dies Marx und Engels, die in diesem Fall eindeutig einen Konflikt um Ideologieproduktion und vor allem Ideologiedistribution führten – dies lässt sich aber nicht für die Parteiakteure sagen. Eben diese angesprochene und so oft beschworene organisatorische Einigkeit hatte dann auch sehr viel länger Bestand als alle damaligen oder späteren programmatischen Festlegungen im Ideenuniversum der deutschen Sozialdemokratie.

Zum eigentlichen Aspekt des zeitgenössischen Umgangs mit Entscheidungsmöglichkeiten tritt der aus historischer Perspektive besonders interessante Aspekt der rückblickenden Überformung von Beschlüssen, Maßnahmen oder Vereinbarungen hinzu. Auch wenn der Kompromiss von Gotha und die ideologische Vielfalt in den Jahren davor und danach nicht die nächsten Jahrzehnte sozialdemokratischer Entwicklung determiniert haben mögen, so wurde doch die Festlegung auf bestimmte ideologische Begriffe, die in Parteiprogrammen, aber

---

225, hier S. 215: „In the same way as discourses may exhibit intertextuality, they also may show ‚interideologicality'. Indeed, one of the interesting challenges of ideological analyses of political discourse is not only to identify these various ideological sources, but also the unique way they interact in the production of specific discourses."

vor allem bei Reden und in Artikeln und unterschiedlichen Schriften verwendet wurden, immer wieder neu gefordert und umgesetzt – wohlgemerkt erst im Anschluss an die einmal erreichte organisatorische Einheit der Partei. Dabei bezog man sich in legitimatorischer Absicht dann rückblickend auf die Frühphase der deutschen Sozialdemokratie, also auf eine Zeit, in der ebenjene Begriffe gerade noch nicht eindeutig festgelegt waren und in der – wie gesehen – ganz unterschiedliche Standpunkte koexistiert hatten, ohne die Einheit der Partei zu gefährden. So wurde der Topos von der „Einheit der Partei", der in der Folgezeit in Krisensituationen immer wieder angeführt wurde, legitimiert durch Rückbezüge auf eine Epoche, in der sich eine organisatorische und politische Einheit erst zu formen begann und eine ideologische Einigkeit zu keinem Zeitpunkt bestand.

Diese unterschiedlichen Standpunkte hatten ein diskursives Reservoir gebildet, welches als Grundlage für die Einigung zweier verschiedener sozialdemokratischer Strömungen überhaupt erst hatte dienen können. Persönliche Differenzen waren der Einigung viel eher hinderlich als die unterschiedlichen politischen Standpunkte. Im Rückblick fungierten zunehmend auch Figuren wie Marx, Engels, Liebknecht und Bebel als mit unerreichbarer und manchmal auch unberechenbarer persönlicher Autorität ausgestattete Anknüpfungspunkte. Ihnen unterstellte man Weitblick und Entscheidungsmacht und extrahierte damit die aus ihren – häufig alles andere als eindeutigen – Positionierungen angesichts bestimmter, von der Parteihistoriographie als Wendepunkte sozialdemokratischer Geschichte gedeuteter Ereignisse im Nachhinein die Legitimation ihrer Nachfolger. Dies erhöhte jene etablierten oder zu etablierenden sozialdemokratischen Institutionen und half hierbei ein diskursiv vermitteltes und ungemein verbindendes politisches Gedächtnis herauszufiltern, das immer wieder neu performativ befestigt wurde. In diesem Sinne war der Kompromiss von 1875 kein Wendepunkt an sich, wurde aber zu einem solchen stilisiert und erfüllte für die Vertreter einer solchen Sichtweise rückblickend auch die Funktion eines solchen Wendepunkts: Erstens bot er die Möglichkeit zur kollektiven Heldenverehrung für die Gründer der Partei. Zweitens verkörperte er die ideologische Selbstvergewisserung mit Verweis auf die von diesen Gründern vereinbarten Formulierungen. Drittens repräsentierte er die Herausformung eines überzeugenden Narrativs vom notwendigen Aufstieg der Bewegung, ihrer fast schon naturgesetzlichen und logischen Ausbreitung und damit verbunden auch die Vergewisserung über die künftig nach diesem Fortschrittsparadigma erwarteten Erfolge der Partei – Erinnerung an in Krisenzeiten erreichte Fortschritte diente hier als Zukunftsgarantin.

Die Geschichtskonstruktion der Sozialdemokratie begegnete uns hier einerseits in Form der lassalleanischen Hagiographie, die aus Lassalle eine Figur machte, die vor ihrer Zeit die richtigen politischen Heilmittel für die gegenwärtige Lage erkannt hatte, eine Figur, auf die immer wieder im Sinne eines Vorbilds hingewiesen wurde. Sie schlug sich aber abgesehen davon vor allem in der von Lassalle entworfenen Organisationsweise des ADAV und in der Ausprägung eines reformistischen Staatsverständnisses nieder. Andere sozialistische Vordenker wie Saint-Simon, Revolutionshelden wie Friedrich Hecker oder die aufkommende Verehrung für Karl Marx und Friedrich Engels dienten immer wieder zur Reaktualisierung bestimmter sozialistischer Topoi, die den jeweiligen Bedürfnissen in der Auslegung noch relativ flexibel angepasst werden konnten. Wenn es um politische Themen ging, wurde dieses Instrument ebenfalls verwendet. Dabei konnte mein Fokus auf den Topos der Krise zeigen, dass Rückbezüge vor allem auf die Krise von 1857, aber auch auf die Jahre 1848 und 1837 auf der einen Seite dazu genutzt wurden, die Abläufe von Wirtschafts- beziehungsweise Finanzkrisen anhand historischer Beispiele schematisch darzustellen. Andererseits wurde mit dem Verweis auf diese Fallbeispiele immer schon eine Differenzierung mit Bezug auf die jüngste Krise vorgenommen. So nutzten die Sozialdemokraten den Vergleich mit 1857 zur Selbstvergewisserung, indem sie den damaligen Ereignissen oftmals einen viel harmloseren Charakter beimaßen, als von der nun kommenden oder herrschenden Krise zu erwarten sei. Ganz nebenbei reflektierten die Sozialisten dabei Globalisierungs- und Kommodifizierungsprozesse, indem sie in metaphorischer Weise von den gezeigten Beispielen der Handelsnetze sprachen. Diese seien nun – 1873 – ungleich dichter gespannt, etwa von Handelshäusern, die die Auswirkungen in den USA schon bald auch in Deutschland spürten. Auch verglichen die Sozialisten das Handeln der Bank of England im Jahr 1857 mit 1873, führten ebenso die Preußische Bank ins Feld und vollzogen allgemein die Globalisierung metaphorisch nach.

Wenn man an die von Karl Polanyi in „The Great Transformation" geschilderten kulturellen Entflechtungsprozesse erinnert, die durch wirtschaftliche Verknüpfungsprozesse angetrieben waren, so lässt sich feststellen, dass sich die Sozialisten in den Jahren ihrer Gründungsphase ganz bewusst als Akteure innerhalb solcher Prozesse sahen und dabei auch – im Vergleich mit 1857 – immer wieder auf das Element einer zunehmenden Zuspitzung kapitalistischer Verdichtungsprozesse verwiesen.[1076] Dies geschah zum Beispiel im Hinweis auf die einfache Überproduktion von Waren im Jahr 1857, die nun auch zusätzlich noch in Bezug auf Produktionsinstrumente stattfinden würde – dies alles gewertet im Sinne einer unvermeidlichen Verschlechterung der Situation, bevor eine Verbesserung und die Vernichtung der „planlosen Produktionsweise" eintreten würden. Die Modernität der sozialdemokratischen Krisenreaktionen zeigte sich einerseits also in der Tatsache, dass die Sozialdemokraten auf eine tatsächlich moderne industriekapitalistische Krise reagierten.

Andererseits fungiert der Verweis auf vorangegangene Krisen und die Zyklizität der Krisen als Beweis für das Verständnis dieser genuin modernen Prozesse. Wenn sich dies einerseits in religiöser Metaphorik und apokalyptischer Sprachgewalt äußerte und andererseits schon weit vor John Maynard Keynes über die positiven Auswirkungen staatlicher Wirtschaftsinterventionen zur Vermeidung oder Linderung von Krisen nachgedacht wurde, so ist dies ebenfalls kein Zeugnis einer vormodernen Perspektive auf die Entstehung der modernen Welt, die in den Kreisen der ersten sozialdemokratischen Generationen vorgeherrscht hätte. Es ist vielmehr ein Beispiel von vielen für die typisch moderne

---

1076 Vgl. Polanyi, Great Transformation.

Mixtur aus Gestern und Heute, die sich ihrer eigenen Widersprüche bewusst sein konnte und es im zunehmenden Maße auch war.

Die Krisenanalyse der Sozialisten selbst zeigte sich einerseits in ihrer Modernität, andererseits in ihrer Vielfalt sehr deutlich. Wurde die Krise einerseits als Lehrstück für die Mängel der herrschen Produktionsweise porträtiert – und damit eine moralische wie auch pädagogische Wirkung gemeint –, wurde an anderer Stelle schon weit weniger passiv über mögliche Heilmittel diskutiert. Das als explosiv und selbstzerstörerisch geschilderte Kapital sollte gezähmt werden, und das geteilte Ziel ließ die unterschiedlichen Mittel vorerst in den Hintergrund treten. Solange noch Hoffnung auf die – zumindest mittelfristige – Umsetzung der eigenen Vorschläge bestand, war es nicht als leerer Appell gedacht, wenn im „Neuen Social-Demokraten" von den Möglichkeiten eines aktiven Staates gesprochen wurde. Hier zeigte sich neben einem modernen Staatsbild, wobei der Staat als Instrument und nicht als unbeherrschbarer und bedrohlicher Fremdkörper wahrgenommen wurde, auch ein modernes Wirtschaftskonzept: Dieses stützte sich durch die häufige Analyse der unterschiedlichen Ebenen der Wirtschaftsakteure, Unternehmer, Arbeiter, Konsumenten und staatlichen Akteure auch auf durchaus sinnvolle Kategorien, die Zusammenhänge wie Konsum und Lohn, Arbeit und Nachfrage transparent zu machen versprachen und dieses Versprechen auch einhielten.

Ob der Staat als Verkörperung des Volkswillens oder der Zusammenbruch des Systems durch seine Mängel betrachtet wurde: Bei allen Ansätzen der Sozialdemokraten in der Krisenanalyse blieb der zentrale Topos der der Überproduktion. Dieser verknüpfte sich in seinem zwitterhaften Wesen aus wirtschaftlicher und moralischer Komponente mit vielfältigen Argumentationsstrukturen, die einerseits Spekulation und Überproduktion, andererseits den Staat und nicht zuletzt – siehe Johann Most – die Rolle des einzelnen Arbeiters im Gesamtsystem beleuchten ließen. Die Rede von der Krise war in all diesen Diskursfragmenten nicht nur Anschauungsbeispiel, sondern praktischer Ort der Einübung von Kritik und politischer Intervention.

Die Unterschiede in der Modernität zwischen ADAV und SDAP, wenngleich marginal, zeigten sich in dieser Arbeit im Blick auf die Zeitwahrnehmung. Während der ADAV in seinen Berichten eine klassische Trennung zwischen Vergangenheit, Gegenwart und Zukunft vollzog, war es im „Volksstaat" oft die gegenwärtige Periode, die aufgrund ihrer zeitlichen Schematisierung leichter vergleichbar wurde mit vorangegangenen Perioden, etwa „Schwindelperioden", aber auch den Blick in die Zukunft und Prognosen ermöglichte: Denn Perioden wiederholen sich, und die Betrachtung der Geschichte wird in dieser Perspektive zur wissenschaftlichen Methode.

Als heuristisches Schema für die Analyse der Quellen ließ sich vorab ein Drei-Stufen-Modell entwickeln. Diesem zufolge wären geistig prägende Intellektuelle als Urheber wichtiger tradierter Ideologeme einer ersten Gruppe zugehörig, die sich vor allem mit der Formung von Ideologie und deren Weitergabe durch die Funktionsträger der Sozialdemokratie beschäftigt hätten. Dagegen verbreiteten mehr oder weniger professionelle Agitatoren als Parteimanager diese Ideologie und popularisierten sie in Reden und Schriften. Als dritte Gruppe folgte in diesem Modell die Parteibasis, jene Akteure, welche die Partei vor Ort vertraten und in verschiedener Weise performativ zu ihrer politischen Formation beitrugen. Während sich nach wie vor zu heuristischen Zwecken eine solche Trennung vollziehen lässt, hat die Analyse und Darstellung der Quellen im Zusammenhang gezeigt, dass die briefliche Kommunikation zwischen Ideologieproduzenten ersten Ranges, wie etwa Marx und Engels und den führenden Popularisierern der sozialistischen Ideen wie Bebel und Liebknecht, neben vielen alltäglichen Themen sich vor allem auf organisatorische Fragen beschränkte. Es wurden in erster Linie Fragen in Bezug auf die Verbindung mit den Lassalleanern diskutiert, die in den Bereich von ideologischen Debatten übergingen. Ideologie wurde also dann vor allem funktional, wenn sie der Abgrenzung dienen, also die eigene Entität stärken konnte. Ansonsten war es, auch was die briefliche Kommunikation zwischen den Parteiführern und den Agitatoren vor Ort, also zwischen Bebel und Liebknecht und August Geib, Johann Most, Eduard Bernstein auf der einen und Wilhelm Hasselmann, Wilhelm Hasenclever und Carl Wilhelm Tölcke auf der anderen Seite anging, vor allem die Organisation der Partei, die im Mittelpunkt der Deliberationen stand – in erster Linie im Zusammenhang mit der Diskussion um die Frage, wie mit staatlichen Repressionen jeweils konkret umzugehen sei.

Aus dieser Quellenlage zu schließen, dass ideologische Unterschiede im innersozialdemokratischen Diskurs keine Rolle spielten, wäre voreilig. Stattdessen zeigt sich, dass der hohe Verfolgungsdruck und die nicht zuletzt auch damit einhergehende Notwendigkeit einer den jeweiligen Bedingungen angepassten Parteiorganisation die Prioritäten der deutschen Sozialisten verschoben – und zwar weg vom Ideenstreit und hin zur Betonung eines gemeinsamen Wertefundaments. Die Betonung und Forderung nach einer „festen Organisation", die in den frühen Jahren eben genau dies war – ein Desiderat, keine Zustandsbeschreibung –, beförderten dabei den parteipolitischen Gemeinsinn und entsprachen den tatsächlichen (Überlebens-)Bedingungen der frühen Sozialdemokratie im politischen Feld. Mag auch das Drängen auf Einigkeit im weiteren Verlauf in anderen historischen Zusammenhängen und mit völlig anderen Wirkungen erfolgt sein: Für die frühe Sozialdemokratie war die gemeinsame Parteiorganisation tatsächlich überlebenswichtig und das Drängen darauf als oberste Pflicht aus strategischer Sicht alles andere als abwegig. Dass dies aber gleichzeitig bedeutete, sich angesichts der zentripetalen Kräfte des Kompromisses nicht mehr über unterschiedliche Konzepte auszutauschen, die innerparteiliche Debatte zu scheuen oder gar zur (Selbst-)Zensur zu greifen, war keineswegs automatisch der Fall. Stattdessen waren vor allem die Parteizeitungen in den 1870er Jahren Orte regen Austauschs, in denen aber zunehmend die gemeinsame Zielsetzung betont und – mehr oder minder plötzlich – die Polemik vor allem der Jahre 1869 bis 1873 zurückgeschraubt wurde. In dieser Hinsicht war gerade die gemeinsame Organisationsfähigkeit der Garant für einen funktionierenden Meinungsaustausch, auch wenn für dessen langfristige Funktionsfähigkeit bei der Institutionalisierung der sozialdemokratischen Presseorgane – nicht zuletzt unter den widrigen

Bedingungen des Sozialistengesetzes – keine dauerhafte Gewähr gefunden werden konnte.

Der Blick auf die Parteitagsprotokolle zeigt ein Bild, welches ebenfalls erlaubt, die organisatorischen Fragen in den Vordergrund zu stellen. Viele der Debatten auf den Parteitagen des ADAV, wie auch der SDAP und dann der SAP, waren geprägt von der Frage, welche Parteizeitungen wie genutzt, wer in der Redaktion arbeiten und wo die Zeitungen verlegt werden sollten. Wenn dann auch noch der Blick in „Volksstaat", „Vorwärts" und „Neuer Social-Demokrat" zeigt, dass hier – und nur hier (denn von persönlichen Gesprächen der Genossen untereinander haben wir wenig glaubhafte Zeugnisse, und die Reden im Reichstag blieben im Untersuchungszeitraum häufig an die bürgerlichen Antipoden gerichtet) – die Verbindung von Parteiintellektuellen, Parteibasis und Agitatoren zu finden ist, die zu ermitteln war, und dies in einer viel weniger scharf getrennten Form als zunächst vermutet, dann wird erneut deutlich, dass das Forum der Partei, die Parteizeitungen, im weitesten Sinne die Partei als diskursive Praktik selbst ausmachten.

Dieses Forum wurde nicht selten auch zum Austausch und zur Abgrenzung gegenüber dem politischen Gegner genutzt, keineswegs allein zum Zweck der sozialistischen Nabelschau. Ganz im Gegenteil, der Erfolg einer jungen, zahlenmäßig kleinen politischen Bewegung zeichnet sich ja gerade aus durch die Aufnahme externer Impulse aus dem politischen Feld. Der erstaunlich offene Austausch, der etwa durch Zitate aus der bürgerlichen Presse zum Ausdruck kam, bedeutete keinen Zuwachs an Sympathie. Er war Mittel zum Zweck, und dieser Zweck hieß Abgrenzung und Konsolidierung der eigenen Organisation – also auch der eigenen Presse. So diente der Topos der „gekauften Zeitungen" in Zeiten der Gründerkrise auch als Hinweis auf die Unglaubwürdigkeit anderer Informationsquellen, die ja nachgewiesenermaßen von „der Börse" – ein den „gekauften Zeitungen" übergeordnetes diskursives Schlüsselwort – kontrolliert würden. „Die Börse" stand, wo immer der Begriff auch verwendet wurde, für niedere Beweggründe, für Korruption und Unmoral, weniger als bloßer Ausdruck des modernen Wirtschaftssystems; aber dies trat in manchen Schilderungen auch hervor.

Neben der bürgerlichen Presse waren die sozialistischen Hauptgegner die Liberalen, welche stets als Heuchler charakterisiert wurden. Daneben waren die als politisch wertlos angesehenen „Kathedersozialisten" des „Vereins für Socialpolitik", Religiöse und Konservative, die doch nur Lügen verbreiteten, um ihre eigene Machtstellung zu erhalten, und die Justiz als willige Vollstreckerin eines korrumpierten Staates viel weniger relevant im hier gewählten Untersuchungszeitraum.

Die Konkurrenz zum Liberalismus diente vor allem als Austragungsort des Kampfes um die gefühlte Meinungsführerschaft als aufklärerische Kraft im Kaiserreich. Die Liberalen, deren Ideen sich teilweise in Politik und Wirtschaft verwirklichten, waren weniger glaubwürdig als Kritiker eines Systems, welches sie selbst mit leiten halfen. Von diesem Zwiespalt wollten die Sozialisten profitieren und mahnten den liberalen Wertewandel an, indem sie jenen wahlweise den Verlust ihrer Werte unterstellten oder diese von vorneherein als Ausdruck missbräuchlich verwendeter falscher Begrifflichkeiten kennzeichneten. Damit wurden die Liberalen aus Sicht der Sozialdemokraten zu Wertewandlern, wie ich es nennen möchte, also zu einer politischen Kraft, die einerseits neue Werte in die Politik gebracht, andererseits überkommende Werte übernommen und verzerrt hatten. Weil dieser Prozess aus linker Perspektive mit einem Verlust an sozialer Stellung und wirtschaftlicher Sicherheit für die Handwerker und Arbeiter einherging, war er besonders heftig zu bekämpfen.

Wenn wir sehen, wie Parteispitze und Ideologieproduzenten wie Wilhelm Liebknecht Artikel der jungen Karl Kautsky und Eduard Bernstein abdruckten und gleichzeitig Arbeiterversammlungen protokollierten und Leserbriefe veröffentlichten, dann zeigt sich ein sehr vielfältiger Diskursraum, in dem die deutschen Sozialdemokratie als vereinigte Partei entstand, und dies in Form einer nationalen Parteiorganisation bei gleichzeitiger transnationaler Netzwerkbildung. Die prononciertesten Gegner des deutschen Nationalstaats profitierten somit von dessen Herstellung eines reichsweiten diskursiven und politischen Forums und den damit einhergehenden Möglichkeiten des regionalen Austauschs. Gleichzeitig lehnten sie – zumindest gilt das für die Eisenacher Richtung – den Nationalstaat in der bestehenden Form ab. Es war jedoch nicht der Nationalstaat als solcher, den sie in der großen Mehrheit ablehnten, sondern nur dessen kleindeutsche Version, also dessen wirtschaftliche und politische Ordnung und nicht zuletzt auch die Ereignisse, die zu seiner Herausbildung geführt hatten. Die Sozialdemokraten der Parteigründungsphase waren nicht antinational, sie wollten in vielerlei Hinsicht einen noch größeren, mächtigeren Staat, der sich zwar aus lokalen Wirtschaftsverbänden zusammensetzen würde, aber letzten Endes durch seine antizipierte logisch-rationale Ordnung der gesamtgesellschaftlichen Produktion eine vorbildhafte Republik bilden sollte. Diese sollte einen weiteren Schritt der kultivierten – also aus Sicht der Zeitgenossen vorwiegend westlichen – Menschheit in Richtung Zivilisiertheit und einer besseren Verkörperung der Werte der Aufklärung markieren.

Die Vorgehensweise einer „‚kritischen Geschichtswissenschaft', die mit einem überheblichen Gestus der Besserwisserei auftritt", sollte in dieser Arbeit nicht erneut zum Ausdruck kommen.[1077] Vielmehr wurde in meiner Arbeit anstatt einer aus der zurückblickenden Perspektive erfolgenden Kritik der Handlungen der historischen Akteure die Notwendigkeit einer Selbstkritik der Historiker betont, die sich zu lange – nicht nur in Bezug auf die Geschichte der Sozialdemokratie – ihrer Sache zu sicher waren und in unserem Fall immer wieder einen „Eklektizismus" der frühen Sozialdemokratie diagnostizierten. Sie brandmarkten diesen als negatives Merkmal einer ideologisch ungefestigten Partei, um dann an anderer Stelle ihre fehlende demokratische Reife, Ideologieaffinität und Kooperationsbereitschaft zu kritisieren – die Vergangenheit kann es den Historikerinnen und Historikern nie recht machen. In eben diesem Sinne

[1077] Landwehr, Achim: Die Kunst sich nicht allzu sicher zu sein: Möglichkeiten kritischer Geschichtsschreibung, in: WerkstattGeschichte, Heft 61 (2012), S. 7–14, hier S. 8.

sollte in dieser Arbeit auch keine „Ideologiekritik“ geübt werden, und eine Beschreibung der Ideologie der deutschen Sozialdemokratie setzt auch nicht die Existenz einer „falschen“ oder „richtigen“ Ideologie voraus, die unterschieden werden müssten. Der angesprochene „Eklektizismus“ lässt sich vielmehr als Kennzeichen der Moderne sehen, in der die unterschiedlichen gesellschaftlichen Prozesse nach ganz unterschiedlichen Lösungsansätzen verlangen können. In diesem Zusammenhang spielt dann auch die sozialdemokratische Krisenreaktion eine wichtige Rolle, war doch die Krise und die zunehmend massenmediale Verarbeitung derselben ein neuartiger Funktionszusammenhang innerhalb des ebenso neuen Kaiserreichs.

Die in der Einleitung aufgeworfene Frage nach der Modernität der Krise von 1873 ist affirmativ beantwortet worden – jedenfalls für die einerseits im Sinne eines zyklischen Konjunkturabschwungs und andererseits als klassische Folge von Überspekulation infolge kollektiver Autosuggestion hinsichtlich steigender Gewinnerwartungen zu wertende Krise, wie sie zum Zeitpunkt der Veröffentlichung dieser Arbeit zuletzt im Jahr 2008 auf globaler Ebene stattgefunden hat. Kurz gesagt: 1873 war eine der ersten globalen Wirtschaftskrisen des modernen Kapitalismus.

Dies zeigt der Blick auf die Zusammenhänge zwischen Finanzmärkten und Realwirtschaft, die sich mittlerweile in einer hinreichend großen und vor allem globalen Abhängigkeit befanden, sodass das Potential von überschwappenden Kriseneffekten gegeben war – ein Kennzeichen der modernen Wirtschaft. Gleichzeitig lassen sich in der Schilderung der Ereignisse von 1873 die gleichen durch Stabilität mutig gewordenen Investoren zeigen, die sich in durch Erfahrung berechtigter Hoffnung auf große Profite überschuldeten, während auf der anderen Seite die Informationsasymmetrien zwischen Realwirtschaft und Finanzmärkten dazu führten, dass nicht nur der Nutzen von Innovationen wie den Eisenbahnen zwischen beiden Sektoren im Verhältnis zu ihren jeweiligen Anteilen an der Hervorbringung derselben ungleich geteilt wurde – auch das vergleichsweise kurze Krisenjahr 1873 führte nicht zu gleichmäßigen Verlusten bei Real- und Finanzwirtschaft. Während sich die Börsen schon ab dem nächsten Jahr wieder erholten, wurden die Auswirkungen der Krise erst ab dann spürbar und wirkten einige Jahre nach. Dieses Muster ist ebenfalls nicht wegzudenken aus dem Wesen moderner Wirtschafts- und Finanzkrisen und kann aufgrund der Logiken der jeweiligen Sektoren nur durch staatliches Handeln beziehungsweise institutionelle Hürden beeinflusst werden.

Die Frage nach der Modernität der Krisenreaktion, also in diesem Fall nach der sozialdemokratischen Reaktion, ist weniger eindeutig zu beantworten. Hier bieten sich zwei Wege an. Es böte sich einerseits an, aus dem Vergleich mit unterschiedlichen Krisenreaktionen gesellschaftlicher Akteure in vergleichbaren Krisensituationen eine gemeinsame, essentiell moderne Krisenreaktion zu destillieren, die dann wiederum abgeglichen werden könnte mit dem vorliegenden Fall. Die von mir vorgeschlagene Herangehensweise verfügt dabei allerdings über den Vorteil, dass sie von den historischen Akteuren ausgeht und diese die Frage beantworten lässt: Als wie modern empfanden die Sozialdemokraten die erlebte Krise? Hierfür müssen wir uns allerdings vom eigenen Verständnis dieses uneindeutigen Begriffes lösen und etablierte Epochenzuordnungen meiden. Stattdessen gilt es, anstatt einer reinen Stichwortsuche jenen diskursiven Praktiken nachzuspüren, die einerseits einen Bruch in der Wahrnehmung des Zeitgeschehens darstellen, ihn aber auf der anderen Seite auch konstatieren. Ausgehend von dem Axiom, dass jene geschichtliche Epoche, welche sich Ende des 19. Jahrhunderts anbahnte, tiefgreifende Änderungen, wie das Zeitalter der Massenpolitik, Bürokratisierung, Industrialisierung, Verstaatlichung und viele andere Wandlungsprozesse, mit sich brachte, so müsste dieser Wandel, wären die sozialdemokratischen Krisenreaktionen „modern", auch in deren Struktur feststellbar und zugleich auch reflektiert worden sein.

Anknüpfend an Hansjörg Siegenthalers Werk ist in dieser Arbeit die Rede gewesen von den Funktionen gesellschaftlicher und politischer Opposition in Krisenlagen.[1078] Statt Krisen bedrohlich in Richtung Katastrophe zu verschärfen, was eher selten und nur in Ausnahmesituationen geschieht, können solche Akteure als organisierte Alternative in Krisen eine Anziehungskraft entwickeln, welche die Kräfte der Opposition bündelt, institutionalisiert und sie somit wieder nutzbar und kontrollierbar machen kann. Ein solches Geschehen lässt sich als modern bezeichnen, da es die Vorstellung und Umsetzung einer pluralen Gesellschaft mit unterschiedlichen politischen Akteuren im mehr oder weniger legalen Wettstreit voraussetzt. Stimmt dies mit der Wahrnehmung der frühen Sozialdemokratie überein?

Auch hier können die deutschen Sozialisten der Reichsgründungsjahrzehnts nicht monolithisch betrachtet werden. Die Quellenanalyse hat jedoch eindeutige Tendenzen gezeigt. Erstens war ähnlich wie vor 1871 die Erwartung an zukünftige Veränderungen in einem zweistufigen Modell gedacht worden. Vor der Reichsgründung hatten vor allem die Eisenacher mit ihren Führern Bebel und Liebknecht, dem Revolutionär von 1848/49, auf die Karte der großdeutschen Nationalstaatsgründung gesetzt, ausgelöst durch den politischen Druck des deutschen Volkes, die dann mehr oder weniger reibungslos in Form einer postrevolutionären Ausgestaltung auch den sozialen Frieden bringen sollte. Auch für die Führer des ADAV gab es bis 1871 ein ähnliches zweistufiges Denken. Erst die Umsetzung des allgemeinen Wahlrechts würde der Arbeiterschaft die Stimmen verschaffen, die zu ihrer Einflussnahme auf den Staat und der dann erfolgenden Umsetzung von Reformen oder gar der Abschaffung des bestehenden Produktionssystems führen sollten. Wie für die Eisenacher war also auch für die Lassalleaner spätestens seit 1871, wenn nicht schon nach Gründung des Norddeutschen Bundes, deutlich geworden, dass weder allgemeines Männerwahlrecht noch nationale Einigung den gewünschten Anstoß zur Verbesserung der Verhältnisse liefern würden. Dabei fällt weniger ins Gewicht, dass die kleindeutsche Variante für die Anhänger Lassalles noch zustimmungsfähiger war als unter ihren großdeutsch orientierten Genossen aus Sachsen. Auch wenn also die konkreten politischen Strategien sich inhaltlich ähneln mochten, so war beiden Hauptströ-

[1078] Siegenthaler, Regelvertrauen, S. 178f, hier vor allem S. 198.

mungen des deutschen Sozialismus gemein, dass sie den revolutionären Prozess von Vorbedingungen abhängig machten, die dann wiederum als auslösende Faktoren von Systemumbrüchen fungieren und notwendigerweise auch soziale Verbesserungen mit sich bringen würden.

Wenn ich nun zweitens auf die Weiterentwicklung des revolutionären Modells der Sozialdemokraten in den 1870er Jahren hinweisen möchte, also nach der Enttäuschung über ausbleibenden Wandel infolge von Nationalstaatsgründung und Einführung des Wahlrechts, so ist ganz klar ein Zurücktreten der Erwartung einer nahenden Revolution oder auch einer nahenden Verbesserung der Verhältnisse – sei es nur über den Weg der Reform – zu verzeichnen. Dabei ist es wichtig hervorzuheben, dass das zweistufige Modell politischen Wandels, dem die Sozialisten angehangen hatten, weiter fortlebte – nur in anderer Form. Nur wenige Sozialdemokraten verließen das Terrain des sich als wissenschaftlich-analytisch gebenden Denkens in revolutionären Voraussetzungen und Bedingungen und entwickelten sich – wie Johann Most – mehr in Richtung des dezisionistisch argumentierenden Anarchismus, der das Handeln revolutionärer Subjekte in den Vordergrund und die Grundlagen dieses Handelns in den Hintergrund treten ließ.[1079]

Was geschah jedoch nun konkret mit dem Zwei-Stufen-Modell der deutschen Sozialdemokratie? Es wurde gefüllt mit zwei Gedanken, die nicht neu waren, aber nun in innovativer Weise auch diskursiv als tragende Säulen der Bewegung fungieren sollten: Dies waren die Begriffe der Organisation und des unvermeidlichen Zusammenbruchs, Krachs oder Großen Kladderadatschs. Exakt während der Phase der deutschen Sozialdemokratie, in der diese nach einem einigenden Konzept verlangte, unter Verfolgungsdruck stand und die Hauptbestandteile ihrer politischen Ideologie überdenken musste, hatten die Bedingungen ihres politischen Handelns gerade diese beiden ideologischen Versatzstücke in Stellung gebracht. Nichts war in Zeiten der Vereinigung der Partei, der Verfolgung ihrer Mitglieder und dem Verbot ihrer Organisationen wichtiger, als die Aufrechterhaltung der Organisationsfähigkeit in Ermangelung einer massenhaften Anhängerschaft. Nichts war ebenso auffällig für die deutsche Sozialdemokratie in den 1870er Jahren, als die Nachrichten von weltweiten Firmenzusammenbrüchen und Börsencrashs eintrudelten, dass die Verschlechterung der sozialen Lage der Bevölkerung und die Einsicht in die mangelnde Funktionsweise des bestehenden Wirtschaftssystems dazu führen würden, dass dereinst unter den Bedingungen kapitalistischer Fehlentwicklungen ebenjener revolutionäre Impetus entstehen würde, den man zuvor unter anderen Bedingungen zu finden gehofft hatte.

Die Revolutionserwartungen, die mit Bezug auf die Pariser Commune noch enttäuscht worden waren, bauten sich zwar in den Folgejahren auch auf einer aktiven Erinnerungskultur an ebendiese auf, wie es etwa Lucian Hölscher beschrieben hat.[1080] Tatsächlich aber nahm zunehmend die Erwartung der ökono-

---

[1079] Vgl. hierzu Anmerkung 709.

[1080] Vgl. Hölscher, Lucian: Weltgericht oder Revolution. Protestantische und sozialistische Zukunftsvorstellungen im deutschen Kaiserreich, Stuttgart 1989, S. 213–215.

mischen Krise – glaubwürdig unterfüttert durch den ökonomischen Druck auf die Arbeiterschaft in den Jahren nach 1873 – immer mehr den Platz der vormaligen Idee einer spontanen Volksbewegung ein. Auch wenn die politische Revolution noch nicht ausgedient hatte, so nahmen ökonomische Aspekte einen wichtigen Raum ein.[1081] Das bedeutete nicht automatisch, dass neben marxistischen Konzepten nicht auch pragmatische Ansätze, die mehr tagespolitisch orientiert waren, in sozialdemokratischen Kreisen Aufmerksamkeit auf sich zogen. Ein Konzept ökonomischen Wandels bedingte nicht automatisch auch die Inkaufnahme aller Marx'scher Ideen, wie etwa die Zeitschrift „Die Zukunft“ als verloren gegangenes revisionistisches Potenzial belegt – ein Potential, welches durch das Verbot durch das Sozialistengesetz verloren ging. Das Sozialistengesetz begünstigte demgemäß eine zentripetale ideologische Auffassung innerhalb der Sozialdemokratie, indem es seinerseits den offenen Austausch unter Sozialisten erschwerte, andererseits den Zusammenhalt der Organisation zur Überlebensfrage machte. Somit wurden bestimmte Ansätze begünstigt, andere benachteiligt, die diesen Voraussetzungen weniger entsprachen. Dieser Wandel, mitsamt seiner kohäsiven Kraft, vermittelt durch die gemeinsame sozialistische Beobachtung wirtschaftlicher Wandlungsprozesse als gleichsam wissenschaftliche Pflicht eines jeden Revolutionärs, ist bisher in der Forschung eher unterbelichtet geblieben.

In Zeiten institutionellen Wandels entschied sich die Sozialdemokratie also nicht für das Potential der Radikalisierung, nahm nicht die Idee einer kleinen revolutionären Vorhut an, die durch aufsehenerregende Aktionen Unruhe und politische Umbrüche stiften wollte. Sie blieb allerdings auch – und dies nicht zuletzt aufgrund der Haltung der Obrigkeit – fest in den Reihen der Systemgegner und wurde vorerst nicht in das politische System des Kaiserreichs integriert. Stattdessen wurde die ideologische Vorentscheidung früherer Jahre fortgeführt, welche die eigene politische Wirksamkeit von externen Einflüssen (Krisen) und von der inneren Kohäsion (Organisation) abhängig machte. Sie stellte damit jeweils einen gewichtigen Grund zur Erklärung der ausbleibenden Erfolge, bei gleichzeitiger Motivation zur Erzielung derselben, zur Verfügung und markierte gleichsam die Marksteine der Zwischenetappe zwischen Gegenwart und sozialistischer Utopie. Wie gezeigt, waren das Ziel einer funktionierenden Parteiorganisation und die Erwartung eines wirtschaftlichen Krachs nicht neu; sie wurden aber bedingt durch die diskursive Verarbeitung der Ereignisse der Jahre 1871, 1873 und 1878 zum festen Bestandteil der Identität der deutschen Sozialdemokratie.

[1081] Vgl. zur Rolle der politischen Revolution: Welskopp, Banner, S. 745; auch: Stephan, Genossen, S. 189: „Die Sozialdemokratie – vor allem die SDAP – hatte versucht, diese Identität beizubehalten, indem sie den angesichts der ‚Konsolidierung' des Deutschen Reichts [sic] notwendig gewordenen ‚ökonomischen' Kampf mit der überkommenen Revolutionshoffnung verband. Die Marxsche Theorie war nicht für diese revolutionären Restbestände verantwortlich, sie erleichterte höchstens die Integration des Klassenkampfs in diese Revolutionshoffnung.“

Bei der Kritik an den revolutionären Strategien der deutschen Sozialdemokratie vor 1918 darf nie vergessen werden, dass das Ziel der Organisation immer ein Element der Bewegung und der Selbstmotivation bot. Dagegen müssen die Vertreter der Kritik am scheinbaren Organisationsfetischismus darauf verwiesen werden, dass das sozialistische Ziel nicht allein aus der Organisation von wohlgeordneten Demonstrationszügen und akkurat gepflegten Mitgliederlisten bestand, sondern immer auch die politischen Entwicklungen – vor allem unter dem Gesichtspunkt der Krisenerwartungen – analysierte und sich nicht komplett von der pragmatischen Tagespolitik entfernte. Tatsächlich bot die zweistufige Strategie Ansätze zur pragmatischen Politik, wie auch zum revolutionären Utopismus – gerade diese Flexibilität war ihre Stärke, nicht ihre Schwäche. Somit entwickelte sich bei den deutschen Sozialisten durchaus eine moderne Krisenverarbeitungsstrategie, die auf externe Schocks zu reagieren wusste, wenngleich dies weniger aktiv, als passiv geschah – Organisation statt Revolution. Mit der aus zwei Zeitschichten und zwei politischen Strategien bestehenden sozialistischen Nah- und Fernsicht verband sie überdies teleologisches Denken, welches die kommende Revolution als den Endpunkt einer Entwicklung perspektivieren konnte, an die sich dann eine vollkommen andere Zeitlichkeit anschließen würde mit dem pragmatischen Element der Verbesserungen im Hier und Jetzt.

Wenn wir mit Jürgen Habermas an die „Systemkrise als einer Dauerkrise" im liberalkapitalistischen System erinnern, dann war die beschriebene zweigleisige Sicht, also die Hoffnung auf die große kommende Krise bei gleichzeitiger politischer Moderation der aktuellen Krisenauswirkungen, ein attraktives Politikmodell.[1082] Dieses Modell war aus meiner Sicht die logische Folge des außer Takt laufenden Revolutionsverständnisses der Sozialisten in ganz Europa. Statt einer Volksrevolution war es zu monarchischen Konsolidierungsprozessen gekommen, später statt eines großen Krachs und der dann folgenden Revolution einfach zu erhöhter Arbeitslosigkeit, Lohndeflation und einer desillusionierten Arbeiterschaft. Wer die Berichte in den sozialdemokratischen Presseorganen in den 1870er Jahren liest, wird den Eindruck gewinnen, dass der Rhythmus der Krise auf Seiten der Sozialisten nicht aufgenommen wurde.

Das Denken in Konjunkturzyklen war noch nicht ausgeprägt genug, um eine tagespolitische Strategie bereit zu haben, aber die Erkenntnis über das Ausbleiben der Revolution forderte neue Ansätze, die kurzfristigen Wandel mit den langfristigen sozialistischen Zielen und Erwartungen in Einklang zu bringen vermochten. Dass die ideologischen Festlegungen dieser deutschen Sozialdemokratie sie 1912 zur stärksten Partei machten, ist bekannt. Dass diese Erfolge sich nicht ungefiltert auch in politische Erfolge im Sinne der eigenen Zielsetzung ummünzen ließen, ist vor allem dem politischen System des Kaiserreichs anzulasten und erst in zweiter Linie dem angeblich fehlenden Pragmatismus der Sozialisten. Diese konnten erst nach 1918/19 ihren genuin sozialdemokratischen Pragmatismus auf das politische Parkett bringen – den sie mit der sich verfesti-

---

1082 Habermas, Jürgen: Legitimationsprobleme im Spätkapitalismus, Frankfurt am Main 1973, S. 42.

genden Spaltung des sozialistischen Projekts in zwei bis teilweise drei Parteien und mit ihrer politischen Dominanz im Arbeitermilieu bezahlten.

Was bedeuteten diese Entwicklungen für die Anwendung des Siegenthaler'schen Modells? Aus Sicht der Sozialdemokratie waren die Krise von 1873, die Verfolgungsmaßnahmen des Staates und die noch nicht vorhandene Massenanhängerschaft Grund genug, eine mögliche kommende Revolution auf die lange Bank zu schieben oder diese vor allem von externen Faktoren abhängig zu machen. Gleichzeitig waren die Repressionen im Kaiserreich, auch im strengeren Preußen, nicht tiefgreifend genug, um die Parteiorganisationen dauerhaft zu untergraben, aber gerade so durchschlagend, dass eine dauerhafte Oppositionshaltung der Sozialdemokratie begünstigt und ihre langfristige Integration in das politische System des Kaiserreichs erschwert wurde.

Der Blick auf Gesellschaften, die sich in Krisen befinden, zeigt, dass kritisches Potential nur selten zu tatsächlichen Umstürzen führt, weil einerseits systemischer Wandel die Krisenauswirkungen begrenzen kann und andererseits die Institutionen, die kritisches Potential aufnehmen, dieses bündeln und mitunter auch entschärfen können. Beide Prozesse sind in den Jahren nach 1873 zu beobachten. Die krisenhaften Auswirkungen der Globalisierungsprozesse, die ja nach 1873 nicht verschwanden, führten zum wachsenden Widerstand der Betroffenen, der sich durch das (historisch) vergleichsweise progressive Wahlrecht im Reich auch fühlbar machte, ganz zu schweigen von druckausübenden korporatistischen Strukturen, die ja von Bismarck bewusst gefördert wurden.[1083] Hier darf nicht nur die Rede sein von den städtischen Unter- und Mittelschichten als Trägern dieses Sentiments, sondern auch von der Landbevölkerung, die sich zunehmend kritisch gegenüber dem Freihandel positionierte, der durch weltweite Handelsverflechtungen zu einem Verfall der Agrarpreise geführt hatte. Auch die Vertreter der Industrie schlossen sich in Teilen diesem Meinungswandel an. Während diese Stimmen ihren Ausdruck in rechtsliberalen und konservativen Strömungen fanden und sich an den Rändern auch in Antisemitenparteien wie der 1879 gegründeten Christlich-Sozialen Partei radikalisierten, bedeutete die Positionierung der Sozialisten ab 1875 als vereinigte Partei, dass linke systemkritische Stimmen ebenfalls einen Weg der institutionellen Verarbeitung ihrer Kritik innerhalb der bestehenden politischen Strukturen finden konnten.

Als Belege für die Responsivität des Staates können die zollpolitische Wende von 1878/79, aber auch die forcierte Sozialgesetzgebung gelten, die keineswegs passgenau auf die wirtschaftliche Lage oder die Abwehr der sozialistischen Bedrohung abgestimmt waren, aber diese Faktoren als wichtige Triebkraft für systemischen Wandel nutzten. Damit – die Wirksamkeit einzelner Maßnahmen sei einmal dahingestellt – hatte der Staat die Berechtigung mancher Forderungen zugestanden: ob es der Schutz vor Unfällen am Arbeitsplatz war, vor Krankheit oder die Versorgung der Invaliden oder die Rücksichtnahme auf Befindlichkeiten der von der wirtschaftlichen Globalisierung betroffenen Betriebe. Auch

---

1083 Vgl. zum progressiven Wahlrecht des Kaiserreichs, welches in einer wenig demokratischen Verfassung platziert war: Nonn, 12 Tage, S. 512.

wenn die Maßnahmen nicht sämtlich zu konkreten Verbesserungen führten, so waren die Akzeptanz und diskursive Prägung bestimmter Forderungen im öffentlichen Raum an sich schon Akte politischer Integration.

Während der Zugang zu politischen Entscheidungsträgern naturgemäß einfacher und schneller erreichbar für Angehörige der wirtschaftlichen und politischen Eliten war, garantierte die langfristige Institutionalisierung der deutschen Sozialdemokratie als fester Bestandteil des politischen Systems des Kaiserreich, dass Entscheidungen nicht ohne Gegenrede der Opposition und vor allem oftmals gezielt zur Hebung oder auch nur zur Besänftigung der Teile der Bevölkerung getroffen wurden, für welche die Sozialisten zu sprechen meinten. Damit wird offensichtlich, dass die Existenz der deutschen Sozialdemokratie als zunehmend gefestigte Kraft – vor allem im Diskurs des Kaiserreichs und dies auch in den Jahren zwischen 1878 und 1890 – durch ihren Druck im Hinblick auf die soziale Frage und die Demokratisierung des Kaiserreichs einer der Hauptfaktoren dafür war, dass die soziale Balance bis in den Ersten Weltkrieg hinein, der erneut Zugeständnisse vor allem für Gewerkschaften brachte, im Kaiserreich, wenn auch nicht gewahrt, aber jedenfalls ausreichend Berücksichtigung fand und dass für weite Teile der Deutschen nicht ausreichend Gründe bestanden für das, was viele Sozialisten sich erhofften: die Revolution.

Dieser Aspekt der sozialdemokratischen Rolle im politischen Feld des Kaiserreichs ist eine wichtige Komponente in der von einer gewissen praktikablen Impraktikabilität geprägten Ideologie der Sozialdemokraten, die es dank dieser gleichzeitig schafften, die bestehenden sozialen Konflikte des Kaiserreichs in Gestalt einer politisch responsiven Organisation aufzunehmen und weiterzutragen, auch angemessen radikal im Diskurs zu agieren, aber nicht die für die eigene Organisation potentiell tödlichen Konsequenzen der eigenen Forderungen einzulösen.

Kurt Imhof hat mit Blick auf moderne Gesellschaften und deren Konfliktkulturen idealtypisch unterschieden zwischen Routine- und Fundamentalkonflikten, wobei letztere sich durch ihre Komplexität und die Auswirkungen auf viele unterschiedliche gesellschaftliche Institutionen auszeichnen.[1084] Interessant für diese Untersuchung ist die Tatsache, dass die – für den Industriekapitalismus nicht ungewöhnliche – Krisenerfahrung am Anfang der Ausformung eines neuen politischen Systems stand, genauso wie auch die sozialdemokratische Partei als vereinigte Kraft sich erst gründete. Somit vermischten sich die eigentlich während einer routinemäßigen Abschwungphase bis zu einem gewissen Grad üblichen Deprivationserfahrungen der Arbeiterschaft mit einer durch die Krise ausgelösten Verunsicherung in Bezug auf die wirtschaftsliberale Ausgestaltung der neuen Wirtschaftsordnung und auf der anderen Seite mit den Verfolgungserfahrungen der Sozialisten. In diesem Spannungsfeld gelang es nicht – etwa über eine stärkere Integration der Gewerkschaften schon zu diesem Zeitpunkt –, die „Anerkennungsdimension“, also die gegenseitige Akzeptanz der Konflikt-

---

[1084] Vgl. Imhof, Kurt: Die Krise der Öffentlichkeit. Kommunikation und Medien als Faktoren des sozialen Wandels, Frankfurt am Main 2011, S. 168f.

parteien zu stärken, was wiederum die wenig integrierten Vertreter der Arbeiterschaft darin bestärkte, die „Interpretationsdimension“, also die Darstellung der Krise, alternativ als systembedrohend oder systeminhärent zu wählen. Das ging mit einer dementsprechenden Abwertung der Vertreter des „Systems“ und der daraus folgenden Selbstabgrenzung einher.[1085]

Die Deutungen der Krise als vorübergehender und selbstverständlicher Teil des Kapitalismus, dem mit besserer Organisation der Arbeiterschaft begegnet werden sollte, ob durch Gewerkschaften oder Produktivgenossenschaften, sowie die Forderungen nach Systemumsturz oder die Hoffnung auf den „großen Kladderadatsch“ stellten die beiden Seiten der sozialistischen Krisendeutungen dar, wobei es häufig Mischformen gab. Die Anrufung des „Volks“ und das Beanspruchen der einzig wahrhaften Vertretung desselben zeigten zunehmend an, dass die Akzeptanz anderer politischer Strömungen in dem Maße sank, in welchem die Sozialdemokratie sich mehr und mehr als Paria des politischen Systems zu verstehen begann und diese Rolle auch annahm. Gleichzeitig bedeutete der Wille zur Lösung der sozialen Frage, der ja durchaus bei den politischen Gegnern der Sozialdemokratie bestand, dass die dem Klassenkonflikt zugrundeliegenden Mechanismen in den nächsten Jahren sich nicht derartig verschärften, wie es vielleicht im Sinne einer revolutionären Bewegung gewesen wäre. Genauso wie exogene Schocks – Krise, Krieg und Reichsgründung, Sozialistenverfolgung – zum größten Erfolg der Gründergeneration der Sozialdemokratie beigetragen hatten, nämlich der Einigung der Partei, hoffte man nun auf den nächsten „großen Krach“, der die nächste Entwicklungsstufe einleiten würde.

Das Warten auf die Revolution bedeutete dabei zu keinem Zeitpunkt ein sozialistisches Denkverbot hinsichtlich der Ausgestaltung des Zukunftsstaats. Im hier gewählten Untersuchungszeitraum war die Diskussion über Vor- und Nachteile von Produktivassoziationen lebendig und wurde nicht zuletzt auch im Austausch mit Vertretern der bürgerlichen Politik und Presse geführt, wie ich zu zeigen versucht habe. Dabei unterschieden sich lassalleanisch geprägte Befürworter der Produktivassoziationen durch ihre besondere Betonung deren notwendiger demokratischer Verankerung, während die Eisenacher Genossen sich mehr auf einen fast schon automatischen Übergang von monopolisierten Großbetrieben in die Hände des Volkes vorbereiteten – auf beiden Seiten war der Staat als Instrument zur Steuerung der Wirtschaft immer ein expliziter oder impliziter Aspekt des politischen Denkens. Und die Sozialdemokraten warteten mit zunehmender Gewissheit und unter abnehmenden zeitlichen Festlegungen auf die Übernahme dieses Staates. Damit stellte in vielerlei Hinsicht die Vereinigung der Sozialdemokratie selbst eine „Gründung“ dar: Ihre Vereinigung selbst war eine Spekulation auf das Anwachsen der politischen Macht der Arbeiterschaft und den „großen Krach“, der dereinst kommen sollte.

Die gebrandmarkte Amoralität der Eliten und die beklagte Korrumpierung des Staates ermöglichten es auch weiterhin, dem Staat das Potential zur Arbeiterhilfe zuzusprechen. Der Staat wurde in dieser Sichtweise mehr zum Instru-

---

[1085] Ebenda, S. 171f.

ment als zum Ideal. Das harte Handeln desselben gegen die Sozialdemokraten infolge der Krise und die damit verbundenen stetigen Verfolgungsmaßnahmen drängten diese Sichtweise erst nach und nach an den Rand, weil die Sicht auf den Staat als reiner Klassenstaat immer plausibler wurde – die instrumentelle Sichtweise starb aber deswegen noch lange nicht aus. Das Handeln des Staates beschäftigte – und hier wirkte sich die Krise aus – aber nicht nur die Sozialisten.

Stattdessen führte die globale Krise, die ja wie gesehen auch als eine solche rezipiert wurde, zur diskursiven Bestätigung der Berechtigung gewisser sozialistischer Forderungen, wie sich aus den Berichten bürgerlicher Zeitungen, die direkt auf bestimmte Ideen eingingen und diese teilweise bejahend behandelten, oder der Anwesenheit bürgerlicher Honoratioren bei sozialistischen Versammlungen schließen lässt. Im Fall der Versammlungen, die auch der Ideologieproduktion und -distribution dienten, ging es aber vor allem um die symbolische Austragung von Konflikten, die sich – neben der anfangs noch bestehenden Auseinandersetzung zwischen ADAV und SDAP – auch in gemeinsamen Besuchen bürgerlicher Wahlveranstaltungen zeigte.[1086] Besonders deutlich wurde dies in gemeinsamen „Massenausflügen", gleichsam ein Gegenstück zu zeitgenössischen religiösen Prozessionen. So wurde die „imagined community" der Arbeiterbewegung durch die eigenen Versammlungen und die Besuche der anderen Stück für Stück glaubwürdiger. Die Versammlung brachte den Sozialismus auch in kleinere Städte und Dörfer – wenn auch nur in Form eines sozialistischen Wanderzirkus, nicht einer Weltrevolution.

Zu letzterem Zweck sollte noch einiges an Überzeugungsarbeit geleistet werden, und auch hier dienten Versammlungen als Agitationsinstrument, wenn von der Gründerkrise berichtet, diese unter lokalen Vorzeichen beleuchtet wurde und vor allem „Gründer" wie Strousberg, Ofenheim und Quistorp aus sozialdemokratischer Warte nach und nach symbolisch zum Idealtypus des aufkommenden bürgerlichen Zeitalters verschmolzen.

Auch wenn selten Einigkeit über mögliche Lösungsstrategien herrschte, so lautete immer öfter der Konsens im sozialistischen Diskurs, dass der Staat in die Wirtschaft eingreifen und der arbeitenden Bevölkerung helfen sowie Krisen vermeiden oder entschärfen sollte. Die Krise wurde damit gleichsam zum Akzelerator der Entwicklung der deutschen Sozialdemokratie zum sozialen Gewissen des Kaiserreichs. Dagegen machte die entstehende Diskursgemeinschaft auf nationaler Ebene aus der Sozialdemokratie erst eine gesamtstaatliche Partei, die unter Bezugnahme auf internationale Entwicklungen die Lage der Bevölkerung vor Ort verbessern wollte und damit – wie auch immer zu erreichende – Verbesserungen in Aussicht stellte. Sie knüpfte auch an den sich etablierenden Nationalstaat als ausführendem politischen Organ an und trug damit zu den weitreichenden Nationalisierungsprozessen bei, die aus einer lose geknüpften Einheit aus „Blut und Eisen" eine im In- und Ausland mit politischer Legitimation operierende politische Macht formen sollte.

1086 Vgl. hierzu exemplarisch: Der Volksstaat, 10. Dezember 1873, Nr. 122.

Das Zusammenspiel zwischen internationalistischen Sentiments und Nationalisierungsprozessen wurde in dieser Arbeit auch mit Blick auf den innersozialdemokratischen Diskurs nachvollzogen. Deutlich wurde, wie sehr das Etikett des Internationalismus – ob auf gewerkschaftlicher oder parteilicher Ebene – vor allem dem Ziel der Differenzierung innerhalb der Bewegung diente. Nationale Differenzierungsprozesse wurden also anhand der Einforderung internationalen Denkens und internationaler Organisation betrieben. Weit entfernt, die praktischen Auswirkungen dieser Strategie zu übersehen, muss aber für den Untersuchungszeitraum dieser Arbeit mit Vorsicht darauf hingewiesen werden, dass der internationale Anspruch der sozialdemokratischen Organisationen vorerst mehr auf persönlichen Kontakten ruhte als auf schlagkräftigen Organisationen – das Schicksal der I. A. A. legt davon Zeugnis ab. Wenn die internationalen Gewerkschaften sich gegen ihre lassalleanische Konkurrenz wehrten und damit kurz vor dem Gründerkrach noch die Zeichen auf Spaltung statt auf Einigung hindeuteten, so sorgten die Auswirkungen der nahenden Wirtschaftskrise für einen Konsolidierungsdruck, dem auch der inhaltliche Unterschied in puncto Internationalismus keine Hürden in den Weg legte. Gleiches gilt für die Parteien. Schon vor 1875 war für den ADAV die „rothe Internationale" ein positiv besetztes Wort, nur die Kontrolle der I. A. A. durch andere sozialistische Strömungen bereitete da noch Kopfschmerzen.

Wenn man sich – fernab der Ansprüche der Ambitionen der deutschen Sozialisten – den Begriff des Internationalen in den Zeitungsberichten anschaut, so wird deutlich, dass das internationale Element häufig als Bedrohung transportiert wurde, nicht selten in Gegenüberstellung zum guten und einfachen Volk, welches sich den Krisen und politischen Entscheidungen in fernen Ländern zu beugen habe. So zeigte sich in den Schilderungen internationaler Bedrohungen, die oft mit Naturmetaphorik und katastrophaler Wucht einhergingen und zu denen ja nicht nur die „Gründerclique", sondern auch der Katholizismus und das „Verbrechertum" im Allgemeinen zählten, in der Regel die eigene internationale Organisation als rein defensives Bestreben. Dem positiv besetzten Eigentum des Arbeiters, zu dem auch Kind und Frau gehörten, sollte der Schutz vor internationalen Gefahren durch internationale Kooperation der Unterdrückten weltweit geboten werden. Somit war das internationale Element im Krisendiskurs der 1870er Jahre unter dem Strich negativ besetzt, wenn es um die Gegenwartsbetrachtung ging. Die Zukunft hingegen sollte große Fortschritte internationaler Kooperation bringen.

Wenn bei den Sozialisten der 1870er Jahre von „der Welt" die Rede war, waren meist die westlichen Länder gemeint. Die „Civilisation" war in diesem Diskurs eng verbunden mit wirtschaftlichem Fortschritt und Innovation, vor allem aber mit Wissenschaft und Vorurteilsfreiheit. Diese positiv besetzten Elemente, die sich ja mit der so verhassten „Bourgeoisherrschaft" verbanden, sollten beibehalten werden – bei gleichzeitiger Umwandlung der Produktionsverhältnisse. Eine moralische Neubewertung wurde hier nicht gefordert. Hauptkritikpunkt war die Verzerrung der eigentlich als positiv empfundenen Werte der westlichen Zivilisation und deren ungenügende Umsetzung. Aufschlussreich ist in diesem Zusammenhang auch die Schilderung nicht-westlicher Kulturen, die – wie etwa bei einer Reportage aus Kalifornien – als Fremdkörper im westlichen Wirtschafts- und Gesellschaftssystem wahrgenommen wurden, rassistische Stereotype dabei nicht auslassend.

Das internationale Element, welches von den Sozialisten einerseits als ständige Bedrohung dargestellt wurde, fungierte gleichzeitig als ständiges Barometer der eigenen Krisenanalyse. So wurden die Reaktionen der Bank of England oder die Vorgänge in New York ohne Weiteres in Beziehung gesetzt zu den zu erwartenden Entwicklungen in Deutschland. Die Börse in Wien wurde fachmännisch seziert, während auf der gleichen Seite eine Zusammenfassung einer Volksversammlung in Gera stehen konnte, die sich ebenfalls mit den Ereignissen befasste. Dieser paradoxe Umgang mit der transformierenden Modernität der Gegenwart kennzeichnete die Sozialisten der 1870er Jahre zu jeder Zeit. Auch in Bezug auf die Analyse der Finanz- und Wirtschaftskrise offenbarten sie, jedenfalls durch ihre Redner im Reichstag und die Autoren in ihren Zeitungen, dass sie die Prozesse nicht nur beobachten und analysieren, sondern diese auch in ihre Argumentationen einbauen und in offensiver Weise verwenden konnten. Wenn der preußische Finanzminister mit seiner sonderbaren These den Löhnen der Arbeiterschaft eine tragende Rolle bei der Entstehung der Krise zusprach und damit den Wettbewerb zwischen den Nationen als wirtschaftsnationalistischen Topos aufgriff, dann waren es die Sozialisten, auch als einfache Parteimitglieder und Arbeiter, die dieser Argumentation widersprachen und auf den Zusammenhang zwischen Warenabsatz und Lohnhöhe verwiesen, um der Regierung zu widersprechen. Wenn die Sozialdemokraten international argumentierten, dann immer mit Blick auf die nationale Ebene. Die Strategie der preußischen Regierung, die deutsche Arbeiterschaft in Konkurrenz zu jener aus anderen Ländern zu setzen und nationalistische Gefühle zu wecken, war aus Sicht der Sozialdemokraten genauso nur eine Strategie, von eigenen Versäumnissen abzulenken. Die internationale Ebene bot also auch Gelegenheit zur Rechtfertigung schlechter nationaler Politik, war demnach auch eine diskursive Bedrohung.

Wenn es um die „Lohnhypothese" ging, wurde in meiner Arbeit deutlich, wie sehr sich die deutschen Sozialisten als Verteidiger von Ehre, Recht und – vor allem – der Arbeitsleistung der Arbeiterschaft verstanden. Die im europäischen Vergleich nicht geringen Steigerungsraten der Reallöhne in Deutschland konnten die Arbeiterschaft nicht darüber hinwegtäuschen,[1087] dass ihre Arbeitsleitung in der öffentlichen Debatte nicht nur geringgeschätzt, sondern als krisenbegünstigender Faktor gewertet wurde. Der überkommene Maßstab gerechten Lohns für gute Arbeit wurde immer wieder neu angewendet auf die moderne Wirtschaft, die sich in immer mehr erlernte Konjunkturzyklen differenzierte. Aber auch die Arbeiterschaft selbst verteidigte sich auf den Seiten des „Neuen Social-Demokraten" und des „Volksstaats" selbst, wenn sie in Leserbriefen und Kommentaren, aber auch in Volksversammlungen ihren Teil am Gesamtarbeitsprodukt verlangte und die liberale Ideologie des gesamtwirtschaftlichen

1087 Vgl. hierzu Anmerkung 389.

Sparens als zum Scheitern verurteilt brandmarkte – vor allem aber als nachteilig für die Arbeiterschaft als Ganzes.

Dieses emanzipatorische Element ging einher mit einem gleichzeitig herabblickenden Gestus der Parteielite, die sich an manchen Stellen enttäuscht über den geringen Elan der Arbeiterschaft angesichts der Krise äußerte, gleichzeitig aber auch einige Hoffnungen auf die Gewerkschaftsarbeit setzte. Ob es nun – wie bei einigen Lassalleanern – in Richtung einer Kaderschmiede gehen sollte oder ob Angebot und Nachfrage nur zugunsten der Arbeiterschaft verschoben werden sollten, ob die Gewerkschaften mit Produktivassoziationen verschmelzen oder eher von der Politik ferngehalten werden sollten, dies alles wurde breit diskutiert. Vorerst aber machten sich die Gewerkschaftsvertreter um die Verbesserung der Informationslage verdient, indem sie während der Krise Berichte aus allen Himmelsrichtungen zusammentrugen, um damit eine empirische Basis für die Beantwortung der Frage nach der Lage der Arbeiterschaft zu schaffen, wenn diese schon nicht zur Aktion bereit war. Somit diente die Krise eher als Anlass zur Bestandsaufnahme und Rekapitulation des Erreichten: Erst die große, einst kommende Krise würde dann die Gelegenheit zum Losschlagen bieten beziehungsweise – diese Sichtweise nahm zu – den Zusammenbruch des Systems von selbst bringen.

Der Blick in andere Länder, ob es die USA, Großbritannien, Italien oder Österreich waren, diente den deutschen Sozialisten als beispielgebend für die eigene politische Bewegung und wurde als diskursives Bindemittel über Ländergrenzen genutzt. Gleichzeitig brachte die Sammlung von Berichten aus Deutschland ein deutliches nationalisierendes Element mit sich. Denn diese wurden zunehmend in Beziehung zueinander gesetzt und die betroffenen Regionen durch Volksversammlungen umherreisender Agitatoren, über die dann wieder berichtet wurde, mehr und mehr vernetzt. Wie verhielt sich dies übernational?

Gegenüber der Republik der USA herrschten teilweise Überlegenheitsgefühle, die der Geringschätzigkeit gegenüber einer vermeintlich schlechteren Organisation der dortigen Arbeiterschaft entsprangen. Sie verschoben sich rasch in Richtung Anerkennung, als von den Arbeiterunruhen in Chicago berichtet und die dortigen Erfolge als Vorboten der Revolution gedeutet wurden. Als diese ausblieb, war die Erkenntnis aus deutscher Sicht eindeutig: Es hatte an Organisation gemangelt. Spezielle Verbindungen gab es bezogen auf die Presseberichterstattung in den 1870er Jahren vor allem nach Österreich und in die USA. Die noch im großdeutschen Rahmen denkenden Vertreter der SDAP berichteten regelmäßig von den Fortschritten der österreichischen Arbeiterbewegung, die immer wieder postuliert wurden, die in der österreichischen Sozialdemokratie mit ihrer „Organisation ohne Basis" allerdings zweifelhaft waren.[1088] Die starken Einschränkungen der Pressefreiheit in Österreich und die finanziellen Nöte

[1088] Konrad, Helmut: Deutsch-Österreich: Gebremste Klassenbildung und importierte Arbeiterbewegung im Vielvölkerstaat, in: Kocka, Jürgen (Hrsg.): Europäische Arbeiterbewegungen im 19. Jahrhundert. Deutschland, Österreich, England und Frankreich im Vergleich, Göttingen 1983, S. 106–128, hier S. 113.

der dortigen Arbeiterorganisationen waren immer wieder Teil der Österreich-Berichterstattung im „Volksstaat“. Diese bezog sich nur selten auch auf Ungarn und andere Landesteile und sorgte dafür, dass man sich in der Berichterstattung über Österreich auch ein Stück weit in die Verantwortung nehmen ließ und die dortigen Verhältnisse – wirtschaftlich und politisch – mit besonderer Aufmerksamkeit verfolgte. Somit war der Krach in Wien im Jahr 1873 gleichsam ein aus nächster Nähe verfolgtes Ereignis, lag die Aufmerksamkeit den gesamten Sommer 1873 ganz auf der Hauptstadt des Doppeladlers.

Besonders anschaulich, gleichsam im Brennglas, stellte sich die Berichterstattung über den Ofenheim-Prozess dar, in welcher die österreichische Gesellschaft in ihrer vermeintlichen Unmoral und der zwischen Politik und Wirtschaft oszillierende jüdische Finanzier Ofenheim als deren Symbol beschrieben wurde. Die detaillierte Presseberichterstattung sorgte nicht nur für eine breite metaphorische Illustration des Prozesses, sondern erarbeitete währenddessen auch ein Sittenbild der österreichischen Gesellschaft, die – mit Ofenheim als ihrem Signum – über sich selbst zu Gericht saß. Während – wie der Autor des „Volksstaats“ behauptete – ein solcher Prozess in Deutschland nie möglich gewesen wäre, so zeigte der Freispruch Ofenheims aus sozialistischer Sicht paradoxerweise die Schuld der korrumpierenden und korrumpierten gesellschaftlichen Eliten, die es nicht über sich hätten bringen können, einen der ihren, also ihre eigenen – verkehrten – Werte zu verurteilen. Besonders dankbar agierte in diesem Sinne Ofenheim selbst, der Egoismus als wirtschaftliche Triebfeder als durchaus zweckmäßig erachtete, sich als gesamtgesellschaftlich sinnvoll handelnd empfand und damit die schlimmsten Befürchtungen im Hinblick auf die Selbstgefälligkeit der Eliten bei den Sozialdemokraten auch noch bestätigte.

Im Fall der USA lagen die Kontakte sowohl des „Neuen Social-Demokraten“ wie auch des „Volksstaats“ vor allem begründet in der Korrespondenz mit der deutschsprachigen Arbeiterschaft in den industrialisierten Zonen der Ostküste oder der sich industrialisierenden Westküste. Bei diesem Austausch ging es oftmals um die sehr subjektive Einschätzung der amerikanischen Verhältnisse, welche die sich eindeutig als Deutsche identifizierenden Personen abgaben. Sie gingen hierbei davon aus, dass die Organisation der deutschen Arbeiter auch auf die USA zu übertragen sei und dass auch dort wie in Europa trotz der unterschiedlichen gesellschaftlichen und politischen Verhältnisse eine Revolution mittelfristig bevorstand. Die zwischen Hoffnung auf eine baldige Revolution und der enttäuschenden Erkenntnis bezüglich der mangelnden Organisationsstärke schwankende Berichterstattung des Jacob Winnen, Mitglied des „Sozialpolitischen Arbeitervereins“ in Chicago, war hierbei besonders aufschlussreich angesichts einer „deutschen“ Krisenerfahrung im Ausland. Diese erhoffte sich unter ständiger Bezugnahme auf die Verhältnisse in der Heimat für kurze Zeit eine Vorreiterrolle der USA in der kommenden Revolution und wollte damit die Bühne für eine überzeugende Generalprobe der europäischen Zukunft bereiten. Dabei kam es ihr auch zupass, dass die USA unter dem Gesichtspunkt der Korruption als besonders leidend beschrieben und die „Bourgeoisrepublik“ trotz der dort größeren Freiheit im Kern in Fragen wirtschaftlicher Moral als ebenso verwerflich wie das Deutsche Reich selbst wahrgenommen wurde, wenn nicht als noch verwerflicher.

Ob sich der Blick auf internationale Ereignisse oder auf nationale oder regionale Geschehnisse richtete, in jedem Fall stand neben der Analyse der ökonomischen Vorgänge immer auch die moralische Unhaltbarkeit der Verhältnisse im Zentrum der sozialistischen Kritik. In meiner Arbeit habe ich anhand verschiedener Beispiele zu entwickeln versucht, nach welchen Gesetzmäßigkeiten die Abwehr der bourgeoisen Unmoral und deren Ersetzung durch ein sozialistisches Wertefundament gelingen sollte. Ob es der jüdische Liberale Lasker oder der konservative Wagener waren, ob Quistorp oder Cooke, immer waren es einzelne Persönlichkeiten, die stellvertretend für die Vorgänge an den Börsen und in den Salons genannt wurden. Auch wenn individuelle Züge der jeweiligen Personen mitunter extensiv nachgezeichnet wurden, wobei sich die Sozialdemokraten in ihren Zeitungen einer beißenden Polemik bedienten: Nie waren es Ausnahmen der Gesellschaft, nie Ausreißer, sondern aus sozialdemokratischer Sicht praktische Lehrbeispiele dafür, mit welchen Tugenden in der bestehenden Gesellschaft Erfolge zu erzielen, ja zu erkaufen waren. Nicht genug, auch die Kritiker der Zustände traf der Hohn der Sozialisten. Wenn Eduard Lasker im Reichstag den Eisenbahnkonzessionsskandal zur eigenen politischen Profilierung nutzte, um damit die Rolle des aufklärerischen Liberalen zu spielen, so waren die sozialdemokratischen Blätter schnell bei der Sache, die vermeintliche liberale Heuchelei offenzulegen – hatten nicht Laskers eigene Parteigenossen dubiose Aktiengeschäfte getätigt und an Gründungen teilgenommen? Die liberalen Angriffe auf an Gründungen beteiligte Konservative wie Hermann Wagener, die natürlich auch Angriffe auf Bismarck und die mit ihm sympathisierenden Adelseliten waren, dienten den Sozialdemokraten als Ausgangspunkte für eigene, noch härtere Attacken. Andersherum, wenn Konservative sich revanchierten, blieb auch die sozialistische Kritik am Liberalismus nicht hinter der – oftmals in Form von längeren Zitaten übernommenen – ursprünglichen Version zurück.

All dies führte dazu, dass bei den häufigen gegenseitigen Vorwürfen der politischen Eliten untereinander aus sozialistischer Sicht eine Deutung plausibilisiert werden konnte, wonach alle Eliten nur eine Art Schauspiel vollzögen, in Wirklichkeit gemeinsam die Beute der ungerechten Produktionsverhältnisse unter sich aufteilten oder sich über diese stritten. Diese Sichtweise, die wenig pluralistisch denkend von einem Monolith des „guten“ Volkes und der „bösen“ Eliten ausging, zeugte von einer Abneigung gegenüber demokratischen Deliberationen im Reichstag. Diese waren immerhin ein Zeichen von freier Meinungsäußerung und begegneten einem Schwarz-Weiß-Denken, welches ungute Entwicklungen in Politik und Wirtschaft auf kriminelle Machenschaften zurückführte und ehrliche Hoffnungen auf Aufklärung und die dann folgende Umsetzung eines ganz offensichtlich „guten“, also des eigenen Programms setzte. Diese Perspektive konnte gleichzeitig existieren mit Weltdeutungen, die alle gesellschaftlichen Fehlentwicklungen auf die bestehenden Produktionsverhältnisse zurückführten. Auf den Seiten der sozialistischen Parteiorgane vermischten sich beide Ansätze zu einem heterogenen diskursiven Forum für grundlegende Gesellschafts-, Wirtschafts- und Moralkritik.

Wenn ich die deutsche Sozialdemokratie in ihrer frühen Phase als konterrevolutionäre Kraft in Moralfragen bezeichnet habe, dann bezieht sich diese Aussage darauf, dass in vielen der untersuchten Diskursfragmente zwei grundsätzliche Formen von Moral konstatiert wurden. Einerseits war es eine von Verzerrung und Lüge geformte „unmoralische Moral" des Bürgertums, die ihre Gewinnsucht und Heuchelei infamerweise in die althergebrachten Begrifflichkeiten einzuflechten und die damit einhergehenden Vorstellungen zu überdecken suchte. Auf der anderen Seite stand die Moral der Arbeiterschaft, der Sozialdemokratie, vor allem aber „des Volkes", welche die überkommenen Werte von Anstand und Sitte darstellte und verteidigt werden musste, also nicht durch kapitalistische Überformungen und Pervertierungen der eigentlich „guten" Ideale zerstört werden durfte. Während die Handwerkerschaft im Ganzen von jeglicher Gesamtschuld freigesprochen wurde, differenzierten die Sozialisten in Bezug auf das Bürgertum und die restlichen Eliten nur zwischen Vertretern, die ihre verqueren Werte bewusst als die richtigen darzustellen suchten, um daraus Gewinn zu ziehen, und jenen Fällen, die selbst von der Richtigkeit ihres Handelns überzeugt waren, aber dennoch nicht von Schuld freizusprechen waren.

Wenn es um die althergebrachten Vorstellungen gesellschaftlicher Ordnung ging, klangen bei den Äußerungen der Sozialisten oftmals die Sympathien und eigenen Verwurzelungen in der Welt der Handwerkerschaft an, die sich gegen so manche Neuerung des Industriezeitalters mit Verweis auf ihre rechtmäßigen Freiheiten und Traditionen zu wehren suchten. In unserem Fall bezog sich dieses Lamento jedoch nicht nur auf wirtschaftliche Aspekte, sondern eben auch auf klassische Fragen der Moral, die in der Regel mit Begrifflichkeiten wie Anstand, Ehre oder Sitte umschrieben wurden. Wenn die Sozialisten sich als Vertreter der Handwerkerschaft verstanden, so äußerten sie sich nicht als deren Sprachrohr, sondern differenzierten zwischen jenen Teilen der Handwerkerschaft, die sich den eigenen Idealen verpflichtet hatten, und solchen, die beispielsweise in Form von Handwerksmeistern größerer Betriebe auch nicht selten gegen die sozialistischen Ideen Stellung bezogen. Auch wurde die Handwerkerschaft nicht durchgängig als Trägerin eines vermeintlich gesunden Volksgeists wahrgenommen, der nicht korrumpierbar war. Stattdessen sahen manche Quellenfunde die Bedrohung neuer Wertvorstellungen nahen und damit auch das Verderben vieler Handwerker oder Angehöriger des einfachen Volkes kommen, welche sich dem Gewinnstreben und damit Betrügereien – aus sozialistischer Sicht mit Ersterem im notwendigen Zusammenhang stehend – verschreiben würden: die Sozialdemokratie als Fürsprecherin, Verteidigerin und nicht zuletzt auch Kritikerin der Handwerkerschaft.

Dies bezog sich nicht nur auf abstrakte Wertvorstellungen oder ungefähre Deprivationsängste. Tatsächlich war die konkrete Verschmelzung wirtschaftlicher und sozialer Entgrenzungserfahrungen und identitätsbedrohender ökonomischer Prozesse am deutlichsten, wenn es um die Rolle des männlichen Arbeiters, ergo auch des Handwerkers, in der Krise ging, der dem Ideal des eigenen

Hausstandes und der durch Arbeit sichergestellten Versorgung der eigenen Familie nicht mehr gerecht werden konnte. Nicht nur wurde durch Lohnkürzungen oder Arbeitslosigkeit die Gesundheit der Familie bedroht. Arbeitende Frauen oder sogar Kinder, die den Lohn des Vaters aufbessern mussten, wurden wahrgenommen als Entwürdigung und Bedrohung der öffentlichen Moral, die vor allem in der Anwesenheit von Frauen in Fabriken gesehen wurde. Auch in diesen Fragen standen die Sozialdemokraten an der Seite von Teilen der Handwerkerschaft, die solche Befürchtungen hegten. Betrachtet man die Furcht vor einer Integration der Frau in das Erwerbsleben, kann man vor diesem Hintergrund auch die Position der frühen Sozialdemokratie zum Frauenwahlrecht nachvollziehen, die dieses wohl zunächst mehrheitlich als Signum einer zusehenden Verrohung des klassischen Familienmodells verstand.

Mit ihrer Strategie der polemischen Beschreibung der Gesellschaft des Kaiserreichs und der Anprangerung jeglicher wahrgenommener Ungerechtigkeiten ohne Rücksichtnahme auf Amt und Würden suchten sich die Sozialdemokraten als legitime Vertreter der Interessen des „einfachen Volkes" zu präsentieren. Dabei waren keineswegs nur die Arbeiterschaft oder Handwerkerschaft gemeint. Die Skandalisierung des Verhaltens einzelner wichtiger Persönlichkeiten aus Politik und Wirtschaft bot Möglichkeiten zur Anknüpfung an andere Teile der Gesellschaft, die bestimmte Verhaltensweisen ebenfalls kritisch sahen. Die Sozialisten nutzten dies nicht für das Ausloten von Bündnissen, sondern versuchten sämtliche Kritiker als unehrlich zu diskreditieren, da diese – im Fall des Gründerkrachs – selbst an unlauteren Praktiken beteiligt gewesen seien. Die Meinungsführer aus liberalen Kreisen, die sich als Fürsprecher einer einem aufgeklärten Staatsverständnis verpflichteten Gesinnung verstanden, traf die Keule der sozialistischen Polemik besonders hart.

Wenn in Korruptionsskandalen im Kaiserreich die Wogen zwischen Konservativen und Liberalen, auch dem Zentrum, hoch gingen, waren die Sozialisten dazu bereit, alle Beteiligten gleichermaßen als Verteidiger eines ungerechten Gesellschaftssystems zu brandmarken. Damit übernahmen sie – vor allem in späteren Jahrzehnten – zunehmend die Rolle der Liberalen als fortschrittlichste Kraft in einem seit der Aufklärung bestehenden Prozess der Elitenkritik, die sich zunehmend nicht mehr durch ihre Abkunft, sondern durch ihre Leistungen und ihre Wertorientierungen auszeichnen mussten. Das Mittel der Skandalisierung war somit eines, welches der emanzipierenden Kraft der Moralkritik zusätzlichen Schwung verlieh und alle Teile des politischen Diskurses in eine Auseinandersetzung zog, welches politische oder wirtschaftliche Vorgehen welchen Werten entsprach und ob diese Werte zeit- und vernunftgemäß seien. Die angefochtenen Wertvorstellungen beziehungsweise die mit diesen in Verbindung stehenden Begrifflichkeiten wurden von den Sozialdemokraten als wichtige Schwachstellen in der Verteidigung des politischen Gegners ausgemacht. Die Sozialisten nutzten die wichtige Rolle gesellschaftlicher Kollektivsymboliken, wie sie in gewisser allgemeiner Metaphorik zum Ausdruck kamen, und bekämpften die vermeintlich „falschen", liberalen und boten demgegenüber die eigenen,

„richtigen" Begriffe auf, hinter denen die ebenso besetzten Werte standen.[1089] Die Schilderung der Eliten als Schwindler, Heuchler, teils bloß eigennützige Witzfiguren war in dieser Strategie handlungsweisend.

Auch wenn weite Teile der Bevölkerung der spezifischen Sicht der Sozialdemokratie ihre Zustimmung versagen mochten, so war sie doch zunehmend ein politischer Motor der Debatten, die den politischen Diskurs des Kaiserreichs prägten – in den 1870er Jahren ist der Kern dieser Entwicklung angelegt, vermittelt durch die größte wirtschaftliche Krise des Kaiserreichs vor dem Krieg. In dieser Arbeit habe ich die vielfältigen Aspekte der voraussetzungsreichen Inbetriebnahme dieses gesellschaftlichen Motors nachzuzeichnen versucht, eines politischen Konstrukts, einer politischen „imagined community", welche trotz (oder wegen) ausbleibender Weltrevolution das politische System Deutschlands bis heute prägt.

[1089] Vgl. zum Begriff der Kollektivsymboliken: Link, Jürgen: Versuch über den Normalismus. Wie Normalität produziert wird, Bonn 1996, S. 24f.

V. Quellen- und Literaturverzeichnis

1. *Seriell ausgewertete Periodika*

Der Volksstaat. Organ der sozialdemokratischen Arbeiterpartei und der internationalen Gewerksgenossenschaften, Leipzig, Jg. 4 (1873), Jg. 5 (1874), Jg. 6 (1875), Jg. 7 (1876).
Die Neue Welt. Illustriertes Unterhaltungsblatt für das Volk, Jg. 1 (1876).
Die rothe Laterne, o. D. [1874], Nr. 00.
Die Zukunft. Socialistische Revue, Berlin, Jg. 1 (1877), Jg. 2 (1878).
Neuer Social-Demokrat. Eigenthum des Allgemeinen Deutschen Arbeiter-Vereins, Berlin, Jg. 5 (1873), Jg. 6 (1874), Jg. 7 (1875), Jg. 8 (1876).
Vorwärts. Central-Organ der Sozialdemokratie Deutschlands, Leipzig, Jg. 2 (1877).

2. *Aktenbestände*

AT-OeStA/FHKA Präs FM Akten = Österreichisches Staatsarchiv (Wien), Allgemeines Verwaltungs-, Finanz- und Hofkammerarchivs, Präsidium des k.k. Finanzministeriums, die zitierten Bestände gehören zum Bereich Banken und Kreditinstitute
BArch NY/4022 = Bundesarchiv Berlin-Lichterfelde, Bebel, August – Schriftgut, Nachlass
BArch NY/4034 = Bundesarchiv Berlin-Lichterfelde, Liebknecht, Wilhelm – Schriftgut, Nachlass
BArch SGY = Bundesarchiv Berlin-Lichterfelde, Sozialdemokratische Arbeiterpartei – Schriftgut, Sammlung
LAB, A Rep. 200-01 Nr. 132 = Landesarchiv Berlin, Akten der Berliner Kaufmannschaft, Der Wechsel-, Fonds- und Geldhandel (1865–1873)
LAB, A Rep. 200-01 Nr. 132 = Landesarchiv Berlin, Akten der Berliner Kaufmannschaft, Die Sachverständigenkommission der Fondsbörse (1872–1873)

3. *Bilder*

AdsD/FES (Bonn), Fotoarchiv, 6/FOTA009304.
AdsD/FES (Bonn), Fotoarchiv, 6/FOTB002570.

4. *Gedruckte Quellen*

Andréas, Bert (Hrsg.): Ferdinand Lassalle: Allgemeiner Deutscher Arbeiterverein. Bibliographie ihrer Schriften und der Literatur über sie 1840–1970, Bonn 1981.
Bartel, Horst u.a. (Hrsg.): August Bebel: Ausgewählte Reden und Schriften, Bd. 1: 1863–1878, Berlin (Ost) 1970.

Bebel, August: Unsere Ziele, Leipzig 1872.
Ders.: Aus meinem Leben, Bonn 1997.
Blos, Wilhelm: Denkwürdigkeiten eines Sozialdemokraten, 2 Bde., München 1914–1919.
Ders.: Unsere Preßzustände, Leipzig 1875.
Blumenberg, Werner (Hrsg.): August Bebels Briefwechsel mit Friedrich Engels (Quellen und Untersuchungen zur Geschichte der deutschen und österreichischen Arbeiterbewegung, Bd. 6, Den Haag 1965.
Bracke, Wilhelm: Der Lassalle'sche Vorschlag. Ein Wort an den 4. Kongreß der sozialdemokratischen Arbeiterpartei, Braunschweig 1873.
Das Gothaer Programm. Beschlossen auf dem Vereinigungs-Kongreß der Sozialdemokraten Deutschlands in Gotha vom 22. bis 27. Mai 1875, Offenbach 1947.
Dietzgen, Josef: National-Oekonomisches. Vorträge, Leipzig 1877.
Ders.: Die Moral der Sozialdemokratie, 8. Kanzelrede, in: Arbeitsgruppe für Philosophie an der Akademie der Wissenschaften zu Berlin (Hrsg.): Joseph Dietzgen. Schriften in drei Bänden, Bd. 1, Berlin (Ost) 1961, S. 260–267.
Douai, Adolf: Land und Leute in der Union (Fortsetzung), in: Die Neue Welt. Illustriertes Unterhaltungsblatt für das Volk, 11. Juni 1876, Nr. 24, S. 215.
Dowe, Dieter (Hrsg.): Allgemeiner Deutscher Arbeiterverein: Protokolle und Materialien des Allgemeinen Deutschen Arbeitervereins, Bonn 1980.
Dühring, Karl-Eugen: Kritische Geschichte der Nationalökonomie und des Socialismus, Berlin 1875.
Ders.: Cursus der Philosophie als streng wissenschaftlicher Weltanschauung und Lebensgestaltung, Leipzig 1875.
Ders.: Cursus der National-, und Socialökonomie einschliesslich der Hauptpunkte der Finanzpolitik, Berlin 1873.
Eckert, Georg (Hrsg.): Wilhelm Liebknecht. Briefwechsel mit deutschen Sozialdemokraten, Bd. 1 (Quellen und Untersuchungen zur Geschichte der deutschen und österreichischen Arbeiterbewegung, Bd. 4, Assen 1973.
Ders. (Hrsg.): Wilhelm Liebknecht. Briefwechsel mit Karl Marx und Friedrich Engels (Quellen und Untersuchungen zur Geschichte der deutschen und österreichischen Arbeiterbewegung, Bd. 5, Den Haag 1963.
Engels, Friedrich: Herrn Eugen Dühring's Umwälzung der Wissenschaft, Frankfurt am Main 1971.
Geib, August: Der Normalarbeitstag, Leipzig 1875.
Geiser, Bruno: Die Forderungen des Sozialismus an Zukunft und Gegenwart, Braunschweig 1876.
Heinrich Heine: Deutschland. Ein Wintermärchen, in: Ders.: Neue Gedichte, Hamburg 1844.
Herzig, Arno (Hrsg.): Wilhelm Tölcke. Korrespondenz aus den Jahren 1848 bis 1893, Iserlohn 1977.
Ders. (Hrsg.): Carl Wilhelm Tölckes Presseberichte zur Entwicklung der deutschen Sozialdemokratie, München 1976.
Ders.: Der Allgemeine Deutsche Arbeiter-Verein in der deutschen Sozialdemokratie: dargestellt an der Biographie des Funktionärs Carl Wilhelm Tölcke (1817–1893), Berlin (West) 1979.
Ders.: Carl Wilhelm Tölcke. Vater der westfälischen Sozialdemokratie, in: Faulenbach, Bernd/Högl, Günther (Hrsg.): Eine Partei in ihrer Region. Zur Geschichte der SPD im Westlichen Westfalen, Essen 1988, S. 158–162.
Hillmann, Karl: Praktische Emanzipationswinke. Förderung der Gewerksgenossenschaften, Leipzig 1873.
Hirsch, Carl: Die Parteipresse, ihre Bedeutung und Organisation, Leipzig 1876.
Hoerder, Dirk: Migrationen und Zugehörigkeiten, in: Osterhammel, Jürgen/Iriye, Akira (Hrsg.): Geschichte der Welt. 1870–1945. Weltmärkte und Weltkriege, München 2012, S. 434–588.
Kautsky, Karl: Ein sozialdemokratischer Katechismus, in: Die Neue Zeit. Revue des geistigen und öffentlichen Lebens 12, 1 (1893–1894), S. 361–369.
Kühn, Dieter (Hrsg.): Johann Most, Ein Sozialist in Deutschland, München 1974.
Lassalle, Ferdinand: Offnes Antwortschreiben an das Central-Comité zur Berufung eines Allgemeinen Deutschen Arbeitercongresses zu Leipzig, Zürich 1863.

Marx, Karl: Das Kapital. Kritik der Politischen Ökonomie. Erster Band, Erstes Buch. Der Produktionsprozess des Kapitals (Karl Marx. Werke, Schriften, Bd. IV. Ökonomische Schriften Teil I, Darmstadt 2013.
Marx, Karl: Politische Schriften (Karl Marx. Werke, Schriften, Bd. III), Darmstadt 2013.
Most, Johann: Der Kleinbürger und die Socialdemokratie: ein Mahnwort an die Kleingewerbetreibenden, Augsburg 1876.
Ders.: Die Arbeit, in: Szmula, Volker (Hrsg.): Johann Most. Dokumente eines sozialdemokratischen Agitators, Bd. 2, Grafenau 1989, S. 11–29.
Ders.: Die Lösung der socialen Frage. Ein Vortrag, gehalten vor Berliner Arbeitern, Berlin 1876.
Ders.: Kapital und Arbeit: ein populärer Auszug aus „Das Kapital" von Karl Marx, Zwickau 1873.
Ders.: Reform oder Revolution, in: Szmula, Volker (Hrsg.): Johann Most. Dokumente eines sozialdemokratischen Agitators, Bd. 2, Grafenau 1989, S. 30–43.
Ders.: Utopien, in: Szmula, Volker (Hrsg.): Johann Most. Dokumente eines sozialdemokratischen Agitators, Bd. 2, Grafenau 1989, S. 44–50.
Protokolle der sozialdemokratischen Arbeiterpartei, Bd. I: Eisenach 1869–Coburg 1874, Bad Godesberg 1971.
Protokolle der sozialdemokratischen Arbeiterpartei, Bd. II: Gotha 1875–St. Gallen 1887, Bad Godesberg/Glashütten (Taunus) 1971.
Schramm, Carl August: Grundzüge der National-Ökonomie, Leipzig 1876.
Schriftenreihe Demokratie und Sozialismus: Das Gothaer Programm. Beschlossen auf dem Vereinigungs-Kongreß der Sozialdemokraten Deutschlands in Gotha vom 22. bis 27. Mai 1875, Offenbach 1947.
Schulze, Friedrich Gottlieb: Der grosse Krach: ein Märchen für grosse und kleine Kinder: mit lithographischen Bildern, Zürich 1875.
Schulze, Ursula (Hrsg.): Die deutsche Arbeiterbewegung 1848–1919 in Augenzeugenberichten, Düsseldorf 1968.
Stenographische Berichte über die Verhandlungen des Deutschen Reichstags, Berlin 1873–1877.
Walster, August Otto: Allerhand Proletarier, Leipzig 1874.

5. *Internetquellen*

o. Verf.: „The Queen asks why no one saw the credit crunch coming", in: Telegraph, 5.11.2008, https://www.telegraph.co.uk/news/uknews/theroyalfamily/3386353/The-Queen-asks-why-no-one-saw-the-credit-crunch-coming.html [zuletzt abgerufen: 24.11.2020].
o. Verf.: https://erinnerungsorte.fes.de/der-wahre-jacob/Verwaltungsbericht der Preussischen Bank für das Jahr 1873, Berlin 1874.

6. *Literatur*

Abelshauser, Werner: Die Wirtschaft des deutschen Kaiserreiches: Ein Treibhaus nachindustrieller Institutionen, in: Windolf, Paul (Hrsg.): Finanzmarkt-Kapitalismus. Analysen zum Wandel von Produktionsregimen (Kölner Zeitschrift für Soziologie und Sozialpsychologie 45, 2005), online 2005, S. 172–195.
Abendroth, Wolfgang: Sozialgeschichte der europäischen Arbeiterbewegung, Frankfurt am Main 1968.
Acemoglu, Daron/Cantoni, Davide/Johnson, Simon/Robinson, James A.: The Consequences of Radical Reform: The French Revolution, in: American Economic Review 101 (2011), S. 3286–3307.

Acemoglu, Daron/Robinson, James A.: Warum Nationen scheitern. Die Ursprünge von Macht, Wohlstand und Armut, Frankfurt am Main/New York 2014.

Ahrens, Gerhard: Krisenmanagement 1857. Staat und Kaufmannschaft in Hamburg während der ersten Weltwirtschaftskrise, Hamburg 1986.

Ambrosius, Gerold: Staat und Wirtschaftsordnung, Stuttgart 2001.

Ders.: Der Staat als Unternehmer. Öffentliche Wirtschaft und Kapitalismus seit dem 19. Jahrhundert, Göttingen 1984.

Anderson, Benedict: Die Erfindung der Nation, Frankfurt am Main 1996.

Bacher, A.: Zur Reform der Gesetzgebung der Aktien-Gesellschaften. Ein Gutachten, Stuttgart 1873.

Baltzarek, Franz: Die Geschichte der Wiener Börse. Öffentliche Finanzen und privates Kapital im Spiegel einer österreichischen Wirtschaftsinstitution, Wien 1973.

Baltzer, Markus: Der Berliner Kapitalmarkt nach der Reichsgründung 1871. Gründerzeit, internationale Finanzmarktintegration und der Einfluss der Makroökonomie, Münster 2007.

Barclay, David E./Weitz, Eric D. (Hrsg.): Between Reform and Revolution. German Socialism and Communism from 1840 to 1990, Providence 1998.

Barreyre, Nicolas: The Politics of Economic Crises: The Panic of 1873, the End of Reconstruction, and the Realignment of American Politics, in: The Journal of the Gilded Age and Progressive Era 10, Nr. 4 (Booms, Busts, and the Gilded Age) (2011), S. 403–423.

Bartel, Horst/Seeber, Gustav: Reichsgründung, Pariser Kommune und revolutionäre Arbeiterbewegung, in: Bartel, Horst: Arbeiterbewegung und Reichsgründung, Berlin (Ost) 1971, S. 77–126.

Bartholmes, Herbert: Bruder, Bürger, Freund, Genosse und andere Wörter der sozialistischen Terminologie, Göteborg 1970.

Beck, Stefan: Vom Fordistischen zum Kompetitiven Merkantilismus. Die Exportorientierung der Bundesrepublik Deutschland zwischen Wirtschaftswunder und europäischer Krise, Marburg 2014.

Beckert, Sven: King Cotton. Eine Globalgeschichte des Kapitalismus, München 2015.

Benedikt, Heinrich: Die wirtschaftliche Entwicklung in der Franz-Joseph-Zeit (Wiener Historische Studien, Bd. 4), Wien 1958.

Berend, Ivan T.: Markt und Wirtschaft. Ökonomische Ordnungen und wirtschaftliche Entwicklung in Europa seit dem 18. Jahrhundert, Göttingen 2007.

Berghahn, Volker: Das Kaiserreich 1871–1914. Industriegesellschaft, bürgerliche Kultur und autoritärer Staat, Stuttgart 2003.

Berghoff, Hartmut/Vogel, Jakob: Wirtschaftsgeschichte als Kulturgeschichte. Ansätze zur Bergung transdisziplinärer Synergiepotentiale, in: Dies. (Hrsg.): Wirtschaftsgeschichte als Kulturgeschichte. Dimensionen eines Perspektivenwechsels, Frankfurt am Main/New York 2004, S. 9–41.

Bers, Günter: Wilhelm Hasselmann 1844–1916. Sozialrevolutionärer Agitator und Abgeordneter des Deutschen Reichstages, Köln 1973.

Biefang, Andreas: Die andere Seite der Macht. Reichstag und Öffentlichkeit im „System Bismarck" 1871–1890, Düsseldorf 2009.

o. Verf.: Eintrag „Banks", in: Hirth, Georg (Hrsg.): Deutscher Parlaments-Almanach, Leipzig 1874, S. 10.

o. Verf.: Eintrag „Birnbaum", in: Hirth, Georg (Hrsg.): Deutscher Parlaments-Almanach, Berlin 1871, S. 162–163.

Bixby, Brian: Cooke, Jay (1821–1905), in: Leab, Daniel J. (Hrsg.): Encyclopedia of American Recessions and Depressions. Critical Period of 1783–1789 to Recession of 1920–1921, Santa Barbara 2014, S. 255–259.

Bixby, Brian: Great Strike of 1877, in: Leab, Daniel J. (Hrsg.): Encyclopedia of American Recessions and Depressions. Critical Period of 1783–1789 to Recession of 1920–1921, Santa Barbara 2014, S. 261–263.

Blume, Herbert: Gründungszeit und Gründungskrach mit Beziehung auf das deutsche Bankwesen, Danzig 1914.
Boch, Rudolf: Staat und Wirtschaft im 19. Jahrhundert, München 2004.
Bock, Wolfgang: Terrorismus und politischer Anarchismus im Kaiserreich, in: Diefenbacher, Hans (Hrsg.): Anarchismus. Zur Geschichte und Idee der herrschaftsfreien Gesellschaft, Darmstadt 1996, S. 143–168.
Böhme, Helmut: Deutschlands Weg zur Großmacht. Studien zum Verhältnis von Wirtschaft und Staat während der Reichsgründungszeit 1848–1881, Köln 1972.
Ders.: Politik und Ökonomie in der Reichsgründungs- und späten Bismarckzeit, in: Stürmer, Michael (Hrsg.): Das kaiserliche Deutschland. Politik und Gesellschaft 1870–1918, Düsseldorf 1984, S. 26–50.
Bofinger, Peter: Grundzüge der Volkswirtschaftslehre, Hallbergmoos 2015.
Bogart, Dan et al.: State and private institutions, in: Broadberry, Stephen/O'Rourke, Kevin (Hrsg.): The Cambridge Economic History of Modern Europe, Bd. 1, Cambridge 2010, S. 70–95.
Boll, Friedhelm: Die deutsche Sozialdemokratie und ihre Medien. Wirtschaftliche Dynamik und rechtliche Formen, Bonn 2002.
Borchardt, Knut: Wirtschaftliches Wachstum und Wechsellagen 1800–1914, in: Aubin, Hermann/Zorn, Wolfgang (Hrsg.): Handbuch der deutschen Wirtschafts- und Sozialgeschichte, Bd. 2, Stuttgart 1976, S. 198–275.
Ders.: Die Industrielle Revolution in Deutschland 1750–1914, in: Cipolla, Carlo M./Borchardt, Knut (Hrsg.): Europäische Wirtschaftsgeschichte. Die Entwicklung der industriellen Gesellschaften, Stuttgart 1985, S. 135–202.
Bourdieu, Pierre, Beschreiben und Vorschreiben. Die Bedingungen der Möglichkeit politischer Wirkung und ihre Grenzen, in: Schultheis, Franz/Egger, Stephan (Hrsg.): Pierre Bourdieu. Politik. Schriften zur politischen Ökonomie 2, Berlin 2013, S. 11–22.
Ders.: Die politische Repräsentation. Elemente einer Theorie des politischen Feldes, in: Ders.: Politik. Schriften zur politischen Ökonomie 2, Berlin 2013, S. 43–96.
Ders.: Politik. Schriften zur politischen Ökonomie 2, Berlin 2013.
Ders.: Sozialer Sinn: Kritik der theoretischen Vernunft, Berlin 1993.
Boyer, Robert: Économie politique des capitalismes. Théorie de la régulation et des crises, Paris 2015.
Ders.: Financial Crises as Conflicts of Temporalities, in: Vingtième Siècle. Revue d'histoire 2013/1 (Nr. 117), S. 69–88.
Ders. (Hrsg.): Regulation theory: the state of the art, London/New York 2002.
Brandt, Harm-Hinrich: Deutsche Geschichte 1850–1870. Entscheidung über die Nation, Stuttgart/Berlin/Köln 1999.
Brandt, Peter/Lehnert, Detlef: „Mehr Demokratie wagen". Geschichte der Sozialdemokratie 1830–2010, Berlin 2013.
Braunthal, Julius: Geschichte der Internationale, Band I, Bonn 1974.
Breuilly, John: Nationalismustheorien und kritische deutsche Gesellschaftsgeschichte, in: Müller, Sven Oliver/Torp, Cornelius (Hrsg.): Das Deutsche Kaiserreich in der Kontroverse, Göttingen 2009, S. 102–118.
Brodbeck, Karl-Heinz: Die fragwürdigen Grundlagen der Ökonomie. Eine philosophische Kritik der modernen Wirtschaftswissenschaften, Darmstadt 2013.
Brunner, Otto/Conze, Werner/Koselleck, Reinhart (Hrsg.): Geschichtliche Grundbegriffe. Historisches Lexikon zur politisch-sozialen Sprache in Deutschland, Band 3 H-Me, Stuttgart 1982.
Buchner, Michael: Die Spielregeln der Börse. Institutionen, Kultur und die Grundlagen des Wertpapierhandels in Berlin und London, ca. 1860–1914, Tübingen 2019.
Burhop, Carsten/Chambers, David/Cheffins, Brian: The Rise and Fall of the German IPO Market, 1870–1938, in: Jahrbuch für Wirtschaftsgeschichte 59, 1 (2018), S. 9–37.
Ders.: Die Kreditbanken in der Gründerzeit, Stuttgart 2004.

Ders.: Wirtschaftsgeschichte des Kaiserreichs 1871–1918, Göttingen 2011.

Ders./Wolff, Guntram B.: A Compromise Estimate of German Net National Product, 1851–1913, and Its Implications for Growth and Business Cycles, in: The Journal of Economic History 65, 3 (2005), S. 613–657.

Butschek, Felix: Industrialisierung. Ursachen, Verlauf, Konsequenzen, Wien/Köln/Weimar 2006.

Clarke, Simon: Marx's Theory of Crisis, New York 1994.

Conert, Hansgeorg: Die politischen Grundrichtungen innerhalb der deutschen Sozialdemokratie vor dem Ersten Weltkrieg, Offenbach 1974.

Conrad, Sebastian: Globalisierung und Nation im Deutschen Kaiserreich, München 2006.

Conze, Werner/Groh, Dieter: Die Arbeiterbewegung in der nationalen Bewegung. Die deutsche Sozialdemokratie vor, während und nach der Reichsgründung, Stuttgart 1966.

Dagher, Jihad: Regulatory Cycles: Revisiting the Political Economy of Financial Crises, in: IMF Working Paper, Januar 2018, http://financial-stability.org/wp-content/uploads/2018/01/2018-01_IMF_regulatory-cycles-political-economy-of-crisis.pdf [zuletzt abgerufen: 24.3.2020].

D'Arcy Wood, Gillen: Vulkanwinter 1816. Die Welt im Schatten des Tambora, Darmstadt 2015.

Davidson, Paul: Financial Markets, Money and the Real World, Cheltenham 2002.

Davies, Hannah Catherine: Gott, Natur, Markt. Semantiken von Wirtschaftskrisen in der zweiten Hälfte des 19. Jahrhunderts, in: Jahrbuch für Wirtschaftsgeschichte 61, 1 (2020), S. 67–88.

Dies.: Spekulation und Korruption. Zur Sozial- und Diskursgeschichte des Gründerkrachs und der „Panic of 1873", in: Archiv für Sozialgeschichte 56 (2016), S. 169–188.

Dies.: Transatlantic Speculations. Globalization and the Panics of 1873, New York 2018.

Diaz-Bone, Rainer/Krell, Gertraude (Hrsg.): Diskurs und Ökonomie. Diskursanalytische Perspektiven auf Märkte und Organisationen, Wiesbaden 2015.

Dobias, Peter: Sozialismus-Marxismus, in: Issing, Otmar (Hrsg.): Geschichte der Nationalökonomie, München 1994, S. 107–126.

Dostojewski, Fjodor: Die Brüder Karamasow. Roman in vier Teilen und einem Epilog, Köln 2010.

Dowe, Dieter: Mehr als 125 Jahre? Zur Entstehung der Arbeiterbewegung in Deutschland, in: Dowe, Dieter/Klotzbach, Kurt (Hrsg.): Kämpfe – Krisen – Kompromisse. Kritische Beiträge zum 125jährigen Jubiläum der SPD, Bonn 1989, S. 9–28.

Ders./Tenfelde, Klaus: Zur Rezeption Eugen Dührings in der deutschen Arbeiterbewegung in den 1870er Jahren, in: Pelger, Hans u.a. (Hrsg.): Wissenschaftlicher Sozialismus und Arbeiterbewegung. Begriffsgeschichte und Dühring-Rezeption, Trier 1980, S. 25–59.

Eckert, Georg: Die Konsolidierung der sozialdemokratischen Arbeiterbewegung zwischen Reichsgründung und Sozialistengesetz, in: Mommsen, Hans (Hrsg.): Sozialdemokratie zwischen Klassenbewegung und Volkspartei, Frankfurt am Main 1974, S. 35–51.

Ehrenberg, Richard: Die Fondsspekulation und die Gesetzgebung, Berlin 1883.

Eiden-Offe, Patrick: Die Poesie der Klasse. Romantischer Antikapitalismus und die Erfindung des Proletariats, Berlin 2017.

Eigner, Peter: Boom und Krach. Österreichs wirtschaftliche Entwicklung um 1873, in: Kos, Wolfgang/Gleis, Ralph (Hrsg.): Experiment Metropole. 1873: Wien und die Weltausstellung, Wien 2014, S. 84–93.

Ders.: Österreichische Privatbanken und Privatbankiers im 19. Jahrhundert, 1780–1918, in: Ders./Falschlehner, Helmut/Resch, Andreas (Hrsg.): Geschichte der österreichischen Privatbanken. Von Rothschild bis Spängler, Wiesbaden 2018, S. 19–80.

Eisenberg, Christiane: Deutsche und englische Gewerkschaften. Entstehung und frühe Entwicklung bis 1878 im Vergleich, Göttingen 1986.

Dies.: Frühe Arbeiterbewegung und Genossenschaften. Theorie und Praxis der Produktivgenossenschaften in der deutschen Sozialdemokratie und den Gewerkschaften 1860er/70er Jahre, Bonn 1985.

Eisfeld, Gerhard/Koszyk, Kurt (Hrsg.): Die Presse der deutschen Sozialdemokratie. Eine Bibliographie, Bonn 1980.

Eley, Geoff: Forging Democracy. The History of the Left in Europe, 1850–2000, Oxford 2002.
Engel, Alexander: Risikoökonomie. Eine Geschichte des Börsenterminhandels, Frankfurt am Main 2021.
Engels, Jens-Ivo: Politische Korruption in der Moderne. Debatten und Praktiken in Großbritannien und Deutschland im 19. Jahrhundert, in: Historische Zeitschrift 282 (2006), S. 313–350.
Engels, Friedrich: Die Lage der arbeitende Klasse in England. Nach eigner Anschauung und authentischen Quellen, Leipzig 1845.
Esser, Josef/Görg, Christoph/Hirsch, Joachim: Von den „Krisen der Regulation" zum „radikalen Reformismus", in: Dies. (Hrsg.): Politik, Institutionen und Staat. Zur Kritik der Regulationstheorie, Hamburg 1994, S. 213–228.
Etges, Andreas: Wirtschaftsnationalismus. USA und Deutschland im Vergleich (1815–1914), Frankfurt am Main/New York 1999.
Faulenbach, Bernd: Geschichte der SPD. Von den Anfängen bis zur Gegenwart, München 2012.
Feldman, Gerald D./Hertner, Peter (Hrsg.): Finance and Modernization. A Transnational and Transcontinental Perspective for the Nineteenth and Twentieth Centuries, Farnham 2008.
Fischer, Lars: The Socialist Response to Antisemitism in Imperial Germany, New York 2007.
Foley, Duncan K.: Adam's Fallacy. A Guide to Economic Theology, London/Cambridge 2006.
Freeden, Michael: Crisis? How Is That a Crisis?! Reflections on an Overburdened Word, in: Contributions to the History of Concepts 12, 2 (2017), S. 12–28.
Fricke, Dieter: Handbuch zur Geschichte der deutschen Arbeiterbewegung 1869 bis 1917, Bd. 2, Berlin (Ost) 1987.
Fülberth, Georg: Die Entwicklung der deutschen Sozialdemokratie von ihrer Gründung bis zum Revisionismusstreit (1863–1899), in: Freyberg, Jutta et al. (Hrsg.): Geschichte der deutschen Sozialdemokratie. Von 1863 bis zur Gegenwart, Köln 1989, S. 10–37.
Fulcher, James: Kapitalismus, Stuttgart 2011.
Gay, James: The Blind Prometheus of German Social Science. Eugen Dühring as Philosopher, Economist and Controversial Social Critic, online bei der Thüringer Landesbibliothek, https://www.db-thueringen.de/servlets/MCRFileNodeServlet/dbt_derivate_00031949/GAY.pdf [zuletzt abgerufen: 6.10.2020].
Gebhard, Hellmut: Die Berliner Börse von den Anfängen bis zum Jahre 1896, Berlin 1928.
Gehlen, Boris/Engel, Alexander: „The stockbroker's praises are never sung": Social Practices in Stock and Commodity Exchanges. Lessons from the USA and Germany, 1870s to 1930s, in: Archiv für Sozialgeschichte 56 (2016), S. 109–137.
Gellner, Ernest: Nationalismus und Moderne, Berlin 1995.
Gennaioli, Nicola/Shleifer, Andrei: A Crisis of Beliefs. Investor Psychology and Financial Fragility, Princeton 2018.
Glagau, Otto: Der Börsen- und Gründungsschwindel in Deutschland, Leipzig 1877.
Glasner, David: Crisis of 1873, in: Ders./Cooley, Thomas F. (Hrsg.): Business cycles and depressions: an encyclopedia, New York 1997, S. 132–133.
Gömmel, Rainer: Entstehung und Entwicklung der Effektenbörse im 19. Jahrhundert bis 1914, in: Ders./Pohl, Hans (Hrsg.): Deutsche Börsengeschichte, Frankfurt am Main 1992, S. 135–207.
Görg, Christoph: Regulation – ein neues „Paradigma"?, in: Esser, Josef/Görg, Christoph/Hirsch, Joachim (Hrsg.): Politik, Institutionen und Staat. Zur Kritik der Regulationstheorie, Hamburg 1994, S. 13–30.
Gömmel, Rainer/Klump, Rainer: Merkantilisten und Physiokraten in Frankreich, Darmstadt 1994.
Götz, Norbert: ‚Moral Economy': its conceptual history and analytical prospects, in: Journal of Global Ethics 11, 2 (2015), S. 147–162.
Grabas, Margrit: Die Gründerkrise von 1873/79 – Fiktion oder Realität? Einige Überlegungen im Kontext der Weltfinanz- und Wirtschaftskrise von 2008/2009, in: Jahrbuch für Wirtschaftsgeschichte 52, 1 (2011), S. 69–95.

Dies.: Wirtschaftskrisen in soziokultureller Perspektive. Plädoyer für eine kulturalistisch erweiterte Konjunktur(geschichts)forschung, in: Abelshauser, Werner/Gilgen, David A./ Lentzsch, Andreas (Hrsg.): Kulturen der Weltwirtschaft, Göttingen 2012, S. 261–283.

Graf, Angela: Hörig, August, in: Kopitzsch,Franklin/Brietzke, Dirk (Hrsg.): Hamburgische Biographie. Personenlexikon, Hamburg 2003.

Grebing, Helga: Geschichte der deutschen Arbeiterbewegung. Von der Revolution 1848 bis ins 21. Jahrhundert, Berlin 2007.

Green, Abigail: Fatherlands. State-Building and Nationhood in Nineteenth-Century Germany, Cambridge 2004.

Grimmer-Solem, Erik: The Rise of Historical Economics and Social Reform in Germany 1850–1894, New York 2003.

Groh, Dieter: Negative Integration und revolutionärer Attentismus. Die deutsche Sozialdemokratie am Vorabend des Ersten Weltkrieges, Frankfurt am Main/Berlin (West)/Wien 1973.

Gruner, Wolf D.: Der Deutsche Bund 1815–1866, München 2010.

Haberler, Gottfried: Prosperität und Depression. Eine theoretische Untersuchung der Konjunkturbewegungen, Berlin (West) 1948.

Habermas, Jürgen: Legitimationsprobleme im Spätkapitalismus, Frankfurt am Main 1973.

Hahn, Hans-Werner: Die Industrielle Revolution in Deutschland, München 2005.

Hall, Alex: Scandal, Sensation and Social Democracy. The SPD Press and Wilhelmine Germany 1890–1914, Cambridge 1977.

Hansen, Eckhard/Tennstedt, Florian (Hrsg.): Biographisches Lexikon zur Geschichte der deutschen Sozialpolitik 1871 bis 1845 (Band 1), Kassel 2010.

Harvey, David: Das Rätsel des Kapitals entschlüsseln. Den Kapitalismus und seine Krisen überwinden, Hamburg 2011.

Hasse, Raimund: Bausteine eines soziologischen Krisenverständnisses: Rückblick und Neubetrachtung, in: Mergel, Thomas (Hrsg.): Krisen verstehen. Historische und kulturwissenschaftliche Annäherungen, Frankfurt am Main 2012, S. 29–46.

Heilmann, Martin: Adolph Wagner – Ein deutscher Nationalökonom im Urteil der Zeit. Probleme seiner biographischen und theoriegeschichtlichen Würdigung im Lichte neuer Quellen, Frankfurt am Main 1980.

Herzig, Arno: Das Verhältnis zwischen Sozialdemokratie und freien Gewerkschaften (1868–1914), in: Dunk, Hermann W. von der/Lademacher, Horst (Hrsg.): Auf dem Weg zum modernen Parteienstaat. Zur Entstehung, Organisation und Struktur politischer Parteien in Deutschland und den Niederlanden, Melsungen 1986, S. 149–164.

Ders.: Der Allgemeine Deutsche Arbeiter-Verein in der deutschen Sozialdemokratie: dargestellt an der Biographie des Funktionärs Carl Wilhelm Tölcke (1817–1893), Berlin (West) 1979.

Henning, Friedrich-Wilhelm: Die Industrialisierung in Deutschland 1800 bis 1914, Paderborn 1993.

Ders.: Handbuch der Wirtschafts- und Sozialgeschichte Deutschlands. Deutsche Wirtschafts- und Sozialgeschichte im 19. Jahrhundert, Paderborn 1996.

Herold, Jens: Der junge Gustav Schmoller. Sozialwissenschaft und Liberalkonservatismus im 19. Jahrhundert, Göttingen 2019.

Hesse, Jan-Otmar: Wirtschaftsgeschichte. Entstehung und Wandel der modernen Wirtschaft, Frankfurt am Main/New York 2013.

Hilger, Susanne/Landwehr, Achim (Hrsg.): Wirtschaft – Kultur – Geschichte. Positionen und Perspektiven, Stuttgart 2011.

Hirseland, Andreas/Schneider, Werner: Wahrheit, Ideologie und Diskurse. Zum Verhältnis von Diskursanalyse und Ideologiekritik, in: Keller, Reiner/Hirseland, Andreas/Schneider, Werner/Viehöver, Willy (Hrsg.): Handbuch Sozialwissenschaftliche Diskursanalyse, Bd. 1: Theorien und Methoden, Opladen 2001, S. 373–402.

Hobsbawm, Eric: The Age of Capital 1848–1875, London 1997.

Hochstuhl, Kurt: Friedrich Hecker. Revolutionär und Demokrat, Stuttgart 2011.

Hölscher, Lucian: Weltgericht oder Revolution. Protestantische und sozialistische Zukunftsvorstellungen im deutschen Kaiserreich, Stuttgart 1989.
Hodgson, Geoffrey, Conceptualising Capitalism, Chicago 2015.
Hoffman, Philip T.: Wie Europa die Welt eroberte, Darmstadt 2017.
Honneth, Axel: Kampf um Anerkennung. Zur moralischen Grammatik sozialer Konflikte, Frankfurt am Main 1994.
Ders.: Einleitung: Die Kritik des Marktes vom 19. Jahrhundert bis zur Gegenwart, in: Herzog, Lisa/Honneth, Axel (Hrsg.): Der Wert des Marktes. Ein ökonomisch-philosophischer Diskurs vom 18. Jahrhundert bis zur Gegenwart, Berlin 2014, S. 155–173.
Horn, Gustav A.: Depression, in: Gabler Wirtschaftslexikon, https://wirtschaftslexikon.gabler.de/definition/depression-31876 [zuletzt abgerufen: 28.8.2018].
Ders.: Konjunkturphasen, in: Gabler Wirtschaftslexikon, 2018, https://wirtschaftslexikon.gabler.de/definition/konjunkturphasen38767?redirectedfrom=Krise#authors [zuletzt abgerufen: 10.10.2018].
Huck, Gerhard: Joseph Dietzgen (1828–1888). Ein Beitrag zur Ideengeschichte des Sozialismus im 19. Jahrhundert, Stuttgart 1979.
Hunt, Tristram: Friedrich Engels. Der Mann, der den Marxismus erfand, Berlin 2012.
Imbriano, Gennaro: Der Begriff der Politik. Die Moderne als Krisenzeit im Werk von Reinhart Koselleck, Frankfurt am Main/New York 2018.
Imhof, Kurt: Die Krise der Öffentlichkeit. Kommunikation und Medien als Faktoren des sozialen Wandels, Frankfurt am Main 2011.
Jäkel, Olaf: Metaphern in abstrakten Diskurs-Domänen. Eine kognitiv-linguistische Untersuchung anhand der Bereiche Geistestätigkeit, Wirtschaft und Wissenschaft, Frankfurt am Main 1997.
Janorschke, Johannes: Bismarck, Europa und die „Krieg-in-Sicht"-Krise von 1875, Paderborn 2010.
Jarchow, Hans-Joachim: Keynesianismus, in: Issing, Otmar (Hrsg.): Geschichte der Nationalökonomie, München 1994, S. 193–213.
Jentz, John B./Schneirov, Richard: Chicago in the Age of Capital: Class, Politics, and Democracy during the Civil War and Reconstruction, Urbana/Chicago/Springfield 2012.
Jobst, Clemens/Kernbauer, Hans: Die Bank. Das Geld. Der Staat. Nationalbank und Währungspolitik in Österreich 1816–2016, Frankfurt am Main/New York 2016.
Jordan, Stefan: Schweitzer, Johann Baptist v., in: Neue Deutsche Biographie, Band 24, Berlin 2010, S. 59–60.
Jung, Theo: Streitkultur im Kaiserreich. Politische Versammlungen zwischen Deliberation und Demonstration, in: Braune, Andreas/Dreyer, Michael/Lang, Markus/Lappenküper, Ulrich (Hrsg.): Einigkeit und Recht, doch Freiheit? Das Deutsche Kaiserreich in der Demokratiegeschichte und Erinnerungskultur, Stuttgart 2021, S. 101–120.
Jung, Werner: August Bebel. Deutscher Patriot und internationaler Sozialist. Seine Stellung zu Patriotismus und Internationalismus, Pfaffenweiler 1988.
Keen, Steve: Predicting the „Global Financial Crisis": Post-Keynesian Macroeconomics, in: Economic Record 03/2013, Economic Society of Australia, S. 1–27.
Keil, Hartmut/Jentz, John B. (Hrsg.): German Workers in Chicago: A Documentary History of Working-Class Culture from 1850 to World War I, Chicago 1988.
Keller, Katharina: Modell SPD? Italienische Sozialisten und deutsche Sozialdemokratie bis zum Ersten Weltkrieg, Bonn 1994.
Kellershohn, Jan: Streik und Erinnerung. Der Bergarbeiterstreik 1889 als vergangenheitspolitische Ressource, Arbeitspapier aus der Kommission „Erinnerungskulturen der sozialen Demokratie", in: Hans-Böckler-Stiftung (Hrsg.): Arbeitspapier der Kommission „Erinnerungskulturen der sozialen Demokratie", Düsseldorf 2019, S. 3–39.
Keynes, John Maynard: The General Theory of Employment, Interest and Money, Memphis 2011.

Kindleberger, Charles: Manias, Panics, and Crashes: A History of Financial Crises, Basingstoke (NH) 2015.

Kitzing, Michael: Der Badische Großblock 1905–1913. Zur Kooperation zwischen Liberalen und Sozialdemokraten im Kaiserreich, in: Braune, Andreas/Dreyer, Michael/Lang, Markus/Lappenküper, Ulrich (Hrsg.): Einigkeit und Recht, doch Freiheit? Das Deutsche Kaiserreich in der Demokratiegeschichte und Erinnerungskultur, Stuttgart 2021, S. 161–177.

Klammer, Kristoffer: „Wirtschaftskrisen". Effekt und Faktor politischer Kommunikation Deutschland 1929–1976, Göttingen 2019.

Klönne, Arno: Die deutsche Arbeiterbewegung. Geschichte – Ziele – Wirkungen, Düsseldorf/Köln 1989.

Kocka, Jürgen: Arbeitsverhältnisse und Arbeiterexistenzen. Grundlagen der Klassenbildung im 19. Jahrhundert, Bonn 1990.

Ders.: Das lange 19. Jahrhundert. Arbeit, Nation und bürgerliche Gesellschaft, Stuttgart 2014.

Ders.: Lohnarbeit und Klassenbildung. Arbeiter und Arbeiterbewegung in Deutschland 1800–1875, Berlin (West)/Bonn 1983.

Ders.: Traditionsbindung und Klassenbildung. Zum sozialhistorischen Ort der frühen deutschen Arbeiterbewegung, in: Historische Zeitschrift Nr. 243, 2 (1986), S. 333–376.

Komlos, John: Die Habsburgermonarchie als Zollunion. Die Wirtschaftsentwicklung Österreichs-Ungarns im 19. Jahrhundert, Wien 1986.

Konrad, Helmut: Deutsch-Österreich: Gebremste Klassenbildung und importierte Arbeiterbewegung im Vielvölkerstaat, in: Kocka, Jürgen (Hrsg.): Europäische Arbeiterbewegungen im 19. Jahrhundert. Deutschland, Österreich, England und Frankreich im Vergleich, Göttingen 1983, S. 106–128.

Kopf, Eike: Ein Buch geht um die Welt. Zur Wirkungsgeschichte von „Das Kapital", Köln 2016.

Korff, Gottfried: Rote Fahnen und Tableaux Vivants. Zum Symbolverständnis der deutschen Arbeiterbewegung im 19. Jahrhundert, in: Lehmann, Albrecht (Hrsg.): Studien zur Arbeiterkultur, Münster 1984, S. 103–140.

Koselleck, Reinhart: Einige Fragen an die Begriffsgeschichte von „Krise", in: Michalski, Krzystof (Hrsg.): Über die Krise, Castelgandolfo-Gespräche 1985, Stuttgart 1986, S. 64–77.

Ders.: Grenzverschiebungen der Emanzipation. Eine begriffsgeschichtliche Skizze, in: Ders.: Begriffsgeschichten. Studien zur Semantik und Pragmatik der politischen und sozialen Sprache, Frankfurt am Main 2019, S. 182–202.

Ders.: Hinweise auf die temporalen Strukturen begriffsgeschichtlichen Wandels, in: Bödeker, Hans Erich (Hrsg.): Begriffsgeschichte, Diskursgeschichte, Metapherngeschichte, Göttingen 2002, S. 31–47.

Ders.: Kritik und Krise. Eine Studie zur Pathogenese der bürgerlichen Welt, Freiburg (Breisgau)/München 2013.

Kos, Wolfgang/Gleis, Ralph (Hrsg.): Experiment Metropole. 1873: Wien und die Weltausstellung, Wien 2014.

Koszyk, Kurt: Die Arbeiterpresse: Organisation, Probleme, Wirkung, in: Gewerkschaftliche Monatshefte, Nr. 3/1989, S. 172–184.

Kromphardt, Jürgen: Wachstum und Konjunktur. Grundlagen der Erklärung und Steuerung des Wachstumsprozesses, Göttingen 1993.

Kuck, Kristin: Krisenszenarien. Metaphern in wirtschafts- und sozialpolitischen Diskursen, Berlin/Boston 2018.

Kuczynski, Jürgen: Studien zur Geschichte der zyklischen Überproduktionskrisen in Deutschland 1873 bis 1914, Berlin (Ost) 1961.

Kuhn, Axel: Die deutsche Arbeiterbewegung, Stuttgart 2004.

Kurz, Heinz D.: Geschichte des ökonomischen Denkens, München 2013.

Kutz-Bauer, Helga: Arbeiterschaft, Arbeiterbewegung und bürgerlicher Staat in der Zeit der Großen Depression. Eine regionale und sozialgeschichtliche Studie zur Geschichte der Arbeiterbewegung im Großraum Hamburg 1873 bis 1890, Bonn 1988.

Lampe, Markus: Wirkungen des Cobden-Chevalier-Netzwerks auf internationale Handelsströme (1860–75), in: Walter, Rolf (Hrsg.): Globalisierung in der Geschichte. Erträge der 23. Arbeitstagung der Gesellschaft für Sozial- und Wirtschaftsgeschichte vom 18. Bis 21. März 2009 in Kiel, Stuttgart 2011, S. 203–228.
Landwehr, Achim: Die Kunst, sich nicht allzu sicher zu sein: Möglichkeiten kritischer Geschichtsschreibung, in: WerkstattGeschichte, Heft 61 (2012), S. 7–14.
Laufs, Adolf: Eduard Lasker. Ein Leben für den Rechtsstaat, Göttingen/Zürich 1984.
Lavoie, Marc: Introduction to Post-Keynesian Economics, New York 2009.
Leesch, Klaus: „Vorwärts" in „Die Neue Zeit". Die sozialdemokratische Presse im langen 19. Jahrhundert, Leipzig 2014.
Lehnert, Detlef: Sozialdemokratie zwischen Protestbewegung und Regierungspartei 1848–1983, Frankfurt am Main 1983.
Leonhard-Schmid, Elke: Zur Bewusstseinsbildung der frühen Sozialdemokratie, 1863–1891, Frankfurt am Main 1982.
Levy, Richard (Hrsg.): Antisemitism. A Historical Encyclopedia of Prejudice and Persecution (Band 2, L-Z) Santa Barbara 2005.
Link, Jürgen: Versuch über den Normalismus. Wie Normalität produziert wird, Bonn 1996.
Löblich, Maria/Venema, Niklas: Die SPD, die Meinungsfreiheit und die Konsequenzen der Massenpresse im Kaiserreich, in: Publizistik, Nr. 65 (2020), S. 209–231.
Loreck, Jochen: Wie man früher Sozialdemokrat wurde. Das Kommunikationsverhalten in der deutschen Arbeiterbewegung und die Konzeption der sozialistischen Parteipublizistik durch August Bebel, Bonn-Bad Godesberg 1978.
Machtan, Lothar: Streiks und Aussperrungen im deutschen Kaiserreich. Eine sozialgeschichtliche Dokumentation für die Jahre 1871 bis 1875, Berlin (West) 1984.
Maier, Charles S.: Leviathan 2.0. Die Erfindung moderner Staatlichkeit, in: Osterhammel, Jürgen/Iriye, Akira (Hrsg.): Geschichte der Welt. 1870–1945. Weltmärkte und Weltkriege, München 2012, S. 34–282.
März, Eduard: Die wirtschaftliche Entwicklung in der Donaumonarchie im 19. Jahrhundert, in: Wirtschaft und Gesellschaft 11, 3 (1985), S. 367–392.
Malanima, Paolo: Europäische Wirtschaftsgeschichte 10.-19. Jahrhundert, Wien/Köln/Weimar 2010.
Mayer, Gustav: Radikalismus, Sozialismus und bürgerliche Demokratie, Frankfurt am Main 1969.
Mehring, Franz: Die Geschichte der Deutschen Sozialdemokratie, Bd. 4, Stuttgart 1906.
Mergel, Thomas (Hrsg.): Krisen verstehen. Historische und kulturwissenschaftliche Annäherungen, Frankfurt am Main 2012.
Merriman, John: Massacre. The Life and Death of the Paris Commune of 1871, Hampshire 2016.
Meurer, Bärbel: Bürgerliche Kultur und Sozialdemokratie. Eine politische Ideengeschichte der deutschen Sozialdemokratie von den Anfängen bis 1875, Berlin (West) 1988.
Meyer, Ahlrich: Frühsozialismus. Theorien der sozialen bewegung 1789–1848, München 1977. S. 95–114.
Meyer, Alfred: Der Zollverein und die deutsche Politik Bismarcks. Eine Studie über das Verhältnis von Wirtschaft und Politik im Zeitalter der Reichsgründung, Frankfurt am Main 1986.
Meyer, Carla/Patzel-Mattern, Katja/Schenk, Gerrit Jasper: Krisengeschichte(n). „Krise" als Leitbegriff und Erzählmuster in kulturwissenschaftlicher Perspektive – Eine Einführung, in: Meyer, Carla/Patzel-Mattern, Katja/Schenk, Gerrit Jasper (Hrsg.): Krisengeschichte(n). „Krise" als Leitbegriff und Erzählmuster in kulturwissenschaftlicher Perspektive, Stuttgart 2013, S. 8–23.
Meyer, R.: Politische Gründer und die Corruption in Deutschland, Leipzig 1877.
Minsky, Hyman P.: Die Hypothese der finanziellen Instabilität: Kapitalistische Prozesse und das Verhalten der Wirtschaft, in: Ders.: Instabilität und Kapitalismus, Zürich 2011, S. 21–66.
Ders.: Finanzielle Instabilität: Die Ökonomie der Katastrophe, in: Ders.: Instabilität und Kapitalismus, Zürich 2011, S. 67–137.
Ders.: Instabilität und Kapitalismus, Zürich 2011.

Ders./Okun, Arthur M./Warburton, Clark: Comments on Friedman's and Schwartz' Money and the Business Cycles, in: The Review of Economics and Statistics 45, Nr. 1 (1963), S. 64–78.
Mixon, Peter: The Crisis of 1873: Perspectives from Multiple Asset Classes, in: Journal of Economic History 68, 3 (2008), S. 722–757.
Mokyr, Joel: Intellectual Property Rights, the Industrial Revolution, and the Beginnings of Modern Economic Growth, in: The American Economic Review 99, Nr. 2 (Papers and Proceedings of the One Hundred Twenty-First Meeting of the American Economic Association) (2009), S. 349–355.
Mommsen, Hans: Arbeiterbewegung und Nationale Frage. Ausgewählte Aufsätze (Kritische Studien zur Geschichtswissenschaft, Bd. 34), Göttingen 1979.
Ders.: Die geschichtliche Bedeutung Ferdinand Lassalles, in: Ders.: Arbeiterbewegung und Nationale Frage. Ausgewählte Aufsätze (Kritische Studien zur Geschichtswissenschaft, Bd. 34), Göttingen 1979, S. 260–295.
Morina, Christina: Die Erfindung des Marxismus. Wie eine Idee die Welt eroberte, München 2017.
Müller, Alfred: Konjunkturtheorie. Eine überakkumulationstheoretische Interpretation, Köln 2009.
Müller-Schwerin, Eberhard: Der Börsenterminhandel mit Wertpapieren. Eine Analyse unter dem Aspekt der Einführung des Wertpapier-Optionshandels in der Bundesrepublik Deutschland, Berlin 1975.
Münchhausen, Thankmar von: 72 Tage. Die Pariser Kommune 1871 – die erste ‚Diktatur des Proletariats', München 2015.
Münchow, Ursula: Arbeiterbewegung und Literatur 1860–1914, Berlin (Ost)/Weimar 1981.
Na'aman, Shlomo: Gibt es einen „Wissenschaftlichen Sozialismus"? Marx, Engels und das Verhältnis zwischen sozialistischen Intellektuellen und den Lernprozessen der Arbeiterbewegung, Hannover 1979.
Nakhaeizadeh, Gholamreza: Neuklassische und Keynesianische Modelle. Theoretische Analyse und empirischer Vergleich, Berlin Heidelberg 1989.
Nassehi, Armin: Die Paradoxie der Unsichtbarkeiten und die „Unbedingtheiten" von Religion und Moral, in: Ders. (Hrsg.): Geschlossenheit und Offenheit, Frankfurt am Main 2003, S. 258–283.
Nelson, Bruce C.: Arbeiterpresse und Arbeiterbewegung: Chicago's Socialist and Anarchist Press, 1870–1900, in: Shore, Elliott/Fones-Wolf, Ken/Danky, James P. (Hrsg.): The German-American Radical Press. The Shaping of a Left Political Culture 1850–1940, Urbana/Chicago 1992, S. 81–121.
Neumann, Manfred: Neoklassik, in: Issing, Otmar (Hrsg.): Geschichte der Nationalökonomie, München 1994, S. 255–269.
Neuwirth, Joseph: Bank und Valuta in Oesterreich-Ungarn 1862–1873, Zweiter Band: Die Speculationskrisis von 1873, Leipzig 1874.
Nipperdey, Thomas: Deutsche Geschichte 1868–1918. Arbeitswelt und Bürgergeist (Bd. 1.), München 1998.
Nonn, Christoph: 12 Tage und ein halbes Jahrhundert. Eine Geschichte des Deutschen Kaiserreiches 1871–1918, München 2020.
Ders.: Das deutsche Kaiserreich, München 2017.
North, Douglass C.: Institutionen, institutioneller Wandel und Wirtschaftsleistung, Tübingen 1992.
Ders.: Institutions, in: Journal of Economic Perspectives 5, Nr. 1 (1991), S. 97–112.
Nützenadel, Alexander: Städtischer Immobilienmarkt und Finanzkrisen im späten 19. Jahrhundert, in: Jahrbuch für Wirtschaftsgeschichte 2011/1, S. 97–114.
Nunn, Nathan: Culture and the Historical Process, in: Economic History of Developing Regions 27 (2012), S. 108–126.
O'Connor, James: The Meaning of Crises. A Theoretical Introduction, New York 1987.
Oechelhaeuser, Wilhelm: Die wirthschaftliche Krisis, Berlin 1876.

Oelßner, Fred: Die Wirtschaftskrisen, Bd. 1: Die Krisen im vormonopolistischen Kapitalismus, Berlin (Ost) 1949.

Offermann, Toni: The Lassallean Labor Movement in Germany. Organization, Social Structure, and Associational Life in the 1860s, in: Barclay, David E./Weitz, Eric D. (Hrsg.): Between Reform and Revolution. German Socialism and Communism from 1840 to 1990, New York/ Oxford 1998, S. 87–112.

Osterhammel, Jürgen: Die Verwandlung der Welt. Eine Geschichte des 19. Jahrhunderts, München 2011.Paul, Johann: Alfred Krupp und die Arbeiterbewegung, Düsseldorf 1984.

Pemsel, Jutta: Die Wiener Weltausstellung von 1873. Das gründerzeitliche Wien am Wendepunkt, Wien 1989.

Persson, Karl Gunnar/Sharp, Paul: An Economic History of Europe. Knowledge, Institutions and Growth, 600 to the Present, Cambridge 2015.

Peter, Christopher: Hermann Wagener (1815–1889). Eine politische Biographie, Düsseldorf 2020.

Petersson, Niels P.: Das Kaiserreich in Prozessen ökonomischer Globalisierung, in: Conrad, Sebastian/Osterhammel, Jürgen (Hrsg.): Das Kaiserreich transnational. Deutschland in der Welt 1871–1914, Göttingen 2006, S. 49–67.

Pfister, Ulrich: Real Wages in Germany during the First Phase of Industrialization, 1850–1889, in: Jahrbuch für Wirtschaftsgeschichte 59, 2 (2018), S. 567–596.

Pinner, Felix: Die großen Weltkrisen im Lichte des Strukturwandels der kapitalistischen Wirtschaft, Zürich/Leipzig 1937.

Plener, Peter: Sehnsüchte einer Weltausstellung. Wien 1873, in: Kos, Wolfgang/Gleis, Ralph (Hrsg.): Experiment Metropole. 1873: Wien und die Weltausstellung, Wien 2014, S. 126–133.

Plumpe, Werner: Das kalte Herz. Kapitalismus: Die Geschichte einer andauernden Revolution, Berlin 2019.

Ders.: Der Gründerkrach, die Krise des liberalen Paradigmas und der Aufstieg des Kathedersozialismus, in: Ders./Scholtyseck, Joachim (Hrsg.): Der Staat und die Ordnung der Wirtschaft. Vom Kaiserreich bis zur Berliner Republik, Stuttgart 2012, S. 17–42.

Ders.: Wirtschaftskrisen. Geschichte und Gegenwart, München 2012.

Ders.: Ökonomisches Denken und wirtschaftliche Entwicklung. Zum Zusammenhang von Wirtschaftsgeschichte und historischer Semantik der Ökonomie, in: Jahrbuch für Wirtschaftsgeschichte 50, 1 (2009), S. 27–52.

Ders.: Korruption. Annäherungen an ein historisches und gesellschaftliches Phänomen, in: Engels, Jens Ivo/Fahrmeir, Andreas/Nützenadel, Alexander (Hrsg.): Geld – Geschenke – Politik. Korruption im neuzeitlichen Europa, München 2009, S. 19–47.

Pohl, Manfred: Deutschland, in: Ders. (Hrsg.): Europäische Bankengeschichte, Frankfurt am Main 1993, S. 263–278.

Pohlmann, Jörg: Das Aktienrecht des 19. Jahrhunderts. Dogmengeschichtliche Betrachtungen zur Rechtsträgerschaft, Entstehung und Auflösung der Aktiengesellschaft, Baden-Baden 2007.

Polanyi, Karl: The Great Transformation. Politische und ökonomische Ursprünge von Gesellschaften und Wirtschaftssystemen, Frankfurt am Main 2013.

Ders.: Ökonomie und Gesellschaft, Berlin (West) 1979.

Pollmann, Klaus Erich (Hrsg.): Wilhelm Bracke. Beiträge zum Kolloquium am 29. Mai 1992, Braunschweig 1992.

Pracht, Elfi: Parlamentarismus und deutsche Sozialdemokratie 1867–1914, Pfaffenweiler 1990.

Priddat, Birger P.: Die andere Ökonomie. Eine neue Einschätzung von Gustav Schmollers Versuch einer „ethisch-historischen" Nationalökonomie im 19. Jahrhundert, Marburg 1995.

Prüfer, Sebastian: Sozialismus statt Religion. Die deutsche Sozialdemokratie vor der religiösen Frage 1863–1890, Göttingen 2002.

Pürer, Heinz/Raabe, Johannes: Presse in Deutschland, Konstanz 2007.

Radtke, Wolfgang: Die preussische Seehandlung zwischen Staat und Wirtschaft in der Frühphase der Industrialisierung, Berlin 1981.

Radu, Robert: Auguren des Geldes. Eine Kulturgeschichte des Finanzjournalismus in Deutschland 1850–1914, Göttingen 2017.

Reckendrees, Alfred: Zwischenstaatliche wirtschaftliche Kooperation und institutionelle Integration vor der Gründung des Kaiserreichs, in: Pfister, Ulrich/Hesse, Jan-Otmar/Spoerer, Mark/Wolf, Nikolaus (Hrsg.): Deutschland 1871. Die Nationalstaatsbildung und der Weg in die moderne Wirtschaft, Tübingen 2021, S. 49–69.

Reinert, Erik S.: The role of the state in economic growth, in: Journal of Economic Studies 26, Nr. 4/5 (1999), S. 268–326.

Ders.: Warum manche Länder reich und andere arm sind. Wie der Westen seine Geschichte ignoriert und deshalb seine Wirtschaftsmacht verliert, Stuttgart 2014.

Reinhart, Carmen/Rogoff, Kenneth: This time is different. Eight centuries of financial folly, Princeton 2009.

Renzsch, Wolfgang: Handwerker und Lohnarbeiter in der frühen Arbeiterbewegung: Zur sozialen Basis von Gewerkschaften und Sozialdemokratie im Reichsgründungsjahrzehnt, Göttingen 2011.

Requate, Jörg: Die Zeitung als Medium politischer Kommunikation, in: Frevert, Ute/Braungart, Wolfgang (Hrsg.): Sprachen des Politischen. Medien und Medialität in der Geschichte, Göttingen 2004, S. 139–167.

Rezneck, Samuel: Distress, Relief, and Discontent in the United States during the Depression of 1873–78, in: Journal of Political Economy 58, Nr. 6 (Dezember 1950), S. 494–512.

Rieter, Heinz: Historische Schulen, in: Issing, Ottmar (Hrsg.): Geschichte der Nationalökonomie, München 2002, S. 135–173.

Ritter, Gerhard A./Tenfelde, Klaus: Arbeiter im Deutschen Kaiserreich 1871 bis 1914, Bonn 1992.

Römer, David: Wirtschaftskrisen. Eine linguistische Diskursgeschichte, Berlin/Boston 2017.

Rosenberg, Hans: Die Weltwirtschaftskrise 1857–1859. Mit einem Vorbericht, Göttingen 1974.

Ders.: Große Depression und Bismarckzeit. Wirtschaftsablauf, Gesellschaft und Politik in Mitteleuropa, Berlin (West) 1967.

Ross, Kristin: Die Pariser Kommune – jenseits des „zellenartigen Regimes der Nationalität“, in: Historische Anthropologie 24, Heft 3 (2016), S. 376–395.

Rossfeld, Roman: „Fieberkurven“ und „Finanzspritzen“. Plädoyer für eine Kultur- und Wissensgeschichte wirtschaftlicher Krisen im 19. und 20. Jahrhundert, in: Jahrbuch für Wirtschaftsgeschichte 57, 2 (2016), S. 305–333.

Roth, Ralf: Der Sturz des Eisenbahnkönigs Bethel Henry Strousberg. Ein jüdischer Wirtschaftsbürger in den Turbulenzen der Reichsgründung, in: Jahrbuch für Antisemitismusforschung 10 (2001), S. 86–112.

Rothfuss, Anna: Korruption im Kaiserreich. Debatten und Skandale zwischen 1871 und 1914, Göttingen 2019.

Sablowski, Thomas: Regulationstheorie, in: Wullweber, Joscha/Graf, Antonia/Behrens, Maria (Hrsg.): Theorien der Internationalen Politischen Ökonomie, Wiesbaden 2013, S. 85–99.

Sassoon, Donald: One Hundred Years of Socialism, London 1996.

Schäffle, A.: Der ‚grosse Börsenkrach‘ des Jahres 1873, in: Zeitschrift für Staatswissenschaft (1874), S. 1–94.

Schieder, Wolfgang: Das Scheitern des bürgerlichen Radikalismus und die sozialistische Parteibildung in Deutschland, in: Mommsen, Hans (Hrsg.): Sozialdemokratie zwischen Klassenbewegung und Volkspartei, Frankfurt am Main 1974, S. 17–34.

Schivelbusch, Wolfgang: Entfernte Verwandtschaft. Faschismus, Nationalsozialismus, New Deal 1933–1939, München 2005.

Schmidt, Jürgen: Brüder, Bürger und Genossen. Die deutsche Arbeiterbewegung zwischen Klassenkampf und Bürgergesellschaft 1830–1870, Bonn 2018.

Ders.: August Bebel. Kaiser der Arbeiter, Zürich 2013.

Schneirov, Richard: Class Conflict, Municipal Politics, and Governmental Reform in Gilded Age Chicago, 1874–1875, in: Keil, Hartmut/Jentz, John B. (Hrsg.): German Workers in Industrial Chicago, 1850–1910: A Comparative Perspective, DeKalb 1983, S. 183–205.

Schnyder, Marc: Die Hypothese finanzieller Instabilität von Hyman P. Minsky. Ein Versuch der theoretischen Abgrenzung und Erweiterung, Freiburg (Breisgau) 2002.

Schönhoven, Klaus: Soziale Gerechtigkeit als reformpolitische Perspektive. Zum Staatsverständnis der sozialdemokratischen Gewerkschaftsbewegung 1848 bis 1914, in: Ruck, Michael (Hrsg.): Gegner – Instrument – Partner. Gewerkschaftliche Staatsverständnisse vom Industrialismus bis zum Informationszeitalter, Baden-Baden 2017, S. 21–42.

Ders.: Die deutschen Gewerkschaften, Frankfurt am Main 1987.

Schoeps, Hans-Joachim: Hermann Wagener – Ein konservativer Sozialist. Ein Beitrag zur Ideengeschichte des Sozialismus, in: Zeitschrift für Religions- und Geistesgeschichte 8, 3 (1956), S. 193–217.

Schopenhauer, Arthur: Die beiden Grundprobleme der Ethik. Behandelt in zwei akademischen Preisschriften, in: Löhneysen, Wolfgang von (Hrsg.): Arthur Schopenhauer. Sämtliche Werke, Bd. III, Darmstadt 2004, S. 483–815.

Schubert, Aurel: Torn between Monetary and Financial Stability: An Analysis of Selected Episodes of Austrian Central Banking History, in: Feldman, Gerald D./Hertner, Peter (Hrsg.): Finance and Modernization. A Transnational and Transcontinental Perspective for the Nineteenth and Twentieth Centuries, Farnham 2008, S. 51–73.

Schuder, Rosemarie: Der Fremdling aus dem Osten. Eduard Lasker – Jude, Liberaler, Gegenspieler Bismarcks, Berlin 2008.

Schularick, Moritz/Taylor, Alan M.: Credit Booms Gone Bust: Monetary Policy, Leverage Cycles, and Financial Crises, 1870–2008, in: American Economic Review 102, 2 (2012), S. 1029–1061.

Schulze, Max-Stephan: After Exit. Die Wirtschaft des Habsburgerreichs nach der Gründung des Deutschen Reichs, 1870–1913, in: Pfister, Ulrich/Hesse, Jan-Otmar/Spoerer, Mark/Wolf, Nikolaus (Hrsg.): Deutschland 1871. Die Nationalstaatsbildung und der Weg in die moderne Wirtschaft, Tübingen 2021, S. 409–429.

Ders.: The Machine-Building Industry and Austria's Great Depression after 1873, in: The Economic History Review 50, 2 (1997), S. 282–304.

Schumpeter, Joseph: Theorie der wirtschaftlichen Entwicklung. Nachdruck der 1. Auflage von 1912, Berlin 2006.

Seidel, Jutta: Internationale Stellung und internationale Beziehungen der deutschen Sozialdemokratie 1871–1895/96, Berlin (Ost) 1982.

Dies. et al.: Wilhelm Bracke – Vom Lassalleaner zum Marxisten, Berlin (Ost) 1966.

Seyferth, Alexander: Die Heimatfront 1870/71. Wirtschaft und Gesellschaft im deutsch-französischen Krieg, Paderborn/München/Wien/Zürich 2007.

Sharp, Paul/Persson, Karl Gunnar: An Economic History of Europe. Knowledge, Institutions and Growth, 600 to the Present, Cambridge 2015.

Siegenthaler, Hansjörg: Geschichte und Ökonomie nach der kulturalistischen Wende, in: Geschichte und Gesellschaft 25, 2 (1999), S. 276–301.

Ders.: Regelvertrauen, Prosperität und Krisen, Tübingen 1993.

Ders.: Regelvertrauen, Prosperität und Krisen. Konjunkturgeschichte als Gegenstand der Wirtschafts- und Mentalitätsgeschichte, in: David, Thomas/Mathieu, Jon/Schaufelbuehl, Janick Marina/Straumann, Tobias (Hrsg.): Krisen. Ursachen, Deutungen und Folgen (Schweizerisches Jahrbuch für Wirtschafts- und Sozialgeschichte, Bd. 27), Zürich 2012, S. 31–44.

o. Verf.: Eintrag „Sinistra", in: Enciclopedia Treccani, http://www.treccani.it/enciclopedia/sinistra [zuletzt abgerufen: 10.3.2021].

Sobich, Frank Oliver: „Schwarze Bestien, rote Gefahr". Rassismus und Antisozialismus im deutschen Kaiserreich, Frankfurt am Main/New York 2006.

Soetbeer, Adolf: Die fünf Milliarden. Betrachtungen über die Folgen der großen Kriegsentschädigung für die Wirthschaftsverhältnisse Frankreichs und Deutschlands, Berlin 1874.

SPD Wuppertal (Hrsg.): Wuppertal ist historischer Boden des Sozialismus, 140 Jahre SPD. Dokumentation zur Ausstellung, Wuppertal 2003.

Spiekermann, Uwe: Basis der Konsumgesellschaft. Entstehung und Entwicklung des modernen Kleinhandels in Deutschland 1850–1914, München 1999.
Sprague, O. M. W.: History of Crises under the National Banking System, New York 1977.
Stäheli, Urs: Spektakuläre Spekulation. Das Populäre der Ökonomie, Frankfurt am Main 2007.
Stalmann, Volker: Das Verhältnis der Sozialdemokratie zum parlamentarischen System 1871–1890, in: Lehnert, Detlef (Hrsg.): SPD und Parlamentarismus. Entwicklungslinien und Problemfelder 1890–1990, Köln 2016, S. 37–68.
Stamm-Kuhlmann, Thomas: Preußen und die Gründung des Deutschen Zollvereins: Handlungsmotive und Alternativen, in: Hahn, Hans-Werner (Hrsg.): Der Deutsche Zollverein. Ökonomie und Nation im 19. Jahrhundert, Köln 2012, S. 33–50.
Stedman Jones, Gareth: Engels und die Geschichte des Marxismus, in: Schöttler, Peter (Hrsg.): Klassen, Politik und Sprache. Für eine theorieorientierte Sozialgeschichte, Münster 1988, S. 231–275.
Ders.: Stedman-Jones, Gareth: Karl Marx. Die Biographie, Frankfurt am Main 2017.
Steenson, Gary P.: „Not One Man! Not One Penny!" German Social Democracy, 1863–1914, Pittsburgh 1981.
Steil, Armin: Krisensemantik. Wissenssoziologische Untersuchungen zu einem Topos moderner Zeiterfahrung, Opladen 1993.
Steinbach, Peter: Die Entwicklung der deutschen Sozialdemokratie im Spiegel der historischen Wahlforschung, in: Ritter, Gerhard (Hrsg.): Der Aufstieg der deutschen Arbeiterbewegung. Sozialdemokratie und freie Gewerkschaften im Parteiensystem und Sozialmilieu des Kaiserreichs, München 1990, S. 1–35.
Steinberg, Hans-Josef: Sozialismus und deutsche Sozialdemokratie. Zur Ideologie der Partei vor dem 1. Weltkrieg, Bonn 1979.
Stephan, Cora: „Genossen, wir dürfen uns nicht von der Geduld hinreißen lassen!" Aus der Urgeschichte der Sozialdemokratie 1862–1878, Frankfurt am Main 1977.
Dies: Bemerkungen zur Rezeption Ferdinand Lassalles, in: Andréas, Bert: Ferdinand Lassalle – Allgemeiner Deutscher Arbeiterverein. Bibliographie ihrer Schriften und der Literatur über sie 1840 bis 1975, Bonn 1981, S. 9–25.
Stern, Fritz: Gold und Eisen. Bismarck und sein Bankier Bleichröder, München 2008.
Stirner, Hartmut: Ferdinand Lassalles Rhetorik. Der Widerspruch zwischen idealistischer Gesellschaftstheorie und sozialistischer Agitation und dessen rhetorischer Niederschlag, in: Goth, Joachim (Hrsg.): Rhetorik, Ästhetik, Ideologie. Aspekte einer kritischen Kulturwissenschaft. Festschrift für Walter Jens, Stuttgart 1973, S. 195–217.
Tanner, Jakob: Die ökonomische Handlungstheorie vor der „kulturalistischen Wende"? Perspektiven und Probleme einer interdisziplinären Diskussion, in: Berghoff, Hartmut/Vogel, Jakob (Hrsg.): Wirtschaftsgeschichte als Kulturgeschichte. Dimensionen eines Perspektivenwechsels, Frankfurt am Main/New York 2004, S. 69–98.
Ders.: Krise, in: Dejung, Christof/Dommann, Monika/Speich Chassé, Daniel (Hrsg.): Auf der Suche nach der Ökonomie. Historische Annäherungen, Tübingen 2014, S. 153–181.
Tenfelde, Klaus: Bismarck und die Sozialdemokratie, in: Mitteilungsblatt des Instituts für Soziale Bewegungen, Nr. 26 (2001), S. 5–24.
Thompson, Edward Palmer: The moral economy of the English crowd in the eighteenth century, in: Past & Present 50, 1 (1971), S. 76–136.
Thorwart, F.: Die Entwicklung des Banknotenumlaufs in Deutschland von 1851–1880, in: Jahrbücher für Nationalökonomie und Statistik 41, 1 (1883), S. 193–250.
Tilly, Richard H.: Vom Zollverein zum Industriestaat. Die wirtschaftlich-soziale Entwicklung Deutschlands 1834 bis 1914, München 1990.
Tipton, Frank B.: Government and the economy in the nineteenth century, in: Ogilvie, Sheilagh/Overy, Richard (Hrsg.): Germany. A New Social and Economic History, Bd. 3: Since 1800, London 2003, S. 106–151.

Topik, Steven C./Wells, Allen: Warenketten in einer globalen Wirtschaft, in: Osterhammel, Jürgen/Iriye, Akira (Hrsg.): Geschichte der Welt. 1870–1945. Weltmärkte und Weltkriege, München 2012, S. 590–814.

Torp, Cornelius: Die Herausforderung der Globalisierung. Wirtschaft und Politik in Deutschland 1860–1914, Göttingen 2005.

Tschubinski, Wachim: Wilhelm Liebknecht. Eine Biographie, Berlin (Ost) 1973.

Uebele, Martin/Ritschl, Albrecht: Stock Markets and Business Cycle Comovement in Germany before World War I: Evidence from Spectral Analysis, in: Journal of Macroeconomics 31, 1 (2009), S. 35–57.

Unger, Irwin: The Greenback Era. A social and political history of American finance 1865–1879, New Jersey 1964.

Van Dijk, Teun A.: Political discourse and ideology, in: Doxa Comunicación Revista interdisciplinar de estudios de comunicación y ciencias sociales, Nr. 1/2003, S. 207–225.

van Zanden, Jan Luiten: North-western Europe, in: Baten, Joerg (Hrsg.): A History of the Global Economy. From 1500 to the Present, Cambridge 2016, S. 13–34.

Vries, Peer: Governing Growth: A Comparative Analysis of the Role of the State in the Rise of the West, in: Journal of World History 13, Nr. 1 (2002), S. 67–138.

Ders.: The role of culture and institutions in economic history: can economics be of any help?, in: NEHA Jaarboek 64 (2001), S. 28–60.

Weber, Fritz: Austrian Banking between two Great Depressions: The Creditanstalt from the 1870s to the 1930s, in: Feldman, Gerald D./Hertner, Peter (Hrsg.): Finance and Modernization. A Transnational and Transcontinental Perspective for the Nineteenth and Twentieth Centuries, Farnham 2008, S. 75–96.

Wehler, Hans-Ulrich: Sozialdemokratie und Nationalstaat. Nationalitätenfragen in Deutschland 1840–1914, Würzburg 1962.

Ders.: Deutsche Gesellschaftsgeschichte, Bd. 1: Vom Feudalismus des Alten Reiches bis zur defensiven Modernisierung der Reformära, 1700–1815, München 2006.

Ders.: Deutsche Gesellschaftsgeschichte, Bd. 2: Von der Reformära bis zur industriellen und politischen „Deutschen Doppelrevolution“ 1815–1845/49, München 2005.

Ders.: Deutsche Gesellschaftsgeschichte, Bd. 3: Von der deutschen „Doppelrevolution“ bis zum Beginn des Ersten Weltkrieges 1849–1914, München 2008.

Weigt, Anja: Der deutsche Kapitalmarkt vor dem Ersten Weltkrieg – Gründerboom, Gründerkrise und Effizienz des deutschen Aktienmarktes bis 1914, Frankfurt am Main 2005.

Weiland, Daniela: Otto Glagau und „Der Kulturkämpfer“. Zur Entstehung des modernen Antisemitismus im frühen Kaiserreich, Berlin 2004.

Welskopp, Thomas: Anerkennung – Verheißung und Zumutungen der Moderne, in: Honneth, Axel/Lindemann, Ophelia/Voswinkel, Stephan (Hrsg.): Strukturwandel der Anerkennung. Paradoxien sozialer Integration in der Gegenwart, Frankfurt am Main/New York 2013, S. 41–73.

Ders.: Arbeiterintellektuelle“, „sozialdemokratische Bohemiens“ und „Chefideologen“: Der Wandel der Intellektuellen in der frühen deutschen Sozialdemokratie, in: Alemann, Ulrich von/Cepl-Kaufmann, Gertrude/Hecker, Hans/Witte, Bernd (Hrsg.): Intellektuelle und Sozialdemokratie, Opladen 2000, S. 43–58.

Ders.: Das Banner der Brüderlichkeit. Die deutsche Sozialdemokratie vom Vormärz bis zum Sozialistengesetz, Bonn 2000.

Ders.: Der Staat als idealer Gesamtverein: Assoziation und Genossenschaft im Staatsverständnis der frühen deutschen Sozialdemokratie, in: Lehnert, Detlef (Hrsg.): SPD und Parlamentarismus. Entwicklungslinien und Problemfelder 1890–1990, Köln 2016, S. 90–110.

Ders.: Die „Generation Bebel“, in: Schönhoven, Klaus/Braun, Bernd (Hrsg.): Generationen in der Arbeiterbewegung (Schriftenreihe der Stiftung Reichspräsident-Friedrich-Ebert-Gedenkstätte), München 2005, S. 51–67.

Ders.: Markt und Klasse in der deutschen Sozialdemokratie, 1848–1878, in: Bouvier, Beatrix/Golovina, Galina/Hubmann, Gerald (Hrsg.): Marx-Engels-Jahrbuch (2004), S. 9–30.

Ders.: Von „Geldsäcken" und „Couponabschneidern". Sozialdemokratische Semantiken der Nicht-Arbeit zwischen der Revolution von 1848 und den 1890er Jahren, in: Leonhard, Jörn/Steinmetz, Willibald (Hrsg.): Semantiken von Arbeit: Diachrone und vergleichende Perspektiven, Köln u.a. 2016, S. 249–267.

Ders.: Zeitzünder. Die frühe Sozialdemokratie und die „Gleichzeitigkeit des Ungleichzeitigen", in: INDES, Sonderheft 2016, S. 30–39.

Wengeler, Martin/Ziem, Alexander: „Wirtschaftskrisen" im Wandel der Zeit. Eine diskurslinguistische Pilotstudie zum Wandel von Argumentationsmustern und Metapherngebrauch, in: Landwehr, Achim (Hrsg.): Diskursiver Wandel, Wiesbaden 2010, S. 335–354.

Werron, Tobias: Wettbewerb als historischer Begriff, in: Jessen, Ralph (Hrsg.): Konkurrenz in der Geschichte. Praktiken – Werte – Institutionalisierungen, Frankfurt am Main 2014, S. 59–81.

White, Eugene N.: Making the French pay. The costs and consequences of the Napoleonic reparations, in: European Review of Economic History 5, Nr. 3 (2001), S. 337–365.

Wilke, Malte: Staatsanwälte als Anwälte des Staates? Die Strafverfolgungspraxis von Reichsanwaltschaft und Bundesanwaltschaft vom Kaiserreich bis in die frühe Bundesrepublik, Göttingen 2016.

Williamson, Claudia R.: Dignity and development, in: The Journal of Socio-Economics 41 (2012), S. 763– 771.

Winkler, Adalbert: Geld, Zins und keynesianische Angebotspolitik, Berlin 1992.

Wirth, Max: Geschichte der Handelskrisen, Frankfurt am Main 1890.

Wischermann, Clemens: Institutionelle versus Industrielle Revolution, in: Ders./Nieberding, Anne: Die institutionelle Revolution. Eine Einführung in die deutsche Wirtschaftsgeschichte des 19. Und frühen 20. Jahrhunderts, Stuttgart 2004, S. 14–29.

Woodcock, George: Anarchism. A History of Libertarian Ideas and Movements, Toronto 2009.

Wray, L. Randall: Modern Money Theory: A Primer on Macroeconomics for Sovereign Monetary Systems, New York 2015.

Wuthnow, Robert: Communities of Discourse. Ideology and Social Structure in the Reformation, the Enlightenment, and European Socialism, Cambridge (MA) 1989.

Ziegler, Dieter: Das Zeitalter der Industrialisierung 1815–1914, in: North, Michael (Hrsg.): Deutsche Wirtschaftsgeschichte. Ein Jahrtausend im Überblick, München 2005, S. 197–286.

Ders.: Zentralbankpolitische Steinzeit? Preußische Bank und Bank of England im Vergleich, in: Geschichte und Gesellschaft 19, 4 (1993), S. 475–505.

Zinner, Dionys: Das fünfundzwanzigjährige Jubiläum des Verbandes der Schuhmacher Deutschlands, in: Die Neue Zeit. Wochenschrift der Deutschen Sozialdemokratie 26, 2 (1908), S. 646–649.

Zorn, Wolfgang: Wirtschafts- und sozialgeschichtliche Zusammenhänge der deutschen Reichsgründungszeit (1850–1879), in: Historische Zeitschrift 197, 1963, S. 318–342.

Zumbini, Massimo Ferrari: Die Wurzeln des Bösen: Gründerjahre des Antisemitismus, Frankfurt am Main 2003.